워런 버핏과
찰리 멍거

Originally published in the UK by Harriman House Ltd in 2025, www.harriman-house.com
All rights reserved

Korean Translation Copyright ⓒ2025 by Kyobo Book Centre, Co., Ltd.
Korean Translation published by arrangement with Harriman House Ltd
through Imprima Korea Agency

이 책의 한국어판 저작권은 Imprima Korea Agency를 통해
Harriman House Ltd사와의 독점 계약으로 교보문고에 있습니다.
저작권법에 의해 한국 내에서 보호를 받는 저작물이므로
무단전재와 무단복제를 금합니다.

―― 세계 최고의 투자 수업 ――

워런 버핏과 찰리 멍거

워런 버핏, 찰리 멍거 원저
알렉스 모리스 편저 | 임경은 옮김

일러두기

1. 워런 버핏과 찰리 멍거의 대화 시작 전에 해당 발언이 등장한 버크셔 해서웨이 연례 주주총회 연도와 시간을 표시했습니다.
   예를 들어 '2009 총회 (02:48:46)'는 2009년에 열린 버크셔 해서웨이 주주총회에서 2시 48분 46초에 발언한 내용임을 뜻합니다.
2. 워런 버핏과 찰리 멍거가 서로를 지칭하는 표현은 성이 아닌 이름으로, 그들의 육성을 그대로 살려 두 사람의 대화에서는 '워런'과 '찰리'로 표기했습니다.
3. 주주총회에서 버핏과 멍거가 한 말을 가능한 한 육성 그대로 실었으나, 앞뒤 문맥에 따라 또는 독자들이 이해하기 쉽도록 정리한 부분도 있습니다.
4. 국내에 출간된 도서는 번역된 제목을 따랐고, 국내에 출간되지 않은 도서는 원어 제목을 우리말로 옮기고 원제를 병기했습니다.

머리글

'버크셔 해서웨이Berkshire Hathaway 주주총회'는 금융인들 사이에서 가장 화제가 되는 행사 중 하나다. '자본주의 축제'라고도 불리는 이 행사는 지난 수십 년간 봄마다 미국 네브래스카주 오마하에서 열렸다. 영상 녹화 없이 대면 행사로만 개최했기에 오랫동안 소수 인원만 현장을 확인할 수 있었다. 2000~2010년대에 나 같은 가치 투자자들은 총회에 참석한 누군가가 내용을 필기해 온라인에 공유해 주기를 간절히 기다렸다. 2018년, 버크셔 해서웨이는 1994년부터의 연례 총회 영상을 공개하기 시작했다. 이제 누구나 이 귀중한 자료에 접근할 수 있게 된 것이다. 하지만 특정한 관심 주제의 알짜 정보를 쏙쏙 뽑아내려는 사람에게는 너무 방대한 분량이었다.

이러한 애로점을 해결하고픈 사람들에게 이 책이 유용한 자료가 되기를 바란다. 워런 버핏Warren Buffett은 1998년 버크셔 해서웨이 주주총회에서 투자자와 기업가들에게 들려주고픈 교훈을 가장 제대로 전달하는 책으로《워런 버핏의 주주서한》을 꼽았다. 이 책은 버핏이 직접 쓴 주주 서한의 핵심을 투자 전문가 로렌스 커닝햄Lawrence Cunningham이 정리한 것이다. 버핏은 자신이 쓴 모든 편지를 주제별로 잘 정리했다는 이유를 들었다. 내 책상에도 가장자리가 너덜너덜해진 커닝햄의 책이 놓여 있다.

나 역시 여기서 영감을 얻어 버핏과 찰리 멍거Charlie Munger가 1990년대 초부터 연례 주주총회에서 나온 숱한 질문에 즉흥적으로 답변한 통찰력들을 한데 엮기로 했다. 먼저 1994년부터 2024년까지 31년간의 버크셔 해서웨이 주주총회 내용에서 1,700개 이상의 질문을 검토했는데, 버핏과 멍거의 답변은 투자와 비즈니스의 보물 창고와 같았다. 나는 모든 사람에게 그 보물 창고의 문을 열어주는 것을 목표로 삼았고, 그래서 이 책을 쓰기 시작했다.

지난 5년 동안 31차례의 주주총회를 전부 청취했다. 그리고 모든 질문을 주제별로 정리한 후, 기업가와 동료 투자자들에게 가장 도움이 될 500여 개의 답변을 추렸다. 그 결과물로 이 책이 탄생했다. 우선 투자와 경영에 있어 중요한 주제를 몇 가지로 분류했다. 가령 장기 투자자로 성공하기 위한 기량, 기업의 가치 평가 기술, 불확실성과 시장 변동성에 대처하는 자세, 능력 범위의 정의, 기회비용 계산, 거시경제적 불확실성의 극복 등이다. 버핏과 멍거는 정치나 인생의 교훈에 대해서도 여러 통찰력 있는 답변을 내놓았지만, 이는 이 책의 주제에서 벗어나기에 제외했다.

수십 년 동안 거의 변치 않은 접근법으로 투자해 온 버핏과 멍거는 총회에서 다루는 주제도 매년 비슷했다. 그러다 보니 그들의 답변이 전년도와 크게 다르지 않을 때가 많았다. 이 경우 나는 가장 유용한 문장만 살렸다. 또한 답변의 핵심을 곡해하지 않는 선에서 표현을 명확하고 간결하게 편집했다. 버핏과 멍거의 아이디어를 독자에게 완전하고 제대로 전한다는 목표 아래 인용문을 수정할 때는 그들에 대한 깊은 존경심을 담아 각별히 신경 썼다.

나는 버핏과 멍거로부터 투자와 사업에 관해 상당한 교훈을 얻었다. 이에 그들에게 영원히 감사할 것이다. 두 사람의 지혜가 차세대 투자자들에게 전달되는 데 이 책이 보탬이 되었으면 한다. 이것이 버핏과 멍거의 모든 공로에 감사를 표하는 나만의 방법이다. 그리고 이 책으로 벌어들인 세후 순수익의 50%를 버핏이 수년간 지원해 온 자선 단체인 글라이드GLIDE에 기부할 예정이다. 버핏의 자선 활동은 이 책의 중심 주제가 아니지만, 그가 삶의 또 다른 부분에서 롤모델인 이유를 증명한다.

2024년 플로리다주 데이비에서,
알렉스 모리스

차례

머리글 _5

1부 가치 투자 *Value Investing*

가치 투자 '가치 투자가 아닌 투자는 뭐란 말인가?' _23

종목 선정 '주식을 선택하는 기준은 곧 기업을 보는 기준이다' _30

이상적 기업의 조건 '그들은 복리의 마법사가 된다' _32

투자와 인생에서의 성공 '조바심은 장기 성과의 적이다' _35

좋은 연차 보고서란? '흔하고 전형적인 연차 보고서는 필요 없다' _47

매도 시점 '경쟁우위가 사라지거나, 신뢰를 잃었거나' _48

좋은 투자란? '올바른 두 가지 결정을 내리는 것' _49

잘못된 결정 피하기 '이발사에게 이발할 때가 되었냐고 묻지 말 것' _51

쇠퇴 기업 '진짜 돈은 성장하는 기업에서 벌 수 있다' _53

경영자에게 던져야 할 질문 '2순위로 추천하는 회사는 어디인가?' _54

기업 인수의 기본 '남의 돈이 아닌 우리 돈으로 매수하자' _55

투자 기간과 위험 '우리는 유리한 확률에서만 움직인다' _57

변동성과 위험 '변동성은 저절로 해결된다' _58

불규칙한 수익 '크리스마스는 수천 년 후에도 존속한다' _61

현금 보유 '현금이 있다는 건 마음에 드는 투자가 없다는 것' _62

버핏의 탐구 과정 '이 회사의 가치는 얼마인가?' _67

투자 방식 '투자는 종교가 아니지만, 유용한 교리는 있다' _68

분산투자와 집중투자 '훌륭한 세 개의 기업만으로도 투자에 성공할 수 있다'_69

성장과 수익 사이 '성장보다 중요한 것은 고수익이다'_79

손실 회복 '잃은 만큼 되찾으려 애쓰지 마라'_80

침체기 '침체기는 예상치 못한 때에 찾아온다'_81

투자에서 첫 번째 질문 '내가 이 기업을 이해할 수 있는가'_82

벤저민 그레이엄과 필립 피셔 '가치주 투자와 성장주 투자'_82

투자에서 수학의 기능 '야구 스카우터가 각 선수를 비교하는 것과 같다'_85

밸류라인 '기업의 발자취를 살펴볼 것'_85

기회비용 '사실이 바뀌면 내 마음도 바뀐다'_86

연차 보고서 '직접 정보를 찾고 이해해야 한다'_90

훌륭한 기업의 조건 '30년 이상 뛰어날 수 있는 기업'_91

미스터 마켓 '변동성은 위험이 아니다'_93

투자 전문가와 아마추어 '투자 전문가는 인덱스 펀드보다 성과가 나쁘다'_96

5분 테스트 '5분 안에 끈기름할 긱자의 필터를 개발할 것'_99

안전마진 '대부분의 실수는 오판보다 태만이었다'_100

레버리지와 옵션 '우리는 어떤 현란한 기법에도 가담하지 않는다'_103

담배꽁초 투자 '꽁초들로 가득한 포트폴리오는 통하지 않는다'_106

EBITDA 'EBITDA라는 단어를 뻥튀기 이익으로 바꿔라'_108

좋은 기업과 나쁜 기업의 차이 '쉬운 결정과 어려운 결정의 차이'_112

현장 조사 '누구에게 은제 탄환을 사용할 것인가?'_114

의사결정 평가 '병리학 수업을 들은 의사가 명의로 성장한다'_116

투자의 지혜 '왜 이런 일이 일어났을까?'_116

버크셔 최악의 실수 '엄지손가락 빨기'_119

소규모 투자 '가치와 투자를 안다면 기회는 충분하다'_120

2부 가치 평가와 내재가치 Valuation and Intrinsic Value

내재가치 '헐값의 불확실성보다 미래의 확실성이 더 좋다' _125

성장주와 가치주 '성장주와 가치주의 구별은 무의미하다' _129

가치 평가 기준 '가치 평가는 수치화한 계산이 아니다' _132

현금흐름 할인법 '안전마진은 한눈에 보여야 한다' _136

이익 증가율 및 가치 평가 '15%라는 숫자가 결국 발목을 잡을 것이다' _137

장부가치 '가치를 결정하는 건 장부가치가 아니라 이익이다' _139

현금흐름 할인율 '미래 수익력의 현재 가치를 고려한다' _141

버크셔의 보험 사업 평가 '내재가치가 장부가치를 훨씬 초과했다' _142

여론과 애널리스트의 평가 '월가에서 여론조사로 부자가 된 사람은 없다' _43

금리와 가치 평가 '우리는 흥미로운 침체기에 있다' _144

은행 가치 평가 '은행도 다른 업종과 다르지 않다' _145

주가수익비율 'PER은 마법의 공식이 아니다' _146

할인율 '우리는 장기 국채 금리를 기본 할인율로 삼는다' _149

영구 보유 '가장 좋은 방법은 절대 팔고 싶지 않을 주식을 사는 것' _152

투자의 기준 '투자는 늘 품질과 가격을 모두 고려해야 한다' _157

3부 자본 배분 Capital Allocation

자본 배분 '버크셔 후계자의 최우선 조건은 자본 배분 능력' _161

배당금 지급 '회사가 보유한 1달러의 가치가 배당금 1달러보다 큰가?' _162

대기업의 M&A '다른 기업을 사기 위한 주식 발행은 대개 실패한다' _165

자사주 매입 '주식 가격이 내재가치보다 낮은가?' _166

버크셔의 자사주 매입 '우리 주식이 저평가되어 있다는 증거'_168

기업의 자사주 매입 '우량 기업이라면 찬성한다'_175

금융기업의 자사주 매입 '내재가치를 살펴봐야 한다'_178

코카콜라의 자사주 매입 '영리하게 자본을 사용할 줄 아는 기업'_179

4부 기업 경영 Management and Board of Directors

경영진 평가 '주어진 자원과 기회를 얼마나 잘 활용하는가?'_185

버크셔의 자회사 관리 '저마다 다른 타격 방식을 가진 야구선수와 같다'_186

훌륭한 경영자 유지 '4할 타자에게 스윙 방법을 가르칠 필요는 없다'_189

임원 스톡옵션 '비용을 들이지 않고도 주식을 발행한다?'_192

CEO와 자본 배분 '우리는 모든 자본 배분 결정에 책임을 진다'_193

말썽꾼 피하기 '나쁜 사람과는 좋은 거래를 할 수 없다'_194

악새에 내숭하기 '명판은 조금이라도 잃어서는 안 된다'_194

경영자와 직원 보상 '우리는 4할 타자들이 원하는 대로 스윙하게 둔다'_201

경영진 계약 '우리는 계약에 기반한 관계를 원하지 않는다'_221

경영자의 자질 '꾸준한 3할 이상의 타율을 기대한다'_222

스톡옵션 '노력의 대가가 아닌 수익 창출의 대가여야 한다'_225

기업 보상 제도 '미국 기업들은 망할 컨설턴트들의 술수에 넘어갔다'_230

좋은 기업과 무능한 경영자 '쓸데없는 일을 벌이는 기업이라면 탈출하라'_232

자기 함정 '망치를 든 사람에게는 모든 문제가 못처럼 보인다'_233

이사회 '이사회의 역할은 적절한 CEO를 선임하고 그를 견제하는 것'_234

기업 문화 '기업 문화를 잘 따르면 보상을, 따르지 않으면 징계를'_240

5부 버크셔 해서웨이 *Berkshire Hathaway*

버핏의 첫 버크셔 투자 '남이 버린 담배꽁초는 축축하고 찜찜하지만 공짜' _245

바람직한 주주 '버크셔라는 종목이 아닌 버크셔의 일부를 구입한 것' _247

운영 구조 '기업 운영은 분권화, 자산 운용은 중앙 집중화' _250

위험 관리 '남들이 무너지더라도 우리는 살아남을 테니까' _250

기업 장기 소유와 인수합병 '팻 피치를 기다리기만 하면 된다' _252

후계자 문제 '오늘 밤 워런이 죽어도 버크셔 운영 방식은 바뀌지 않는다' _256

전략적 비전 '우리는 항상 넉넉한 현금을 보유할 것이다' _264

버크셔 최고의 투자 '인재 영입보다 높은 수익을 낸 투자는 없다' _272

버크셔에 매각하는 장점 '기업의 강점을 온전히 유지한다는 것' _273

완전 자회사와의 동행 '회사를 되팔지 않는 것은 우리의 오랜 습성' _274

버크셔의 내재가치 '중요한 것은 미래의 자본 배분이다' _277

주식 회전율 '버크셔 주주들은 보유하기 위해 주식을 산다' _280

버크셔의 강점 '남들이 따라 하기 힘든 문화와 사업 모델' _281

매클레인 '우리는 동반자 같은 주주를 원한다' _286

자회사의 가치 증대 '무간섭주의의 가치는 엄청나다' _291

가치 평가(B주 신규 발행) '주주에게 불리한 가격으로 버크셔 지분을 팔 수 없다' _293

주가 '한 집단이 다른 집단의 부를 가져가는 부의 분배는 안 된다' _294

자회사 자본 배분 '합리적인 사업 아이디어는 언제나 환영' _296

기회요인 '버크셔는 손해 보지 않게끔 체질을 단련했다' _296

규모의 한계 '우량 기업은 추가 자본을 흡수하지 못한다' _297

기업윤리 '절대로 돈 때문에 평판을 잃어서는 안 된다' _298

기업 구조와 세금 '산술적 불리함은 장기 투자할수록 줄어든다' _299

M&A 실사 '우리 눈에 실사는 요식행위로 보인다' _301

기업 인수 vs 주식 투자 '우리는 기업의 완전 인수를 선호한다' _302

장기적 성공 '버크셔의 방식은 복제 불가하다' _303

에너지 분야 '에너지 사업에 통 크게 투자할 것이다' _306

네브래스카 퍼니처 마트 '저렴하진 않지만 놓쳐선 안 될 기회였다' _316

넷젯 '실수를 겪는다고 우리 방식이 바뀌는 건 아니다' _317

버크셔 해서웨이 홈서비스 '매우 지역 특화적인 사업이다' _320

배당 정책 '배당 시작은 버크셔의 복리 창출이 끝났다는 것이다' _322

보르샤임 '보석 같은 고가는 비용 절감이 중요하다' _324

옥시덴탈 페트롤리움 '유가가 성패를 쥐고 있다' _325

프리시전 캐스트파츠 '우리는 앞으로도 실수할 것이다' _326

덱스터 슈 '투자은행의 예측과 현실은 다르다' _327

루브리졸 '업계의 경제적 동향 파악이 중요하다' _329

페트로차이나 '우리는 선계사처럼 생각한다' _330

BNSF 및 철도 '다른 회사의 성공 사례도 얼마든지 채택한다' _334

6부 보험 사업 *The Insurance Business*

보험과 재보험의 역할 '보험에 가입하는 이유는 두 가지다' _341

현명한 인수 '보험업은 실수를 용납할 여유가 없다' _342

슈퍼캣 가격 책정 '지진은 보험료와 무관하게 발생한다' _343

재보험 사업 '누군가에게 펜을 넘기는 것은 큰 위험을 감수하는 일이다' _345

소급 보험 '우리는 모든 계약에서 책임 한도를 정한다' _354

보험 경쟁 '보험료를 잘못 매기면 그 대가를 치러야 한다' _355

보험 플로트 '플로트도 결국 경쟁이다' _359

플로트 투자 '우리 목표는 무비용 플로트다' _365

런던 로이즈 '로이즈의 문제는 우리에게 도움이 되었다' _367

버크셔 보험 사업의 가치 '높은 가치만큼 제대로 운영해야 한다' _370

버크셔 보험 사업의 강점 '플로트는 1인 은행과 같다' _371

불시의 악재 '예측 불가한 일이 크게, 뒤늦게 발생할 수 있다' _378

보험 인수 인센티브 '과도한 경비율은 참아도 나쁜 보험은 못 참는다' _379

제너럴 리 인수 '대수선 작업이었지만, 완료했다' _382

7부 회계 *Accounting*

스톡옵션 회계 문제 '스톡옵션은 보수이며, 비용 처리해야 한다' _387

수상한 회계 '회계를 들여다보면 경영진이 보인다' _389

합리적이고 정직한 회계 '숫자놀음은 절대 효과가 없다' _390

이익 관리 '매년, 매 분기 기대에 부응할 순 없다' _392

영업권의 가치 '이를 기업의 매력도 평가에 사용해선 안 된다' _393

주식 분할 '우리는 주식을 20달러로 분할하지 않을 것이다' _395

회계 처리 '주주들은 우리 거래의 채산성을 이해한다' _398

8부 능력 범위 *Circle of Competence*

강점 파악 '최선의 전략은 전문화다' _401

변화 예측 '변화에 영향받지 않을 회사를 찾는다' _403

기술 발전의 영향 '우리는 변화를 위협요인으로 여긴다' _407

인터넷과 경쟁 '인터넷은 기업을 더 힘들게 만들 것이다' _412

기술주 투자 '우리는 잘 모르는 분야에 투자하지 않는다' _412

통신주 투자 '통신업은 우리가 이해하지 못하는 영역이다' _426

어려운 예측 '2~3m 장애물 통과 신기록보다 30㎝ 장애물을 넘을 기회를 노린다' _427

해자와 지속 가능한 경쟁우위 '해자가 매년 넓어진다면 사업도 흥할 것이다' _427

성장 산업과 투자 '성장 산업과 돈 버는 산업은 별개다' _431

9부 미스터 마켓 *Mr. Market*

미스터 마켓 '주식은 가장 친절하고 돈 벌기 좋은 시장이다' _435

시장 예측 '시장의 움직임을 예측해 돈 번 사람은 없다' _436

시장 효율성 '투자는 과거 지식으로는 충분하지 않다' _438

시장의 본질 '시장은 정규분포를 따르지 않는다' _442

10부 경제 환경과 투자 *Economics and Investing*

자본주의 '애덤 스미스가 옳았다' _447

투자국의 다각화 '투자 대상의 국적은 큰 변수가 아니다' _450

시장 타이밍 '우리는 바닥을 잡으려 하지 않는다' _450

연준과 금리 '연준의 역할은 바람에 맞서는 것이다' _456

금과 인플레이션 '금은 우선순위 중 가장 밑바닥이다' _457

〈포춘〉 500대 기업의 ROE '공개된 평균 ROE는 과장된 것이다' _460

중요한 것과 알 수 있는 것 '우리는 기업의 가치에만 집중한다' _461

거시경제와 투자 결정 '우리는 엉뚱한 변수에 신경 쓰지 않는다' _463

거시경제와 외부 요인 '의도적인 불가지론을 취하고 있다' _466

경제적 상관관계 '투자는 자산 자체가 창출할 것을 보는 일이다' _467

제로 금리 '금리와 자산은 중력과 물질의 관계와 같다' _469

인플레이션과 수익률 '인플레이션은 투자자의 돈을 편취한다' _470

인플레이션과 구매력 '최선의 방어 수단은 자신의 수익력이다' _471

인플레이션에 강한 기업 '인플레이션은 늘 잠복 중이다' _475

원자재 '우리는 원자재 자체가 아닌 기업에 투자한다' _476

세계 금융위기와 정부 대응 '신속히 여러 조치를 취했다' _477

정부 규제 '보험업과 은행업에는 규제가 필요하다' _477

글로벌 생활수준 '간헐적으로나마 앞으로 나아가고 있다' _479

지정학적 위험 '그래도 미국에서 기업을 찾겠다' _480

고용과 해고 '자본주의는 창조적 파괴가 특징이다' _481

11부 시즈캔디, 코카콜라, 소비재 브랜드
See's Candies, Coca-Cola, and Consumer Brands

코카콜라의 배당 정책 '현금 활용에 따라 평가해야 한다' _485

시즈캔디에서 얻은 교훈 '수영 실력보다 연못 선택이 중요하다' _485

코카콜라의 역사 '가장 탁월한 계약과 가장 멍청한 계약' _497

코카콜라 가치 평가 '발행 주식과 24개들이 상자 판매량을 봐라' _499

코카콜라의 점유율 '코카콜라보다 탄탄한 기업은 없을 것이다' _500

월트 디즈니 '핵심은 10년 후 마음 점유율이다' _502

제품 전파력 '미국에서 오래 버티면 세계로 진출할 기회도 많다' _503

코카콜라 보틀링 '보틀링의 수익성이 좋아야 코카콜라에도 유리하다' _504

가격 결정력과 인플레이션 '브랜드 인지도가 높아야 한다' _505

코카콜라 주가 '우리는 10년 후에도 코카콜라를 들고 있을 것이다' _507

코카콜라의 보상 계획 '그들의 보상 계획은 과하다' _507

유통업체의 영향력 '대형 유통업체는 독자적 브랜드로 거듭난다' _509

소비재 브랜드 '브랜드는 일종의 약속이다' _509

크래프트-캐드베리 합병 '미국 기업은 자신의 전략을 과신한다' _510

크래프트-하인즈 합병 '좋은 투자도 비용 지불이 과하면 나쁜 투자가 된다' _512

12부 가이코와 자동차 보험
GEICO and U.S. Auto Insurance

가이코 인수 '가이코는 버크셔의 큰 자산이다' _517

내수 시장 확장 '가이코가 샛길로 빠지지 않길 바란다' _518

미국 자동차 보험의 역사 '관찰만 해도 많은 것을 알 수 있다' _519

가이코의 주요 변수 '중요한 것은 보유 계약과 계약별 갱신율이다' _521

가이코의 경쟁우위 '장기적 경쟁우위는 저렴한 보험료다' _522

가이코의 세계 확장 '같은 자원을 미국에 집중 투입하는 게 낫다' _526

프로그레시브와 텔레매틱스 '경비율과 손해율을 살펴봐라' _527

그레이엄과 가이코 '그는 성장주 가이코로 가장 큰돈을 벌었다' _535

13부 그 외 투자에 관한 거의 모든 것 Other Topics

버핏의 전성기 '돈이 불어날수록 투자 영역은 축소된다' _539

투자 실수 '1960년대 디즈니 매도는 큰 실수였다' _540

파생상품 '파생 분야는 잠재적 다이너마이트다' _541

US에어 투자 '구조조정 문제가 있는 기업은 투자를 피해라' _551

항공업 '항공업에는 채산성을 방해하는 요인이 많다' _552

손절매 '손절매 주문을 이해할 수 없다' _557

풋옵션 '주식 매수보다 효율적인 방법은 아니다' _558

아메리칸 익스프레스 '그들의 역사는 멋진 성공담이다' _558

영화산업 '영화사는 주주들에게는 수익을 잘 주지 않는다' _562

신문업 '신문지 사업보다 신문 사업이 더 좋다' _564

기업 소유주 '그들은 변덕이 죽 끓듯 한다' _567

영세기업 '소액 투자는 기회가 폭넓다' _568

은행업 '경영을 잘해야 좋은 사업이 된다' _569

담배산업 '마음이 불편해 투자하지 않기로 했다' _570

투자와 수학의 관계 '수학이 투자에 도움을 준다는 건 착각이다' _571

LTCM의 교훈 '위험 감수에 가격을 매기면 안 된다' _574

제약산업 '제약주는 포트폴리오로 접근한다' _577

기업의 사회 공헌 '돈을 벌고 모으는 것 이상의 무언가를 찾아라' _578

보험사 통합 '형편없는 중소기업 두 개를 합치면 형편없는 대기업이 탄생한다' _579

코스트코 '극도의 능력주의와 자발적 윤리 경영의 결과다' _579

사양산업 '돈을 짜내고 다른 곳으로 갈아타야 한다' _582

투자은행 '잘 모르는 기업에는 투자를 포기하라' _582

인터넷과 경쟁 '경쟁은 치열해지고 자본이익률은 낮아진다' _583

금융기관과 은행 '금융기관은 재무재표로 파악이 어렵다' _584

공매도 '대개는 작전 세력의 승리로 끝난다' _595

인덱스 펀드 '광범위한 인덱스 펀드를 추천한다' _597

중국 주식 '낮은 가격에 좋은 기업을 발견해 중국에 투자했다' _599

기업공개 'IPO는 경매보다 협상 거래와 비슷하다' _600

주택 시장 '집값은 상승하는데 대출 조건은 느슨해졌다' _601

비야디 '회사는 작지만 이들의 야망은 크다' _606

채권 매입 '모든 증권에는 상충 관계가 있다' _608

신용평가사 '투자 판단을 외부에 맡길 이유가 없다' _609

기대치 낮추기 '내가 결혼한 것도 아내가 기대치를 낮춘 덕이다' _610

헨리 싱글턴 '그는 주식을 미친 듯이 발행했다' _611

기억에 남는 투자 '우리를 보고 스스로에게 너그러워져라' _612

사모펀드 '버크셔를 레버리지로 키울 생각이 없다' _613

추천 도서 '새 지식을 얻는 것보다 기존 지식을 버리는 게 어렵다' _615

자기 함정 '고통스러워도 방향을 바꿀 의지가 필요하다' _622

부록 보험회사를 운영하는 올바른 길 _625

1부
가치투자
Value Investing

"우리는 영원히 데리고 살 기업을 매수하려 노력한다.
그러기 위해서는 그 기업이 어떤 발자취를 남겨 왔는지 살펴봐야 한다."

"시장의 전체적인 성장 여부는 우리에게 중요한 요소가 아니다.
그보다는 어떤 게임에서 누가 승자가 되고 누가 패자가 될지
파악하는 게 핵심이다."

"시간은 훌륭한 기업에는 친구지만, 형편없는 기업에는 적이다."

"EBITDA(수익성 지표)라는 단어가 들어간 프레젠테이션을 볼 때
더 쉽게 이해할 방법이 있다.
그 단어를 전부 '뻥튀기 수익'이라고 바꿔 읽는 것이다."

"의사들도 가끔은 병리학 수업을 청강해야
더 좋은 명의로 발전할 수 있을 것이다."

주식 한 주를 사든, 100%를 사서 회사를 인수하든 투자의 주목적은 단순하다. 쓴 금액보다 수익이 커야 한다. 혹은 워런 버핏의 표현을 빌리자면 "가치는 오늘 투자한 돈보다 더 많이 거둘 것으로 기대되는 미래 수익"이다. 따라서 가치를 평가하고 투자를 결정하기 위한 큰 틀을 현명하게 세우려면 투자 기간, 위험을 감수할 능력과 의지, 포지션의 크기 및 다각화 등 여러 가지를 고려해야 한다. 이는 건전한 투자 철학의 기초이자 1부에서 다룰 주제다.

많은 투자자가 보다 정확한 투자 공식을 찾으려 하지만 대개 헛수고로 끝난다. 경제학자 존 메이너드 케인스John Maynard Keynes의 말처럼 투자에서는 대략적으로만 맞아도 족하다. 특히 완전히 틀릴 위험을 피할 수 있다면 더욱 그렇다. 하지만 더 큰 목표를 달성하기 위해서는 찰리 멍거가 강조했듯이 꾸준한 학습과 개선으로 아침에 일어날 때마다 조금씩 더 현명해지는 것이 중요하다.

"어떤 일이 왜 일어나는지 알고픈 열정과 관심이 있고, 세상에 왜 그 일이 일어나거나 일어나지 않는지 항상 이해하려 노력하는 사람은 오랜 시간에 걸쳐 점점 현실에 대처하는 능력이 쌓인다. 그러한 마음가짐이 없는 사람이라면 IQ가 아무리 높다 한들 실패할 공산이 크다."

가치 투자

2009 총회 (02:48:46)

워런 버핏(이하 버핏): 찰리와 저는 가치 투자 외에 다른 유형의 투자란 없다고 생각합니다. 다시 말해 비가치 투자라는 것을 하는 사람도 있을까요? 우리는 항상 '가치'라는 용어가 '성장'과 대조되는 개념으로 거론되는 게 의아했습니다. 가치는 오늘 투자한 돈보다 더 많이 거둘 것으로 기대되는 미래 수익입니다. 사람들이 우리를 가치 투자자라고 부를 때마다 우리는 속으로 되묻습니다. '가치 투자가 아닌 투자는 뭐란 말인가?'

2012 총회 (00:47:33)

버핏: 비즈니스 스쿨에서 가르치는 내용 중 가장 웃긴 건 투자 과목입니다. 그때그때 유행하는 금융 이론에 집착하는 게 놀라울 따름입니다 게다가 대개 수학에 기반을 두고 있죠. 투자는 그렇게 복잡하지 않습니다. 저 같으면 딱 두 과목만 개설하겠습니다. 하나는 '기업 가치를 평가하는 방법'이고, 다른 하나는 '시장을 바라보는 방법'입니다. 그 두 가지 기본 원칙만 알아도 현대 포트폴리오 이론이나 옵션 가격 책정보다 훨씬 유익할 겁니다. 투자자가 되는 데 옵션 가격 책정 같은 게 과연 필요할까요?

투자 교육은 현실과 완전히 동떨어져 버렸습니다. 수업에서 사용하는 교재들을 보면, 기업 가치를 평가하는 내용은 전혀 없습니다. 그게 투자의 본질인데 말이죠. 어떤 기업을 실제 가치보다 낮은 가격에 매수하면 돈을 버는 겁니다. 그리고 자신이 가치 평가를 할 수 있는 기업과 불가능한 기업의 차이를 알아도 돈을 벌 수 있습니다. 하지만 학자들은 훨씬 더 난해한 이론을 개발하려고 노력합니다. 그래야 소수의 대사제들이 설교할 무대가 생기기 때문이죠. 대사제들은 평신도들에게 자기 말을 따르라 설득하고 싶어 합니다.

찰리 멍거(이하 멍거): 회계 쪽도 마찬가지입니다. 기업의 주식(또는 주가지수)에서 장기 옵션 가격을 산정하는 최적의 방법은 블랙-숄즈 모형(Black-Scholes Model, 금융에서 옵션의 가치를 산출하는 방정식)이 아닙니다. 그런데도 회계사들은 이 방식을 사용합니다. 사람들은 깊이 생각하지 않아도 되는 표준화된 공식을 원했고, 결국 하나를 찾아낸 것이죠.

2015 총회 (04:37:26)

버핏: 기본적으로 우리는 5년, 10년, 15년 후의 미래가 눈에 딱 들어오는 기업들을 찾습니다. 소수점 넷째 자리까지 계산한다는 뜻이 아니라, 감이 와야 한다는 거죠. 우리는 스스로의 한계를 알고 있습니다. 그래서 후보군 중 여러 기업을 덜어냅니다. 그러고는 보고 읽고 생각하기를 멈추지 않습니다. 기회 A와 기회 B를 비교하는 거죠. 자본에 한계가 있던 시절에는 뭔가를 사려면 갖고 있는 다른 것을 팔아야 했습니다. 이렇게 보유한 종목과 새로 눈에 띈 종목의 매력도를 비교하는 일은 항상 흥미로운 도전이었습니다. 우리는 엄청난 결과를 얻었으면 좋겠다고 희망하는 기회보다는 괜찮은 결과를 확실히 얻을 기회에 가중치를 두었습니다. 그렇게 본능에 따라 한 발짝씩 나아갔습니다.

멍거: 워런은 버크셔의 주요 자회사인 가이코GEICO를 발굴한 게 행운이었다고 말하곤 합니다. 하지만 궁금한 걸 알아내려고 워싱턴까지 가서 대답 없는 기업들의 문을 두드려 대는 스무 살 청년이 어디 흔합니

까. 그러니 우리는 궁금증을 품고 스스로 지혜를 구함으로써 행운을 우리 편으로 끌어온 것이죠. 이는 다른 모든 사람에게도 권하는 방법이기도 하고요. 실수해 보고 된통 한 방 맞는 것만큼 확실한 지혜를 얻는 길은 없답니다. 우리도 그런 시행착오를 많이 겪었고요, 안 그래요?

버핏: 수도 없이 겪었죠. 우리는 볼티모어의 백화점 사업(호크실드-콘Hochschild-Kohn)을 잘 안다고 생각했고, 쿠폰 사업(블루칩 스탬프Blue Chip Stamps)도 잘 안다고 생각했습니다. 형편없는 기업에 투자한 적도 많지만, 그런 실패를 겪고 나면 우량 기업을 알아보는 안목이 생기죠. 즉 실수는 우량 기업과 불량 기업을 구별하는 능력을 더욱 가다듬어 줍니다. 우리는 그렇게 배워 가는 과정이 매우 즐거웠습니다. 즐길 줄 아는 것도 도움이 됩니다. 매일 아침 이를 악물고 출근할 때보다 결과도 더 좋을 테고요.

2016 총회 (03:19:48)

버핏: 저는 투자를 공부할 때 벤저민 그레이엄Benjamin Graham에게 많은 지식을 빚졌습니다. 사업에 관해서는 찰리에게 많이 배웠고요. 또 저는 평생 여러 기업을 살펴보며 왜 어디는 잘 되고 어디는 안 되는지 연구했습니다. 야구선수 요기 베라Yogi Berra의 말처럼 관찰만 해도 많은 것을 알 수 있답니다. 그게 찰리와 내가 오랫동안 해 온 일이고요. 또한 자신의 약점을 인식하는 것도 중요합니다. 우리는 백화점 등 몇몇 사업에도 투자해 봤지만, 전반적으로는 스트라이크존(전문 분야)의 공에만 스윙하려 노력했습니다. 자기 능력 범위를 벗어나지 않고자 했죠. 그 이상으로 복잡한 일은 거의 없었습니다.

특정 분야에서는 높은 IQ가 도움이 될지 몰라도 투자에서는 아닙니다. 다만 투자자라면 감정은 확실히 조절할 줄 알아야 합니다. 머리는 똑똑한데 행동이 어리석은 사람들이 있죠. 엄청난 돈을 벌어 놓고는 레버리지를 걸어 그걸 다 잃는 사람들을 보세요. 소탐대실이죠. 초등학교 1학년이 봐도 비상식적일 행동을 자꾸 반복하는 사람들이 많습니다.

멍거: 간단한 요령이 몇 가지 있습니다. 인내심과 기회주의 기질을 겸비한 사람에게는 더 효과적이죠. 저는 그 기질이 대체로 선천적이라고 생각하지만 어느 정도는 후천적으로도 습득할 수 있다고 생각합니다. 버크셔가 지금의 위치에 올라선 큰 요인이기도 한데 올바르게 행동하려고 노력한다는 것입니다.

제 증조부의 장례식에서 목사님은 "이분의 성공을 시샘하는 사람은 아무도 없었습니다. 정당히 벌고 현명하게 썼기 때문이죠"라고 추도사를 읊었습니다. 단순한 발상이지만 버크셔가 추구하는 것입니다. 많은 돈을 벌었으나 모두의 미움을 사는 사람들이 있습니다. 그가 돈을 번 방식이 존경스럽지 않은 것이죠. 가령 저는 카지노를 운영해 돈 버는 사람들을 대단하게 보지 않습니다. 그래서 카지노 사업은 하나도 보유하지 않았습니다. 그리고 우리는 어느 담배 회사를 포함한 특정 사업들도 거부했습니다. 목사님이 표현한 제 증조부의 생활방식을 우리가 조금도 따르지 않고 그저 영악하기만 했다면 버크셔는 성공하지 못했을 겁니다. 우리는 정당히 벌고 현명하게 지출한 투자자로 기억되었으면 좋겠습니다.

2019 총회 (01:27:59)

버핏: 모든 투자는 가치 투자입니다. 지금 돈을 나중에 더 많은 돈으로 돌려받기 위해 수익을 거둘 확률, 수익 시점, 그 시점까지의 이자율을

계산합니다. 어떤 은행을 장부가치의 70%로 인수하든, 아마존amazon 주식을 매우 높은 PER(Price Earning Ratio, 주가수익비율)로 매수하든 같은 계산을 적용합니다. 아마존 투자 여부를 결정하는 우리 매니저들(토드 콤스Todd Combs와 테드 웨슐러Ted Weschler)도 과거에 운전자본 이하로 거래되는 모든 물건을 둘러보던, 저와 똑같은 철저한 가치 투자자들입니다. 그들은 지금부터 심판의 날까지 얼마나 성장할지 알 수 있는 기업을 찾습니다. 투자 후보 기업의 현재 매출과 영업이익도 어느 정도 영향을 끼치며 유형자산의 비중, 여유자금이나 과잉 부채의 유무도 계산에 포함합니다. 그들은 철저히 가치 투자 원칙을 따르고 있습니다.

결국 모든 것은 이솝Aesop의 교훈으로 귀결됩니다. 기원전 600년에 그는 "손안에 든 새 한 마리가 숲속에 있는 두 마리보다 낫다"라고 말했습니다. 우리는 아마존 주식을 살 때 숲속에 새가 세 마리인지 네 마리인지, 숲까지 가려면 얼마나 걸리는지, 숲에 도착할 가능성이 얼마나 되는지, 그리고 누가 와서 숲을 빼앗진 않을지 알아내려 합니다. 비즈니스 스쿨에서 여러 투자 공식을 가르치지만, 이것이 기본 공식입니다. 저는 이 기본을 따르며 버크셔의 제 후임들도 마찬가지입니다.

멍거: 아마존을 일찍 잡지 못한 건 괜찮습니다. 제프 베이조스Jeff Bezos는 기적을 행하는 사람이죠. 이상하게도 저는 그 점에 대해서는 저 자신에게 면죄부를 줍니다. 하지만 구글Google(알파벳Alphabet)의 잠재력을 더 일찍 알아보지 못한 건 멍청했다고 생각해요. 워런도 같은 생각일 겁니다. 우리는 좋은 기회를 날렸어요.

버핏: 찰리는 우리가 기회를 날렸다네요. 그래도 가이코에 구글 애즈 Google Ads를 도입해 몇 가지 통찰력을 얻었습니다. 우리는 클릭당 10달러를 지불했는데 구글의 한계비용(생산량이 한 단위 증가할 때 늘어나는 비

용)은 정확히 0이었습니다. 그리고 그 광고는 효과가 있었어요.

멍거: 가이코에서 구글 광고가 얼마나 효과적으로 작동하는지 확인할 수 있었죠. 그런데도 우리는 손가락만 빨며 가만히 앉아 있어야 했습니다. 그래서 부끄럼을 느끼며 반성하는 중입니다. 어쩌면 애플을 매수한 것도 그 반성의 의미일지 모르겠습니다.

2023 총회 (00:43:24)

멍거: 저는 가치 투자자들이 줄어든 기회와 치열한 경쟁으로 앞으로 더 어려움을 겪을 것으로 생각합니다. 따라서 덜 버는 데 익숙해지라고 조언하고 싶습니다.

버핏: 찰리는 저를 만난 이래 늘 똑같은 말을 했습니다.

멍거: 하지만 우리가 덜 벌고 있는 건 사실인걸요. 소싯적에 성과가 더 좋았죠.

버핏: 제 생각에 가장 큰 이유는 우리가 5,000억 달러를 관리하게 될 거라고는 생각지 못했기 때문인 것 같습니다. 하지만 저는 앞으로도 기회가 많을 것이라고 봅니다. 우리에게 기회가 온다는 건 달리 말해 다른 사람들이 어리석은 짓을 한다는 뜻이거든요. 그리고 우리가 버크셔를 운영해 온 지난 58년간 어리석은 사람들의 수는 크게 늘었습니다.

그들은 어리석은 일을, 그것도 판을 키워서 합니다. 그 이유 중 하나는 우리가 처음 사업을 시작했을 때보다 남의 돈을 내 것으로 가져오기가 훨씬 쉬워졌기 때문입니다. 지난 10년 동안은 마음만 먹으면 바보 같은 보험사를 차릴 수 있었고, 그걸 잘 활용하면 부자가 될 수 있었습니다. 그 회사가 성공하든 실패하든 보험 심사관과 변호사들은 수수료를 받았습니다. 58년 전에는 불가능했던 일입니다. 다행히 어리석은 일을 벌이고 싶어도 그럴 돈을 구할 수 없었으니까요.

요즘 큰돈은 남들의 아이디어를 파는 데 있습니다. 남들보다 나은 성과를 내는 게 아니고요. 그래도 소액 투자자들은 앞으로 기회가 더 많을 것으로 생각합니다. 다만 찰리와 저는 이 주제에서 늘 의견이 달랐습니다. 그는 내게 비관론을 말하곤 합니다. 그러면 저는 "우리는 새로운 기회를 찾을 거야"라고 답하곤 합니다. 지금까지는 우리 둘 다 어느 정도 옳았습니다. 찰리, 여전히 같은 생각인가요?

멍거: 지금은 큰돈을 손에 쥔 똑똑한 사람들이 워낙 많아서 다들 서로를 따돌리고 서로 더 낫다고 홍보하며 남들에게서 더 많은 돈을 가져오려 합니다. 우리가 시작했던 시절과는 근본적으로 달라진 세상입니다. 기회는 있겠지만, 불쾌한 일들도 뒤따를 겁니다.

버핏: 하지만 그들이 아등바등 다투는 경쟁에 여러분은 참여할 필요가 없습니다. 세상은 압도적으로 단기적 관점에 치우쳐 있습니다. 분기별 실적 발표 때면 당해 연도의 수익을 보여 주는 스프레드시트 작성에 여념이 없고, 경영진은 컨센서스(증권사 전망치 평균)를 살짝 웃돌 것이라는 기대감을 조성합니다. 다들 5년, 10년, 20년 내의 성과에 골몰하는 세상입니다. 저는 요즘 세대로 태어났어도 너무 많지 않은 돈을 가지고 (바라건대) 큰돈으로 불리고픈 의향이 있습니다. 실제로 찰리도 같은 생각일걸요. 그도 기회를 찾아 나설 겁니다. 예전 방식과 똑같지는 않겠지만, 그래도 어마어마한 돈을 벌게 될 겁니다.

멍거: 저는 큰돈을 잃는 쫄깃함은 사양하겠습니다. 저는 제 큰돈을 그대로 간직하는 게 좋습니다.

버핏: 그 점은 우리 생각이 같네요.

종목 선정

1998 총회 (03:02:34)

버핏: 주식을 선택하는 기준은 곧 기업을 보는 기준입니다. 우리는 스스로 잘 아는 기업을 찾습니다. 그들이 파는 제품, 경쟁의 성격, 시간이 지남에 따라 생길 수 있는 위험 등을 알아야 합니다. 그다음에는 5년, 10년, 15년 후에도 자본 상태와 수익력이 좋고 또 계속 나아질 가능성이 있는지, 아니면 현재도 안 좋고 앞으로도 나빠질 가능성이 있는지 파악하려 합니다. 그다음에는 그 기업의 사람들이 편안히 함께 갈 수 있는 유형인지를 판단하고요. 그러고 나면 우리는 그때까지 관찰한 것들의 적정 가격이 얼마인지를 계산합니다.

우리가 마음속으로 살펴보는 체크리스트는 그렇게 복잡하지 않습니다. 미래 예측은 대부분 불가능하고, 가능할지라도 어렵습니다. 따라서 자신이 어느 분야에 부족한지 아는 것은 중요합니다. 우리는 비교적 이해하기 쉬운 것을 찾습니다. 마지막으로 구미가 당기는 가격대에서 찾아야 하는데, 요즘은 매우 어려운 일입니다(과거에 식은 죽 먹기였던 때도 있었지만요). 그게 우리의 결정 기준입니다. 만약 어떤 사람이 전 재산을 투자해 주유소나 세탁소, 편의점을 매수해 운영하겠다면 경쟁 포지션, 5~10년 후의 전망, 운영 계획, 믿고 맡길 운영자 선택, 지불할 가격 등을 생각할 것입니다. 우리가 주식을 고를 때 생각하는 것도 똑같습니다. 주식도 기업의 일부일 뿐이니까요.

멍거: 재무학을 제대로 가르치려면 투자 결정이 쉬운 사례를 들어야 합니다. 저는 항상 금전등록기를 만들던 NCR(National Cash Register)의 초창기 역사를 예로 듭니다. 이 회사는 모든 특허를 사들이고 최고의 영

업 인력과 생산 공장을 보유한 어느 외골수가 설립했습니다. 그는 매우 명석했고 금전등록기 사업에 열정을 다해 헌신했죠. 금전등록기가 발명되었을 때 소매업계에서는 마치 신의 선물인 양 환영했습니다. 당시 금전등록기는 그 전 시대의 의약품 산업과도 같았죠. NCR의 CEO였던 존 헨리 패터슨John Henry Patterson이 작성한 초기 연차 보고서를 읽어 보면 그가 투자자들의 눈에 들 수밖에 없는 유능한 외골수라는 걸 어린애도 알 수 있습니다. 따라서 투자 결정이 쉬웠습니다. 제가 기업 재무학 교수라면 비슷한 사례를 100개 정도 수집했을 겁니다. 그런 걸 학생들에게 가르쳐야 한다고 봅니다.

버핏: 우리는 1904년 NCR의 연차 보고서를 가지고 있는데, 이건 정말 하나의 고전입니다. 거기서 패터슨은 자신의 금전등록기가 판매 가격의 약 20배 가치를 지닌 이유를 설명할 뿐만 아니라, 자신과 대적하고 싶은 사람은 멍청하다는 걸 알려 주기도 하거든요.

2012 총회 (02:54:55)

버핏: 우리는 잘 모르는 기업들과는 거리를 둡니다. 반대로 어떤 기업을 안다는 건 5~10년 후에 수익력과 경쟁력이 어떨지 합리적 파악이 가능하다는 뜻입니다. 그 분야의 산업이 앞으로 얼마나 발전하고 그 산업 내에서 이 회사가 어떤 위치에 있을지에 관한 생각 말이죠. 그러면 선택지에서 많은 후보가 제거됩니다. 그 외에 잘 아는 기업이라도 가격이 터무니없이 비싸면 선택지에서 또다시 많은 기업이 제거됩니다. 현재의 우리처럼 큰돈을 투자하는 경우에는 더더욱 범위가 축소됩니다. 멋진 미래가 펼쳐질 산업이 있다는 건 알지만, 그중 누가 승자가 될지는 전혀 모릅니다. 그래서 우리가 생각하지 못하는 것도 정말 많습니다.

찰리와 제가 기업을 판단하기 전에 빠르게 통과해야 하는 몇 가지 필터가 있습니다. 때로 우리는 무례하다는 소리도 듣습니다. 아마 찰리가 저보다 조금 더 많이 듣는 것 같지만요. 사람들이 우리에게 어떤 아이디어를 설명할 때 첫 번째나 두 번째 필터를 통과하지 못하면 우리가 대화를 끊기 때문입니다. 우리는 정중히 관심 없다고 얼른 말하는 편이 그들의 시간 낭비를 막는 방법이라 생각합니다.

우리의 장점은 선택과 집중입니다. 철자 맞추기 대회에서 우승하기 위해 단어 500개의 철자를 맞출 필요는 없듯이 말이죠.

멍거: 몇 가지 소소한 경험 법칙이 있습니다. 수수료가 비싸다면 고려하지 마세요. 고액 수수료를 청구하는 사람치고 여러분에게 큰 수익을 안겨 줄 가능성은 매우 낮습니다. 반대로 도움이 되는 방법은 다른 현명한 투자자들이 뭘 사 모으고 있는지 살펴보는 겁니다. 이는 고려할 기회를 분류하는 나쁘지 않은 방법입니다.

버핏: 저는 그레이엄-뉴먼사 Graham-Newman Corp.의 보고서가 업데이트되면 곧바로 챙기곤 했습니다. 그곳이 무슨 일을 벌이고 있다면, 그 일은 시간을 내서 읽을 가치가 충분했습니다.

이상적 기업의 조건

2003 총회 (04:10:30)

버핏: 이상적인 기업은 ROIC(투하자본 대비 이익률)가 매우 높으면서 이를 토대로 많은 가용 자본을 계속 확보할 수 있는 기업입니다. 그들은 복리의 마법사가 됩니다. 가령 ROIC가 20%인 기업에 1억 달러를 투자

하면 이상적으로 내년에는 1억 2,000만 달러, 내후년에는 1억 4,400만 달러를 벌 것입니다. 시간이 지남에 따라 이 수익률을 쭉 유지하며 자본을 계속 재배치하면 됩니다. 하지만 그럴 수 있는 기업은 아주아주 드뭅니다.

우리가 투자한 코카콜라Coca-Cola나 시즈캔디See's Candies는 우량 기업이지만 안타깝게도 추가 자본을 많이 투입한다고 그에 비례하는 추가 이익을 창출할 수 있는 기업은 아닙니다. 우리는 모든 이익, 혹은 그 이상의 금액이라도 재투자할 수 있는 기업을 원합니다. 그러려면 1억 달러를 투자했을 때 20%의 이익 정도는 내야겠죠. 거기에 10억 달러를 더 투자한다면, 그 10억 달러에 대해 20%의 이익을 낼 수 있는 기업이어야 합니다. 하지만 그런 기업은 극히 드뭅니다.

많은 돈을 벌어들이는 훌륭한 기업들도 대부분은 추가 자본을 투입해 높은 추가 이익을 낼 기회는 별로 만들어 내지 못합니다. 가령 시즈캔디에 X만큼의 투자액을 할당해서 많은 돈을 벌 수 있지만, 5X만큼 더 투자한다고 그에 비례하는 이익을 창출할 수는 없습니다. 마찬가지로 버펄로 뉴스The Buffalo News에 X만큼의 금액을 투자해 높은 이익을 낼 수 있지만, 5X로 투자액을 늘려도 그 이상의 돈을 벌지는 못합니다. 그들에게는 추가 자본을 사용할 용도가 없습니다. 찾고 싶어도 존재하지 않아요. 우리는 ROIC가 좋은 기업들을 주로 매수했지만, 그들에 추가 자본을 투입해 처음과 같은 수준의 이익을 올릴 기회는 제한적이었습니다.

버크셔 시스템의 장점은 ROIC가 높으면서도 추가 자본으로 그만큼의 수익을 늘릴 용도가 없는 기업의 잉여 자금을 다른 회사를 인수하는 용도로 사용할 수 있다는 겁니다. 한때 환상적인 업종이었던 신문 출판업을 예로 들어보겠습니다. 한 신문사가 투하 자본 대비 큰 이익을 거둬서 다른 신문사들을 인수하려 둘러봤다 칩시다. 그러나 터무니없이 비싼 가격을 지불해야 했고 추가 자본에 비해 이익이 좋지 못했습니다. 하지만 그들은 신문 출판이나 미디어 업종에만 익숙해서 선택권이 제한적이었습니다. 반면에 우리는 타당한 이유가 있다면 어디로든 자금을 옮길 수 있습니다. 그것이 버크셔 시스템의 장점입니다. 우리는 시즈캔디로 약 10억 달러의 세전 이익을 창출했습니다. 우리가 그 돈을 고스란히 초콜릿 사업에 사용했다면 시간이 지날수록 결과는 끔찍했을 겁니다. 하지만 다른 사업부로 자본을 재배치했기 때문에 훗날 새로운 수익을 가져다줄 다른 기업을 인수할 수 있었습니다.

멍거: 괜찮지만 대단하지는 않은 기업은 두 가지 범주로 나뉩니다. 하나는 보고된 이익이 연말까지 전부 잉여 현금으로 남아 있는 기업입니다. 그들은 이 돈이 없어도 잘 돌아갈 기업입니다. 또 하나는 중고 건설 장비 기업처럼, 보고된 ROIC는 12%이지만 현금은 전혀 없는 기업입니다. 제 오랜 친구인 존 앤더슨John Anderson은 "내 회사는 매년 이윤을 내고 그 돈을 마당에 둔다"라고 말하곤 했습니다. 그런 기업이 무척 많습니다. 현상 유지에만도 돈이 들어서 여유 자금이 절대 없습니다. 그런 기업은 본사에서 모든 현금을 끌어다 다른 곳에 투자할 수 없습니다. 우리는 그런 기업을 거부합니다.

버핏: 버크셔의 훌륭한 자회사들이 모두 최상의 비율로 추가 자본을 배치할 방법이 있다면 정말 좋겠지만 그럴 수는 없습니다. 질레트Gillette는 훌륭한 면도기와 면도날 기업이지만, 그들은 이윤을 면도기와 면도날 사업에 계속 투자할 필요가 없습니다. 그들은 일부 자본을 재투자해 수익을 내지만 면도기와 면도날 이윤에 비하면 극히 작은 비중을 차지

할 뿐입니다. 그러면 다른 기업 인수로 마음이 기울게 되죠. 하지만 우리는 그간 미국 기업들의 자본 재배치 성공률이 썩 괜찮다고 생각하지 않습니다. 어떻게 보면 이 말은 누워서 침 뱉는 것 같군요.

투자와 인생에서의 성공

1998 총회 (03:10:53)

버핏: 만약 당신이 사업에 관심이 있다면 회계를 최대한 많이 배워야 합니다. 회계는 기업의 언어입니다. 다만 회계가 만능은 아니므로 그 한계도 인식해야 합니다. 또한 여러 기업에서 일해 보라고 조언하고 싶습니다. 기업이 어떻게 운영되는지 보는 것만큼 기업에 대한 미래의 판단을 구축하는 데 좋은 것은 없습니다. 어떤 기업이 경쟁력이 높고 또 어떤 기업이 경쟁력이 떨어지는지, 그리고 왜 그렇게 되는지 이해하면 지식이 쌓입니다. 저는 회계 과목을 수강하고, 많은 투자 관련 책을 읽고, 기업에서 경험을 쌓곤 했습니다. 또 기업인들과 이야기를 나누며 그들이 생각하는 운영의 원동력이 무엇인지, 그들에게는 어디에 왜 문제가 있는지 등을 알고자 했습니다.

가능한 모든 분야에 발을 담그세요. 특별히 짜릿함을 느끼는 분야가 있다면, 당신은 그 분야에서 잘할 것입니다. 그런 분야는 사람마다 다릅니다. 사업을 이해하면 투자도 이해할 수 있습니다. 투자는 단순히 사업에서 자본 배분을 결정하는 것입니다.

멍거: 또한 소소하지만 해마다 소득에서 지출을 줄여 가는 방법도 있습니다. 계속 습관을 들이면 효과가 좋습니다.

버핏: 독립하고 가정을 꾸리기 전에 저축한 1달러는 저축과 투자를 통해 나중에 10달러의 가치가 있을 겁니다. 저축은 젊을 때 해야 합니다. 어차피 지출은 늘 피할 수 없으므로 저축하기에 더 좋은 시기라는 건 따로 없습니다. 먼저 돈을 따로 모아 두십시오. 저는 운 좋게도 대학 때 학비를 내지 않아도 되었습니다. 학비를 내야 했다면 대학에 안 갔을지도 모릅니다. 10대 때 번 돈을 전부 저축했고, 나중에 그 돈은 훨씬 불어났습니다. 제가 사회생활을 시작할 즈음에는 그때 번 돈이 가족 부양에 꽤 보탬이 되었습니다. 그러니 일찍 저축을 시작하세요. 저축은 습관 들이기 나름입니다. 좋은 습관이죠.

1999 총회 (03:46:30)

버핏: 복리는 눈이 착착 달라붙는 눈덩이와 같습니다. 요령은 눈덩이를 굴릴 긴 언덕을 마련하는 겁니다. 다시 말해 아주 어릴 때 시작하든지, 정말 오래 살아야겠죠. 제가 오늘 당장 학교를 졸업하고 종잣돈 1만 달러가 있다면, 저는 모든 회사를 낱낱이 살펴볼 것입니다. 그중에서도 아마 비교적 작은 회사들에 집중할 것입니다. 종잣돈이 소액인 데다, 처음에 간과해서 놓친 기회가 나중에 눈에 들어올 가능성에 대비하기 위해서입니다. 1951년 당시로 비유하자면, 책자들을 대충 훑어봤을 때 바로 시선을 잡아끄는 대기업에 투자하지는 못할 겁니다. 하지만 그것이 유일한 방법입니다. 매력적인 가격에 좋은 기업을 사들여야 합니다. 이 조언은 100년이 지나도 변함없을 것입니다. 그게 전부입니다.

　남들에게 의존하지 마십시오. 사람들은 당신에게 어떤 게 멋진 투자인지 상세하게 말해 주지 않을 겁니다. 투자 회사들은 그런 일에 관심 없습니다. 저는 1951년 1월에 처음 보험사 가이코를 방문한 뒤 컬럼비아 비즈니스 스쿨로 돌아갔습니다. 그해 나머지 기간에는 블라이스 앤드 컴퍼니Blythe and Company와 가이어 앤드 컴퍼니Geyer & Co.를 방문했는데, 그곳은 대표적인 보험 분석 회사였습니다. 당시 저는 대단한 기업(가이코)을 발견했다고 생각했기에 이 투자 전문가들의 의견을 구하고 싶었습니다. 그러나 그들은 제 발견에 관심이 없었고, 그저 순진한 소리라고만 했습니다. 자신이 아는 분야와 모르는 분야를 파악하세요. 그다음 아는 분야를 집중 공략하고, 그중 좋은 회사를 찾아내면 행동에 옮겨야 합니다. 자신에게 동의해 줄 사람들을 찾지도, 자기 말을 이해해 주길 바라는 사람들을 찾지도 마십시오. 스스로 생각해야 합니다. 그러면 기회를 얻을 수 있을 것입니다.

멍거: 투자자가 맞이하는 첫 난관은 10만 달러 모으기입니다. 0달러에서 시작해 10만 달러에 도달하기까지는 긴 투쟁입니다. 비교적 빨리 10만 달러를 모으기 위해서는 합리성과 강한 의욕을 갖추고, 기회를 잘 포착하며, 늘 수입보다 극도로 적게 지출하면 도움이 될 것입니다.

2002 총회 (01:53:48)

버핏: 투자에서 군중과 거리를 두는 능력은 중요합니다. 높은 IQ는 필요하지 않습니다. 좋은 투자자가 되기 위해 엄청나게 똑똑할 필요는 없습니다. 저는 처음에 벤저민 그레이엄에게서 큰 교훈을 얻었습니다. 이후에 필립 피셔Philip Fisher에게서 더 배웠고, 찰리에게서도 많은 것을 배웠습니다. 제 기록이 그 증거지요. 11살에서 19살까지 투자에 관한 책은 모조리 읽었지만 결과는 영 신통치 않더군요. 저는 뚜렷한 투자관이 없었습니다. 다양한 시도를 하는 과정은 무척 재미있었지만 돈은 벌지 못했습니다. 그러다 1949년 네브래스카 대학교에 다닐 때 그레이엄의

《현명한 투자자》를 읽었는데, 제 투자관을 완전히 바꿔 놓았습니다. 쉽게 말해 주식을 기업의 일부로 생각하라는 것이었죠. 지금 생각하니 꽤 자명한 내용 같습니다. 차트의 등락을 보지 말고 기업의 일부를 매수한다는 기본 정신에 집중하면 머릿속에 합리적 투자의 기반이 다져질 것입니다.

IQ가 높아야 할 이유는 없습니다. 하지만 투자에서 성품은 엄청나게 중요합니다. 성품은 타고날 수도 있고 학습할 수도 있고 또 경험이나 다양한 방식으로 강화될 수도 있습니다만, 어쨌든 현실적이어야 합니다. 자신의 능력 범위를 명확히 정해야 하죠. 그래야 자신이 어떤 산업에 약한지 알아내고 모르는 영역에 유혹받지 않을 수 있습니다. 또 돈에도 관심이 있어야 합니다. 그렇지 않으면 투자를 잘할 수는 없겠죠. 하지만 관심이 지나친 욕심으로 확대되면 재앙이 될 것입니다. 욕심이 이성을 넘어설 테니까요.

제 기업관과 투자관을 형성하는 데 큰 영향을 준 책들은 여전히 유효합니다. 그레이엄과 피셔의 책은 최고라고 생각합니다. 기본적인 투자 접근법, 즉 주식을 곧 기업으로 생각하고 그다음에 좋은 기업을 만드는 요건이란 무엇인지 생각하는 법을 알려 주죠. 여기에 그레이엄은 안전마진(margin of safety, 가치와 가격의 차이로 그레이엄은 기업의 가치 대비 시장 가격이 현저히 쌀 때, 즉 충분한 안전마진이 확보됐을 때 주식을 매수해야 한다고 주장) 개념의 중요성을 덧붙입니다. 투자가 복잡할 이유는 없지만 확실한 규율은 필요합니다. 여론으로부터 초연해지는 것입니다. 뭇사람들이 하는 말에 귀 기울이는 건 시간 낭비일 뿐입니다. 그 시간에 홀로 골똘히 생각하십시오. 주식 투자는 투자하려는 기업의 특성과 그들이 투입 자본 대비 얼마나 벌 수 있는지를 염두에 두고 임해야 합니다.

저는 그레이엄과 피셔의 책을 읽고 난 뒤로 여러 연차 보고서를 읽고, 기업에 대해 생각하고, 제가 잘 알거나 모르는 사업이 무엇인지 따져 보는 습관을 기르게 되었습니다. 모든 사업을 잘 알 필요는 없습니다. 이해가 안 가는 사업은 거들떠보지도 마십시오.

멍거: 어떤 일이 왜 일어나는지 알고픈 열정과 관심이 있고, 세상에 왜 그 일이 일어나거나 일어나지 않는지 항상 탐구하는 사람은 장기간에 걸쳐 점점 현실에 대처하는 능력이 향상됩니다. 그러한 마음가짐 없이는 IQ가 아무리 높다 한들 말짱 도루묵입니다.

버핏: 우리는 투자 결과와 IQ 간 상관관계가 비교적 작다는 걸 깨달았습니다. 그렇다고 IQ가 80이어도 기대 이상의 성공을 거두는 사람이 수두룩하다는 뜻은 아닙니다만, IQ 높은 사람들이 초라한 성과를 내는 경우는 흔합니다. IQ가 높은 사람들이 성공하지 못하는 요인을 살펴보면 흥미롭습니다. 그런 요인들을 자신에게서 걸러내고 효과가 있는 나머지만 내 것으로 취해야 합니다.

찰리는 한때 이렇게 말했죠. "내가 궁금한 거라고는 어디서 죽게 될지뿐이다. 그곳에는 절대 가지 않을 테니까." IQ가 높은데도 재무 측면에서 '죽는' 사람들을 잘 살펴보면 대부분 어떤 확연한 특징이 보일 겁니다. 그러한 특징들을 닮지 않도록 노력하고, 만약 지니고 있다면 버리거나 어떻게든 통제할 수 있어야 합니다.

2003 총회 (01:55:19)

멍거: 조바심 내지 않고 증권을 보유할 수 있는 사람은 여러모로 유리합니다. 조바심은 장기 성과의 적입니다.

버핏: 매일 밤 잠자리에 들 때마다 주가를 생각한다면 주식 투자로 좋

은 성과를 거두기는 거의 불가능합니다. 우리는 주식의 가격이 아닌 가치를 생각합니다. 내일 당장 증권거래소가 문을 닫더라도 저와 찰리는 전혀 신경 쓰지 않을 겁니다. 비상장 기업을 보유한 많은 사람은 호가창을 볼 일이 아예 없습니다. 우리는 1972년에 시즈캔디를 인수했지만 그 이후로 시세를 확인한 적이 없습니다. 그러면 시즈캔디의 현 시세가 궁금해지지 않냐고요? 아니요, 우리는 회사의 미래를 봅니다.

주가에 집중하는 건 다이너마이트와 같습니다. 자신보다 주식시장이 더 똑똑하다고 믿는 사람들은 주가에 일희일비합니다. 주식시장이 당신보다 정말 더 똑똑할지도 모르지만, 그걸 인정하는 사람은 주식에 투자하면 안 됩니다. 주식시장의 기능은 투자자에게 지시하는 게 아니라 투자자를 섬기는 것입니다. 가치에 대한 자신만의 사고방식을 확립하십시오. 그리고 가격이 내려가고 자금도 있다면 보유량을 늘리시고요. 우리가 실수했을 때는 가격과 가치에 집중해 매수하기 시작하다가 가격이 조금 오르면 멈추는 경우입니다. 우리가 시즈캔디에서 그럴 뻔했던 것처럼요. 몇 년 전 월마트Walmart 주식에서도 그런 실수를 저질러 80억 달러를 손해 봤죠. 가격이 오르니까 더 이상 매수하지 않았거든요. 우리는 사고 싶은 물건의 가격이 오르면 기쁘지 않습니다. 계속 떨어지기를 바라죠.

2004 총회 *(01:21:13)*

멍거: 제가 알기로 독서를 많이 하지 않고도 현명한 사람은 없습니다. 하지만 독서만으로는 부족합니다. 좋은 아이디어를 포착하고 그 아이디어를 실행에 옮길 기질이 필요합니다.

버핏: 무엇보다 성품이 중요합니다. 자신을 통제하지 못하면 온갖 지

식을 투입해도 결과는 재앙일 것입니다. 투자는 특별한 지성을 요구하는 일이 아닙니다. 대신 특별한 규율이 필요합니다. 그렇게 어려운 일은 아니지만 가끔 제 주변을 둘러보면 꽤 어려운 모양입니다. 몇 년 전만 해도 온 세상이 투자 광풍에 휩쓸려 있었습니다. 그 모습을 보면 '어떻게 이럴 수가? 저들은 과거에서 배운 것도 없나?'라는 생각이 들 것입니다. 하지만 우리가 역사에서 배우는 교훈은 사람들이 역사에서 배우지 못한다는 사실 그 자체입니다. 금융시장에서는 항상 그런 모습을 볼 수 있습니다.

2004 총회 (04:33:03)

멍거: 저는 워런을 수십 년 동안 지켜봤는데, 지난 20~30년 동안에도 이 친구는 정말 많은 걸 배우더군요. 공부는 평생 과업이에요. 계속해서 배우지 않으면 남들에게 뒤처집니다.

버핏: 하지만 뛰어난 통찰력이나 높은 IQ는 필요하지 않습니다. 예를 들어 페트로차이나PetroChina를 보세요. 이곳을 비슷한 석유 회사의 3분의 1 정도 가격에 매수하는 건 그리 어려운 일이 아닙니다. 보고서를 읽을 의향 정도는 있어야 하지만, 저는 보고서 읽는 걸 즐깁니다. 보고서 읽기는 높은 수준의 통찰력을 필요로 하지 않죠.

멍거: 워런이 페트로차이나 주식을 대량 매수했을 때, 이렇다 할 만한 사람 중에는 매수자가 아무도 없었습니다. 그러니까 통찰력 있는 사람이 그렇게 흔하지 않았을 거예요. 아니, 제 생각에는 오마하의 한 옛 친구가 표현했던 '비상식'이라는 게 필요한 것 같습니다. 그는 "상식은 없다. 사람들이 이른바 상식이라고 말하는 건 사실 비상식을 뜻한다"라고 말하곤 했거든요. 제 생각에는 지혜를 기르는 것 못지않게 허튼소리를

무시하는 능력도 중요한 것 같습니다. 그래야 머릿속이 뒤죽박죽되지 않고 몇 가지 현명한 일에만 집중할 수 있습니다.

버핏: 우리는 아니다 싶은 게 있으면 재빨리 가지치기하듯 제거합니다. 1972년 보비 피셔Bobby Fischer와 보리스 스파스키Boris Spassky의 체스 경기가 열렸을 때 〈뉴요커〉에 재미있는 기사가 실렸습니다. 인간이 체스에서 컴퓨터와 맞설 수 있을지 추측하는 내용이었는데요. 기사는 '온갖 가능한 수를 놀라운 속도로 판단하는 컴퓨터를 인간이 어떻게 대적할 수 있을까?'라고 기술했습니다. 그들은 이 주제를 파고든 끝에, 피셔나 스파스키가 경우의 수 중 99.99%를 무의식적으로 지워 낸다는 사실을 발견했습니다. 물론 그들의 사고 속도는 컴퓨터의 연산 처리보다 빠르지 않겠죠. 하지만 '그룹화'나 '배제'라는 능력이 있어서 무수한 가능성 중에서 몇 가지만 골라냈습니다. 찰리와 저도 그런 가지치기에 능숙합니다. 우리는 전화를 빨리 끊거든요.

멍거: 바로 그겁니다. 바실리 스미슬로프Vasily Smyslov가 체스 세계 챔피언이 되었을 때처럼 하면 됩니다.

2007 총회 (01:39:54)

멍거: 내재가치, 안전마진 등을 결정할 때 컴퓨터로 기계적이고 간단하게 적용하는 방법은 없습니다. 그런 게 있다면 클릭 한 번으로 누구나 부자가 되지 않을까요. 당연히 여러 기술과 여러 모형, 거기에 많은 경험이 합쳐지면 큰 도움이 됩니다. 훌륭한 골종양 병리학자가 되기까지 긴 세월이 걸리듯, 훌륭한 투자자가 되기까지도 긴 세월이 걸립니다. 어느 정도 경험이 필요하기에 되도록 젊은 나이에 시작하는 것이 좋습니다. 덧붙여 말하고 싶은 것은 우리는 모든 기업의 가치를 제대로 평가할

수 있는 시스템을 갖춘 적이 없습니다. 의사결정에서 너무 어렵다 싶은 대부분은 걸러 내고 쉬운 몇 가지만 추려서 남깁니다. 모든 시점에 모든 투자를 올바르게 평가할 능력을 원하는 사람에게는 우리 조언이 도움이 안 될 겁니다.

버핏: 우리는 2m 장애물을 뛰어넘는 법을 모릅니다. 하지만 종종 30㎝ 장애물은 인식할 줄 압니다. 그리고 2m 장애물은 피하는 게 상책이라는 정도도 압니다.

2009 총회 (00:58:32)

버핏: 투자를 업으로 삼는데 IQ가 150이라면 30점은 군더더기이니 다른 사람에게 파십시오. 지능은 적당히 높아야 좋지, 천재일 필요는 없습니다. 실은 오히려 독이 될지도 몰라요. 그보다 정서가 안정되어야 합니다. 자신의 결정을 내면에서 평화롭게 받아들여야 합니다. 옆에서 사람들이 쉬지 않고 의견을 제시하더라도 순간순간 흔들리지 않아야 합니다. 스스로 생각하세요. 그런 자제력이 어디까지 선천적이고 어디까지 후천적인지는 저도 모릅니다만, 감정을 조절할 줄 아는 사람은 투자를 아주 잘할 겁니다.

멍거: 실제 IQ가 150인데 스스로 160인 줄 아는 사람이 있다면 그는 구제 불능입니다. IQ 130에 자제력을 갖춘 사람이 투자에 있어서는 백 배 천 배 낫습니다.

2010 총회 (03:42:57)

버핏: 우리는 '지금이 기회야'라고 아우성치는 시기도 몇 번 겪었고, '지금은 고평가된 시기야'라고 아우성치는 시기도 몇 차례 목격했습니

다. 그 외 90%의 시기는 그 중간쯤이었고요. 두려운 적은 없었냐고요? 두려워해서 어쩌겠습니까? 남들이 두려워할 때 똑같이 두려워하는 사람은 장기 투자로 큰돈을 벌 수 없습니다. 사람들은 자꾸만 시세를 확인하고, 나아가 시세가 조금만 등락해도 가만있지 못합니다. 왜 농장에 투자하는 사람이 주식을 사는 많은 사람보다 더 이성적인지 생각해 보십시오. 농장을 사고 바로 다음 달에 시세를 확인하는 사람이 있습니까? 아니죠, '농작물을 어마어마하게 수확해 풍년을 맞았으면 좋겠다'라고 생각합니다. 반면에 주식을 산 많은 사람들은 주가가 오르면 좋아하고 내리면 슬퍼합니다. 우리는 반대로 생각합니다. 가격이 떨어지면 추가 매수의 기회이므로 좋아합니다. 그리고 가격이 오르면 더 많이 사기가 꺼려지죠. 이런 뚝심이 없으면 남들이 두려워할 때마다 같이 흔들릴 수밖에 없습니다.

멍거: 저는 어려움을 극복한 후 더 용감해진 것 같습니다. 그러니 실패를 좀 더 겪어보는 것도 나쁘지 않을 겁니다.

버핏: 개중에는 증권 투자에 필요한 기질이나 정서적 안정 같은 성향이 전혀 없는 사람도 있습니다. 그런 사람들에겐 눈에 시세가 전혀 안 보이는 게 훨씬 나을 겁니다. 결국 적절한 가격에 좋은 기업을 사고 그다음 오랫동안 잊어버리는 게 중요하니까요. 이걸 어떤 사람들은 해내고 어떤 사람들은 못 하죠.

2010 총회 (04:10:51)

버핏: 저는 처음 투자를 시작할 때 기업 가치 평가에 대해 아무것도 몰랐습니다. 그러다 벤저민 그레이엄에게서 성공 가능성이 있는 특정 유형의 회사를 평가하는 방법을 배웠습니다. 지금은 그런 회사들이 거의

고갈되었지만요. 그레이엄의 투자 기법은 실패를 막는 안전판이었지만, 그 기회가 무한하리라고 보장하는 안전판은 아니었습니다. 찰리는 제게 지속 가능한 경쟁우위와 일류 기업의 가치에 대해 많은 것을 가르쳐 주었습니다. 저는 시간이 지나면서 다양한 유형의 기업에 대해 더 많이 알게 되었습니다. 하지만 아직도 제가 잘 모르는 기업이 얼마나 많은지 여러분이 아신다면 아마 깜짝 놀랄 겁니다.

가장 중요한 것은 자신의 능력 범위가 얼마나 큰지가 아니라, 그 범위가 어디까지인지 아는 것입니다. 기업들의 90%, 아니 80%, 70%, 심지어 50%에도 빠삭한 전문가가 될 필요는 없습니다. 하지만 실제로 자신의 돈을 투자하는 기업에 대해서만큼은 잘 알아야 합니다. 그렇게 범위를 좁히면 마냥 어렵지만은 않을 겁니다.

자기 고향의 향토 기업들을 생각해 보세요. 그 가운데 어느 기업을 인수하고 싶습니까? 어느 기업의 자본 환경을 잘 안다고 생각합니까? 어느 기업이 10년, 20년 후에 성장할 것 같습니까? 어느 경쟁사가 가장 까다로운 상대입니까? 그 기업들에 대해 스스로 계속 질문을 던지고 다른 사람들과도 정보를 주고받아 보세요. 시간이 갈수록 점점 견문이 넓어질 겁니다.

항상 안전마진을 기억하고, 자신의 한계를 인식하십시오. 투자에서 굉장히 중요한 부분입니다. 그러면 자신이 뭘 해야 할지 알게 될 겁니다. 저는 6~7년 전 한국 주식들을 둘러보면서 스스로 한국 주식을 살 거라고는 생각지도 못했습니다. 하지만 살펴보니 안전마진 테스트를 충족하는 기업들이 꽤 있더군요. 그래서 한국 주식까지 다각화했습니다. 개별 종목은 잘 몰랐지만, 20개 종목의 포트폴리오가 전체적으로 매우 저렴해서 전망이 좋아 보였거든요. 이는 오래전 그레이엄의 접근 방식이기도 합니다. 좋은 점은 많은 기회를 찾을 필요가 없다는 것입니다. 여러분도 종종 그런 기회가 보일 겁니다.

멍거: 물론 경쟁이 치열한 어떤 분야에서 잘하고 싶다면 그 일을 많이 생각하고 배우고 연습해야 합니다. 세상은 계속 변하고 경쟁자들도 계속 배우기 때문에 공부에는 끝이 없습니다. 매일 아침 일어나 하루 동안 알차게 배우고 그날 밤에는 아침보다 좀 더 현명해진 상태로 잠자리에 들어야 합니다. 그 습관이 오랫동안 몸에 배고, 좋든 나쁘든 여러 경험을 쌓는 사람들은 큰 실패를 잘 겪지 않습니다. 운이 나빠 힘든 시기가 올 순 있겠지만 대개 실패까지는 오지 않습니다. 올바른 성품을 지니고 있다면 천천히라도 반드시 위로 올라갈 것입니다.

정상 가까이 가는 것은 어려운 일이지만, 정상에 올라 그 자리를 유지하는 일도 어렵습니다. 하지만 건설 회사 키윗 코퍼레이션Kiewit Corporation의 CEO 피트 키윗Pete Kiewit은 떡잎부터 성공이 예측되는 사람이었다고 생각합니다. 그런 사람들은 옳은 행동에 특별히 주의를 기울였고, 문제를 일으키지 않으려 조심했으며, 스스로에게 더 엄격한 규율을 적용했습니다. 저는 키윗이 잘될 가능성을 믿었습니다.

버핏: 키윗을 10년 동안 따라다닌다 해도 그가 허튼짓하는 걸 한 번도 못 볼 겁니다. 특출할 필요까지는 없지만 어이없는 실수는 안 해야 합니다. 찰리는 변호사 시절에 모든 고객의 기업을 마치 자신이 소유한 기업처럼 생각했습니다. 50년 전 찰리와 대화하던 때가 생각나네요. 당시 그가 캐터필러Caterpillar의 베이커스필드 대리점 얘기를 꺼냈던 걸로 기억합니다. 그는 기업과 그들의 펀더멘털(기업의 재무, 잠재력, 경쟁력 등의 내재가치)을 분리해서 생각하는 법이 없었습니다.

좋은 연차 보고서란?

***1998 총회** (01:30:00)*

버핏: 우리는 그간 많은 연차 보고서를 읽었습니다. 먼저 우리에게 익숙한 기업들의 보고서부터 읽는데, 매년 수백 건에 달합니다. 또 이해 가능한 보고서를 읽으려 합니다. 그다음엔 우리가 완전히 인수하고픈 기업이라면 궁금해할 만한 내용이 보고서에 들어가 있는지 확인합니다. 이를 통해 그 회사의 경영진이 우리 자회사 경영진만큼 솔직하고 명료한 사람이라 판단되면 투자하는 쪽으로 마음이 기울어집니다.

그 반대의 경우에는 흥미가 생기지 않습니다. 난해하고 장황한 홍보 문구에 삽화만 많고 사실이 빠진 보고서는 그 기업을 바라보는 우리의 관점에 어느 정도 영향을 미칩니다. 연차 보고서라면 다 읽은 후 그 기업을 더 잘 이해할 수 있어야 합니다. 경영진이 마음만 먹으면 보고서는 얼마든지 쉽게 작성할 수 있습니다. 경영진이 그런 마음이 없다면, 우리는 그들과 10년 이상 파트너십을 맺고 싶은지 다시 생각할 것 같습니다. 우리는 그동안 연차 보고서에서 배운 게 많습니다.

멍거: 마치 컨설팅 회사에서 작성해 준 듯 흔하고 전형적인 전문 용어가 난무하는 보고서는 큰 거부감이 들더군요. 컨설팅사의 상투 어구가 다 틀린 건 아니지만, 저는 솔직하고 단순하며 일관성 있는 보고서가 한결 좋습니다.

버핏: 문제가 전혀 없는 기업은 거의 없습니다. 다만 우리는 경영진이 문제를 솔직히 알려주기를 기대합니다. 우리 자회사들도 그러기를 바라고요. 우리는 경영진에게 웬만해선 조언하지 않지만 항상 말하는 한 가지는 나쁜 소식이 생기면 즉시 알리라는 것입니다. 그게 상장 기업의

경영자에게 못할 조언은 아니라고 봅니다. 저는 결국 정직이 최상의 방책이라고 확신합니다. 하지만 많은 회사에는 IR(Investor Relations, 기업설명 활동) 담당자가 있고, 그들은 항상 희소식을 쏟아 내려 안달입니다. 마치 사육장에서 수많은 동물에게 언제든 먹이를 떠먹여 주려는 것처럼요. 시간이 흐르면 동물들도 학습합니다. 그래서 우리는 그런 기업들을 멀리하려고 노력했습니다.

멍거: 연차 보고서에서 좀처럼 보기 힘든 문장은 '우리는 매우 심각한 문제를 겪고 있고 아직 해결책을 찾아내지 못했다'입니다. 하지만 장담하건대 이런 문장은 대개 정확한 사실입니다.

매도 시점

2009 총회 (01:52:53)

버핏: 우리가 주식을 매도하는 경우는 경영진이나 경쟁우위의 지속성을 더 이상 확신할 수 없거나 우리가 괜히 매수했음을 인지했을 때입니다. 반면에 뛰어난 경영진을 둔 정말 훌륭한 기업을 얻었는데 (경영진보다 사업에 방점을 두고) 긴가민가 싶다면, 계속 보유해야 합니다. 하지만 이 규칙이 절대적인 건 아닙니다.

우리는 어떤 기업의 지분을 완전 매수할 때는 끝까지 들고 간다는 생각으로 임합니다. 다만 두 가지를 예외로 두었는데요. 첫째로 그들이 기약 없이 손실을 보기 시작할 조짐이거나, 둘째로 심각한 노동 문제를 겪을 때입니다. 그렇지 않고서야 누군가가 더 비싼 가격을 제시한다는 이유만으로는, 설령 그 가격이 내재가치보다 높더라도 팔지 않겠습니다.

이는 버크셔의 특이점이자 우리가 파트너들에게도 알려 주고 싶은 점입니다. 그것이 나중에 기업을 인수할 때도 도움이 된다고 생각합니다. 또한 우리가 사업을 운영하는 방식이기도 하고요. 주식의 경우에는 언젠가 매도해야 하지만, 우리는 다른 사람들과 비교했을 때 어지간해서는 매도하지 않는 편입니다. 우리가 옳게 선택한 종목이라면 아주 오랫동안 들고 있어야 한다고 생각합니다. 그래서 수십 년째 보유 중인 주식도 있습니다. 하지만 경쟁우위가 사라지거나, 경영진에 신뢰를 잃었거나, 애초 분석이 틀렸다고 판단되는 종목은 매도합니다.

좋은 투자란?

1999 총회 (03:19:43)

멍거: 장기적 관점에서 자신이 정말 좋아하는 기업에 발을 담갔다 뺐다 하는 것은 대개 좋은 투자 결과로 이어지지 않았습니다. 우리는 우리가 보유한 최고의 회사들과 기꺼이 쭉 함께하려 합니다.

버핏: 때로 제 주변에는 고가에 팔았다가 나중에 더 싸게 되사는 게 이득이라고 생각하는 지인들도 있었습니다. 그런데 꽤 어려운 일입니다. 두 가지 올바른 결정을 내려야 하거든요. 적기에 팔아야 하고, 또 그다음에 적기에 사야 하기 때문이죠. 게다가 그 사이에 약간의 세금도 내야 합니다.

훌륭한 기업에 투자했다면 가장 좋은 방법은 쭉 들고 가는 것입니다. 우리는 코카콜라와 질레트로부터 실망스러움을 경험했는데, 12~18개월 전 그들과 우리가 생각한 기대치에 못 미쳤기 때문입니다. 하지만 그런 일은 앞으로도 일어날 것입니다. 우리의 완전 자회사 가운데서도 종종 일어난답니다. 반대로 우리 예상을 뛰어넘을 때도 있죠.

모든 것이 좋고 매끈하게 수직 상승하는 것은 사물의 본질이 아닙니다. 우리는 경쟁의 세계에 살고 있습니다. 경쟁자의 적절한 움직임, 자신의 부적절한 움직임, 세계 환경, 이 모든 것들이 추세선을 방해할 수 있습니다.

2002 총회 (00:35:31)

버핏: 우리는 매도를 즐겨 하지 않습니다. 우리는 워싱턴 포스트The Washington Post 주식을 1973년부터 보유했습니다. 제가 1962년에 처음 매수한 버크셔 주식은 그 후 한 주도 매도한 적이 없고요. 또 코카콜라 주식은 1988년부터 보유했습니다. 질레트 주식은 1989년부터, 아메리칸 익스프레스American Express 주식은 1991년부터 들고 있었습니다. 다른 데 쓸 돈이 필요하다면 매도했겠지만 지난 10~15년 동안은 그럴 일이 없었습니다.

40년 전만 해도 제가 주식을 매도할 때는 더 좋은 주식을 발견한 경우였습니다. 저는 매도하고 싶지 않았지만 대출받고 싶지도 않았기 때문에, 꽤 저렴하게 샀다고 생각한 주식을 마지못해 팔아서 더 저렴해 보이는 주식을 매수했습니다. 당시는 제게 돈보다 아이디어가 더 많던 시절이었죠. 지금은 아이디어보다 돈이 더 많으니 상황이 달라졌긴 합니다. 그래서 지금은 기업의 경제성을 재평가하고 그 결과에 따라 매도합니다. 다시 말해 우리가 어떤 회사의 장기적 경쟁우위에 관해 나름의 견해를 가지고 그들을 매수했더라도 나중에 견해가 달라지기도 한다는 것입니다. 그렇다고 그 회사가 앞으로 재앙을 겪으리라 예상한다는 뜻은 아니고요. 우리는 맥도날드McDonald's의 장래가 밝고 디즈니Disney의 미래도 밝다고 생각하지만, 아마 지금 그들의 경쟁우위는 우리가 처음 매수 결정을 내렸을 때 생각했던 것만큼 강력하지는 않을 듯합니다. 그렇다면 우리가 처음 내린 결정이 틀렸을 수도 있다는 의미겠죠. 마찬가지로 지금 우리가 하는 말도 틀렸을 가능성이 있으니, 맥도날드와 디즈니의 강점은 예전 그대로일지도 모릅니다. 하지만 어떤 이유에서인지 우리는 그들의 강점이 조금은 퇴색한 것 같다고 생각합니다.

그 전형적인 사례 중 하나가 신문 산업입니다. 1970년 찰리와 저는 신문업을 살펴보면서 당시 찾을 수 있는 가장 난공불락의 독점 사업이라고 느꼈습니다. 우리는 여전히 신문업을 꽤 큰 업종으로 여기지만, 2002년의 독점 사업권은 1970년의 독점 사업권과 같지 않다고 생각합니다. 2002년의 TV 방송국이 1965년과 같지 않은 것도 마찬가지고요. 이러한 믿음은 긴 세월을 두고 서서히 바뀌는 것입니다. 또 그 믿음이 옳은지조차 누가 알겠습니까. 하지만 우리가 지금 매도한다면 대개 그런 이유에서입니다. 만약 우리가 엄청나게 저렴한 매물을 발견했다면, 나름 저렴하게 샀다고 생각했던 기존 종목을 팔아서라도 그것을 대량 매수할 수도 있습니다. 하지만 현재는 그런 상황이 아닙니다.

잘못된 결정 피하기

1994 총회 (01:20:08)

버핏: 개중에는 다른 기업보다 훨씬 이해하기 쉬운 기업들이 있습니다. 찰리와 저는 어려운 문제를 좋아하지 않아요. 원주율(3.14)을 곱하

는 것보다 3을 곱하는 게 낫죠. 그게 더 간단하니까요.

멍거: 정확한 지적입니다. 그런데도 그럴듯한 직함이 붙은 사람을 고용하면 매우 어려운 일도 척척 해낼 수 있다고 생각하는 사람들이 많습니다. 이는 인간이 품을 수 있는 가장 위험한 생각 중 하나입니다. 세상만사는 본래부터 문제가 일어나는 것입니다. 얼마 전 골치 아픈 일이 하나 있었는데요. 새 건물을 짓고 나서 제게 세 가지 공포증이 생겼답니다. 건축가, 건설업자, 그리고 비탈이죠. 인생사를 단순하게 바라보면 적어도 타이틀이 번지르르한 사람을 고용하면 뭐든 할 수 있다고 생각하는 사람들보다는 실수를 덜 저지를 것입니다. 단순한 사고를 습관화한다면 다른 사람에게 생각을 맡길 필요가 없죠.

버핏: 대단한 결과를 위해 대단한 일을 벌여야 할 필요는 없습니다. 그냥 평범하게 생각하면 됩니다. 코카콜라에 복잡할 게 뭐가 있을까요? 하지만 우리는 단순하게 접근한 코카콜라로부터 몇 년 사이 세전 기준 30억 달러를 더 벌었습니다. 그들의 제품, 유통, 재무 등등에 대해 제가 아는 건 없습니다. 다른 수십만, 수백만 명의 투자자도 모르듯이 말이죠. 그들도 아무것도 하지 않습니다. 마찬가지로 코카콜라를 두고 어떤 복잡한 거래를 하게 되어 1,000페이지 두께의 보고서를 받고 박사 학위자들에게 분석을 시킬 사람도 있겠지만 그런 건 아무 의미 없습니다. 받아든 건 달랑 보고서 한 부지만, 그걸로 그 기업이 10년이나 15년 후 어떻게 될지 알 순 없습니다. 가장 중요한 건 잘못된 결정을 피하는 것입니다.

멍거: 내재적으로 위험한 것들이 있습니다. 제가 존경하는 인물 중 한 명인 마크 트웨인Mark Twain은 골드 러시 때 금광에 투자했다가 재산을 날렸습니다. 그는 당시 금광 투자를 홍보했던 사람들을 가리켜 "금광은

거짓말쟁이가 소유한 흙구덩이다"라고 말했습니다. 제가 예측을 바라보는 관점이 그러합니다. 워런과 저는 한 기업을 인수하는 과정에서 약 200만 달러의 예상치로 제안을 받았는데, 그 내용이 담긴 책자의 두께가 약 30cm였습니다. 우리는 펼치지도 않았고요.

버핏: 우리는 보지도 않을 책자에 거의 200만 달러를 쓴 셈입니다. 어이없죠. 저는 기업을 인수할 때 매도자나 그의 에이전트가 함께 작성한 각종 예측 보고서를 봐야 할 이유를 전혀 모르겠습니다. 그것이 유용하리라는 생각은 순진한 겁니다. 우리는 관심이 없습니다. 스스로의 미래에 대한 아이디어도 없이 우리에게 기업을 매각하거나 수수료를 챙기려는 다른 사람의 말을 가만히 듣는 건 매우 순진한 일입니다. 언젠가 우리는 보고서에 '이발사에게 이발할 때가 되었냐고 묻지 마십시오'라는 문구를 집어넣은 적이 있습니다. 이 문구는 기업 매도자들의 예측에도 딱 적용됩니다.

쇠퇴 기업

2012 총회 (02:49:31)

멍거: 쇠퇴 기업은 성장 기업만큼의 가치가 없습니다. 하지만 많은 현금을 창출한다면 그 가치를 무시할 수 없을 것입니다.

버핏: 쇠퇴 기업은 가능한 한 피하는 게 좋습니다. 내리막길이다 싶은 기업은 웬만하면 멀리하십시오. 지금 우리에게도 쇠퇴 기업이 몇 개 있지만, 버크셔에서 진짜 황금알은 그들이 아닙니다. 진짜 돈은 성장하는 기업에서 벌 수 있기에 그들에 집중해야 합니다.

저는 쇠퇴하는 기업의 가치 평가에 시간을 낭비하지 않겠습니다. 소위 '담배꽁초 접근법'이라 불리는 투자법이 있는데요. 길거리에서 주운 담배꽁초도 한 모금 정도는 공짜로 빨 수 있기 때문입니다. 그래도 같은 양의 체력과 지력을 다른 가능성 있는 기업에 투입하는 게 더 나은 결과를 가져올 겁니다. 따라서 특별한 경우가 아니라면 우리는 쇠퇴 기업을 피하려 합니다.

경영자에게 던져야 할 질문

2014 총회 (03:19:30)

버핏: 저는 23살 때 석탄 사업에 관심이 생겨서 8~10곳의 석탄 회사 CEO를 찾아갔습니다. 그들에게 여러 가지를 질문했지만 마지막에는 두 가지 질문을 빠뜨리지 않았습니다. 하나는 만약 그들의 모든 돈을 다른 석탄 회사에 투자하고 10년 동안 쭉 들고 갈 수밖에 없다면 어느 회사를 왜 선택하겠냐는 것이었죠. 그 질문의 답을 들은 후, 만약 같은 금액으로 한 석탄 회사를 공매도해야 한다면 어느 회사를 왜 선택하겠냐고 물었습니다. 석탄 사업에 종사하는 모든 사람과 그런 이야기를 나누다 보면, 그 어떤 경영자들보다 경제적 관점에서 석탄업계를 더 잘 알게 될 것입니다.

멍거: 래리 버드Larry Bird(전 농구선수 및 감독)가 사용했던 요령을 시도해 볼 수도 있습니다. 그는 새 계약을 협상할 에이전트를 찾고 있을 때 모든 에이전트 후보에게 각자 선택되어야 할 이유를 물었습니다. 그리고 본인이 선택되지 않는다면 누구를 추천하겠냐고 물었더랬죠. 모두

가 같은 사람을 2순위로 추천하자, 버드는 그 사람을 고용하고 역사상 가장 좋은 조건으로 계약을 성사했습니다. 사람들이 즐겨 쓰는 여러 요령이 있으니 참고해 보십시오.

기업 인수의 기본

1994 총회 *(01:44:52)*

버핏: 매우 드물지만 협상을 통해 완전 인수를 할 만한 좋은 회사를 발견하기도 합니다. 가장 큰 고려 요소는 '우리가 이해할 수 있는 기업인가'입니다. 이해가 안 가는 기업들을 거르다 보면 후보의 95%가 제외됩니다. 우리는 능력 범위를 완전히 벗어난 매물에 대해서도 자주 인수 제안을 받습니다. 우리는 지분을 가급적 100%, 혹은 적어도 80% 이상 취득하기를 선호합니다. 세금도 부분적 이유지만, 솔직히 우리가 완전 인수를 더 좋아하기 때문이죠.

우리는 보통 일부 지분에 투자하기보다 기업을 통째로 인수하기를 선호합니다. 공모 시장은 사모 시장보다 가격 책정이 훨씬 비효율적이기 때문입니다. 주식시장은 말도 안 되는 가격으로 매수할 기회가 열려 있고, 그 이유로 공모주 시장에 많은 투자금이 몰려 있는 것입니다. 만약 우리가 마음먹은 대로만 할 수 있었다면, 버크셔의 완전 자회사 수는 현재보다 세 배쯤 더 많았을지도 모릅니다. 코카콜라나 질레트 같은 기업을 완전 인수할 날은 영영 오지 않을 것입니다. 그 정도의 메가톤급 기업은 매물로 나오지 않으니까요. 하지만 가끔 공모주 시장을 통해서는 그런 기업을 합리적으로 매수할 기회가 오기도 합니다.

멍거: 가만 생각해 보면, 일반적으로 한 기업 전체를 인수하려는 사람들은 남의 돈을 끌어와 매수한다는 사고방식이 몸에 배어 있습니다. 반면에 우리는 우리 돈으로 매수하자는 게 기본 생각입니다. 또한 기업 완전 인수를 전문으로 하는 매수자 집단이 있는데, 기본적으로 유능하고 영리한 재무 홍보자들입니다. 그러니까 저는 차입매수(LBO) 펀드(인수 대상의 회사 자산을 담보로 자금을 빌려 회사를 인수할 목적으로 설정된 기금) 같은 걸 말하는 겁니다. 그런 사람들은 투자자들과 사적으로 협상할 때 장점만 말하고 단점은 입을 다뭅니다. 또 그들은 다소 낙관적인 경향이 있습니다. 그래서 우리가 어떤 기업을 완전 인수하려 할 때는 엄청난 경쟁을 뚫어야 합니다.

버핏: 다른 사람의 돈으로 지불할 수 있다는 건 꽤 매력적입니다. 당신이 야구팬이라고 가정해 봅시다. 양키스를 소유하기 위해 얼마까지 지불할 의향이 있습니까? 남의 수표를 쓴다면 자기 수표를 쓸 때보다 지불액을 더 높게 부르고 싶을 겁니다. 게다가 미국 기업계에는 비이성적 충동이 만연합니다. 인수합병 시장에서 우리의 경쟁자는 이런 사람들입니다. 반면에 공모주 매수에 있어서는 대부분의 경영자가 남의 돈을 쓴다고 생각하지 않습니다. 저로서는 참 재미있는 게, 그들은 포트폴리오 투자라는 형태로 돈 관리를 남에게 맡기기 때문입니다. 음, 주식 포트폴리오도 엄밀히는 기업 포트폴리오지만요. 그들에게 왜 직접 포트폴리오 종목을 선택하지 않느냐고 물으면, 너무 어렵다고 대답할 것입니다. 이런 사람 앞에 컨설턴트가 등판해 일주일 전까지도 들어본 적 없는 기업들을 추천하며 몇 가지 수치와 예측을 자신만만하게 제시합니다. 제 눈에는 매우 황당하게 보입니다.

투자 기간과 위험

1994 총회 (01:54:34)

버핏: 우리가 정의하는 위험은 손해나 피해의 가능성입니다. 그 점에서 우리는 위험이 투자 기간과 불가분하게 엮여 있다고 생각합니다. 오늘 오전 11시 30분에 XYZ라는 기업의 주식을 매수하고 오늘 장 마감 전에 매도한다 칩시다. 우리 관점에서 이는 매우 위험한 거래입니다. 우리가 몇 년 전에 매수했던 가격으로 코카콜라 같은 종목을 매수하는 것은 우리의 보유 기간 측면에서 위험이 제로에 가까운 거래라고 생각합니다. 하지만 오늘 아침 코카콜라를 매수하고 내일 아침 매도한다면 이는 매우 위험한 거래라고 봅니다.

그런데 학계에서 위험을 변동성으로 정의하는 것이 유행하더니 이후 금융시장까지 넘어왔습니다. 주로 베타(beta, 주식의 위험도를 숫자로 나타낸 지표)라는 척도가 쓰이는데 우리에게 위험 측정 수단은 베타가 아닙니다. 예를 들어 버크셔의 주요 사업인 보험업 측면에서 보면 우리에게 위험이란 슈퍼캣 보험(super-cat insurance 지진, 허리케인 등 대규모 손실에 노출된 천재지변 보험)과 같습니다. 특정 연도나 날짜에 확실히 손실을 보긴 할 텐데, 그게 언제인지는 모르는 것이죠. 우리는 슈퍼캣 보험 사업을 시작한 날을 기점으로 그 위험이 발생하리라 예상하는 기간을 10년 내로 잡았습니다. 그리고 그 10년에 걸쳐 손실이 발생하기도 하고 이익이 발생하기도 했는데, 전체 손익을 따지면 손실보다 이익이 더 큽니다. 따라서 우리 보험 사업은 장기적 측면에서 위험이 낮다고 생각합니다. 예측 가능성이 훨씬 뚜렷한 것을 대상으로 하는 보험보다 한층 안전하단 얘기죠.

금융시장에서 말하는 통상적인 위험 척도에서 흥미로운 점은 매년 수익률이 +20%와 +80% 사이에서 변동하는 사업이 매년 수익률이 +5%인 사업보다 위험하다고 규정한다는 것입니다. 우리는 요즘 금융계가 사용하는 위험 측정이 산으로 갔다고 생각합니다. 우리는 가령 차익거래나 보험계약 같은 거래에서는 돈을 잃을 각오를 합니다. 하지만 확률론적으로 손실 가능성이 크다고 생각하는 거래에는 굳이 참여하지 않고, 승산이 있는 거래에 참여하고자 합니다. 이를 위해 우리는 선택지의 범위를 좁히려고 노력합니다. 우리는 베타 같은 공식을 쓰지 않아도 선택지에서 많은 것을 배제할 수 있습니다. 이처럼 우리는 유리한 확률에서만 움직이려 합니다.

멍거: 우리는 페르마와 파스칼의 확률론대로 생각하려 노력합니다. 마치 우리가 현대 금융 이론을 들어본 적도 없는 것처럼 들리시겠지만요. 하지만 현대의 여러 금융 이론은 지긋지긋하다는 생각밖에 들지 않아서 말입니다.

변동성과 위험

1998 총회 (04:34:37)

버핏: 우리는 전통적인 의미에서의 위험을 걱정하지 않습니다. 우리는 위험성을 미래의 사업을 평가할 때 '진행 여부를 결정하는 밸브'로 보고 있습니다. 다시 말해 미래에 무슨 일이 일어날지 모른다고 해서 반드시 위험하다는 게 아니라, 그저 모를 뿐이라는 말입니다. 그래서 잘 모르는 우리에게는 위험할지 모르는 사업도 그 산업 분야나 기업을 잘 아는 다

른 사람에게는 위험하지 않은, 가능성 있는 사업일 수도 있습니다. 그런 경우 우리는 굳이 손해나 피해 가능성을 예측하려 애쓰지 않고 그냥 포기합니다.

우리는 '음, 앞으로 무슨 일이 일어날지 모르니 7%가 아닌 9%로 기업의 가치를 할인해야지'라는 식으로 접근하지 않습니다. 일단 우리가 확신할 수 있는 기업이라는 첫 번째 필터를 통과하면 적용하는 할인계수는 다른 모든 곳과 같습니다. 우리는 강한 확신이 설 때만 투자하므로 상관없습니다.

자본자산 가격결정 모형(CAPM, 투자 자산의 위험과 수익률의 관계를 설명하는 금융 모형)이나 위험조정 수익률(감수한 위험의 정도를 고려해 조정된 수익률) 같은 논리는 얼토당토않다고 생각합니다. 하지만 미래를 확신하지 못하는 상황에 처하거나 그런 상황을 평가하려고 하는 것 역시 얼토당토않기는 마찬가지지요. 그리고 위험이 클수록 할인율(버핏은 기업을 인수할 때 기업 가치를 측정하는데, 미래의 현금흐름을 현재 가치로 환산했을 경우에 적정한 할인율을 적용한다. 이는 향후 물가 상승에 따른 돈의 가치가 떨어지거나 미래에 어떤 일이 생길지 모르는 부담 등을 고려해 책정한다)을 높여 상쇄할 수 있다고도 생각하지 않습니다. 우리는 그런 식으로 접근하지 않습니다.

멍거: 기업 금융에서 변동성을 지나치게 강조하는 건 문제가 있다고 생각합니다. 확률이 우리 편에 있고, 회사 전체를 단 한 번의 도박에 걸거나 그에 가까운 모험을 하지 않는 이상, 우리는 변동성을 신경 쓰지 않습니다. 중요한 건 유리한 확률입니다. 우리는 변동성은 시간이 지날수록 저절로 해결될 것이라고 생각합니다.

버핏: 우리는 미래 성과를 믿어 의심치 않는 기업이 있다면 낮은 변동

성보다는 높은 변동성을 선호합니다. 도중에 많이 흔들리더라도 나중에 결과가 좋을 것이 확실한 기업에서 더 많은 돈을 벌기 때문입니다. 따라서 우리는 변동성을 좋아하고, 큰 변동성이 낮은 베타보다 훨씬 낫다고 여깁니다. 사실 우리는 세간에서 이른바 '리스크'라고 부르는 것을 좋아합니다. 우리가 워싱턴 포스트를 매수했을 때 몇 달 만에 50% 하락했습니다. 우리로서는 최상의 상황이었고, 그보다 좋을 수는 없었답니다. 언론업은 기본적으로 매우 변동성이 낮습니다. 이를테면 소수의 TV 방송국이나 한 지역을 독점하는 대형 신문사는 본질상 변동성이 작은 사업이죠. 하지만 그들의 주식은 그렇지 않았습니다. 따라서 우리에겐 훌륭한 조합이었죠.

2001 총회 *(03:43:27)*

버핏: 변동성을 위험의 척도로 여기는 것은 터무니없습니다. 변동성 개념을 사용하는 이유는 학자들이 위험에 대해 논하고 싶은데 사실 기업의 위험을 측정하는 방법을 모르기 때문입니다. 한 기업의 가치를 평가해야 그 기업의 위험도를 도출할 수 있습니다. 우리에게 위험이란 몇 가지 가능성과 관련이 있는데요. 하나는 손실이 영구적으로 계속되는 위험입니다. 또 하나는 우리가 투자한 자본에 못 미치는 수익입니다. 이는 변동성과 전혀 관련이 없습니다. 변동적인 기업이 꼭 나쁜 건 아닌 만큼, 실적 변동성이 크면서도 훌륭한 기업들은 어느 업종에서나 찾을 수 있습니다. 마찬가지로 변동성이 별로 없이 평탄하면서 형편없는 기업들도 있고요. 변동성을 위험으로 변환하는 건 전혀 말이 안 됩니다. 누군가가 베타 이야기를 꺼내거든 지갑을 열지 마세요.

불규칙한 수익

2011 총회 (04:58:46)

버핏: 앨라배마주의 유명 벽돌 제조업체를 인수한 것은(버핏은 2010년 버크셔 주주 서한에서 젠킨스 브릭 앤드 타일Jenkins Brick & Tile을 5,000만 달러에 인수했다고 밝힘) 벽돌 시장이 2개월, 6개월, 1년 안에 다시 활기를 찾으리라 생각해서 내린 결정이 아니었습니다. 그보다는 앨라배마주의 대표적인 벽돌 제조 및 유통업체를 보유하면 텍사스주에 소재한 우리의 벽돌 제조 기업인 애크미 브릭Acme Brick과 시너지를 일으켜 훗날 가격 대비 좋은 투자가 되리라 생각했습니다. 저는 이 결정에 기분이 좋지만, 앞으로 6개월간의 벽돌 매출을 생각하면 기분이 좋지 않습니다.

멍거: 이런 경기 순환 주기가 있는 사업을 매수할 때 한 가지 이점은 많은 사람이 좋아하지 않는다는 겁니다. 예컨대 연평균 수익이 3억 달러라고 치면 그게 매달 일정할 필요가 있습니까? 수익이 불규칙하더라도 큰 그림에서 좋은 사업이라면 상관없지 않나요? 그런 면에서 우리는 유리합니다. 이렇다 할 고객사 하나 없는 앨라배마주의 벽돌 공장도 입찰하는 곳은 우리뿐입니다.

버핏: 시즈캔디는 훌륭한 기업이지만 1년 중 약 8개월은 적자입니다. 그래도 우리는 계절적 패턴을 알기에 매출이 낮은 7월에도 걱정하지 않습니다. 다음 크리스마스가 올 것이고, 크리스마스는 수천 년 후에도 존속할 테니까요. 시즈캔디의 한 분기 실적만 보면 '이 회사는 하는 일이 뭐지?'라는 생각이 들 것입니다. 물론 경기 순환적 사업이 계절적 사업과 똑같은 패턴으로 움직이지는 않을 겁니다. 하지만 둘을 다르게 봐야 할 이유가 있나요? 앞으로 20년을 내다보자면 가령 주거용 부동산에는

끔찍한 해가 몇 번 있을 테고, 제법 괜찮은 해가 많을 테고, 굉장한 해도 몇 번 있을 것입니다. 그 시기들이 어떤 순서로 나타날지는 모르겠지만, 그 20년을 함께할 만큼 저렴한 자산을 샀다면 그동안에는 잘 풀리리라는 건 압니다.

현금 보유

1994 총회 (02:10:36)

버핏: 우리는 어떤 전망에 따라 일정 수준의 현금을 유지하고 자산 배분에 들어가지 않습니다. 우리에게 현금이 남아 있다는 건 우리 마음에 드는 기업을 매수하는 등 그 돈을 활용할 방법을 고심 끝에도 찾지 못했다는 증거입니다. 즉 우리가 한동안 좋은 매물을 찾지 못하면 현금이 쌓입니다. 따라서 현금 보유는 선택의 문제가 아니라, 마지못해 나온 결과입니다.

우리는 현금이 3개월, 6개월, 1년 후 더 가치 있을지 추측하지 않습니다. 자산 배분에 관한 회의도 전혀 열지 않고요. 우리는 항상 우리 기준에 부합하는 매물을 찾고 있습니다. 우리는 연말에 현금이 남아 있지 않으면 좋아합니다. 우리 마음에 드는 방식으로 자산을 운용했다는 뜻이니까요. 우리는 수중에 많은 돈이 있으면 평소보다 판단력이 좀 더 흐려집니다. 조심성이 떨어진다고나 할까요. 제가 생각하는 최적의 매수는 보통 그것을 살 돈을 마련하려고 다른 무언가를 팔아야 하는 경우입니다. 그런 결정을 내리기까지 보는 눈이 좀 더 높아지기 때문입니다.

1995 총회 (02:36:57)

버핏: 버크셔에서 현금은 한마디로 남은 돈입니다. 우리는 항상 현금이 없기를 바랍니다. 동시에 많은 돈을 빚지는 것도 원치 않습니다. 현금이 있다는 건 우리 마음에 드는 거래를 찾지 못했기 때문이기에, 가능한 한 빨리 그 돈을 활용하기를 바랍니다. 우리는 앞으로 시장이 하락하지 않을까, 혹은 더 저렴한 매물이 나오지 않을까 등을 결코 생각하지 않습니다. 마음에 드는 기업이나 주식이 있으면 그것을 살 뿐입니다. 우리의 대차대조표에 규모가 얼마든 현금이 보인다면, 이는 찰리와 제가 그 시점에 매력적인 거래를 찾지 못했다는 증거입니다. 많은 현금을 보유하는 것은 방침에 따른 결정이 아닙니다.

2004 총회 (01:43:49)

버핏: 위험을 최소화하는 가장 좋은 방법은 생각하는 습관입니다. "주식에 60%, 채권에 40%를 투자했다"라고 선언했다가 월가의 일부 전략가들 말에 따라 "이제 주식에 65%, 채권에 35%를 투자하기로 했다"라고 중대 발표하듯 떠벌리는 건 정말 웃깁니다. 그보다는 단기금융상품으로 기본 포지션을 잡은 후, 고심 끝에 현명한 투자처를 발견했을 시 언제든 뛰어들어야 합니다. 시중에서 자산 배분이라고 하는 건 대부분 판매 전략에 불과할 뿐입니다. 60% 대 40%로 배분할지 65% 대 35%로 배분할지 판단하지 못하는 사람들에게 전문가가 필요하다는 생각을 심어 주는 방법이죠. 투자에서 이런 사람들의 도움은 전혀 필요하지 않습니다.

멍거: 예나 지금이나 모든 인류는 미래를 알고 싶어 했습니다. 과거 왕은 주술사나 점술사를 고용했고, 양의 내장 같은 것을 보면서 다음 전

쟁을 어떻게 치를지 답을 구하곤 했습니다. 자칭 미래 예측 전문가라는 사람들을 위한 시장은 역사상 늘 존재했고, 그 시장은 오늘날에도 활발합니다. 인간에게는 만능 해결책을 판매하려는 경제적 유인이 있습니다. 끊임없이 반복해서 팔 수 있거든요. 저는 그런 것에 진저리가 납니다. 그보다 제품을 공급해 사람들에게 가치를 제공하며 생계를 유지하는 편이 훨씬 낫다고 봅니다. 하지만 제 눈에는 다들 카지노 도박장 같은 걸로 먹고사는 데도 거리낌이 없어 보입니다. 이 나라에서는 돈만 된다면 뭐든지 하려는 경향이 있습니다.

2006 총회 *(01:43:19)*

버핏: 버크셔의 최소 보유 현금은 약 100억 달러로 볼 수 있지만, 특정 상황에서는 그 이하로 떨어지기도 합니다(2012년 총회 때 버크셔의 최소 보유 현금은 약 200억 달러로 증가함). 그러나 우리는 재난보험 사업과 기타 요인 덕분에 바닥을 긁는 상황까지는 가지 않습니다. 그렇다고 현재 보유하고 있는 400억 달러와 같은 금액이 필요한 것도 아니고요. 현금 100억 달러에 나머지는 우리가 좋아하는 자산들로 구성되어 있다면 훨씬 만족스러울 것입니다. 또 항상 그 목표를 위해 노력하기도 합니다.

우리는 현금이 남아 있는 상황을 좋아하지 않지만, 한번 투자하면 계속 안고 가는 성향상 멍청한 거래는 더 싫습니다. 만약 멍청한 거래를 했으면 IPO(기업공개) 등으로 3개월 후 되파는 게 아니라 그냥 그대로 둡니다. 우리는 현금을 가지고 있다는 사실이 매우 불편합니다. 하지만 그런 이유로 굳이 아무 거래나 저지르지 않는 것도 중요합니다. 장담할 순 없지만 저는 3년 후에는 보유 현금을 크게 줄이고 수익력을 상당히 강화할 가능성이 있다고 봅니다. 목표는 그 현금을 시간이 지남에 따라

고정 수입으로 전환하는 것입니다.

멍거: 10년 전 버크셔의 연차 보고서를 찾아 작년 보고서와 비교해 보면 여러분의 걱정거리가 기우라는 힌트를 얻을 수 있을 듯합니다. 우리는 현금 운용에 큰 어려움이 있었음에도 지난 10년 동안 굉장한 투자를 많이 했습니다. 따라서 우리는 한동안 현금을 계속 보유하더라도 전적으로 비관하지만은 않습니다.

2019 총회 (03:34:01)

버핏: 저는 국채보다 인덱스 펀드를 보유하는 편이 낫다고 생각합니다. 하지만 우리가 2007~2008년에 그 기조를 취했다면 2008년 말 우리는 사뭇 다른 행동반경에 놓였을지도 모릅니다. 또한 같은 방책이라도 10억 달러를 운용할 때와 수천억 달러를 운용할 때 적용 결과가 달라진다는 문제가 발생합니다. 이는 당연한 것으로 지난 10년간의 강세장을 돌이켜보면 명확히 알 수 있습니다. 소액 투자자에게 인덱스 펀드는 매우 합리적인 투자 방법입니다. 만약 고액 투자자라면 글쎄요. 버크셔도 미래에는 그럴 수도 있다고 생각합니다. 하지만 우리는 일주일 전 현금 1,100억 달러 중 100억 달러를 투자에 지출했습니다. 그리고 언제라고 특정할 순 없지만, 우리가 나머지 1,000억 달러를 주저 없이 선뜻 지출할 수도 있습니다. 그러한 상황이 온다면 이는 인덱스 펀드보다 훨씬 나은 자본 배치일 것입니다. 우리는 언제든 기회가 올 수 있다는 전제하에 자본을 배치해 왔습니다. 그 기회들은 아마 한꺼번에, 그것도 다른 사람들이 투자를 꺼릴 때 찾아올 것입니다.

멍거: 저는 현금 관리에서 남들보다 다소 보수적이라는 점에 대해 유죄를 인정합니다. 하지만 그게 나쁘지는 않다고 생각합니다. 뒷북이지

만 우리는 그 현금을 다양한 유가증권에 쏟아붓고 S&P 500보다 더 나은 성과를 낼 수도 있었습니다. 하지만 우리는 어쩌면 올지도 모를 기회를 위해 언제나 여분의 현금을 보유해 왔다는 것을 강조하고 싶습니다. 저는 버크셔 같은 대기업이 현금을 어느 정도 들고 있는 게 잘못이라 생각하지 않습니다. 저는 하버드 대학교가 학부모들이 선지급한 모든 수업료를 포함해 마지막 한 푼까지 탈탈 털어 최악의 순간에 사모펀드 등에 거액을 투자하는 것을 보았습니다. 그리고 2~3년간 끔찍한 고통을 겪었죠. 우리는 하버드 대학교처럼 되고 싶지 않습니다. 앞으로도 그 생각은 변치 않을 테고요.

버핏: 언제든 재빨리 큰돈을 투입할 수 있도록 상시 많은 현금을 보유하는 게 좋습니다. 그럴 기회가 자주 오지 않을 거라는 사실은 알고 있습니다. 분명 앞으로 20~30년 안에 금이 비처럼 쏟아져 밖에 나가 비를 맞기만 하면 되는 때가 두세 번 올 겁니다. 언제일지는 모르지만요. 그리고 우리는 투자할 돈이 많습니다. 확실히 말씀드리고 싶은 한 가지는 우리는 버크셔에 거의 전 재산을 투자한 주주들에게 봉사하는 자세로 회사를 운영한다는 것입니다. 저도 어쩌다 보니 그 주주 중 한 명이지만, 어쨌든 무슨 일이 있어도 그렇게 할 것입니다.

우리를 신뢰하는 사람들이 많습니다. 그들은 통상 버크셔에 큰 비중으로 투자하고 있죠. 우리는 모두에게 돈을 벌어 드리고 싶지만, 더욱더 확실히 하고 싶은 건 처음부터 내재가치에 가까운 가격으로 우리 주식을 매수한 모든 주주들이 언제까지나 돈을 잃지 않도록 하는 것입니다. 우리와 잠시라도 함께할 의향이 있는 100만 명 이상의 주주 가운데 많은 사람이 돈을 잃게 되는 건 상상도 하기 싫습니다. 그리고 우리는 세상이 혼란스러울 때 사람들이 어떻게 행동하는지 알고 있죠. 그들은 지브롤터 바위처럼 든든한 투자를 원할 테고, 우리는 그들에게 진심으로 마음을 쓰고 있습니다.

버핏의 탐구 과정

1994 총회 (02:15:45)

버핏: 우리는 정보의 속도를 중요시하지 않습니다. 더 유용한 것은 정보 처리와 최종 결정입니다. 그 결정은 주식 투자든 완전 인수든 그 기업의 가격과 실제 가치를 비교하는 것도 포함합니다. 정보의 신속성은 여기서 아무 관련이 없습니다. 핵심은 '양질'의 정보를 얻는 것입니다.

우리가 한 일은 공개 보고서들을 읽은 후 거래 조건이나 제품의 강점 등을 확인하기 위해 추가 질문을 던지는 게 대부분이었습니다. 대신 우리는 결정을 내리는 속도가 매우 빠릅니다. 한 기업에 관심이 가는지 안 가는지는 2~3분 안에 금방 답이 나옵니다. 그 후에 몇 가지 사항을 확인해야 할 때도 있지만요. 하지만 결정하기까지 다양한 가격 데이터 같은 것이 꼭 필요한 경우는 거의 없습니다. 따라서 외딴곳에 살며 우편으로 3주 걸려 견적을 받아도 투자에 지장은 없다고 봅니다.

1998 총회 (01:40:05)

버핏: 제가 투자 과목을 가르친다면 한 기업의 기본 변수를 파악하고 이것이 얼마나 예측 가능한지 평가하는 기업 평가 수업을 개설하겠습니다. 그게 가장 기본이기 때문이죠. 예측하기 어려운 건 잊어버려야 합니다. 모든 회사에 대해 옳을 필요는 없습니다. 평생에 걸쳐 몇 가지의

옳은 결정을 내리면 족합니다. 핵심은 어떤 변수가 중요한지 확실히 알고 그 변수를 포착하는 것입니다.

찰리와 저는 순자산 대비 막대한 거금을 쏟아붓는 중대한 결정을 10여 차례 내린 적이 있습니다. 마음 같아서는 더 많이 투자하고 싶었습니다. 그 결정들이 옳다는 확신이 있었으니까요. 별로 복잡할 게 없습니다. 적절한 변수에 초점을 맞춘 결과 그들에게서 우위를 발견할 수 있었죠. 또 우리는 소수점 다섯 자리까지 계산하진 못해도 대체로 우리가 옳다는 걸 알았습니다. 우리가 찾는 건 야구에 비유하면 가운데로 몰린 직구 같은 겁니다. 저는 그런 걸 가르치고 싶지, 학생들에게 불가능한 일을 할 수 있다고 생각하게끔 가르치지는 않겠습니다.

멍거: 만약 부동산을 감정하는 식으로 기업 평가를 가르치겠다면, 즉 학생들이 학기를 마친 후 어떤 기업을 감정하고 그 기업의 가격과 비교해 미래를 전망할 수 있게 하겠다면 이는 불가능한 시도라고 봅니다.

버핏: 저라면 기말고사에서 한 인터넷 기업을 골라 '이 회사의 가치는 얼마인가?'라는 문제 하나만 내겠습니다. 뭐라도 답을 쓴 사람은 모두 낙제시키겠습니다.

투자 방식

1994 총회 (02:22:56)

버핏: 피터 린치Peter Lynch는 저보다 분산투자를 훨씬 좋아합니다. 그는 제가 기억하는 회사 이름보다 더 많은 수의 주식을 보유하고 있죠. 하지만 그게 피터의 방식입니다. 천국에 가는 방법이 여러 가지이듯 투자도

마찬가지입니다. 투자는 종교가 아니지만, 매우 유용한 교리는 몇 가지 있답니다. 피터도 나름의 교리 하나가 있고, 우리에게도 유용한 교리가 있다고 생각합니다. 그중에는 겹치는 부분도 많고요. 하지만 제가 피터 방식대로 하려면 잘 안 될 테고, 그가 제 방식대로 하려 해도 잘 안 될 겁니다.

분산투자와 집중투자

1994 총회 *(02:55:31)*

버핏: 우리는 한 종목에 거액을 투자합니다. 제가 파트너십을 운영했을 때 주식 한 종목당 제 비중 한도는 약 40%였습니다. 찰리가 파트너십을 운영했을 때는 40%가 넘었을걸요.

멍거: 맞아요.

버핏: 만약 우리가 지금도 작은 파트너십을 운영하거나 더 적은 자본을 운용한다면 여전히 그랬을 겁니다. 다만 이제는 우리가 해당 기업을 잘 이해했고 그 기업의 특성, 즉 우리가 지불하는 금액, 경영진, 기타 등등에 사실상 위험 요소가 없다고 생각한다면 집중투자를 합니다. 가끔은 그런 대어를 발견하게 되니까요. 그 기업이 2순위, 3순위, 4순위 선택보다 훨씬 더 매력적이라는 생각이 들면 우리 순자산에서 상당한 비중을 그곳에 투자하겠습니다. 잘 아는 기업이고 가격이 충분히 매력적이라면 거액 투자는 미친 짓이 아닙니다. 반면에 확신이 안 선다 싶으면 광범위하게 다각화하는 편이 낫습니다.

멍거: 버크셔에 한 대주주가 계십니다. 그는 원래 주주였던 아버지의

포지션을 이어받았습니다. 아버지는 막대한 유산을 남겼는데, 사실상 버크셔와 모 유명 기업까지 두 종목의 주식이 전부였습니다. 은행이 공동 신탁 관리자로 있었고, 신탁 담당자는 이 돈을 분산 투자하자고 말했다더군요. 굉장한 거액이었습니다. 그러자 그 청년은 "글쎄요, 저희 아버지가 당신처럼 생각했다면 이 많은 재산을 남기지 못하고 은행의 신탁 관리인이 되었을 것 같네요"라고 말했답니다. 그 남자는 현재도 버크셔 주식을 보유 중입니다. 은행은 여전히 같은 조언을 하고 있겠죠.

1996 총회 (02:43:36)

버핏: 우리는 강한 확신이 서는 종목에 거금을 몰아 투자하기를 좋아합니다. 분산투자는 흔한 관행이긴 하지만 자신의 결정을 믿는 사람에게는 별 의미가 없습니다. 그런 믿음이 없는 사람에게 보호막이 되어 주는 것이죠. 시장의 모든 악재로부터 보호받고 싶다면 온갖 종목을 보유해야 합니다. 그게 잘못되었다는 의미는 전혀 아닙니다. 기업을 분석할 자신이 없다고 생각하는 사람에게는 타당한 접근법입니다. 하지만 기업을 분석하고 평가할 줄 아는 사람이 30, 40, 50가지 주식을 소유한다면 미친 짓입니다. 한 사람이 그렇게 훌륭한 기업을 여럿이나 이해할 리가 없기 때문이죠. 그리고 최상급의 기업을 찾고 나서 매력 1순위 기업에 더 많은 돈을 붓기를 마다하고 35순위 기업에 투자하는 건 버크셔에서는 있을 수 없는 일입니다. 그런데 이 관행은 비일비재합니다. 그저 평타 치는 게 목표인 사람이라면 일자리는 건사할 겁니다. 하지만 그는 사실 자신이 보유한 기업을 이해하지도 못한다고 고백하는 셈입니다.

제 개인 포트폴리오상의 주식은 단 한 종목(버크셔)입니다. 제가 잘 아는 기업이라서 매우 편안합니다. 적절한 분산투자를 위해 28개 종목의 주식을 소유해야 할까요? 말도 안 되는 소리죠. 저는 버크셔에서 세 개의 기업만 골라 거기에만 버크셔 전 자산을 부으라 해도 충분히 흡족할 겁니다. 훌륭한 세 개의 기업만으로도 이번 생에서 투자에 성공할 수 있습니다. 미국에서 부를 쌓은 방법을 살펴보세요. 50개 기업의 포트폴리오가 아닌 훌륭한 기업을 알아본 누군가의 안목에서 나왔습니다. 엄청난 부를 창출한 코카콜라가 좋은 예입니다. 코카콜라라는 기업은 50개가 아닙니다. 만약 그랬다면 우리 모두 그 50개에 열심히 분산투자를 하고는 정말 특출난 하나의 기업을 보유한 것과 똑같은 결과를 얻을 겁니다. 하지만 누구도 그 50개를 찾아낼 수 없을 겁니다. 실제로 찾을 필요도 없고요.

정말 훌륭한 기업은 시간의 흐름에 따른 경기 변동과 경쟁 같은 흔들림에도 끄떡없습니다. 그러니까 현실 속의 경쟁에 면역력이 있는 기업이란 뜻입니다. 그런 기업 3개가 평범한 기업 100개보다 낫습니다. 마침 더 안전하기도 하고요. 이해하기 쉬운 우량 기업 3개가 유명 대기업 50개보다 안전합니다. 요즘 이에 대해 기업 재무학 수업에서 가르쳐 온 내용을 보면 놀랍습니다. 앞으로 30년 동안 가족 전 재산을 걸고 내기를 해야 한다면, 다양한 50개의 기업을 보유하기보다 우리가 보유한 기업 중 3개를 고르렵니다.

멍거: 워런의 말을 정리하자면 오늘날 기업 재무학 과정에서 가르치는 내용이 대부분 허튼소리라는 겁니다.

버핏: 한마디로 쓸모가 없습니다. 평균을 내는 방법을 알려주지만, 평균 구하기는 초등학교 5학년이면 다 배웁니다. 그렇게 어렵지 않은데 어려워 보이게 겉멋을 붙인 거예요. 그리스 문자와 온갖 것들을 곁들여 마치 최고 수준에 도달한 느낌을 주지만, 부가가치는 없습니다.

멍거: 저는 인간의 광기에 관심이 많은 사람이어서인지 이런 현상에 참 적응이 안 됩니다. 하지만 현대 포트폴리오 이론은 제가 등급을 매길 수도 없는 유형의 광기를 포함합니다. 뭔가 참 이상하게 돌아가고 있습니다.

버핏: 평생 동안 출중한 기업 3개만 찾으면 엄청난 돈을 벌 수 있습니다. 그 세 곳에는 악재가 터지지 않을 겁니다.

2001 총회 (03:48:55)

버핏: 우리에게 큰 기회라는 것은 정말, 정말로 대규모를 의미합니다. 버크셔에서는 수십억 달러 이상이 재배치되어야 유의미한 변화거든요. 저는 50년 전 《무디스 매뉴얼 Moody's Manual》을 넘기던 중 대단한 아이디어를 떠올렸습니다. 1951년 1월에 가이코에 가서 당시 재무 부사장이던 로리머 데이비슨 Lorimer Davidson을 만났는데, 그는 제게 회사에 대해 5시간 동안 설명해 주었습니다. 그때 저는 가이코가 대단한 기회임을 깨달았습니다. 나중에 저는 〈주간 상업과 금융 The Commercial and Financial Chronicle〉이라는 신문에 '내가 가장 좋아하는 주식(The Security I Like Best)'이라는 제목의 글을 기고했습니다. 거기에 제 야심 찬 아이디어를 밝혔죠. 당시 저는 웨스턴 보험증권 Western Insurance Securities을 발견하고는 흙 속의 진주라는 직감이 들었습니다.

멍거: 우리 같은 투자자의 삶에서 가장 중요한 부분은 드물게나마 찾아온 좋은 기회를 잡는 것입니다. 그러기 위해서는 오랜 기간 준비해야 한다고 생각합니다. 옛 속담에 '기회는 준비된 자에게 찾아온다'란 말이 있죠. 기회비용에 대해서 말하자면, 현재 전국의 대학 신입생용 경제학 교과서에는 '모든 합리적 인간은 기회비용을 중심에 놓고 생각한다'라

는 문장이 나옵니다. 분명 맞는 말이긴 합니다. 하지만 기회비용에 따라 기업을 가르치는 것은 매우 어렵습니다. 숫자를 입력하면 답이 나오는 자본자산 가격결정 모형을 가르치는 게 훨씬 쉽습니다. 학교는 가르쳐야 하는 것보다 가르치기 쉬운 걸 선택하죠. "모든 것은 본뜻을 훼손하지 않는 범위에서 최대한 단순하게 해야 한다"라는 아인슈타인Einstein의 명언이 생각나는군요.

2003 총회 (02:36:36)

버핏: 투자라는 일의 장점이자 정말 대단한 점은 매사에 적중할 필요가 없다는 것입니다. 전 세계 기업의 20%, 10%, 심지어 5%까지도 맞출 필요가 없어요. 1~2년에 한 번씩 좋은 투자처 하나만 찾으면 됩니다. 저는 예전에 경마를 좋아했는데 '경마에서 한 경기는 이길 수는 있어도 매 경기에서 이길 수는 없다'라는 옛말을 가슴에 품곤 했죠. 누군가가 S&P 500 종목을 전부 주면서 향후 몇 년간 이들의 시장 동향을 예측하라고 하면 저로서는 난감할 겁니다. 하지만 90% 확신이 가는 주식은 찾을 수 있을지도 모르겠습니다. 주식 투자에는 엄청난 이점이 있습니다. 큰 실수를 저지르지 않는 한 몇 가지 옳은 선택만 하면 된다는 것입니다.

멍거: 흥미로운 점은 전문 투자사들의 최소 90%가 우리와 전혀 다르게 생각한다는 겁니다. 그들은 웬만한 수준의 사람들을 고용하면 향후 20년간 화이자Pfizer나 머크Merck 중 어디가 더 나은 성과를 낼지 능숙하게 판단할 거라 생각합니다. S&P 500 전체 종목을 그렇게 분석하겠죠. 그렇게 광범위한 다각화로 10년 후 남들보다 훨씬 앞서 나갈 것이라 기대합니다. 당연히 그럴 리가 없죠. 좋은 기회 몇 가지만 찾으려는 사람

은 별로 없습니다.

버핏: 타석에서 직구를 기다려야 합니다. 야구선수 테드 윌리엄스Ted Williams가 《타격의 과학》이라는 책에서 이를 설명한 적이 있죠. 좋은 타자가 되는 가장 중요한 조건은 스위트 스폿에 맞는 공을 기다리는 것입니다.

2003 총회 (04:54:51)

멍거: 우리는 작은 포지션을 좋아하지 않습니다.

버핏: 우리는 거액을 투자하는 게 좋습니다. 우리가 주식시장을 통해 투자한다면 많은 돈을 투입할 것입니다. 여기저기 조금씩 붓는 투자는 우리 방식이 아닙니다. 따라서 현재 우리 포지션의 규모를 제약하는 주요인은 전체 포트폴리오의 비중이 아니라, 원하는 만큼에 못 미치는 물량입니다. 주식 매수에서 우리가 중도 포기한 기억은 거의 없습니다. 내부자거래 대상이 될 수 있는 10% 한도에 부딪히는 경우라면 모를까요. 우리는 웬만해서 포기하지 않습니다.

멍거: 가격이 오를 때 빼고요.

버핏: 맞아요. 제가 큰 실수를 저지른 부분이 그겁니다. 우리가 충분히 살 수 있고 우리의 능력 범위에 있는 몇 가지 주식을 대량 매수할 기회가 있었지만, 가격이 약간 오르는 바람에 흥이 꺾였습니다. X달러 이상을 투자하고 싶지 않아서 그런 건 아니었고요. 5억 달러를 투자하고픈 목표물을 찾았다면, 기왕 30~40억 달러를 투자하는 게 더 기분 좋습니다. 좋은 기회는 워낙 귀해서 일단 기회를 잡은 후에는 돈을 아끼면 안 돼요.

멍거: 시즈캔디를 포기할 뻔한 실수는 간신히 면했지만, 우리는 그 후

로도 공모주 시장에서 이런 망할 실수를 몇 차례 저질렀습니다. 우리는 배우는 속도가 매우 느린 게 분명해요.

버핏: 게다가 수십억 달러의 손실을 봤죠.

멍거: 그건 기회비용입니다. 재무제표에는 나타나지 않지만, 버크셔 본사의 어리석은 결정으로 낭비된 돈의 양은 엄청납니다.

2004 총회 (01:36:43)

멍거: 가장 중요한 교훈은 평생에 걸쳐 훌륭한 투자처를 많이 찾을 가능성이 낮다는 것입니다. 그러니 고심 끝에 확신이 서는 투자처를 찾았을 때는 절대 인색해지지 마십시오. 똑똑한 투자 전문가들이 폭넓게 분산된 포트폴리오를 구성해야 한다는 발상은 광기입니다. 관습으로 굳어진 광기죠. 모든 비즈니스 스쿨에서 그렇게 가르칩니다만 그건 잘못되었습니다.

버핏: 때로 큰돈을 투자해야 할 매물이 보일 겁니다. 찰리가 말했듯, 그게 정말 중요한 일이죠. 이 자리에도 오래전부터 버크셔에 집중투자를 한 분들이 있으시죠. 그들은 다각화가 필요하지 않았던 겁니다. 저는 투자하겠다고 생각하면 큰돈을 투입해 왔습니다. 찰리도 그렇고요. 하지만 좋은 기회는 가끔만 나타나지 매일, 매주 찾아오지는 않습니다. 매주 기회가 올 거라 기대한다면 많은 돈을 잃을 겁니다. 자신들이 좋은 기회를 찾았다고 주장하는 사람들이 여기저기서 접근할 테니까요.

2008 총회 (02:01:33)

버핏: 찰리와 제가 지난 50년간 우리 순자산만 가지고 직접 운용했다면 75% 이상을 한 군데에 투자하는 일이 많았을 듯합니다. 순자산의

75%를 투자해도 좋은 곳을 정말 많이 봤거든요.

멍거: 워런, 나는 살면서 순자산의 100%가 넘는 금액을 투자한 데도 있었습니다.

버핏: 저는 순자산의 75%를 한 군데에 투자한 적이 여러 차례 있었습니다. 소액 투자자라면 순자산의 절반을 투자하지 않은 것이 실수로 판명될 상황을 겪을 것입니다. 증권시장에서 가끔 식은 죽 먹기 같은 종목들이 보일 때가 있습니다. 물론 자주는 아니고 방송에서 그런 종목을 언급하지도 않겠지만, 순자산의 75%를 쏟아도 좋은 일생일대의 기회가 가끔은 찾아올 것입니다. 하지만 순자산의 500%를 투자한 사람들은 문제를 겪었죠. LTCM(Long-Term Capital Management, 과도한 레버리지로 파산한 미국의 헤지펀드)을 보세요. 똑똑하고 알 건 다 아는 사람들이 결과가 뻔한 투자에 순자산의 약 25배를 투입했습니다. 그들은 집중해야 할 기회를 얻었지만 허망하게 날렸습니다. 순자산의 200%만 투자했어도 좋았을 텐데 2,500%나 부었죠.

지금 이 자리에는 순자산의 100%에 가까운 돈을 버크셔에 투자한 분이 꽤 계실 겁니다. 개중에는 40년 이상 투자해 온 분도 계시죠. 버크셔는 평가하기 쉬운 종목과는 거리가 먼 대신 수익 가능성이 좋은 종목이었다고나 할까요. 하지만 저는 2002년에 정크본드(저신용 등급 회사채) 시장과 주식시장에서 기회를 포착했습니다. 1974년에 톰 머피Tom Murphy가 경영하던 캐피털 시티스Capital Cities를 매수했다 쳐보죠. 그곳은 당시 기업 가치의 3분의 1이나 4분의 1로 저평가된 데다, 세계 최고의 경영자가 운영했습니다. 경영자를 차치하더라도 꽤 준수한 기업이었습니다. 순자산의 100%를 투자해도 걱정할 필요가 없을 정도로요. 코카콜라도 우리의 매수 시점보다 살짝 일찍 투자했다면 순자산의 100%를 부어도 아깝지 않을 안전한 기업이었습니다. 그보다 중개인들이 추천하는 다른 여러 군데에 분산 투자하는 게 훨씬 더 위험했을 겁니다.

멍거: 미국의 명문 비즈니스 스쿨이나 로스쿨 학생들은 요즘 방식대로 기업 재무와 투자 관리법을 배웁니다. 그리고 그들의 일부가 졸업 후 신문에 '투자의 중요한 비결은 다각화로 통한다'라는 기사를 씁니다. 그게 주문처럼 되어 버렸지만 완전히 반대로 간 사고방식이죠. 투자의 중요한 비결은 다각화하지 않아도 되게끔 안전하고 현명한 투자처를 찾는 것입니다. 정말 단순하죠. 분산투자는 투자 문외한이라면 모를까, 전문가에게는 맞지 않습니다.

버핏: 투자 문외한이라면 다각화해도 아무 문제가 없습니다. 그들에게는 꼭 들어맞는 선택이죠. 하지만 능력 있는 전문 투자자라면 절대로 해선 안 될 선택입니다. 그건 반론의 여지도 없어요. 투자 지식이 없는 투자자는 자신의 지식이 부족함을 인정하고 다각화함으로써 투입하는 시간과 비용 대비 괜찮은 결과를 얻을 것입니다. 하지만 투자 전무가로서는 말도 안 될 일입니다. 실제로 그는 집중투자 대신 순자산의 20%만 투자했다가 일생일대의 기회를 날렸다고 생각하게 될 순간을 맞이할 것입니다.

2019 총회 (04:47:25)

버핏: 개인적으로 제 재산은 자선단체로 가므로 한동안 버크셔 자산 말고는 아무것도 없을 겁니다. 그리고 유언장에는 제 유산을 관리하는 수탁자들이 일반적으로 준수해야 하는 자산의 분산투자 의무의 법적 책임에서 면제된다는 내용을 명시해 두었습니다. 저의 버크셔 지분은 세월이 흐른 뒤 자선단체에 분배될 예정이므로 전액 버크셔에 보관되

길 바랍니다. 저는 아주 많은 금액을 자선단체에 기부하고 싶습니다. 그렇기에 재산의 대부분이 버크셔에 남아 있을 것이라는 사실이 걱정되지 않습니다. 제가 살아 있는 동안에는 저에게 결정권이 있고, 또 그 효력은 제가 죽은 후 몇 년 동안 계속될 것입니다. 어쨌든 저는 버크셔 문화가 지속되리라고 굳게 믿으며, 또 그렇게 할 수 있는 적임자가 있다는 것도 확신합니다. 그렇기에 제 순자산 전부를 버크셔에 맡긴 겁니다. 이에 대해서는 일말의 흔들림도 없습니다. 저는 몇 년마다 유언장을 고쳐 쓰는데, 그때 버크셔 지분에 관한 내용도 같이 변경합니다.

멍거: 저는 항상 두세 가지 주식만 소유해 왔습니다. 기업 재무를 가르치는 모든 비즈니스 스쿨에서 제 방식이 잘못되었다고 가르쳐도 저는 신경 쓰지 않았습니다. 잘못된 게 아니니까요. 제 방식은 그동안 효과가 꽤 쏠쏠했습니다. 자신의 결정에 믿음이 있다면 포트폴리오에 50개 주식을 넣을 필요가 없다고 생각합니다. 제 재산을 물려받을 상속자들은 그냥 가만있었으면 좋겠습니다.

2023 총회 (02:02:15)

버핏: 애플Apple이 버크셔 포트폴리오의 35%를 차지한다는 건 사실무근입니다. 버크셔의 포트폴리오는 철도, 에너지 기업, 그 외 다양한 기업들을 포함합니다. 그중 애플의 장점은 그들이 자사주 매입 시 우리 지분이 늘어난다는 것입니다. 우리는 BNSF(벌링턴 노던 산타페 철도)나 시즈캔디의 지분을 100% 넘게 소유할 수 없습니다. 마음 같아선 200%를 소유하고 싶지만 불가능하죠. 그들은 좋은 기업입니다. 애플은 우연히도 우리가 보유한 어떤 기업보다 좋은 기업입니다. 우리는 애플에 상당액을 투자했지만 철도 기업에 투자한 금액만큼은 아닙니다. 애플이 더

나은 기업이지만요. 애플은 휴대전화에 1,500달러 혹은 그 이상을 지불하는 고객을 두고 있습니다. 그 고객들은 세컨드 카에 3만 5,000달러를 지불하는 소비자층이기도 하죠. 그래도 그들에게 세컨드 카와 아이폰 중 하나를 포기하라고 한다면, 그들은 세컨드 카를 포기할 겁니다. 버크셔의 완전 자회사 중에도 아마 애플 같은 회사는 없겠죠. 하지만 애플 지분 5.6%를 보유한 것에 크게 만족합니다. 그리고 지분을 0.1%씩 늘려 갈 때마다 기분이 좋습니다. 우리 수익에 1억 달러를 더하는 셈이니까요. 그들은 벌어들인 수익으로 우리 파트너들의 지분을 매수합니다. 우리는 그들이 매도하는 것도 기쁘게 생각합니다. 저는 몇 년 전에 세금상의 이유로 애플 주식을 일부 매도하는 실수를 저질렀습니다. 이렇게 말해 놓고 보니 어리석은 결정이었네요. 아무튼 애플은 버크셔 포트폴리오의 35%를 차지하지 않습니다.

성장과 수익 사이

***1994 총회** (03:21:48)*

버핏: 전혀 성장하지 않을 회사라도 투자만큼의 수익을 얻는다면 괜찮습니다. 우리는 시간이 지남에 따라 어떤 식으로 현금을 회수할 수 있을지 따져 봅니다. 여러분이 계좌에 100만 달러를 넣는다면 연 10%의 고정 이자가 좋습니까, 아니면 2%로 출발해 연 10% 복리가 좋습니까? 직접 계산해 보시면 답이 나올 겁니다.

여러분이 주식을 보유한 기업이 전혀 성장하지 않는 시기도 분명 있을 겁니다. 그래도 매우 높은 성장률을 기록할 기업보다 훨씬 나은 투자일 수도 있습니다. 그 성장을 위해 자본을 투입해야 할 경우에 말이죠. 많은 자본을 들여 성장하는 기업과 자본을 추가로 들이지 않고 성장하는 기업은 천양지차입니다. 그런데 애널리스트들은 대개 이 둘의 차이에 관심이 없더군요. 실제로 얼마나 무심한지 놀라울 따름입니다. 하지만 투자자라면 많은 주의를 기울여야 할 부분입니다. 우리의 완전 자회사 중에도 성장하지 않는 기업들이 있습니다. 하지만 그들은 큰돈을 벌어 줍니다. 덕분에 우리는 그 돈으로 다른 데 투자할 수 있고요. 따라서 버크셔의 자본은 기업들의 물적 성장이 없이도 늘어납니다. 이런 게 고수익을 내지 못하고 돈을 잔뜩 잡아먹으며 성장하는 기업보다 훨씬 낫습니다. 실제로 많은 경영자가 이 점을 잘 이해하지 못합니다.

1995 총회 (04:03:48)

버핏: 시장의 전체적인 성장 여부는 우리에게 중요한 요소가 아닙니다. 그보다는 어떤 게임에서 누가 승자가 되고 누가 패자가 될지 파악하는 게 핵심이죠.

손실 회복

1995 총회 (01:01:17)

버핏: 투자에서 매우 중요한 원칙은 잃은 만큼 되찾으려 애쓰지 말라는 겁니다. 사실 본전을 회수하려는 건 대개 잘못된 생각입니다.

멍거: 그게 바로 많은 사람이 도박으로 망하는 이유죠. 그들은 잃어버린 만큼 되찾아야 한다고 느낍니다. 인간의 깊은 본성이죠. 그보다는 의

지로 상처를 딛고 회복하는 게 바람직합니다. 이런 소소한 좌우명들이 매우 도움이 됩니다.

버핏: 주식 투자에서 중요한 한 가지는 주식은 당신이 자기 주인인 줄을 모른다는 겁니다. 당신은 주식에 대해 오만 가지 생각이 들 것입니다. 자신이 그 주식에 돈을 얼마나 썼는지, 누가 그 주식을 추천해 줬는지, 그 외 모든 사소한 사실들을 늘 잊지 않습니다. 그러나 주식은 당신의 기분을 신경 쓰지 않고 목석같이 그 자리에 있을 뿐입니다. 사람들은 어떤 주식을 100달러 주고 샀는데 주가가 50달러로 떨어지면 끔찍한 기분을 느낍니다. 한편 10달러 주고 산 다른 사람은 기분이 좋습니다. 그래 봤자 기분은 기분이고, 현실은 그냥 현실입니다. 찰리가 말했듯 도박은 손실 회복으로 실패하는 대표적인 예입니다. 어떤 사람이 수학적으로 불리한 게임에 참가합니다. 그는 돈을 잃기 시작하고, 잃은 돈을 되찾겠다고 다짐합니다. 그러고는 자기가 돈을 잃은 방식을 그대로, 심지어 그날 밤에 곧바로 되풀이합니다. 그것은 큰 실수입니다.

침체기

1995 총회 (01:45:15)

버핏: 우리도 몇 차례의 침체기를 버텨야 했습니다. 주식시장과 인수 시장 둘 다에서 말이죠. 저는 1969년에 적절한 투자처를 찾지 못해 파트너십을 정리한 적이 있습니다. 지금 생각해도 다행이었던 게, 1971~1972년에도 그런 상황이 지속되다가 1973~1974년에는 온갖 투자할 곳들이 생겼거든요. 때때로 그런 상황이 일어날 것입니다. 특히

시장 참여자들은 과거에 그랬던 것처럼 미래에도 어리석게 행동할 것입니다. 침체기는 예상치 못한 때에 올 것입니다. 그러나 우리는 그 틈을 활용할 것입니다. 앞날은 모르지만, 우리는 큰 목표를 꿈꿉니다. 우리는 큰 거래일수록 더 구미가 당깁니다.

투자에서 첫 번째 질문

1995 총회 (02:21:45)

버핏: 첫 번째 질문은 '내가 이 기업을 이해할 수 있는가'입니다. 이해가 안 되면 투자를 검토할 필요도 없습니다. 제가 소프트웨어 회사나 생명공학 회사들을 잘 이해할 수 있다고 말한다면 거짓말일 겁니다. 그들에 대해 제가 뭘 알 수 있겠습니까? 따라서 그게 첫 번째 질문이 되겠고요. 두 번째 질문은 '그들의 자본 상태가 건실해 보이는가'입니다. ROIC가 높은지, 혹은 그럴 가능성이 있는지 등이 제 출발점입니다.

멍거: 우리는 과거 기록으로 판단하는 편입니다. 그러다 보니 과거는 형편없지만 전망이 밝은 기업에 투자할 기회를 놓치게 됩니다.

벤저민 그레이엄과 필립 피셔

1995 총회 (02:44:01)

버핏: 제가 벤저민 그레이엄(가치주 투자)과 필립 피셔(성장주 투자) 중 어느 쪽에 가까운지는 잘 모르겠습니다. 저는 1960년경 피셔의 책 두

권을 처음 읽고 큰 영향을 받았습니다. 하지만 저는 스스로를 그레이엄 100%와 피셔 100%로 생각하고 싶습니다. 사실 두 사람의 방식은 서로 모순되는 것이 아니라 강조하는 바가 크게 다를 뿐입니다.

그레이엄은 자본을 계속 더 많이 투입해 높은 자본이익률을 유지하는 기업이 최고의 기업이라는 명제에 반대하지 않았을 겁니다. 그가 투자 수익의 대부분을 거둔 가이코가 딱 그런 유형의 성장 기업이었죠. 그는 이 사실을 알고 있었지만 통계적으로 매우 저렴한 매물을 대량 매수하는 다른 시스템이 더 적용하기 쉽고 가르치기에도 적합한 방법이라고 생각했을 뿐입니다. 또한 피셔의 방식이 자신의 방식에 비해 수업용으로는 덜 적합하다고 생각했을 겁니다. 하지만 그의 접근 방식은 큰 금액에 적용하기에는 실용성이 떨어진다는 한계가 있었습니다. 그레이엄-뉴먼 회사의 순자산은 600만 달러였고, 뉴먼 앤드 그레이엄Newman and Graham 투자조합의 순자산도 600만 달러여서, 총 1,200만 달러의 공동출자금이 모였습니다. 이늘 자금으로 전기 공구 회사 같은 통계적으로 저렴한 주식을 살 수 있었습니다. 전반적으로 그들의 투자는 좋은 포트폴리오였습니다.

형편없는 기업을 하나만 보유하고 있다면 언젠가 팔아야 합니다. 형편없는 기업을 여럿 보유하고 있다면 그중 일부가 인수되거나 무슨 일이 일어나기를 바라는 게 낫습니다. 다른 투자처로 갈아타야죠. 하지만 훌륭한 기업을 보유하고 있다면 교체할 필요가 없습니다.

멍거: 제가 피셔에게서 흥미를 느낀 점은 그가 투자한 기업 중 상당수가 훌륭한 기업으로 지속되지 못했다는 것입니다. 그중 하나가 캘리포니아주를 지배하던 타이틀 인슈어런스 앤드 트러스트Title Insurance and Trust였습니다. 그들은 인력으로 운영되는 최대의 권원 보험사(권리를 보

증해주는 보험)로 재무도 건실했고 한마디로 시장을 지배하고 있었습니다. 그러나 컴퓨터 시대가 오면서 수백만 달러만 있으면 직원을 여럿 두지 않고도 권원 보험사를 세우고 운영할 수 있게 되었습니다. 얼마 지나지 않아 20여 개의 권원 보험사가 우후죽순 생겨났습니다. 그들은 대형 대출 기관과 부동산 중개업체에 터무니없는 수수료를 지불하며 대규모 업무를 수주하기 위한 과잉 입찰을 벌였습니다. 그 결과 캘리포니아주 모든 권원 보험사의 총이익이 0 이하로 떨어졌습니다. 이는 타이틀 인슈어런스 앤드 트러스트가 사실상 독점인 데서 시작된 일입니다. 이처럼 단 20년의 눈앞을 내다볼 만큼 안전한 회사는 거의 존재하지 않습니다. 인간에게 기술은 때로는 친구이고, 때로는 적입니다. 타이틀 인슈어런스 앤드 트러스트가 똑똑했다면 자신들이 비용 절감 수단으로 여겼던 컴퓨터가 실은 최악의 저주였음을 알았겠죠.

버핏: 피셔의 접근 방식을 적용하려면 그레이엄에 비해 사업 경험과 통찰력이 어느 정도 더 필요합니다. 그레이엄의 접근법은 그의 운전자본 기준을 엄격하게 적용한다면 효과가 있을 것입니다. 단지 큰돈에는 효과가 없을 가능성이 있고, 한동안 아무 성과도 내지 못하는 시기를 겪을 수 있습니다.

그레이엄은 확실히 교수에 더 어울리는 사람입니다. 그는 큰돈을 벌고 싶다는 욕심도, 관심도 없었습니다. 그보다 자신의 철학과 접근법을 쉽게 가르칠 초석을 닦는 데 전념했죠. 여기 오신 분들도 지금 무료하다 싶으면 그의 책을 읽고 통계적으로 저렴한 물건을 매수하는 데 적용해보세요. 기업이나 소비자 행동 같은 것에 딱히 통찰력이 없어도 말입니다. 저는 그레이엄의 방법론이 옳다는 데는 의심의 여지가 없다고 생각하지만, 목돈 운용에는 부적합할 수 있다고 봅니다.

투자에서 수학의 기능

1995 총회 (03:51:29)

버핏: 고급 수학은 투자에 쓸모가 없습니다. 투자에서 수학적 관계를 이해하고 수치화하는 능력, 즉 투자에 도움이 되는 산술 능력은 어떤 투자가 적합한지 아닌지, 또는 한 분야의 종목이 다른 분야와 어떻게 연관되는지 알려 주는 용도로 족합니다. 여기에는 대단한 수학적 능력이 필요하지 않습니다. 그보다는 수학적 인식력과 산술 능력이 필요하죠. 찰리와 저는 한 기업에 대한 보고서를 읽을 때 항상 수십 군데의 다른 기업들과 비교하며 생각합니다. 거의 자동화된 습관인데, 야구 스카우터가 각 선수를 서로 비교하는 것과 비슷하다고나 할까요. 선수단의 정보는 수치로만 주어집니다. 어떤 선수는 남보다 좀 더 발이 빠르다든지, 또 어떤 선수는 남보다 타격에 강점을 보일 것입니다. 그리고 마음속으로 항상 어떤 식으로든 우선순위를 정한 후 선택해야 합니다. 개인적으로 가장 좋은 방법은 눈에 보이는 건 죄다 읽는 겁니다. 만약 그레이엄이나 피셔 같은 책을 여러 권 읽었고 현재 1년에 수백 건의 연차 보고서를 읽는 사람이라면 제 방법이 효과가 있는지 없는지 금방 알게 될 겁니다.

밸류라인

1995 총회 (03:54:41)

멍거: 각 기업을 가장 빨리 비교할 수 있는 지침으로는 밸류라인Value Line(투자 전문 리서치 회사)을 꼽겠습니다. 많은 현존 대기업을 15년 전부

터 거슬러 올라가 로그 모눈종이에 한눈에 보기 쉽게 정리했습니다. 공모주 투자자라면 책상 곁에 꼭 놔둬야 합니다.

버핏: 머릿속에 다양한 기업과 산업의 윤곽이 잡히면 이는 각 기업을 비교할 든든한 배경지식으로 작용할 것입니다. 예컨대 야구 경기나 선수 통계를 본 적이 없는 사람이라면 3할 타율의 타자가 좋은 타자인지 아닌지도 모를 것 아닙니까. 그러니까 머릿속에 어떤 종류의 모자이크를 심는다고 생각하면 됩니다. 또 밸류라인을 두루 훑어보면 시간의 흐름에 따라 미국 기업계가 어떻게 돌아갔는지도 잘 알 수 있을 겁니다.

멍거: 15년 이전 통계도 보고 싶은데 잘렸더라고요. 만약 있다면 제 집무실에 두고 싶은데 말입니다.

버핏: 저는 과거 자료들을 간직해 놓았지요. 우리는 옛 자료를 자주 참고합니다. 가령 저는 코카콜라를 매수하려면 1930년대 〈포춘〉 기사를 읽습니다. 저는 어떤 사실의 여러 역사적 배경을 아는 게 좋습니다. 그 기업이 시간이 지남에 따라 어떻게 발전했는지, 무엇이 오래가고 무엇이 쇠퇴했는지 등을 머릿속에 넣기 위해서입니다. 어쩌면 의사결정의 목적이라기보다는 재미로 그러는 건지도 모르지만요. 우리는 영원히 데리고 갈 기업을 매수하려 노력합니다. 그러기 위해서는 그 기업의 발자취가 어땠는지 살펴봐야 하고요.

기회비용

1995 총회 *(04:18:03)*

버핏: 우리는 작년에 코카콜라 보유량을 늘렸습니다. 코카콜라는 다른

종목들과 비교하기에 괜찮은 잣대라고 봅니다. 언젠가 추가 매수할 가능성도 배제하지 않고 있습니다. 다른 기업들을 보면 '코카콜라를 더 사는 대신 이걸 꼭 사야 하나?'라는 생각이 들 테니까요.

멍거: 일반인이 판단하기 가장 쉬운 도구는 자신의 기준입니다. 새로운 것이 자신이 이미 알고 있는 것보다 좋지 않다면 그것은 당신의 기준을 충족하지 못한 것입니다. 그러면 당신에게 보이는 것 중 99%가 걸러지니, 쓸데없는 정신력 소모를 대폭 줄일 수 있습니다. 한데 이런 건 대개 비즈니스 스쿨에서 안 가르칩니다.

버핏: 그래서 우리는 대형 기관 투자자들이 남들도 다 그런다는 이유로 해외 주식에 4%를 투자한다든지, 신흥국에 3%를 투자한다든지 이러는 게 좀 이상하다고 생각합니다. 어떤 종목에 투자해야 할 유일한 이유는 그 종목이 기존 보유 종목과 비교해서 더 좋을 때뿐입니다. 그렇게 비교한 결과 새 종목이 정말 좋아서 투자를 결정했는데, 자산의 97%는 여전히 기존 종목에 놔둔 채 3%만 투자하는 게 말이 됩니까 하지만 투자 위원회들은 그렇게 하라는 지시를 듣고, 투자 매니저들도 그런 조언을 얻으려고 부지런히 콘퍼런스를 다닙니다.

멍거: 그들은 사고력이라는 최고의 도구를 스스로 좀먹는 기술을 사용하고 있습니다. 제정신이 아니라고 봐도 과언이 아닙니다. 니체Nietzsche는 한쪽 다리를 절뚝거리면서 남들보다 자신이 더 잘 걸을 수 있다고 생각하는 사람을 풍자했다죠. 여기에도 딱 맞는 애깁니다. 비즈니스 스쿨에서는 자신들의 눈을 가린 채 우리 자녀 세대들에게 이런 방법을 가르치고 있습니다. 참 재미있지 않나요? 워런이 하려는 말은 어떤 일을 할지 말지 결정할 때 그 결정으로 포기할 가장 좋은 기회와 비교하라는 겁니다. 더 좋은 대안이 있으면 그걸 취해야지, 왜 누군가의 권유 때문에

해외 주식에 2%를 부어야 합니까?

2003 총회 (05:04:30)

버핏: 우리는 실제 기대치(기대수익률)가 10% 미만인 주식은 사고 싶지 않습니다. 그 밑으로 떨어지는 수익률은 단기 금리가 6%든 1%든 별 의미가 없다고 봅니다. 적어도 10%나 어쩌면 그보다 훨씬 높은 수익이 다른 어디선가 기다리고 있을 거라 생각합니다. 우리가 투자에서 손을 떼는 기준이 있습니다. 그런데 그 기준은 과학적 연구로 도출한 게 아니라 상황에 따라 임의적입니다. 저는 앞으로 우리가 잘 이해한 기업 중 수익률이 10% 이상인 주식을 찾을 날이 자주 오리라 확신합니다. 그 범위에 있는 주식들을 찾고 난 후 가장 매력적인 주식, 그러니까 현실적으로 가장 확신할 수 있는 주식들을 매수할 겁니다. 그중에는 다른 회사보다 미래의 채산성이 훨씬 뚜렷한 회사들이 있게 마련입니다. 시간이 지날수록 예측 가능성이 높은 회사로 마음이 쏠리게 되었습니다. 우리는 여전히 수익률이 최소 10%는 되어야 한다고 생각하지만, 어차피 그것도 세금 공제 후에는 썩 높은 편이 아닙니다.

멍거: 우리가 하는 모든 일은 결국 기회비용으로 귀결됩니다. 여기에는 미래 기회비용의 추정치도 포함합니다. 방금 워런이 한 말은 기본적으로 적절한 시기에 매력적인 수익률로 투자할 기회를 기다리는 중이기에 아직은 굳이 낮은 수익률로 화력을 낭비하지 않겠다는 의미입니다. 이것도 하나의 기회비용 계산입니다. 금리가 거의 영구적으로 1% 수준에 안착하고 워런이 자신이 생각한 미래의 기회비용을 재평가한다면 그는 생각이 달라질 겁니다. 경제학자 케인스가 "사실이 바뀌면 내 마음도 바뀝니다. 당신은 어떻습니까?"라고 말한 것과 같은 맥락입니

다. 하지만 우리 마음속에는 적어도 미래의 기회비용과 같은 암묵적 기준점이 있습니다.

버핏: 160억 달러에 현재 금리 1.25%를 곱하면 세전 기준으로 연 2억 달러입니다. 우리는 단순히 이 돈으로 20년 만기 국채를 매수해 5%, 즉 연 8억 달러의 세전 수입을 얻을 수도 있습니다. 그러나 찰리가 말했듯 우리는 10% 이상의 수익률을 찾을 수 있으리란 가정하에 한동안 2억 달러를 버는 것이 연 8억 달러의 고정 수익을 벌되 1년쯤 후 더 좋은 기회를 잡지 못하는 상황보다 낫다고 결정하는 편입니다. 과학적인 결정은 아닙니다. 그래도 실제로는 꽤 효과가 좋더라는 말씀 정도만 드릴 수 있겠군요.

우리의 보험 사업은 엄청난 변동성을 안고 갈 수밖에 없습니다. 단기간에 큰돈이 빠져나갈 수 있으니까요. 그래도 우리는 평탄한 수익을 위해 예상 가능한 큰 수익을 포기하지 않습니다. 하지만 현재 가치가 동일하다는 전제하에 매주 들어오는 고정 수익과 매우 불규칙하게 들어오는 수익이 있다면 우리는 전자를 선택하겠습니다. 불규칙한 수익의 현재 가치가 더 높다면 후자를 택할 테고요. 다른 사람들이 평탄한 수익에 열중하는 틈에 우리는 불규칙하되 더 큰 차익을 얻을 수 있으니까요.

멍거: 자기 자신, 자신의 상황, 자신의 능력에 따라 기회비용을 계산하는 건 현대 금융학에서 완전히 탈피한 방식입니다. 그리고 그게 바로 우리가 지금까지 해 온 방식이죠. 우리는 우리 상황과 능력에 맞춰 최선을 다해 지능적 결정을 내립니다. 다른 사람의 상황과 능력에 따라 결정하는 건 미친 짓이고요.

연차 보고서

***1996 총회** (02:19:16)*

버핏: 저는 기업의 경영자와 그들이 사업을 바라보는 시각, 기업이 실제로 어떻게 돌아가고 있는지에 대해 최대한 알려고 합니다. 예컨대 저와 파트너가 어떤 회사 지분의 절반을 소유하고 있는데, 제가 1년 동안 자리를 비웠다고 칩시다. 그러면 제가 돌아왔을 때 지난 1년간 무슨 일이 있었는지, 파트너가 앞으로 어떤 일을 예측했는지, 그 외 온갖 내용이 담긴 보고서를 보고 싶을 것입니다. 그게 보고서의 목적이라고 생각하니까요. 대개 보고서의 이면에는 다른 의도가 있습니다. 홍보 목적이 다분한 보고서라면 저는 사양하겠습니다.

저는 어떤 기업이든 전반적 상황을 파악하려고 합니다. 우리가 어떤 회사의 주식을 보유했고 그 업종에 8개의 경쟁사가 있다면, 저는 다른 8개 회사의 보고서도 읽었으면 좋겠습니다. 경쟁사들의 움직임을 모르면 제 회사가 어떻게 대응하고 있는지도 모르니까요. 그렇게 해서 시장 점유율, 이윤, 이윤 추세 등 모든 측면에서 저만의 관점을 잡아 놓고자 합니다. 동종 업계의 정세를 모른 채 아무 생각 없이 기업을 소유할 수는 없습니다. 그래서 저는 보고서에서 그 정보를 얻으려 노력합니다.

저는 어떤 기업에 투자를 고려할 때 그들의 사업과 경영진을 평가합니다. 버크셔에서 오랜 세월 이 일을 하면서 많은 보고서를 읽는 게 매우 유용하다는 걸 깨달았습니다. 만약 어떤 회사를 완전 소유하고 있다면 동향을 추적하기 위해 모든 경쟁사의 주식을 보유하고 싶을 정도입니다. 우리 자회사 경영자들의 성과를 논리적으로 평가하고 싶어도, 그들이 속한 업계의 전반적 상황을 알지 못하면 불가능하거든요. 이른바 외부 정보라는 것으로 좋은 투자 성과를 낼 수 있다는 건 정말 놀랍습니다. 모든 기업을 이해할 필요는 없고, 그저 자기가 투자하고 싶은 곳만 꿰뚫으면 됩니다. 여러분도 할 수 있습니다. 아무도 당신을 대신해 주지 않아요. 월가 보고서에서는 영양가 있는 정보를 얻을 수 없습니다. 직접 정보를 찾고 이해해야 합니다. 저는 40년 동안 월가 보고서에서 아이디어를 얻은 적이 없습니다. 대신 각 기업의 연차 보고서에서 많은 아이디어를 얻었죠.

멍거: 저는 비교적 쉬운 기업이라도 연차 보고서를 읽으려면 오래 걸리더라고요. 제대로 이해하려고 하면 절대 만만치 않은 작업입니다.

버핏: 우리가 정말 관심 있는 기업이고 무엇을 건너뛰고 무엇을 읽어야 할지 알더라도, 보고서당 평균 45분~1시간이 걸립니다. 동종 업계에 6~8개 회사가 있다고 치면, 약 6~8시간이 걸리겠네요. 그다음에 분기 보고서 등 다른 많은 것들도 있고요. 기업을 파악하려면 관련 정보를 흡수하고, 스스로 생각하고, 무엇이 중요하고 중요하지 않은지 결정하고, 각 정보를 연결 지어야 합니다. 이 과정은 필수입니다. 차트에서 위아래로 움직이는 자잘한 숫자들을 보거나 시장 논평과 정기간행물 등으로 얻는 정보는 한계가 있습니다. 기업을 이해해야 합니다. 그게 시작이자 끝입니다.

훌륭한 기업의 조건

1996 총회 (03:21:17)

버핏: 훌륭한 기업이란 30년 이상 뛰어날 수 있는 기업입니다. 3년 동

안만 뛰어난 기업은 훌륭하다고 볼 수 없습니다. 훌륭한 기업이라면 당신이 중개인에게 지시나 위임장을 남기지 않고 20년 동안 여행을 떠나도 걱정할 필요가 없을 겁니다. 당신이 여행에서 돌아왔을 때, 그 회사는 엄청나게 강력해져 있을 테니까요. 우리는 그런 회사라면 아예 완전 자회사로 소유하는 게 낫다고 생각합니다. 버크셔의 자회사 중 꽤 좋은 기업이라고 생각하는 곳을 팔아서라도 사고 싶지만, 훌륭한 기업은 찾기가 너무 어렵습니다. 1972년에 시즈캔디라는 대어를 낚았듯, 가끔은 복덩이가 굴러오기도 합니다. 하지만 보통은 눈 씻고 봐도 잘 보이지 않습니다.

초조하게 가만히 앉아 기다리는 건 마치 독감이 유행하길 기다리는 장의사 같은 태도입니다. 썩 권하고 싶지 않은 방법입니다. 가장 중요한 건 훌륭한 기업을 물색하는 것입니다. 필 캐럿Philip L. Carret(버핏이 최고의 장기 투자자라고 호평한 인물이자 뮤추얼 펀드의 선구자)은 그 방면에 귀재였습니다. 매일매일 지나치게 걱정하는 대신 마음에 드는 기업을 발견하고는 그 기업과 계속 함께했죠. 이 세상에 주식시장이 존재하지 않는다고 가정했을 때 여러분의 고향에서 최고 기업을 운영하는 기업가가 찾아와 이렇게 물었습니다. "제 기업 지분의 20%를 보유한 형이 돌아가셨습니다. 그 20%를 매입할 저의 새 동업자를 찾고 있습니다. 가격이 좀 비싸 보일지 몰라도 저로서는 제시할 수 있는 최선의 가격입니다. 살 의향이 있으신지요?" 그 기업이 마음에 들고, 주인도 마음에 들고, 가격도 적당하고, 그 기업에 대해 잘 안다면 앞으로의 시세를 지나치게 걱정하지 말고 그 제안을 받아들이는 것이 좋습니다. 매일, 매주, 매달 시세를 확인하지 말고요. 저는 주식 시세가 1년에 한 번 정도만 매겨진다면 사람들이 더 현명히 투자할 것이라고 생각합니다. 1964년에 우리는 아메리칸 익스프레스가 사기꾼을 만난 덕에 좋은 기회를 잡았습니다. 1976년에는 가이코의 경영자와 회계 감사관이 직전 몇 년간 손실 준비금이 얼마여야 했는지 몰랐기 때문에 좋은 기회를 잡았고요. 우리는 유행성 독감을 충분히 앓았지만, 그렇다고 여러분은 독감을 기다리며 인생을 보내지는 마세요.

미스터 마켓

1997 총회 (00:37:16)

버핏: 우리는 먼저 기업의 위험을 생각합니다. 벤저민 그레이엄의 투자 방식에서 핵심은 주식을 주식시장의 일부로 생각하지 않는 것입니다. 주식은 그 기업의 일부입니다. 그러니 여기 와 계신 분들도 각자 버크셔의 일부를 보유한 겁니다. 기업이 잘되면 그 기업에 터무니없는 가격으로 발을 담근 투자자가 아니고서야 잘 풀릴 것입니다. 따라서 우리는 기업의 위험을 항상 염두에 둡니다. 기업에 위험은 다양한 방식으로 발생합니다. 예컨대 부채의 비중이 큰 자본 구조에서 사업에 문제가 생기면 대출기관에 압류될 수 있고요. 또 사업의 특성으로 인해 위험이 발생하기도 합니다. 개중에는 유독 위험 요소가 큰 업종이 있습니다.

상업용 항공기 제조업체가 지금보다 많던 시절, 찰리와 저는 대형 상업용 항공기 제조업은 회사가 사활을 걸어야 할 만큼 위험한 사업이라고 생각했습니다. 고객을 확보하기도 전에 수억 달러를 쏟아부어야 하니까요. 항공기에 결함이라도 생기면 그 회사는 시장에서 퇴출될 수도 있었습니다. 이처럼 생산부터 출하까지 시간이 길고 자본이 많이 투입되기 때문에 본질적으로 위험이 큰 특정 업종들이 있습니다. 상품 제조업은 저가 생산업체들에 가격 경쟁력이 밀려 망할 수 있다는 위험 요소가 있습니다. 우리가 인수한 섬유 회사도 저가 생산업체가 아니었죠. 훌륭한 경영진, 성실한 직원들, 협조적인 노조가 있었지만 가격 경쟁력이 없었습니다. 우리보다 싼 가격에 팔 수 있는 경쟁사가 위험 요소였습니다. 이처럼 기업을 위험에 처하게 하는 요소는 다양합니다.

우리는 본질적으로 사업의 저위험성과 건전한 자본 상태로 말미암아 기업 자체의 안전이 보장되는 기업을 좋아합니다. 그 외의 위험은 지나친 비용의 지불에서 발생합니다. 이는 대개 심각한 낭비가 아닌 이상, 원금 손실보다는 시간과 관련된 위험입니다. 그리고 기업의 진정한 펀더멘털에 대한 믿음을 유지하지 못하고 주식시장을 너무 걱정하는 사람이라면 여러분 자신이 곧 위험이 될 수도 있습니다. 주식시장의 존재 목적은 여러분에게 지시하는 게 아니라 여러분을 섬기는 것입니다. 좋은 기업을 보유하고 자칫 시장에 존재할 수 있는 위험에서 벗어나려면 이 점을 명심해야 합니다. 우리에게는 시장 변동성이 일평균 0.5%든 5%든 아무 차이가 없습니다. 오히려 변동성이 높을수록 실수하는 시장 참여자가 더 많아지므로 우리로서는 훨씬 더 많은 돈을 벌 기회입니다. 고로 진정한 투자자에게는 변동성이 큰 이점입니다.

그레이엄은 주식시장의 변동성을 '미스터 마켓(Mr. Market)'이라는 인물에 비유했습니다(그의 기분이 좋으면 주가가 오르고 기분이 나쁘면 주가가 내려간다는 점에서 극심한 변덕을 부리는 조울증 환자라고 표현). 그는 "당신이 어느 회사의 주식을 살 때 그 회사의 파트너인 미스터 마켓이 매일 당신을 찾아와 똑같은 가격에 자신의 주식을 매수하거나 당신의 주식을 매도하라고 제안한다고 상상해 보세요"라고 말했습니다. 장외거래에서는 매일 똑같은 가격으로 주식을 사거나 팔라는 잔소리를 들을 일이 없지만 주식시장에는 그런 사람(미스터 마켓)이 있습니다. 게다가 그 파트너가 알코올중독자에 조울증 환자라면 이는 엄청난 이점입니다. 미스터 마켓의 정신이 나갈수록 더 많은 돈을 벌 수 있으니까요. 이는 변동성이 우리가 주식을 싸게 살 기회라는 뜻입니다. 따라서 투자자에게 변동성은 좋은 것입니다. 단, 신용 거래를 하는 투자자라면 이야기가 달라집니다. 신용 투자자가 아닌 이상 요동치는 변동성은 가격이 잘못 매겨지기 쉽다는 의미이므로 좋아해야 합니다. 몇 년 전에는 변동성이 지금보다 훨씬 더 높았습니다. 그래서 더 많은 기회가 있었죠.

멍거: 제가 말하고픈 최선의 조언은 대학의 기업 재무학에서 가르치는 위험조정수익률(risk-adjusted return)이라는 개념을 완전히 무시하라는 것입니다. 위험은 일상 언어에서 무언가가 끔찍하게 잘못될 가능성을 내포하고 있습니다. 여기에 재무학 교수들은 변동성과 엉뚱하게도 수학을 섞었습니다. 저는 그보다 우리 방식이 더 합리적이라 생각하고, 이 생각은 앞으로도 바뀌지 않을 겁니다.

버핏: 재무학에서는 변동성과 위험이 같다고 가르칩니다. 그들은 위험을 측정하고 싶어 하지만 다른 방법은 모릅니다. 그래서 그들은 변동성으로 위험을 측정합니다. 저는 워싱턴 포스트의 예를 자주 들었습니다. 우리가 1973년에 처음 매수했을 때 주가가 50% 가까이 하락했습니다. 회사 전체의 가치는 1억 7,500만 달러였지만, 약 8,000만~9,000만 달러로 떨어졌죠. 게다가 워낙 빠르게 하락해서 주식의 베타계수가 증가했습니다. 교수라면 1억 7,500만 달러일 때보다 8,000만 달러일 때 매수하는 게 더 위험하다고 말했겠죠. 저는 25년 전 교수들에게서 그런 말을 들었지만 아무리 생각해도 여전히 이해가 가지 않습니다.

투자 전문가와 아마추어

1997 총회 (01:21:40)

버핏: 투자 전문가들은 대체로 인덱스 펀드보다 성과가 안 좋았습니다. 그게 이 바닥의 특성이죠. 그들의 성과는 좋을 수가 없습니다. 너무 많은 사람이 전체 자금에서 너무 큰 부분을 관리하고 있습니다. 아크사벤(오마하의 한 경마장)을 예로 들어 비유하자면 경마꾼들이 베팅한 모든 판돈에서 주최측의 수수료를 떼고 나면 전체적으로는 돈을 벌지 못하는 것과 같은 이유입니다. 대체로 투자 전문가를 통해 투자하는 사람들은 직접 인덱스 펀드에 투자할 때보다 좋은 성과를 얻지 못합니다. 투자 전문가들은 고객에게 세상에 대가 없는 이득은 없다고 말합니다. 하지만 진실은 투자 전문가들이 그동안 대가 없는 이득을 누려왔다는 겁니다. 그것도 정말 많은 이득을 말이죠. 그 결과 개인 투자자들은 이득 없는 대가만 치렀습니다. 그렇다고 전문가들이 못 됐다거나 사기꾼이라는 뜻은 아닙니다. 현실을 정리하자면 이렇습니다. 주식시장이 7조 달러 규모라고 쳐보죠. 그중 상당 부분을 전문가가 관리하나, 그들은 꽤 많은 투자 수수료를 부과하며 종목이 바뀔 때마다 비용을 발생시킵니다. 그러니 전체적으로 볼 때 비전문가의 투자보다 크게 나을 게 없습니다.

아마추어가 스스로 아마추어임을 인식하는 한, 프로보다 더 잘할 수 있는 분야는 전 세계를 통틀어 투자가 유일하다고 생각합니다. 찰리와 저는 전 세계에 100억 달러 이상을 운용하는 모든 자산 운용사를 기꺼이 상대하겠습니다. 그리고 투자한 고객들의 성과가 향후 5~10년 동안 수수료가 없거나 매우 저렴한 인덱스 펀드보다 좋지 않을 거라는 데 걸겠습니다. 누구든 나선다면 우리는 큰돈을 걸고 내기할 수 있습니다.

멍거: 저도 동의합니다. 저는 항상 하위 20%에 속하는 사람이 하위 20%의 몫을 가져가야 한다고 말합니다. 여기에는 어떤 끌어당기는 힘이 작용하고 있습니다. 부가가치를 창출하는 투자 전문가도 있지만, 비교적 드물고 비중도 작습니다.

버핏: 과거에 우리는 부가가치를 창출해 낸 투자 전문가들을 긍정적으로 보기도 했습니다. 그런 전문가가 없는 건 아닙니다. 하지만 천문학적 거금으로는 어렵습니다. 좋은 실적에는 투자금이 모입니다. 실적이 평범할지라도 훌륭한 영업 사원을 동원하면 투자금이 모입니다. 비교적 소액 투자자 중에는 유독 뛰어난 성과를 거두는 사람들이 드물게나마 있긴 합니다.

2006 총회 (02:24:08)

버핏: 투자 산업은 전문가들이 스스로 전체 성과를 잠식한다는 점에서 특이합니다. 아내가 출산을 앞두고 있다면 집에서 낳기보다 산부인과로 가야겠죠. 배수관이 막혔다면 수리공을 불러야 하고요. 대부분의 직업은 일반인이 스스로 할 수 없는 일을 해 줌으로써 경제에 부가가치를 창출합니다. 그런데 투자 분야는 그렇지 않습니다. 여기에는 엄청난 돈을 버는 거대 집단이 있죠. 아마 다 합치면 연 1,400억 달러쯤 벌 것으로 추정됩니다만, 그들의 성과는 한 사람이 1년에 10분만 시간을 들이면 직접 할 수 있는 일에 불과합니다. 투자 말고는 그런 일이 가능한 사업이 없는 것 같은데요, 찰리?

멍거: 동감입니다.

버핏: 하지만 투자 업계의 규모는 나날이 커지고 있습니다. 핵심은 투자 관리사들이 높은 보수를 요구할수록 적어도 일시적으로는 더 많은

돈을 벌 수 있다는 사실입니다. 사람들은 가격과 가치를 같은 것으로 여깁니다. 이런 사업에 진출하면 이득을 얻을 수 있죠. 가끔 비즈니스 스쿨에서 강연할 때면 저는 학생들에게 훌륭한 사업을 꼽아보라고 합니다. 비즈니스 스쿨도 훌륭한 사업 중 하나죠. 수업료를 비싸게 청구할수록 학교의 명성이 높아지니까요. 연 수업료가 5만 달러인 비즈니스 스쿨이 1만 달러인 비즈니스 스쿨보다 명문이라는 게 세간의 인식입니다. 마찬가지로 투자 업계도 수수료 기반의 투자 관리사들이 거대 세력으로 성장했습니다. 하지만 이는 투자자들에게는 도움이 되지 않습니다.

그러면 '유독 뛰어난 성과를 거두는 예외적인 전문가를 어떻게 골라내느냐'라고 질문할 텐데요. 모든 전문가가 자신이 그 예외라고 말할 것입니다. 저는 5억 달러 이상을 굴리는 자산 운용사 중 지난 10년간 보수를 제한 뒤 S&P 500의 실적을 뛰어넘는 곳 10개를 지명할 수 있는 사람이 없다는 쪽에 거금을 걸겠습니다. 그런 곳은 없으니까요. 자산 운용사를 고를 때 과거 실적이 어땠는지, 담당 전문가의 성격과 정직성 등을 충분히 파악한다면 때로는 좋은 선택을 할 수 있다고 생각합니다. 하지만 당신이 대규모 연기금 담당자이고 투자 전문가 50명의 영업 전화를 받는다면 냉철하게 선택할 수 없을 겁니다. 결국 최고의 전문가가 아닌 영업 능력이 가장 좋은 곳을 선택하겠죠.

멍거: 말이 나온 김에, 저는 어떤 식으로든 자산 운용사가 연기금 담당자를 접대하는 것은 범죄로 간주해야 한다고 생각합니다. 연기금 담당자가 접대를 받는 것도 범죄와 같고요. 보기에도 좋지 않습니다. 하지만 인간의 본성상, 그리고 거액이 걸려 있는 상황상 앞으로 이 관행이 고쳐질 것 같지는 않습니다.

5분 테스트

1997 총회 *(02:03:48)*

버핏: 찰리와 저는 우리 관심권 안에 있는 동 체급의 미국 기업을 대부분 꿰고 있습니다. 40년에 걸쳐 기업들을 살펴보는 일은 야구선수들을 분석하는 것과 비슷합니다. 시간이 지나면서 모든 선수를 파악하게 되거든요. 그다음 우리는 마음속으로 여러 필터를 개발했습니다. 그 장치가 완벽하다고 말할 생각은 없습니다. 가끔 걸러야 할 것을 못 거르기도 하죠. 하지만 효율적입니다. 전문가를 고용해 몇 개월간 다양한 조사를 진행하는 것처럼 잘 작동합니다. 고로 우리는 5분 안에 어떤 기업에 관심이 있거나 없다고 자신 있게 말할 수 있습니다. 우리는 플라이트세이프티FlightSafety의 주식을 소유한 적이 없지만 그 회사를 잘 안 지는 적어도 20년쯤 됐을 겁니다.

멍거: 맞아요, 20년 전 제 파트너가 대량 매수했죠.

버핏: 우리의 5분 테스트는 웬만한 기업에 적용할 수 있습니다. 우리는 모르는 것이 무엇인지 파악한 다음, 모르는 것에 대해서는 잊어버립니다. 경우에 따라서는 추가 정보를 차차 알아 가기도 하지만요. 그리고 우리가 이해할 수 있는 기업에 대해서는 이미 얻을 수 있는 만큼의 정보를 얻어 둡니다. 그래서 5분이면 결정 완료입니다. 플라이트세이프티는 전 세계에 약 40개의 훈련 센터를 뒀지만 저는 그중 한 곳에도 발을 들여놓은 적이 없습니다. 본사에 방문한 적도 없습니다. 임대 계약서도, 부동산 소유권도 보지 않았습니다. 그래도 지금까지 손해를 본 적이 없죠. 우리가 손해를 보는 경우는 기업의 펀더멘털을 제대로 평가하지 않았을 때입니다. 하지만 기업의 자본 상태는 실사를 통해서는 알 수 없는

것입니다. 변호사를 고용해 온갖 것을 살펴볼 수는 있지만 그들이 좋은 거래인지 나쁜 거래인지를 결정해 주지는 않습니다. 숱한 연구 결과와 보고서에 파묻힌다고 능사는 아닙니다. 그것들은 어차피 작성자들에게 돈을 준 기업을 옹호하는 내용만 들어 있으므로 아무 의미가 없고 말도 안 됩니다. 대신 우리는 기업의 자본 상태를 정확히 판단하도록 각별히 신경 씁니다. 이를 위해 우리는 기업을 충분히 평가할 필터를 마음속에 장착하는 것입니다.

여기 오신 분들도 좋은 기업의 요소란 무엇인지 잠시 생각해 보기 바랍니다. 그러면 무엇을 취하고 버릴지 5분 안에 판가름할 꽤 성능 좋은 각자의 필터를 개발할 수 있을 겁니다. 극단적인 경우일지 몰라도, 필터로 알 수 있는 또 한 가지는 그 기업의 경영자가 자신이 원하는 유형인지 여부입니다. 사업 운영의 측면에서 평생 4할 타율을 기록한 경영자가 있다면(다행히도 이런 성적은 나이 먹는다고 저하되지 않습니다), 그리고 그들이 자기 일을 즐기는 사람이라면, 이는 좋은 징조입니다. 돈에만 관심이 많다면 아마 좋은 거래가 성사되긴 힘들 것입니다. 그런 사람은 나중에 사업에 애정이나 관심이 식을 가능성이 다분합니다. 반면에 사업에 푹 빠진 사람들과 일하는 것은 즐겁습니다. 그런 기업은 씽씽 잘 돌아갑니다. 눈에도 잘 띄기 때문에 여러분도 알아차릴 수 있을 거예요.

안전마진

1997 총회 *(03:15:20)*

버핏: 관심 기업의 미래를 완벽히 예측할 수 있다면 안전마진은 거의

필요하지 않을 겁니다. 기업이 불안정하거나 앞으로 그럴 가능성이 클수록 안전마진도 넉넉히 확보해야 합니다. 벤저민 그레이엄과 데이비드 도드David Dodd의 공저 《증권분석》 초판에서 예로 들었던 농기계 업체 제이아이 케이스J.I. Case였던가? 아무튼 그 주가가 약 30달러에서 110달러 사이일 것이라고 설명했습니다. 기업의 가치가 이 정도라는 것을 알면 투자자에게 얼마나 도움이 되냐고요? 시장에서 30달러 이하나 110달러 이상으로 팔리고 있다면 도움이 됩니다. 만약 당신의 트럭 적재량이 4.5톤인데 4.6톤까지 버티는 다리를 건넌다고 가정해 보죠. 다리와 바위틈 간 거리가 약 15cm 떨어져 있다면 당신은 괜찮다고 느낄 것입니다. 하지만 그곳이 그랜드 캐니언이라면 당신은 좀 더 여유로운 안전마진을 원할 것이고, 2톤 트럭을 모는 정도로 만족하겠죠. 이처럼 안전마진은 기본적인 위험의 특성에 따라 달라집니다.

가장 중요한 것은 기업을 이해하고, 특성상 뜻밖의 악재가 거의 생기지 않는 기업에 뛰어드는 것입니다. 실제로 우리가 보유한 기업이 대체로 그런 유형에 속한다고 생각하고요. 저는 지금까지 실수를 통해 배우는 교훈을 이야기해 왔는데 기왕이면 남의 실수로부터 배우는 게 가장 좋은 방법입니다. 미 육군 장군 조지 패튼George Patton이 "나라를 위해 죽는 것은 영광이니, 적이 그 영광을 누리게 하라"라고 말한 것처럼요. 우리의 접근법도 남이 실수한 사례에서 교훈을 얻자는 것입니다. 저도 같은 실수를 반복한 적이 많다는 걸 인정하긴 하지만요. 시간이 지나고 보니 가장 큰 범주의 실수는 정말 뛰어난 기업임을 알았음에도 비용을 지불하지 않았거나 좀 더 높은 가격에 추가 매수하기를 망설인 것이었습니다. 결과적으로 그 기회를 놓친 비용은 수십억 달러였습니다. 저라고 앞으로 계속 그런 실수를 안 하리란 법이 있겠습니까. 자신이 이해할 수 있고 매력적인 기업이 버젓이 보이는데도 잡지 않는 건 실수입니다. 제가 빌 게이츠Bill Gates를 만나고도 마이크로소프트Microsoft를 매수하지 않은 실수에 대해서는 전혀 신경 쓰지 않습니다. 그 바닥은 제 영역이 아니니까요. 우리가 실수를 저질렀다면, 오판보다는 태만이 문제였던 게 대부분이었습니다.

멍거: 제 표현으로 머리 쓰지 않아도 될 만큼 쉬운 기회, 즉 결과가 좋으리라는 게 너무도 명명백백한 기회는 극히 드물 것입니다. 그런 기회는 워낙 귀하고 잘해야 몇 년 간격으로 찾아오기 때문에 일단 기회가 오면 통 크게 나설 용기와 지력을 갖춰야 합니다.

버핏: 정말 통 크게 베어 물도록 준비하세요. 기회가 오면 덥석 크게 물어야지, 가장자리만 얼쩡거리다 놓치면 땅을 치고 후회하게 됩니다.

2007 총회 (01:09:24)

버핏: 우리는 답이 눈에 훤히 보이는 기업을 선호합니다. 그 기업이 속한 산업이나 기업의 경쟁적 위치 등이 답도 안 나올 만큼 위험한 기업이라면 그 불확실성을 잠재우기 위해 과도한 안전마진을 설정하지 않습니다. 우리는 확실히 이해한 기업에 투자합니다. 그래서 시즈캔디를 인수하거나 코카콜라 주식을 살 때 우리의 판단을 믿었기에 커다란 안전마진이 필요하지 않았습니다.

우리의 진정한 관심사는 훌륭한 기업을 인수하는 것입니다. 투입 자본 대비 고수익을 오랫동안 창출할 수 있고, 경영진이 우리를 제대로 대우해 주는 그런 기업 말이죠. 그런 기업을 발견했을 때는 가격을 많이 할인할 필요가 없습니다. 우람한 사람을 보면 몸무게가 130kg인지 150kg인지는 몰라도 우람하다는 건 눈에 딱 들어오잖습니까? 이처럼 우리도 재무적으로 우람한 기업을 포착하는 한, 안전마진을 정확히 얼마로 할지 걱정하지 않습니다. 그래도 기본은 항상 가격이 내재가치보다 저렴하다는 생각이 들어야 한다는 것입니다. 때로는 실제 가치의 25%밖에 안 되는 가격에 훌륭한 기업을 인수하기도 했습니다. 하지만 그런 기회는 만나기 어렵습니다. 그렇다고 가만 앉아 10~15년을 기다려야 한다는 의미는 아닙니다. 합당한 가치에 좋은 기업을 살 수 있다면, 우리는 계속 밀어붙입니다.

레버리지와 옵션

1997 총회 (04:18:26)

버핏: 투자자라면 선물, 콜옵션 같은 것보다 기업의 지분 매수에 주력해야 한다고 봅니다. 물론 개중에는 코카콜라가 매력적이라고 생각한다면 주식을 직접 사기보다 5년짜리 옵션을 사는 게 낫다고 말할 사람도 있을 겁니다. 파산 위험 없이 레버리지를 도입할 수 있기 때문이죠. 하지만 그건 위험한 내리막길의 시작입니다. 옵션은 만료되면 가치가 없어지고, 매우 낮은 증거금으로 매수할 수 있다는 점에서 시한폭탄입니다.

(빌린 돈으로 투자하는)차입은 종종 문제로 이어질 뿐 아니라, 꼭 필요하지도 않습니다. 현재 가진 돈으로 만족스럽게 투자할 방법을 찾으세요. 그러면 그 외에 모든 건 인내심이 어느 정도는 해결해 줄 겁니다. 콜옵션 매수, LEAPS(Long-term Equity Anticipation Securities, 장기 옵션), 선물 투기 등 단기 가격에 집중하기 시작하면 기업의 가치를 평가하는 주목표를 놓치기 쉽습니다. 그래서 저는 차입을 권장하지 않습니다.

멍거: 이 자리에 오신 분들은 부자 투자자들입니다. 설마 여기서 LEAPS로 부자가 된 분은 거의 없겠죠.

버핏: 우리가 수년에 걸쳐 차입금을 잔뜩 끌어와 버크셔를 운영했다면 지금보다 훨씬 돈을 잘 벌었을지도 모릅니다. 하지만 차입금의 적정 수준이 어느 정도인지 아무도 몰랐고, 알아 봤자 우리에겐 별 차이도 없었을 것입니다. 우리가 레버리지를 활용했다면 두 배 더 부자가 됐을지 몰라도 전혀 아쉽지 않을 만큼 우리는 지금까지 아주 잘해 왔습니다. 레버리지는 그저 우리 방식과 맞지 않습니다. 1년에 12~15%의 수익을 거둘 역량, 저축할 의지, 돈 불리는 재미를 지닌 사람이라면 결국에는 이것들을 다 이룰 날이 올 겁니다.

2004 총회 (02:25:01)

버핏: 금융시장에서는 별의별 일이 다 벌어질 수 있는데요. 그중 똑똑한 사람들을 망하게 할 유일한 방법은 레버리지입니다. 레버리지를 제어할 수 있다면 심각한 문제에 빠지지 않습니다. 따라서 우리는 레버리지에 대한 반감이 강하며, 월가의 인재 중 상당수가 레버리지를 사용하다가 어느 시점에 타격을 입을 가능성이 크다고 생각합니다. 레버리지는 여러분이 게임에서 기량을 펼치지 못하게 막을 수 있는 유일한 것입니다. 선수들의 면면이 좋아도 중요한 건 기량 발휘입니다. 여러분이 해야 할 가장 중요한 일은 시장 가격과 변동성이라는 광기로부터 스스로를 지키는 것입니다.

2005 총회 (03:47:34)

멍거: 미국에 개별주식선물이나 흔히 거래되는 풋옵션과 콜옵션이 도

입되었을 때 논란조차 없었습니다. 그러다 보니 평범한 국민이 곤경에 처했습니다. 제가 나라를 다스렸다면 이런 상품들의 도입은 꼭 막았을 겁니다. 풋옵션과 콜옵션 거래가 난무해서 나라에 무슨 도움이 되는지 모르겠습니다. 제 자식의 한 지인은 250만 달러짜리 집과 500만 달러어치의 증권을 보유하고 있었습니다. 하지만 그는 증권 수익으로 기대만큼 안락한 삶을 누리지 못하자, 돈을 쉽게 모으려 들었습니다. 그는 계좌를 담보로 계속 네이키드(naked, 보유 주식이 없는 상태에서 거래하는 고위험 옵션) 풋옵션을 매도하고 인터넷주도 많이 팔았습니다. 그리고 시간이 흘러 그는 500만 달러짜리 증권도, 집도 남아나지 않은 채 식당 직원이 되었습니다. 이런 유형의 자멸 행위는 우리가 놀라운 신용 거래의 세계에 진입하기 전까지만 해도 불가능했습니다. 전국 각지에서 도박을 합법화하고 안일한 투자 관행을 도입한 것은 경솔했습니다.

2008 총회 (00:21:56)

버핏: 딱 한 번 코카콜라 풋옵션을 매도한 적이 있는데, 행사되면 더 많은 코카콜라 주식을 보유하게 되리라는 기대감이 컸기 때문이었습니다. 그러나 불발되었고 우린 그냥 주식을 사는 게 더 나았을 뻔했습니다. 주식을 사거나 팔고 싶다면 말 그대로 주식을 사고팔아야 합니다. 정식으로 주식을 사는 대신 좀 더 싸게 살 수 있다는 생각으로 콜옵션을 매수하면, 5번 중 4번은 그 생각이 맞을 수 있습니다. 하지만 5번째에는 주가가 변해서 원하던 거래를 놓칠 것입니다. 그래서 우리는 포지션 진입이나 청산을 위해 옵션을 사용한 적이 거의 없습니다. 무언가를 사고 싶다면 그냥 사고, 빠져나가고 싶다면 팔면 그만입니다. 우리는 그 외 어떤 현란한 기법에도 가담하지 않을 생각입니다.

담배꽁초 투자

1998 총회 (00:16:29)

버핏: ROE(Return On Equity, 자기자본이익률)가 낮은 기업을 소유해 큰돈을 벌기는 극히 어렵습니다. 우리는 항상 기업이 자본으로 벌어들이는 수익을 살펴봅니다. 좋은 기업들, 한마디로 10년 후에 더 발전할 유망한 기업과 함께하고 싶기 때문입니다. 우리 목표는 그런 기업들을 적정 가격에 사는 것입니다.

몇 년 전부터 우리는 '담배꽁초' 투자 방식을 포기했습니다. 담배꽁초는 형편없는 회사지만 워낙 싼 값에 나와서 공짜로 한 모금은 빠끔할 수 있다는 접근법인데요. 우리는 축축한 담배꽁초를 많이 사들이곤 했습니다. 꽁초들로 포트폴리오를 가득 채웠고, 공짜로 한 모금 피움으로써 돈을 벌었습니다. 하지만 거액에는 통하지 않았고, 우리가 끌릴 만한 꽁초를 많이 찾을 수도 없었습니다.

꽁초 회사들은 ROE가 낮았습니다. ROE가 5~6%인 기업을 오랫동안 보유한다면, 처음에 싸게 매수했더라도 결과가 좋지 않을 겁니다. 시간은 훌륭한 기업에는 친구가 되지만, 형편없는 기업에는 적입니다. 시간은 ROE가 20~25%로 오래 지속되는 기업에는 친구이지만, 저수익 기업에는 적입니다. 운이 좋으면 꽁초 회사가 누군가에게 인수되기 직전의 절묘한 순간에 투자할 수도 있지만, 우리는 오래 보유할 것이라는 전제하에 주식에 투자합니다. 그러므로 우리는 ROE가 낮은 기업은 피합니다.

멍거: 파산 전까지 부채가 청산되기를 바라는 기업에 투자하는 건 썩 유쾌하지 않죠.

버핏: 저는 무연탄 회사의 주식을 소유한 적이 있습니다. 노면전차, 풍차, 섬유 회사에도 투자했었고요. 믿거나 말거나 버크셔는 실수로 매수한 회사입니다. 우리가 버크셔에 발을 담근 이유는 1960년대 초반 기준, 통계적으로 저렴했고 직전 10년 동안 적자였기 때문입니다. 그동안 순손실이 상당했죠. 또 운전자본보다 훨씬 낮은 가격으로 팔리는 담배꽁초였습니다. 그때 우리가 마이너스가 아닌 원점에서만 출발했어도 이후 더 좋은 결과를 얻었을 겁니다.

2001 총회 (04:48:55)

버핏: 만약 여러분이 현재 순자산가치에 비해 상당히 할인된 10~20가지 주식의 포트폴리오를 발견했다면(발견하기 쉽진 않겠지만요) 매수해도 괜찮을 겁니다. 기업들 자체가 다 좋아서가 아니라, 그 무리 안에서 상호작용이 진행될 가능성이 크기 때문입니다. 예를 들면 인수합병이나 사들인 기업의 비상장 전환 같은 것입니다. 하지만 요즘은 그런 염가 종목을 찾기가 거의 하늘의 별 따기입니다. 만약 그런 염가 종목이 풍부한 시장에 진입한다면, 싸게 나온 훌륭한 기업을 발견할 수도 있을 겁니다. 저렴하고 훌륭한 기업을 좋아하는 우리는 그들과 함께하기로 결정할 테죠. 벤저민 그레이엄은 항상 포트폴리오 운용을 강조했습니다. 그중 형편없는 기업들이 끼어 있어도 일부가 인수될 가능성을 예상하기 때문입니다. 반면 훌륭한 기업이라면 두세 군데로 충분합니다.

멍거: 또 다른 변화가 있습니다. 옛날에는 회사가 문을 닫으면 운전자본을 가져가 주주들의 주머니에 넣을 수 있었습니다. 요즘에는 다른 사람이 운전자본의 상당 부분을 소유하죠. 문화 전체가 변했습니다. 누군가가 프랑스에서 사업하다 접으려 하면, 프랑스인들은 "프랑스 자본을

빼 가려고? 여기 근로자들은 프랑스인이야"라고 말합니다. 그들은 회사가 철수할 때 "이거 당신 운전자본이니 가져가"라고 말하지 않습니다. "이 운전자본은 우리 거야"라고 말하죠. 문화 자체가 바뀌었습니다. 전부 바뀐 건 아니지만 그레이엄 시대와는 많이 달라졌습니다. 한 시대 특유의 투자 문화가 다른 시대에 완벽히 적용되지 않는 데는 많은 이유가 있습니다.

EBITDA

1998 총회 (02:56:54)

버핏: 최고의 기업은 투자를 전혀 혹은 거의 하지 않아도 매년 점점 더 많은 돈을 안겨 주는 기업입니다. 차선의 기업은 투자(성장에 필요한 재투자)가 필요하지만 그 비용 대비 성장세가 매우 만족스러운 기업이고요. 최악의 기업은 높은 성장세를 보이지만 사실상 생존을 위해 성장해야 하며 매우 낮은 수익률로 자본을 재투자해야 하는 기업입니다. 때로 사람들은 뭣도 모르고 그런 기업들에 뛰어듭니다.

멍거: 투입한 자본이 현금으로 되돌아오길 기대하는 게 부질없는 기업들이 있습니다. 그들은 계속 돈을 쏟아붓고 붓다가 문득 밑 빠진 독이었다는 걸 깨닫게 되죠. 우리로서는 이런 기업들을 피하고 황금알 같은 다른 기업을 찾는 일이 재미있습니다.

버핏: 우리가 터무니없다고 생각하는 한 가지 수치는 EBITDA(Earnings Before Interest, Taxes, Depreciation and Amortization, 이자, 세금, 감가상각비 차감 전 이익)입니다. 이 개념은 최소한의 현상 유지를 위해 필요한 현금

지출을 무시한 수치입니다. 상당한 고정자산을 가진 모든 기업은 경쟁력과 판매량 측면에서 현재 위치를 유지하기 위해서만도 적잖은 현금을 재투자해야 합니다. 그런데 이 필요 지출을 제외한 수치이니 완전히 엉터리죠. 최근 몇 년 동안 많은 사람이 자기네 상품을 팔기 위해 EBITDA를 남용했습니다.

멍거: 투자은행 업계가 EBITDA 화법을 배운 건 칭찬할 일이 아닙니다. EBITDA가 엉터리라는 걸 알면서도 하나의 척도로 사용하고, 그 거짓된 가설을 바탕으로 거짓된 결론을 도출하는 건 성과가 아닙니다. 그러나 아무리 말도 안 되는 소리라도 다 같이 합창하기 시작하면 그게 표준이 되죠.

2002 총회 *(01:21:11)*

멍거: 똑똑한 사람들은 제 발로 사기의 세계에 들어가기도 하고, 문화에 이끌려 점차 사기에 빠지기도 합니다. 사기는 매우 정교하고 교묘하게 행해집니다. 저는 사기꾼들에게 속지 않는 것도 인생에서 지혜를 얻는 방법의 일부라고 생각합니다. 어떤 영역이든 사기꾼이 바글거리는 영역은 그냥 빠져나오는 게 상책입니다. 우리도 그 때문에 손을 뗀 경험이 많았던 것 같군요. 저는 항상 우리에게 접근할 사기꾼이라면 수수한 사무실에 겸손한 태도를 지녔을 것이라고 말해 왔습니다. 우리에게 사기 칠 사람들은 다른 모든 사람에게 사기 칠 유형과 다를 겁니다.

버핏: 주식이든 회사 전체든, 우리가 EBITDA에 대해 말이 많은 회사를 매수하는 일은 거의 없을 겁니다. 전 세계에서 EBITDA를 논하는 사람들과 그러지 않는 사람들을 다 모은다면, 후자보다 전자에 사기꾼이 훨씬 많이 존재합니다. 그 격차가 상당할 정도로요. 제가 아주 재미있는

사실을 알아냈는데요. 월마트, 제너럴 일렉트릭General Electric, 마이크로소프트처럼 크게 성공한 회사들의 연차 보고서에는 EBITDA라는 용어가 등장하지 않습니다. 그러니 사람들이 EBITDA 같은 것을 논하거든 당신을 속이려 하거나 그가 본인을 속였다고 생각하세요.

멍거: 혹은 둘 다요.

버핏: 그런 일이 종종 일어납니다. 누군가를 속이려는 사람은 조만간 자신을 속이게 됩니다. 누군가가 당신이 EBITDA에 집중하는 모습을 포착하면, 그들은 그 숫자가 실제보다 더 커 보이도록 조작할 겁니다. EBITDA가 널리 사용되는 걸 보면 정말 기가 찰 따름입니다. EBITDA에 쉽사리 동요되는 사람들이 있다 보니 재무제표를 번지르르하게 꾸미려는 관행도 생겼고요. 이제 찰리와 저는 많은 사기꾼이 이미 외양에서 티가 난다는 것을 터득했답니다.

2003 총회 (03:44:35)

버핏: 감가상각비를 비용으로 취급하지 않는 건 도무지 말이 되지 않는다고 생각합니다. 감가상각비가 실제 비용이 아닌 사업이 있는지 아무래도 생각나지 않는군요. 감가상각비는 실제 비용입니다. 그것도 최악의 비용이죠. 수익을 내기 전에 지출 계획을 먼저 세우는 꼴이니, 플로트(float, 보험사가 보험료를 받아 보험금을 지출하는 시차를 이용해 일시적으로 보관하는 자금으로 수입과 지출의 시차에서 생기는 부동자금을 뜻함)와 반대예요. 감가상각비를 비용으로 보지 않는 경영진은 꿈의 세계에 살고 있는 겁니다. 그렇게 경영자들을 부추긴 게 투자 은행가들입니다. 개중에는 EBITDA가 대단한 수치인 양 투자자들을 오도해서 큰돈을 번 사람도 있고요. 사람들은 제게 보내는 보고서에 EBITDA를 집어넣고 싶

어 하지만, 저는 그들이 자본적 지출을 전부 부담하겠다고 하지 않는 이상 그 수치를 보지 않겠다고 말합니다. 매년 감가상각비보다 훨씬 적은 지출로 재무를 건전하게 유지할 수 있는 기업은 거의 없습니다. 그동안 EBITDA라는 용어는 많은 투자자에게 큰 손실을 초래했습니다. 통신 업계가 대표적입니다. 그들은 돈을 어찌나 휙휙 쓰는지 투자자들에게서 유입된 자금을 만져 볼 새도 없었죠. 그러고는 감가상각비는 실제 비용이 아니랍니다. 말도 안 되는 소리입니다.

멍거: EBITDA라는 단어가 들어간 프레젠테이션을 볼 때 더 쉽게 이해할 방법이 있습니다. 그 단어를 전부 '뻥튀기 이익'이라고 바꿔 읽으세요.

2017 총회 (04:59:06)

버핏: EBITDA에서 감가상각비는 엄연히 비용입니다. 그것도 최악의 비용이죠. 우리는 플로트라는 개념을 자주 이야기하는데요. 이는 먼저 돈을 받고 나중에 비용을 지출하는 것입니다. 감가상각비는 먼지 돈부터 쓰고 나중에 비용을 기록하는 것이죠. 모든 조건이 동일하다면 감가상각이 많은 회사보다 없는 회사를 매수하는 게 훨씬 좋습니다. 같은 금액을 벌더라도 본질적으로 투자와 고정자산이 소모되지 않으니까요. 물론 월가에서는 너 높은 차입 능력과 가치 평가 등의 이유로 EBITDA에 집중하는 편이 크게 유리합니다. 그래서 지난 20년간 EBITDA는 인기가 좋았지만, 몹시 해롭게 악용될 수 있고 오해의 소지가 큰 수치입니다.

멍거: EBITDA가 얼마나 끔찍하고, 그 용어를 기업 평가에 도입한 사람들의 꿍꿍이가 얼마나 역겨운지 과소평가하지 마십시오. 마치 부동산 중개인이 100㎡짜리 스위트룸을 소개하면서 200㎡라고 말하는 것과 다를 바 없으니까요. 그런데 그게 EBITDA가 일반적으로 사용되는 방

식입니다. 제정신인 사람은 감가상각비가 비용이 아니라고 우기지 않을 겁니다.

버핏: 하지만 월가의 이익에는 매우 잘 맞는 방식이죠.

멍거: 그러니까 자꾸 써먹는 거죠. PER(주가수익비율)을 더 낮아 보이게 하잖아요.

버핏: 더 놀라운 건 EBITDA가 받아들여진다는 사실입니다. EBITDA는 사람들이 자신에게 유용한 관념을 언어로 포장해 판매하는 전형적 사례일 뿐인데 말이죠. 그래도 팔리니까 사라지지 않을 것입니다.

멍거: 요즘은 비즈니스 스쿨에서도 써먹습니다. 그 용어를 도둑들이 사용하기 시작한 것만도 충분히 큰일인데, 비즈니스 스쿨에서 따라 할 정도로 흔해지다니 안타깝습니다.

좋은 기업과 나쁜 기업의 차이

1998 총회 (04:05:22)

버핏: 항공업계는 돈을 마구마구 써야 합니다. 돈을 쓰는 게 매력적이면 펑펑 써야 하고, 매력적이지 않아도 펑펑 써야 합니다. 업계 특성상 그렇습니다. 우리도 섬유 회사 시절에 수익성에 대한 뚜렷한 전망도 없이 경쟁력을 유지하기 위해 많은 돈을 지출해야 했습니다. 그런 유형의 사업은 함정입니다. 그럭저럭 돈은 벌지 몰라도 위험합니다.

시즈캔디가 과거와 같은 수준의 이익을 이어 갈 수 있다면 우리는 1,000만 달러, 1억 달러 또는 5억 달러라도 투자할 용의가 있습니다. 하지만 안타깝게도 좋은 방법이 없습니다. 계속 방법을 찾는 중이지만, 추가 자본을 투입한다고 이익으로 직결되는 유형의 사업이 아니기 때문입니다. 코카콜라의 경우 새 시장에 진출하면 대개 그 시장을 빠르게 활용하기 위해 보틀링(병입) 설비를 구축하는 등 필요한 투자를 합니다. 그런 지출은 계산조차 하지 않습니다. 그저 해야 한다는 걸 알 뿐이죠. 코카콜라는 원체 우량 기업인 데다 이제 가용 자원을 최대한 활용해 전 세계로 확장하는 중이니까요. ROI(투자수익률)를 계산할 수도 있지만 시간 낭비일 뿐입니다. 어차피 그들이 점점 시장을 지배할 것을 알기 때문입니다.

멍거: 워런이 젊었을 적 좋은 기업과 나쁜 기업의 차이를 말한 기억이 나는데요. 보통 좋은 기업은 쉬운 결정을 하나씩 차례로 던지는 반면, 나쁜 기업은 결정을 내리기 어려운 끔찍한 선택지를 준다고 하더군요. 이 기업이 정말 성공할까? 투자할 가치가 있을까? 좋은 기업과 나쁜 기업을 구분할 방법이 필요하다면 경영자의 시선에서 어느 기업이 답이 명쾌한 질문을 던지는지 보면 됩니다. 가령 캘리포니아주의 새로운 쇼핑센터에 시즈캔디 매장을 열 것인지 결정하는 건 우리에게 그리 어렵지 않습니다. 분명 성공할 걸 아니까요. 반면에 물음표가 가득한 질문들로 책상 위를 어지럽히는 끔찍한 기업들도 무수합니다. 대개 그런 기업들은 떡잎부터 안 좋다고 보면 됩니다.

버핏: 저는 10년 동안 코카콜라 이사를 지냈는데 코카콜라는 새로운 프로젝트를 잇따라 진행했습니다. 그리고 거기에는 항상 ROI가 딸려 나왔습니다. 하지만 저는 그 숫자를 볼 필요가 없었죠. 결국 코카콜라의 세계 시장 지배력을 공고히 하고 확장하기 위한 결정이라면, 무엇이 됐든 옳을 것임을 알았기 때문입니다. 거기에 성장률과 잠재 수익성, 그 결정을 훌륭히 실행할 경영진까지 받쳐 주었는걸요.

그 후 찰리와 저는 US에어USAir 이사를 지내면서 의사결정에 참여하게 되었습니다. 하지만 진정한 선택의 여지가 없었을뿐더러, 사실상 선택권도 없는 결정이 나중에 실제 수익 창출로 이어지리라는 확신도 없어 괴로웠습니다. 어떤 게임은 무슨 카드 패를 쥐고 있는지 전혀 모른 채 더 많은 돈을 걸도록 강요하지만 또 어떤 게임은 승리할 패가 있다는 것을 아는 상태로 더 많은 돈을 걸 기회가 주어지기도 합니다.

현장 조사

1998 총회 (04:27:09)

버핏: 자본 배분의 장점 중 하나는 선행의 성과로부터 꾸준히 이득을 얻을 수 있다는 것입니다. 이제 저는 버크셔의 투자 방식에 부합하는 기업을 대부분 잘 가려냅니다만, 경력 초기에는 필립 피셔가 설명한 사실 수집(scuttlebutt, 투자할 때 고객이나 공급책, 경쟁자 등 가능한 많은 사람에게 해당 기업에 대한 정보를 물어 기업을 파악하는 것) 방법을 오랫동안 애용했습니다.

당신이 무언가에 관심이 있다는 건 보통 80% 정도 마음이 기울어졌다는 의미일 것입니다. 마음이 가는 아이디어라고 전부 추구하는 게 아니라, 그 추정이 어느 정도 확실해야 실행에 옮길 것입니다. 한 농구 감독이 거리에서 키 210cm짜리 소년과 마주쳤다면 보자마자 관심이 가겠죠. 그러면 그가 학교를 계속 다닐 생각인지, 다른 스카우터와 접촉한 적이 있는지 등을 알아내야 합니다. 이게 일종의 사실 수집입니다. 하지만 당신이 특정 기업과 그 업계에 관한 정보를 파악하는 데는 기업의 자료를 읽은 뒤 직접 경쟁자, 고객, 공급업체, 전현직 직원들과 이야기하는 것만큼 좋은 방법이 없습니다. 다만 그 정보들은 결심을 확정 짓는 마지막 10~20% 정도이므로 여기에 지나치게 휘둘리지는 않을 겁니다. 이미 자본 상태가 건실하다고 생각되는 기업, 즉 키 210cm짜리 선수를 찾았으니 진심으로 그들과 같이할 마음이 굳어졌을 테고 그다음에는 원래 가설을 인정하지 않는 방향으로 사실을 수집해 가고 싶을 테니까요. 확신이 굳어지면 더욱 강한 추진력이 생길 것입니다.

저는 1960년대에 아메리칸 익스프레스에 대해 사실 수집을 했습니다. 사실 수집을 진행할수록 기업에 대한 제 믿음이 확증되다 보니 저는 아메리칸 익스프레스를 점점 더 추가 매수하게 되었죠. 많은 동종업자들과 이야기를 나누고 그들이 가장 두려워하는 경쟁자가 누구이며, 그 이유는 무엇인지, 누구에게 은제 탄환(silver bullet, 전설 속 뱀파이어나 악마 등 초자연적 존재를 죽이는 유일한 무기로 문제를 단숨에 해결한 묘책을 뜻함)을 사용할 것인지 등을 묻는다면 엄청난 공부가 될 겁니다. 수집을 완료하고 나면 업계의 웬만한 종사자들보다 해당 업계에 빠삭해질 것입니다. 여러 사람의 다양한 의견을 들은 후 자신만의 선입견과 아집에서 빠져나와 독자적인 관점을 확립할 수 있기 때문입니다. 그래서 권하고 싶은 방법입니다.

제가 1951년에 로리머 데이비슨을 찾아간 목적이 그것이었습니다. 사람들이 왜 이미 가입한 보험회사를 두고 가이코와 또 보험계약을 맺는지, 그 이점이 얼마나 영구적인지, 그 이점을 또 어떻게 활용할 수 있을지 등이 궁금했거든요. 저는 이런저런 궁금증에 데이비슨에게 질문 공세를 퍼부었고 그는 제게 속 시원히 대답해 주었습니다. 그날로 제 인생은 확 바뀌었고요.

의사결정 평가

1999 총회 (04:50:18)

버핏: 버크셔에서 의사결정 평가(사후 분석)는 좋은 효과를 발휘합니다. 제가 파트너십을 운영하던 시절에 빠뜨리지 않고 하던 일은 모든 매도 결정과 모든 매수 결정을 대조하는 것이었습니다. 결과적으로 매수하길 잘했다는 생각으로 충분한 게 아니라, 다른 걸 매도해서 이걸 매수하길 잘했다는 생각이 들 정도가 되어야 했습니다. 경영자들은 한두 해 전에 이사회에 자신들이 세심히 제안했던 자본 배분이나 인수 프로젝트의 결과를 들여다보기를 꺼리는 편입니다. 그들은 자신의 예측과 실제 결과를 비교하는 수치가 공개되면 민망해하죠. 인간 본성이 그렇잖습니까. 하지만 의사들도 가끔은 병리학 수업을 청강해야 더 좋은 명의로 발전할 수 있을 겁니다. 마찬가지로 경영자나 투자자도 모든 주요 결정을 복습하고 어떤 것이 효과가 있거나 없었는지, 그리고 성공률이 어떤지 확인해야 더 발전할 수 있다고 생각합니다. 그리고 성공률이 너무 낮다면 의사결정권을 다른 사람에게 넘기는 게 좋습니다.

투자의 지혜

1999 총회 (04:54:53)

멍거: 저희 둘 다 훌륭한 비즈니스 전문지에서 많은 것을 배웁니다. 잡지 속 다양한 이슈를 훑어보면 방대한 비즈니스 세계를 쉽고 간결하게 정리할 수 있습니다. 그 내용을 자신이 실행하려는 아이디어의 기본 뼈

대와 연결하는 습관을 들이면 점차 투자의 지혜를 쌓게 됩니다. 방대한 독서량 없이는 다방면에서 훌륭한 투자자가 될 수 없습니다.

버핏: 자신이 제품에 대해 꽤 잘 안다고 생각하는 5~10개 회사를 골라 보십시오. 재무 상태 같은 건 잘 몰라도 괜찮으니 일단 차치하고요. 한 회사의 제품을 이해하면 그 회사 자체에서 무슨 일이 일어나고 있는지도 대충 감이 오지 않겠습니까. 그다음에는 지난 10년 동안 그 회사와 관련한 모든 기사와 연차 보고서를 읽으세요. 마치 자신이 그 회사에서 일하거나, 그 회사의 CEO로 고용되거나, 아니면 그 회사 전체의 주인이 된 것처럼 몰입하세요.

옛날에 저는 경쟁사 직원들을 붙잡고 많은 이야기를 나누곤 했습니다. ABC 회사에 관심이 생기면 XYZ 회사에 가서 많은 것을 배우려고 노력하기도 했죠. 그들의 주관성이 담긴 정보일지언정, 듣다 보면 점차 정제하는 능력을 터득하게 됩니다. 쉽게 말해 기자가 된다고 생각하세요. 취재 활동과 매우 흡사합니다.

앤드루 그로브Andrew Grove(인텔Intel을 반도체 제국으로 만든 전설적 CEO)는 《편집광만이 살아남는다》에서 은제 탄환을 언급했습니다. '만약 권총에 단 하나의 은제 탄환이 남아 있다면 수많은 경쟁자 중 누구의 머리에, 왜 쏠 것인가?'를 스스로에게 질문하라는 것입니다. 그 과정에서 변화의 징조를 알 수 있습니다. 그리고 관심 업종에 종사하는 사람에게 "만약 당신이 10년 동안 사업에서 물러나 전 재산을 경쟁자 중 한 곳의 주식에 투자해야 한다면 어디를 선택하겠는가?"라고 질문하십시오. 묻고 또 물으세요. 상대의 대답을 어느 정도 선별할 필요는 있지만 머릿속에 어마어마한 정보가 쌓일 것입니다. 그 정보를 자기 것으로 재구성하고 활용하면 됩니다.

가장 중요한 것은 기업들이 어떻게 돌아가는지 아는 것입니다. 우리가 가이코를 경영한다면 우리의 걱정거리와 그 이유는 무엇인지, 누구에게 그 은제 탄환을 쏠 것인지 등의 질문을 계속해서 이어 가야 합니다. 그다음에는 은제 탄환을 쏘고 싶은 사람을 찾아가 그가 은제 탄환을 겨냥하고 싶은 사람은 누구인지 물어봅니다. 그런 식으로 끊임없이 배우는 겁니다. 전현직 직원, 판매업체, 공급업체, 유통업체, 소매업체, 고객, 온갖 사람들을 만나 봐야 합니다. 기삿감을 취재하듯 조사하는 과정이죠. 그러면 나중에는 기사를 쓰고 싶겠죠. 6개월쯤 후 'XYZ 회사는 이런 이유로 이만큼의 가치가 있다'라는 식으로 이야기를 풀어 가기 시작합니다. 어떤 회사는 기사를 쓰기 쉽고, 또 어떤 회사는 어려울 겁니다. 우리는 쉬운 회사를 찾으려고 노력하고요.

멍거: 1,000대 기업의 역사를 요약 정리한 밸류라인의 정보는 독보적입니다. 그것만 있어도 일류 기업들의 역사에 대해 많이 배울 수 있습니다.

버핏: 각 페이지를 보고 ROE, 매출 증가율 등 여러 측면에서 이 회사가 어떤 발자취를 남겨 왔는지 살펴보는 겁니다. 그다음 '왜 이런 일이 일어났을까? 누구 때문이었을까? 앞으로 10년간 이 차트 모양은 어떻게 될까?'라고 생각해 봅니다. 이런 질문들의 답을 구해야 합니다. 가격 차트가 아니라 기업 운영에 관한 차트입니다. 그러면 머릿속에 향후 10년간의 청사진이 떠오를 것입니다. 적당히 그려지는 회사도 있고, 너무 어렵기만 한 회사도 있습니다. 그렇기에 이 과정이 필요한 거죠. 밸류라인에 마음이 가기 시작하면 재미가 쏠쏠할 겁니다. 밸류라인을 통해 내리는 결론 못지않게 그걸 살펴보는 과정 자체도 재미있답니다.

멍거: 워런이 방금 말한 '왜'라는 질문은 가장 중요한 부분입니다. 게다

가 투자뿐만 아니라 인생 경험 전체에도 적용되고요. 현명해지고 싶다면 계속 '왜'라고 질문하는 습관을 들이세요. 그리고 그 답을 더 깊은 이론적 구조와 연관시키세요. 주요 학문의 이론을 탄탄히 해 두는 것도 중요합니다. 살짝 수고스럽지만 매우 재미있기도 합니다.

버크셔 최악의 실수

2001 총회 (00:22:58)

멍거: 버크셔 역사상 최악의 실수는 할 일을 안 한 것입니다. 회계 수치로는 안 나와도 기회비용에는 나타납니다. 다시 말해 기회가 찾아왔음에도 잡지 못한 거죠. 그리고 나중에 돌이켜보면 치명적 실수였다는 걸 깨닫습니다. 주주 입장에서는 가장 큰 비용을 치르는 유형의 실수입니다. 기회비용에 관해 생각하거나 이야기하는 경영자는 거의 없지만요. 우리가 놓친 회사명을 언급하진 않겠습니다. 적기에 다시 사고픈 생각도 있고 그 기회가 정말 올지도 모르니까요. 하지만 기업에서든 인생사에서든 기회비용 개념은 중요합니다. 쉽게 얻을 수 있었던 기회를 놓쳐 비용이 발생하기 때문이죠.

저는 소싯적에 벨리지 오일Belridge Oil 주식 300주를 사라는 제안을 받았습니다. 누가 봐도 손실 가능성은 없고 수익 가능성이 창창하다는 걸 알 수 있을 정도여서 매수했죠. 사흘 후 중개인이 1,500주를 더 사라고 권유하더군요. 하지만 그러려면 다른 주식을 팔아야 했기에 포기했습니다. 나중에 그 주식을 더 사지 않은 실수를 계산해 보니 손실액이 2억 달러였습니다. 무거운 엉덩이를 이끌고 다른 걸 팔았어야 했는데 말이죠. 버크셔도 그런 실수를 합니다. 가끔씩 자다가도 이불을 걷어찬다니까요.

버핏: 태민의 실수에 대해 말하자면 우리는 많은 실수를 했고, 나아가 엄청 큰 실수들도 저질러 봤습니다. 하지만 지인이 운영하는 회사 주식을 안 샀다거나, 우리가 이름을 들어 본 회사인데 주가가 100배 오른 주식을 안 샀다는 뜻은 아닙니다. 그런 것들은 아무것도 아닙니다. 우리에게 실수란 우리의 능력 범위 내에 있었던 종목에 국한됩니다. 따라서 다른 사람들이 코코아콩이나 소프트웨어 기업 같은 종목으로 돈을 벌었는데 우리가 놓친 것은 실수가 아닙니다. 우리의 실수는 우리가 충분히 아는 회사를 살 기회가 왔음에도 빤히 바라만 보다가 놓친 것입니다. 더 기분 나쁜 상황은 너무 적게 투자했을 때입니다. 크게 베팅할 수 있었는데도 너무 소심하게 포지션을 잡은 경우죠. 찰리는 그것을 고상하게 '엄지손가락 빨기'라고 표현합니다. 우리는 잘 아는 기업임에도 엄지손가락만 빨다 기회를 놓친 적이 있었습니다. 매수를 시작할 시점에 가격이 약간 상승하는 바람에 '원래 가격으로 떨어지면 더 많이 매집해야지' 하고 관망하다 기회를 날린 거죠. 이는 대실수입니다. 회계 처리상으로는 드러나지 않아도 우리의 성적표에는 남아 있는 실수라 하겠습니다.

소규모 투자

2007 총회 (02:18:06)

버핏: 제가 소액 투자를 한다면 지금과는 크게 다른 방식일 겁니다. 선택지가 확장되거든요. 마음만 먹으면 1,000억 달러를 투자할 때보다 1

만 달러를 투자할 때 수백 배, 수천 배는 더 다양한 선택안을 찾을 수 있습니다. 물론 기업 인수는 안 되겠지만요. 소규모 투자로도 고수익을 낼 길은 얼마든지 있을 겁니다.

누구나 고수익을 낼 수 있다는 말은 아닙니다만, 가치와 투자에 대해 좀 아는 사람이라면 소액으로도 기회를 찾을 수 있습니다. 다만 버크셔가 보유한 포트폴리오로는 힘들 겁니다. 주식에 30억 달러를 투자하는 버크셔 방식으로는 엄청난 수익을 낼 수 없습니다. 솔직히 큰 수익의 근처에도 못 갈 겁니다. 접근법 자체가 달라지니까요. 하지만 찰리나 제가 100만 달러를 운용한다면 매우 고수익을 낼 소소한 종목들을 여기저기서 발굴할 수 있을 겁니다. 다만 그 종목들이 꼭 주식일 거라고 말하진 않겠습니다.

2008 총회 (00:38:16)

버핏: 우리는 장기적으로 배당금과 자본 이득을 합쳐 세전 기대수익률이 10%가 되는 보통주라면 기꺼이 투자할 생각이 있습니다. 어쩌면 이보다 조금 낮아도 만족하지 않을까 싶군요. 버크셔 주식을 보유해 버는 수익이 앞으로는 예전만 못할 거란 데는 의심의 여지가 없습니다. 우리 포트폴리오는 현재 시가총액이 최소 100억 달러인 회사들의 주식으로 구성되어 있습니다. 그중 버크셔에 유의미한 영향을 미치려면 그보다 훨씬 더 큰 규모, 아마 500억 달러 이상이 되어야 할 겁니다. 이는 수천 가지 종목으로 범위를 넓힌 포트폴리오만큼 수익성이 크지 않습니다. 그에 비해 우리의 종목 범위는 엄청나게 좁아져서 과거만큼 잘할 수는 없을 것입니다. 우리는 앞으로도 괜찮은 결과를 얻겠지만, 괜찮음 이상의 결과는 얻지 못할 것입니다. 마음 같아선 괜찮은 정도를 훌쩍 뛰어넘

고 싶으나 기대하기 어려울 듯합니다.

멍거: 우리는 미래에 우리의 과거 수익률보다 훨씬 낮은 수익률로 벌어도 매우 만족할 것입니다. 여러분도 같은 마음가짐을 취하기를 권고합니다.

버핏: 음, 저는 그 권고에서 빠지렵니다. 소액 투자자에겐 버크셔 매수보다 훨씬 나은 선택이 있을 겁니다. 소액을 굴리면서 상당한 시간을 투자하고 수천 가지 주식을 검토할 의향이 있다면 버크셔보다 더 좋은 종목을 찾을 수 있습니다. 물론 우리는 버크셔가 장기적으로 여전히 매력적인 투자처라고 생각합니다. 다른 거대 기업들과도 견줄 만하다고 생각합니다. 하지만 버크셔가 세계에서 가장 매력적인 투자처라고 생각하지는 않습니다. 찰리와 제가 오래전에 그랬듯, 수천 가지 가능성을 살펴볼 의향이 있을 때 찾게 될 다른 선택권들과 비교해서 말이죠. 지금의 우리로서는 그 많은 가능성을 살펴볼 여력도 필요도 없지만요.

버크셔가 좋아하는 것은 일류 경영진이 있는 훌륭한 대기업을 발굴해 매수한 다음 그냥 지켜보는 겁니다. 벌처럼 이 꽃에서 저 꽃으로 옮겨 다닐 필요가 없으니 편하고 좋습니다. 그냥 앉아서 매년 그들의 성장을 지켜보고, 돈을 벌고, 그 돈으로 더 많은 기업을 매수합니다. 우리에게 잘 먹히는 공식이죠. 다만 수익률이 예전 같지 않을 뿐입니다.

2부
가치 평가와 내재가치
Valuation and Intrinsic Value

"최초의 투자 입문 지침이자 꽤 괜찮은 조언은 기원전 600년경에 이솝이 말한
'손안에 든 새 한 마리가 숲속에 있는 두 마리보다 낫다'라는 명언이다."

"미래를 올바르게 예측할 수 있는 사람은 훌륭한 회사 몇 개만 찾아
진득하게 깔고 앉는 투자가 바람직하다."

"어떤 기업을 인수할 때 누군가가 인력 충원 요구서를 보여 달라고 한 적이 있다.
우리는 그런 문서가 없었을 뿐 아니라 전담 인력도 없었다."

"이발사에게 이발할 때가 되었냐고 묻지 말라.
투자은행 직원에게 그가 팔려고 하는 회사의 5년 후 수익이
어떻게 될지 묻고 싶은 사람은 없을 것이다."

"눈에 보이는 끔찍한 회계 수치 때문에 외면받지만
실은 훌륭한 미래가 기다리고 있는 기업이 우리에게는 이상적이다."

기업의 적절한 가격, 즉 내재가치를 결정하는 것은 투자 연구의 핵심이다. 가치를 정확히 평가할 수 있다면 장기적으로 매력적인 투자 수익을 달성하는 길에 들어선 것이다. 그런데 기본 가정을 살짝만 조정해도 내재가치의 계산값은 크게 달라질 수 있다. 또 경영자의 자질 같은 무형의 변수를 평가할 때는 추측이나 짐작이 많이 반영될 수밖에 없다. 예컨대 버크셔의 지난 60년간 기업 가치를 평가할 때 CEO(버핏)가 유일무이한 투자자이자 자본 배분의 결정권자라는 점을 반영하려면 어떤 적절한 조정이 필요할까?

2부에서 설명하겠지만 이 질문은 다시 내재가치를 '올바르게' 생각하는 법은 무엇이냐는 흥미로운 질문으로 이어진다. 가령 버핏과 멍거는 시간이 흐르며 훌륭한 기업을 소유할 수 있다면 가격에는 덜 구애받게 되었다. 이는 특정 상황에는 유리하게 작용했으나 종종 실수로 이어지기도 했다. 2006년 총회에서 버핏이 말한 "몇 해 전 코카콜라는 우량 기업이면서도 천정부지 같은 가격을 기록했다. 그때 내가 매도하지 않았다고 나무라도 잘못된 것은 아니다" 같은 경우다. 나는 투자의 핵심은 모든 접근법에 존재하는 상충관계에서 균형을 잡는 것이라고 생각한다. 이론상 투자에서 가치 평가의 역할은 객관적이고 확실하다. 하지만 실전에서는 개인의 주관적 선호, 즉 위험을 감수할 의향에 따라 좌우된다. 이 두 가지를 적절히 결합하면 장기 포트폴리오를 합리적으로 관리할 길이 열릴 것이다.

내재가치

1994 총회 (03:18:11)

버핏: 모든 자산의 경제적 가치는 기업에 들어오거나 나갈 모든 미래 현금흐름을 적정 이자율로 할인한 현재 가치입니다. 세상에는 찰리와 제가 미래의 현금흐름을 전혀 알 수 없는 기업이 많습니다. 미래의 현금흐름을 전혀 예측할 수 없는 기업이라면, 현재 그곳의 가치가 얼마인지도 알 수 없습니다. 당신이 어떤 주식의 현재 적정가를 알아도 앞으로 20년간의 현금흐름을 전혀 예상하지 못한다면 인지 부조화가 발생합니다. 우리는 일정 기간의 현금흐름을 높은 확률로 예측 가능한 기업을 찾고, 그다음 이를 현재 가치로 할인합니다. 우리는 가격만 헐값인 불확실성보다 미래의 확실성을 더 좋아합니다.

재무제표의 숫자는 경제적 가치를 나타내는 게 아니라 경제적 가치를 얻을 방법을 알려 주는 지침입니다. 그러나 재무제표 안에 답은 없습니다. 답을 알아내도록 귀띔해 줄 뿐이죠. 답을 찾으려면 기업을 이해해야 합니다. 이때 수학은 기초 수준만 알면 됩니다. 하지만 기업에 대한 이해는 정말 중요합니다. 자신의 아파트, 농장, 소규모 사업체를 구매한다는 마음가짐으로 접근해야 합니다. 자신이 현재 얼마를 투자할 계획인지, 시간이 흘러 얼마나 벌 가능성이 있는지, 그만큼 벌 가능성을 얼마나 확신하는지, 다른 대안과 비교했을 때 기회비용은 어떤지 알아내야 합니다. 그게 우리가 하는 전부입니다. 그 대상이 대기업이라는 차이가 있을 뿐이죠.

회계 수치는 매우 유용합니다. 전체적으로 우리가 무엇을 고려해야 할지 방향을 제시해 주기 때문이죠. 이때 GAAP(Generally Accepted Accounting Principles, 일반회계원칙) 기준에서 가능한 한 가장 낙관적으로 해석한 수치가 있으면 우리는 크게 걱정합니다. 어떤 식으로든 수치를 조작하려는 낌새가 보인다는 건 흉조입니다. 실제로 조작하는 사람들도 많고요.

1997 총회 (02:33:27)

버핏: 어떤 기업이든 그곳의 미래 현금 유출입을 향후 100년, 또는 회사가 망할 때까지 가늠하고 이를 적정 이자율로 할인할 수 있다면 그 기업의 내재가치를 도출할 수 있습니다. 마치 100년 만기 이표채(액면가로 채권을 발행하고 일정 기간마다 이자를 지불하고 만기에 원금을 상환하는 채권)를 보는 것과 같다고나 할까요. 이표채는 눈에 보이게 이자율이 표시되어 있으니 국채 금리와 비교해 위험도를 판단하면 됩니다. 아니면 이자율 5%짜리 국채와 다른 7%짜리 국채를 비교한다고 생각해도 됩니다. 각 채권 이자율이 다르듯 기업마다 가치도 다릅니다. 하지만 채권과 달리 기업 가치를 평가할 때의 유일한 문제는 표면 이율이 적혀 있지 않다는 겁니다. 따라서 시간에 따른 이자율 변동을 추정하는 것은 투자자의 몫입니다. 가령 우리는 하이테크 기업의 가치는 전혀 계산할 줄 모릅니다. 우리 스스로 이해할 수 있는 기업이다 싶을 때, 그 회사의 10년이나 20년 후 가치를 가늠해 직접 이표채를 뽑아 보는 것이죠.

1972년에 시즈캔디를 인수하면서 경쟁력이 어떻게 될지, 이 회사의 강약점이 무엇인지, 10년이나 20년, 30년 후에 어떻게 보일지 판단해야 했습니다. 내재가치를 평가하는 과정은 전부 현금흐름과 관련이 있습니다. 어떤 종류의 투자든 지금 돈을 투자하는 유일한 이유는 미래에 더 많은 돈을 거둘 것으로 예상하기 때문입니다. 그 자산을 남에게 팔아버

림으로써가 아니라(이는 단지 누가 누구를 이기느냐는 게임일 뿐입니다), 그 자산이 훗날 벌어들일 수익의 증가에 의해서 말이죠. 농장이나 아파트, 기업 매수도 마찬가지입니다. 우리는 어떤 기업은 10~20년 후 가치가 얼마가 될지 추측조차 할 수 없다고 결론 내릴 것입니다. 또 어떤 기업은 소수점 두세 자리까지 정확히 산출할 순 없어도 우리의 예상 범위 안에 있다는 확신을 얻을 것입니다. 필터는 그런 회사들을 가려내기 위한 것입니다.

우리는 기본적으로 무위험 장기 국채 이자율을 이용해 미래 현금흐름을 현재 가치로 할인합니다. 그게 바로 투자에서 할 일의 전부죠. 한 번 더 강조하지만 투자란 어떤 자산에서 미래에 더 큰 수익을 얻기 위해 돈을 지불하는 것입니다. 그 자산을 매각함으로써가 아니라 자산 자체가 산출할 결실을 기대하는 것입니다. 투자자는 자산(기업, 주식)이 앞으로 어떻게 될지 살펴봅니다. 투기꾼 같으면 기업 자체와 무관하게 앞으로 가격이 얼마가 될지에만 집중하겠죠. 그건 우리의 관심사가 아닙니다. 우리가 그 기업을 옳게 판단했다면 많은 돈을 벌 것입니다. 마찬가지로 그 기업을 잘못 판단했다면 돈 벌 기대는 접어야죠.

멍거: 투자에 유용한 필터 중 하나는 기회비용이라는 단순한 개념입니다. 대량 매수할 수 있는 하나의 기회가 다른 98%의 기회보다 낫다면 나머지 98%를 걸러내면 됩니다. 이미 정답이 나온 거예요. 그리고 기회비용 개념을 적용해 좋은 기회들을 잡아낸 사람은 투자 종목을 더 잘 고를 수 있습니다. 이런 접근법으로는 포트폴리오가 소수 종목에 집중될 수밖에 없지만 우리는 그래도 괜찮습니다. 이 방식은 매우 단순한데도 따라 하는 사람이 거의 없습니다. 명문 대학이나 연구 기관도 투자 관리 방식으로 받아들이지 않더군요. 우리가 옳다면 남들이 틀렸다는

건데, 왜 그렇게 저명한 기관들은 그토록 많이도 틀리는 걸까요?

버핏 우리가 어떤 회사를 소개받았을 때 머릿속에 가장 먼저 떠오르는 생각은 이 회사를 소유하는 게 코카콜라나 질레트 주식을 추가 매수하는 것보다 낫느냐는 겁니다. 새로운 선택안 앞에서 이미 확실성이 검증된 다른 선택안과 비교하지 않는 건 말도 안 되죠. 우리에겐 코카콜라나 질레트만큼 미래를 확신하는 기업이 거의 없습니다. 따라서 우리가 새 투자처를 찾는다면 코카콜라나 질레트 주식을 추가 매수하는 것보다 더 낫다고 생각할 정도로 확신이 강해야겠죠. 그런데 대부분 그 정도의 완벽한 확신에 미치지 못할 때가 많습니다.

1998 총회 (02:19:31)

버핏 내재가치를 정의하자면 어떤 금융 자산이 현재와 심판의 날 사이에 생성할 현금흐름의 현재 가치입니다. 말은 쉽지만 알아내긴 어렵죠. 하지만 우리가 코카콜라를 바라보는 방식을 생각해 보십시오. 우리에게 코카콜라는 인텔 같은 회사보다 미래 현금흐름을 평가하기 훨씬 쉬운 회사입니다. 버크셔의 가치를 계산하기 어려운 이유는 자회사가 자본을 소모해 창출한 현금흐름이 우리에게 직접 들어오지 않기 때문입니다. 따라서 버크셔의 가치는 우리가 이용 가능한 기회와 잉여현금을 활용할 방안에 어느 정도 영향을 받습니다. 결국 우리는 현금을 사용할 새로운 방법을 생각해 내야 합니다. 이로 인해 가치 평가 작업은 더 어려워지죠. 현금을 어디에 투자할지 좋은 생각이 떠오를 때도 있고 그렇지 않을 때도 있습니다. 그래서 버크셔의 내재가치를 계산하는 작업은 더 어렵습니다.

성장주와 가치주

2000 총회 (00:11:56)

버핏: 성장주와 가치주의 차이는 뚜렷하게 보이지 않습니다. 우리는 성장주와 가치주의 구별이 무의미하다고 생각합니다. 성장 가능성과 그 성장에 따른 재무 건전성은 가치를 평가하는 공식의 일부지만, 동시에 가치 결정의 구성 요소입니다. 투자자는 앞으로 얼마나 많은 가치를 얻을 것인지 따져 봐야 합니다.

제가 아는 최초의 투자 입문 지침이자 훌륭한 조언은 기원전 600년경에 이솝이 말한 "손안에 든 새 한 마리가 숲속에 있는 두 마리보다 낫다"라는 명언입니다. 참고로 이솝은 이 대단한 업적을 마무리 짓지는 못했습니다. 숲속의 새 두 마리를 언제 얻어야 할지, 그리고 얼마의 이자율을 적용해야 할지 설명하는 걸 깜빡했기 때문입니다. 그가 이 두 가지 변수만 제시했다면 향후 2,600년간이 투자법을 정의했을 덴데 말이죠.

투자를 지금의 이익(무위험 이자율)을 포기하고 손안의 새(현금)를 거래하는 것에 비유해 보죠. 우리가 가진 현금을 투자하려면 숲에 실제로 새가 있는지(미래 수익이 실제로 발생할 것인지), 그리고 몇 마리가 언제 숲 밖으로 나올지(수익 발생 시기와 규모), 이자율은 얼마나 될지 계산해야 합니다. 만일 새 한 마리의 이자율이 5%고 여기에 투자해서 5년 후 이 숲에 있는 새 두 마리를 손에 넣을 수 있다면 이 투자는 연 복리 약 14%로, 손에 든 새 한 마리(현금 이자율)보다 낫습니다. 따라서 좋은 투자죠. 하지만 금리가 20%라면 숲속의 새를 손에 넣으려 하지 않을 것입니다. 손안의 새(현금)를 쥐고 연 복리 20%의 수익을 올릴 수 있는데, 연 복리 14%의 수익을 위해(숲속의 두 마리 새) 투자할 이유가 없기 때문이죠.

이게 성장주와 무슨 상관이냐 하면, 대개 사람들은 성장주를 숲속에 있는 새가 많아지는 것이라 여깁니다. 그러나 투자는 숲에 새가 몇 마리나 있는시 파악하고, 그 새를 언제 손에 넣을지 결정하고, 다른 숲(기회비용)과도 비교하며, 현재 이자율이 얼마인지를 확인한 뒤 그에 기반해 가치를 판단하는 것입니다.

우리는 늘 기업을 통째로 산다는 마음가짐으로 주식을 매수합니다. 그러면 주식 투기꾼이 아닌 기업가처럼 생각할 수 있게 되거든요. 전망은 훌륭하지만 당장은 투자자에게 한 푼도 벌어다 주지 못하는 회사를 매수했다 칩시다. 현재 가치는 5,000억 달러입니다. 적절한 수익률이 10%라고 생각된다면, 올해는 한 푼도 못 벌지언정 내년부터는 매년 영구적으로 550억 달러를 벌 수 있어야 한다는 뜻입니다. 하지만 3년 차까지 수익이 없을 것이라면, 4년 차부터 영구적으로 605억 달러씩 벌어야 투자가 정당화되겠죠. 숲에서 새를 꺼내기 위해 기다리는 해가 쌓일수록 나중에 더 많은 새를 꺼내야 합니다. 이렇게 단순합니다.

저는 사람들이 5,000억 달러 가치의 기업 주식을 10주 매수할 때 실제로 그들의 결정에 내재된 가치를 계산하고 있는지 의문을 품습니다. 그 기업이 수익을 내기까지 1년만 기다리면 된다고 가정하고, 5,000억 달러로 평가한 가치에서 10%의 수익을 기대한다고 칩시다. 그러려면 매년 550억 달러의 현금을 뽑아낼 수 있어야 합니다. 세전으로는 800억 달러를 벌어야 하고요. 이 세상의 모든 회사를 둘러보고 세전으로 800억 달러, 700억 달러, 600억 달러, 500억 달러, 400억 달러, 심지어 300억 달러를 벌어들이는 회사가 얼마나 될지 살펴보세요. 많지 않을 겁니다. 따라서 손안의 새를 놓아줄 가치가 있을 만큼 그 숲에서 새를 충분히 꺼내려면 수익성의 상당한 조정이 필요합니다.

멍거: 모든 현명한 투자는 가치 투자라는 데 동의합니다. 투입 이상의 수익을 획득하려면 가치 판단이 우선 요건입니다. 하지만 투입 이상의 수익을 거두는 방법은 다양합니다. 필터를 이용해 수많은 종목을 걸러 낼 수 있습니다. 40년 동안 묵혀 둘 자신은 없지만 저평가된 주식 투자를 고수하려는 사람은 부단히 움직여야 합니다. 실제 가치에 가까워졌다 싶으면 매도하고 다른 주식으로 갈아타야 하죠. 일종의 능동적 투자입니다. 미래를 올바르게 예측할 수 있는 사람은 훌륭한 회사 몇 개만 찾아 진득하게 깔고 앉는 투자가 매우 바람직합니다.

2001 총회 (00:55:02)

버핏: 성장과 가치는 구별할 수 없습니다. 사실 성장은 가치 공식을 구성하는 일부입니다. 월가는 대개 이 둘을 대조적인 자산군으로 묘사하지만, 사실 성장주나 가치주라는 건 없습니다. 성장이 가치에 긍정적인 요소인 것은 맞지만 지금 자본을 투입하면 나중에 현재 이자율보다 훨씬 높은 수익률을 보장할 수 있을 때만 그러합니다. 그래서 우리는 기업을 매수할 때마다 미래의 예상 현금흐름을 계산합니다.

플라이트세이프티는 올해 2억 달러 상당의 시뮬레이터를 구매할 예정입니다. 감가상각비가 7,000만 달러 정도 될 테니, 우리는 감가상각비보다 1억 3,000만 달러를 더 투자하는 셈입니다. 잘될지 안 될지는 몰라도 이것이 성장이라는 데는 의심의 여지가 없습니다. 하지만 성패는 시간이 지나면서 그 1억 3,000만 달러가 벌어들일 수익이 얼마가 될지에 따라 달라집니다. 그러니 아무리 하늘 높이 성장할 기업을 소유하고 있다 한들 그 성장의 경제성을 알기 전까지는 좋고 나쁨을 판단할 수 없습니다. 오늘 얼마나 투자해야 하고, 오늘의 투자에서 나중에 얼마나 많은 수익을 얻을 수 있을지 말입니다.

전형적 사례가 항공 산업입니다. 항공 산업은 라이트 형제의 이륙 이래 줄곧 성장했습니다. 하지만 미국 국민에게 성장은 축복이었을지 몰라도 항공 산업에서는 저주였죠. 그들에게 성장이란 수익성 없는 돈 먹는 하마였으니까요. 한데 시즈캔디에서는 성장이 멋진 일입니다. 초콜릿을 더 많이 팔기 위한 추가 투자 금액이 적으니까요. 성장은 가치를 구성하는 일부일 뿐입니다. 성장주나 가치주 중 어디에 투자해야 할지를 운운하는 사람들은 투자를 이해하지 못했다는 뜻입니다.

멍거: 우리 본사는 직원이 소수인 데다 아시다시피 고령입니다. 우리는 잽싸게 움직일 수 없기에 한번에 큰돈을 투자하기를 선호합니다. 다시 말해 훌륭한 경영진이 이끄는 훌륭한 기업을 합리적인 가격에 매수하면, 이후 묵혀두기만 해도 수십 년간 번영할 것입니다. 어떤 의미에서 그것도 성장주 투자라고 할 수 있겠죠.

버핏: 1965년부터 매년 월가 전문가들에게 버크셔가 성장주인지 가치주인지 분류해 달라고 했다면 그들이 뭐라고 말했을지 누가 알겠습니까. 핵심은 지금 투자한 현금보다 나중에 더 많은 현금을 회수해야 한다는 겁니다. 그렇게 하면 기업도 성장합니다. 가치주나 성장주라고 나눠 부르는 사람도 있지만, 이 둘이 확연히 다른 범주는 아니에요.

가치 평가 기준

1995 총회 (01:41:56)

버핏: 우리는 기업을 평가할 때 완전 인수와 일부 매수 경우에 따라 그

들의 현금 창출 능력을 비교하고 예측합니다. 그다음 얼마의 할인율을 적용할지, 우리가 얼마나 멀리까지 내다볼지 등을 생각합니다. 간단하고 직접적인 공식으로 계산할 수도 있지만, 그런 식으로 수치화해 계산한 적은 없습니다. 어떻게 보면 머릿속에서만 계산한다고나 할까요.

종이 한 장도 필요 없습니다. 헬츠버그 다이아몬드Helzberg Diamonds, 시즈캔디, 버펄로 뉴스의 가치를 계산했을 때 종이 한 장 꺼낸 적 없습니다. 18년간의 잔존가치를 계산하고 이러저러한 전문용어를 붙이면 좀 더 과학적인 분석처럼 보이겠죠. 우리는 투자마다 사무실에서 질문을 생각하고 할인율도 염두에 둡니다. 하지만 세부적 계산이 필요 없을 정도로 답이 명확한 결정을 좋아합니다. 큰 틀을 잡기는 하지만 실제로 모든 변수를 채워 넣지는 않습니다.

멍거: 버크셔의 가치 평가 방식을 위대한 노벨상 수상자 토머스 헌트 모건Thomas Hunt Morgan이 캘리포니아 공과대학교 생물학과를 운영한 방식에 비유할 수도 있겠습니다. 그는 그 시대의 컴퓨터와도 같았던 프라이든 계산기를 금지했습니다. 사람들은 "어떻게 그럴 수 있죠? 우리 학교에서는 프라이든 계산기를 안 쓰는 학과가 없다고요"라고 말했습니다. 그러자 그는 "음, 우리는 부족한 자원 속에서도 멀쩡한 상식만으로 이 엄청난 금덩어리를 캐고 있으니, 이 거대한 금 더미를 모을 수 있는 한 망할 사금 채취에는 의지하지 않을걸세"라고 말했습니다. 버크셔의 운영 철학도 그렇습니다. 사금 채취의 시대가 절대 오지도 않았으면 좋겠고요. 어떤 인수 건에서 누군가가 인력 충원 요구서를 보여 달라 한 적이 있습니다. 하지만 우리는 그런 문서도 없었을 뿐 아니라, 전담 인력도 따로 없었습니다.

2011 총회 (04:14:13)

버핏: 성장은 투자 공식을 구성하는 일부이고 우리는 수익성이 따라오는 성장을 좋아합니다. 우리는 한 기업을 살펴보는 동시에 우리의 미래도 헤아려 봅니다. 그 기업의 성장 가능성을 평가하고 그 성장이 추가 자본 투입 대비 고수익을 가져온다는 사실을 알게 되면 당연히 마음이 끌립니다. 그리고 수익력 대비 가격이 매력적이라면 성장 가능성이 거의 또는 전혀 없어 보이는 회사라도 마냥 배제하지는 않습니다. 성장은 모든 투자 결정의 요소 중 한 가지일 뿐입니다. 우리는 미래의 수익력과 미래에 필요한 자본량을 두루 살펴보니까요. 그리고 투자하려는 기업이 수익성을 동반한 성장이 가능할지도 깊이 생각합니다. 하지만 수익력이 있다면 성장 속도가 매우 더디거나 성장 가능성이 없는 회사도 배제하지 않습니다.

멍거: 흥미롭게도 미국의 비즈니스 스쿨은 학생들에게 미래 예측을 가르칩니다. 컴퓨터 프로그래밍으로 예측을 대량 생산하다시피 하는데 그걸 기업의 의사결정에 사용하죠. 저는 항상 이런 예측이 해롭다고 생각했습니다. 제가 아는 한 워런은 이런 예측을 준비한 적이 없습니다. 우리는 투자 은행가가 예측 보고서를 준비해 오면 읽지도 않고 그냥 치워 버리는 편이죠. 컴퓨터에 장기 예측을 프로그래밍하면 정밀한 거짓 값이 어마어마하게 생성될 겁니다. 우리는 항상 대략적인 예측을 머릿속에서 합니다. 공식적인 예측은 전혀 안 하고요. 예측을 컴퓨터로 도출해 출력하면 괜스레 의미를 부여하는 사람들이 있기 때문이죠. 저는 그런 예측은 득보다 실이 크다고 생각합니다.

버핏: 1986년에 투자은행 퍼스트 보스턴First Boston은 스콧 페처Scott Fetzer Company를 매각하려고 30여 곳과 접촉한 터였습니다. 하지만 우리

에게는 연락하지 않았죠. 저는 신문에서 그 기사를 읽고 당시 스콧 페처의 CEO였던 랄프 셰이Ralph Schey에게 우리가 인수할 의향이 있다는 편지를 보냈습니다. 그와 만난 적은 없었지만 우편 요금 21센트를 걸고 모험해 보기로 했죠. 저는 '주당 60달러를 지불하겠습니다. 생각이 있다면 일요일에 시카고에서 만납시다. 싫다면 이 편지는 찢어 버리십시오'라고 썼습니다.

랄프와 저는 주당 60달러에 거래를 성사했습니다. 찰리와 함께 계약서에 서명하러 갔더니, 퍼스트 보스턴 측 대표가 자리에 나와 있었습니다. 그는 우리를 보자 약간 당황해했습니다. 퍼스트 보스턴은 스콧 페처 매각 시 수백만 달러의 수수료를 받는 계약을 맺었는데, 우리가 스콧 페처와 직거래를 했으니까요. 수백만 달러를 쏟아 담고 상기된 그가 찰리에게 말했습니다. "수백만 달러를 지불하셨는데 지금까지 아무 정보도 얻지 못하셨죠. 그래서 여기 스콧 페처와 관련된 자료 한 부를 가져왔습니다." 그러자 찰리는 평소처럼 재치 있게 "그 자료를 주신 거면 약정된 200만 달러를 안 드릴 수도 있습니다"라고 대답했습니다.

데이브 소콜Dave Sokol이 특수 화학 회사 루브리졸Lubrizol의 CEO 제임스 햄브릭James Hambrick을 만났을 때, 루브리졸은 이미 2013년까지의 예측을 공개한 터였습니다. 데이브는 제임스에게서 2015년까지의 예측 보고서도 몇 가지 받았다더군요. 보고 싶었냐고요? 아니요, 남이 해 준 예측은 궁금하지 않습니다. 전 지금까지 투자은행이 예측한 수익 그래프 중 우상향이 아닌 모양을 본 적이 없습니다. 장담하건대 실제로는 그럴 리 없는데 말이죠. '이발사에게 이발할 때가 되었냐고 묻지 말라'라는 오랜 격언이 있습니다. 투자은행 직원에게 그가 팔려고 하는 회사의 5년 후 수익이 어떻게 될지 묻고 싶은 사람은 없을 것입니다. 저도 안 궁금합니다.

  하지만 찰리의 말처럼 우리는 기업을 살펴볼 때 머릿속으로 예측을 합니다. 관심 기업이나 주식을 매수하기에 앞서 앞으로 오랫동안 전망이 어떠하리라는 모델을 마음속에 그려 둡니다. 또한 우리가 얼마나 엇나갈 수 있는지에 대한 모델도 염두에 두죠. 우리 예상과 완전히 틀릴 수도 있고, 상당히 들어맞을 수도 있습니다. 이처럼 우리는 속으로 나름의 온갖 예측을 한답니다. 다만 남이 해 주는 예측에 관심이 없을 뿐입니다.

멍거: 비즈니스 스쿨에 입학하려거나 현재 재학 중인 분이 여기 오셨다면 우리 방식을 권장하는 바입니다. 하지만 적어도 졸업할 때까지는 학교 방식을 따르는 척하세요.

현금흐름 할인법

1996 총회 (04:18:46)

멍거: 워런은 현금흐름 할인법(DCF, Discounted Cash Flow)에 관해 이야기하지만, 저는 그가 현금흐름 할인법을 계산하는 걸 본 적이 없습니다. 굳이 계산하지 않아도 가능성이 명명백백히 보이는 회사가 아니면 바로 대화를 끊는 편이죠.

버핏: 그렇죠. 실제로 연필과 종이를 꺼내야 할 지경이라는 건 이미 안전마진이 아슬아슬하다는 증거입니다. 안전마진은 크게 한눈에 보여야 합니다.

이익 증가율 및 가치 평가

2001 총회 (02:10:28)

버핏: 저는 어느 기업이든 연 15%의 이익 증가율을 예측하는 건 실수라고 생각하는데, 많은 회사가 그렇게 합니다. 그런데 미국 경제가 연 15% 성장하지 않는 한 15%라는 숫자는 결국 당신의 발목을 잡을 것입니다. 15%의 복리로 수익을 늘릴 수 있는 대기업은 눈 씻고 봐도 찾기 힘듭니다. 〈포춘〉 500대 기업을 살펴보세요. 여기서 현재 기록적인 수익을 올리고 있는 기업 중 앞으로 20년간 15% 이상의 연평균 수익을 낼 곳 10개를 고른다면 절반 이상이 그 목표를 달성하지 못할 것이라 장담합니다. 그래서 실수라고 말한 겁니다. 사람들은 회계를 부풀리고, 거래 관행까지 바꿔 놓는 경향이 있거든요. 이익 증가율 15%를 주장하는 기업을 보면 그런 유형의 실수를 저지른 사람들을 많이 찾을 수 있을 겁니다.

멍거: 그런 실수는 항상 일어납니다. 앞으로도 일어날 거고요. 이 시스템에 붙박이처럼 박혀 있거든요. 미래 이익 증가율 예측은 올라가면 올라갔지 내려가는 경우는 별로 없습니다. 애널리스트들이 제일 듣고 싶어 하는 말을 안 할 수가 있겠습니까.

버핏: IR 부서가 경영진에게서 듣고 싶어 하는 말이기도 합니다. 자기들의 생활이 더 편해지거든요. 하지만 5~10년 후에 그들은 그 자리에 없을 겁니다. 만약 버크셔에서 이익 증가율을 15%로 예측했다면 5년 후에는 2,000억 달러, 10년 후에는 4,000억 달러, 15년 후에는 8,000억 달러, 20년 후에는 1조 6,000억 달러가 됩니다. 말도 안 될 정도로 쑥쑥 증가하는 것이죠. 시장가치가 5,000억 달러인 기업이 있다면(얼마 전만

해도 몇 군데 있었습니다) 15% 할인율을 적용할 시 미래에 현금을 얼마나 벌어들여야 할지 계산해 보세요. 5,000억 달러에 매수한 기업에서 지불금의 15%를 회수하려면 올해 750억 달러를 벌어야 합니다. 하지만 올해 750억 달러를 벌지 못하면 내년에 862억 5,000만 달러를 벌어야 하죠. 내년도 실패하면 내후년에 약 1,000억 달러를 벌어야 합니다. 점점 기하급수적으로 불어납니다.

시장가치 평가에 함축된 의미에는 소설 《걸리버 여행기》급의 허풍이 가득합니다. 하지만 사람들은 그걸 아주 진지하게 받아들이죠. 문제는 사람들이 1년 전 어떤 기업의 가치를 5,000억 달러로 평가하면서 이익 증가율 15% 정도를 충족하려면 얼마나 벌어야 하는지는 거의 계산하지 않는다는 것입니다.

멍거: 주식이 판매되는 방식은 렘브란트Rembrandt의 그림이 경매에서 낙찰되는 방식과 어느 정도 일맥상통합니다. 렘브란트의 명화가 잘 팔리는 이유는 과거에 작품의 가치가 상승해 왔다는 사실에 근거해 평가되기 때문입니다. 주식도 그렇게 평가되니 주가 광풍으로 이어지는 거죠. 그에 비하면 채권 매매는 훨씬 이성적입니다. 무난한 수준의 고정금리를 지불하는 채권의 가치가 고공 행진할 거라 믿는 사람은 아무도 없기 때문이죠. 하지만 주가는 일정 부분 렘브란트 작품의 경매가처럼 움직입니다. 미국의 모든 연기금을 렘브란트 작품에만 투자했다고 가정해 봅시다. 작품 가격은 수요가 몰리거나 사람들이 더 높은 금액을 부를수록 하늘 높은 줄 모르고 치솟을 것입니다. 그렇게 20년이 지나면 시장은 아수라장이 되지 않겠습니까?

장부가치

***1994 총회** (02:14:59)*

버핏: 장부가치는 우리가 증권을 분석할 때 고려할 사항이 전혀 아닙니다. 최고의 기업은 시간이 지나면서 투입 자본 대비 고수익을 올리는 기업입니다. 따라서 좋은 기업을 소유하고 싶은 우리로서는 매수 가격 대비 사용 자본이 비교적 적게 드는 기업을 선호합니다. 이는 벤저민 그레이엄의 접근법과 다를 것입니다. 하지만 그는 거액을 운용하지 않았고, 현재 버크셔의 접근법을 보더라도 이의를 제기하지 않았을 것입니다. 그저 자신의 접근법이 더 쉽다는 한마디는 했을 것 같군요. 소액 투자자에겐 그레이엄 방식이 더 쉽게 적용될 수 있습니다.

월터 슐로스Walter Schloss라는 제 친구는 정말 놀라운 실적을 기록했습니다. 소액이긴 하지만 그레이엄이 선택했을 법한 종목들을 골라 투자했죠. 월터가 홀로서기를 위해 투자회사 그레이엄 뉴먼을 떠났을 때, 저는 그가 잘 해낼 것이라 믿어 의심치 않았습니다. 그레이엄의 핵심 메시지는 어떤 복잡한 공식을 요구하지 않았습니다. 그의 메시지를 세 가지로 요약하면 이렇습니다. 첫째, '주식시장에 접근하는 태도'입니다. 이는 《현명한 투자자》의 8장에도 나와 있는 내용으로, 시장에 대한 올바른 태도를 지녔다면 99%의 다른 투자자들보다 앞서 시작할 수 있다는 뜻입니다. 엄청난 이점으로 작용하겠죠. 둘째, '안전마진은 원칙이다'라는 것입니다. 이것도 굉장한 강점을 제공하죠. 안전마진 개념은 투자 영역을 넘어 인생 전반에도 적용 가능합니다. 셋째는 '주식을 그 기업처럼 대하라'는 것입니다. 이는 대부분의 시장 참가자들의 사고방식과는 완전히 다른 관점이죠. 이 세 가지 투자 기준을 적용하면 크게 틀리지 않을 것이므로 정확한 평가 기술은 그다지 중요하지 않습니다.

멍거: 미래 현금흐름을 추정하는 데는 예측이 필요하지만, 논리상으로 예측은 대체로 득보다 해를 끼칠 때가 많습니다. 대부분의 예측 보고서는 특정 결과에 이해관계가 걸린 사람들이 작성합니다. 그러니 작성 과정에서 무의식적인 편견이 반영되고, 외견상 정밀해 보일지라도 어리석고 음흉하며 우스운 결과가 나올 수밖에 없습니다. 마크 트웨인은 "금광을 거짓말쟁이가 소유한 흙구덩이"라고 말하곤 했죠. 그리고 미국에서 수수료를 받고 대필해 주는 사람이나 특정 행동 방침을 정당화하려는 임원들이 작성한 예측 보고서는 대개 거짓말 일색일 겁니다. 물론 대부분은 고의적인 거짓말이 아닙니다. 그보다는 작성한 사람이 스스로 진실이라 믿게 된 것이죠. 그래서 더 최악입니다. 예측은 매우 신중히 바라봐야 합니다. 특히 누군가가 당신을 잘못된 길로 이끌려는 의도라면 더더욱 그렇고요.

버핏: 찰리와 저는 주식이나 기업을 매수할 때 예측 보고서를 본 적이 없습니다. 떠먹여 줘도 안 봅니다. 기업을 매각하는 사람들이나 이사회에 예측 보고서를 제시하는 임원들이 그걸 철두철미하게 준비한다는 사실은 우리가 틀렸든지 그들이 틀렸든지 둘 중 하나를 뜻하겠지요.

예측은 십중팔구 경영진이 원하는 목적을 정당화하기 위해 거치는 의식입니다. 저는 어떤 기업을 인수하려다 "음, 예측이 안 맞아서요"라며 포기하는 임원을 본 적이 없습니다. 자기에게 급여를 주는 고용주나 수수료를 안겨 주는 고객의 입맛에 맞춰 예측을 내놓는 사람은 항상 있게 마련입니다. 그러고는 그걸 은행이나 결재가 필요한 이사회 등 다른 사람에게 넘길 것입니다. 완전히 헛짓입니다. 저는 최근에 예측이 포함된 프레젠테이션을 참관할 일이 있었는데요. 거기서 예측 담당자들의 과거 예측 전력도 동시에 제시해 달라고 요청했습니다. 매우 무례한 부탁이었지만 제 생각이 틀리지 않았음이 증명되었습니다.

1998 총회 (03:52:48)

버핏: 가치를 결정하는 것은 이익이지 장부가치가 아닙니다. 따라서 우리는 장부가치를 고려하지 않습니다. 그보다 미래 수익력을 눈여겨보죠. 그리고 많은 일본 대기업들은 그간 이익이 저조했습니다. 그런데 일본 기업의 ROE(자기자본이익률)가 극적으로 증가할 거라 생각하는 분이 있다면 맞는 말씀입니다. 일본 주식으로 많은 돈을 벌 수 있을 겁니다. 하지만 일본 기업들의 ROE는 매우 낮았고, 따라서 PBR(Price to Book-value Ratio, 주가순자산비율)도 대체로 낮았습니다. 이익은 장부가치와 비교해 측정되니까요. 저는 장부가치 대비 이익률이 5%이고 앞으로도 그 수준으로 예상되는 회사라면 매수하고 싶지 않습니다. 즉 낮은 PBR도 우리에게 아무 의미가 없고 관심도 일으키지 않습니다. 오히려 장부가치 대비 저가에 팔리는 기업보다 장부가치 대비 고가에 팔리는 기업에 더 시선이 갈 겁니다. 전자보다 후자가 좋은 기업일 가능성이 크거든요.

현금흐름 할인율

1994 총회 (00:19:02)

버핏: 현재 그럴 계획이 있다는 뜻은 아니지만, 우리는 당장 세후 현금흐름이 제로인 기업을 매수할 의향도 있습니다. 다만 엄청난 미래가 있

다는 확신이 서야겠죠. 우리는 현재 수치가 미래의 전조를 나타내는 경향이 있다고 믿지만, 다 그런 건 아닙니다. 예컨대 우리는 가이코가 상당한 손실을 보고 있을 때 가이코를 매수했습니다. 그 손실이 앞으로도 계속되리라고 예상하지는 않았기 때문이죠. 매수가에 비해 미래 수익력의 현재 가치가 충분히 매력적이라고 생각되면 우리는 첫해 실적에 연연하지 않습니다.

멍거: 우리는 무엇이든 매수 직후 한두 해는 실적에 전혀 신경 쓰지 않습니다.

버핏: 장기 채권 금리가 7%인 요즘 세상에 우리는 미래의 세후 현금흐름을 최소 10%의 할인율을 적용해야 한다고 생각합니다. 하지만 이는 우리가 해당 사업에 갖는 확신 정도에 따라 달라질 것입니다. 확신이 높을수록 우리의 투자 의향도 높아집니다. 우리가 어떤 기업에 관심을 두기 전에 먼저 확신이 들어야 합니다. 문제는 확신의 정도가 어디까지여야 하느냐는 것입니다. 우리는 향후 30년간 현금흐름이 줄줄 들어올 것이라 확신하는 기업이 있다면 5~10년 후 어닝 서프라이즈를 가져다줄 기업보다 더 낮은 할인율을 적용하겠습니다.

버크셔의 보험 사업 평가

1994 총회 (00:22:03)

버핏: 보고서에서 여러 번 언급했지만 버크셔의 보험업을 수치로 평가하는 것은 매우 어려운 일입니다. 하지만 보고서에 실린 도표가 나타내는 플로트(수입과 지출의 시차에서 생기는 부동자금)의 연도별 추세는, 그

표의 미래 예측치의 타당성을 의심하는 사람이 아닌 이상 버크셔 보험 사업의 내재가치가 장부가치를 상당히 초과하고 있음을 알 수 있습니다. 2,000만 달러로 시작한 우리의 플로트는 30억 달러에 가까워졌습니다. 그리고 수년간 그 플로트에 수반하는 비용은 평균적으로 매우 매력적이었습니다. 예컨대 작년 보험 이익은 2억 달러가 넘었습니다. 이는 10~20년 전보다 훨씬 늘어난 수치입니다. 보험은 우리에게 매우 중요한 수입원이며, 전망도 상당히 좋다고 봅니다. 따라서 우리는 보험업을 매우 긍정적으로 생각합니다.

여론과 애널리스트의 평가

1994 총회 (00:50:30)

버핏: 매일 누군가는 버크셔 주식을 몇 주씩 팔고, 누군가는 몇 주씩 삽니다. 그들은 아마 버크셔의 가치를 서로 다르게 평가하고 있겠죠. 우리는 아무 신경도 쓰지 않습니다. 코카콜라나 질레트에 대해서도 남들이 뭐라든 전혀 신경 쓰지 않고요. 코카콜라 주식은 어느 날이든 200만 주씩 매매될 수도 있습니다. 그만큼 수많은 사람이 사고팔고 있습니다. 주식 투자에 있어서 남들의 말에 일일이 부화뇌동해선 안 됩니다. 그러니 귀가 얇은 분들은 주식 투자 말고 다른 일을 하세요. 월가에서 여론조사로 부자가 된 사람은 없습니다. 스스로 가치를 평가할 수 있을 만큼 자신이 잘 아는 기업에 집중하세요. 우리는 경제나 시장이 앞으로 어찌 될 거라는 둥 예측하는 기사는 전혀 읽지 않습니다. 애널리스트들이 어떤 기업에 대해 이러쿵저러쿵 논평하는 기사를 봐도 매번 무덤덤합니다.

풍향계 따라 빙빙 돌다가 어찌 부자가 되겠습니까.

금리와 가치 평가

1994 총회 (02:04:19)

버핏: 기업, 농장, 아파트 등 모든 경제 자산의 가치는 금리에 매우 민감합니다. 투자란 본질적으로 누군가에게 돈을 이전하고 미래에 그 대가로 들어올 현금흐름을 기대하는 것이기 때문입니다. 금리가 높을수록 현재 가치는 낮아집니다. 고로 모든 사업의 내재가치는 금리 민감도가 100%에 가깝습니다.

2010 총회 (04:07:00)

버핏: 초저금리는 단기 상품 투자자를 힘들게 만듭니다. 콜럼버스 Columbus가 아메리카에 상륙한 1492년부터 금리 0.1%짜리 비과세 MMF(머니마켓펀드)에 투자했다면 지금쯤에야 두 배가 되었을걸요.

요즘 저금리(easy money) 정책에 관해 말이 많지만, 투자자들에게 그렇게 편한(easy) 상황은 아닙니다. 저금리가 영원히 지속되진 않겠지만 고정 수입을 가진 사람에게는 영원해 보일 것입니다. 저도 그들에게 충분히 공감하고요. 2008년 말에 많은 사람이 세상이 망한 게 아니냐며 벌벌 떨었죠. 한동안 투자 대비 수익은 형편없고 구매력은 침식될 것입니다. 그래도 언젠가 저금리는 끝날 것입니다. 엄청난 재정적자 속에서 초저금리 기조를 영원히 지속할 순 없을 겁니다.

멍거: 어떻게 보면 우리는 흥미로운 침체기에 있습니다. 요즘 안전한

예금 이자 수익이 워낙 형편없다 보니 주가는 오르고 있잖습니까. 물론 저금리는 오래가지 않을 것입니다. 그리고 언젠가 금리가 오르면 주식은 지금처럼 돋보이지 못할 것입니다. 그러나 일본처럼 저금리가 오래가도 좋아할 일이 아니죠. 우리가 끔찍한 침체에 빠졌다는 뜻이니까요. 이건 힘내라고 드리는 말씀입니다.

버핏: 단기 초저금리가 다른 모든 자산의 가치에 미치는 압력을 과소평가할 순 없습니다. 대출기관이 돈을 0.1% 금리로 빌려준다는 것은 다른 모든 자산에 대한 불안감이 반영되어 있습니다. 하지만 지난 몇 년 동안 지속된 이 불안감이 가라앉으면 주가와 부동산 가격의 상승 압박이 다시 강해집니다. 물론 겪어 본 사람들은 이 점을 잘 알죠. 하지만 저는 작년의 주가 반등이 단기 금융 상품 투자자들의 스트레스에 따른 결과라는 걸 무시해선 안 된다고 생각합니다. 그래도 사람들의 불안이 세상의 종말을 걱정하는 정도가 아닌 이상, 그들은 과거에도 자주 그랬듯 다시 다른 투자처로 떠밀리듯 옮겨 갈 겁니다. 만약 그렇게 된다면, 나중에 금리가 올랐을 때 어떤 일이 벌어질지 지켜봅시다.

은행 가치 평가

1995 총회 (02:23:31)

버핏: 우리가 은행업에 적용하는 잣대도 다른 업종과 다를 바 없습니다. 우리는 종목별 업종 비율을 어떻게 할당해야 한다는 원칙도 정해 놓지 않았습니다. 은행을 평가하든 다른 기업을 평가하든 같은 기준을 적용할 뿐입니다. 우리는 1969년에 버크셔 산하 은행으로 일리노이 내셔

널 뱅크 앤드 트러스트 오브 록퍼드Illinois National Bank and Trust of Rockford를 매수했습니다. 전부터 은행업에 관심이 있었고, 또 우리가 평가할 수 있는 능력 범위에 속한다고 생각했죠. 우리가 항상 옳은 결정을 내리는 것은 아니지만, 은행업이 우리의 능력 범위를 벗어나는 것도 아닙니다.

주가수익비율

1995 총회 (04:27:46)

버핏: 현재의 PER(Price Earning Ratio, 주가수익비율)은 투자에서 결정적 요인이 아닙니다. 예컨대 우리는 1988~1989년에 코카콜라를 주당 11달러에 매수했습니다. 최저 9달러, 최고 13달러였지만 평균가는 약 11달러였습니다. 올해 EPS(Earnings Per Share, 주당순이익)의 추정치는 2.30~2.40달러 사이입니다. 따라서 올해 PER은 5배수가 안 되지만, 우리가 매수할 당시에는 꽤 괜찮은 배수였습니다. 중요한 것은 미래입니다. 아이스하키 선수 웨인 그레츠키Wayne Gretzky는 "퍽이 가는 방향으로 달려가야지, 지금 퍽이 있는 자리로 가선 안 된다"라고 말했죠. 마찬가지로 현재의 PER은 자본의 재투자 및 그 비율과 상호 작용하여 현재의 매력도를 결정합니다.

우리는 가치 평가 과정에서 금리에 상당한 영향을 받습니다. 7.3%, 7.0%, 7.5% 이런 식의 세세한 차이를 따지는 건 아니지만, 장기 금리가 5%냐 11%냐 정도의 차이라면 우리는 생각의 방향을 크게 전환합니다. 하지만 우리는 PER을 마법의 공식처럼 여기진 않습니다. 그저 10년 후 지금보다 훨씬 더 많은 돈을 벌고, 그때 가서도 여전히 미래를 밝게 내다볼 수 있는 기업을 찾습니다. 완전 인수든 일부 매수든, 그것이 우리가 투자하고 싶은 기업의 요건입니다.

멍거: 우리는 엄격한 수학 공식 같은 건 쓰지 않습니다.

버핏: 우리도 공식과 비슷한 대략적인 큰 틀을 머릿속에 담고 있습니다. 다만 수학 공식 같은 걸로 계산해서 세세한 것까지 빠삭하다는 자기기만에 빠지고 싶지 않습니다. 1988~1989년에 코카콜라 주식을 매수하면서 우리는 시간이 지남에 따라 그들의 사업이 어떤 방향으로 나아갈지 나름 구상을 했습니다. 다만 그 생각을 수치화하지는 않았습니다. 그렇게까지 정밀성을 요하는 결정이 아니라고 생각했기 때문이죠. 공식의 유용성을 부정하진 않겠습니다만, 공식을 만능 족집게라 여긴다면 그건 자기기만이라고 생각합니다. 즉 우리는 결정을 내릴 때 안전마진이 아주 넉넉하다 싶으면 되는 거지, 안전마진의 범위를 소수점 세 자리까지 계산하지는 않습니다.

2000 총회 (01:08:09)

버핏: 우리는 무 자르듯 확실한 한계점을 정해 두고 투자하지 않습니다. 절대적인 관점에서 생각하기보다는 숲속에 새가 몇 마리 있는지에 더 신경 쓰기 때문입니다. 현재 보이는 마릿수가 음수일 때도 있긴 하지만요.

우리가 최고로 잘한 투자 중 하나는 1976년에 가이코의 주식을 처음 매수한 것입니다. 이후 가이코의 자사주 매입으로 우리는 지분을 50%까지 확보했습니다. 당시 가이코는 엄청난 손실을 보고 있었기에 우리도 한동안은 큰 손실을 감내해야 했습니다. 즉 우리는 그들이 손실을 보고 있다는 사실을 알고 있었습니다. 다만 미래는 현재와 사뭇 다를 거라 생각했죠. 그래서 현재 모종의 이유로 적자를 기록 중인 기업이라도 미래는 상당히 다를 거란 기대가 있다면 적자는 우리의 매수에 문제가 되지 않습니다. 이처럼 우리는 PER을 기준점으로 여기지 않습니다. 개중에는 PER은 매우 높고 현재 수익은 저조한 기업도 있을 것입니다. 예컨대 개인 제트기 회사인 넷젯NetJets은 유럽에서 적자를 기록 중입니다. 또 넷젯이 유럽에서 자리를 잡는 동안 계속 적자일 거라 예상하고요. 그렇다고 넷젯을 매수한 게 잘못이었다는 뜻은 아닙니다.

모든 의사결정은 저마다 다른 미래의 전망을 내포합니다. 우리 결정의 대부분은 미래에 큰 풍파가 없으리라는 예상을 전제로 합니다. 아메리칸 익스프레스가 좋은 예입니다. 우리가 1964년에 아메리칸 익스프레스를 인수했을 때, 티노 드 앤젤리스Tino De Angelis라는 사람이 샐러드오일 스캔들이라는 큰 사고를 쳤습니다. 아메리칸 익스프레스의 장래는 먹구름이 잔뜩 낀 것 같았죠. 그해 티노가 회사에 초래한 손실이나 그에 따른 법적 비용만 따지면 엄청난 출혈밖에 안 보였을 겁니다. 하지만 따져봐야 할 진짜 문제는 아메리칸 익스프레스가 10년, 20년 후에도 그 여파에서 헤어나지 못할 것이냐는 거였죠. 그 점에서 우리는 걱정하지 않았습니다.

투자 결정에 있어 우리가 임의로 설정하는 기준점은 없습니다. 다만 이 기업이 지금부터 아득히 먼 미래까지 얼마나 많은 현금을 우리에게 안겨 줄지를 주목합니다. 현실적으로 20년 정도로 잡아 추정하면 잔존가치는 덜 중요해집니다. 대신 그 20년 동안 쏟아질 현금흐름을 현재 가치로 할인해 지금의 투자액과 비교하는 것입니다.

할인율

1996 총회 (02:07:37)

버핏: 우리는 장기 국채 금리를 기본 할인율로 삼습니다. 초저금리 시대라면 때로 우리의 할인율이 더 높을 수도 있겠죠. 하지만 우리는 위험 조정 할인율 같은 것을 따로 고려하지 않습니다. 할인율은 본질적으로 미래의 현금흐름을 현재 가치로 계산하는 것인데, 이 현금은 위험한 기업에서 나오든 안전한 기업에서 나오든 아무런 차이가 없으니까요. 100년 동안 존속할 어느 수자원 기업이 창출하는 현금 가치나, 일부 하이테크 기업이 벌어들이는 현금 가치나 서로 다르지 않습니다. 다만 추산이 비교적 어려운 기업에는 더 큰 할인율을 적용할 수도 있을 것입니다.

하지만 우리에게는 국채 금리가 유용합니다. 그리고 미래를 비교적 잘 예견할 수 있는 기업에 집중하려고 노력하고요. 완벽한 예측은 못 해도 합리적으로 예측 가능한 범위의 기업에 집중합니다. 즉 우리의 능력 범위 밖으로는 눈을 돌리지 않습니다. 스스로 잘 이해할 수 있는 기업에 집중할 뿐 위험률이 가지각색인 모든 범위의 기업을 둘러보려 하지 않는 것이죠. 솔직히 위험률은 숫자 장난에 지나지 않는다고 생각합니다. 저는 5년 안에 많은 업계의 판도를 바꿀 만큼 불확실성이 큰 기업에 위험도를 숫자로 매기고 그 기준을 통과해 봤자 의미 없다고 생각합니다. 그런 위험도를 감안해 할인율을 6% 정도 가산하는 게 부질없다는 얘깁니다. 겉으로는 수학적으로 보일지 몰라도 제가 보기엔 수학적 헛짓입니다. 그보다는 자신이 잘 아는 기업에 집중하고 국채 금리를 적용하는 편이 낫습니다.

1997 총회 (03:20:25)

버핏: 무위험 수익률은 한 종목을 다른 종목과 동일 선상에 놓고 비교하는 데 필요할 뿐입니다. 다시 말해 우리의 목표는 가장 매력적인 대상을 찾는 것입니다. 하지만 현재 가치를 평가하기 위해서는 수치화 과정을 배제할 순 없습니다. 그중 국채는 우리가 언제든 쉽게 매수할 수 있는 투자물이므로 국채 금리는 기준으로 삼기에 적합합니다. 예컨대 유전, 농장 등 모든 종류의 투자 대상을 서로 비교할 때 적합한 척도입니다. 그러면서 관심 있는 투자 대상에 확신을 굳혀 갈 수 있을 것입니다. 하지만 국채는 어디까지나 잣대로서 기능하는 것으로, 평가 과정 전반에서 상수 역할을 합니다.

멍거: 주식 매수의 기회비용을 알아내는 방법 중 하나는 국채와 비교하는 것입니다. 어떤 사람이 미국 주식의 절반을 너무 위험하다고 생각하거나, 자신이 잘 모른다거나, 탐탁지 않게 여겨서 국채보다도 더 꺼린다고 칩시다. 그렇다면 그는 이 절반의 종목들을 기회비용 기준으로 필터에서 거르면 됩니다. 그다음에 국채보다 더 좋다고 생각되는 기업의 주식을 찾는 것입니다. 각 종목을 두 개씩 나란히 놓고 비교해야 합니다. 그러면 무릎을 탁 치는 최고의 기회, 즉 내가 잘 아는 기업이자 가장 좋은 기회가 눈에 들어올 겁니다. 이제 무엇을 매수해야 할지 답이 나온 거죠. 단순하지 않나요? 경제학이나 게임 이론에서 가장 기본적인 원리만 알면 됩니다.

버핏: 만약 찰리와 제가 NYSE(뉴욕증권거래소)에 상장된 어떤 주식이나 10년물 국채를 사서 10년 동안 보유해야 한다면, 아마도 최소 80%의 가능성으로 우리는 국채를 선택할 것입니다. 주식시장에는 우리가 잘 모르는 기업이 많기 때문이고, 혹여 잘 아는 기업이 있더라도 금리가

10% 정도면 국채가 나을 것 같습니다. 어쨌든 우리는 모든 것을 그런 식으로 비교한단 얘깁니다.

멍거: 인생은 기회비용의 연속입니다. 결혼이 인생을 함께할 최고의 짝을 찾는 일이듯 투자도 마찬가지로 생각해야 합니다.

2007 총회 (03:15:14)

버핏: 우리는 공식적으로 정해 둔 할인율이 없습니다. 제가 할인율 얘기를 꺼낼 때마다 찰리는 새삼스럽다는 듯 제가 스프레드시트를 준비한 적도 없다는 걸 상기시켜 주죠. 사실 제 스프레드시트는 마음속에 있습니다. 우리는 국채 대신 어떤 기업에 투자함으로써 미래에 비용 대비 훨씬 높은 수익을 얻기를 기대합니다. 즉 국채 금리가 기본 척도가 됩니다. 거기에 얼마나 더 높은 수익률을 원하냐고 물으신다면 글쎄요, 국채 금리가 2%라면 우리는 수년에 걸쳐 3.5%의 수익률이 예상되는 기업은 매수하지 않을 겁니다. 우리 관점에서는 만족스럽지 않은 수준이죠. 그럴 바엔 차라리 잠시 기다리며 관망하겠습니다. 금리가 4.75%라면 우리가 노리는 수익률은 훨씬 더 올라갈 겁니다. 하지만 저는 매일 아침 찰리에게 전화해서 오늘 우리의 허들 레이트(hurdle rate, 투자에서 기대하는 최소 수익률)는 얼마냐고 묻지 않습니다. 우리는 그런 용어를 사용한 적이 없습니다. 우리에게 충분한 수준이란 주식시장이 몇 년 동안 문을 닫거나 금리가 1~2% 오르더라도 우리가 매수한 것에 여전히 만족하는 경우입니다. 그 이상의 금리라면 모호하게 들릴지 몰라도 단언하기 어렵군요.

멍거: 허들 레이트(최소 수익률)라는 개념을 논하는 사람들은 흔히 끔찍한 실수를 저지릅니다. 당신이 무언가를 측정하고 추측할 수 있다 해

도, 그 무언가는 이 복잡다단한 세상에서 통제변수가 아닙니다. 저는 수많은 투자 선택지를 살펴보고 왜 그중 한 방법이 다른 방법보다 더 나은지, 그리고 각 방법의 예상 수익이 얼마인지 비교하는 것이 가장 좋은 방법이라고 생각합니다. 허들 레이트 개념의 문제점은 대상을 서로 비교하는 방법만큼 효과가 좋지는 않다는 것입니다. 다시 말해 제가 8%의 확실한 수익률을 기대하고 원하는 만큼 매수할 수 있는 투자처가 있다면, 누군가가 7% 수익률을 자랑하는 완벽한 투자처를 소개해 준다 해도 그 사람과 대화를 이어 가며 5분을 낭비할 필요가 없습니다. 그냥 다음 주제로 넘어가는 게 낫죠. 현실 세계에서는 기회비용이 의사결정의 기준이 되어야 합니다.

영구 보유

1996 총회 (04:42:59)

버핏: 우리가 가진 종목 중에는 가격에 의미를 두지 않는 것들이 있습니다. 때로는 시험대에 오르기도 했지만 팔지 않았습니다. 빌 게이츠는 "팔지 않고 버티려면 논리를 내려놓아야 한다"라고 말했습니다. 어느 정도의 가격에 도달하면 지배 주주가 되는 건 잊고 주식을 팔 의향이 있어야 하는 게 맞습니다. 하지만 우리가 또 시험대에 오를지 의문입니다. 그런 범주에 속하는 것은 두세 개밖에 안 됩니다. 우리는 훌륭한 경영진이 이끄는 훌륭한 기업을 팔 생각이 없습니다. 따라서 제가 매도할 일은 별로 없을 것 같군요. 하지만 다음 총회에 참석하실 분 중 제가 가진 주식들의 PER이 60~70배가 되거든 저를 주의 깊게 지켜보십시오.

멍거: 자신이 회사의 진가를 옳게 판단했다면 가격이 아무리 올라도 쭉 들고 가는 게 좋습니다.

버핏: 정말 엄청나게 올라도 보유하길 권합니다. 다만 그런 고민을 유발하는 기업은 찾기가 워낙 어렵습니다. 그러면 '이 회사를 훨씬 낮은 가격에 재매수할 기회가 올까? 아니면 이에 버금가는 회사를 훨씬 낮은 가격에 살 수 있을까?'라는 생각이 들겠죠. 우리는 이런 눈치작전에 소질이 없습니다. 그냥 주식시장이 없는 셈 치고 묵혀 두는 게 마음 편합니다. 사실 그 방법이 20년 전에는 예상보다 훨씬 더 잘 먹혔습니다. 정말 예상치 못한 대박이 꽤 많이 흘러나왔죠.

1997 총회 (00:14:16)

버핏: 저는 연차 보고서에서 코카콜라와 질레트를 '필수 소비재'라고 언급하며 그들이 얼마나 훌륭한 기업인지 강조한 바 있습니다. 그렇다고 무조건적인 매수 추천을 의도한 것은 아닙니다. 그들은 뛰어난 경영진이 운영하는 훌륭한 기업임이 틀림없지만, 적어도 단기적으로는 매우 큰 대가를 치러야 할 수 있습니다.

아무리 훌륭한 기업이라도 실적이 주가를 따라잡는 데 몇 년이 걸린다는 점을 감안하고 주식 가격을 치러야 한다는 위험은 항상 있습니다. 주가는 기업의 실적보다 선행하는 경향이 있죠. 그래서 저는 필수 소비재 기업을 포함한 시장의 공모주 대부분에는 이런 까다로운 위험이 존재한다고 생각합니다. 저는 사람들이 필수 소비재라는 발언을 가격은 상관없는 맹목적인 매수 추천으로 받아들이지 않기를 바랐습니다. 우리는 코카콜라와 질레트 주식을 팔 생각이 없습니다. 지금보다 가격이 많이 올라도 팔지 않을 겁니다. 하지만 저는 순진한 사람들이 '이 사람이 이 기업들을 매수 추천 종목으로 선전하고 있구나'라고 생각하지 않았으면 합니다.

어떤 기업이 훌륭하다는 확신이 든다면, 주식 가격이 5~10% 높다는 점보다 그 기업이 우량하다는 점에 더 집중하는 것이 중요하다고 생각합니다. 이건 제가 서서히 깨달은 철학입니다. 원래 저는 가격에 엄청 민감했습니다. 우리는 호가를 0.125달러 올리기 전에 기도 모임을 하곤 했습니다. 하지만 그건 실수였습니다. 때로는 엄청난 실수이기도 했죠. 가격에 연연하다 좋은 기회를 놓쳤기 때문입니다. 우리는 주식시장을 예측하려 하지 않습니다. 주식이든 기업이든 가치를 매겨 볼 뿐입니다. 그런데 당장 저렴해 보이는 기업 가운데서도 상중하를 나누기가 어렵다는 걸 깨달았습니다. 그렇다고 그들을 저렴하게 살 기회가 항상 있는 것도 아닙니다.

멍거: 우리가 확실히 장담할 수 있는 한 가지는 표준 주식 포트폴리오에 투자해서 얻는 인플레이션 조정 실질 수익률이 장기적으로 지난 15년간의 수익률보다 낮으리라는 것입니다. 이토록 저금리가 오래 지속되는 게 처음인 요즘, 주식 투자의 평균 수익률은 평균 회귀 성향을 보일 것입니다.

버핏: 미국 기업은 지난 10년 이상 매우 좋은 실적을 거뒀습니다. 금리가 지난 15년간 하락세를 보여서 주식시장에는 훈풍이 불었죠. 금리가 하락할 때마다 모든 금융 자산의 가치는 합리적 계산에 따라 상승합니다. 이러한 요인들이 최근 몇 년 동안 결합해 미국 기업의 실제 가치를 상승시키는 조건을 만들어 냈죠.

벤저민 그레이엄은 "투자에서 좋은 전제는 나쁜 전제보다 더 큰 문제에 빠뜨릴 수 있다"라고 말하곤 했습니다. 나쁜 전제는 즉시 오류라고 큰소리로 경고를 보내지만 좋은 전제는 한동안 효과가 있기 때문입니다. 기업의 가치는 금리가 떨어지면 더 높아집니다. 하지만 결국 주가 자체의 움직임이 수많은 매수자에게 동기 부여를 만들어 내고, 사람들은 이성과 합리적 계산을 잊어버립니다. 그리고 얼마 후 가격이 상승했다는 사실만으로도 흥분에 빠져 더 많은 사람이 투자 행렬에 가담하게 됩니다. 좋은 전제는 가격이 상승했다는 사실을 빼면 얼마 후 잊힙니다. 그리고 주가 자체가 주도권을 잡습니다.

1924년에 경제학자 에드거 로런스 스미스Edgar Lawrence Smith는 주식이 채권보다 나은 이유를 다룬 훌륭한 책《장기 투자로서의 주식(Common Stocks as Long Term Investments)》을 집필했습니다. 그 책은 강세장이던 1920년대에 바이블과 같았죠. 가격과 관련한 몇 가지 경고를 유심히 읽은 독자라면 특히 도움이 되었을 책입니다. 하지만 사람들은 강세장 속에서는 대체로 감각이 둔해지기에 지불 가격의 중요성을 잊는 경향이 있습니다.

1997 총회 *(05:05:59)*

버핏: 훌륭한 기업의 주식을 매도하는 건 크나큰 실수입니다. 훌륭한 기업은 자주 찾을 수 있는 게 아닙니다. 사람들은 X 가격에 매도한 후 X 가격의 90%나 85% 가격대로 재매수하고 싶어서 머뭇머뭇하다가 105%가 되면 다시 진입하지 못합니다. 모든 것을 고려했을 때 자신이 잘 알고 정말 뛰어나다고 생각하는 기업을 보유했다면 마음 놓고 쭉 들고 가는 게 좋습니다. 그리고 가격이 25~30% 떨어지고 총알이 있거든 추가 매수하십시오. 총알이 없어도 어떻습니까? 그냥 그 기업이 어떻게 돌아가는지 지켜보기만 해도 됩니다.

1998 총회 (00:25:50)

버핏: 가장 좋은 방법은 절대 팔고 싶지 않을 주식을 사는 것입니다. 그것이 바로 우리가 하는 일이기도 하고요. 우리가 가이코, 시즈캔디, 버펄로 뉴스 등을 완전 인수할 때도 그랬습니다. 우리는 그들을 되팔 목적으로 사지 않았습니다. 우리의 목표는 평생 소유해도 만족할 기업을 매수하는 것이고, 이 기업들은 우리의 그러한 목표에 부합합니다.

주식에도 같은 원칙이 적용됩니다. 공모주 투자에는 기업 인수에 없는 장점이 있습니다. 추가 매수로 보유량을 늘릴 수 있다는 건데요. 기업 인수는 보유할 수 있는 지분의 최대치가 100%지만, 공모주 투자는 2%를 보유했다가 좋은 가격대가 오면 4~5%로 늘리는 재미가 있습니다. 그게 주식의 장점입니다. 우리는 정말 훌륭한 기업이라고 생각하지 않으면 1%의 지분도 소유하지 않을 겁니다. 훌륭한 기업을 보유하고 있다면 필사적으로 사수하는 수밖에 없습니다.

멍거: 주식 매도의 최고 시나리오는 기존 종목을 팔아서라도 살 만큼 마음에 드는 새 종목을 찾았을 때입니다. 누가 봐도 가장 이상적인 유형의 매도 아니겠습니까?

버핏: 참고로 이상적인 매수는 추가 매수하고 싶은 가격대에서 마침 팔고 싶던 종목이 있는 때입니다. 과거에 우리는 그렇게 보유량을 늘려야 했을 상황이 몇 차례 있었는데 그러지 못했습니다. 하지만 그것이 공모주의 장점입니다. 만약 당신이 대단한 기업의 주식을 보유하고 있다면 이따금 한 번씩 보유량을 두 배로 늘릴 기회가 올 수 있습니다. 우리가 보유 중인 기업의 주가가 지금보다 훨씬 하락한다면 우리는 보유량을 늘릴 겁니다. 우리에게 가장 좋은 기업은 우리가 이미 보유 중인 기업이므로, 투자 여력이 생길 때도 당연히 그들이 1순위가 될 것입니다.

투자의 기준

***1998 총회** (04:43:24)*

멍거: 투자는 늘 품질과 가격을 모두 고려해야 합니다. 요령은 지불 가격 이상의 품질을 얻는 것입니다. 단순하나 쉽지는 않습니다.

3부
자본 배분
Capital Allocation

"카네기홀에 공연하러 온 바이올리니스트의 무대에
피아노를 마련해 줘선 안 된다. 아무리 다른 분야에서 팔방미인이더라도
자본 배분 능력이 결여된 사람을 배치하면
버크셔는 삐거덕거릴 것이다."

"우리는 매수했을 때 마음 편한 게 좋다. 엄청나게 어려운 일을 해냈다는 사실을
증명할 필요가 없는데도, 그럴 필요를 느끼는 경영진이 많은 것 같다."

"몸이 근질거릴 정도로 많은 돈을 계속 쌓고 싶진 않다.
지갑이 가득 차면 방광이 가득 찬 것과 비슷하다는 말이 있다.
화장실에 가고 싶어 발을 동동 구르게 된다.
우리도 그 지경에 이르지는 않길 바란다."

M&A(인수합병) 같은 외부적 성장과 배당 및 자사주 매입 등 주주를 위한 수익 환원으로 나뉘는 자본 배분은 다양한 이해 관계자의 관심을 끄는 주제다. 안타깝게도 특정 자본의 배분 결정, 특히 자사주 매입의 근거는 종종 오해를 사곤 한다. 이는 경영진도 예외가 아니다. 역사적으로 볼 때 미국 기업의 자사주 매입 실적은 좋지 않았다. 이는 단기적 압박, 잘못된 인센티브, 다양한 선택의 이해 부족 때문이다. 그로 인해 떨어지는 가치는 무시 못 할 수준이다. 그래서인지 자본 배분은 수십 년간 버크셔 총회에서 버핏과 멍거가 다룬 단골 주제이기도 했다.

2018년 총회에서 멍거의 자본 배분에 관한 발언은 문제의 정곡을 찌른다.

"사람들은 어떤 공식을 찾고 싶어 한다. 이를 '물리학 선망'이라고 한다. 학자들은 세상을 물리학적 관점으로 보고 싶어 하지만, 물리학계를 제외하면 세상은 물리학과 같지 않다. 공식에서 도출된 정밀한 거짓 값은 사람들을 곤경에 빠뜨릴 뿐이다. 우리 모두가 그래야 했듯 먼저 일반개념부터 터득한 다음에 판단력을 서서히 키우도록 노력해야 한다."

자본 배분

2017 총회 (02:40:39)

버핏: 버크셔의 후계자를 정할 때 최우선으로 고려할 사항은 자본 배분 능력의 입증 여부가 될 것입니다. 버크셔에서 자본 배분은 더없이 중요합니다. 현재 주주 자본이 2,900억 달러에 달하는데요. 차기 CEO는 다음 10년 동안만 해도 4,000억 달러, 어쩌면 그 이상을 관리해야 할 수도 있습니다. 지금까지의 투자금 총액보다 더 많은 금액이겠죠. 10년 후 버크셔는 그 10년간 투자된 금액이 직전 50년간의 투자금을 능가하는 기업 집합체가 될 것입니다. 따라서 버크셔의 CEO는 자본 배분에 매우 유능해야 하고, 우리는 그런 사람을 찾을 겁니다. 우리가 자본 배분의 중요성을 알고 그것에 집중한다는 점은 버크셔의 강점입니다.

대기업의 경우 자본 배분 책임은 영업, 법무 등 다방면에서 능력을 발휘한 뒤 CEO에 오른 사람들이 맡게 됩니다. 전략적 사고 담당 부서를 신설하고, 투자은행의 조언을 듣고, 그 외 여러 시도도 할 수 있습니다. 하지만 무엇보다 스스로 자본을 배분할 줄 알아야 합니다. 다른 업계 출신이거나 경험이 없는 사람에게 버크셔 CEO를 맡긴다면, 카네기홀에 공연하러 온 바이올리니스트의 무대에 피아노를 마련해 준 격이 될 겁니다. 다른 분야에서 아무리 팔방미인이더라도 자본 배분 능력이 결여된 사람을 배치하면 버크셔는 삐거덕거릴 것입니다.

저는 '돈 감각(money mind)'이라는 표현을 자주 사용합니다. 똑똑하지만 돈 감각이 없는 사람들을 아는데, 그들은 종종 매우 우둔한 결정을 내리기도 합니다. 돈 감각이 없는 그들은 다른 분야에서는 평범한 사람들이 범접할 수 없는 온갖 능력을 발휘하지만, 버크셔에서는 번지수를 잘못 찾은 것과 같습니다. 새 CEO가 다재다능하면 더 금상첨화겠지만 돈 감각이 없는 사람이라면 무조건 사양하겠습니다.

멍거: 주식 투자로 옥석을 가리는 방법도 있습니다. 그러니까 한 가닥 희망은 있습니다. 어떻게든 적임자를 선출할 좋은 방법이 있을 겁니다.

버핏: 주식 매수도 돈 감각이 있어야 합리적인 매수 타이밍을 알아차리죠. 사실 주식 투자는 경영자의 사고방식을 가늠하기에 꽤 좋은 테스트입니다. 주식은 논리 정연하게 접근하기만 하면 그다지 복잡하지 않기 때문입니다. 하지만 합리적인 매수 타이밍인지 아닌지 빤히 보이는 상황에서도 매우 이상한 소리를 하는 사람들이 있습니다.

2018 총회 (04:41:48)

멍거: 우리는 자본 배분 때마다 매수할 만한 매물이 있는지 살펴봅니다. 그런데 사람들은 매수를 결정할 어떤 공식을 찾고 싶어 합니다. 이를 '물리학 선망'이라고 하는데요. 학자들은 세상을 물리학적 관점으로 보고 싶어 하지만, 물리학계를 제외하면 세상은 물리학과 같지 않습니다. 공식에서 도출된 정밀한 거짓 값은 사람들을 곤경에 빠뜨릴 뿐입니다. 우리 모두가 그래야 했듯이 먼저 일반개념부터 터득한 다음에 판단력을 서서히 키우도록 노력해야 한다고 말하고 싶습니다.

배당금 지급

1995 총회 (03:59:56)

버핏: 자사주 매입은 돈 쓸 일이 없을 때 해야 합니다. 경영자의 성향에

따라 다르지만 어떤 경영자는 자본을 배분할 운신의 폭이 큰 반면, 전문화된 사업을 운영하는 다른 경영자는 자본 활용이 제한적일 수 있습니다. 하지만 현재 기업에 필요하거나 유리한 것에 집중하기로 했다면, 내재가치 이상을 지불하지 않는 한 자사주 매입을 고려하는 건 매우 합당하다고 생각합니다. 그리고 당연히 내재가치에서 크게 할인될수록 그 용도가 더 매력적이고요.

1997 총회 (03:28:30)

버핏: 우리가 배당금을 지급하지 않는 이유는 버크셔가 보유 중인 모든 1달러를 1달러 초과의 시장가치로 바꿀 수 있다고 생각하기 때문입니다. 우리가 주주들의 돈을 유보이익으로 가지고 있는 유일한 이유는 배당으로 돌려줄 때보다 더 큰 가치를 창출할 수 있기 때문입니다. 우리의 유보이익이 달러당 1달러 이상의 시장가치를 창출할 수 있다면, 주주들이 주식 일부를 현금화하든 계속 보유하든 상관없이 배당금을 받는 것보다 더 나은 상황에 있는 것입니다.

우리에겐 창출한 수익을 현명하게 재투자하기 어려운 자회사들이 있습니다. 시즈캔디가 그 예죠. 그들이 독립 회사였다면 매우 후한 배당금을 지급했을 겁니다. 시즈캔디는 남아도는 연 3,000만 달러를 재투자한다고 수익이 확장될 수 있는 성질의 기업이 아니니까요.

우리는 버크셔 전체를 놓고 봤을 때 모든 자회사가 수익을 실속 있게 사용하기를 바랍니다. 배당 정책은 이 기준에 따라 결정돼야 하며, 자사주 매입 가능성도 고려해야 합니다. 이는 회사가 보유한 1달러가 주주에게 배당할 1달러보다 더 큰 가치를 지니는지 여부에 따라 결정되어야 합니다.

2000 총회 *(01:34:25)*

버핏: 우리가 유보이익을 유지하면서 달러당 현재 가치 기준으로 1달러보다 더 많은 가치를 창출할 수 있다면, 그 돈을 배당으로 지출하는 건 어리석은 일입니다. 지금까지 우리는 1달러를 보유하며 그 돈으로 다른 기업을 매수하거나 투자해서 현재 가치로 1달러가 넘는 가치를 창출했습니다. 시간이 지나면 우리가 보유한 유보이익이 정말로 달러당 1달러 이상의 가치를 창출했는지를 객관적으로 판단할 수 있을 것입니다. 그 가치가 1달러보다 낮아진다면(실제로 낮아질 수 있고요) 자사주 매입이나 배당 형태로 주주들에게 돈을 나눠 주는 게 맞지요. 1달러를 0.90달러로 만들 바엔 괜히 보유할 이유가 없습니다.

우리가 유보이익으로 실제 가치를 창출하는지 잠식하는지는 객관적으로 파악할 수 있습니다. 따라서 버크셔가 전통적인 배당 정책을 채택할 일은 결코 없을 것입니다. 이익의 20~30%를 배당금으로 지급한다는 발상은 우리에게는 있을 수 없는 일입니다. 주주들이 기대하니까 배당금을 지급해야 할 의무감을 느낄 수도 있겠지만, 그건 논리적 이유가 못 됩니다. 만약 배당금 지급을 유보한 1달러로 1달러가 넘는 가치를 창출할 수 있다면 뭐 하러 배당금을 지급하겠습니까? 배당금 1달러를 원하는 주주들은 대신 버크셔 주식을 매도해 1.10달러를 벌 수 있습니다.

이처럼 우리의 배당 원칙은 단순하고, 저는 그 원칙에서 수정할 게 없다고 생각합니다. 우리는 매주, 매달 더 높은 수익률로 돈을 운용할 방법을 찾으려 하지 않을 것입니다. 대신 2~3년을 내다보고 우리가 적정 기대치와 비교해 유보이익을 더 유용하게 사용할 수 있는지를 기준으로 삼을 것입니다.

멍거: 우리의 이유 있는 무배당 정책과 관련해 재미있는 점은 미국 최

고의 비즈니스 스쿨, 명문대 경제학과, 기업 재무학 교수 등 누구도 그런 식으로 가르치지 않는다는 것입니다. 한마디로 정리하면 우리가 옳고 나머지 학계는 모두 틀렸습니다.

대기업의 M&A

2002 총회 (02:16:42)

버핏: 질레트는 인수에서 그다지 좋은 성과를 거두지 못했습니다. 그 명백한 예로 듀라셀DURACELL을 인수하느라 회사 지분 20% 남짓을 넘겼고, 듀라셀은 경영진이나 투자 은행가들의 생각만큼 잘되지 않았습니다.

멍거: 저는 그 결과가 정상이었다고 생각합니다. 한 훌륭한 기업이 다른 기업을 사기 위해 주식을 발행할 때 적어도 세 번 중 두 번꼴은 핌패합니다.

버핏: 지난 20년 동안 가이코는 제가 기억하기로 최소한 세 곳의 다른 보험사에 뛰어들었습니다. 모두 대실패였죠. 그들이 왜 그런 사업에 뛰어들었는지 알다가도 모르겠습니다. 대단한 보험사는 그렇게 많지 않은데, 가이코는 정말 대단한 보험사였습니다. 아쉬울 게 전혀 없는 일류 보험사가 왜 아무 도움도 안 되는 이류 보험사들을 매수하기 시작했을까요? 하지만 이런 욕심은 인간의 전형적 본성입니다. 그래서 이런 일은 항상 반복됩니다.

단언컨대 찰리와 저는 그런 충동이 전혀 없습니다. 우리는 매수했을 때 마음 편한 게 좋습니다. 엄청나게 어려운 일을 해냈다는 사실을 증명할 필요가 없는데도, 그럴 필요를 느끼는 경영진이 많은 것 같습니다. 담배 회사들이 그 예죠. 그들은 대기업으로 성장했고 그 때문에 안달이 났습니다. 그래서 자신이 사업의 귀재라는 믿음에 빠져 다른 회사를 사들이곤 했습니다. 결과는 대체로 안 좋았고요. 그들이 담배 사업에만 전념해야 했다는 뜻은 아니지만, 그들은 사업의 귀재가 아니었습니다. 중독성 있는 제품을 팔아 큰돈을 벌었으니까요. 그래서 그들은 다른 쪽으로 능력을 증명하고 싶어 했지만 대부분 실패했습니다.

멍거: 상장 기업에서 최고위까지 올라가는 사람들, 즉 영업이나 엔지니어링, 신약 개발 분야 등에서 승진한 사람 중 상당수가 CEO 자리에 앉고 나면 스스로를 만물박사라고 착각합니다. 이런 생각만 없어도 훌륭한 직원들과 외부 자문가들로부터 지혜를 얻는 노력이라도 할 텐데 말이죠. 그러니 기업 인수 결정이 처참히 실패하는 경우가 잦은 건 너무도 당연한 결과입니다.

자사주 매입

2015 총회 (03:56:26)

버핏: 자사주 매입은 알고 보면 단순한 활동인데, 이와 관련해 어이없는 기사와 관행이 난무하고 있습니다. 자사주 매입 여부는 정말 간단한 결정입니다. 사업상의 필요를 생각하고 주식이 내재가치보다 낮은 가격에 판매되고 있다면 해도 됩니다. 이보다 더 간단한 일이 있을까요.

동업자가 당신에게 자기 지분을 실제 가치의 120%에 팔려고 한다면 당신은 거절할 겁니다. 반면에 80%에 팔려고 한다면 받아들이고요. 복잡하지 않습니다. 하지만 자사주 매입 여부의 결정에는 여러 사람의 수많은 동기가 마음속에 얽혀 있습니다. 그래서 자사주 매입은 많은 경우 매우 왜곡되었고, 어리석은 논쟁거리가 되었습니다.

역사적으로 자사주 매입은 주가가 낮으면 뜸하다가 주가가 적정가로 오르면 활기를 띠는 경향을 보였습니다. 그러나 버크셔에서는 그런 일이 없을 겁니다. 우리는 자사주를 BPS(Book Value Per Share, 주당순자산가치)의 120%에 매수하고 싶습니다. 우리 주식이 그보다 훨씬 더 가치가 높다는 걸 알기 때문입니다. 얼마나 더 높다고 콕 집어 말할 수는 없지만, 그보다 한층 높다는 건 확실합니다. 자사주 매입의 기회가 자주 오진 않겠으나 기회가 생긴다면 대대적으로 할 겁니다. 자사주 매입이 복잡한 문제는 아님에도 'X라는 가격에 매수하겠다'라고 발표하고는 가격에 상관없이 매수하는 경영진을 많이 봤습니다. 적정 수준으로 자사주 가격을 책정할 때도 많지만, 그렇지 않을 때도 그들은 멈추지 않는 듯합니다. 그들을 막으려는 사람도 없고요.

2023 총회 (02:35:56)

버핏: 자사주 매입은 최악의 실수일 수도, 신의 한 수일 수도 있습니다. 기회가 오면 반드시 회사에 필요한 일을 하십시오. 현재 사업을 키우든 추가로 기업을 인수하든 뭐라도 하세요. 배당은 그다음에 결정할 일입니다. 하지만 그 결정은 한 번 내리면 돌이킬 수 없게 됩니다. 나중에 배당금을 삭감한다면 주주들과 그 외 많은 것에 큰 영향을 미칠 수밖에 없기 때문이죠. 자본이 충분하고 주식 가격이 매력적이어서 자사주 매입으로 나머지 주주에게 주식의 내재가치를 끌어올려 줄 수 있다면, 자사주 매입은 당연한 처사입니다. 가격이 내재가치보다 높다면 안 하는 게 맞고요.

버크셔의 자사주 매입

1994 총회 (02:18:36)

버핏: 우리는 일반적으로 버크셔가 매력적인 가격으로 보일 정도의 시황이라면 다른 기업의 가격은 더 매력적일 가능성이 크다고 생각해 왔습니다. 우리 주주들이 다른 기업의 주주보다 더 합리적이라고 생각하니까요. 따라서 버크셔가 저평가될 가능성보다 우리가 저평가된 가격의 다른 우량 기업을 찾을 가능성이 더 큽니다. 그만큼 우리의 자사주 매입의 동기가 줄어듭니다. 즉 우리가 자사주 매입을 일부러 배제한다기보다 자사주 매입이 필요한 상황이 거의 오지 않을 것입니다.

1995 총회 (02:57:50)

버핏: 우리는 1960년대에 자사주를 소량 매입한 바 있으나, 자사주 매입이 꽤 매력적인 상황에서도 거의 하지 않았습니다. 대신 유보이익으로 1달러를 남겼을 때 1달러가 훨씬 넘는 시장가치를 창출할 수 있다면 훗날 전체적으로 더 큰 이득이 될 것으로 생각했습니다. 현금을 사용할 다른 방법이 있고 1달러 지폐를 그 이상의 가치로 불릴 수 있는 한, 우리는 이익을 유보할 것입니다. 그 결정의 기준은 이번 주나 이번 달에 기회를 찾을 수 있느냐가 아닌 몇 년 안에 기회를 찾을 수 있느냐가 될 것입니다.

1997 총회 (02:51:26)

버핏: 시장이 하락하면 버크셔 주식도 하락할 겁니다. 여기 오신 분 중 버크셔 주식이 50% 하락하면 좋아할 분은 아무도 안 계시겠죠. 하지만

찰리나 저는 개의치 않을 겁니다. 우리는 어떤 자본이든 분별력 있게 투자할 자신이 있기 때문입니다. 그중 하나가 자사주 매입입니다. 하지만 버크셔에서 자사주를 매입한다는 건 우리가 더 좋은 기회를 찾지 못했을 만큼 우리 주식이 저평가되어 있다는 증거인데, 그보다 우리가 더 매력적인 기회를 찾을 확률이 높을 듯하군요.

1973년인가 1974년에 우리가 워싱턴 포스트 지분을 일부 매수했을 때, 버크셔 주가는 저렴한 편이긴 했어도 워싱턴 포스트만큼 저렴하진 않았습니다. 1988~1989년에도 버크셔 주식은 저렴했지만 코카콜라만큼은 아니었고요. 언제든 수천 가지의 투자 옵션 중에서 버크셔가 매력적인 투자 대상 1순위가 될 가능성은 작습니다. 만약 1순위가 된다면 당연히 우리는 버크셔 주식을 매수하겠습니다. 하지만 다우지수가 50% 하락한다면 다른 흥미진진한 할 일이 많아질 겁니다. 물론 그때 우리의 기분은 나쁘지 않을 테고요.

멍거: 우리는 자사주 매입을 금지하지 않습니다. 다만 기회비용상 안 할 뿐입니다.

1998 총회 (02:00:01)

버핏: 우리가 자사주 매입을 하지 않아서 여러 차례 좋은 기회를 놓쳤다고 말하는 사람이 있다면 타당한 비판으로 받아들이겠습니다. 우리가 앞으로 어떻게 할지는 단언하기 힘듭니다. 자사주 매입이 현금을 지출할 가장 좋은 방법으로 보일 때는 자사주 매입을 해야 합니다. 하지만 과거에 저는 자사주 매입이 현금을 지출할 다른 용도들에 비해 더 좋아 보인 적이 없었습니다.

레버리지 투자는 우리 체질에 안 맞습니다. 우리 주식을 되사겠다고 차입하는 것도 마찬가지입니다. 다른 사람들에게 권할 수는 있지만, 우리는 하고 싶지 않습니다. 우리는 버크셔를 마치 100개 주식으로 이루어진 포트폴리오 중 한 종목일 뿐인 양 레버리지로 자사주 매입을 하고 싶지 않았습니다. 하지만 누군가가 우리가 자사주 매입을 해야 했을 때 하지 않았다고 말한다면 타당한 비판입니다. 그리고 우리가 발행하지 말았어야 할 주식을 발행했다고 말해도 역시 타당한 비판입니다.

멍거: 둘 다 동감합니다.

1999 총회 (04:04:25)

버핏: 과거에 버크셔 주가가 저평가된 것처럼 보였을 때도 우리 눈에는 다른 회사 주가가 훨씬 저평가된 것처럼 보였습니다. 하지만 때로는 판단이 틀리기도 했죠. 1974년에 버크셔가 주당 50달러였을 때 저는 그 가격이 싸다고 생각했습니다. 하지만 워싱턴 포스트의 주가 총액이 8,000만 달러로 책정됐을 때 저는 실제 가치가 4억 달러는 된다고 생각했습니다. 버크셔가 저평가되었다고 생각한 적도 있었지만, 동시에 저는 훨씬 더 매력적인 가격의 다른 매물들을 발견했습니다. 그리고 이미 말씀드렸듯이 저도 여러 번 틀렸답니다. 차라리 우리 주식을 사는 것이 더 나았을 만큼 잘못된 매수도 있었습니다.

오늘날 자사주 매입은 사상 최고치에 가까운 수준입니다. 하지만 현 시장에서 합당한 자사주 매입을 하는 기업은 별로 없다고 생각합니다. 다른 투자처를 놔두고 우리 주식을 사는 걸 원치 않는 저로서는 자사주 매입이 투자 대비 큰 이득을 주지 못한다고 생각합니다. 저는 지금 미국 내 다양한 기업의 주식을 이야기하고 있습니다. 그런데도 기업들은 훨씬 더 큰 수익을 내던 20년 전보다 요즘 들어 자사주 매입에 더욱 열심입니다. 우리는 주가가 현격히 저평가되었다고 생각하지 않는 한 자사주를 매입하지 않을 것입니다. 이는 오차 범위를 넉넉히 확보한 후에야 자사주를 매입하겠다는 말입니다. 우리는 1달러짜리 지폐를 0.95달러, 0.94달러, 0.93달러에 사고 싶지 않습니다. 다만 현금을 다른 용도 대신 자사주 매입에 기꺼이 쓰겠다고 생각하는 어느 정도의 기준점은 염두에 두고 있습니다.

2012 총회 (00:29:19)

버핏: 우리가 마음 편히 생각하는 자사주 매입가는 BPS(주당순자산가치)의 1.1배입니다. 그보다 다소 높아도 괜찮겠지만, 기왕 자사주 매입을 한다면 가능한 주가가 저평가된 상태여야 좋겠죠. 또 우리가 자사주를 매입할 때 우리에게 매도할 모든 주주들이 우리가 버크셔 주식이 무척 저평가되어 있다고 생각해서 그런다는 점을 인지하기를 바라고요. 그렇게 할 기회가 생긴다면 우리는 현금 포지션을 200억 달러 이하로 낮추지 않는 선에서 BPS의 1.1배로 공격적 매수를 할 것입니다. 그 가격대라면 나머지 주주들에게 상당한 돈을 벌어다 줄 거라 확실합니다. 110%에서 매입하면 확실히 주당 가치가 오를 테니 기회가 된다면 대규모로 매입하겠습니다. 우리가 자사주를 매입한다면 이유는 단 하나, 주당 가치를 즉시 높이기 위해서입니다. 대규모로 매입할 기회가 생긴다면 그렇게 할 겁니다. 엄격한 재무 관리자로서 우리는 그 기회가 오기를 바랍니다. 하지만 동시에 무수한 주주들의 수탁자로서는 주주들이 우리 주식을 매도하는 모습을 보지 않기를 바랍니다.

멍거: 그런 날이 절대 안 왔으면 좋겠습니다.

버핏: 네, 하지만 온다면 실행해야죠.

2016 총회 *(02:41:47)*

버핏: 버크셔의 주가가 BPS의 1.2배에 근접했습니다. 저와 찰리, 이사회는 버크셔의 가치가 BPS의 1.2배를 훨씬 뛰어넘는다고 생각합니다. 그래서 자사주 매입 한계점을 1.2배수로 정한 것이죠. 다른 한편으로는 우리가 더 많은 기업을 인수하는 동안 우리의 장부가치와 내재가치의 격차가 벌어졌기 때문에(내재가치가 상승했기 때문에) 자사주 매입 기준을 BPS 1.1배에서 1.2배로 높였습니다.

저는 자사주 매입 전반에 관해 양가적 감정을 느낍니다. 엄격한 재무적 관점에서, 그리고 영구 주주의 관점에서 BPS 1.2배는 좋은 가격이라고 생각합니다. 어쩌면 1.2배보다 좀 더 높아도 괜찮을 듯싶네요. 이는 버크셔의 주당 가치를 올리는 가장 확실한 방법이기 때문이죠. 1달러 지폐를 1달러보다 낮은 가격으로 살 수 있다면, 그보다 더 확실한 수익 창출 방법은 없을 테니까요. 반면에 동업자들의 주식을 제가 생각하는 가치보다 훨씬 낮은 가격에 사들인다는 점에서 썩 즐겁지만은 않을 것입니다.

BPS 대비 1.2배라는 기준이 더 올라갈 가능성도 없진 않습니다. 만약 우리 아이디어가 고갈된다면, 그러니까 하루하루가 아니라 장기간 쌓여 가는 버크셔의 자본을 효과적으로 사용할 방법이 정녕 없다는 사실이 언젠가 명확해진다면 기준점은 다소 올라갈 수 있습니다. 우리는 몸이 근질거릴 정도로 많은 돈을 계속 쌓아두고 싶진 않습니다. 지갑이 가득 차면 방광이 가득 찬 것과 비슷하다는 말이 있습니다. 그럴 때면 화장실에 가고 싶어 발을 동동 구르게 되는데, 우리가 그 지경에 이르지는 않길 바랍니다.

만약 우리가 1,000억~1,200억 달러를 보유할 정도에 이른다면, 우리는 자사주 매입 기준을 올려야 할지도 모르겠습니다. 주식을 실제 가치(내재가치)보다 낮은 가격에 매입할 수 있다는 것은 나머지 주주들에게 유리한 조건입니다. 다만 그 가치와 가격의 격차가 확연히 눈에 띨 정도여야 합니다. 내재가치는 소수점 넷째 자리까지 정교하게 계산할 성질의 것이 아니니까요.

멍거: 다른 미국 기업들의 자사주 매입은 통제 불가 상태에 이르렀습니다. 주주들에게 전혀 도움이 안 되는 고가의 자사주 매입이 흔해진 것입니다. 다들 왜 그러는지 모르겠네요.

버핏: 유행입니다. 자문가들에게 설득당했거든요. 한 기업을 가격이 얼마든 상관없이 사겠다고 말하는 사람이 있을까요? 기준 없는 자사주 매입은 이와 다를 바 없습니다. 가령 50억 달러 상당의 자사주를 매입하는 것이 유리하다면, 그 기준을 공표하고 싶지 않더라도 50억 달러의 자사주를 매입하겠다고 확실히 말해야 합니다. 그들이 ABC 기업의 인수를 발표하려면, X라는 가격에는 사겠지만 그 가격의 120%에는 사지 않을 것이라고 밝혀야 하듯이 말이죠.

J.P.모건의 CEO 제이미 다이먼Jamie Dimon은 주가가 내재가치보다 낮다고 생각될 때, 즉 J.P.모건에 유리할 때만 자사주를 매입하겠다고 확실히 말한 경영인입니다. 하지만 제 경험에 따르면 다른 기업들은 자사주 매입 통보를 자주 날렸으며, 이사회에 참석한 사람들은 주식 희석에 따른 주가 하락을 막아야 한다며 자사주 매입에 찬성 투표를 던졌습니다. 사실 자사주 매입과 주식 희석 방지는 아무런 상관이 없습니다. 물론 주식 희석은 바람직하지 않지만, 고가에 자사주를 매입하는 것도 바람직한 일은 아닙니다. 결국 중요한 것은 가치 평가입니다.

***2019 총회** (00:42:03)*

버핏: 우리는 1,000억 달러어치의 자사주를 매입할 여력이 있습니다. 그리고 분명히 말씀드리건대 그런 날이 온다면 그때 버크셔의 시가총액은 아마 (현재의) 5,000억 달러보다 낮을 것입니다. 그러니 시가총액의 20%가 넘겠네요. 우리는 거액을 풀 것입니다. 그리고 우리가 버크셔 주식이 저평가되었다고 판단해 우리의 동업자이기도 한 주주들로부터 주식을 매입할 계획을 세운다면, 주주들이 자기 주식을 평가하는 데 필요한 정보를 정확히 알려야 한다고 생각합니다. 주주들은 제가 매년 연차 보고서를 보내는 대상이기도 합니다. 제가 누이들에게 속마음을 털어놓듯 주주들에게 정보를 솔직히 공개하는 게 중요합니다. 저와 찰리에게 중요한 정보는 주식을 팔고자 하는 우리 주주들도 똑같이 나눠 가져야 할 권리가 있기 때문입니다. 하지만 버크셔의 주가가 내재가치보다 낮다면 우리는 주저하지 않고 자사주를 매입하겠습니다. 단기간 내에 대량 매입을 할 수는 없겠지만 1,000억 달러를 쏟아부을 의향은 있습니다.

***2023 총회** (04:05:49)*

버핏: 버크셔 주식이 우리가 생각하는 가치보다 낮은 가격에 매매된다면 주주에게 현금을 대대적으로 배분하는 것이 좋은 방법이 될 수 있습니다. 사실 우리는 훌륭한 기업을 인수하는 것을 가장 좋아합니다. 어떤 훌륭한 회사를 500억 달러나 1,000억 달러에 살 수 있다면 사겠습니다. 하지만 상장 기업은 상황이 다릅니다. 기업에 인수 제안을 하면 그 기업의 주주들이 몇 개월에 걸쳐 투표를 하기 때문입니다. 이는 주주들에게 선택권을 주는 것과 같습니다. 게다가 더 높은 금액을 부르는 다른 누군

가가 나타날 수도 있고요. 그러면 2%가량의 불만족스러운 해약금을 받고 그들과 작별해야 합니다. 그에 비해 비상장 기업은 인수 과정이 간소합니다. 하지만 이런 조건을 갖춘 대기업이 거의 없다는 한계가 존재하죠. 게다가 우리처럼 적절한 조건으로 빠르게 거래를 성사시킬 수 있는 기업도 없습니다. 몇몇 괜찮은 기업을 발견해도 곤란한 시기에 대출 만기가 도래하는 등 껄끄러운 차입 조건이 발생하기도 합니다. 2008년, 할리데이비드슨Harley-Davidson을 비롯한 여러 기업이 그런 상황에 놓였었죠.

기업의 자사주 매입

1997 총회 (02:01:20)

버핏: 질레트는 오랫동안 자사주의 대량 매입을 진행하지 않았습니다. 반면 코카콜라는 꾸준히 자사주를 매입하고 있습니다. 우리는 훌륭한 사업을 운영하는 기업의 자사주 매입 정책을 좋아합니다. 세상에는 초일류 기업이 많지 않은데, 그런 기업의 지분을 가격에 상관없이 계속해서 늘려 간다는 것은 매력적인 일입니다. 문제는 자사주를 매입하는 대부분의 기업이 그저 그런, 일류에는 미치지 못하는 기업이라는 사실입니다. 그들은 주주들의 주식 가치를 키우는 것 외에도 다른 동기를 가지고 자사주를 매입합니다. 하지만 여러분이 일류 기업의 주주라면 (참고로 우리가 보유한 대부분 회사는 일류 내지 초일류에 해당합니다) 그들의 자사주 매입은 대개 합리적인 선택이라고 보면 됩니다.

1997 총회 (03:28:30)

버핏: 코카콜라가 배당금 지급 대신 자사주를 매입하고 보틀링(병입) 공정을 개발했다면 아마도 주주들은 더 큰 이득을 얻었을 것입니다. 코카콜라는 지금도 충분히 성공했지만, 제 말대로 했다면 배당금 정책보다 더 좋았으리란 얘깁니다. 질레트와 디즈니 등도 마찬가지입니다. 그들은 자사주를 매입하거나 다른 식으로 자본을 활용할 엄청난 기회가 있습니다. 그게 아마 배당보다 더 좋은 선택이었을 듯합니다.

1998 총회 (01:04:55)

버핏: PER이 40배일 때 자사주 매입은 상당히 높은 가격처럼 들립니다. 하지만 코카콜라가 112년 역사에서 생각 없이 자사주를 매입한 경우는 거의 없었습니다. 저는 코카콜라를 제가 아는 기업 중 최고의 대기업이라고 생각합니다. 그러니 코카콜라가 자사주를 매입하면 우리 지분이 늘어나 좋습니다. 우리는 1988년에 코카콜라 주식을 매수하면서 6.3%를 소유하게 됐습니다. 몇 년 후에 조금 더 매수했죠. 만일 코카콜라가 자사주를 매입하지 않았다면 아마도 우리는 지금 약 6.7~6.8%의 코카콜라 주식을 소유했을 것입니다. 하지만 코카콜라의 자사주 매입으로 8.0% 조금 넘는 주식 지분을 보유하고 있습니다. 오늘날 8온스(237㎖)짜리 코카콜라는 전 세계적으로 약 10억 개가 판매됩니다. 지분 8%는 8,000만 개 값이고 6.8%는 6,800만 개 값입니다. 우리로서는 전 세계 코카콜라 매출량이 1,200만 개 늘어난 셈입니다. 그리고 그들은 콜라 하나당 1센트가 조금 넘는 수익을 내고 있기 때문에, 그 사실이 저를 조금 흥분하게 만듭니다. 정리하자면 저는 코카콜라의 자사주 매입을 찬성합니다. 그들이 PER 15배에 자사주를 매입하는 편이 더 좋겠지

만, 자사주 매입은 자본을 다른 용도로 사용하는 것보다 훨씬 괜찮은 활용법이라고 생각합니다. 언젠가 PER 20배로 자사주를 매입할 날이 올지도 모르겠습니다. 그러면 저는 그들이 거액을 빌려서라도 대량으로 매입하기를 바랍니다.

코카콜라가 일관된 자사주 매입 전략을 따른다면, 20년 후 우리는 더 큰 이득을 얻을 것입니다. 하지만 자사주 매입에 있어 일관적이지 않은 기업이 태반입니다. 자사주 매입은 일종의 유행이 되었고, 온갖 어리석은 이유를 들며 이루어지고 있습니다. 자사주 매입이라고 무조건 타당한 것은 아닙니다. 기업들은 엄청난 물량의 스톡옵션을 발행한 후 훨씬 높은 가격으로 재매입하고 있습니다. 저는 6살 때 투자서를 읽기 시작했는데요, 그때 처음 배운 내용이 '저가에 사서 고가에 팔아라'였습니다. 하지만 기업들은 스톡옵션을 저가에 팔고 고가에 삽니다. 제가 배운 방식과 반대예요. 이처럼 우리로서는 납득이 가지 않는 기업 관행이 몇 가지 있습니다. 우리는 훌륭한 기업의 주식을 보유하고 있다면 코피 터지는 가격일지라도 그들의 자사주 매입에 찬성하는 바입니다. 우량 기업의 자사주 매입은 꽤 좋은 정책이기 때문입니다.

멍거: 어떤 기업이든 주가가 너무 오른 상태에서의 자사주 매입은 패착이 되기 쉽습니다. 나아가 엄청난 남용으로 이어질 수도 있습니다. 대공황 이전인 1929년에 미국 최대 전력기업을 이끌었던 사무엘 인설Samuel Insull은 주가 부양을 위해 자사주를 미친 듯이 매입했습니다. 그 결과는 거대한 폰지 사기와도 같았죠. 그 외에도 무절제한 자사주 매입 사례가 많지만 우량 기업이 높은 PER에 자사주를 매입하는 경우는 현명한 조치였을 때가 많습니다.

버핏: 우리의 가이코 지분은 가이코의 자사주 매입 덕분에 한 푼도 들

이지 않고 33%에서 50%까지 증가했습니다. 우리로서는 상당한 이득이었죠. 하지만 주가가 더 낮았을 때 훨씬 큰 이득을 얻었습니다. 워싱턴 포스트 지분은 우리가 단 한 주도 추가 매수하지 않았음에도 몇 년 새 9%에서 17%로 올랐죠. 하지만 워싱턴 포스트, 코카콜라 등 여러 기업들은 이제 예전처럼 자사주 염가 매입의 혜택을 누리지 못합니다. 그래도 여전히 자사주 매입은 여러 경우의 수 가운데 자본을 사용하는 최선의 방법이라고 생각합니다.

금융기업의 자사주 매입

1994 총회 (00:52:40)

버핏: 금융기업에서는 자사주 매입이 더 자주 이루어지고 있습니다. 이는 단순히 경영진이 앞으로 필요한 자본 수준과 그들이 원하는 ROE(자기자본수익률)를 얻을 수 있는 자본량, 그리고 그들이 자사주 매입에 지불하고픈 금액에 따라 판단할 일입니다. 그래서 각자 상황별로 다르게 봐야 할 것입니다. 우리가 은행주를 갖고 있다면 그들이 매력적인 가격에 자사주를 매입하는 데 확실히 찬성합니다. 그들은 다른 은행보다 자기 은행의 사정을 훤히 알고 있을 테고, 가격이 적정하다면 자사주 매입은 자본을 알맞게 사용하는 좋은 방법입니다.

1996 총회 (04:33:23)

버핏: 웰스파고Wells Fargo는 주식 가격이 내재가치보다 낮다고 판단한다면 자사주를 매입해야 합니다. 내재가치에 따라 그들의 자사주 매입

이 타당한지 아닌지를 판가름 할 수 있습니다.

코카콜라의 자사주 매입

1995 총회 (00:04:04)

버핏: 저는 훌륭한 기업을 이끌면서 현금을 훌륭한 사업에 잘 활용하거나 경제성이 뛰어나다고 판단되는 사업에 투자한 다음 나머지 현금을 주주에게 돌려주는 경영진을 칭찬합니다. 그 점에서 코카콜라는 현금을 제대로 활용할 줄 아는 기업입니다. 먼저 가능한 모든 자원을 사용해 새 시장 개척에 전념하고, 그다음에 주주에게 배당하고, 또 그다음에 자사주를 거하게 매입해서 주주에게 선택적이면서도 모두를 이롭게 하는 방식으로 현금을 돌려주기 때문입니다.

1996 총회 (01:24:41)

버핏: 합리적으로 계산된 내재가치보다 높은 가격에 자사주를 매입하는 것은 낮은 가격으로 신주를 발행하는 것 못지않게 주주들에게 피해를 주는 일입니다. 물론 여기서 가장 어려운 부분은 내재가치를 산출하는 것입니다. 좋은 예로 코카콜라를 들 수 있습니다.

코카콜라의 장부가치나 PER을 보고 그들이 매우 고가에 자사주를 매입한다고 생각한 사람도 많았을 것입니다. 하지만 장부가치와 PER보다 내재가치가 훨씬 유의미합니다. 코카콜라 경영진은 수년간 자사주 매입으로 나머지 주주들이 보유한 주식의 가치를 높이고 있다고 솔직하게 말했습니다. 코카콜라를 이해하지 못하거나 기계적인 가치 평가법을 우선시하는 사람들은 그들의 자사주 매입 가치를 제대로 판단하지 못한 것입니다.

훌륭한 기업이라면 벌어들인 자금을 활용해 더 훌륭하고 거대한 기업으로 키워야 합니다. 그리고 주식이 내재가치보다 저평가됐을 때는 자사주를 매입하는 방법도 좋습니다. 그 기업이 초일류 기업이라면 그들의 내재가치는 비교적 높게 산출될 것입니다. 찰리와 저는 세월이 흐를수록 뛰어난 기업의 힘을 높이 평가하게 됐으며, 이는 오랜 시간에 걸쳐 발전해 왔다고 생각합니다. 그리고 그러한 기업의 희소성이 얼마나 높은지도 잘 알고 있습니다. 그들 기업의 경영진이 자사주 매입을 통해 우리 지분율을 더욱 높여 주고자 한다면, 우리로서는 박수를 보낼 따름입니다. 우리의 코카콜라 지분은 그들의 자사주 매입 덕에 상당히 증가했습니다. 게다가 남들 눈에는 고가로 비칠 수 있는 가격으로 자사주를 매입했기 때문에 우리 형편은 한결 여유로워졌죠. 우리는 당시 비평가들이 틀렸다고 생각했고, 지금은 그들이 틀렸음이 증명되었다고 생각합니다. 자사주 매입의 타당성을 판단하려면 장부가치나 특정한 PER 등 시시콜콜한 기준을 들이대며 생각해선 안 됩니다. 장기적으로 봤을 때 기업의 내재가치를 따져 보고, 거기서 할인된 가격으로 매입하는 게 중요합니다.

1997 총회 (02:01:20)

버핏: 코카콜라는 매우 현명하게도 벌어들인 자금을 전 세계의 보틀링 업체 네트워크를 강화하고 개선하는 데 사용했습니다. 묵은 숙제를 풀기로 하면서 엄청난 성과를 이룩한 것이죠. 하지만 거기서 그쳤다면 한계에 부딪혔을 것입니다. 우리는 1988년에 처음으로 코카콜라 주식을

매수했는데, 전체 지분의 약 6.2%를 사들였습니다. 당시 코카콜라의 하루 판매량은 약 6억 개였죠. 그러니 우리는 3,700만 개 가치의 지분을 취득한 셈이었습니다. 지금은 판매량 9억여 개이고 지분은 8%까지 증가했으니 하루 7,500만 개 가치의 지분을 보유한 것과 같습니다. 게다가 개당 판매 수익이 약간 증가했습니다. 꽤 매력적이죠. 코카콜라는 병입 업체 투자 외에도 대대적으로 자사주를 매입하는 등 매우 영리하게 자본을 사용했습니다. 그들은 아마 지금 이 순간에도 자사주를 사들이고 있을 것입니다. 물론 저로서는 싫을 이유가 없지요.

4부
기업 경영
Management and Board of Directors

"정직하지 못한 사람을 고용한다면,
그들이 멍청하고 게을러도 괜찮다는 뜻과 다름없다.
정직하지 못한 사람이 똑똑하고 활력이 넘친다면 그야말로 최악이다."

"우리에게는 인사, 법무, IR, 홍보 관련 부서가 없다.
우리 회사에는 최고의 인재들이 많다.
그들에게 오마하로 송금을 요청하는 것 이상의 요구는 어리석은 일이다."

"중요한 건 4할 타자를 찾았으면 그들에게 스윙 방법을
가르칠 필요가 없다는 사실이다."

"버크셔에는 일하지 않아도 금전적으로 아쉬울 게 전혀 없는 임직원이 많다.
그럼에도 그들은 타격 자체를 즐기는 야구선수처럼
전 세계 직장인의 95% 이상보다 더 열심히 일한다."

"오늘날 많은 기업의 보상 제도는 누군가가 곡물 창고에 쥐 떼를 풀었을 때
농부에게 닥친 상황과 거의 비슷하게 작동한다."

버핏과 멍거는 장기 투자의 성공 요건으로 기업의 질적 중요성을 설파했듯, 경영진이 그 성공에 미치는 영향에 대해서도 의견을 피력했다. 기업의 질과 경영진의 상관관계는 시간이 지날수록 상호작용을 통해 더욱 긴밀해진다. 다시 말해 일급 경영자는 시간이 지남에 따라 (저부가가치 기업에서 발을 빼는 한편, 고부가가치 기업에 발을 깊이 담그는 식으로) 회사의 자원을 적재적소에 배치하는 능력을 보인다. 투자 및 사업에 관한 다른 교훈과 마찬가지로 경영진의 중요성을 버크셔만큼 명쾌히 보여 주는 사례는 거의 없다. 수년간 적자를 기록한 섬유 제조업체로 출발해 60년 이상 번창하며 시가총액 1조 달러를 넘어선 대기업으로 우뚝 섰기 때문이다.

이 과정에서 버핏과 멍거는 기업과 경영자의 상관관계를 오랜 시간 관찰해 왔다. 소주주로서 상장 기업의 CEO들과 협상을 벌였고, 여러 기업의 이사회 구성원으로서 경험을 쌓았으며, 버크셔의 자회사 CEO들을 상대했고, 직접 버크셔의 CEO로 일하며 기업을 다양한 각도에서 바라보았다. 따라서 이들은 기업 소유주(주인, 주주)와 경영자(대리인) 사이에서 발생할 수 있는 문제에 영향을 미치는 인센티브와 그 외의 고려 사항을 논의하기에 적합한 인물이다. 4부에서는 기업 경영 문제에 바람직하게 대처하기 위한 핵심을 다룬다.

경영진 평가

1994 총회 (00:28:30)

버핏: 경영진을 판단하는 기준은 두 가지입니다. 첫째는 기업을 운영하는 능력입니다. 그들과 경쟁자들의 실적 보고서를 읽고, 각각 어떻게 자본을 배분해 왔는지 추이를 살펴보면 많은 도움이 됩니다. 이때 경영자에게 주어진 자원과 기회가 무엇인지 아는 게 우선되어야 합니다. 만약 그가 속한 기업을 이미 잘 안다면(전체 기업까진 아니더라도 이해할 수 있는 몇몇 업종이나 기업을 찾을 수는 있습니다), 경영자가 주어진 자원과 기회를 얼마나 잘 활용하는지 지켜보면 됩니다.

둘째는 그들이 소유주를 대하는 자세입니다. 종종 눈에 보이기도 하지만 대부분은 종잡을 수 없습니다. 상위 20~80% 사이에 속하는 기업은 많지만, 그들이 정확히 어디에 속하는지 구분하기 어려운 것처럼 말이죠. 하지만 마이크로소프트의 빌 게이츠, 캐피털 시티스의 톰 머피, 코카콜라의 돈 키오Don Keough 같은 사람들이 정말 뛰어난 경영자라는 건 누구나 알 수 있습니다. 그들이 누구를 위해 일하는지도 쉽게 알 수 있고요.

물론 정반대의 사례도 몇 가지 있습니다. 재미있게도 형편없는 경영자 중에는 주주에게 무심한 사람이 많습니다. 경영자의 무능과 주주에 대한 그들의 무관심은 대개 붙어 다닙니다. 경쟁사의 보고서를 읽으면 종종 그 사실을 알 수 있습니다. 대체로 제가 경영자에 대해 내린 결론은 실제로 여러분이 내리는 결론과 같은 근거를 바탕으로 합니다. 그 사람을 개인적으로 속속들이 알기보다는 주로 보고서에 적힌 정보에 의존해야 하니까요. 주주의결권 설명서를 읽고, 그들이 스스로를 대하는 태도와 주주를 대하는 태도를 비교하고, 그들의 지난 업적을 살펴보고, 그들에게 주어진 자원과 업계 상황을 비교해 보십시오. 너무 많은 기업을 조사할 필요는 없고, 자신이 관심 있는 기업 몇 군데로 족합니다.

2005 총회 (00:16:54)

버핏: 우리가 인수하고 싶은 기업은 소유주가 팔고 싶어 하지 않는 기업입니다. 우리가 회사를 사들이는 대가로 상대방에게 10억 달러를 건넨다면 그는 더 이상 일할 필요가 없습니다. 경영자는 금전적 동기와 별개로, 또 우리가 다그치지 않아도 자발적으로 일할 의욕이 불타야 합니다. 버크셔에는 계약서가 없습니다. 제 생각에 계약서는 의미 없는 것이기 때문입니다. 그들이 자기 회사에 애정을 품는다면, 우리는 그 애정이 사라지거나 꺾이지 않도록 어떻게든 도울 것입니다.

열정 외에 우리가 바라는 것은 지성, 활력, 정직성입니다. 이때 정직성이 빠진 지성과 활력은 오히려 독이 됩니다. 정직하지 못한 사람을 고용하는 것은 그들이 멍청하고 게을러도 괜찮다는 뜻 아니겠습니까? 정직하지 못한 사람이 똑똑하고 활력이 넘치는 상황은 최악입니다.

버크셔의 자회사 관리

1998 총회 (02:51:33)

버핏: 우리는 몇몇 경영자들과 1년에 한두 번 만나기도 하지만 공식적인 모임은 없습니다. 앞으로도 계획이 없고요. 우리는 경영자들에게 회의 참석을 요구하지 않습니다. 본사에 제출해야 할 운영 계획안도 없습

니다. 야구선수에 비유하면 우리 경영자는 모두 훌륭한 기록을 가졌지만 저마다 다른 타격 방식을 가진 것과 같습니다. 타율이 0.375인 타자라면 배트를 잡는 방식이 특이하거나 남다른 무게의 배트를 사용한다는 이유로 그를 건드릴 필요가 없죠. 우리는 그들이 과거에 성공한 방식을 현재와 미래에도 계속해 나가도록 믿고자 합니다. 그리고 사람마다 성향은 천차만별입니다. 다른 사람들과 의논하기를 좋아하는 경영자가 있고, 자신만의 길을 걷기를 좋아하는 경영자도 있습니다. 효과적인 규칙대로 움직이는 경영자도 있고, 규칙을 생각조차 안 하는 경영자도 있습니다. 대부분의 경영자는 월별 재무제표를 작성하겠지만 그렇지 않은 경영자도 있습니다. 이런 것들은 중요하지 않습니다.

우리는 훌륭한 경영자를 원합니다. 최고의 기업으로 가는 길이 다양하듯 우리 자회사들도 각자의 다양한 방식으로 그 길을 걸어갑니다. 물론 우리는 상장 기업이기 때문에 SEC(증권 거래 위원회)나 IRS(국세청) 등에서 요구하는 특정 사항을 준수해야 합니다. 그 외에 우리는 경영진에 무엇도 강요하지 않습니다. 우리 경영진 중에는 MBA 출신도 있고, 비즈니스 스쿨을 구경해 본 적 없는 사람들도 있습니다. 인재는 희귀한 자원과 같아서 재능 있는 경영자를 발굴하고 그들이 자신만의 방식으로 일하게 하는 것은 그 자체로도 소중한 자산입니다. 그러니 각자 자신의 방식대로 일하게 하면 됩니다.

멍거: 사실 우리는 경영권을 넘겨주기 직전에 가까울 만큼 권한을 분산시켰습니다. 버크셔 시스템이 모든 기업에 적합하다고 생각하지 않습니다. 그저 우리에게 적합할 뿐이죠. 명료한 운영 계획을 세우고 분기별 실적을 계획과 대조하는 다른 회사들을 비판할 생각은 없습니다. 우리 방식과 안 맞을 뿐입니다.

버핏: 우리는 자금만 중앙집중화하고, 나머지는 거의 분권화합니다. 우리 경영자들은 자기 사업에 훤하고 자기만의 경영 방식이 있습니다. 그렇지 못한 경영자라면 그 한 사람만 조치하면 될 뿐, 중앙에서 관리하는 복잡한 시스템을 만들 생각은 없습니다.

1998 총회 (03:32:27)

버핏: 우리는 자회사들에 각자 최선의 방식으로 사업을 운영하라고 합니다. 보르샤임Borsheims이나 시즈캔디는 아메리칸 익스프레스 카드를 받지만, 네브래스카 퍼니처 마트Nebraska Furniture Mart는 받지 않습니다. 다른 분야도 마찬가지입니다. 버크셔는 자회사 경영자들에게 우리가 보유한 특정 업체를 이용해야 한다며 간섭하지 않습니다. 만약 우리가 그들을 대신해 결정하기 시작하면 우리가 경영의 책임을 지게 되고, 그들은 더 이상 경영에 관한 책임을 지지 않게 됩니다. 자회사의 경영자들은 자신의 경영 방식에 책임을 져야 합니다. 이는 그들에게 결정권이 있다는 뜻이기도 합니다. 경영자는 자회사에 가장 이로운 방향으로 운영해야 하며, 모회사는 그들에게 경영권을 일임한 것이 탁월한 결정이었음을 증명해야 합니다. 그게 버크셔의 방식입니다. 저는 우리 경영자들이 이 같은 방식을 선호한다고 생각합니다. 누구도 그들을 월권할 수 없으며, 뒤늦게 이러쿵저러쿵할 수도 없습니다. 저는 우리 경영자들에게 간섭하고 싶어 하는 사람들의 편지를 자주 받지만, 버크셔에서는 그런 방식이 통하지 않습니다.

2011 총회 (02:15:19)

멍거: 위대한 기업들은 믿음직한 인재를 고용해 그들에게 더없는 신뢰

를 보내곤 합니다. 누군가의 신뢰를 받는다는 것은 기분 좋은 일이며, 그 신뢰에 부응함으로써 생기는 자존감은 엄청납니다. 따라서 저는 우수한 준법 문화란 이 같은 신뢰의 태도에서 형성된다고 생각합니다. 거대한 준법 감시 부서를 둔 곳, 가령 월가 같은 곳은 유독 스캔들이 자주 터집니다. 따라서 준법 감시 부서 확대만으로는 구성원의 행동이 저절로 개선될 수 없습니다. 중요한 것은 신뢰의 문화입니다. 버크셔는 그간 심각한 스캔들이 없었고 앞으로도 그러할 것입니다.

훌륭한 경영자 유지

1994 총회 (00:31:47)

버핏: (보험 사업을 담당하는) 아지트 자인Ajit Jain이 외부에서 2억 달러에 영입을 제안받더라도 그를 붙잡기 위해 우리가 지나치게 치열한 경쟁을 할 필요는 없을 것 같습니다. 찰리와 저의 임무는 두 가지입니다. 첫째, 훌륭한 경영자를 유치하고 그들의 성향을 파악한 후 그들이 회사에 남고 싶도록 만드는 것입니다. 여기에는 약간의 특이점이 있는데요. 우리 경영자 대부분은 금전적으로 크게 아쉬운 형편이 아니므로, 자녀 교육이나 생계를 걱정해서 직장에 다니는 게 아닙니다. 따라서 그 외의 동기 부여가 필요합니다. 그들에겐 공정한 보상도 중요하지만, 동시에 매일 골프를 치거나 다른 활동을 하는 대신 일하는 편이 더 좋다는 생각이 들게끔 해줘야 합니다. 그것이 우리가 할 일 중 하나입니다. 또한 우리는 대우받고 싶은 대로 그들을 대우합니다.

저는 버크셔 이전에 파트너십을 운영했습니다. 그간 훌륭한 동업자들과 함께했지만, 저는 기본적으로 혼자 일하는 게 더 좋더군요. 일거수일투족을 평가받기보다는 연말 성적표로 평가받는 것이 좋았고요. 그리고 뒤늦게 이러쿵저러쿵 부당한 잔소리를 듣는 것도 제게는 맞지 않았습니다. 저는 제 운영 방식을 알아주는 사람들과 함께 일하고 싶었습니다. 중요한 사실은 4할 타자를 찾았다면 그들에게 스윙 방법을 가르칠 필요는 없다는 것입니다.

그리고 우리의 둘째 임무는 자본 배분입니다. 어떤 경영자와 일하든 그들이 흥미롭고 즐겁게 회사를 경영할 수 있도록 합니다. 또 각 기업이 운영하는 사업 분야에 적합한 보상 제도를 마련하려 합니다. 전사적 차원의 보상 계획은 없습니다. 보상 전문가나 컨설턴트가 개입해서 우리 방식을 망치는 건 꿈에도 생각하기 싫군요. 어떤 사업은 자본이 많이 들고, 어떤 사업은 자본이 전혀 들지 않습니다. 어떤 사업은 높은 수익률을 쉽게 만들어 내기도 하지만 때때로 그 이상의 비용을 지불하기도 합니다. 또 어떤 사업은 수익을 내기가 무척 어렵습니다. 그러니 모든 경영자를 하나의 틀에 맞춰 천편일률적으로 대하는 건 말도 안 되는 일입니다. 어떤 식으로든 자기 회사의 성과에 따른 보상을 받아야죠. 버크셔의 운영 책임자는 찰리와 저뿐이므로 버크셔 성과를 다른 사람에게는 보상하지 않듯이 말입니다. 우리는 경영자들이 자신의 회사에 책임을 지도록 하고 각자 성과에 따라 보상합니다. 그들의 사업 현황을 파악하고 있으므로 각자의 실적이 좋은지 나쁜지도 압니다. 이것이 버크셔 방식입니다. 오랜 시간 훌륭한 인재들을 경영자로 잘 붙잡았다는 점에서 우리는 굉장히 운이 좋았습니다. 아마도 그들이 예나 지금이나 변함없는 방식으로 회사를 경영하도록 만들어준 점이 한몫하지 않았나 싶습니다. 특히 그들이 우리에게 기업을 매각한 경영자라면 그 점이 더 크게 작용했을 테고요. 그들은 제가 버크셔를 즐겁게 운영하는 만큼이나 자신의 회사를 즐겁게 운영하고 있습니다.

멍거: 상대와 입장 바꿔 생각하며 자기가 대우받고 싶은 대로 상대를 대우해야 합니다. 조금만 생각해 보면 정말 간단하죠. 아지트와 워런은 거의 매일 저녁 통화합니다. 적어도 제 눈에는 두 사람이 사업적 관계 이상으로 보입니다. 우리 모두의 관계가 그랬으면 좋겠습니다.

버핏: 찰리와 저는 우리가 좋아하는 사람들과 함께 일하고 싶습니다. 그러면 삶이 한결 수월해집니다.

멍거: 그리고 우리가 좋아하는 사람들이란 주로 존경스러운 사람들을 가리킵니다.

1998 총회 (02:27:45)

버핏: 우리는 기업을 인수할 때 버크셔 출신의 새 경영자를 임명하지 않습니다. 우리에게 MBA 학위 소지자도 많지 않습니다.

멍거: 아이고, 다행입니다.

버핏: 그러니 현실적 문제로 우리가 회사를 인수하면 그곳을 경영할 사람이 필요합니다. 그때 네 번 중 세 번은 경영자와 소유주가 일치하는데요. 그들은 수천만, 어쩌면 수억 달러의 매각 대금을 받았으니 당장 은퇴해도 아쉬울 게 없습니다. 그때 우리는 그들을 대면하며 이 사람이 진정 회사를 아끼는지 그저 돈을 좋아하는지를 판별합니다. 회사에 대한 애정과 돈에 대한 애정의 도덕적 우위를 비교하려는 게 아니라, 둘 중 어느 것이 그들의 주된 동기인지 알아야 하기 때문입니다.

우리는 애사심이 강한 경영자들을 찾아냈으니 정말 운이 좋았습니다. 우리가 할 일은 그들의 열정이 식거나 그만두고 싶다고 생각할 모든 상황을 미연에 방지하는 것입니다. 버크셔에는 일하지 않아도 금전적으로 아쉬울 게 전혀 없는 임직원이 많습니다. 그럼에도 그들은 타격 자체를 즐기는 야구선수처럼 전 세계 직장인의 95% 이상보다 더 열심히 일합니다. 그런 면에서 우리의 안목은 틀린 적이 없었습니다.

우리는 기업 인수를 제안해 오는 사람들 가운데 경영보다 돈을 더 좋아하는 사람이 많다는 사실을 확인했습니다. 그들은 사업 운영에 지쳐 있었습니다. 그들은 계속 일할 것이며 성실하게 일하겠다고 약속했지만 6개월이나 1년쯤 지나면 '내가 왜 버크셔에서 이 짓을 하고 있지?'라고 생각할 가능성이 큽니다. 그들은 자신이 원하는 다른 일을 하는 게 나을 겁니다. 우리가 그들에게 어떤 정신적 필터를 적용했는지 정확히 말씀드릴 수는 없지만, 사회생활을 오래 하다 보면 경영자 후보의 적부 판단을 포함해 인간의 행동을 제법 잘 파악할 수 있게 됩니다. 단점밖에 안 보이거나 장점밖에 안 보이는 사람처럼 극단적인 경우를 겪어 보면 특히 더 도움이 됩니다.

멍거: 단순합니다. 경영진이 정직성, 지성, 경험, 헌신도를 갖췄다면 그 기업은 탄탄대로입니다. 우리는 인복이 많아서 이렇게 훌륭한 동료들과 오랜 세월 함께 일할 수 있었습니다. 그런 면에서 우리가 지금까지 해온 것보다 더 잘하기는 어려울 것 같습니다.

임원 스톡옵션

1995 총회 (00:18:06)

멍거: 한 은행에서 임원 중 하나가 스톡옵션을 원했습니다. 그는 경영

진에게 주식을 발행하면 비용이 들지 않는다는 언질을 주었습니다. 이제 은행이 그런 생각을 하는 경영자를 고용한 다음 그에게 돈을 주면서 (예수를 배반한) 유다처럼 행동하라고 지시하는 상상을 해 보세요.

버핏: 과거 우리가 만난 경영자 중에는 주가가 하락해 더 저렴하게 스톡옵션을 발행할 수 있어 참 다행이라고 말하는 사람들도 있었습니다. 만약 그들이 제삼자에게 스톡옵션을 발행했어도 똑같은 태도를 보였을지 모르겠네요.

CEO와 자본 배분

1994 총회 (03:24:10)

버핏: 자본 배분은 경영자에게 매우 중요한 과업입니다. ROE(자기자본이익률)가 12%인 기업을 10년간 경영한 CEO가 연간 이익의 3분의 1을 배당으로 받는다면 연 ROE는 8%가 됩니다. 그만큼 CEO의 자본 배분 역량은 시간이 지날수록 굉장히 중요한 요인이 됩니다. 그런데도 자본 배분을 교육받거나 그러한 능력을 인정해 선발된 CEO는 비교적 적습니다. 자본 배분은 대부분의 기업에서 CEO라는 직책에 오르기까지 경험하는 기존 역할들과는 그 성질이 다릅니다.

많은 CEO가 자본을 배분할 전담 직원을 두거나, 컨설턴트를 고용하는 등의 방법으로 어떻게든 문제를 해결할 수 있다고 생각합니다. 이는 큰 착각입니다. 설령 자본 배분이 CEO 역할의 1순위가 아닐지라도 모든 기업의 80~90%는 CEO의 두세 가지 핵심 역할 중 하나로 꼽습니다. 그리고 CEO 자신이 자본 배분을 할 줄 모른다면 그 기업은 바람 잘

날이 없을 것입니다. 회사의 중요한 직책에 있으면서 자신의 주 임무에 대해 "나는 이걸 할 줄 모르니 다른 사람에게 시킬 것"이라고 말하는 사람을 누가 좋아하겠습니까. 하지만 이런 CEO는 흔합니다. 찰리와 저는 사소한 일상경비 지출을 제외한 모든 자본 배분 결정에 책임을 집니다.

말썽꾼 피하기

1995 총회 (03:37:50)

버핏: 우리는 기본적으로 나쁜 사람과는 좋은 거래를 할 수 없다고 믿기에 그런 사람들은 그냥 잊어버립니다. 계약서나 온갖 실사로 단단히 무장하기보다는 그냥 신경을 끄렵니다. 우리 곁에는 우리가 좋아하고, 존경하고, 신뢰하는 사람들이 있으니 문제없습니다. 말썽꾼은 어떤 식으로든 당신을 괴롭히려 할 것이고 당신은 이길 수 없을 테니, 아예 그들을 피하십시오. 우리는 창업 초기부터 그런 마음가짐이었지만 어쩌면 한두 가지 경험을 통해 그 생각이 더 굳어진 것 같기도 합니다.

악재에 대응하기

1995 총회 (02:01:40)

버핏: 찰리와 저는 항상 좋은 소식보다 나쁜 소식에 더 관심을 기울입니다. 좋은 소식은 그냥 둬도 문제 될 게 없기 때문이죠. 우리는 임직원들에게 몇 가지 지침만 줍니다. 그중 하나는 회사의 주인처럼 생각하라

는 것이고, 또 하나는 나쁜 소식을 바로 알리라는 것입니다. 우리는 나쁜 소식은 참아도, 나쁜 소식을 늦게 듣는 것은 못 참습니다.

2017 총회 (00:16:13)

버핏: 버크셔는 비슷한 규모의 어떤 기업보다 분권화된 기업입니다. 우리는 많은 규칙을 정하는 것보다 각자 자신의 행동 원칙을 정하고 이를 지키는 것이 더욱 중요하다고 생각합니다. 이는 해마다 열리는 총회에서 살로몬 사태(대형 투자은행인 살로몬 브라더스 Salomon Brothers의 국채입찰 조작 스캔들이 터지자 대주주였던 버핏이 CEO로 취임하면서 '회사에 손실을 초래하는 건 용납해도, 회사의 평판에 조금이라도 먹칠하는 건 그냥 넘어갈 수 없다'라고 선언했다)가 언급되는 이유 중 하나입니다. 저는 평소 경영자들에게 공문을 거의 보내지 않지만, 2년에 한 번 정도는 보내는데요. 기본 내용은 우리에게 필요한 자금은 충분하다는 것입니다. 더 많은 자금이 있다면 좋겠지만, 반드시 필요한 것은 아닙니다. 하지만 평판은 충분하다고 할 수 없으므로 조금이라도 잃어서는 안 됩니다. 그리고 우리 버크셔의 평판은 경영자들의 손에 달려 있습니다. 찰리와 저는 올바른 기업 문화를 확립하면 어떤 사람이 이사와 경영자로 적격인지 절로 답이 나온다고 믿습니다. 이는 1,000페이지짜리 규정집에 의존하는 것보다 더 나은 행동과 결과를 가져올 것입니다.

인센티브는 거의 모든 기업이 채택한 제도입니다. 그 자체로는 문제가 없지만 인센티브를 지급하는 기준은 매우 신중히 결정해야 합니다. 부당하거나 잘못된 행동을 성과로 판단해 보상하면 안 되기 때문입니다. 즉 기업은 잘못된 행동을 유도하지 않아야 하며, 부당행위를 감지할 수 있는 시스템이 필요합니다. 웰스파고의 인센티브 지급 기준은 고객당 상품 판매 건수(당좌예금, 저축예금, 자동차 대출 등)였고, 이는 고객의 동의 없이 무단으로 유령 계좌를 개설하는 방법과 자동차 보험 끼워팔기 방식으로 처리했습니다. 그들은 분기별 투자 설명회에서 고객당 상품 판매 건수를 강조했습니다. 그것이 회사의 중점적 목표였으니 당연히 직원들도 부분적으로나마 이 통계에 따라 보상을 받고 승진했죠. 하지만 이러한 방식은 부당행위에 보상하는 것에 지나지 않았습니다.

우리도 비슷한 잘못을 한 적이 있고, 어떤 기업이든 인센티브 제도를 설계하며 실수할 수 있습니다. 그 잘못은 언젠가 밝혀지게 됩니다(어떻게 밝혀졌는지는 나중에 말씀드리겠습니다). 저는 웰스파고가 어떤 정보를 왜 놓쳤는지는 알지 못합니다. 하지만 중대한 문제가 발생하면 CEO는 이를 알아채게 됩니다. 그때 모든 열쇠를 쥔 CEO가 행동에 나서야 합니다.

살로몬은 심각한 세 가지 잘못을 저질렀습니다. 그중 하나는 다른 두 가지를 압도할 만큼 큰 잘못이었죠. 살로몬 사태는 1991년 4월 28일에 시작되었습니다. 살로몬의 CEO, 사장, 법률고문이 한데 모인 자리에서 채권거래팀장 존 메리웨더John Meriwether가 부하 직원 폴 모저Paul Mozer의 상습적 사기 행각을 알렸죠. 모저는 무모하게도 미국 재무부를 속이고 있었습니다. 그는 재무부를 싫어했고 재무부도 그에게 미운털을 박았던 만큼 어느 정도 앙심이 섞인 행위였습니다. 모저는 미국 재무부가 발행한 국채에 (고객의 명의를 무더기로 도용해) 허위로 입찰을 제출했습니다. CEO를 비롯해 회의에 참석한 사람들은 심각한 문제가 발생했음을 깨달았습니다. 살로몬은 이 사실을 뉴욕 연방준비은행에 신고해야 했지만, CEO인 존 굿프렌드John Gutfreund는 말로만 그러겠다고 하고 신고하지 않았습니다. 껄끄러운 사건이다 보니 주저했겠죠. 그 후 5

월 15일, 국채 경매가 열리자 모저는 또다시 허위 입찰을 했습니다. 그 날로 모든 것이 끝났습니다. 모저의 잘못을 이미 알고 있는 경영진이 방화 전과자가 또 불을 지르도록 내버려 둔 결과였기 때문이죠. 게다가 모저는 이미 방화범이라는 사실이 들통난 상태에서 한 번 더 불을 질렀습니다. 그 후로 살로몬은 내리막길을 걸었습니다. CEO는 부정행위를 발견하면 즉시 막아야 합니다.

그리고 나서 살로몬 경영진은 세 번째 실수를 저질렀습니다. 그들에게 부과된 벌금은 1억 8,500만 달러에 불과했습니다. 그러자 경영진은 사태의 후폭풍을 완전히 과소평가했습니다. 금융업계에서는 주택담보대출 관행이나 온갖 부정행위로 수십억 달러의 벌금을 받는 게 예사입니다. 그래서 그들은 비교적 적은 벌금 때문인지 문제의 심각성을 제대로 평가하지 못했습니다. 벌금 1억 8,500만 달러짜리 사건은 벌금 20억 달러짜리 사건보다 경미하다고 생각했지만, 이는 완전히 잘못된 판단이었습니다. 가장 큰 문제는 그들이 잘못을 알고도 아무런 행동에 나서지 않았다는 것입니다. 잘못된 보고 체계도 문제지만 이를 파악하고도 가만히 있던 경영진의 잘못이 더 큽니다.

버크셔에서는 주로 핫라인을 통해 자회사가 부정행위를 저질렀는지를 알아냅니다. 연간 약 4,000건의 핫라인 신고가 접수되는데요. 대부분은 옆 사람이 입 냄새가 난다는 둥 사소한 내용입니다. 하지만 가끔 심각한 내용도 있어서 내부 감사 책임자인 베키 아믹Becki Amick이 전부 검토합니다. 무엇이든 심각한 사안은 실상을 확인한 후 조치로 이어집니다. 그중 큰돈을 들여 조사한 사례도 있었고, 때로는 특별 조사관을 배치하기도 했습니다. 또 모회사에서 전혀 용납할 수 없는 관행이 적발된 적도 있습니다. 완벽하진 않아도 괜찮은 방법이라고 생각합니다. 웰스파고에도 내부 감사나 핫라인이 있을 것입니다. 분명 사내에서도 그 일로 시끌시끌했을 테고요. 저는 그들의 보고 체계 시스템을 잘 모르지만, 만약 그들이 어떤 연락을 받았는데도 무시하거나 아랫선으로 이첩했다면 이는 매우 심각한 잘못입니다.

멍거: 직원 수가 많고 그들이 각종 부정행위에 흔들리기 쉬운 기업이라면 대규모 준법 감시 부서를 운영해야 합니다. 모든 대형 종합 증권사에는 대규모 준법 감시 부서가 있습니다. 우리도 그런 부서가 있었다면 그 규모가 어마어마했겠죠. 하지만 모두가 준법 감시 기능을 확장해 문제를 해결해야 하는 건 아닙니다. 우리는 경영진을 신중히 뽑고 신뢰의 문화를 조성한 덕에 오랫동안 큰 사고 없이 회사를 유지해 왔다고 생각합니다.

버핏: 찰리가 존경하는 벤저민 프랭클린Benjamin Franklin은 "한 번의 예방은 여러 번의 치료와 같다"라고 말했습니다. 전 그 표현도 부족하다고 생각합니다. 한 번의 예방이 여러 번의 치료보다 오히려 더 낫습니다. 그리고 한 번의 재빠른 치료가 뒤늦은 수십 번의 치료와 맞먹는다는 말도 덧붙이고 싶군요. 문제를 없앨 수는 없습니다. 존 굿프렌드는 살로몬 사태를 교통 범칙금 정도로 취급했다가 회사를 거의 몰락시킬 뻔했습니다.

솔직히 저는 핫라인과 익명 제보만큼 좋은 방법이 없다고 봅니다. 제가 지난 6~7년 동안 받은 제보 중에도 버크셔에 큰 변화를 가져왔을 만큼 심각한 사안이 서너 건 있었습니다. 지금 이 순간에도 적잖은 버크셔 직원들이 뭔가 구린 짓을 저지르고 있을지 모릅니다. 그래도 대개는 소액을 슬쩍하는 것과 같은 뻔한 수준입니다. 하지만 웰스파고처럼 부정이 대외적 영업과 얽힐 정도라면 우리도 큰 타격을 입었을 겁니다.

2018 총회 (00:49:19)

버핏: 웰스파고는 인센티브의 효과를 입증한 기업입니다. 다만 유감스럽게도 인센티브의 기준을 잘못 적용했을 뿐입니다. 문제는 시스템의 결함이 부당행위를 가져오는데도 모르는 척하고 무시한 것이죠. 이는 나쁜 일입니다. 이후에도 웰스파고는 직원들이 존재하지 않는 사람의 계좌를 개설하는 등 더 큰 부당행위를 저질렀습니다. 절대적으로 중요한 것은 처음부터 부당행위를 유발하지 않도록 제대로 된 기준을 세워야 하고, 행여라도 문제를 감지했다면 즉시 조치를 취하는 것입니다. 하지만 웰스파고는 잠자코 있었습니다.

우리의 주요 투자처 중에도 비슷한 잘못을 저지른 곳이 있습니다. 우리는 1964년에 아메리칸 익스프레스를 인수했습니다. 제가 파트너십을 운영한 시절 중 가장 잘한 투자였죠. 그때 아메리칸 익스프레스의 위탁 창고 회사에서 누군가가 부정행위를 저질렀는데, 즉각 대응하지 않았습니다. 그 사건은 우리가 1964년에 아메리칸 익스프레스를 저렴하게 매수할 기회가 되었습니다. 또 우리는 1976년에 비슷한 이유로 가이코의 주식을 4,000만 달러에 대량 매수(주식 환매로 지분의 절반까지 차지)했습니다. 월가에서 추정한 이익률 및 성장 기대치를 충족하겠다는 나쁜 생각에 사로잡혀 손해액 준비금을 낮게 책정해 실적이 개선된 것처럼 부풀리는 잘못을 저질렀기 때문입니다. 이 사건들로 아메리칸 익스프레스와 가이코는 수많은 직원을 해고하는 등 극심한 홍역을 치렀습니다. 이후 그들은 문제를 수습했고 두 기업은 위기를 벗어나 놀랍게 발전했습니다.

그러니 거대 조직에서 문제가 발생하는 건 특수한 상황이 아닙니다. 사실 모든 대형 은행은 어떤 식으로든 문제를 겪었습니다. 그리고 저는 웰스파고가 투자 기준이나 도덕성 측면에서 다른 대형 은행들보다 열등하다고 생각하지 않습니다. 물론 그들은 큰 잘못을 저질렀습니다. 하지만 저는 투자 대상으로서 웰스파고를 좋아하고, CEO로서 팀 슬론Tim Sloan도 좋아합니다. 현재 슬론은 다른 사람들이 저지른 잘못을 바로잡는 중입니다.

　기업은 악재에 정면 돌파해야 합니다. 찰리는 불쾌한 문제가 생기면 정면으로 대처하라고 평생 저를 몰아붙였습니다. 모든 일이 순조로울 때는 그러기가 쉽지 않습니다. 게다가 웰스파고의 잘못은 다른 기관에서도 종종 벌어지는 일임에도 유독 부각되었습니다. 웰스파고가 이렇게 흑역사를 남겼을지 몰라도 앞으로는 탄탄한 대형 은행으로 전진하리라 믿습니다. 가이코는 시련 후 더 강해졌고, 아메리칸 익스프레스도 더 강해졌습니다. 결국 중요한 것은 문제를 발견했을 때 어떻게 대처하느냐는 것입니다.

멍거:　저도 동의합니다. 저는 웰스파고가 이런 사건이 발각되지 않았을 때보다 더 나아질 것이라고 생각합니다. 하비 와인스틴Harvey Weinstein(성범죄로 퇴출된 할리우드 영화 제작자)의 성추행 스캔들도 영화계 정화에 일조했습니다. 웰스파고는 분명히 잘못을 저질렀고, 충분히 인정했으며, 부끄러워했고, 다시는 그런 일이 일어나지 않도록 노력하고 있습니다. 따라서 웰스파고는 앞으로 가장 똑바로 행동할 가능성이 큰 은행이라고 하겠습니다.

버핏:　1963년 아메리칸 익스프레스는 위탁 창고 회사를 운영하면서 겨우 푼돈만 벌고 있었습니다. 그래서 그들은 회사가 침몰할까 봐 걱정했습니다. 저는 '샐러드 오일 스캔들(샐러드 오일이 가득한 창고를 담보로 6,000만 달러를 빌려줬는데, 알고 보니 대부분이 샐러드 오일이 아닌 바닷물

이었다는 사실이 밝혀지고 돈을 빌려간 기업은 파산한 사건)'이 발생한 직후인 1964년에 아메리칸 익스프레스의 주주총회에 참석했습니다. 누군가가 회계 감사관을 부르더군요. 대형 회계법인에 소속된 감사관이었습니다. 그가 마이크 앞에 서자 누군가가 "작년에 우리가 당신에게 얼마를 지불했죠?"라고 물었습니다. 회계 감사관이 대답하자, 질문자는 "음, 10마일 거리인 베이온에 가서 샐러드 오일 재고를 확인하게 하려면 얼마를 더 지불했어야 했을까요?"라고 물었습니다. 아주 사소한 조치만 취하면 될 일이었습니다. 베이온의 한 술집에서 누군가가 전화로 수상하다는 제보를 했지만, 회사 측은 귀를 막고 흘려버렸죠. 아메리칸 익스프레스는 이 일로 거의 죽다 살았지만 이를 전화위복 삼아 훌륭한 회사로 거듭났습니다. 장담컨대 버크셔도 언젠가 잘못을 저지를 수 있습니다. 중요한 건 그때 우리는 손을 쓰겠다는 것입니다. 찰리는 제가 머뭇거릴 때마다 저를 행동으로 이끌었습니다. 그에게는 여러분이 모르는 숨은 공이 많답니다.

경영자와 직원 보상

1995 총회 (00:43:12)

버핏: 우리는 자회사에 자본을 지원하거나 회수할 때 보상 계획도 함께 요청합니다. 우리가 자본을 얼마나 소중히 여기는지 경영자들이 이해하기를 바라는 마음에서입니다. 그런 의미로 그들에게 일종의 자본 사용료, 즉 자본비용을 청구하는 것만큼 좋은 방법은 없습니다. 금액은 회사 관례나 업종에 따라 다른데, 약정 당시 이자율에 따라 결정되기도

합니다. 그 외 다른 변수들과 그날의 우리 기분도 감안해 14~20% 선으로 자본비용을 결정합니다. 때때로 몇 개월간 계절적 자본 수요가 있는 사업체에는 리보금리(London Interbank Offered Rate, 런던 은행간 금리) 수준으로 매우 저렴하게 제공하기도 합니다. 그 이상의 자본을 사용하면 '영구 자본'으로 간주하고 훨씬 높은 금리를 적용한 자본비용을 청구합니다. 만약 우리가 수억 달러의 자본을 소모하는 기업을 인수해 경영자의 보너스 계약을 체결할 경우, 그가 자본을 절감할 방법을 찾아낼 시 보너스 금액만큼 그에게 추가 보상을 하기도 합니다.

우리는 자회사 경영자들이 공짜 돈은 없다는 사실을 알아줬으면 합니다. 제 경험상 경영자들은 대부분 자기 돈을 쓸 때는 비용으로 인식하면서 남의 돈을 쓸 때는 마치 공짜 돈인 양 취급하더군요. 버크셔에서는 썩 장려하고 싶지 않은 자세입니다. 그래서 우리는 그들이 사용하는 자본에 사용료를 부과함으로써 자본의 소중함을 일깨우고 있습니다. 이러한 사용료는 그들의 의사결정에도 유용한 지침으로 효과를 발휘하는 것 같습니다. 우리는 자회사들의 의사결정에 거의 관여하지 않기 때문입니다. 100% 지분을 보유한 자회사라도 제가 그들의 자본예산을 들여다보는 일은 거의 없습니다. 제가 안 볼 정도니, 다른 사람들도 볼 일이 없죠. 본사에 이런 일을 담당하는 직원도 없고요. 우리는 경영자들에게 책임을 맡기지만, 우리가 자본 사용을 꼼꼼히 따진다는 것만큼은 알려주고 싶습니다. 지금까지는 이 시스템이 잘 통했습니다. 우리 경영자들은 평가받기를 마다하지 않으며, 그들의 타율(성과)이 공개적으로 게시되는 데 거부감이 없습니다. 그리고 자본비용을 포함하지 않는 타율은 가짜 타율입니다.

1995 총회 *(03:28:50)*

버핏: 우리 자회사들은 저마다 다른 성과 보상 시스템을 가지고 있습니다. 자본 상태가 제각각인 사업체에서 한 가지 공식에 따라 경영자에게 보상한다면 낭패겠죠. 어떤 회사에서는 필요 자본이 적게 들어갑니다. 그들은 많은 자본을 재투자할 일이 없으니 자본비용이 부과되지도 않습니다. 청구해 봤자 푼돈일 테니 복잡한 절차를 적용할 필요가 없습니다. 자본비용은 자본을 많이 사용하는 회사의 경영자에게 적용됩니다. 큰 자본 없이도 운영이 수월한 회사가 있는가 하면, 자본 없이는 운영이 어려운 회사도 있습니다. 이러한 특성에 따라 자본비용을 부과할지, 부과하지 않을지를 결정할 임계값을 다르게 설정합니다. 우리는 각 사업의 특성을 고려해 합리적인 방법을 모색하는데, 이는 어렵지 않습니다.

보상만으로는 훌륭한 경영자의 행동을 크게 바꿀 수는 없을 것입니다, 다만 자본 사용에 대한 우리의 관점을 알려 주는 측면에서 조금은 바뀔 수 있다고 생각합니다. 우리가 인수한 기업들에는 대개 사업에 대한 열정, 상상력, 마케팅 능력이 충만한 경영자들이 포진해 있었습니다. 이런 사람들에게 불공정하게 대우한다면 불만이 쌓일 것입니다. 우리는 역지사지의 심정으로 그들이 공정하게 대우받고 있다고 인식할 수 있는 보상 체계를 마련하려 노력합니다.

우리 자회사 가운데 똑같은 조건으로 계약한 곳은 없습니다. 참고로 그들의 기업 운영방침도 모두 제각각입니다. 우리가 그들의 직원 보상 시스템에 개입하는 경우는 잘해야 한두 번일 뿐 거의 없습니다. 우리 자회사 중에는 예산을 편성하는 곳도 있고, 안 하는 곳도 있는데 본사에는 그들의 예산 보고서가 올라오지 않습니다. 우리는 4할 타자들이 원하는 대로 스윙하게 둡니다. 그중 일부는 남들과 스윙 자세가 다르기도 하지만 전반적으로는 굉장히 효과적입니다. 그리고 그들은 우리의 바람대로 회사의 소유주와 같은 마음가짐으로 일합니다. 당장 은퇴해도 먹고 살 만한 소유주에게는 스윙의 기초를 가르칠 필요가 없습니다. 오히려 그들은 곧바로 우리에게 스윙의 응용법을 알려 줄 것입니다. 따라서 우리가 해야 할 일은 그들이 다른 어떤 인생 2막보다 지금 일을 더 즐길 수 있도록 여건을 유지하고 그러한 계획을 세우는 것입니다. 그다음에는 공정한 보상도 뒤따라야겠지요.

1996 총회 *(04:06:49)*

버핏: 자본비용을 전혀 고려하지 않는 경영진에게 성과 보상금을 지급하는 것은 문제가 있다고 생각합니다. 예컨대 10년 고정가격 옵션 같은 것이죠. 누군가에게 10년간 무이자 대출을 제공해 준다고 상상해 보세요. 그 정도로 터무니없습니다. 그리고 회사가 상당액의 유보이익을 가지고 있는데 10년 고정가격 옵션을 부여한다면, 경영자들은 저축 계좌에 넣고 이자를 받는 것 외에는 할 수 있는 게 없습니다.

그럴 일은 없지만, 우리 둘에게 스톡옵션이 주어졌다고 가정해 보죠. 스톡옵션을 공정하게 지급하려면 현재 내재가치보다 낮지 않은 가격이어야 합니다. 시장 가격은 잊어야 합니다. 낮은 시장 가격을 스톡옵션 행사 가격으로 삼는 발상은 말이 되지 않습니다. 따라서 우리라면 적어도 내재가치 이상 가격의 스톡옵션을 갖게 될 것입니다. 거기에 우리가 사용하는 자본비용을 감안하면 가격은 매년 더 오를 것입니다. 우리가 왜 주주들의 자본을 공짜로 사용하겠습니까? 우리가 스톡옵션 계획을 세운다면 공정하게 하겠습니다. 내재가치 이상의 발행가와 보유비용을 포함한 완벽히 타당한 보상 방법이 될 것입니다. 그러면 우리는 주주들에 비해 여전히 유리한 입장일지라도, 최소한 보유비용이라는 부담은 짊어지게 됩니다. 우리는 자본비용을 약 15%로 책정해 이를 자회사 보상 계획에 적용합니다. 그리고 그들이 그 자본을 잘 활용해 우리에게 돈을 벌어 준다면 우리는 세전 15%라는 기준을 완화해 줄 수 있습니다. 그것도 우리 임무 중 하나입니다. 회사에 돈을 벌어 달라는 차원에서 그만큼 그들에게 지급하는 것입니다.

멍거: 우리는 극단적인 방법을 고안했습니다. 임원들에게 버크셔 주식을 시장에서 돈 주고 사게 했거든요. 아주 전통적인 방식이죠. 이 방법은 변호사나 보상 컨설턴트가 끼어들 여지가 없습니다. 임원들은 대부분 이를 따랐고 쏠쏠한 이득도 챙겼습니다. 이런 좋은 방법이 왜 널리 퍼지지 않는지 모르겠습니다.

버핏: 경영진이 주주처럼 생각하면 좋겠다고 많이들 이야기합니다. 직접 주주가 되면 주주처럼 생각하기가 아주 쉽습니다. 주주와 똑같이 생각하지 않을 수 없죠.

1998 총회 (02:37:41)

버핏: 어마어마한 금액의 급여와 성과금이 늘 과한 것은 아닙니다. 문제는 엄청난 액수를 평범한 경영자가 챙겨 갈 때입니다. 그런 일은 너무나 빈번합니다. 예컨대 우리는 성과가 뛰어난 자회사 경영자에게 거액을 지급하는 것에 아무 이견이 없습니다. 그들에게 지급한 1달러는 10달러, 20달러, 50달러가 되어 우리에게 되돌아오니까요. 다른 상장 기업에서도 회사의 시장가치를 수십억 달러로 끌어올려 다른 사람은 해낼 수 없는 월등한 공을 세운 경영자들이 있을 것입니다. 그런 사람들이

많은 돈을 가져가는 거죠.

캐피털 시티스의 톰 머피처럼 고액 연봉에 연연하지 않는 사람들도 있습니다. 그는 큰돈을 받을 자격이 있을 만큼 훌륭한 성과를 냈습니다. 하지만 이미 아쉬울 것 없이 충분히 벌었으니 시장이 감당할 수 있는 선에서 얼마를 벌든 신경 쓰지 않는다고 말할 사람입니다.

저는 비이성적 급여 시스템이 우려스럽습니다. 특히 평범한 경영자가 엄청난 고액을 가져갈 때 말이죠. 그들이 비용이 많이 드는 급여 시스템을 설계할 때도 걱정입니다. 아마도 본인들이 엄청난 옵션을 원하는 만큼 회사 전체에 광범위하게 옵션을 도입해야 옵션 제도가 정당화되리라 생각하기 때문일 것입니다. 그들은 개인적으로 비이성적 시스템을 원하기 때문에 회사 전체에 비이성적 시스템을 심어 둡니다.

하지만 제가 보기에 큰 액수 자체는 문제가 아닙니다. 고성과자에게 많은 돈을 지급하는 것은 상관없습니다. 운동선수나 연예인들처럼요. 하지만 기업계에서는 2할대 타자이거나 관중 동원력이 없는 사람들도 엄청난 돈을 가져가는 방식으로 시스템이 진화했습니다. 저는 그 점이 불쾌합니다. 이를 막기 위해 할 수 있는 일은 많지 않습니다. 시스템은 자가 증식하는 경향이 있기 때문이죠. 각 기업 CEO들은 타사들의 위임장 설명서를 봅니다. 그러고는 "음, 아무개가 X 정도 받는다면, 나는 더 받을 자격이 있습니다"라고 말합니다. 그다음에는 이사들에게 "평균 이하의 경영자는 고용하고 싶지 않으실 텐데 내게 평균 이하의 금액을 주시렵니까?"라고 말합니다. 여기에 컨설턴트들까지 등판해서 몸값을 높입니다. 이 관행은 사라지지 않을 것입니다. 손에 열쇠를 쥔 사람들이 시스템의 수혜자니까요. 그러니 바뀔 리가 있겠습니까. 현 시스템에서 열쇠를 쥐고 있는 사람이 성과와 비례하지도 않는 엄청난 이익을 얻고 있는데요.

멍거: 철도왕 코닐리어스 밴더빌트Cornelius Vanderbilt는 버크셔 사람들보다 더 모범적이었습니다. 그는 급여를 전혀 받지 않았습니다. 그는 지배 주주로서 급여를 받는 것이 자신의 격에 맞지 않는다고 생각했습니다. 하지만 그 이상적인 관행은 그의 죽음과 함께 사라졌습니다.

버핏: 버크셔 이사들은 연봉 900달러를 받습니다. 저는 시급으로 치면 그들이 엄청난 돈을 벌고 있다고 말합니다. 우리는 그들에게 그렇게 열심히 일을 시키지 않거든요. 하지만 찰리와 저는 이사 연봉을 900달러로 정할 때 그들이 우리 급여도 정한다는 걸 미처 생각하지 못했습니다. 이처럼 우리는 이사들에게 부담을 주고 이사들은 주주에게 부담을 전가하는 표준 절차를 따르지 않았습니다.

멍거: 저는 이 문제가 계속 확대되면 국가 전체에 악영향을 미칠 것이라고 생각합니다. 미국 최상위 기업의 급여가 지나치게 높다는 인식이 널리 퍼져 있기 때문입니다. 이는 문명사회에서 좋은 현상이 아닙니다. 리더들이 자기 조직의 구성원을 공정하게 대우하지 않는다고 여긴다는 의미니까요.

1999 총회 (00:44:22)

버핏: 버크셔의 경영자 보상 제도는 자회사마다 천차만별입니다. 우리는 기존 기업을 인수한 뒤에도 가능한 한 그들의 문화를 건드리지 않았습니다. 그 문화 가운데는 유독 이질적인 것도 있었죠. 우리 자회사에는 매우 유능한 경영자가 많아서 다들 자기 회사에 가장 적합한 시스템을 설계해 냅니다. 그런데 그중에 스톡옵션 계획이 끼어 있다면, 우리는 성과제로 대체할 것입니다. 성과제는 어떤 옵션 제도보다 사업의 성과와

훨씬 더 명확하게 연계됩니다. 우리는 옵션 제도의 예상 비용을 감안해 보상 계획을 세우겠습니다. 또한 성과에 따라 보상하는, 소유주와 직원 양쪽의 관점에서 훨씬 더 합리적인 보상 제도를 마련할 것입니다.

아마 여러분은 연차 보고서를 통해 가이코에 우리 목표와 연계되는 포괄적 보상 계획이 도입되었음을 알게 되었을 겁니다. 그 계획은 가이코의 CEO 토니 나이슬리Tony Nicely가 주축이 되어 설계했습니다. 우선순위로 삼을 것에 관한 서로의 생각이 일치했고 나이슬리는 가이코와 버크셔의 공동 목표에 기반해, 가이코의 전 직원에게 적용할 보상 체계를 개발했습니다.

버크셔의 모든 자회사는 스톡옵션을 제외하고는 인수 전과 비슷한 보상 계획을 유지하고 있습니다. 그들은 성공한 기업이며 각기 다른 방식으로 그 성공에 도달했습니다. 어떤 타자는 좌타자이고, 어떤 타자는 우타자입니다. 어떤 타자는 타석에서 본루와 멀리, 어떤 타자는 본루에 바짝 붙어 섭니다. 타격 스타일도 제각각입니다. 마찬가지로 우리 경영자들의 스타일도 각자의 사업에서 성공적인 것을 입증했습니다. 그래서 우리는 제가 조금 전에 언급한 것을 제외하고는 그들 방식에 어떤 시스템도 더하려고 하지 않습니다. 우리는 성과제를 좋아하며 근본적인 원칙으로 여깁니다. 남들은 말로만 성과제에 찬성하는 척하고 뒤에서는 성과가 어찌 되든 고액을 벌 수 있는 보상 제도를 설계합니다. 우리는 그러고 싶지 않습니다.

멍거: 저는 버크셔가 미국의 어떤 대기업보다 인사 측면에서 더 분권화되어 있음을 주주들이 꼭 알아주기를 바랍니다. 우리는 자회사에 본사 문화를 강요하지 않습니다. 자회사마다 자체 문화가 있고, 저는 그들의 문화가 모두 훌륭하다고 생각합니다. 그래서 우리는 그들을 그냥 내

버려 둡니다.

버핏: 우리에게는 인사, 법무, IR, 홍보 관련 부서가 없습니다. 우리 회사에는 최고의 인재들이 많습니다. 그들에게 오마하로 송금을 요청하는 것 이상의 요구는 어리석다고 봅니다. 흥미롭게도 저는 사업을 시작했을 때 제가 사람들에게 동기를 부여하는 방법에 대해 선입견이 많았다는 걸 깨달았습니다. 하지만 개중에는 고성과자에게 개별적으로 보상하지 않는 조직들도 있습니다. 그들은 자기 조직을 한 팀이라고 생각해서 보상에 대해서도 팀 개념을 선호합니다. 반면에 개인 지향적인 조직들도 있습니다.

멍거: 제 기억에 한 버크셔 자회사에서 다른 자회사로 옮겨간 사람은 없는 것 같습니다. 있어도 극히 드물걸요.

버핏: 우리는 자회사끼리 인사 교류를 하지 않습니다. 모든 구역이 잘 돌아가고 있으니 그들의 자주권을 인정하며 내버려 두는 게 최선이라고 생각합니다.

2000 총회 (01:46:47)

버핏: 가이코가 전보다 훨씬 더 합리적인 계획을 도입한 것은 매우 잘한 일이라고 생각합니다. 저는 가이코가 그 이점을 바탕으로 시간이 지날수록 더욱 강해질 것이라 보는데요. 보상은 사실상 직원들에게 말하는 방식이기 때문입니다. 가이코 같은 큰 조직은 모든 직원에게 직접 말을 전할 수 없습니다. 하지만 보상을 통해 전할 수 있습니다. 보상은 직원들의 생산성과 성과를 합리적으로 측정하는 방법입니다. 그리고 시간이 지날수록 수천 명의 직원은 그것을 제도로 흡수합니다. 따라서 그들이 목표로 도달하게끔 이끄는 가장 좋은 방법입니다. 반면에 스톡옵

션으로 보상받는 사람들은 본질적으로 자기가 복권을 쥐고 있다고 생각합니다. 지난 몇 달간 기술주에서 그런 모습을 보았을 것입니다. 이는 그들이 개인적 성과 달성보다 기술주 시장의 움직임에 더 큰 영향을 받게 됨을 뜻합니다.

시가총액 900억 달러인 버크셔의 무수한 직원 중 한 명이 열심히 일한다고 주가를 움직일 리는 없습니다. 하지만 그들의 노력은 우리가 확보하는 보험 고객 수나 그들의 만족도를 움직일 것입니다. 그리고 그 결과에 따라 보상할 수 있다면, 우리로서도 그들의 사업과 더 보조를 맞출 수 있고 그들도 자신의 보상을 합리적이라고 받아들일 것입니다. 그래서 저는 경쟁사들이 온갖 미친 보상 제도를 개발하기를 바랍니다. 그들이 더 이상한 제도를 고안할수록 우리에게 유리합니다. 우리는 매우 성공적으로 경영자들을 잘 붙잡아 왔기 때문이죠. 그 점에서 저는 미국 대기업 중 버크셔만큼 인복 많은 회사가 없다고 생각합니다. 그 비결로는 고성과 경영자를 제대로 보상하고 인정하는 문화도 부분적으로 한몫했습니다.

멍거: 여기서 버크셔가 세상의 관습과 크게 어긋나는 게 또 하나 있습니다. 저는 타사의 연차 보고서를 많이 읽는데, 버크셔 연차 보고서라면 절대 들어갈 수 없는 내용이 들어 있는 걸 보면 몹시 짜증이 납니다. 비합리적인 보상 체계 관습이 기업들 사이에 많이 존재한다는 걸 알게 되거든요. 하지만 무엇이 합리적이고 무엇이 비합리적인지를 관습에 따라 결정한다면 우리가 비합리적이라는 결론이 나오겠죠. 그만큼 버크셔 같은 방식은 드뭅니다.

버핏: 저는 최고 임원들이 천문학적 연봉을 받고자 하는 욕망이 잠재의식에 깊이 박혀 있다고 생각하지만, 때로는 조직 전체에 확산되기도

합니다. 그들이 자신에게 앞서 이야기한 복권(스톡옵션)으로 보상하는 계획을 세운다면, 다른 모든 사람에게도 비록 규모는 축소될지언정 복권을 줘야 한다고 생각하기 때문입니다. 스톡옵션이 정착되고 나면 그가 고용한 보상 컨설턴트가 "다른 곳에서는 더 많은 복권을 나눠 주고 있습니다. 그래서 저희가 보완할 만한 몇 가지 새로운 계획을 준비해 왔습니다"라고 말할 것입니다.

그런데 최고위층의 실상은 입을 떡 벌어지게 합니다. 만약 한 경영진이 회사에 "여기서 일하는 조건으로 앞으로 10년간 S&P 500 선물 계약 3억 달러 상당의 옵션을 받고 싶다"라고 말한다면, 사람들은 터무니없는 요구라 생각할 것입니다. 하지만 그들은 S&P 500이 10년 동안 우상향해 가치가 상승할 것을 생각해 자신의 주식에 대해 그런 옵션을 부여하는 것이 충분히 가능하다고 생각하죠.

엄청난 급여 격차에 대해 그간 많은 말들이 오갔습니다. 하지만 저는 미국 CEO들을 안달하게 만드는 주된 격차가 부호와 대부호 간의 격차라고 생각합니다. 그 점이 보상 계획을 세울 때 흔히 동기 부여로 작용하는 것 같습니다. 이제는 걷잡을 수 없게 되었지만 바뀌지는 않을 겁니다. 현실적으로 CEO가 열쇠를 쥐고 있으니까요. 저는 보상 위원회 사람들을 알고 있고 제가 직접 참여한 적도 있습니다. 그래서 말씀드리는데, 앞으로 달라질 가능성은 없습니다.

멍거: 오늘날 많은 기업의 보상 제도는 누군가가 곡물 창고에 쥐 떼를 풀었을 때 농부에게 닥친 상황과 거의 비슷하게 작동합니다.

2002 총회 (02:50:37)

멍거: 미국의 스톡옵션 제도에는 끔찍한 관행이 많습니다. 특히 어떤

회사에서 CEO로 승진한 사람이 이제 수억 달러어치의 회사 주식을 보유하게 됐다고 칩시다. 수십 년 동안 그는 회사에 충성했고, 회사도 그의 근속을 인정해 왔습니다. 그런데 이미 고령이 된 그의 충성심과 열정을 유지하겠다고 매년 그에게 후한 스톡옵션을 부여하는 것을 이사회가 승인하는 것은 미친 짓이라고 생각합니다. 나아가 부도덕하기까지 합니다. 60대가 된 메이요 클리닉Mayo Clinic의 의사들이나 크라배스 스웨인 앤드 무어Cravath, Swaine & Moore의 파트너들에게 스톡옵션을 준다고 그들이 더 열심히 일할까요? 그 나이쯤이면 회사에 대한 충성심을 운운하며 1억 달러를 더 챙기기보다 회사에 모범이 될 생각을 해야 합니다.

버핏: 누가 됐든 저와 찰리의 뒤를 이을 사람, 즉 버크셔의 CEO가 될 사람은 회사 전체의 자본 배분을 맡게 됩니다. 또 그를 위한 합리적인 스톡옵션 계획이 마련될 수도 있을 겁니다. 회사의 전체 책임자인 만큼 그에게 스톡옵션을 지급해도 무리는 아니겠죠. 하지만 그 스톡옵션이 합리적으로 구성된다면 무배당 기조를 유지하는 우리 회사 특성상 매년 스톡옵션에 자본비용을 반영해야 합니다. 왜 우리가 여러분에게서 공짜 돈을 받아야 합니까? 그 옵션 가치는 예금 계좌에 넣어 둔 돈처럼 우리가 아무것도 하지 않아도 저절로 불어날 것입니다. 따라서 10년 고정가격 옵션은 어떤 경영자에게든 저축 계좌나 국채에 돈을 넣어 두었다는 이유만으로 어마어마한 가치를 안겨 주는 것과 다름없습니다.

그래서 스톡옵션을 공정하게 지급하려면 자본비용 요소를 반영해야 합니다. 그리고 회사의 주가가 내재가치보다 낮을 때는 발행해서는 안 됩니다. 가령 회사를 인수하려는 사람에게는 "내 주식 가격이 터무니없이 낮다"라고 말하는 CEO가 그 터무니없이 낮다는 가격으로 자신에게 스톡옵션을 부여하는 경우를 상상해 보세요. 기가 막힙니다. 예를 들어 어느 기업의 소유주가 나중에 훨씬 더 가치가 오를 것 같다는 이유로 당장은 주당 30달러 이하로 자기 회사를 팔고 싶지 않아 한다면, 이 경우에는 주가가 15달러라도 스톡옵션은 30달러여야 합니다. 그렇지 않으면 가치 대비 주가가 낮다는 프리미엄이 내재된 것입니다. 저 같으면 이걸 좋다고 덥석 받지 않겠습니다.

멍거: 미국의 기업 보상 제도는 흠이 너무 많습니다. 스톡옵션을 실제 비용으로 처리하지 않는 탓에 도를 넘는 행위가 비일비재해졌습니다. 이는 국가적 해악입니다. 아리스토텔레스는 사람들이 서로 다른 결과에도 공정하다고 여기는 사회가 더 잘 작동한다고 말했죠. 따라서 기업의 보상 관행을 불공정하다고 여기는 사람이 많다면 국가에도 해로운 것입니다.

버핏: 그렇지만 바꾸기는 어려울 겁니다. 저는 19개의 상장 기업 이사회에 있었고 찰리도 그중 많은 이사회에 함께 있었습니다. CEO들은 결국 원하는 것을 대부분 얻어내더군요. 게다가 그들이 원하는 것은 매년 부풀어 오릅니다. 매년 자기보다 더 많이 얻는 누군가를 보기 때문이죠. 이처럼 보상은 한번 올라가면 내려올 줄 모르는 특성이 있는 데다, 보상 컨설턴트들까지 더욱 부채질합니다. 그래서 변화를 기대하기가 매우 어렵습니다.

2003 총회 (04:26:42)

멍거: 우리는 자본이 거의 필요하지 않은 사업에서는 경영진에게 수익에 따라 보상합니다. 그리고 사업이 자본을 필요로 하기 시작하면 보상 시스템에 자본 요소를 반영합니다. 보상은 어떤 한 가지 표준을 채택하

는 게 아니라, 과거 전력과 환경에 따라 회사별로 다릅니다. 하지만 자본이 중요한 요소라면 당연히 그것을 고려합니다. 사기 진작 측면에서 버크셔 자회사들의 기세는 꽤 높습니다. 버크셔 경영진은 한번 들어오면 거의 떠나지 않습니다. 아마 우리 회사의 이직률은 주변 어느 곳보다 낮을 것입니다.

버핏: 우리는 보상으로 큰 불화를 겪은 적이 없습니다. 그만큼 보상 제도가 합리적이기 때문이 아닐까요. 우리는 필요 이상으로 일을 복잡하게 만들고 싶지 않습니다. 때문에 버크셔의 보상 시스템은 매우 단순합니다. 하지만 엄청난 성과를 거두는 일부 자회사에는 성과금 기준치를 매우 높게 잡기도 합니다. 반면에 이익을 내기 힘든 회사에는 기준치를 훨씬 낮게 설정하죠. 그래도 그 기준치에 도달하는 데 필요한 경영자의 자질은 다른 회사에서 요구하는 바와 다를 게 없습니다. 보상은 복잡한 과학이 아닙니다. 38년 동안 우리 회사에서 다른 회사로 떠나는 CEO는 한 명도 없었습니다. 극히 드물게나마 우리가 직접 결정을 내린 경우는 몇 번 있었지만요. 버크셔에는 관료주의가 거의 없습니다. 대신 미래에는 우리에게 이 모든 자회사를 포함해 18개월에 한 번 정도는 경영권 승계 문제가 불거질 수 있습니다. 그러니 버크셔에서 보상은 큰 문제가 아닙니다.

2004 총회 (00:49:14)

버핏: 버크셔에서 일하면 돈을 잘 벌 수 있습니다. 회장, 부회장이 아니라도 많은 돈을 벌 기회가 있죠. 다만 이는 성과와 결부됩니다. 평범한 성과로는 많은 돈을 벌 수 없습니다. 질문자가 언급한 에너지 기업 미드아메리칸MidAmerican의 경우, 저는 이 회사의 두 공로자(경영자)에게 어

떤 보상이 적합할지 생각했습니다. 약 3분 동안 메모지에 초안을 끄적여 보았습니다. 그리고 사업 파트너이자 현재 보상 위원회를 이끌고 있는 월터 스콧Walter Scott에게 보여 주며 의견을 물었죠. 그는 제안서를 보고 괜찮다고 말했습니다. 그 후 두 경영자와 이야기를 나누었습니다. CEO인 데이브 소콜에게 절반 이상을 주고, 2인자인 그레그 에이블Greg Abel에게는 절반 이하로 보상하기로 했습니다. 그러자 데이브는 '그것도 나쁘지 않지만 그냥 절반씩 나눕시다'라고 말하더군요. 그렇게 결정이 마무리되었습니다.

이는 다른 회사의 방식과는 크게 다릅니다. 대부분의 회사는 매우 정교한 절차를 거쳐 임원 보상액을 계산합니다. 하지만 찰리와 저는 그 문제로 5분 이상 생각해 본 적이 없습니다. 우리는 1972년에 시즈캔디의 척 허긴스Chuck Huggins와 보상 약정을 맺었고, 그 효력은 지금까지 유효합니다. 몇 년 전에 프루트 오브 더 룸Fruit of the Loom의 수장이 된 존 홀랜드John Holland에게는 한두 문단짜리 제안서를 제시하고 그 효력을 평생 유지하기로 했습니다. 복잡할 건 없습니다. 대신 해당 사업부터 잘 이해해야 합니다.

버크셔의 모든 자회사에 적용할 단 하나의 공식 같은 건 없습니다. 그건 터무니없으니까요. 복잡한 보상 체계도, 페이지가 한도 끝도 없이 넘어가는 규정집도 필요 없습니다. 그런 건 우리와 경영자 간에 골만 깊어지게 합니다. 우리의 모든 일은 더없이 단순합니다. 보상 컨설턴트를 섭외하지 않고, 사내에 인사부도 없습니다. 그래 봤자 일상이 훨씬 피곤해질 뿐입니다. 모두가 각종 콘퍼런스에 참석하고 다른 컨설턴트들과 접촉하는 동안 이해관계가 얽힌 사람들의 수는 점점 걷잡을 수 없이 불어납니다. 전형적인 대기업에는 보상 위원회가 있습니다. 대개 그들은 보상 위원회에 순종적인 치와와를 원하지 도베르만 같은 투견을 원하지 않습니다. 그동안 저는 19개 이사회에 있었습니다. 한번은 보상 위원회에 배정되었는데, 저는 의장이었지만 표결에서 밀렸습니다. 이사들이 할 수 있는 일은 한계가 있습니다. 그들은 비교 대상을 나열한 종이 한 장을 받습니다. 그리고 모두 자기네 CEO가 상위 25%에 속한다고 생각합니다. 이래서 보상은 한번 올라가면 내려오지 않습니다. 그리고 이제 스톡옵션이 눈 밖에 나니 양도제한조건부주식이 유행하기 시작합니다.

멍거: 보상 컨설턴트를 고용하느니 제 셔츠 안에 독사 한 마리를 풀어놓으렵니다.

2004 총회 (03:57:57)

버핏: 우리는 단순한 보상 시스템을 아주 좋아합니다. 우리가 중시하는 변수들에 집중하고 이를 산업의 경쟁성과 자회사의 자본 여건에 비교한 후, 그들이 창출하는 부가가치에 따라 보상합니다. 열악한 회사에는 그 부가가치의 기준점을 낮게 잡고, 운영하기 쉬운 회사에는 높게 잡습니다. 적당한 규모의 TV 방송사 그룹이 있다면 아마 침팬지가 경영해도 세전 이익률이 35%는 될 것입니다. 그러면 35%를 초과하는 성과에 보상하면 되겠지요. 이런 상황에서 기준점을 10~15%로 잡는 것은 어리석은 일입니다.

찰리와 저는 기본적으로 얼굴만 내밀어도 돈을 받는 온갖 종류의 보상 제도를 보았지만, 그들은 수학을 동원해 실제로 뭔가를 성취한 것처럼 보이려고 노력합니다. 결국 누구든 훌륭한 경영자를 두었다면 그에게 후한 보수를 지불하고 싶을 것입니다. 회사가 설정한 목표를 달성하면 커다란 당근을 주고픈 게 당연하지요.

멍거: 소규모 체인 사업에서 매우 명민한 보상 시스템을 보여 주는 책으로 레스 슈워브Les Schwab의 《성과에 대한 자부심(Pride in Performance: Keep It Going)》을 추천합니다. 그는 미국 북서부 전역에 타이어 체인점을 여러 곳 운영 중인데 영리한 시스템을 통해 세계에서 가장 돈 벌기 힘든 업종에서 큰돈을 벌었습니다. 그의 설명이 우리보다 훨씬 유용할 겁니다.

2006 총회 (00:40:46)

버핏: 우리가 구리 광산 회사를 소유하고 있다면, 구리 시가보다 생산비를 더 중점적으로 평가하겠습니다. 구리 매장량 등에 어느 정도 좌우되긴 해도 경영자는 생산비를 조절할 수 있습니다. 하지만 시가는 그들의 통제권 밖입니다. 우리는 경영자의 통제하에 있는 변수를 토대로 보상을 정할 것입니다. 그러려면 산업의 특성부터 파악하고, 경영자가 영향을 미칠 수 있는 범위와 그 범위 안에서 그들이 얼마나 잘하고 있는지 알아야겠죠. 그들이 조절할 수 없는 변수에 보상해서는 안 됩니다.

제 책임하에 보상이 결정되는 경영자는 아마 40명쯤 될 겁니다. 그리고 지난 40년 동안 보상 문제로 버크셔를 떠난 사람은 제 기억에 없습니다. 보상 컨설턴트를 부른 적도 없고요. 보상은 복잡한 과학이 아니어서 우리는 그 일에 많은 시간을 들이지 않습니다.

SEC(Securities and Exchange Commission, 미국 증권거래위원회)는 임원 보상의 투명성을 더욱 높이고자 하는데, 저도 좋다고 생각합니다. 다만 그로 인해 오히려 CEO들의 쇼핑 목록이 늘어날까 봐 우려됩니다. 어떤 회사에서는 이발비도 지원해 준다는 소문이 나면 다른 CEO들도 자기 회사에서 당연히 보상에 이발비를 포함해야 한다고 생각할 테니까요.

2007 총회 (00:27:12)

버핏: 잘못된 보상 시스템보다 잘못된 경영자가 더 골칫거리입니다. P&G, 코카콜라, 아메리칸 익스프레스의 경영자가 어떤 사람인지는 엄청나게 중요합니다. 거물 기업을 별 볼 일 없는 경영자에게 맡기는 죄에 비하면 보상과 관련한 죄는 모두 약과입니다.

2016 총회 (04:02:53)

멍거: 인센티브의 기본 규칙은 보상하는 대로 결과를 얻는다는 것입니다. 그러니 어리석은 인센티브 제도에서는 어리석은 결과가 나옵니다. 우리 자회사 중에는 가이코의 인센티브 제도가 정말 흥미로운데, 흔히들 채택하는 이윤 중심 인센티브가 아니기 때문입니다. 워런, 들려줘 봐요. 정말 재미있거든요.

버핏: 가이코에서는 두 가지 변수를 따지는데요, 이는 2만 명 이상의 직원들에게 적용됩니다. 그 전에 1년 이상 근무해야 합니다. 그리고 직위가 올라갈수록 승수 효과가 있습니다. 이 두 가지 조건이 상여금을 결정합니다. 즉 두 조건은 동일하지만 기본급 대비 상여금 비중이 직위와 비례해 점점 커지게 되죠. 하지만 기본적으로는 어느 직위에서든 중요합니다. 저는 수익성 있는 성장을 중시합니다. 이에 따라 가이코의 인센티브 시스템에 적용하는 두 가지 변수 중 첫 번째는 '보험 계약 증가율'입니다. 이를 반영한 평가표를 가지고 있습니다. 액수 증가율이 아닙니다. 액수에는 통제할 수 없는 변수인 평균 보험료가 반영되기 때문이죠. 그리고 다른 평가표에는 두 번째 변수인 '기존 보유 계약의 수익성'을 집어넣습니다.

신규 보험 계약을 성사하기까지는 광고비를 포함해 많은 비용이 듭니다. 따라서 첫해에는 신규 계약을 유치하느라 이익률이 상당히 저조할 겁니다. 그리고 우리는 회사가 급성장하는 동안 불가피하게 낮을 수밖에 없는 이익률을 직원들이 걱정하지 않기를 바랍니다. 따라서 기존 보유 계약의 수익성에 신규 계약 증가율을 더하는 겁니다. 1995년부터 그렇게 해 왔고 모든 직원도 수긍하고 있습니다. 2월이 되면 두 변수가 발표되고 직원들의 보상이 결정되므로 모두의 귀추가 주목됩니다. 이렇게 하면 보상 측면에서 조직의 목표와 소유주의 목표가 완전히 일치하게 됩니다.

멍거: 우리 방식은 간단합니다. 하지만 다른 보험사들은 이윤만으로 보상하는 식이어서 이윤에 해가 되는 신규 계약을 꺼리는 편입니다. 이런 점들도 깊이 고려해야 하는데, 물론 워런은 그 점을 간과하지 않았죠. CEO인 토니 나이슬리도 마찬가지입니다.

버핏: 이윤만 기준으로 삼는 것은 가장 어리석은 보상 방법입니다. 일단 광고부터 철수할 테고, 그 결과 사업은 서서히 축소될 것입니다 가이코 직원들은 최고 경영진도 똑같은 두 변수에 따라 급여를 받는다는 것을 알기에 그들이 자신들보다 특혜를 받는다고 생각하지 않습니다. 그저 타당한 시스템으로 받아들일 뿐입니다.

만약 우리가 보상 컨설턴트를 데려온다면 그는 버크셔 전체를 대상으로 설계한 일괄적 계획을 내놓을 것입니다. 70~80개 회사에 걸쳐 일괄적인 인센티브 보상 계획을 짜는 것은 완전히 헛튼짓입니다. 그런데도 컨설턴트는 기본 계획과 그 밑에 소소한 하위 계획들을 짜내고는 온갖 종류의 근거를 들어 설명할 겁니다. 안 봐도 뻔하죠.

우리는 각 자회사에 합리적인 보상 방법을 적용합니다. 그들이 납득할 수 있는 계획을 설계하려고 노력하죠. 우리는 매우 다양한 종류의 회사를 두고 있습니다. 개중에는 매우 힘든 사업도 있고, 쉬운 사업도 있습니다. 또 일부는 자본 집약적인가 하면, 일부는 자본이 필요하지 않습니다. 단순히 전 직원을 직급별로 줄 세워 다 같이 간단한 공식을 적용하고 거기에 기업의 전체 실적 요소를 추가하는 방식은 많은 돈을 낭비하고 잘못된 인센티브까지 낳게 됩니다. 그래서 우리는 자회사별로 맞춤형 보상 방식을 설계했죠. 지금 봐도 꽤 잘 돌아가는 것 같습니다.

멍거: 인센티브의 나쁜 예는 주로 은행과 투자은행에서 찾을 수 있습니다. 이윤을 기반으로 보상하고, 심지어 그 이윤이 실제 재무 상태와 별개로 회계 관행을 이용한 서류상의 이윤이라면 어찌 되겠습니까. 직원들은 부정을 저지르고 자사를 위험에 빠지게 하며 나아가 국가에도 해를 끼칠 것입니다. 이는 2007~2008년 금융위기의 주원인이기도 했습니다. 은행과 투자은행들은 이익을 부풀려 발표했습니다. 한때 회계 관행상 대출기관이 이전의 손실률을 대출에 적용할 수 있었기 때문입니다. 그래서 어리석은 대출기관은 '이전에 다른 대출에서 손해 본 적 없으니 괜찮겠지'라면서 고금리 대출을 훨씬 늘려 막대한 이자수익을 쌓았습니다. 회계 당국이 이를 허용한 건 미친 짓이었습니다. 문자 그대로 미친 짓이라고 해도 과언이 아니에요. 하지만 회계사 중에 아무도 부끄러워하는 사람이 없었습니다.

버핏: 많은 부정행위가 자행되고 있습니다. 스톡옵션 가격 책정이 대표적인 예입니다. 저는 어느 이사회에서 스톡옵션을 아주 저가에 발행하고 싶다는 대화를 으레 듣곤 했습니다. 회사 내에 스톡옵션의 저가 발행에 이해관계가 걸린 사람들이 있을 경우 이는 종종 현실이 되기도 합니다. 기업이 가능한 한 낮은 가격으로 주식을 발행할 방법을 찾는 데 골몰하는 것보다 더 어리석은 일이 있을까요? 보상 업무는 세간의 바람

과 달리 복잡하지 않습니다. 하지만 컨설턴트는 보상을 매우 복잡해 보이게 만들고, 자신만이 이 난해한 문제를 해결할 수 있다고 주장하고 싶어 합니다.

멍거: 우리는 단순하고 옳은 방법을 추구합니다. 우리가 원치 않는 결과에 보상하고 싶진 않습니다. 이 자리에 자녀가 있는 분들은 자기 자녀의 나쁜 행동에 끊임없이 보상한다면 집안이 어떻게 돌아갈지 상상해 보십시오. 그 집은 곧 통제 불가가 될 겁니다.

경영진 계약

2009 총회 (03:23:52)

버핏: 우리는 계약서를 썩 좋아하지 않습니다. 우리는 수억 내지 수십억 달러를 주고 기업을 인수합니다. 이때 우리가 내려야 할 결정은 '우리가 주식 증서와 대금을 맞바꾼 후에도 회사에 대한 저 사람들의 열정이 여전할까?' 같은 것입니다. 여기서 우리의 판단이 잘못되었다면, 어떤 계약서도 우리를 구하지 못할 것입니다. 우리는 계약에 기반한 관계를 원하지 않습니다. 요식 계약을 맺은 적이 있는지 생각도 안 나네요. 우리는 계약서로 직원들을 붙잡지도 않습니다. 효과가 없으니까요. 그래서 기본적으로 계약서 쓰는 걸 좋아하지 않습니다.

멍거: 우리가 지향하는 모형은 양쪽이 신뢰로 매끄럽게 연결된 관계망입니다. 모든 사람이 계약에 의존하며 쌍방에 아무런 신뢰가 형성되지 않는 할리우드식 모형은 우리와 전혀 안 맞습니다.

버핏: 우리는 임원의 화장실 크기로 협상하고 싶지 않습니다. 그런 건

우리가 할 일이 아닙니다.

경영자의 자질

1996 총회 (02:39:50)

버핏: 훌륭한 회사는 훌륭한 경영진이 필요하지 않을 만큼 대단한 회사입니다. 반면에 빈약한 회사는 훌륭한 경영자가 있어야만 성공하거나 겨우 연명할 수 있습니다. 우리는 자기 회사를 잘 알고, 회사와 주주를 아끼고, 주주를 동반자로 대하는 경영자를 원합니다. 하지만 기업의 펀더멘털도 주시합니다. 출중한 경영자라도 형편없는 회사에 갇혀 있다면 그를 그곳에서 빼내 다른 회사에 투입하는 게 최선의 대책이기 때문입니다.

솔직히 말해 기업 경영자들의 자질에는 엄청난 차이가 있습니다. 〈포춘〉 500대 기업의 CEO는 올림픽 육상팀처럼 선발되지 않습니다. 뽑는 과정이 저마다 다릅니다. 미국 올림픽 대표팀에는 전국 최고들만 모여 있지만, 기업 CEO들은 자질이 균등하지 않습니다. 빌 게이츠처럼 유능하고 훌륭한 인물도 있는가 하면, 평범한 CEO도 많습니다. 때로는 누가 뛰어난 성과자인지 한눈에 보이기도 하죠. 미래에도 꾸준히 3할 이상의 타율을 기대하는 우리로서는 3할 5푼 내지 6푼대 타자를 환영합니다. 어떤 사람이 "작년 타율은 0.127이었지만 새 배트나 새 타격 코치를 구했다"라고 말하면서 웬 경영 컨설턴트와 함께 등판한다면 이들을 의심할 수밖에 없습니다. 우리는 갑자기 장타자가 될 수 있다고 호언장담하는 땅볼 타자를 좋아하지 않습니다.

그다음에는 주주에 대한 태도를 유심히 보는데 이것도 미국 기업계에서는 편차가 큽니다. 강조하건대 우리는 좋은 기업과 좋은 경영진의 조합을 원합니다. 저는 연차 보고서에서 톰 머피를 예로 들었습니다. 수십 년 동안 언론사 캐피털 시티스를 경영한 그의 능력이나 성실성은 아무도 못 따라잡습니다. 그 외에도 그의 뛰어난 능력을 증명할 사례를 50개는 더 댈 수 있습니다. 그는 주주의 입장을 헤아렸을 뿐 아니라, 그들의 이익을 위해 무엇을 해야 하는지도 알았습니다. 사업 확장은 합리적 이유가 있을 때만 했고 자신의 자존심을 위해서나 세를 키워 보려고 일을 벌이지 않았습니다. 그는 주주의 이익에 맞춰 사업적 결정을 내렸습니다. 물론 세상의 모든 경영자가 톰 머피 같지는 않습니다. 하지만 그와 비슷한 사람들을 발견하고 그들의 회사도 좋다면 저는 그들에게 큰돈을 걸고 제가 한 실수(한두 차례 매각한 것)를 반복하지 않을 것입니다.

2001 총회 (00:17:36)

멍거: 저는 좋은 기업의 경영자는 대개 내일의 성과를 더 돋보이고자 오늘의 성과를 약간 축소하는 경향이 있다고 생각합니다.

2007 총회 (02:53:37)

멍거: 중요한 것은 회사의 질과 경영자의 자질입니다. 훌륭한 기업은 무능한 경영자를 감당할 수 있습니다. 반면 아무리 뛰어난 경영자라도 형편없는 회사에 들어가면 그의 능력은 제대로 발휘할 수 없습니다. 즉 워런이 젊은 시절의 실수로 가망 없는 섬유 회사를 인수해 지금과 같은 성과를 이뤄낸 것은 가능성이 너무도 희박한 일이죠. 제2의 워런이 어딘가에 숨어 있을 거라 생각한다면 큰 오산입니다.

버핏: 지금 제게 미국의 모든 CEO 중 드래프트 1순위 지명권을 주면서 포드 자동차나 상황이 좋지 않은 다른 기업을 맡으라고 한다면 거절하겠습니다. 너무 어려우니까요. 노조의 협조 등이 있으면 문제를 잘 헤쳐나갈지도 모르겠지만 그런 요소는 CEO의 통제하에 있는 게 아닙니다. 아무리 세계 최고의 경영자라도 그 자리를 유지하려면 자신의 통제 밖에서 일어나는 수많은 일이 잘 풀려야만 합니다.

2016 총회 (04:34:58)

버핏: 그동안 버크셔에는 수십억 달러, 어쩌면 수백억 달러에 이를 가치를 창출한 경영자들이 많았습니다. 훌륭한 경영자가 유망한 기업을 맡아 그 잠재력을 최대한 활용하면 시간이 지날수록 엄청난 성과를 가져올 것입니다. 물론 그 결과를 일주일이나 한 달 안에 볼 수는 없겠지요. 하지만 제프 베이조스가 아마존에 얼마나 많은 자본가치를 구축했는지를 생각해 보십시오. 그 어마어마한 수치는 베이조스가 아니었다면 불가능했을 것입니다. 톰 머피와 그의 오랜 사업 파트너 댄 버크Dan Burke는 캐피털 시티스의 총가치를 창출했다고 봐도 무방합니다. 그들은 올버니 지역의 파산한 UHF(극초단파) 방송사를 밑바닥에서 일으켜 세웠으니까요. 그들이 TV를 발명하거나 그 정도의 혁신을 이뤄낸 것은 아닙니다. 그저 경영 능력이 출중했을 뿐입니다. 이처럼 정말 뛰어난 경영자들의 가치는 헤아릴 수 없습니다. 찰리와 저는 자회사들을 직접 경영할 수는 없지만 경영자들과 협력하고 보조를 맞추려 노력합니다. 그리고 그들이 우리가 생각하는 것처럼 버크셔를 생각하기를 원합니다. 그렇게 한다면 아지트 자인을 비롯한 우리의 많은 경영자들은 엄청난 자산을 얻게 될 것입니다.

스톡옵션

1997 총회 *(02:14:33)*

버핏: 주주 입장에서 볼 때 대부분의 스톡옵션은 불합리한 구조이지만, 받는 사람 입장에서는 안성맞춤인 것처럼 보입니다. 이는 수혜자가 곧 설계자인 동시에 그들이 전문가를 고용해 회사에 어떤 이득이 되는지를 전달하는 매우 기묘한 협상이라는 점으로 어느 정도 설명이 가능합니다. 게다가 그 전문가는 자신에게 수수료를 주는 고객이 듣고 싶어 하는 말도 잘 알고 있습니다.

스톡옵션 자체가 문제인 것은 아닙니다. 버크셔의 경우 저나 찰리에게 제대로 설계된 스톡옵션이 주어졌다면 충분히 타당했을 것입니다. 우리는 버크셔의 전체 책임자이고, 어떤 형태든 성과 인센티브제는 그 사람의 책임 범위와 연결되어야 합니다. 분당 100단어를 입력하는 타이피스트에게는 입력한 만큼이 대가를 지급해야지, EPS(주당순이익)를 기준으로 대가를 지급하면 안 됩니다. 즉 인센티브 제도는 각 부문 책임자의 성과와 연결되어야 합니다. 기업의 전체 성과를 책임지는 사람에게 그 결과를 반영하는 스톡옵션으로 보상하는 건 말이 됩니다. 문제는 주가가 사업 성과 외의 다른 것도 반영한다는 점입니다. 시간이 지나면 주식 가격은 이익의 재투자도 반영합니다. 만약 여러분이 제게 여러분의 저축 계좌를 관리할 수 있는 옵션권을 주고 제가 모든 이자 수익을 재투자한다면, 저는 그 계좌를 들고 있다는 이유만으로 10년 후 상당한 금액을 챙길 수 있습니다. 버크셔같이 배당금을 지급하지 않고 매년 모든 자본(주주에게 가야 할 이익)을 관리하는 회사가 저 같은 경영진에게 스톡옵션을 준다는 것은, 그들이 여러분의 돈으로부터 로열티는 받는 것과 같다는 뜻입니다. 심지어 여러분이 제게 그 돈을 맡긴 것은 제가 선택한 결과고요. 이는 불공평하다고 생각합니다.

기업은 어떤 옵션이든 주주들이 받아야 할 이익을 매년 재투자한다는 사실을 반영해 매년 행사 가격을 올려야 한다고 생각합니다. 만약 누군가가 이익 100%를 전부 맡기겠다고 한다면 고정가격 옵션을 선택할 수 있습니다. 이렇게 맡은 금액을 매년 원금 이상으로 불려줄 수 있다면 괜찮습니다. 하지만 계속 누적되는 이익을 10년간 관리해 달라며 맡겨두면, 관리자가 매일 골프를 치고 놀러 다녀도 저절로 일정 수준의 가치 상승이 발생합니다. 그 가치의 일부가 시간의 경과에 따른 로열티로 지급되는 것은 잘못된 일입니다.

스톡옵션은 적정 가격으로 부여되어야 합니다. 시장 가격일 수도 있고, 그렇지 않을 수도 있습니다. 물론 회사 경영진은 주식의 시장 가격이 너무 낮다고 생각하기 때문에 제3자에게는 자사 스톡옵션을 시장가로 내주고 싶지 않을 것입니다. 회사 매각을 제안받은 경영자가 자기 회사의 실제 가치는 제안 가격의 두 배이니 아직 팔 수 없다고 하면서, 자신에게 부여하는 스톡옵션은 최대한 낮춘 부적절한 가격에 발행하려는 것은 위선적이라고 생각합니다.

하지만 경영자에게 적합하도록 합리적으로 설계된 옵션은 문제될 게 없습니다. 그리고 저는 저와 찰리에게 변고가 닥쳐 CEO가 바뀌더라도, 적절하게 설계된 스톡옵션 제도라면 도입에 아무 문제 없다고 믿습니다. 우리는 이러한 신조를 자회사들에도 적용합니다. 스톡옵션 이외의 인센티브 방식은 각자에 맡기지만요. 보상이든 징계든 경영자의 통제 밖 변수와 연결하는 것은 어리석은 일입니다.

전반적인 보상 제도에서 최악의 문제는 별 볼 일 없는 경영자를 임명하는 것입니다. 이는 시간이 지날수록 소유주에게 상당한 금전적 비용을 초래합니다. 비교적 적은 급여에 별 볼 일 없는 경영자를 앉히는 것도 큰 잘못이지만, 그런 경영자에게 엄청난 급여를 지급한다면 참사로 이어질 것입니다. 반면 대기업을 인수할 때 뛰어난 경영자가 존재한다면 그들의 가치에 걸맞은 보수를 지급해야 합니다. 로베르토 고이주에타Roberto Goizueta가 코카콜라의 CEO가 되었을 때 코카콜라의 시장가치는 40억 달러였습니다. 당시 코카콜라는 이전 경영진 하에서 10년간 침체기를 겪고 있었습니다. 만약 로베르토가 CEO에 취임했을 당시 우리가 40억 달러에 코카콜라 회사 전체를 인수했다면, 현재 기업 가치를 1,500억 달러까지 상승시킨 로베르토는 우리와 함께함으로써 지금보다 더 많은 돈을 벌었을 것입니다.

적재적소의 인재 배치는 정말 중요합니다. 그들에게 얼마나 지급해야 하느냐는 냉철하게 생각해 봐야 할 또 다른 문제입니다. 톰 머피는 세계 최고의 경영자였지만 그 이유로 큰돈을 받아야 한다고 생각하지 않았습니다. 저는 그에게 경의를 표하지만, 다른 경영자가 더 많은 돈을 받는 게 반드시 잘못되었다고는 생각하지 않습니다. 저는 1960년대에 파트너십을 운영하면서 연간 6%가 넘는 이익의 4분의 1을 가져갔습니다. 덕분에 급여는 일절 받지 않으면서도 많은 돈을 벌 수 있었습니다. 아마도 그 기억은 제가 버크셔를 운영하는 데 조금이나마 도움을 주었을 것입니다. 따라서 경영자가 주주들에게 더 큰 이익을 가져다주기 위해 노력한 대가로 보수를 받는 것이 잘못은 아니지만, 단순히 주주들이 이익을 재투자했다는 이유로 보수를 받아서는 안 됩니다. 탁월한 성과, 즉 실제로 수익을 창출해낸 결과에 대한 보상으로서만 수익을 얻어야 합니다.

멍거: 우리는 이전 총회에서 스톡옵션과 관련하여 현재의 기업 회계 관행을 부실하고 부도덕하며 한심하다고 언급했습니다. 만약 스톡옵션이 그렇게 훌륭한 표준 보상이라면, 왜 부실하고 부도덕하며 한심한 회계 기법 아래 감춰야 합니까? 우리 문명이 방황 끝에 스톡옵션이라는 특정한 보상 방식에 안착한 것은 자랑할 만한 일이 아닙니다. 스톡옵션 남용은 행운의 편지처럼 기업의 전체 시스템을 망가트릴 수도 있습니다. 실리콘밸리의 한 기업은 사실상 전 직원에게 스톡옵션으로 급여를 지급했습니다. 비용으로 처리되지 않았으니 적어도 회계상으로는 문제가 없었습니다. 그러자 행운의 편지가 빠르게 전파되듯 다른 기업들도 스톡옵션을 발행하기 시작했고 또 다른 기업들이 따라 하면서 어느새 관행이 됐습니다. 저는 미국의 기업 문화에 스톡옵션이 극단적으로 확산되는 것이 그다지 마음에 들지 않습니다.

버핏: 추가적인 문제는 최고위급 경영자들에게 주어지는 스톡옵션을 일반적인 규범으로 받아들이는 위선적 상황이 벌어진다는 것입니다. 몇 년 전만 해도 모든 경영자는 스톡옵션은 일종의 보상이고, 보상은 일종의 비용이며, 고로 그 비용은 손익계정에 포함되는 게 당연하다고 여겼습니다. 하지만 그들은 스톡옵션을 마음대로 사용하지 못할까 봐 스톡옵션이 비용으로 처리되는 것에 반대했습니다. 그래서 재무회계기준위원회(FASB)가 이 같은 현실을 반영할 제안을 내놓자, 기업의 수장들은 워싱턴으로 몰려가 의회가 자신들의 이익에 맞춰 회계 기준을 제정하도록 압력을 가했습니다. 그들은 주가를 조금이라도 더 높이려고 말도 안 되는 억지 논리로 사리사욕을 채우려 합니다. 이 모든 게 자신의 이익을 위한 것이라고 말하면 그들의 주장은 힘을 잃을 것이므로 국가의 이익이라는 거짓 구실을 내세워 워싱턴(의회)으로 진군합니다. 조직

을 이끄는 1인자가 동시에 위선의 1인자인 기업은 쇠퇴할 것입니다.

2003 총회 (00:58:25)

멍거: 버크셔의 보상 방식은 다른 대기업들과 다릅니다. 우리 방식은 그들만큼 변덕스럽지 않습니다. 스톡옵션을 시행하면 누군가는 운 좋게도 후한 보상을 받을 것입니다. 반면 또 다른 누군가는 큰 기여도에 비해 아무런 보상도 얻지 못할 수 있습니다. 그래서 우리는 인수 전부터 스톡옵션을 부여해 온 자회사들을 제외하고는 스톡옵션을 시행하지 않습니다.

버핏: 우리는 1998년에 재보험사 제너럴 리General Reinsurance를 인수하며 스톡옵션을 이어받았습니다. 알고 보니 그들의 스톡옵션은 꽤 가치가 크더군요. 제너럴 리가 독립된 기업으로 남아 있었다면 이 옵션들은 가치가 없었을 것입니다. 그들은 버크셔의 다른 사업체가 성과를 낸 덕분에 이득을 얻었고, 한동안 그 돈은 버크셔의 성과에 아무런 기여도 하지 않은 옵션 보유자들에게 돌아갔습니다. 이 말은 제너럴 리를 비난하려는 의도가 아닙니다. 시간의 경과에 따른 로열티를 받는 횡재 같은 스톡옵션 제도를 비난하려는 것입니다. 스톡옵션 보유자는 배당금에서는 전혀 이득을 얻지 못하지만 유보이익에서는 이득을 얻으니까요. 그래서 그들과 주주들의 이해관계는 상충하게 됩니다.

우리는 성과 기반 보상을 지지하지만, 그 성과는 평가받는 사람의 통제하에 있는 합리적인 변수로 평가되어야 합니다. 버크셔의 전체 실적에 대한 보상을 1% 비중을 차지하는 자회사의 경영자에게도 나눠 주는 것은 말도 안 됩니다. 지난 5년간 미국 기업에서의 잘못된 보상 사례는 그 전 100년간의 사례보다 더 많았다고 할 수 있을 만큼 결점투성이였습니다. 정말 기가 막힐 정도입니다. 1990년대에도 1950~1980년대와 마찬가지로 부의 창출이 있었지만, 과거에 경험한 적 없는 수준의 부의 이전이 이루어졌습니다.

멍거: 우리의 접근 방식이 맞다면 이는 매우 중요한 의미를 갖습니다. 미국의 기업 보상 시스템 중 99% 이상이 이상하다는 결론이 나오니까요. 강조하건대 버크셔의 보상 수준은 다른 기업 못지않게 후한 편입니다. 우리는 직원들이 수천만, 수억 달러를 벌 수 있는 다양한 인센티브 제도를 시행하고 있습니다. 회사에 크게 이바지하는 사람들은 그만큼 보상을 받는 게 마땅합니다. 하지만 명확한 기준도 없이 변덕스럽고, 각자의 활동과 성과를 제대로 반영하지 못하는 보상 시스템은 한마디로 엉터리 시스템일 뿐입니다.

버핏: 우리는 버크셔 임직원들이 돈을 버는 것을 좋아합니다. 단 그들이 주주인 여러분들에게도 돈을 벌어준다면 말이죠. 간단합니다. 우리는 그들이 여러분의 돈으로 무임승차를 누리는 것을 원하지 않습니다. 보상 개혁은 기업 개혁의 시금석입니다. 지난 20년간 상위층과 하위층의 보상률 격차는 극심해졌고, 경영자들이 받은 보상과 그들에게 돈을 제공한 주주들의 성과에는 커다란 괴리가 생겨났습니다. 그러니 주주 여러분, 들고일어나십시오.

기업 보상 제도

2000 총회 (02:31:36)

멍거: 미국 기업계는 지금과 같은 고위 임원 대상 보상 시스템으로 사

회에 적대감을 조성하면 안 됩니다. 기업들이 서로의 가려운 곳을 긁어주겠다며 사소하지만 끔찍한 몇몇 조항을 추가하는 건 그저 대중의 화를 북돋울 뿐입니다. 한심하기 그지없습니다. 그리고 경영자가 떠난 뒤에도 10년 동안 그의 세금 신고를 도와주는 기업의 모습은 주주들에게는 경악스러운 광경이라고 생각합니다. 미국 기업들은 망할 컨설턴트들의 술수에 넘어가 정신이 나갔습니다.

버핏: 맞습니다. 우리는 버크셔에서 변호사를 호출하거나 어떤 일을 두고 서면으로 약속하는 상황에 처한 적이 없습니다. 그래도 우리는 무탈합니다. 변호사를 대동하고 20페이지짜리 계약서를 들고 나타나는 CEO를 보면 짜증이 밀려옵니다. 그게 표준 관행이 되어 버렸지만요. 위원회, 위원회를 위한 컨설턴트, 임원이 직접 고른 컨설턴트까지 두루 갖춘 상장 대기업에서는 남들을 보고 "음, 남들 다 하니까 나도 해야지"라고 말합니다. 지난 20년간 기업은 경쟁사의 주주총회 안건 보고서를 보고 난 뒤 사내 법률고문을 불러 "아무개는 이런 혜택을 누린다고 하니 우리도 넣어야겠어"라고 말해 온 것입니다. 이런 현상은 나날이 더 심해질 뿐이며 앞으로도 끝이 없겠죠.

저는 상장 기업을 상대하는 보상 컨설턴트가 보상 비용을 줄이자는 계획을 내놓는 것을 본 적이 없습니다. CEO 보상은 시장 시스템으로 돌아가지 않으며, 시장 테스트의 대상도 되지 않습니다. 손쓸 방법이 있는지도 모르겠습니다. 그래도 주주들은 그다지 신경 쓰지 않는 것 같습니다.

멍거: 오, 워런. 신경 쓰지 않을 리가요. 그저 자신들이 힘이 없다고 생각할 뿐이죠.

버핏: 예, 그렇지만 법인은 가능합니다. 이 말은 기관 투자자들은 힘을

쓸 수 있다는 뜻이죠. 제가 알기로 아마 상위 30개 기관 투자자가 미국 대기업의 3분의 2를 통제하고 있을 겁니다. 그런데 그들은 별로 신경 쓰지 않는 듯합니다. 그들은 제가 부수적 문제라고 생각하는 일에 더 골몰하고, 다른 주제를 논합니다. 사실 그들은 회사 실적과는 아무런 상관없는 지배 구조에 더 관심 있습니다. 그 외의 문제들은 대개 무시하는 편이죠. 하지만 우리 두 사람은 버크셔 운영만으로도 할 일이 넘쳐서 그 문제와 관련해 세상을 개혁할 수는 없습니다. 우리는 버크셔를 합리적으로 운영할 것이며, 지금까지 그래왔듯 앞으로도 보상 컨설턴트를 고용할 계획이 없습니다.

좋은 기업과 무능한 경영자

2001 총회 (04:37:29)

버핏: 찰리와 저의 능력만으로는 멀끔하고 똑똑하지만 멍청한 짓을 하는 경영자들의 버릇을 고치는 데 역부족이었습니다.

멍거: 어림도 없었죠.

버핏: 경영자들이 주주들의 돈을 가지고 어리석은 짓을 계속하는 곳이라면 아무리 좋은 기업이라도 탈출하시기를 권장합니다. 회사도 좋고 경영자도 주주의 돈을 현명하게 쓰는 곳으로 가십시오. 선택은 여러분 몫입니다. 경영자가 마음을 돌리도록 설득할 수도 있겠지만 성공 가능성은 희박합니다. 우리의 50년 경험을 토대로 말씀드리는 겁니다. 우리가 완전히 무명이었던 옛날이나, 우리의 평판이 쌓여 어느 정도 말과 글로 영향력을 발휘할 수 있게 된 요즘이나 마찬가지입니다. 우리 힘이 미

치는 데는 여전히 한계가 있습니다.

CEO들은 남들이 다 하는 일이면 자신도 하고 싶어집니다. 게다가 기껏 정상의 자리에 올랐더니, 주주들에게서 자신의 아이디어가 멍청하다는 소리를 듣고 싶지도 않을 겁니다. 그러니 투자 기법 측면에서든, 또 정신 건강을 위해서든, 그리고 소액을 투자하는 개인 투자자 입장에서든, 경영자가 쓸데없는 일을 벌이는 대기업보다 여러분이 경영자와 공감할 수 있는 기업을 고르시길 권합니다.

자기 함정

2009 총회 (00:30:03)

버핏: 무디스 주식에 대해 말하자면, 신용평가 사업은 여전히 좋은 분야라고 생각합니다. 신용평가사는 소수의 인원으로 구성되지만 경제의 커다란 부분에 영향을 미치죠. 자본 시장은 규모가 어마어마하잖습니까. 신용평가사는 미래에도 사라지지 않을 겁니다. 게다가 자본도 필요 없죠. 따라서 펀더멘털이 꽤 탄탄한 사업입니다.

과거 총회에서 찰리와 저는 신용평가에 전혀 관심을 두지 않는다고 여러 번 말했습니다. 버크셔가 투자 결정을 외부에 맡기지 않기 때문입니다. 채권을 매수할 때 신용 등급도 잘 안 봅니다. 가끔 해당 채권의 가치가 우리 생각보다 낮은 등급을 받으면 매력적인 가격으로 매수할 절호의 기회로 여깁니다만, 전반적으로는 무디스나 S&P, 피치Fitch 등이 제공하는 신용 등급 정보가 없어도 상관없습니다. 우리 스스로 그것을 알아내니까요. 게다가 우리 생각과 시장은 서로 어긋날 때가 많습니다.

그래서 돈을 벌었고요.

멍거: 신용평가사는 수학적 지식을 활용해 자기들이 원하는 기준에 맞춘 엉터리 가설을 열심히 생산합니다. 지나친 똑똑함이 독이 된 예입니다. '망치를 든 사람에게는 모든 문제가 못처럼 보인다'라는 오랜 격언이 있지요. 신용평가사가 딱 그렇습니다.

버핏: 흥미로운 점은 AAA 등급을 매긴 당사자들이 결국 그 등급을 믿게 되었다는 것입니다. 그래서 자기 함정에 빠졌습니다. 옛날에 한 종교 집단이 쿨에이드에 독약을 타서 스스로 마신 적이 있죠. 그들이 치른 대가는 다들 아실 겁니다. 집단 광기의 전형이었습니다. 버크셔에서 어떤 행동도 정당화될 수 없는 변명거리 중 하나가 '남들도 다 그렇게 하니까'라는 것입니다. 그것이 어떤 행동을 정당화할 최선의 이유라면 뭔가 잘못되었다는 뜻입니다. 하지만 그런 현상이 주식시장에서는 늘 일어납니다. 대기업에 유명 경쟁사들이 다 하는 일을 하지 말라고 설득해 봤자 그들이 말을 듣겠습니까. 큰돈이 걸려 있는데요. 그래서 업계 전체에 정착된 행동은 뿌리 뽑기가 매우 어렵습니다.

이사회

2007 총회 (04:06:23)

버핏: 지난 몇 년간 투자자들은 대기업의 운영 방식에 편견을 갖게 되었습니다. 오래전부터 이사들은 대체로 꿔다 놓은 보릿자루와도 같았습니다. 경영진은 주요 현안에 관한 이사회의 의견을 들으려 하지 않았습니다. 찰리와 제가 최대 주주였던 한 기업에서도 우리는 매우 중요한

사안에 대해 제대로 된 발언권을 행사하지 못했습니다. CEO 자리에 오르기까지 25~30년을 보낸 사람들은 너무도 당연하게 대장 노릇을 하고 싶어 합니다. 그런 그들의 유일한 걸림돌은 이사회입니다. 그래서 이사들의 간섭을 막으려 하죠.

이사회의 진정한 역할은 적절한 CEO를 선임하고 그를 견제하는 것입니다. 그들이 그 임무를 잘 수행한다면 나머지 일은 저절로 해결될 것입니다. CEO와 이사회는 이해관계가 다를 수 있으므로, 이사회는 CEO가 도를 넘지 않도록 감시할 의무가 있습니다. 이사회의 또 다른 역할은 기업 인수합병 문제를 독립적으로 판단하는 것입니다. CEO들은 자존심과 의욕이 흘러넘쳐 남의 돈으로 거사를 벌이고 더 큰 인물로 올라서려는 경향이 있습니다. 대개 이사회에 대형 인수 안건이 올라올 즈음이면 이미 거래는 성사된 상태입니다. 이때 절차상 투자은행이 잠시 끼어드는데 저는 단 한 번도 "이 기업을 인수하는 것은 문제가 있다"라며 투자은행이 CEO의 의견에 반대하는 모습을 본 적이 없습니다. 다들 답이 정해져 있다는 걸 아는 거죠. 이럴 때 이사회는 기업 인수합병 안건을 독립적으로 판단해야 합니다. 하지만 CEO는 성사되길 바라는 안건만 이사회에 제출한 다음에 자신에게 유리하도록 판을 짠 프레젠테이션을 술술 읊을 것입니다. 이사회가 독립적으로 판단할 수 없도록 말이죠.

멍거: 미국에서 성사되는 대기업 인수합병은 주주들의 이익에 반하는 경우가 많습니다. 또 그렇게 해야 성사가 됩니다. 보통 인수하는 기업의 주주들이 더 큰 손해를 봅니다.

버핏: 주식을 교환하는 방식의 기업 인수 거래에서 대부분의 CEO는 그들이 얻는 것에만 집중할 뿐 그로 인해 포기하고 잃는 가치는 생각하

지 않습니다. 저는 사람들이 자신이 받게 될 대가에만 관심이 쏠려서 회사의 상당 부분을, 그것도 평소라면 현재 시장 가격에 팔지 않을 사업을 내주는 것을 여러 번 목격했습니다. 거래 자체는 문제가 없습니다. 다만 받는 만큼 내주는 게 있다는 사실을 명심해야 합니다. 저는 기업의 인수합병 과정에서 이사회를 통해 자신들의 기업이 내주는 것과 받는 것을 비교하며 의논하는 모습을 본 적이 거의 없습니다. 주가 희석과 그 후 반등 시기 등에 관한 토론은 자주 하면서 말이죠. 사실 이사회에서 논의해야 할 것은 주가 반등 시기가 아니라 인수합병으로 더 많은 가치가 창출되면 이를 두 기업 간에 어떻게 가를지를 고민하는 일입니다. 반대로 추가 가치가 창출되지 않는다면 우리 회사가 내주는 것 이상으로 얻을 수 있는 것은 무엇인지를 살펴봐야 합니다.

제가 버크셔 자산의 2%를 내주고 신발 제조업체 덱스터 슈Dexter Shoe를 인수한 것은 세계 역사상 가장 어리석은 거래 중 하나였습니다. 여기서 2%란 당시 버크셔가 아니라 오늘날 버크셔의 가치를 말합니다. 제가 그 거래를 하지 않았다면 여러분은 모두 2% 더 부자가 되어 있겠죠. 이러한 손익은 전통적 회계 방식으로는 전혀 드러나지 않습니다. 질레트는 이사회에서 결코 납득할 수 없는 거래를 10건 연달아 체결했습니다. 그 거래를 주주들에게 언급했을까요? 재무제표에 반영했을까요? 전혀요. 하지만 이 같은 현상은 미국 기업에서 끊임없이 반복되고 있습니다.

안타깝게도 주주들이 경영진에 품는 불만은 이사회의 다양성 부족 등에 그치는 정도입니다. 그보다는 그들이 회사 가치를 날려 버리지 않는지가 훨씬 더 중요합니다. 한때 우리는 내슈빌의 서드 내셔널 뱅크Third National Bank의 주식을 소유한 적이 있습니다. 은행 사람들은 정말 훌륭했고요. 그러다 그들은 다른 은행을 인수할 수 있는 형편이 되자 한 영세 은행에 접근했습니다. 그러자 상대 은행 측 대표는 주식을 달라고 요구했습니다. 이때 "당신들의 주식은 시장 가격으로 평가하고, 우리 주식은 이 막대한 프리미엄으로 평가해 주세요"라고 말했죠. 그리고 그는 "한 가지 조건이 더 있습니다. 제 전 자산을 당신 주식에 투자할 테니 이런 어리석은 거래는 이번이 마지막이라고 약속해 주세요"라고 말했더랍니다. 그는 상당히 솔직하고 노골적인 사람이었습니다.

2016 총회 (02:35:00)

버핏: 우리는 이사를 선출할 때 사업에 정통하고, 주주 지향적이며, 버크셔에 특별한 관심이 있는 사람을 찾습니다. 수년간 그 점을 명확히 밝히고 또 실행해 왔습니다. 그렇게 원하는 조건에 걸맞은 이사들을 찾았고, 지금은 최고의 이사회를 갖췄다고 자부합니다. 무엇보다 그들은 돈을 위해 이사회에 들어오지 않습니다

저는 종종 다른 기업에 이사 후보들을 추천해 온 컨설팅 업체로부터 전화를 받곤 합니다. 그들의 질문을 보면 우리가 원하는 이사의 조건과 그들이 생각하는 이사의 조건이 전혀 다르다는 사실을 알 수 있습니다. 그들은 회사의 평판에 도움이 될 만큼 이름 있는 인물, 즉 유명 인사를 원합니다.

혈액 검사 키트 기업인 테라노스Theranos는 최근 대단한 거물들을 이사로 영입했습니다. 모두 걸출한 인물이지만, 우리는 자기 시간의 10%만 할애해 연봉 20만~30만 달러를 벌고 싶어서 이사직을 맡으려는 사람들에게는 관심이 없습니다. 그리고 우리는 이사회 활동을 자기 위신을 높일 기회로 여기거나 까다로운 조건을 요구하는 사람들에게도 관

심이 없습니다. 우리는 계속해서 사업 통찰력, 주주 지향성, 버크셔를 향한 깊은 관심이라는 세 가지 잣대를 변함없이 적용할 것입니다. 그리고 우리 이사회가 소유한 모든 버크셔 주식은 이 자리에 와 계신 여러분과 마찬가지로 직접 매수한 것입니다. 우리는 이사들이 주주의 관점에서 생각하기를 바라기 때문입니다. 또 그들이 버크셔에 많은 관심을 두고, 우리 사업을 숙지하며, 무엇에 관여하고 무엇에 관여해서는 안 되는지 현명히 판단하기를 바랍니다.

멍거: 몇 년 전, 저는 LA 가톨릭 대주교의 업무를 맡은 적이 있습니다. 그때 제 선임 파트너가 "성당에 다니는 신도 중에도 괜찮은 세무 변호사가 많을 텐데 이 일에 왜 굳이 우리를 고용하신 건가요?"라고 말했습니다. 그러자 대주교는 한심하다는 표정으로 "필러 씨, 저는 작년에 아주 큰 수술을 받았어요. 그때 우리 신도 중에 저명한 외과의가 없나 하면서 찾지 않았습니다"라고 말했습니다. 저도 이사들을 선출할 때 그런 마음입니다.

2022 총회 (05:03:17)

멍거: 연봉 30만 달러가 필요한 이사가 과연 독립적일까요? 그의 독립성은 노예의 독립성 수준일 것입니다.

버핏: 몇 년 전에 받은 한 편지에서 몇 문장을 읽어드리겠습니다. 신원을 밝힐 수 없어 일부는 수정했습니다. '이 편지를 쓰기까지 매우 망설였지만 부끄러움을 무릅쓰고 몇 글자 적습니다. 저는 돈을 모으는 전통적 수단 중에 안 해 본 일이 없습니다.' 저는 이 사람과 모르는 사이인데 그는 편지에 200만~300만 달러가 필요하다고 적었습니다. 그다음 내용이 압권입니다. '제 수입은 100%가 이사회 수수료입니다.' 수소문해

보니 그는 당시 유명 대기업 5곳의 사외이사였습니다. 그전에도 여러 기업의 이사직을 거쳐 갔고요.

2006년에 우리는 코카콜라 지분의 9%를 소유했습니다. 물론 우리는 코카콜라를 진심으로 아꼈지요. 그런데 그 해에 캘리포니아 공무원 연금(CalPERS)과 몇몇 다른 기관들이 우리의 이사직에 반대표를 던지라고 권고했습니다. 실제로 두 곳의 대형 기관 투자사는 우리에게 반대표를 던졌습니다. 우리가 소유한 프렌차이즈 데어리 퀸Dairy Queen이 코카콜라 제품을 이용한다는 이유로 저의 독립성을 인정할 수 없다는 것이었죠. 말문이 막혔습니다. 어느 해에는 제 적격성을 빌미로 의결권이 98%에서 84%로 떨어졌습니다.

이사가 여러 곳에서 좋은 일을 하려는 게 반드시 문제가 되는 것은 아닙니다. 하지만 이사직으로 생계를 유지하는 사람에게서 어떻게 독립성을 기대할 수 있겠습니까? 말도 안 되는 일입니다. 하지만 그게 규칙입니다.

멍거: 기업들은 단순히 독립적이기만 한 이사를 원하지 않습니다. 말도 한 마리, 토끼도 한 마리, 소도 한 마리, 뭐든 한 마리씩 포함되어야 합니다. 독립성만으로는 충분하지 않고 다양성을 갖춘 독립성을 원합니다.

버핏: 돈이 절실히 필요하다면(게다가 아까 그 사람은 수입의 100%랍니다), 게다가 미국에서 내로라하는 기업 5곳에서 사외이사로 활동한다면 그가 바라는 건 뭐겠습니까. 그 5개 기업 중 한 곳의 CEO가 다른 회사 CEO로부터 이 사람이 괜찮냐는 전화를 받았을 때 "물론이죠"라며 그를 영입해서 나쁠 게 없다고 대답해 주는 것뿐입니다. 그러면 그는 6번째 기업의 이사회에 입성할 수 있습니다. 참으로 기묘하죠.

기업 문화

2015 총회 (00:58:16)

버핏: 기업 문화도 윗물이 맑아야 아랫물이 맑은 법입니다. 일관성 있고, 체계적이어야 하며, 스스로 실천해야 합니다. 기업 문화를 잘 따르면 보상을, 따르지 않으면 징계를 받아야 합니다. 그 후로도 기업 문화가 단단히 자리 잡기까지는 오랜 시간이 걸립니다. 구성원이 그 문화를 좋아하면 훨씬 빠르게 정착하며, 소규모 기업일수록 더 그러합니다. 그리고 우리는 늘 상대와 입장을 바꿔서 생각하려 합니다. 이는 찰리가 한결같이 강조해 온 것으로, 우리도 완벽과는 거리가 멀기 때문입니다. 계속 노력하면 결실을 맺을 수 있듯이 우리는 상대를 이해하고자 노력해 왔습니다.

멍거: 우리가 가장 잘한 일은 이미 알고 있는 지식에 안주하지 않고 항상 더 배우려 했다는 것입니다. 워런과 저, 특히 워런이 현실에 안주했다면 버크셔는 지금 끔찍한 상태였을 것입니다. 우리는 부단히 노력하며 배워나갔기에 지금의 버크셔를 일구었고, 앞으로도 멈추지 않을 것입니다.

2022 총회 (03:00:11)

버핏: 현재 버크셔 해서웨이 A주 보유량은 147만 주로, 1년 전보다 적습니다. 그래도 이 자리는 꽉 찼잖습니까. 우리는 여기 계신 지금의 주주들이 좋습니다. 그러니 한정된 수용 인원수를 놓고 여러분을 대체할 다른 사람들을 데려올 이유가 있겠습니까? 우리 주주 집단은 더 바랄 게 없는 최고의 분들입니다. 우리에게 교회가 있다면, 신도들이 매주 꼬

박꼬박 출석하기를 바랄 것입니다. 우리 교구의 수용 인원수가 제한적이라면, 우리 교구민이 다들 훌륭하므로 새 주민 100명을 모집하기 위해 기존 주민 100명을 내쫓지는 않을 것입니다.

하지만 대부분의 기업은 더 좋은 사람이든 아니든 새로운 주주를 영입하려고 합니다. 저는 이해할 수 없습니다. 우리는 지금의 주주들이 가장 좋습니다. 우리에게 이미 훌륭한 이웃이 있는데 왜 그들 대신 딴 사람을 들이고 싶겠습니까?

새로운 주주 영입 과정에서 가장 이해하기 힘든 것은 애널리스트와의 대화입니다. 어떤 기업은 한 달에 한 번 이상 그들과 만납니다. 그 기업에 다니는 CEO의 처지를 상상해 보십시오. 어떤 성장률을 얼마큼 기록해야 한다는 등의 말을 반복해서 듣습니다. 이는 매달 되풀이되는 교리문답이 됩니다. 다음 달이 되면 CEO는 "이제 보니 불가능한 목표였다"라고 말할 수 있을까요? 그런 말은 안 합니다. 이전 CEO에 이어 차기 CEO도 "가장 중요한 것은 당신의 목표 이익을 달성하는 것"이라는 말을 듣는 건 끔찍한 문제입니다. 십중팔구 그 기업에서 부정행위가 있었을 것입니다. 과연 지휘봉을 이어받은 사람이 나서서 "음, 우리 회사는 그동안 몇몇 부정행위를 저질렀더군요. 있는 그대로의 실적을 발표하는 대신 이익을 예측하고 회계를 매만지는 것은 회사의 발전에 악영향을 미치니 이제부터 근절합시다"라고 주장할 수 있을까요? 그들은 인간의 본성상 그렇게 못합니다.

GAAP(일반회계기준)에서는 얼마든지 숫자놀음이 가능합니다. 이를 한번 시작하면 되돌아갈 수 없죠. 가게의 포스기에서 몰래 5달러를 꺼내는 것과 같다고 보면 됩니다. 처음에 5달러를 꺼낼 때는 다시 넣겠다고 생각했을 겁니다. 하지만 몇 번 해 보면 절대 멈출 수 없습니다. 그러니 파괴적인 행동은 뭐든지 시작조차 않는 게 중요합니다. 그리고 이익을 예측하는 것만큼 파괴적인 일은 없습니다. 예측에 맞추기 위해 거짓말하기 시작하면 큰 문제가 생깁니다. 주당순이익 3.59달러를 기록하겠다고 공약하면 실제가 아닌 회계상으로 3.59달러를 만드는 경우가 많기 때문입니다. 거짓말하는 기업 문화에서는 절차라는 것이 아무 의미 없습니다.

멍거: 우리가 떠난 후에도 버크셔의 문화는 오랫동안 지속되고 번창할 것입니다. 하지만 미국의 다른 기업들은 모르겠습니다. 10년마다 크게 달라지는 듯합니다. 그것도 몹시 희한해지는 쪽으로요. 머지않아 모든 주주총회를 온라인으로 개최할 날도 올 것입니다. 그리고 인덱스 펀드는 의결권에서 점점 더 중요해질 것입니다. 인생의 모든 것이 그렇듯 기업도 계속 변화합니다. 그 변화가 항상 긍정적인 방향인 건 아니지만요.

5부
버크셔 해서웨이
Berkshire Hathaway

"우리에게 실망할 사람들과 어울리며 시간을 낭비할 수는 없다. 우리의 가짜 모습을 선전하는 건 우리 잘못이다. 따라서 우리의 본모습 그대로 알리고 또 진실하려고 노력한다."

"우리가 기업 인수에서도 줄곧 성공적이었다는 사실은 놀랍다. 여기에는 인간 특유의 반감도 한몫한 것 같다. 우리에게 기업을 매각하려는 사람들은 대부분 워낙 똑똑해서 다른 곳에는 반감을 느낀다."

"우리는 승계 계획에 각별히 신경 쓴다. 여러 이유가 있지만 무엇보다 순자산의 상당 부분을 버크셔에 투자했기 때문이다."

"우리가 인수한 기업을 돕는 최선의 방법은 무간섭이다."

"우리는 소수점 세 자리까지 계산할 필요가 없을 때가 좋다. 소수점 세 자리까지 계산해야 한다는 것 자체가 좋은 생각이 아니라는 뜻이다."

버크셔는 버핏의 작품이다. 이 책에서 이야기한 많은 주제와도 연결되지만, 버크셔는 버핏이 60여 년 동안 생각한 가장 현명한 자본 배분과 기업 운영의 아이디어를 현실로 구현한 곳이다. 버크셔의 주가는 1962년에 버핏이 주당 7.625달러에 처음 매수한 이래 (2024년 10월 기준) 약 10만 배 상승했다. 버핏이 버크셔 투자를 "끔찍한 실수"였다고 표현한 것치고는 나쁘지 않은 성적이다.

앞서 이야기한 내재가치 창출에 투입되는 핵심 요소와 경영자의 자질이 그 결과에 미치는 영향을 생각할 때 버크셔는 그 자체로 훌륭한 사례 연굿감이다. 멍거의 말대로 버크셔의 역사는 투자와 사업에서 성공하는 법에 관해 수많은 교훈을 제공한다. 그중 핵심은 간간이 찾아오는 어려움을 견뎌내고 과거의 실수를 끝내 극복하는 능력이다.

"잘못된 결정이 이렇게 잘 풀렸다니 재미있다. 우리는 그동안 잘못된 결정들을 많이 내렸고, 그때마다 헤어나기 위해 분투하곤 했다. 그래서 인생은 전체적으로 음과 양이 맞물리는 것 같다. 잘못된 결정을 늘 피할 수만은 없다. 하지만 잘못을 즉시 알아차리고 대처하면 위기를 기회로 바꾸는 경우가 많다. 지금의 버크셔가 그렇게 성장했다. 워런은 섬유 회사(버크셔)에서 자본을 최대한 짜내 현명하게 투자했고, 그 결과 우리 모두 이 자리에 있는 것이다."

버핏의 첫 버크셔 투자

1997 총회 (00:32:59)

버핏: 우리는 1962년부터 버크셔 지분을 매수하기 시작했습니다. 첫 주식은 주당 7.625달러였던 걸로 기억합니다. 저는 벽에 거래 기록을 붙여 놓았습니다. 2,000주를 매입했는데, 지금 생각하면 믿기지 않게도 주당 10센트의 수수료를 냈습니다. 지금은 훨씬 고가의 주식에 5센트를 지불하지만요. 그때 수수료 때문에 중개인과 주먹다짐을 하지 않아서 다행이었습니다. 그 2,000주를 사지 못했을지도 모르니까요. 이사 켄 체이스Ken Chase와 그의 가족은 1920년대부터 버크셔 지분을 보유하고 있었습니다. 제가 1960년대에 제 이름을 걸고 운영한 파트너십은 약 70%의 지분을 매수했습니다. 따라서 우리 소유 밖의 버크셔 주식은 약 30만 주였습니다. 체이스 가족을 제외하고 그 전부터 보유해 오던 주주는 이제 약 50~100명이 남아 있을 듯합니다. 그분들이 여전히 계셔서 기쁩니다.

2000 총회 (03:24:58)

버핏: 버크셔를 처음 매수한 건 끔찍한 실수였습니다. 공짜 꽁초가 어디 없나 둘러보는 담배꽁초식 투자법으로 샀지요. 남이 버린 담배꽁초는 축축하고 찜찜하지만 공짜니까요. 그리고 버크셔는 운전자본보다 낮은 가격으로 주식을 매도하고 있었고, 공개 매수를 통해 주기적으로 주식을 재매입한 이력이 있었습니다. 그들은 앞으로도 주기적으로 공개 매수를 할 것처럼 보였습니다. 순운전자본에 가까운 주당 11~12달러의 가격일 것으로 예상되어 우리는 버크셔 주식을 그들에게 되팔 준

비를 하고 있었습니다.

그러다 버크셔의 경영자이던 시베리 스탠턴Seabury Stanton과 만났습니다. 그는 공개 매수를 고려하고 있다고 말했습니다. 그 바람에 저는 내부자가 되어 아무것도 할 수 없었습니다. 그는 우리가 얼마에 버크셔 주식을 내줄 의향이 있는지 궁금해했습니다. 제 기억으로는 11.375달러라고 답한 것 같습니다. 그러자 그는 11.375달러에 사고 싶다고 했고, 저는 승낙했습니다. 그래서 한동안 주식 거래에 발이 묶였습니다. 하지만 나중에 스탠틴이 가져온 매수 제안서를 봤더니 주당 11.25달러였습니다. 약속보다 0.125달러 적은 가격이었죠. 저는 화가 나서 거절했습니다. 그다음 저는 버크셔 주식을 통 크게 대량 매집했고, 얼마 후 경영권을 장악하게 되었습니다.

그 0.125달러 차이가 아니었다면 우리는 회사를 인수하지 않았을 테고, 인수하지 않았다면 지금 형편이 훨씬 좋았을 것입니다. 그 후 보험사 내셔널 인뎀너티National Indemnity 인수 등과 같은 일들이 줄줄이 일어났으니까요. 그리고 다수의 소주주로 구성된 상장 기업(버크셔)으로 인수하는 대신 파트너십을 통해 비공개 기업으로 인수했을 테고, 그러면 파트너들은 더 큰 이익을 얻었을 겁니다. 이처럼 버크셔는 여러 기업을 인수하기에는 완전히 잘못된 시작점이었습니다. 하지만 어쩌다 보니 발을 들여 여기까지 왔습니다. 저는 파트너십을 해체할 때 버크셔 주식을 분배했습니다. 그게 가장 쉽고 좋은 방법 같았기 때문입니다. 이런 식으로 모든 게 잘 풀려서 다행입니다. 버크셔 투자는 경제적인 모든 가능성을 놓고 볼 때 최선의 방법은 아니었습니다. 기업의 첫 기반을 다진다는 측면에서는 잘못된 만남이었죠.

멍거: 잘못된 결정이 이렇게 잘 풀렸다니 재미있지 않나요. 우리는 그

동안 잘못된 결정들을 많이 내렸고, 그때마다 헤어나기 위해 분투하곤 했습니다. 그래서 인생은 전체적으로 음과 양이 맞물리는 것 같습니다. 잘못된 결정을 늘 피할 수만은 없습니다. 하지만 잘못을 즉시 알아차리고 대처하면 위기를 기회로 바꾸는 경우가 많습니다. 지금의 버크셔가 바로 그렇게 성장했습니다. 워런은 섬유 회사(버크셔)에서 자본을 최대한 짜내 현명하게 투자했고, 그 결과 우리 모두 지금 이 자리에 있는 것이죠.

바람직한 주주

1999 총회 (02:25:20)

버핏: 사람들은 개인주주가 좋냐, 법인주주가 좋냐고 묻곤 합니다. 우리가 원하는 주주는 버크셔의 목표, 기준, 투자 기간 등에 정통하고 뜻이 맞는 주주입니다. 그리고 스스로 버크셔 주주임을 기쁘게 여기는 주주가 좋습니다. 우리와 다른 이유로 버크셔 주식을 보유하는 사람은 원하지 않습니다. 분기별 수익이나 주식 분할을 걱정하는 사람도 원하지 않습니다. 주가를 보고 걸핏하면 흥분하는 사람도 사양하겠습니다. 그러다간 미래에도 그들의 기대를 맞춰 주며 여생을 보내야 할지 모르니까요. 지금 우리가 원치 않는 삶의 방식은 미래에도 마찬가지일 겁니다.

우리가 정말 원하는 주주는 이 자리에 와 계신 여러분처럼 진지하게 읽고 생각하며 자신이 투자자임을 인식하는 사람들입니다. 즉 버크셔를 단순히 하나의 종목 코드로 여기지 않고, 자신이 버크셔의 일부를 구입했다고 생각하는 분들입니다. 우리 주주들은 버크셔의 핵심을 잘 알고, 우리의 투자관과 잣대도 편안하게 이해하고 받아들입니다. 그중에는 개인 투자자도 있고, 기관 투자자도 있습니다. 한번 들어온 주주를 계속 유지하고 싶은 우리의 생각은 변함없습니다. 애널리스트 보고서의 영향은 제한적입니다. 시장가치 1,200억 달러인 기업에 대해서라면 그럴 수밖에요.

2010 총회 (04:00:45)

버핏: 유가증권의 흥미로운 조건은 누구나 구입할 수 있다는 것입니다. 상장 기업의 주주는 오사마 빈 라덴Osama bin Laden부터 교황까지 누구든 될 수 있습니다. 회사가 주주를 고르는 게 아니라, 주주들이 회사를 고릅니다. 그런데 자신과 뜻을 같이하는 주주 집단을 원한다면, 자신이 어떤 종류의 회사를 운영할 계획인지 외부에 정확히 알리는 것이 중요합니다. 우리는 연차 보고서, TV 인터뷰, 그 외 다양한 수단을 통해 사람들에게 버크셔가 어떤 곳인지 전달하고 있습니다. 그러면 어떤 사람들은 이를 들어오라는 신호로, 또 다른 사람들은 들어오지 말라는 신호로 받아들일 것입니다.

필립 피셔는 이렇게 설명했습니다. "프랑스 음식을 광고하는 레스토랑이 프랑스 음식을 취급한다면 만족하며 다시 찾는 단골손님을 확보할 수 있다. 그러나 밖에서는 햄버거를 광고하고 안에서는 프랑스 음식을 제공해선 안 된다." 많은 기업이 모든 사람을 만족시키기 위해 모든 것을 제공하겠다는 약속을 하려 합니다. IR 부서는 관심 있는 주주는 누구나 환영한다고 말합니다. 하지만 우리는 마음이 통하는 주주를 원합니다. 그리고 그들이 우리에게 크게 실망할 일은 없을 것입니다.

우리에게 실망할 사람들과 어울리며 시간을 낭비할 수는 없습니다.

따라서 우리의 본모습을 알리고 또 전달하려고 노력합니다. 그리고 저는 버크셔가 상장 대기업 중 세계 최고의 주주 집단을 보유하고 있다고 자부합니다. 우리 주주들은 기본적으로 고심과 연구 끝에 우리 회사의 일부를 구매했고, 오랜 기간 우리의 동반자였으며, 우리가 자신들을 동반자로 대할 것임을 아니까요. 이처럼 우리는 안정적인 주주 기반이 있기에 아주 든든하고 기쁜 마음으로 회사를 운영할 수 있습니다.

멍거: 현재의 버크셔가 있기까지는 약간의 우연이 존재했습니다. 워런과 저는 가족과 친구, 그리고 무명 시절부터 우리를 믿어 준 사람들에게 고마워하는 마음으로 돈을 투자하기 시작했습니다. 그 기반 위에서 상장 대기업으로 변모했기에 신규 주주를 포함한 우리의 모든 주주를 가족처럼 여깁니다. 빈말이 아니라 진심입니다. 다른 회사들은 다른 과정을 통해 각자의 현재에 이르렀기 때문에 우리 같은 사고방식을 지니기 어렵습니다.

혼한 기관 투자자들을 상대하며 향후 6개월간 실적에 압박받는 CEO라면 주주를 좋아하기 힘들 겁니다. 그들에게 주주는 부당한 기대를 몰아붙이는 적대적 세력일 뿐이죠. 그에 반해 우리는 주주들과 관계가 좋은데, 이는 워런과 제가 공로를 인정받을 일은 아닙니다. 우리는 남들과 완전히 다른 방식을 취했는데 어쩌다 보니 그 방식이 매우 좋고 만족스러웠기에 지금까지 온 것이죠. 하지만 그 시작은 우연이었습니다.

버핏: 정말 우연이었죠. 수많은 기업에는 있는 IR 부서가 없다는 것도 다행이었습니다. 현실적으로 불가능한 수준의 실적을 일시적인 회계 꼼수를 통해 달성하기를 바라는 사람들을 만족시키려 애쓰는 건 쓸데없는 일입니다. 그러다 보면 최악의 행동도 서슴지 않게 되고 결국 누군가가 모든 주식을 독식하게 됩니다. 자신과 뜻이 맞는 주주들과 함께하

고 싶은 경영자라면 주주들에게 자신의 예상 실적을 정확하게 공유하고, 이를 달성하기 위한 계획을 밝히며, 실수도 솔직히 알려야 합니다.

운영 구조

***1994 총회** (02:36:17)*

멍거: 버크셔는 운영 권한과 결정 측면에서 매우 분권화되어 있습니다. 반면에 자산 운용은 고도로 중앙 집중화되어 있죠. 우리가 예전 방식대로 투자할 수 없게 되었다고 해서 큰 손해를 본 적이 아직까지는 없습니다. 언젠가는 손해를 볼지 모르지만요.

위험 관리

***2012 총회** (03:21:29)*

버핏: 우리는 항상 최악의 상황을 염두에 두고 넉넉한 안전마진을 확보합니다. 남들은 이런 이중 삼중의 안전마진을 비웃을지도 모르겠습니다. 하지만 우리에겐 60만 명의 주주가 있으며, 제 가족 중에는 순자산의 80~90%를 버크셔에 투자한 일원도 있습니다. 따라서 저는 남들에게 파산 가능성이 0.01%이고 돈을 두 배로 늘릴 가능성이 99.99%여서 우리가 파산할 줄 몰랐다고 변명하길 원치 않습니다. 우리는 그러지 않을 것입니다. 그리고 우리는 우리가 가진 것과 필요한 것, 또 우리에게 없는 것과 필요 없는 것을 위해 위험을 감수하지 않을 생각입니다.

계속해서 돈을 벌 기회를 모색할 것이지만, 무리수를 둘 필요는 없습니다. 이는 버크셔에서 가장 중요한 것입니다. 100년 중 99년 동안의 수익률을 지나치게 보수적으로 운용하는 게 불리할 수도 있지만, 100년 중 1년은 남들이 무너지더라도 우리는 살아남을 테니까요.

1962년, 저는 사무실을 차리고 벽에 7장의 기사를 붙였습니다. 문화비 예산이 7달러뿐이었으므로, 도서관에 가서 장당 1달러를 내고 금융의 역사에 관한 신문 몇 페이지를 복사한 것입니다. 그중 하나가 1901년 5월에 발생한 철도회사 노던 퍼시픽Northern Pacific 주식 매점 사태에 관한 내용이었습니다. 유니언 퍼시픽Union Pacific 철도의 이사 에드워드 헨리 해리먼Edward Henry Harriman은 노던 퍼시픽의 지배권을 노렸고, 노던 퍼시픽의 최대 주주 제임스 힐James J. Hill은 지배권을 놓지 않으려 했습니다. 두 사람은 상대가 모르게 노던 퍼시픽의 주식을 사들였습니다. 이들이 보유한 주식은 어느새 50%가 넘었죠. 두 사람 모두 간절히 원한 만큼 되팔 생각도 없었습니다. 그 후 놀라운 일이 벌어졌습니다. 노던 퍼시픽의 주가가 하루 만에 주당 170달러에서 1,000달러로 폭등하며 나머지 시장을 무너뜨린 것입니다. 그 신문은 우리 사무실에 지금도 보관 중인데 상단에 작은 가십난이 덧붙여 있었습니다. 공매도 세력이기도 했던 뉴욕주 트로이의 한 양조업자가 증거금을 감당하지 못해 고온의 맥주 탱크에 뛰어들어 스스로 목숨을 끊었다는 기사였습니다. 그는 주가가 하루 만에 170달러에서 1,000달러로 치솟고 증거금을 독촉받을 줄은 꿈에도 몰랐을 것입니다. 저는 그와 같은 상황에 처하고 싶지 않았습니다. 금융시장에서의 삶은 표준편차와 아무런 관련이 없습니다. 금융시장에서 활동하는 모든 사람들이 표준오차 같은 개념을 전혀 몰랐더라면, 아마도 훨씬 나은 상황에 있었을 것입니다.

멍거: 그래서 많은 사람들은 가짜 확신에 사로잡혔습니다. 지금은 거기서 벗어났지만요. 요즘 비즈니스 스쿨은 전보다 나아졌습니다. 월가의 위험 관리도 마찬가지고요. 그들은 이제 가우스 곡선(정규분포)의 모양을 바꾸었습니다. 가우스 곡선에서 탈피하니 비록 정밀성은 떨어질지언정 더 나은 곡선이 됐습니다.

버핏: 이제 사람들은 '두꺼운 꼬리(정규분포 모형에서 양극단이 두껍게 자리 잡은 모형의 곡선으로 예상치 못한 큰 이익이나 손실이 발생할 가능성이 높은 상황을 의미한다. 이를 팻 테일fat tail이라고 하는데 멍거는 투자에 있어서 두꺼운 꼬리의 위험을 인지하고 대비하는 것이 중요하다고 강조했다)'에 관해 이야기합니다. 하지만 얼마나 두꺼워야 하는지는 여전히 모릅니다.

멍거: 그들은 쓰라린 경험을 통해 극단값이 충분히 두꺼워지지 않았다는 걸 깨달았습니다.

버핏: 기존의 통념이 틀렸다는 건 알겠는데, 무엇이 옳은지는 모르는 거죠.

기업 장기 소유와 인수합병

1995 총회 (00:38:55)

버핏: 제가 오늘 밤 죽으면 제 주식은 버크셔 이사이기도 한 제 아내에게 넘어갑니다. 아내는 사망할 때까지 그 주식을 소유할 것이고, 아내도 사망한 후에는 재단에 기부될 것입니다. 이렇게 가능한 한 장기적이고 영구적인 소유 구조를 유지하고자 합니다. 우리는 보석 유통업체 헬츠버그 다이아몬드와 같은 기업들에 버크셔에 합류하면 그들의 회사 경

영과 미래 예측에 유리할 것이라며 손짓을 보냈습니다. 이 미래 예측은 버크셔가 인수한 기업을 관리하는 시스템이 회사를 더욱 안정적으로 경영할 수 있도록 돕는다는 사실을 뜻합니다. 이 시스템은 버크셔에서 아주 오랫동안, 아마 한 사람이 살아 있는 동안 최대한 길게 계획할 수 있는 기간만큼 유지될 것입니다.

제가 세상을 떠나도 제 가족은 버크셔 경영에 관여하지 않을 것입니다. 하지만 지분은 유지할 것입니다. 따라서 재단으로 넘어가기 전까지는 제 가족에게 매우 집중된 소유 구조가 이어질 것입니다. 그들은 경영에는 불참하지만 지배 주주로서 최고의 경영 구조를 갖출 수 있도록 노력할 것입니다. 이를 위해 가족 구성원들은 우리 사업과 그 이면의 철학을 숙지해야 할 것입니다.

헬츠버그 다이아몬드처럼 1915년부터 사업을 해 온 사람은 자기 회사, 그리고 회사와 함께 성장한 동료들을 향한 애정이 남다를 것입니다. 따라서 새로운 목표가 생겨 하는 수 없이 회사를 매각하더라도 이는 단순히 자동차를 팔기 위해 신문에 중고차 광고를 싣는 것과는 차원이 다른 큰 의미를 지닙니다. 단순히 돈을 얼마나 받느냐의 문제가 아니라 희로애락을 함께 해온 수천 명의 직원을 누구에게 넘겨주는 것이 좋은지까지 고려해야 하는 중요한 거래이기 때문입니다. 세상에 영원한 것은 없습니다. 하지만 우리는 인수한 기업이 자신들의 문화를 미래에도 오랫동안 유지할 수 있는 최상의 구조를 갖추고 있습니다.

2002 총회 *(01:29:20)*

멍거: 상장 대기업이 다른 기업을 인수하는 과정을 살펴보니 엄청난 시간을 투자하고도 3분의 2 정도가 결과적으로는 실패를 기록했습니

다. 하지만 우리는 모든 기업을 인수하는 동안 사실상 거의 시간을 들이지 않았고, 대체로 훌륭하게 진행되었습니다. 왜일까요? 누워서 떡 먹을 기회를 기다렸기 때문입니다. 우리는 인내심이 강한 편입니다. 그러니 굳이 어려운 거래를 서두르려 하지 않죠. 또 특이하게도 미국에는 다른 기업보다 우리에게 자신의 회사를 매각하고 싶어 하는 기업이 많습니다. 이런 점들이 큰 도움이 되었습니다.

버핏: 아까 한 대기업의 근황에 관한 기사를 봤습니다. 최근 5년 동안 10건의 인수를 진행했던데, 그 모든 인수가 실사를 비롯한 형식적인 절차를 거친 뒤에 진행되었습니다. 그런데 단 한 건도 인수 당시 발표한 기대치에 부합하기는커녕 기대치 근처에도 미치지 못했습니다. 결과적으로 10곳의 총수익은 지난해 예상 수익의 4분의 1에 불과했습니다. 다시 말해, 예상 수익이 실제 수익보다 4배나 컸단 것입니다. 이 회사는 인수합병을 담당하는 전략부서도 있었고 많은 인력을 실사에 투입하기도 했습니다. 인수 과정 내내 투자은행의 도움을 받기도 했고요. 그런데 열이면 열, 모두 처참하게 실패했습니다. 어쩌다 이렇게 됐을까요? 그동안 세상이 덩달아 미쳐 버리진 않았기 때문입니다. 경영진은 자기 눈앞에 나타난 매물을 사들였고, 이를 통해 그동안 품어온 몇 가지 경영 신화를 충족했습니다. 그 신화들은 경영진 스스로에 관한 착각이 많았죠. 팻 피치 fat pitch(야구에서 타자가 쉽게 칠 수 있도록 구질의 변화 없이 던지는 공)를 기다리기만 한다면 복잡할 건 없습니다. 게다가 팻 피치는 다른 사람이 멍청한 짓을 해야만 찾아오는 게 아닙니다. 세상은 미치지 않았으니까요.

사람들이 버크셔를 찾는 데는 그만한 이유가 있습니다. 회사를 매각하려는 입장에서는 인수 협상이 시작되면 확실히 성사될 가능성이 큰 거래, 그리고 기존의 임직원들이 새 보금자리에 만족할 만한 거래를 원합니다. 단열 및 지붕 시공 회사 존스 맨빌Johns Manville에서는 버크셔가 인수자로 발표되자 기립 박수가 터져 나왔다고 합니다. 우리는 투자은행의 손을 빌려 기업을 인수한 적이 한 번도 없었던 것 같습니다.

2010 총회 (04:25:17)

버핏: 기업 인수에 관한 전화는 자주 울리지 않습니다. 우리가 세전 이익이 최소 7,500만 달러에서 1억 달러 사이인 기업을 인수하고 싶다고 말하면, 오던 전화도 뚝 끊기죠. 1년에 서너 건 정도 우리 기준에 맞고 거래 가능성이 큰 연락을 받는다면 그 해는 수확이 좋다고 볼 수 있습니다. 우리가 관심을 가질 만한 매물이 나타나는 빈도는 큰 변화가 없는 편입니다. 우리의 관심 역시 시들해지지 않고 한결같죠. 우리는 얼마 전 BNSF 철도를 인수하느라 거액의 수표를 쓰고 주식을 발행했습니다. 하지만 당장 다음 월요일 아침에 중요한 거래 소식이 또 들려와도 정말 기쁠 것입니다. 그리고 어떻게든 성사시킬 방법을 찾을 겁니다.

멍거: 버크셔가 기업 인수에서도 줄곧 성공적이었다는 사실은 놀랍습니다. 여기에는 인간 특유의 반감도 한몫한 것 같습니다. 우리에게 회사를 매각하려는 사람들은 대부분 워낙 똑똑해서 다른 곳에는 반감을 느끼거든요. 직원이나 사업에는 관심 없이 수수료 챙기기에 급급한 중개인을 통해 자신의 회사를 매각하고 싶지 않은 거겠죠. 그리고 버크셔 합류를 결정하고 나면 다른 대안은 눈에 들어오지 않는 듯합니다. 우리로서는 복이 제 발로 굴러드는 셈이죠. 그래도 잘못된 사람들의 접근은 막아야 하기에 우리는 그들을 걸러내고 스스로를 보호할 선별 장치를 마련해 두었습니다. 다른 곳에는 자신의 회사를 매각할 생각이 없는 사람

들이 버크셔에 인수를 제안하는 것은 정말 특별한 일입니다. 그리고 이런 일은 자주 발생했습니다.

버핏: 그렇습니다. 특히 금속 절삭 공구 회사인 이스카ISCAR의 연락을 받았을 때의 일입니다. 사실 저는 이스카나 설립자인 에이탄 베르트하이머Eitan Wertheimer라는 이름을 들어 본 적도 없었습니다. 그런데 그들은 버크셔가 아니면 누구에게도 자신의 회사를 매각하고 싶지 않다고 말했습니다. 결국 우리는 만나 인수 거래를 체결했습니다.

후계자 문제

1995 총회 (01:36:51)

버핏: 우리는 승계 계획에 각별히 신경 씁니다. 여러 이유가 있지만 무엇보다 순자산의 상당 부분을 버크셔에 투자했기 때문입니다. 우리 둘 다 트럭에 치이기 15분 전에 가진 걸 몽땅 매도할 방법은 아직 찾지 못했습니다. 그래서 여러분보다 먼저 손쓸 여력은 없을 듯하군요. 따라서 우리의 버크셔 지분은 우리 수명보다 길 것입니다. 아마 자선 재단이나 우리가 아끼는 단체에 최대한 기부되겠죠. 이렇게 우리는 몇몇 계획을 세워 놓았지만 구체적인 내용은 밝히지 않겠습니다.

우리는 완전 소유든 일부 지분 보유든 훌륭한 기업들의 포트폴리오를 가지고 있기 때문에 승계 문제는 생각보다 어렵지 않을 것입니다. 찰리와 제가 세상을 뜬다고 질레트 면도날 판매나 코카콜라의 매출이 급감하지는 않을 테니까요. 우리의 완전 자회사들도 마찬가지고요. 따라서 중요한 문제는 앞으로 자본을 어떻게 배분할 것인가입니다. 지금 그게 찰리와 저의 최대 고민입니다. 자본 규모가 워낙 크다 보니 이 큰돈을 잘 굴릴 만한 투자처를 찾기가 쉽지 않거든요. 한 곳도 찾지 못한 채 1년이 훌쩍 지나가기도 하고, 1년이 지나 뭔가 찾았다고 생각했는데 나중에 오판으로 드러나기도 합니다. 하지만 유능한 후임들이 잘 해낼 거라고 믿습니다. 우리 후임들이 첫해에 기회를 찾지 못했다고 세상이 끝났다 생각하지 마세요. 버크셔는 아주 잘 돌아갈 겁니다.

우리는 훌륭한 기업의 일부 혹은 전부를 매수하려는 열의만큼은 다른 기업보다 뛰어납니다. 심리적으로 대부분의 투자자들은 일부 지분만 매수하려 하고, 대부분의 경영자들은 기업을 완전히 매수해 직접 운영하고 싶어 합니다. 하지만 "양성애자의 이점은 토요일 밤에 데이트할 가능성이 두 배가 된다"라는 우디 앨런Woody Allen의 말처럼 우리도 어느 쪽이든 선택할 수 있습니다. 우리의 후임자들도 마찬가지일 겁니다.

멍거: 본사의 지속적인 감시가 거의 필요 없도록 설계된 회사는 아마 버크셔 말고는 거의 없을 겁니다. 현 경영진이 세상을 뜬 후 아무나 앉혀 놔도 꽤 오랫동안 좋은 실적을 거저먹을 수 있을 겁니다.

버핏: 동감입니다.

멍거: 신규 자본을 할당하는 측면에서는 워런이 살아 있어야 좀 더 나을 겁니다. 워런을 쉽게 대체할 인물은 없을 테니까요. 하지만 우리가 계속 과거 같은 추세로 부를 쌓을 필요는 없잖습니까.

1999 총회 (01:56:26)

버핏: 버크셔의 차기 리더들은 오늘 이 자리에 이미 와 있습니다. 정확히 누가 될지는 찰리와 제가 언제 세상을 뜨느냐에 따라 달라집니다. 후계자는 우리 명이 다하거나 기력이 쇠진할 시점에 따라 결정될 것입니

다. 하지만 우리는 이미 후보들을 확보했기에 지금부터 그들을 육성할 필요는 없습니다. 그들은 내일 아침 당장 버크셔를 맡을 수 있을 만큼 준비되어 있을 겁니다. 또 그들의 이력을 보면 여러분도 매우 만족할 거로 생각합니다. 저는 순자산의 99.75%를 버크셔에 투자했습니다. 제가 다음 주에 죽을 거라는 걸 알아도 팔 생각이 없고, 죽은 뒤에도 마찬가지입니다. 저는 우리 회사, 경영자들, 후임 CEO에 대해 걱정이 없습니다. 그저 그들이 제 자리를 너무 이른 시기에 차지하지 않기만을 바랄 뿐입니다.

멍거: 저는 버크셔 문화의 생명력이 다른 상장 대기업의 문화보다 강하다고 생각합니다. 워런이 오늘 밤 세상을 뜨더라도 버크셔의 운영 방식은 바뀌지 않을 겁니다. 다만 신규 자본의 배분이 워런만큼 능수능란하게 이뤄지진 못할 것 같습니다. 하지만 지난 총회에서 말했듯이 그럼에도 버크셔는 잘 돌아가리라 생각합니다. 그저 워런이 있을 때에 비해 못 미칠 것 같다는 얘깁니다.

2001 총회 (04:21:06)

버핏: 저는 2년마다 경영자들에게 보내는 편지에서 '오늘 밤에 당신이 죽는다면, 내일 아침 저는 당신에게서 어떤 말을 듣지 못한 게 가장 아쉬울까요?'라고 묻습니다. 저는 2년마다 승계에 대한 그들의 생각을 서면을 통해 파악하고자 합니다. 누가 후계자가 되어야 한다고 생각하는지, 후보가 여러 명인지, 그렇다면 그들의 강점과 약점은 무엇인지 등을 말이죠. 저는 그 답변을 모아 놓았고, 여러분은 버크셔 일부를 소유한 주주로서 버크셔의 승계 문제에 관한 답변을 들을 자격이 있습니다. 물론 저보다 더 관심 있는 사람이 있겠습니까. 찰리도 마찬가지고요. 우린

둘 다 순자산의 상당한 비중을 버크셔에 투자해 둔 데다가, 평생 이곳에 뼈를 묻었으니까요. 또 저는 제 개인적 최종 목표인 자선 활동을 위해서도 승계가 무사히 안착하기를 바랍니다. 그렇게 된다면 지금까지의 흡족한 성과가 우리 같은 몇몇 소수에 의존하지 않더라도 사실상 버크셔에 문화로 정착했음이 우리의 바람대로 증명될 것입니다.

우리는 두 가지 업무, 즉 주식 투자 부문과 회사 경영 부문에서 누가 제 뒤를 이을지 알고 있습니다. 그래서 버크셔의 문화가 앞으로도 유지되기를 바랍니다. 우리 문화는 워낙 강력해서 쉽게 바뀌지 않을 것 같기도 합니다. 또한 제 주식 보유분도 외부 세력으로부터 굳건히 방어할 수 있다고 봅니다. 누가 제 뒤를 이을지는 제가 언제 죽느냐에 따라 달라지기에 지금 이 자리서 말씀드리는 건 의미가 없습니다. 20년 전 같았으면 당연히 찰리였겠지만 지금은 나이 때문에 곤란합니다. 고로 다른 사람이 될 테지만, 우리는 승계에 관해서는 매우 낙관적입니다. 버크셔의 지분 구조도 오랫동안 안정적으로 유지될 것이므로 저는 매우 안심하고 있습니다. 우리는 지금의 경영진과 문화를 믿어 의심치 않습니다.

멍거: 가장 중요한 방어책은 좋은 수익을 거의 자동적으로 창출할 자산을 확보하는 것입니다. 그리고 우리는 그런 자산을 많이 보유하고 있습니다. 거기에 훌륭한 경영자들과 분권화 시스템을 보강하는 한, 버크셔의 동력은 현 경영진이 떠난 후에도 꺾이지 않을 것입니다.

버핏: 경영진은 제가 필요하지 않습니다. 우리는 그들을 정당히 대우하려 노력합니다. 하지만 자본 배분만큼은 우리가 결정합니다. 이는 앞으로도 매우 중요한 역할입니다. 하지만 그중 일부는 결정이 반자동에 가깝고, 다른 일부는 약간 머리를 굴려야 합니다. 지금 우리는 10년 전과 비교도 안 될 만큼 강해졌습니다. 그래서 저는 제 재산의 99%가 버

크셔에 있는 게 매우 만족스럽습니다. 저는 재단에 그 돈이 들어가기 전에 제가 먼저 사라질 것을 알고 있기에 재단과 미리 약정을 체결해 두는 것이 좋은 방법이라 생각합니다.

2007 총회 (01:16:11)

멍거: 버크셔의 출중한 성과가 이토록 오랫동안 지속될 수 있었던 이유는 무엇일까요? 워런은 10살 때부터 손에 닥치는 대로 독서를 해서 학습 기계가 되었습니다. 그 후로도 끊임없이 배움의 끈을 놓지 않았기에 오랜 세월 승승장구할 수 있었죠. 제가 직접 그 과정을 곁에서 지켜본 결과, 워런이 그동안 꾸준히 학습하지 않았다면 그의 실적은 지금과 비교해 아주 보잘것없었을 것입니다. 워런은 은퇴 연령을 넘기고도 발전을 멈추지 않았습니다. 다시 말해 적어도 이 바닥에서는 나이가 들어서도 발전할 수 있다는 것입니다. 하지만 대부분의 기업은 이런 전례를 남기려는 시도조차 하지 않습니다. 그저 65세 경영자가 59세 후계자에게 권력을 넘겨주는 관행이 되풀이됩니다. 하지만 우리 업계에서는 부단한 학습이 엄청난 이점으로 작용합니다. 우리의 시스템이 더 널리 전파되면 좋겠습니다. 한 영감이 다른 영감에게 권력을 이양하는 낡은 방식은 결코 올바른 시스템이 아닙니다.

2009 총회 (00:52:43)

버핏: 누군가를 훌륭한 버크셔 CEO로 키울 수 있는 역할 프로그램 같은 게 있다면 시도해 보고 싶군요. 우리 후임 후보들은 현재 각자 자기 회사를 운영하고 있습니다. 자본 배분을 결정하고, 매일 일상적인 운영 업무를 하고 있죠. 그들은 이미 중요한 일을 하고 있습니다. 제가 주로

자료를 읽고 전화 통화를 하는 본사에서 다른 사람들은 딱히 할 일이 없습니다. 하지만 자회사 경영자들은 대기업을 이끌고 자본을 배분할 줄 아는 사람들입니다. 당장 버크셔 CEO를 시켜도 될 만큼 100% 준비가 되어 있습니다. 다만 그들이 마주할 가장 큰 과제는 잠재적 기업 매각자, 일반인, 여러분을 비롯한 주주들, 다른 경영진들과 관계를 형성하는 것입니다. 이는 시간이 좀 걸립니다.

가장 큰 어려움은 버크셔의 모든 경영자가 저마다 다른 성격과 니즈를 가졌으며, 경영 방식도 다르다는 것입니다. 누군가는 좌타자이고, 다른 누군가는 우타자입니다. 타석에 서는 위치도 제각각이죠. 따라서 버크셔를 구성하는 CEO들의 개인 성향을 파악해야 합니다. 어떤 사람은 철저히 혼자 운영하기를 좋아하고, 어떤 사람은 가끔씩만 얼굴을 내밀고 싶어 합니다. 그렇다고 현재 사업을 성공적으로 운영하며 가치를 창출하고 있는 출중한 사람을 제 옆으로 데려와 매일의 일과를 논의할 필요는 없습니다. 찰리와 저는 수십 년 동안 함께 일했습니다. 그동안 저는 찰리에게서 많은 것을 배웠지만, 그를 늘 옆에 두거나 시간마다 회의를 하지는 않았습니다.

멍거: 대체로 본사에서 남들의 운영 방식을 지켜본 사람보다 광범위한 재량권으로 자회사를 운영해 본 사람이 CEO 자격을 갖출 가능성이 더 크더군요. 세계적으로 성공한 다른 기업의 경영 모델을 살펴보면 분권화와 자회사 출신을 기용한다는 점에서 버크셔 방식과 매우 유사합니다. 본사라는 온실에서 자란 화초들은 CEO가 되기 어렵습니다.

버핏: 버크셔의 환경은 특이합니다. 경영진 대부분이 자기가 좋아서 일을 하고 있죠. 그들은 자기 회사를 즐겁게 운영합니다. 회사가 인수될 때부터 그들이 기대했던 대로요. 우리도 그들의 자율성을 존중하며 내

버려 두고 있습니다. 50명이 저마다 자기가 CEO가 되어야 한다고 주장하며 피라미드의 꼭대기만 쳐다보는 경쟁 구조가 아닙니다. 따라서 우리가 후계자 이름을 밝힌다면 다른 문제가 생길 수도 있습니다. 제너럴 일렉트릭에서 그런 일이 있었습니다. 내부 후보 세 명 중에서 제프 이멜트Jeff Immelt가 CEO로 임명되자 나머지 두 명이 떠났죠. 저는 왕위 후계자를 곁에 두는 것은 어떤 장점도 없는 일이라고 생각합니다.

2013 총회 (00:23:32)

버핏: 기업 문화는 중요합니다. 핵심은 그 문화를 보존하고 지혜와 에너지, 열정 면에서 저를 능가하는 사람을 후계자로 선정하는 것입니다. 후임 문제는 이사회가 모든 회의에서 가장 중요하게 논의하는 주제이며, 어떤 인물이 차기 CEO로 적합한가에 대해서는 만장일치로 결정했습니다. 버크셔의 문화는 해를 거듭할수록 더 단단해졌습니다. 지금의 문화를 다지기까지 오랜 세월이 걸렸지만, 이제 우리는 세상에 둘도 없는 특유의 문화를 만들어 냈으며 앞으로도 이를 쭉 이어 갈 것입니다. 우리 문화는 자기 선택 과정을 통해 형성되었으므로 이질적인 외부 문화나 부적합한 인물은 버크셔에서 통하지 않을 것입니다. 우리 이사회는 버크셔에 헌신적이며 앞으로도 변치 않을 것입니다. 믿어도 됩니다.

멍거: 이 총회를 보고 있을 우리 멍거 가족들에게 한마디만 고합니다. 우리 주식을 매도하는 어리석은 짓은 하지 마세요.

버핏: 버핏 가족들에게도 해당됩니다.

2023 총회 (01:17:47)

버핏: 이변이 없는 한 버크셔의 비보험 사업 부문 부회장인 그레그 에

이블이 제 뒤를 이을 것입니다. 그는 자신의 위치에 걸맞은 자리에 오를 것이며 그도 훗날 자신을 대체할 사람이 필요할 것입니다. 우리는 버크셔의 보험 사업 부문 부회장인 아지트 자인의 의견을 알고 있습니다. 그러나 최종 결정은 그레그가 내릴 것입니다. 아지트는 그에게 최선의 조언자가 될 것이고, 그레그는 그의 조언을 따를 것입니다. 하지만 쉽게 결정할 일은 아닙니다.

임원 후보에 관한 추측이 많은데 다 근거 없는 소리입니다. GAAP(일반회계기준) 순자산가치가 미국 최고인 기업을 운영할 수 있고, 온갖 다양한 사업들을 통솔할 능력까지 겸비한 사람은 드뭅니다. 하지만 5명이나 있을 필요도 없습니다. 우리 자회사를 운영할 좋은 경영자는 여러 명이 필요하지만 그들을 적재적소 배치하고 맨 위에서 자본을 효율적으로 배분할 수장은 한 명이면 됩니다. 우리는 보험 사업과 비보험 사업을 분리해 계획을 세웠는데, 이에 매우 흡족해하고 있습니다. 하지만 앞으로 상황이 많이 바뀔 수 있기에 지금 이 두 사업 부문의 책임자를 지명하는 건 적절치 않으리라 생각합니다. 물론 가장 가능성이 큰 변화는 제자리가 바뀔 것이라는 점이지만요.

멍거: 버크셔에는 자회사에서 승진한 훌륭한 인재들이 많습니다. 우리가 다른 대기업보다 전반적으로 더 좋은 성과를 낸 데에는 그만한 이유가 있습니다. 그중 하나는 타사에 비해 경영자 교체 빈도가 훨씬 적다는 것이죠. 이는 우리의 강점이었습니다.

버핏: 얼마 전 자회사 경영자 한 분이 돌아가셨습니다. 의류 제조업체 가란Garan의 시모어 리크텐스타인Seymour Lichtenstein입니다. 시모어가 80세가 되었을 때, 저는 그에게 편지로 '80세 생신을 축하하며, 당신이 90세가 되면 또 편지를 띄우겠습니다'라고 적었습니다. 그가 90세가 되

자, 전 약속대로 편지를 썼지요. 100세까지는 못 사셨지만 그는 자신의 훌륭한 오른팔과 함께 오랜 세월 회사를 잘 이끌었습니다. 하지만 후계자 결정은 상황에 따라 다릅니다. 핵심은 적임자에게 경영을 맡겨야 한다는 것입니다.

전략적 비전

1998 총회 (00:30:02)

버핏: 우리의 주력 사업은 보험업입니다. 그리고 향후 10년간은 우연한 기회에 따라 어떤 사업이 두 번째, 세 번째, 네 번째로 큰 비중을 차지하게 될지 결정될 것입니다. 버크셔는 어떠한 사전 계획도 정해 두지 않았습니다. 전략 기획 부서가 없으니 전략적 계획도 없죠. 그저 기회가 왔다 싶으면 움직입니다. 기왕이면 우리가 잘 알고 규모도 큰 기업이 있다면 보험업 다음으로 큰 규모로 키워보고 싶습니다.

멍거: 덧붙여 버크셔에는 기업 강령이 없다는 걸 자랑스럽게 말씀드립니다.

버핏: 우리는 컨설턴트를 고용한 적이 없습니다. 모든 걸 단출하게 유지하고 싶거든요. 본사 인력은 여전히 12명입니다. 버크셔가 앞으로도 무럭무럭 성장하면 좋겠지만, 본사는 아니길 바랍니다.

2001 총회 (01:07:24)

버핏: 20년 전 우리는 보험이 향후 버크셔의 가장 중요한 사업부가 될 것 같다고 말했습니다. 이 정도로 성장할 줄은 상상도 못 했지만, 어쨌

든 보험업이 버크셔에서 가장 큰 비중을 차지하리라는 생각은 항상 해왔지요. 매출 면에서 가장 효자 사업이니 앞으로도 더욱더 성장했으면 좋겠습니다.

하지만 우리에겐 기본 계획이란 게 없습니다. 찰리와 저는 머리를 맞대고 전략을 세우거나 다양한 산업의 미래를 논하는 타입이 아닙니다. 대신 전반적인 재무 상태를 면밀히 검토하려고 노력합니다. 어떤 기업의 정보가 들어오면 우리가 이해할 수 있는 곳인지, 지속 가능한 경쟁우위가 있는지, 경영진이 훌륭한지, 인수 가격이 합리적인지 등을 살펴봅니다. 3년 전만 해도 우리가 세계 최대 카펫 회사인 쇼 인더스트리Shaw Industries의 지분을 87%나 소유하게 될 줄은 상상도 못 했습니다. 이런 일들은 계획하에 이루어진 게 아닙니다.

20년쯤 뒤에 버크셔는 훨씬 더 많은 회사를 거느리게 될 겁니다. 그 무렵 우리 보험사는 지금보다 절대적 규모도 훨씬 커져 있을 게 분명하고, 우리 사업 가운데 가장 큰 비중을 차지할 가능성이 큽니다. 하지만 앞날은 누구도 알지 못합니다. 내일 당장 200억 달러 규모의 거래 제안이 들어와서 그 사업이 우리의 새로운 주력 업종이 될 수도 있습니다. 1965년에 섬유 회사를 인수했을 때와 마찬가지로 우리에게는 기본 계획이 없습니다. 당시 그 섬유 회사는 형편없었습니다. 처음 투자를 시작했을 때는 그 정도인 줄은 몰랐죠. 그러니 자본을 현명하게 사용하기 위해 머리를 싸매지 않을 수 없었습니다. 그게 바로 우리 일이고, 우리는 그 일을 즐깁니다. 기회가 오면 잡고요. 하지만 규모가 커질수록 기회를 얻을 가능성은 줄어듭니다.

멍거: 20년 후에는 버크셔 주식 한 주 한 주가 훨씬 더 큰 힘과 가치를 지닐 것이라 믿습니다. 동시에 버크셔의 연 성장률이 과거보다 큰 폭으

로 감소할 것이라는 말도 덧붙입니다.

2016 총회 (00:14:59)

버핏: 자본이 들지 않으면서도 성장하는 기업이 가장 이상적입니다. 세상에는 그런 기업들이 간혹 있는데 우리도 몇 개 소유 중입니다. 100억, 200억, 300억 달러에 자본을 적게 사용하는 좋은 회사를 인수할 수 있다면 좋겠습니다. 물론 가능성이 없지는 않지만 쉽지도 않죠.

매년 성장하며 고수익을 버는 기업이 자본을 많이 잡아먹지도 않는다면 두 가지 효과를 얻을 수 있습니다. 자본 사용 없이 내부에서 발생하는 수익이 증가하는 효과와 그렇게 아낀 자본으로 버크셔가 다른 사업을 인수할 비용을 확보하는 효과입니다. 시즈캔디가 좋은 예입니다. 신문 산업도 마찬가지였습니다. 신문사가 잘나가던 시절, 버펄로 뉴스는 한때 자본 투자도 없이 연 4,000만 달러를 벌었습니다. 그래서 그 전체 수익을 다른 사업 인수에 활용할 수 있었습니다.

하지만 자본 규모의 증가는 여러 면에서 수익률의 감소를 가져옵니다. 보유 자본이 커지면 자본을 많이 사용하는 자본 집약적 사업에 투자하기 때문입니다. 버크셔 해서웨이 에너지(Berkshire Hathaway Energy)(이하 BHE)는 풍력발전에 36억 달러를, 재생 에너지 부문에 총 300억 달러를 투자하겠다고 발표했습니다. BHE와 BNSF(벌링턴 노던 산타페 철도)가 하는 모든 일에는 막대한 자금이 들어갑니다. ROIC(투하자본 대비 수익률)는 괜찮지만 우리가 인수한 일부 저자본 투입 사업에서 누릴 수 있었던 엄청난 ROIC 수준은 아닙니다. 연차 보고서에서 언급했듯이 실제 ROIC가 연 100%인 자회사도 몇 개 있습니다. 이들은 ROIC가 11~12%인 BHE와 분명 큰 차이가 납니다. BHE도 나름 준수하지만 자본 집약도가 매우 낮은 회사들과는 사업의 성격 자체가 다릅니다.

멍거: 상황이 바뀌면서 우리 생각도 바뀌었어요.

버핏: 천천히, 마지못해서요.

멍거: 초창기에 인수한 기업 중에는 재투자 없이 금세 연 100%의 수익을 내는 경우가 꽤 많았습니다. 그 흐름이 계속됐다면 참 좋았겠지만 여의치 않아 차선책을 택했습니다. 그런데 차선책도 꽤 잘 작동하고 있어서 여러모로 저는 차선책도 마음에 듭니다.

버핏: 피할 수 없다면 즐겨야 합니다. 하지만 우리는 그런 날이 오리라는 걸 알고 있었습니다. 그래서 우리는 환상적인 실적 대신 양호한 실적을 목표로 삼기 시작했습니다. 이제는 양호한 결과에 꽤 만족합니다. 남은 대안은 예전 방식대로 소액을 운용하는 건데요. 사실 이 대안은 우리끼리 진지하게 논한 적이 별로 없습니다.

2022 총회 (00:00:37)

버핏: 우리를 믿는 사람들의 돈을 잃는다는 건 상상만 해도 끔찍합니다. 찰리는 "내가 궁금한 건 내가 어디서 죽을지뿐이다. 그곳엔 절대 가지 않을 테니까"라고 말했죠. 이 말은 지금까지는 효과가 있었습니다. 여러분의 돈을 잃는다는 건 우리에겐 정신적 사망이나 다름없습니다. 우리의 수익이 얼마가 될지, 주가가 어떻게 움직일지 예측할 수는 없습니다. 경제 상황도, 그 외 모든 것도 알 수 없습니다. 하지만 매일 아침 눈뜰 때마다 주주들의 자금을 더 안전하게 지켜야 한다는 사실만은 확실히 알고 있습니다. 버크셔에서 변치 않을 한 가지는 항상 넉넉한 현금을 보유할 것이라는 사실입니다. 여기서 현금은 기업어음을 말하는 게 아닙니다. 2008~2009년 금융위기가 닥쳤을 때 우리는 기업어음도,

MMF도 전혀 보유하지 않았습니다. 재무부에서 발행한 단기채권만 가지고 있었죠. 우리는 현금 보유가 중요하다고 믿습니다. 현금이 없으면 당장 내일부터 발목이 잡힐 수 있습니다. 이제껏 그런 일이 몇 번 있었고 앞으로는 더 많아질 것입니다. 현금은 마치 산소처럼 항상 주변에 있지만 몇 분이라도 사라지면 모든 걸 끝내는 것과 같습니다.

2022 총회 (02:16:54)

버핏: 버크셔의 미래는 오랜 시간 그 어느 곳보다 견실하리라 생각합니다. 우리에겐 올바른 문화가 있고, 주주들은 그 문화를 오랫동안 이끌어갈 것입니다. 이사회도 우리 문화가 사업 운영의 99.9%를 차지할 만큼 중요하다고 인식하고 있습니다. 버크셔는 다른 기업들과 다릅니다. 우리를 믿어 주는 사람들을 위해 존재하는 기업입니다. 우리의 주 임무는 그들의 신뢰를 충족시키는 것이고요. 버크셔에는 그 일을 해낼 인재들과 풍부한 자원이 있기에 마음만 먹으면 어렵지 않습니다.

버크셔의 자랑스러운 문화가 세상에 좀 더 잘 알려졌으면 좋겠습니다. 이 문화가 지금 모습 그대로 잘 전승된다면, 우리 회사는 100년 후에도 끄떡없을 것입니다. 버크셔는 끝없이 전진하고 있습니다. 결승선은 없습니다. 버크셔에는 은퇴를 기다리거나, 스톡옵션을 행사하려거나, 이직을 생각하는 사람이 아무도 없습니다. 다시 하라고 하면 할 수 있을지 모르겠지만, 우리는 지금과 같은 문화를 만들어 냈습니다. 망하기 직전의 섬유 회사를 떠안을 당시에는 상상도 못 했던 일입니다. 찰리와 제가 작심하고 '이 한심한 섬유 회사를 운영하다 보면 20년쯤 후에는 접어야 할 테니 그다음에 이것저것 시도해 보자'라는 식의 계획을 세운 것도 아닌데 말입니다. 우리는 그저 부단히 한 발짝씩 앞으로 내디뎠을 뿐입니다.

물론 어엿한 상장 기업을 이끌어가는 우리가 마냥 아무 생각도 없었던 것은 아닙니다. 우리가 항상 원한 한 가지는 생각이 통하는 사람, 우리를 믿어 주는 사람들을 만나는 것이었습니다. 과거 찰리와 저의 파트너십들도 같은 맥락이었고요. 저는 사람들과 만날 때면 기본 원칙이 적힌 작은 종이 한 장을 건넸습니다. 서로 생각이 통하는지 확인하고 싶어서였죠. 파트너십 계약서까지는 필요 없습니다. 저는 누군가를 이용해 먹는 타입도 아닐뿐더러, 혹시라도 그렇게 생각하는 사람이라면 이 자리에 참석했을 리 없겠죠. 여러분이 저와 같은 방향을 바라보고 제가 스스로를 평가하는 잣대로 저를 판단해 주셨으면 좋겠습니다. 지금까지는 그런 사람들이 저와 함께했습니다. 그리고 그들의 자녀와 손주까지 대를 이어 버크셔의 주주가 되었습니다. 그들은 모두 우리의 동반자입니다. 이 과정을 또 반복하라면 막막하겠지만 제가 이 분야에 종사하는 한 똑같은 방식으로, 즉 저를 믿어 주는 사람들을 찾으려 노력할 것입니다. 지난달 S&P 500 대비 실적을 묻는 사람들은 저와 찰리 곁에 두고 싶지 않습니다.

저는 오래전에 3년가량 주식 영업 일을 했었는데, 불가능한 실적을 달성할 수 있는 척하는 일이 내키지 않았습니다. 그러다 드디어 몇몇 사람을 모아 의기투합했습니다. 우연한 시작이었지만 뜻이 맞는 사람들이 저를 믿고 돈을 맡긴 덕에 우리는 해피 엔딩을 맞았습니다. 버크셔의 차기 경영진, 또 그 후의 경영진도 뿌리 깊은 우리 문화를 지켜나갈 것입니다. 주주들과 직원들도 버크셔 문화의 힘을 믿습니다. 믿음직한 이사들과 막대한 규모의 주주들이 있기에 버크셔의 문화는 어떤 외압에도 굳건할 것입니다. 우리는 우리를 믿어 주는 분들의 믿음에 보답하는 마음으로 회사를 운영합니다.

멍거: 워런이 섬유 회사를 운영하던 시절이 생각나네요. 섬유 사업은 현대 기술과 마찬가지로 고정 전력 소모량이 많은데 섬유 공장이 있던 뉴잉글랜드 지역의 전기요금은 너무 높았습니다. 다른 지역은 이곳에 비해 60%나 저렴했죠. 워런은 이렇게 가망이 없는 상황을 현명하게 인지하고 사업을 접었죠.

버핏: 25년이나 붙잡고 있다가요.

멍거: 뭐, 그래도 거기서 멈춘 게 어딥니까. 정말 끔찍한 현실을 직시하고 적절한 조치를 취하는 건 기본 상식입니다. 경쟁사들이 훨씬 저렴하게 전기를 이용하는 마당에 어떻게 뉴잉글랜드에서 섬유 공장을 돌리겠습니까?

버핏: 또 다른 문제는 제가 경영을 맡긴 인물이 정말 좋은 사람이었다는 겁니다. 저에게 언제나 100% 솔직했어요. 인품도 훌륭했고 섬유에 대해서도 빠삭했죠. 차라리 그가 못돼 먹었다면 애초에 상종을 안 했을 테니 훨씬 쉽게 사업을 접었을 것입니다. 한동안의 우여곡절 끝에 다행히도 잭 링월트 Jack Ringwalt가 보험사 내셔널 인뎀너티를 우리에게 팔았습니다. 그러나 7~8년 후, 저는 두 번째 섬유 회사도 인수했습니다. 심지어 뉴잉글랜드 지역인 뉴햄프셔주에 있는 회사였죠. 제가 얼마나 멍청한 결정을 많이 했는지, 지금 생각하면 믿기지 않을 정도입니다. 1966년에는 찰리와 저, 그리고 버크셔의 초기 투자자인 샌디 고츠먼 Sandy Gottesman이 백화점을 인수했습니다. 돌이켜보니 정말 별짓을 다 했네요. 결국 해결책을 찾긴 했지만요.

멍거: 방향을 틀었죠.

버핏: 그렇죠. 하지만 애초에 우리가 왜 그랬을까요?

멍거: 뭘 모르던 나이였죠.

버핏: 그런 깨달음이 중요합니다. 우리는 그 백화점 주식을 주당 6달러에 샀습니다. 성공했다면 지금 주당 30달러 정도 됐을 거예요. 하지만 우리는 다른 데로 눈길을 돌렸고, 버크셔에 합병했죠. 그 결과 주당 6달러였던 게 지금은 주당 15만 달러로 올랐습니다. 그러니까 만약 백화점이 성공했다면 아마 몇 달러만 더 벌었겠지만, 실패한 덕분에 주당 수십만 달러를 벌고 있죠. 인생이 그런 겁니다. 여러분도 그냥 계속 건투하십시오.

멍거: 계속 공부하세요. 비결은 배움을 멈추지 않는 것입니다.

2023 총회 (01:29:02)

버핏: 중요한 것은 버크셔가 국가의 짐이 아닌 국가의 자산이 되어야 한다는 것입니다. 우리의 경영 방식이 국가에도 이바지하기를 바랍니다. 우리 방식이 징징하다면 우리는 승지기 될 것입니다. 그것도 이주이주 높은 승산으로요. 우리도 계획이 있습니다. 저는 버크셔가 그간 걸어온 발자취를 마음속에 그려 두고 있습니다. 물론 그 발자취는 지난 58년 동안 여러 차례 수정되었지요. 결정적으로 제가 확신한 한 가지는 버크셔가 섬유 회사로 남아서는 안 된다는 것이었습니다. 그 중대한 결정 이후로는 그저 물 흐르듯 상황에 맞춰 행동했고요. 그동안 정말 잘한 결정들이 몇 번 있었고, 이제는 자멸로 이끌 만큼 잘못된 결정은 내리지 않는 판단력이 생겼습니다.

버크셔는 다른 어떤 기업보다도 좋은 상태를 유지하고 있습니다. 만기가 다가오는 대규모 부채도 없고, 거액이 조기 현금화될 우려가 있는 보험 상품도 없으니까요. 게다가 어마어마한 자본이 있습니다. 우리 자본은 엄청난 규모에 수익력도 좋고 사업 분야도 다양합니다. 따라서 버크셔의 차기 경영진은 매우 듬직한 기반을 이어받게 될 것입니다. 또한 어느 기업에서도 볼 수 없는 충직한 주주 기반까지 갖추고 있습니다. 이는 우리가 58년간 주주를 버크셔의 주인으로 대해 온 결과이자 만족도 높은 고객들을 확보했다는 의미입니다. 동시에 사회에서 외면당하지 않고 환영받는다는 뜻이기도 합니다. 금융위기가 발생해도 정부의 신뢰를 얻을 수 있다는 것이니까요. 어쩌면 국가가 제공하지 못하는 것을 대신해 줄 수도 있죠. 이는 기업에 이점으로 작용할 수 있습니다. 앞으로 어떤 형태든 위기는 찾아올 수 있습니다. 하지만 그때 우리는 국가에 도움이 될 것입니다. 그리고 국가에 도움이 되는 기업이라면 살아남지 못할 이유가 없습니다.

버크셔 최고의 투자

2005 총회 (02:59:17)

버핏: 최고의 투자는 아마 찰리를 파트너로 영입한 게 아닐까 싶습니다. 게다가 그는 보수도 저렴하거든요. 시즈캔디 인수는 분수령이었습니다. 지금은 순이익에서 큰 비중을 차지하지 않지만, 과거에 다른 회사를 인수할 기반을 마련해 주었고 우리에게 사업에 관한 수많은 교훈도 주었습니다. 과거와 미래를 두루 고려해 봤을 때 단연 최고의 투자는 가이코의 첫 지분을 4,000만 달러에 매수했을 때였습니다. 이후 지분이 절반까지 확장되었고요. 한참 후 나머지 절반을 매수하는 데 20억 달러가 들었으니, 분할 납부가 단 두 번으로 끝나서 천만다행이었죠.

멍거: 아지트 자인의 영입은 정말 대박 투자였습니다. 그보다 더 높은 수익을 낸 투자는 없을걸요. 이는 인재를 적재적소에 배치하는 것이 웬만한 투자 활동보다 중요할 수 있다는 점에서 인생의 좋은 교훈을 남기기도 했습니다.

버크셔에 매각하는 장점

2008 총회 (01:35:35)

버핏: 저는 항상 회사를 매각하려는 소유주에게 훌륭한 회사라면 그냥 들고 있으라고 말합니다. 내년, 내후년에 가치가 더 오를 테니까요. 외부적 요인이 아니고서야 훌륭한 회사를 팔 이유가 없습니다. 우리는 멀쩡한 회사의 소유주를 찾아가 우리한테 팔라며 옆구리를 찌르지 않습니다. 하지만 어떤 사연으로 인해 팔아야 할 경우도 있습니다. 만약 소유주가 정말 자랑스러워하는 훌륭한 회사라면, 다른 어떤 기업보다 버크셔에 매각하는 것이 그 회사의 고유한 강점을 더 온전히 유지할 방법이겠죠. 우리는 분별 있는 매수자니까요.

멍거: 남부 캘리포니아에서 한 남자가 평생을 바쳐 훌륭한 회사를 일궈 냈습니다. 그런데 팔아야 할 상황이 되자 사업을 망칠 게 뻔한 사기꾼에게 팔아넘겼습니다. 상대가 사기꾼임을 알면서도 그저 몇 푼이라도 더 받을 수 있다는 이유로요. 이건 사업에서 성공하고도 인생을 제대로 못 사는 길입니다. 그보다는 자신이 애써 거둔 결실을 잘 관리해 줄 사람을 찾는 것이 바람직합니다.

완전 자회사와의 동행

1995 총회 (02:09:35)

버핏: 회사를 되팔지 않는 것은 우리의 오랜 습성입니다. 실적 면에서 아픈 손가락이 있어도 크게 개의치 않습니다. 그냥 찰리와 저의 사고방식, 그리고 삶의 방식이 그럴 뿐이에요.

함께하고 싶은 회사에 좋은 사람들까지 만나는 건 흔치 않기에 더 즐거운 일입니다. 연 0.5%나 1% 더 벌겠다고 회사를 팔 이유는 없습니다. 돈 몇 푼 더 벌겠다고 소중한 인연을 끊는다는 건 얼토당토않습니다. 우리가 비상장 회사였어도 마찬가지였을 것입니다. 버크셔는 그간 이러한 입장을 분명히 밝혔고 미래의 예비 동업자들에게도 미리 알리고자 합니다. 열심히 노력해서 좋은 성과를 얻고, 그 성과를 주주들도 함께 누리게 하자는 게 우리의 취지임을 널리 알리고 싶습니다. 하지만 동료 주주들과 암묵적 계약을 맺고 싶지는 않습니다. 우리를 바람직하지 않은 행동으로 이끌 족쇄가 될지도 모르니까요. 만약 그런 행동이 더 많은 돈을 벌기 위한 대가라면, 그 대가는 치르고 싶지 않습니다. 하지만 이 부분에 있어 우리와 생각이 다른 기업들이 많더군요. 어쨌든 버크셔 산하로 편입하고픈 모든 예비 동업자분들은 처음부터 이 점을 확실히 알아줬으면 합니다.

멍거: 버크셔 자회사 경영자들의 인품을 정확히 평가할 방법은 없습니다. 하지만 그들은 자기 회사를 탄생시킨 주역일 뿐 아니라 자기 회사, 그리고 회사와 함께 성장한 동료들을 향한 애정이 남다른 헬츠버그 다이아몬드의 경영진처럼 사회의 명망 있는 시민이기도 합니다. 구성원들의 인간적 됨됨이를 따져 보면 미국에 우리만큼 인복 많은 기업은 없

다고 생각합니다. 우리가 수준 높은 인재를 모았다고 할 사람도 있겠죠. 우리가 그렇게 키웠을 리는 없으니까요. 인재를 모았든 키웠든, 버크셔는 놀라운 조직입니다. 굳이 이걸 손봐야 하겠습니까?

버핏: 수준 높은 인재를 유치하려면 본인의 처신부터 그 수준에 걸맞아야 합니다. 게다가 격이 낮은 행동은 하는 본인도 즐겁지 않습니다. 제가 1960년대에 파트너십을 운영하던 시절이 그랬습니다. 많은 사람이 저에게 동업을 제안했는데 그들이 원하는 제 임무는 최대한의 수익을 내는 것이었습니다. 그 후 저는 사업에는 하고 싶지 않은 일도 따른다는 사실을 깨달았습니다. 그런 면에서 버크셔 생활이 훨씬 만족스럽습니다.

2000 총회 (01:40:08)

버핏: 우리는 아무리 높은 가격을 제안받아도 자회사를 매각할 생각이 없습니다. 그저 좋은 가격을 제안받았다고 해서 지금까지 쌓은 관계를 끊을 순 없습니다. 그럴 기회가 종종 있었지만요.

지난 몇 주 동안 제가 인수하기로 한 두 회사는 우리가 자신들의 영원한 모회사로 남을 것인지를 지나칠 만큼 걱정했습니다. 30~50년 동안 사업을 정성껏 일궈 온 사람들이 흔히 하는 걱정이죠. 하지만 그런 것에 무심한 소유주들도 적지 않은데, 이는 우리가 회사 인수 시 주의 깊게 보는 요소 중 하나입니다. 우리는 소유주를 만나 '저 사람은 자기 회사를 좋아하는가, 아니면 돈을 좋아하는가?' 하고 자문합니다. 돈을 좋아하는 게 잘못은 아닙니다. 솔직히 그들이 돈을 좋아하지 않는다면 좀 실망할 것도 같습니다. 하지만 그들이 돈과 회사 중 어느 것을 더 아끼는지는 매우 중요합니다. 만약 돈뿐 아니라 자기 회사에도 진심인 소유주라면, 그들과 버크셔는 자회사와 모회사로서 찰떡궁합을 자랑할 것입니다. 그들이 우리의 일원으로 영원히 남을 것이란 약속을 지킬 수 있는 거의 유일한 대기업이기 때문입니다.

저는 버크셔에 회사를 매각하는 소유주들에게 그들을 배신할 수 있는 유일한 사람은 저뿐이니 걱정하지 말라고 말합니다. 누군가가 버크셔를 인수한다거나, 경영 컨설턴트가 찾아와 바람을 넣는다거나, 우리가 월가의 요구에 응답하는 일은 절대 없을 것입니다. 버크셔에 합류하기로 결정한 소유주들에게 버크셔가 그들의 최종 목적지가 될 것이라고 자신 있게 말할 수 있습니다. 누군가가 아무리 높은 가격을 제시해도 우리는 자회사를 매각할 생각이 없습니다. 주식에 관해서는 우리 의견과 필립 피셔가 완전히 같지는 않습니다. 하지만 큰 차이는 없습니다. 건실하고 경제적 우위가 있는 기업이라면 우리는 끝까지 들고 간다는 생각으로 주식을 매수할 것입니다.

20~25년 전에는 한 권역을 지배하던 신문사나 소수의 방송사가 가장 확실한 투자처라고 생각했습니다. 실제로 한때 그들은 매우 탄탄했지만, 지난 20년간 세상은 많이 바뀌었습니다. 그래서 우리는 종종 각 사업의 경제성을 10년 전과 후로 비교해 재평가할 것입니다. 그러다 보면 이전과는 다른 결론에 도달하게 될지도 모릅니다.

저의 20년 넘는 투자 경력에서 주식을 팔기로 결정한 건 대개 안 사고 못 배기는 다른 주식을 발견했을 때였습니다. 옛날엔 항상 돈에 쪼들렸으므로 PER 2배짜리 주식을 사기 위해 PER 3배짜리 주식을 팔곤 했습니다. 지금은 아이디어가 바닥났습니다. 돈은 많은데 아이디어는 점점 줄고 있습니다.

멍거: 우리는 자회사를 거의 매각하지 않습니다. 만약 매각한다면 우

리가 해결할 수 없는 문제가 생겼다고 보시면 됩니다.

버크셔의 내재가치

1995 총회 *(03:15:02)*

버핏: 내재가치는 미래 가치를 나타내므로 단순히 특정 시점에 각 사업체의 가치를 합산해서는 구할 수 없습니다. 내재가치는 미래의 현금흐름을 현재 가치로 할인한 값입니다. 그리고 이 가치에는 자본 배분이 상당 부분을 차지합니다.

예컨대 시간의 경과에 따른 보험 플로트의 변동을 예상한다면 잠재적 가치가 크게 변화할 수 있습니다. 1967년 보험사 내셔널 인뎀너티를 인수할 당시, 그들의 플로트는 1,500~2,000만 달러였습니다. 그때 시간의 흐름에 따른 보험 플로트의 변동을 예측할 수 있었다면, 내셔널 인뎀너티의 내재가치는 당시 대부분 사람들의 생각은 물론 우리의 생각보다도 훨씬 더 높았을 것입니다.

1996 총회 *(01:19:34)*

버핏: 과거에 평론가와 일부 기관들을 포함한 많은 사람이 버크셔의 가치를 잘못 평가하곤 했습니다. 단순히 분할가치로서만 버크셔의 사업에 접근했기 때문입니다. 잭 웰치Jack Welch가 훌륭하게 경영한 제너럴 일렉트릭도 마찬가지입니다. 제너럴 일렉트릭 같은 기업의 가치를 사업별로 분할해 매각한 뒤 세후 수익을 분배해 그 금액을 계산하는 방식으로 평가해서는 안 됩니다. 많은 사람이 이러한 고정된 잣대로 버크

서를 평가하곤 했습니다. 하지만 찰리와 저는 그런 식으로 평가하지 않았습니다.

버크셔는 여러 사업체로 구성되어 있습니다. 그중에는 완전 소유도 있고 부분 소유도 있죠. 또 그중 일부는 매우 흥미로운 역학 관계로 작동하고 있습니다. 보험업의 가치를 예로 들겠습니다. 29년 전 우리는 잭 링월트에게서 그가 소유한 두 개의 기업(내셔널 인뎀너티와 내셔널 해상화재National Fire and Marine)을 870만 달러에 인수했습니다. 당시 그 보험사의 앞날을 내다볼 만큼 선견지명이 있는 사람이었다면(저는 없었습니다만), 그들의 진정한 가치가 대차대조표상 가치보다 훨씬 크다고 결론 지었을 겁니다. 엄청난 잠재력을 가진 이 기업은 아마도 버크셔에서 가장 발전한 중요 자산일 것입니다. 그러니 장부가치가 곧 실제 가치를 대표한다고 생각하는 것은 큰 실수입니다. 하지만 이 같은 사고방식은 여전히 팽배합니다.

버크셔는 우수한 기업의 집합체이지만, 앞으로 훌륭한 기업들이 더 추가되기를 바랍니다. 내재가치는 자본 배분 방식에 영향을 받을 뿐 아니라, 경영진의 역량에 따라서도 달라질 것입니다. 또한 우리가 예측할 수 없고, 어쩌면 통제할 수도 없는 악재의 영향도 받을 것입니다. 확실한 것은 현재 시점에서 사업별로 매각한 뒤 세금을 납부하는 금액으로 가치를 측정하는 것은 본질적으로 잘못됐다는 사실입니다. 우리는 저비용으로 대규모 자본을 활용할 수 있도록 사업을 운영해 왔습니다. 버크셔에는 이연법인세와 보험 플로트 자금을 합친 약 120억 달러의 부채가 있는데 이는 매우 적은 비용입니다. 비록 자산으로 표시되지는 않지만 상당한 가치를 지닐 것입니다.

2001 총회 (04:44:39)

버핏: 우리도 버크셔의 정확한 내재가치는 모릅니다. 1965년부터 은밀한 수치들을 기록해 두었다고 해도 실제 결과와 비교하면 부질없을 것입니다. 가장 중요한 판단 기준은 미래에 자본 배분이 얼마나 잘될 것인가입니다. 버크셔 자회사들의 현재 가치를 파악하는 일은 어렵지 않습니다. 하지만 신경 써야 할 일은 벌어들이는 돈을 어떻게 활용하느냐는 것이죠. 이 질문의 답이 10년 후 버크셔의 가치를 좌우할 것입니다. 또 그 10년 동안 우리를 둘러싼 환경이 어떻게 변할 것인지도 주요 변수일 테고요. 그만큼 운도 많이 작용할 것입니다. 제 생각에 운은 좋을 것 같습니다만, 그건 가 봐야 알죠.

2009 총회 (01:10:18)

버핏: 버크셔의 실적은 두 가지 요소로 나눌 수 있습니다. 하나는 (적어도 적정한 가격이거나, 어쩌면 저평가된) 수많은 유가증권이고, 다른 하나는 막강한 수익력입니다. 이 기준으로 보면 버크셔의 내재가치 대비 주가는 2007년 말보다 2008년 말에 더 하락했다는 결론이 나옵니다. 하지만 다른 기업의 주식도 마찬가지였습니다.

모든 주가는 다른 주식의 가격에 영향을 받습니다. 다른 변수가 없을 때 ABC 기업의 주가가 하락하면 XYZ 기업의 주가도 떨어집니다. 어떤 우량주를 PER 8배에 매수하는 것은 18배 수익으로 주식을 매도하는 것과는 대조적으로 버크셔의 가치를 감소시킵니다. 재무에서 모든 것은 다른 모든 것에 영향을 받습니다. 손안의 새 한 마리가 숲속의 두 마리보다 가치 있다는 말에는 다른 모든 숲을 비교해야 한다는 전제가 깔려 있습니다. 결론적으로 버크셔의 내재가치 대비 주가가 2007년 말보다 2008년 말에 더 하락한 것은 맞습니다. 앞으로는 우리가 주력하는 비보험 자회사들에 자금 공급량을 늘려 그들의 영업이익이 증대하기를 바라고 있습니다.

멍거: 작년은 플로트 사업에 흉년이 들어 실적이 저조했습니다. 따라서 일시적으로 어려운 처지에 놓일 수밖에 없었죠. 하지만 0보다 낮은 비용으로 많은 플로트를 확보한 것은 장기적으로는 큰 강점입니다. 저는 주가 하락을 크게 걱정하지 않습니다. 버크셔 주가가 최고점에 도달했을 때 우직하게도 약 1만 주를 매수한 투자자가 있었습니다. 이는 장기적인 큰 그림에서 무엇을 의미할까요?

버크셔의 손해보험 사업은 세계 최고이자 최대일 것입니다. 공익사업도 세계 최강이 아니라면 섭섭하죠. 또 세계에서 단 하나의 초경합금 절삭 공구 기업에 투자해야 한다면 저는 단연 우리가 소유한 이스카를 택할 겁니다. 그 외에 다른 업종까지 열거하자면 끝도 없습니다. 저는 이들이 장기적으로 매우 중요한 역할을 하리라 생각합니다. 버크셔 같은 위치에 오르기가 쉽다고 생각하는 사람은 저와 다른 행성에서 왔을 것입니다.

버핏: 우리 보험업은 굉장합니다. 경영진도 출중하고요.

주식 회전율

2006 총회 (02:17:36)

버핏: 저는 버크셔가 미국 주요 기업 중 주식 회전율이 가장 낮은 기업이라고 생각합니다. 우리 주주들이 단순히 주식을 매매하는 사람들이

아니라 스스로를 버크셔의 진정한 소유자라고 생각한다는 뜻이겠죠. 약 40만 명의 버크셔 주주들은 미국 내 상장 대기업 중 가장 견실한 주인 의식을 지니고 있습니다. 우리 주주들은 보유하기 위해 버크셔 주식을 매수하므로 주식 회전율이 낮습니다. 바꿔 말하면 혹여 우리 주가가 크게 떨어지더라도 우리가 다량의 자사주를 매입하기 힘들다는 것입니다. 그렇다고 우리가 동업자들의 주식을 할인가에 사들일 날을 고대한다는 뜻은 아닙니다. 필요하다면 자사주 매입을 발표하고 그 물량을 사들이겠지만, 그런 식으로 돈을 벌 의도는 없습니다.

버크셔의 강점

1995 총회 (03:48:11)

버핏: 자본이익률이 높은 자회사가 창출한 자금을 그 사업에 투자할 필요가 없는 상황일 때, 이 잉여 자금을 전용하면 장기적 성과에 큰 도움이 됩니다. 우리는 그런 자금을 광범위한 영역에 투자할 수 있습니다. 가령 한 자회사에서 번 돈으로 코카콜라 주식을 매수하거나 다른 훌륭한 기업을 인수하는 데 사용할 수 있죠. 하지만 다른 기업의 경영자가 이런 식으로 사업을 키우는 경우는 극히 드문 편입니다. 바로 이것이 버크셔의 강점입니다.

반면 헬츠버그 다이아몬드는 대폭 성장할 것으로 보입니다. 따라서 자신들이 창출한 자본을 모두, 어쩌면 그 이상으로 사용할 것입니다. 그 과정에 우리 도움은 필요 없습니다. 어떤 상황에서든 그들은 스스로 자본을 조달할 수 있으니까요. 다만 우리가 도움을 보태 그들의 성장을 더 촉진할 수도 있겠죠. 가령 그들의 현재 연 ROE(자기자본이익률)가 20% 인데 25%까지 키우려 한다면 자기자본에 대한 압박을 느낄 것입니다. 이때 우리는 기꺼이 추가 자본을 공급할 수 있습니다. 따라서 버크셔의 자회사가 되면 사업 자본의 유출입 측면에서 어느 정도 이점을 누릴 수 있습니다.

또 버크셔와 함께하면 상장 기업이 으레 겪는 번잡한 절차와 시간 낭비를 생략할 수 있습니다. 어떤 기업들은 위원회, 이사회 회의 등 온갖 발표회 행사를 준비하느라 엄청난 시간을 허비합니다. 하지만 우리는 이런 게 일절 없습니다. 대신 그들에게 오롯이 사업에 전념할 시간을 줍니다. 그들은 여유 자금이 생겨도 어떻게 활용해야 할지 걱정할 필요가 없고, 좋은 사업 계획이 있는데 추가 자금이 부족하면 지원받을 수 있습니다. 이런 면이 우리의 장점입니다.

멍거: 우리가 인수한 기업을 돕는 최선의 방법은 무간섭입니다.

2001 총회 (00:51:10)

버핏: 기업 인수에 있어 우리의 강점은 시간이 지날수록 빛을 발합니다. 제 생각에는 적잖은 기업들이 우리를 인수자로 선호하지 않나 싶습니다. 우리는 언제든 안정적인 자금을 보유하고 있습니다. 그래서 누구보다 빠르게 거래를 성사하는 것으로 정평이 나 있습니다. 변심이나 자금 조달의 어려움도 없을 것입니다. 우리가 존스 맨빌을 인수할 수 있었던 건 다른 인수 후보가 자금을 조달하지 못했기 때문입니다. 또 인수 대상인 기업은 우리와 함께함으로써 예전의 경영 방식을 이어 갈 수 있다는 걸 알기에 버크셔를 선호합니다. 안 그런 사람도 있지만, 대부분의 경영자는 자신의 회사를 매각하더라도 계속해서 경영하고 싶어 하니까

요. 이처럼 안정적인 소유 구조는 기업 인수 과정에서 상대에게 매력적인 요소로 작동합니다.

버크셔의 가장 불리한 점은 규모입니다. 10억 달러 규모의 기업보다 1,000억 달러 규모 기업의 시장가치를 두 배 늘리기가 더 어려운 법입니다. 그래도 저는 버크셔 규모가 더욱 커져서 행복한 고민을 했으면 좋겠습니다.

멍거: 지금 버크셔는 마냥 팔자 좋은 시기가 아닙니다. 투자 경쟁이 점점 더 치열해지고 있습니다. 경쟁이 완화될 조짐도 없고요.

버핏: 하지만 미래에 사람들은 어리석은 행동을 할 것입니다. 앞으로 20년 안에 주식시장에서 굉장히 어리석은 행동 패턴이 나타날 것이라 장담합니다. 그리고 그렇게 되었을 때, 우리가 앞으로 나설 수 있는 위치에 있느냐가 중요합니다.

2009 총회 (01:47:57)

버핏: 우리의 지속 가능한 경쟁 우위는 남들이 모방하기 매우 어려운, 심지어 절반도 따라 하기 힘든 문화와 사업 모델을 갖고 있다는 것입니다. 우리 주주 집단은 독특합니다. S&P 500에 속한 주식 대부분은 회전율이 연 100% 이상인데 우리 주식은 연 20% 정도입니다. 우리에겐 다양한 주주 구성원, 그리고 자기 사업에 훤한 다양한 자회사의 인재들이 있습니다. 또 우리는 자회사 소유주들이 기존 방식대로 회사를 운영할 수 있는 환경을 제공하고 변호사, 은행 등이 개입하는 온갖 번잡한 문제를 해결해 줍니다. 현재 미국에 이 같은 역량을 갖춘, 아니 어쩌면 그런 모델을 대대적으로 도입할 수 있는 다른 기업은 없는 듯합니다.

버크셔의 문화는 저와 찰리만의 전유물이 아닙니다. 우리가 문화의 형성에 일조했을지는 몰라도 (누가 되든) 차기 CEO도 우리 문화를 깊이 흡수하고 있을 것입니다. 버크셔 문화는 따라할 수 있는 유형의 것이 아닙니다. 그리고 버크셔의 강점은 오랫동안 지속될 것이라 생각합니다. 찰리와 제가 있어서만은 아닙니다. 처음에는 그랬을 수도 있지만 지금은 경영진도, 주주들도 버크셔 문화에 동참합니다. 따라서 우리 문화는 끊임없이 강화되고 구성원들에게 체화됩니다. 최근의 이스카나 1990년대 중반의 가이코처럼 우리와 합류하고 싶어 하는 기업들이 앞으로도 더 나타날 것입니다. 버크셔와 잘 어우러지는 이런 기업들과 함께하기만 하면 됩니다.

2014 총회 (02:22:48)

버핏: 다수의 우량 기업을 보유하는 것은 나쁘지 않은 사업 계획입니다. 초창기 복합 기업의 상당수는 이런저런 회계 요술을 부리기 위해 설립되었습니다. 그들은 주식의 연속 발행에 기반을 두었습니다. 즉 PER 20배로 주식을 발행해 PER 10배짜리 기업을 매수하는 방식이었죠. 이 같은 사례는 리턴 인더스트리Litton Industries, 걸프 앤드 웨스턴스Gulf and Westerns 등을 비롯해 수백 개나 꼽을 수 있습니다. 그들의 기본 사업 계획은 실제로 건설적인 기업을 성장시키고 운영하는 것이 아니라, 사람들을 속여 행운의 편지식 사기에 연쇄적으로 휘말리게 하는 것이었습니다.

그에 반해 버크셔의 사업 계획은 합리적입니다. 우리의 훌륭한 자회사들은 업종이 다양하고, 경영진도 뛰어나며, 자본을 보수적으로 운용합니다. 그리고 사람들이 잘 모르는 엄청난 강점이 하나 있습니다. 자본주의는 자본 배분이 핵심입니다. 그런데 버크셔는 세금 문제 없이 자본을 배분할 수 있는 시스템을 갖추고 있습니다. 가령 시즈캔디에서 창출한 잉여 자본, 즉 현금을 유용하게 활용할 수 있는 다른 분야의 자회사에 배분하는 것입니다. 이 과정에서 시즈캔디가 손해를 입는 일은 없습니다. 버크셔만큼 이런 일을 합리적으로 진행할 수 있는 곳도 없죠.

다만 이 방식은 주식 투자 판촉이 아닌 사업적 목적을 따라야 합니다. 많은 복합기업들은 주식 홍보를 기본 원칙으로 삼았습니다. 보안장비 제조업체인 타이코Tyco의 사례를 보셨죠. 수많은 인수합병을 거듭한 연쇄 인수자들의 관심은 주식의 대량 발행입니다. 기업의 유형을 알려 주는 주요 지표 중 하나는 주식을 지속적으로 발행하느냐는 것입니다. 만약 쉴 새 없이 주식을 발행한다면 그 기업은 어떤 식으로든 행운의 편지 게임을 하고 있을 가능성이 큽니다. 행운의 편지는 늘 비극적인 결말을 가져다주었습니다. 아무래도 현금으로 인수하고, 좋은 기업을 인수하며, 수많은 성장 잠재력을 가진 수익원을 확보하는 버크셔의 방식이 훌륭한 모델 같습니다.

2016 총회 (02:30:17)

버핏: 버크셔 문화를 유지하는 데 가장 큰 역할을 하는 것은 현재 및 미래의 이사회와 경영진, 그리고 주주들입니다. 이들 모두가 한마음으로 버크셔 문화의 특별한 성질을 명확히 인지하고 받아들였습니다. 우리에게 회사를 매각하려는 사업주들도 그 문화에 동참하고 싶어 합니다. 극소수지만 우리 문화에 진정으로 공감하지 못하는 사람들은 저절로 밀려날 것입니다. 반대로 우리 문화의 진가를 알고 즐기는 사람들은 쉽게 녹아듭니다. 이 점에 있어서만은 필적할 경쟁사가 별로 없습니다. 그래서 버크셔 문화는 단연 효과적입니다. 우리 문화가 엇나갈 가능성은

매우 낮다고 생각합니다. 저는 수십 년 동안 쌓여 온 공든 탑이 무너질 어떤 낌새도 느끼지 못합니다.

멍거: 저는 더 낙관적입니다.

버핏: 전혀 몰랐네요.

멍거: 정말이지 버크셔의 문화는 질긴 생명력으로 보나 효능으로 보나, 누가 봐도 놀라운 수준입니다. 우리 없이 나중에는 어찌 될 거냐던 사람들의 호들갑이 의아해질 날이 올 겁니다. 버크셔는 미래에도 아주 잘 돌아갈 거예요.

버핏: 사업적 면에서든 인적 면에서든, 버크셔는 요소요소가 모두 훌륭합니다.

멍거: 제 말이 그 말입니다. 힘이 워낙 막강합니다.

버핏: 또한 이직률이 매우 낮다는 점도 흥미롭습니다. 지난 10년 동안 교체해야 했던 경영자의 수는 매우 적습니다. 정년도 없습니다. 저는 매년 주주총회에서 이 점을 강조하곤 합니다. 정년이 없고 경영자들은 자기 일을 좋아하기 때문에 장기근속할 수 있습니다. 그들의 주된 동기는 돈보다는 자기 일에서 오는 진정한 성취감입니다. 이사들도 돈을 위해서만 일하는 것이 아니며 재임 기간도 매우 깁니다. 저는 이것이 매우 큰 강점이라고 생각합니다.

매클레인

2017 총회 (04:47:11)

버핏: 유통업체인 매클레인McLane(편의점, 패스트푸드점 등에 식료 및 잡화

를 도매로 공급하는 기업)은 내재가치나 순이익 대비 엄청난 매출을 기록하는 회사입니다. 식품, 제과, 담배 등 편의점에 납품하는 모든 회사가 그들의 주요 고객입니다. 우리는 월마트로부터 이 회사를 인수했는데, 월마트는 우리의 가장 큰 고객입니다. 월마트와 계열사 샘즈Sam's의 매출이 매클레인 매출의 20%가 넘기 때문입니다. 매클레인의 총이익률은 약 6%, 영업 비용은 5%이므로 세전 이익률은 1%입니다. 이 1%는 재고 회전율이 매우 높아야 얻을 수 있습니다. 실제로 매클레인은 재고를 매우 빠르고 효율적으로 입출고하는 시스템을 갖췄습니다. 전국에 수천 대의 트럭이 대기 중인 대규모 유통 센터도 보유하고 있죠. 따라서 우리는 마스Mars 같은 제과업체의 최대 고객이 될 수 있습니다. 이처럼 매클레인은 투자 자본과 매입가 대비 수익성이 좋은 기업입니다. 사업에서는 단돈 0.1센트라도 소중하니까요.

우리는 매클레인과의 거래 과정도 마음에 들었습니다. 월마트는 매클레인이 매각을 원했고, 그곳의 CFO가 우리를 찾아왔죠. CFO는 우리와 짧게 의논하고는 잠시 자리를 비워 CEO에게 전화하더니 거래가 성사됐다고 말했습니다. 월마트의 후일담에 따르면 매클레인과 우리의 거래만큼 속전속결로 진행된 적은 없었다고 합니다. 우리는 지불 의사 금액을 밝히고는 매우 신속하게 결제를 완료했습니다. 월마트 측도 정말 시원시원했고요.

멍거: 민첩하고 간결하며 약속을 꼭 지킨다는 평판은 언제나 버크셔의 강점이었죠.

버핏: 그런 평판이 없었다면 월마트도 버크셔를 찾아오지 않았을 테고요.

멍거: 워런은 노던 내추럴 가스Northern Natural Gas를 일주일 안에 인수

했죠. 그쪽은 다음 주 월요일에 매각 대금 입금을 원했는데, 우리는 변호사들이 법적 서류 작성을 마무리하기도 전에 결제를 완료했습니다.

버핏: 그들은 월요일에 돈을 원한 정도가 아니라, 월요일에 돈이 꼭 필요했습니다. 게다가 당국의 어떤 승인을 받아야 했던 것 같습니다. 저는 승인을 못 받으면 거래를 취소하겠다는 편지를 썼습니다. 하지만 노던 내추럴 가스 측은 돈이 워낙 급했기에, 우리는 당국의 승인을 전제로 대금을 지급하기로 했습니다. 사실 승인은 형식적인 절차일 뿐 승인되지 않을 이유가 없다고 생각했거든요. 하지만 다른 기업이었다면 우리처럼 행동하진 못했을 것입니다. 버크셔는 기업 인수 과정에서 수많은 사람들의 결재를 받아야 하는 일반적인 대기업과 달리 업무적 융통성을 자랑합니다. 만약 우리가 통상적 방식과 일정을 따랐다면 노던 내추럴 가스 인수 건은 성사되지 못했을 겁니다.

2018 총회 (01:15:01)

버핏: 그동안 매클레인의 수익성이 압박받았다는 것은 의심의 여지가 없습니다. 세전 순익이 달러당 약 1센트로 매우 적은 금액이다 보니 부담이 컸습니다. 매클레인은 이윤을 내기가 굉장히 힘든 사업입니다. 매클레인은 몇몇 주에서 주류 유통 사업을 하고 있는데, 그쪽에서는 이익이 적당히 증가했다는 점을 감안하면 실제 상황은 더욱 녹록지 않습니다. 매클레인에서 주류 부문의 세전 수익은 약 7,000만 달러로, 이는 거대한 식품 유통 부문과는 완전히 별개의 영역입니다. 그러니 식품 유통 쪽의 내림세는 훨씬 더 크다고 할 수 있습니다. 경쟁이 훨씬 더 치열해진 것이죠.

경쟁사들의 수익도 위험한 상황입니다. 자본주의의 현실입니다. 고객이 돈을 쓰지 않겠다고 하면 시장에서 퇴출해야 하는 시점이 오는 것이죠. 특히 수천 명의 직원을 고용하고 곳곳에 유통 시설들을 지어 놓은 상황이라면 이른바 비이성적 경쟁에 뛰어들고픈 강렬한 유혹이 생깁니다. 하지만 자본주의는 녹록지 않습니다.

그래도 인수 당시에 비하면 이익이 제법 증가했고, 시간이 지날수록 상당한 이익을 올렸습니다. 하지만 말씀드렸듯이 그중 상당 부분은 주류 유통에서 발생한 것입니다. 주류 영업권을 획득한 4개 주에서의 운영이 좋은 성과를 얻고 있습니다. 우리는 매클레인의 이익률을 더 끌어올리기 위해 최선을 다하려 합니다. 하지만 5년 후 유통업의 수익성을 바라보는 여러분의 생각은 저와 비슷할 것입니다. 유통업은 필수적인 서비스업입니다. 우리는 유통업에서 약 400억 달러의 매출을 올리고 있으며, 여러분이 아는 온갖 회사의 제품을 누구보다 많이 판매합니다. 하지만 거래의 한쪽 당사자가 가령 크래프트 하인즈Kraft Heinz, 필립 모리스Philip Morris 등이고 반대쪽 당사자가 월마트와 세븐일레븐7-ELEVEn이라면, 그 사이에 중간상이 낄 만한 기회는 거의 없습니다.

2018 총회 (03:49:14)

버핏: 버크셔의 기업 문화는 정말 강력합니다. 이 문화를 더욱 강력하게 키워 온 주역은 주주 여러분들입니다. 버크셔의 주주는 남다른 집단이며, 우리가 주주들을 바라보는 관점 역시 여타 많은 대기업들과 다릅니다. 적잖은 상장 기업들이 불특정 다수의 주주가 차라리 없었으면 좋겠다고 생각하지만, 우리는 그들을 환영합니다. 또 개인 투자자도 소중히 여깁니다. 기관 투자자를 편애하지 않고 실적 발표회 같은 행사에서 그들에게 특별한 언질이나 정보를 주지도 않을 것입니다. 우리는 한마

디로 동반자 같은 주주를 원합니다. 그것이 기본 출발점입니다. 그다음 이사회가 있습니다. 그동안 저는 19곳의 이사로 재직했지만, 버크셔 같은 이사회는 본 적이 없습니다. 대단하게도 우리 이사의 대부분은 다량의 버크셔 주식을 보유한 주주이기도 합니다. 모두 특혜 없이 직접 주식을 매수했습니다. 우리 이사회는 주주 지향적이고, 버크셔의 관점에서 생각하며, 사업에 밝은 사람들입니다. 유명하다거나 교수라는 이유로 이사회에 오른 사람은 아무도 없습니다.

우리는 기본적으로 자신은 물론 동업자들을 위해서 회사를 운영하려는 경영자를 원합니다. 그리고 우리 경영자들은 이러한 사고방식을 적극적으로 받아들이며 자발적으로 우리 문화에 합류하기를 택했습니다. 개중에는 네브래스카 퍼니처 마트Nebraska Furniture Mart처럼 2대, 3대, 4대를 이어 버크셔에 합류한 경영자도 있습니다. 그렇다고 버크셔의 문화가 완벽히 조화롭다는 것은 아닙니다. 모두가 똑같이 생각하도록 만들 수는 없으니까요. 버크셔 자회사의 수많은 경영자들은 독립적이고 개성적인 사고방식을 지녔고 각자의 회사를 운영하고 있습니다. 그들은 우리와 조금은 다른 시각으로 사업을 바라봅니다. 하지만 다들 강력하고 긍정적인 문화를 공유한다는 점에서 버크셔만큼 좋은 대기업은 없다고 생각합니다. 그리고 이 문화에 자발적으로 합류하는 사람들이 늘어나는 만큼 버크셔의 기업 문화는 오래 이어질 것이라 생각합니다. 문화는 전승되는 것이니까요.

문화와 행동은 일치해야 합니다. 즉 말하는 대로 행동하면 됩니다. 버크셔에는 '우리는 사이 좋은 동업자'라고 말하면서 뒤에서는 자신에게 막대한 스톡옵션을 부여하는 사람이 없습니다. 대신 모든 것을 독차지하는 것처럼 보이는 스톡옵션이 자신의 격에 맞지 않는다고 생각하는 사람은 많습니다. 우리에겐 최고의 문화가 있고, 저는 이 문화가 점점 더 강해지고 있다고 생각합니다. 우리 방식에 전적으로는 동의하지 않는 사람들도 몇몇 있습니다. 그래도 100% 동의하지 않을 뿐 대체로는 받아들이고 있습니다. 그리고 시간이 지날수록 점점 더 100%에 가까워지지 않을까 싶습니다. 그리고 우리는 버크셔 문화가 퇴색하지 않게 더욱 강화할 것입니다. 우리 문화가 비록 완벽하지 않을지는 몰라도 찰리와 저뿐 아니라 후임자들에게도 좋은 효과를 발휘하리라 믿기 때문입니다.

멍거: 이렇게 주주 여러분들을 만날 때, 그리고 우리 경영자들을 대할 때마다 버크셔의 문화와 가치는 우리가 떠난 후에도 오랫동안 지속되리라는 확신이 더욱 뚜렷해집니다. 사실 현 경영진이 전부 바뀐 후에도 오래오래 유지되리라 생각합니다. 우리의 문화는 시작은 미약하였으나 끝은 창대하게 되었습니다. 그리고 앞으로도 지속될 이유 중 하나는 남들이 따라 하기가 쉽지 않기 때문입니다. 따라서 지금 모습 그대로 유지될 가능성이 크다고 봅니다. 다른 기업이 버크셔 시스템을 직접 모방한 사례가 거의 없었다는 점을 생각해 보십시오. 제가 버크셔 문화가 오랫동안 지속될 것 같다고 생각하는 이유는 아주 간단합니다. 그럴 가치가 있기 때문입니다. 세월이 흘러도 그 진가는 변함없을 겁니다.

자회사의 가치 증대

1999 총회 (05:04:51)

버핏: 버크셔의 자회사로 편입할 때 가장 큰 이점은 훌륭한 경영자들

이 자신이 가장 잘하고 좋아할 뿐 아니라 소유주에게도 가장 생산적인 일에 더 많은 시간과 에너지를 쏟을 수 있다는 것입니다. 다시 말해 우리는 그들이 사업상 중요한 일에 모든 시간을 쏟을 수 있도록 기업의 경영 활동에 흔히 수반되는 방해 요소들을 해결해 줄 수 있습니다.

대부분의 상장 기업 CEO들은 최소한 업무 시간의 3분의 1을 사업에 아무런 도움이 되지 않는 잡일에 낭비합니다. 특히 다양한 이해관계자들을 만족시키려 애쓰는 데 시간을 쏟는데, 이는 오히려 사업에 부정적인 영향을 줄 수 있습니다. 우리는 이 모든 과정을 없앴습니다.

이는 찰리와 제가 삶을 살아가는 방식과도 맞아떨어집니다. 우리는 남들처럼 여기저기 돌아다니며 온갖 회의에 참석하고 싶어 하지 않기 때문입니다. 이렇게 불필요한 절차를 생략하는 건 큰 강점으로 작용합니다. 가이코가 버크셔의 자회사가 아닌 독립 회사로 남았더라면 지금 같은 급성장세를 이루지 못했을 것입니다. 그리고 가이코의 미래 가치는 그들을 독립된 상장 기업이라고 가정할 때 예상되는 가치를 훨씬 넘는 수십억 달러에 달할 것이라 생각합니다. 우리는 가이코 경영진에게 보험 위험등급 분류나 더 좋은 광고 운영 방식 같은 것을 가르치지 않았습니다. 그저 그들이 중요한 일에만 100% 집중하도록 내버려 두었을 뿐입니다. 미국 기업에서는 보기 드문 모습이죠.

멍거: 우리가 인수하는 자회사들은 본사의 감시나 불필요한 본사 출장 등을 원하지 않습니다. 우리로서도 공연히 간섭하지 않는 것이 그들에게 큰 도움을 주는 방법이라고 생각합니다. 무간섭주의의 가치는 엄청납니다. 적어도 우리 경영자들과 자회사들에는 그렇습니다.

버핏: 많은 사람들로 구성된 여러 자회사를 거느릴 때 중요한 것은 그들의 사업에 얼마나 개입할 것이냐입니다. 우리는 개입하지 않고 한발

물러섭니다. 우리는 모회사 주인으로서 그들을 존중하며 전반적으로 돌아가는 사정도 잘 압니다. 특히 어려운 업황 속에서도 훌륭한 성과를 거두는 경영자는 바로 알아봅니다. 예컨대 버크셔의 신발 사업은 지금 어려운 업황에 처해 있습니다. 하지만 우리 경영진은 정말 훌륭합니다. 우리는 현재 시장 상황을 충분히 파악했기에 단순히 수치만으로 그들의 잘잘못을 판단하지 않습니다.

우리 본사에서는 경영자들에게 인사나 법무 부서 등을 어떤 식으로 운영하라고 시시콜콜 지시하지 않습니다. 그래서 경영자들은 생산적인 업무에 더욱 시간을 할애할 수 있음은 물론, 간섭받지 않고 일할 수 있다는 점에 만족하는 것 같습니다. 이렇게 고취된 의욕은 단순히 절약된 시간 이상의 효과를 이끌어냅니다. 대기업에서 자기 일에 전력을 쏟는 열정적인 직원들은 흔하지 않지만 버크셔에는 열정적인 사람들이 꽤 많습니다.

가치 평가(B주 신규 발행)

1996 총회 (03:48:11)

버핏: 찰리와 저는 현재 B주 공모가가 저평가되었다고 생각하지 않습니다. 때때로 우리가 버크셔 주가가 고평가되었다고 생각한다는 소문이 나기도 했었습니다. 투자 설명서에도 적혀 있듯이 우리는 버크셔 주가가 저평가되었다고 생각하지 않는다고 말했습니다. 그 말이 공모를 앞둔 깜짝 발언으로 여겨지는 게 다소 재미있습니다.

생각해 보십시오. 외부에 "우리가 여러분에게 뭔가를 팔고 있는데,

너무 저평가되어 있습니다"라고 발표하는 경영자가 있겠습니까. 만약 "우리가 지금은 1달러짜리 주식을 팔고 있지만, 조만간 0.8달러에 팔겠습니다"라고 말하는 경영자가 있다면 저는 매우 실망할 것 같습니다. 그래서 저는 어떤 경영자가 자기네 주식을 팔면서 매우 저평가되어 있다고 말한다면 기존 주주들에게 무엇이 이득인지 모르거나, 아니면 그냥 농담이거나 둘 중 하나라고 생각합니다.

우리는 현 주주들에게 불리한 가격으로 버크셔 지분을 팔지 않을 것입니다. 이유는 아주 간단합니다. 우리가 파는 버크셔 지분 1%에는 주주들이 보유한 시즈캔디 1%, 가이코 1%, 버펄로 뉴스 1%, 헬츠버그 다이아몬드 1% 등도 포함됩니다. 이 모든 건 귀중한 자산입니다. 현 주주들에게 불공정한 가격으로 이들 기업의 1%든, 10%든, 100%든 매도할 의도는 전혀 없습니다. 우리는 스스로 저평가되었다고 판단하는 주식을 시장에 팔지 않습니다.

주가

1996 총회 (01:50:21)

버핏: 대부분의 경영자는 주가가 높을수록 좋다고 생각합니다. 그 심정은 이해하지만 문제는 그 욕심에 끝이 없다는 겁니다. 우리는 적정 가치가 가장 좋다고 생각합니다.

우리의 목표는 모든 주주가 주식을 보유하는 동안 버크셔의 성과를 나눠 갖게 하는 것입니다. 즉 부의 분배가 한 집단이 다른 집단의 부를 가져가는 식이 되어선 안 됩니다. 우리 회사 가치가 상승한 만큼 그 이익을 우리 주주들이 나눠 갖기를 바랍니다. 주가가 너무 고평가되면 매도자만, 저평가되면 매수자만 매우 기분 좋을 것입니다. 하지만 거래의 반대편에는 항상 상대방이 있게 마련입니다.

어떤 경제적 명제 뒤에는 가장 먼저 '그다음엔 어떻게 될까?'라는 후속 질문이 딸려 옵니다. 주가 상승은 그 자체로 끝이 아닙니다. 다음 질문인 '그다음엔 어떻게 될까?'가 따라오기 때문입니다. 내재가치가 상승하여 주가가 오르는 한 모든 주주는 그에 따른 정당한 몫을 차지하게 됩니다. 그런데 어떤 이유로든 주가가 그 이상으로 오르면 매도해서 탈출하는 주주는 이득이지만 새로 진입하는 주주는 손해입니다. 주가는 시간이 지남에 따라 내재가치로 수렴해야 합니다. 우리와 맞는 주주를 확보하고 그들과 적절하게 소통하며 올바른 방침을 따른다면, 버크셔 주가는 시장 변동성이 요동치는 요즘 세상에서도 가능한 한 내재가치에 가까워질 수 있다고 생각합니다.

한 가지 중요한 점은 결국 기업 소유주들은 전체적으로 기업 자체의 성과 이상을 손에 넣을 수 없다는 것입니다. 우리뿐 아니라 미국의 모든 기업도 마찬가지입니다. 기업에서 수익을 내고서야 그다음에 기업 소유주들의 수익이 있는 것입니다. 종목 코드나 다른 모든 것은 무시해도 됩니다. 소유주들은 중개 수수료 등 온갖 추가 비용으로 인해 사업 수익을 깎아 먹는 실정입니다.

회사의 실적 없이 소유주가 꾸준히 돈을 잘 버는 방법은 없습니다. 우리의 목표는 주주들이 주식을 보유하는 동안 회사의 실적과 비례하여 그 보상을 받게 하는 것입니다. 쉽지 않은 일이며 완벽히 달성할 수도 없습니다. 하지만 그것이 바로 우리가 나아가야 할 목표입니다.

자회사 자본 배분

1997 총회 (02:57:49)

멍거: 미국 기업 중에는 재무가 건실하고 막대한 현금을 투자할 의지가 있음에도 사업 확장에 애를 먹는 기업들이 아주 많습니다. 그들은 특정 사업부를 크게 키워 보려 노력하지만 쓸데없는 돈 낭비로 귀결되곤 합니다. 반면에 버크셔 시스템의 장점은 현금이 본사로 유입되고 본사에서 배분하기 때문에 이러한 사업 확장이 매우 환영받는다는 것입니다. 자회사에 합리적인 사업 아이디어가 있다면, 우리는 언제든 환영합니다. 하지만 현금을 재배치할 방법이 별로 없는 회사도 많습니다.

기회요인

1998 총회 (04:12:30)

버핏: 버크셔는 나날이 내구성을 키워 왔으므로 그 어떤 기업보다 역경에 잘 대비하고 있습니다. 따라서 향후 20년 동안 시장 상황이 안 좋아질 경우 우리는 이득을 볼 것입니다. 그렇다고 우리가 침체를 바라거나 반드시 침체가 오리라는 의미는 아닙니다. 우리는 자본을 효율적으로 배분하여 수익을 창출하는데, 이 자본 배분이 전반적인 하락장에서 더 빛을 발한다는 얘기죠.

멍거: 우리는 고점에 전량을 매도했다가 폭락하면 재진입하는 방식을 취하지 않습니다. 한편 버크셔는 향후 20년 동안 숱하게 겪을 혼란으로 오히려 이득을 봤으면 봤지, 손해는 보지 않게끔 체질이 단련되어 있습

니다. 경기 침체가 즐거운 상황은 아니지만 경기 순환의 일부인 건 당연한 사실입니다.

규모의 한계

2010 총회 (01:19:24)

버핏: 우리는 큰돈을 들여 채산성 좋은 기업들을 인수하고 있습니다. 하지만 과거에 소액으로 투자하며 인수했던 기업들에 비해 이익이 우량하진 않습니다. 예컨대 시즈캔디는 필요 자본이 약 4,000만 달러였지만 그보다 훨씬 많은 이익을 올립니다. 그러나 4,000만 달러를 더 투자한다고 처음 4,000만 달러가 창출하는 이익만큼 그대로 더 버는 건 아닙니다. 그렇게만 된다면 오늘 당장 시즈캔디에 현금을 싸 들고 찾아가겠지만요. 안타깝게도 우량 기업들은 추가 자본을 죽죽 흡수하지 못합니다. 그게 바로 그들이 훌륭한 기업인 이유이기도 하고요.

1분기 영업이익 22억 달러를 기록한 버크셔의 규모에서 할 수 있는 일은 그 이익을 최대한 현명히 투자하는 것입니다. 시즈캔디와 비슷하면서 자본을 투입하는 만큼 고수익을 창출할 회사가 있다면 인수하겠지만, 그런 회사는 찾을 수 없을 겁니다.

그렇다면 최선까지는 아니더라도 차선의 투자책을 실현할 수는 있을 것입니다. 우리는 자본 집약적 자회사들에 기대를 걸고 있는데요. 지금까지는 성적이 꽤 준수합니다. 하지만 대박을 기대할 순 없습니다. 지금은 수백억, 수천억 달러를 재투자하면 그에 비례하는 막대한 수익을 얻을 수 있는 세상이 절대 아닙니다. 또 우리는 주주들에게 버크셔의 규모에 따른 한계를 소상히 설명합니다. 그러면 이제 배당을 시작하는 게 더 낫지 않냐고 물을 사람도 있을 텐데요. 예, 낫지 않습니다. 버크셔가 보유한 1달러를 1달러 초과의 가치로 불릴 수 있는 한, 앞으로도 계속 그럴 방법을 모색할 것입니다. 이번에 인수한 BNSF(벌링턴 노던 산타페 철도)가 그 예이지만, 성적표는 10~20년 후에야 확인할 수 있을 것입니다. 미드아메리칸 에너지도 마찬가지고요. 이들 기업은 자본 집약도가 매우 높은데, 지금까지는 자기자본의 복리 효과 측면에서 매우 잘해 왔습니다. 하지만 코카콜라처럼 자본이 거의 필요하지 않으면서, 잘하면 계속 성장도 가능한 기업은 될 수 없습니다. 시즈캔디는 성장 기업이 아닙니다. 훌륭한 기업이지만 코카콜라처럼 전 세계적으로 성공할 수는 없습니다. 우리는 적절한 수익을 내기 위해 자금을 투자함으로써 주주들을 실망시키고 싶지 않습니다. 하지만 버크셔의 몸집으로도 아주 뛰어난 투자 수익을 기대하는 분이 있다면, 우리로서도 어떻게 해야 할지 모르겠습니다.

멍거: 난들 알겠습니까.

기업윤리

2008 총회 (00:29:29)

버핏: 우리는 경영자들에게 자회사 경영을 오롯이 맡겼습니다. 그들은 능력도 출중하지만, 윤리성도 놀라운 수준입니다. 그렇다고 실수가 없다는 의미는 아닙니다. 하지만 지난 수십 년을 돌이켜보면 버크셔의 재무 성과도, 구성원의 행동 방식도 무척 만족스럽습니다. 따라서 저는 기

꺼이 그들에게 지휘권을 맡길 수 있습니다.

저는 경영자들에게 "필요한 돈은 있을 만큼 있다"라고 말합니다. 버크셔에 돈이 부족할 일은 없습니다. 하지만 평판에는 '있을 만큼 있다'라는 개념이 없기에, 절대로 돈 때문에 평판을 잃어서는 안 됩니다. 이것이 우리가 경영진들에게 한결같이 전달하는 메시지입니다. 법을 지키는 것만으로는 부족합니다. 버크셔에 적대적인, 그러나 유능한 기자가 작정하고 부정적인 기사를 써도 그걸 읽은 이웃과 가족에게 조금도 부끄럼이 없을 정도로 행동해야 한다는 것입니다.

버크셔 본사는 자회사에 "특정 분기에 얼마큼의 수익을 달성하라"라고 압박하지 않습니다. 자회사는 본사에 예산안을 제출하지 않습니다. 따라서 그들은 실적에 대한 압박감을 느끼지 않고, 저도 실적 공개에서 망신당할 거라는 생각을 하지 않습니다. 비양심적 행위나 편법을 부추기는 인센티브 기준도 없습니다. 완벽하지는 않아도 전반적으로 잘 돌아가고 있다고 생각합니다. 버크셔처럼 25만 명의 직원을 거느린 회사라면 언젠가는 문제가 발생할 수밖에 없지만, 우리의 평균 타율은 충분히 만족스럽습니다.

기업 구조와 세금

1998 총회 (05:17:51)

버핏: 버크셔 같은 지주회사 구조는 이중 과세에 매우 불리합니다. 여러분이 버크셔가 걸어온 길을 처음부터 다시 시작한다면, 아마 우리 같은 구조를 따르고 싶지 않을 겁니다. 우리가 12억 달러를 주고 사서 현

재 시장가치 150억 달러에 이르는 코카콜라 지분을 매도한다면 약 50억 달러의 자본이득세를 내야 합니다. 150억 달러가 100억 달러로 줄어들죠. 그 100억 달러는 버크셔 가치에 반영됩니다. 그런데 우리가 코카콜라를 매수할 때 당신이 버크셔 주식을 매수했다면, 당신은 코카콜라 가치 상승분에 대해 또 세금을 내야 합니다. 따라서 주식 소유자와 주식 사이에 한 회사가 끼어 있는 것은 매우 불리한 구조입니다. 만약 버크셔를 파트너십 형태로 운영했다면 그런 상황은 발생하지 않겠죠.

저는 오랫동안 버핏 파트너십을 운영했는데, 개인 차원에서는 단 한 번의 세금만 납부했습니다. 그런데 버크셔가 유가증권을 대량으로 보유하고 거기서 많은 이익을 얻고 있다면, 구조적으로 불이익이 따라붙습니다. 우리에겐 이 불리함을 메우고도 남는 플로트(부동자금)가 큰 도움을 줍니다. 하지만 지주회사를 통한 간접적 증권 보유는 직접 보유 또는 파트너십을 통한 보유보다 불리한 게 사실입니다.

이 문제는 피할 수도, 손쓸 수도 없습니다. 따라서 파트너십으로 운영할 때와 비교하면 실적에 큰 걸림돌이 됩니다. 조세 회피처인 버뮤다에서 운영하는 일부 보험사들은 그런 문제가 없겠죠. 파트너십들도 마찬가지고요. 하지만 우리는 어쩔 수 없이 많은 세금을 내야 합니다.

멍거: 법인소득세에 대한 해결책은 없습니다. 주식의 간접 소유자에게는 큰 불이익입니다. 지금까지는 충분히 극복해 왔지만 여전히 부담이 큽니다.

버핏: 개인 소득세율이 20%, 법인 세율은 35%로 오르면서 더 불리해졌습니다. 주식 한 주로 번 1달러가 0.65달러로 되니까요. 버크셔 주주에게는 그 0.65달러가 20% 차감된 0.52달러로 됩니다. 반면 주식을 직접 보유했다면 0.80달러일 테고요. 그런데 우리가 가이코를 일부 지분

만 소유하던 때는 더 심했습니다. 가이코가 자본 이득을 얻으면, 우리도 그에 비례해 가이코에서 자본 이득을 얻었죠. 이처럼 관계 구조에 따라 세금 차이가 큽니다. 하지만 일단 하나의 구조에 들어가면 대개 그 상태로 쭉 가게 됩니다.

멍거: 이러한 산술적 불리함은 장기 투자할수록 줄어듭니다.

버핏: 또 만약 우리가 지금의 회사 형태로 운영하지 않았다면 이 많은 플로트, 즉 유동성을 확보하지 못했을지도 모릅니다. 이것도 이중 과세를 상쇄하는 요인입니다. 그래도 기왕이면 상쇄 요인만 남고 상쇄할 대상은 없었으면 좋겠네요.

M&A 실사

1998 총회 (05:22:12)

버핏: 우리가 M&A에서 손해를 본 건 기업의 미래 경제성을 오판했을 때뿐입니다. 실사와는 아무런 관련이 없죠. 대기업들은 실사를 통과의례처럼 여기지만 우리 눈에는 요식행위로 보입니다. 실사로는 진정 중요한 것, 즉 기업의 경제성과 경영진을 제대로 평가하지 못합니다. 실제로는 이 둘이 거래의 99%를 좌우하는데 말이죠.

100번 중 한 번은 환경 부담금 문제에 부딪히거나, 악성 임대 계약을 발견할지도 모릅니다. 저는 "악성 임대 계약이 있나요?"라고 그냥 물어봅니다. 계약서를 낱낱이 읽고 모든 조항을 찾아볼 수도 있지만, 그런 건 중요하지 않습니다. 우리에겐 잘못된 거래 경험이 많습니다. 예컨대 1966년 호크실드 콘 백화점도 인수도 잘못된 것이었습니다. 경영자는 훌륭했으나 우리가 사업의 경제성을 잘못 판단했죠. 그에 비하면 임대 계약 현황 같은 건 어떤 영향을 미칠 만큼 중요한 변수가 아닙니다.

저의 30여 년 투자 경력에서 기업 실사가 우리에게 불리한 거래를 막아준 적은 없습니다. 저는 19곳의 상장 기업에서 이사를 지냈는데, 그들이 말하는 실사란 변호사와 투자 은행가들을 대동한 프레젠테이션입니다. 제 눈엔 그저 보여주기식 행사로 보일 뿐입니다. 왜냐하면 이사회는 넋이 나가 있고, 다들 이 회사가 얼마나 훌륭하고 어떻게 특허를 획득했는지 등을 입에 침이 마르도록 칭찬하거든요. 이 기업의 5~10년 후 미래에는 아무도 관심이 없습니다.

거래의 99%는 기업의 경제성 판단입니다. 어느 정도는 경영자에 대한 판단도 포함될 수 있겠지만요. 사람들은 이미 결론이 난 상황에서 형식적 마침표를 찍기 위해 실사를 하기도 합니다. 어차피 거래를 성사할 거면서 군더더기로 실사에 의지할 때가 너무 잦습니다. 물론 업계 종사자들도 이를 알고 있지요. 이처럼 그들은 필요하든 필요 없든 실사를 합니다. 우리는 그런 실사를 별로 좋아하지 않습니다. 지난 몇 년간 버크셔의 거래 건수가 정확히 얼마인지 몰라도, 실사가 포함된 거래는 한 건도 없었습니다. 그리고 우리의 거래 상대는 대개 단점부터 먼저 이야기하고 나중에 장점을 이야기한다는 공통점이 있었죠.

기업 인수 vs 주식 투자

1999 총회 (01:29:06)

버핏: 우리는 항상 기업의 완전 인수를 선호했습니다. 하지만 우리가 시

즈캔디, 버펄로 뉴스, 내셔널 인뎀너티를 인수할 당시 사람들은 그 사실을 믿지 않았습니다. 처음부터 버크셔는 완전 인수가 최우선 순위였습니다. 다만 주식 투자로 기업 일부를 매수하는 방식이 협상을 통한 기업 인수보다 훌륭한 기업을 더 많이 얻을 수 있다는 사실을 알게 되었습니다.

기업 인수는 협상을 바탕으로 하므로 원하는 조건의 거래가 불가능에 가깝습니다. 주식은 약세장에서 멋진 매물을 건질 수 있지만, 인수 시장에서는 협상 대상이 워낙 신중히 접근하므로 그런 일은 절대 있을 수 없습니다. 반면 1973~1974년 주식시장에서는 매도자가 가격에 민감했으므로 그들이 부르는 가격에 매수해야 했죠. 1974년에 워싱턴 포스트 전체를 8,000만 달러에 살 수는 없었지만, 베타를 계산하거나 그런 종류의 일을 하는 사람들에게서 10%의 지분은 살 수 있었습니다. 당시 시장 상황이 몹시 안 좋았기에 그렇게 가치가 폭락한 주식을 일부 살 수 있었습니다. 협상으로는 그런 거래가 절대 불가능합니다.

우리는 항상 주식 투자보다 대규모 기업 인수에 관심이 더 많았습니다. 하지만 모든 자금을 기업 인수에만 쓸 수는 없기에 때로는 매력적인 기업의 주식 5~10%를 거하게 매수하기도 합니다.

장기적 성공

1999 총회 (04:12:34)

버핏: 버크셔의 좋은 실적은 우리가 잘했다기보다 다른 기업들이 자폭한 공이 큽니다. 똑똑한 사람들이 왜 제 무덤을 파는지 도무지 모르겠습니다.

2012 총회 *(02:17:24)*

멍거: 버크셔의 운영 모델은 아주 독특하고, 또 우리한테 정말 잘 맞습니다. 다른 회사들이 우리 같은 비즈니스 모델로 동일한 결과를 얻기는 힘들 겁니다.

버핏: 버크셔의 방식은 복제 불가합니다. 정말 오랜 시간에 걸쳐 완성되었죠. 또한 상당히 일관성 있게 유지해 왔는데, 이는 지배 주주가 있었기에 가능했습니다. 우리는 월가의 어떤 압력이나 시대의 유행에도 굴복할 필요가 없었습니다. 버크셔의 문화는 30여 년 전에 정한 13~14가지 원칙에서 태동하여 지금까지 이어졌습니다. 웬만한 미국 기업은 우리 방식을 따르기 어렵습니다. 경영자가 자주 바뀌고 적은 지분을 소유한 기업이라면 더욱 그렇죠. 우리처럼 매우 특이한 구조가 아니면 불가능하다고 생각합니다.

미국의 기업 소유주들이 매각 시 새로운 모회사 선택에 진심으로 신경을 쓰게 된 건 최근에서야 일어난 현상입니다. 그리고 그 모회사로 많은 사람이 버크셔를 가장 먼저 떠올리게 된 것도 최근에 시작된 현상이고요. 게다가 버크셔를 가장 먼저 떠올리는 소유주들은 다른 2순위 모회사도 생각하지 않고 우리에게 연락합니다. 버크셔는 대규모 기업 인수가 성사되기 좋은 곳입니다. 소유주 본인이 버크셔에 오고 싶어 하니까요. 이는 우리에게 상당한 경쟁우위이며, 이 우위는 아무도 넘볼 수 없을 것입니다.

멍거: 남들이 버크셔 문화를 모방하기도 어렵지만, 워런이 가진 게 별로 없던 30대로 돌아가 버크셔 문화를 다시 세우라고 해도 엄청나게 어려울 것입니다.

2015 총회 (00:39:39)

버핏: 우리는 보험업에서 세 가지 행운을 얻었습니다. 하나는 제가 스무 살이던 1951년의 어느 토요일 오후에 로리머 데이비슨을 만난 것입니다. 그는 생면부지의 청년에게 무려 4시간 동안 보험업을 설명해 주었습니다. 스무 살에 비즈니스 스쿨에서도 받을 수 없는 교육을 받은 셈입니다. 순전히 운이었죠. 그리고 1967년에 또 한 번 행운이 찾아왔습니다. 잭 링월트는 매년 1년 중 약 15분간은 회사를 팔고 싶다는 충동에 사로잡히곤 했습니다. 그를 화나게 만드는 청구서를 받았을 때였죠. 그래서 저는 친구 찰리 하이더Charlie Heider에게 다음에 또 잭이 그런 기분이 들거든 저와 만나게 해 달라고 당부했습니다. 어느 날 정말 찰리가 그를 제 사무실로 데려왔더군요. 우리는 그 자리서 내셔널 인뎀너티를 인수했습니다. 그리고 1980년대 중반 어느 토요일에 한 남자가 찾아와 "보험업계에서 일해 본 적은 없지만, 제가 이 회사에 도움이 될 것 같습니다"라고 말한 것도 행운이었습니다. 그가 아지트 자인입니다. 이보다 운이 좋을 수 있을까요? 이런 3연속 행운을 앞으로도 누릴 확률은 극히 희박할 겁니다.

사업에서는 새로운 아이디어가 생길 때마다 마음을 여는 게 중요합니다. 그리고 보험업은 마침 제가 이해할 수 있는 분야였으니, 딱 맞아떨어졌죠. 인생에는 예기치 못한 일이 정말 많지만 마음을 열고 불운을 잘 헤쳐나간다면 좋은 날이 올 겁니다.

멍거: 우리는 주로 훌륭한 기업들을 인수해서 키웠습니다. 그중에서도 재보험 사업부는 바로 여기 오마하에서 완전히 탄생했다고 봐도 무방합니다. 그만큼 보험업은 우리에게 의미가 남다릅니다.

에너지 분야

***2003 총회** (02:11:58)*

버핏: 미드아메리칸 에너지는 버크셔에서 큰 부분을 차지하고 있으며, 앞으로 덩치가 훨씬 더 커질 것입니다. (공공의 이익을 위한 철도, 전신, 전기, 가스, 수도 등의) 공익사업 지주회사법(Public Utility Holding Company Act)이 폐지된다면 성장은 더 수월해지겠죠(이후 2005년에 폐지되었음). PUHCA라는 듣기 좋은 약자로 불리는 이 법은 1920년대 사무엘 인설과 그 일당이 저지른 사건의 사후 대처로 1935년에 제정되었습니다. 취지는 충분히 이해할 만했으나 이제는 시대에 뒤떨어진 듯 보입니다. 게다가 우리가 공익사업 분야에 이바지하는 바도 있고요. 사실 작년에도 그런 일이 있었습니다. 우리가 잽싸게 나서지 않았다면 지금쯤 파산했을지 모를 기업도 몇 곳 있었으니까요. 하지만 PUHCA의 폐지 여부와 관계없이(그리고 폐지될 가능성이 상당하다고 생각합니다만) 미드아메리칸 에너지는 현재도 규모가 크지만 앞으로 훨씬 더 커질 가능성이 농후합니다.

다만 천연가스 파이프라인, 국내 공익사업, 해외 공익사업 등 명확히 선호하는 투자 분야는 없습니다. 일단은 흐름에 따라 상황을 지켜보려 합니다. 우리는 언제든 행동할 준비가 되어 있으니까요. 에너지 사업은 레모네이드 가판대가 아니라, 특성상 수십억 달러에 이르는 거액의 자금을 수반하기도 하는 투자입니다. 우리에겐 데이브 소콜과 그레그 에이블이라는 두 걸출한 기업가가 있습니다. 덧붙여 말하자면, 그들은 미드아메리칸 에너지와 별개로 버크셔가 상당한 수익을 올리는 데 기여했습니다. 그들은 미드아메리칸 에너지는 할 수 없지만 버크셔는 할 수 있는 몇 가지 프로젝트에 시간과 에너지를 투자해 주었죠. 미드아메리칸 에너지는 그 대가로 단 한 푼도 받지 않았습니다. 따라서 그들은 단지 미드아메리칸 에너지의 경영자로서 기여한 것 이상으로 버크셔의 성과에 기여했습니다. 따라서 미드아메리칸 에너지는 버크셔에 있어 소중한 자산이자 아낌없이 지원하지 않을 수 없는 존재입니다. 조만간 여러분도 그 결과를 확인하실 수 있을 것입니다.

멍거: 흥미로운 사실은 이 분야가 대단히 크다는 것입니다. 망망대해처럼 넓죠. 에너지는 현대 문명의 필수재 중 하나입니다. 그러니 우리의 활동량도 늘릴 수밖에요.

2009 총회 (03:08:06)

버핏: 버크셔의 에너지 사업인 미드아메리칸 에너지는 풍력발전 용량 차원에서 미국 최대 전력회사라고 생각합니다. 아이오와주는 풍력발전 비중이 가장 높은 지역입니다. 하지만 아이오와주에서는 하루 중 약 35%의 시간만 바람이 불기 때문에 기저부하(전력수요가 최소일 때도 일정하게 소비되는 발전용량)를 풍력발전에만 기댈 수는 없습니다. 아이오와주는 매우 개방적인 데다 진보적인 자세로 우리의 풍력발전을 응원해 주었기에 미드아메리칸 에너지도 그에 힘입어 풍력발전 용량을 열심히 확대해 왔습니다. 덕분에 우리는 아이오와주에서 전기를 초과 생산하고 있습니다. 아이오와주에서 미드아메리칸 에너지가 전기를 공급하는 지역은 전력 생산이 자급자족 수준을 훨씬 넘어섰습니다. 이는 아이오와주 주민들에게도 도움이 된다고 생각합니다. 아시다시피 미드아메리칸 에너지는 10년이 넘도록 요금을 한 번도 인상하지 않았습니다. 이는 효율성 향상의 승리이자 풍력발전의 승리죠. 우리는 이에 대한 수익

을 공정하게 분배받는데, 이는 회사와 아이오와 주민 모두에게 상당한 이득을 창출하고 있습니다. 수익의 일부는 미국의 모든 풍력발전 회사에 주어지는 세액 공제 형태로 나타나며, 킬로와트시(kWh)당 1.8센트 정도 될 겁니다. 우리는 풍력발전 설비 투자를 늘리고 싶습니다. 실제로 늘리는 중이며, 앞으로 풍력발전 분야에서 선두 주자가 될 것으로 기대합니다.

에너지 사업을 진행하는 데 있어 버크셔의 강점 중 하나는 고액 납세 기업이기에 세액 공제 혜택이 유용한지 걱정할 필요가 없다는 점입니다. 세액 공제권을 팔 수도 있겠지만, 우리 상황에서는 그럴 필요가 없습니다. 따라서 미드아메리칸 에너지는 풍력발전량을 점점 더 늘려 갈 것입니다. 미드아메리칸 에너지 홀딩스를 통해 서부 해안에서 6개 주를 관할하는 전력회사 퍼시피코프PacifiCorp를 인수했을 당시 그들은 풍력발전 시설을 제대로 갖추지 못한 상태였습니다. 하지만 우리는 많은 것을 투자했으며 더 많은 프로젝트가 진행 중입니다.

멍거: 실질적으로 유의미한 모든 공익사업 분야에서 버크셔 자회사들은 선두를 달릴 것입니다. 미드아메리칸 에너지와 두 경영자는 우리의 큰 자랑입니다.

버핏: 우리는 미드아메리칸 에너지가 무척 자랑스럽습니다. 우리는 앞으로 공익사업 부문에서 더 크게 활약할 것입니다. 콘스텔레이션 에너지Constellation Energy는 기대와 달리 잘되지 못했습니다. 우리는 화요일 정오에 그들이 처한 어려움을 알게 되었습니다. 데이브 소콜과 그레그 에이블은 콘스텔레이션의 문제를 해결하고자 볼티모어 본사로 가서 전액 현금 인수를 제안했습니다. 콘스텔레이션은 하루이틀 안에 신용등급이 강등될 가능성이 있었는데, 아마 다양한 파생상품 거래와 관련한

공시 의무를 충족하지 못한 듯했습니다. 파산이 코앞이었죠. 그래서 데이브가 정오에 제게 전화한 순간부터 그날 저녁 인수 조건을 제시하는 과정까지 신속하게 움직였습니다. 이는 버크셔의 강점 중 하나이자 지속 가능한 경쟁우위라고 생각합니다. 이러한 자금력과 인재를 보유한 조직은 매우 드물 것입니다. 비록 콘스텔레이션 에너지와는 잘 풀리지 않았지만 신속하게 자금을 투입하는 CEO와 인수를 진행할 인재를 보유한 것은 버크셔만의 능력입니다. 우리는 앞으로도 공익사업에 더 많이 투자할 것입니다.

멍거: 그래서 두 시간 만에 파이프라인 회사를 샀죠?

버핏: 예, 결과는 아주 좋았습니다. 2002년 당시 전력회사 다이너지 Dynegy는 천연가스 회사인 엔론Enron으로부터 파이프라인을 확보해 막대한 자금이 필요했습니다. 아주 복잡한 거래였죠. 그들에게는 자금이 필요했고, 우리는 연방거래위원회(FTC)의 거래 승인이 필요했습니다. 저는 위원회에 '이 사람들은 돈이 급합니다. 30일 내로 필요합니다. 빨리 처리해 주시면 이후 당신들의 지시는 뭐든 따르겠습니다'라는 편지를 썼습니다.

    버크셔는 이런 거래가 가능합니다. 변호사와 미리 상의한다든가 하는 절차 없이 바로 실행합니다. 그게 우리의 장점입니다. 덕분에 2002년 7월의 위기를 잘 헤쳐나갈 수 있었던 다이너지에도 이점이었죠. 이처럼 우리는 때가 되면 잽싸게 움직입니다. 여기엔 몇 가지 이유가 있는데요. 첫째, 우리는 항상 자금을 보유하고 있으며 확고한 의지도 있습니다. 둘째, 인수한 회사를 제대로 운영할 수 있는 유능한 경영자들이 있습니다. 이는 아주아주 큰 장점입니다.

2011 총회 (04:33:17)

버핏: 풍력발전은 정말 멋진 사업이지만, 바람이 불어야만 효용이 있습니다. 즉 기저부하를 풍력발전에만 의존할 수는 없다는 점은 큰 제약입니다. 하지만 풍력발전은 기본적으로 인간이 생산할 수 있는 가장 깨끗한 에너지입니다. 경제성은 연방 정부의 세액 공제라는 인센티브가 있어야만 효율적인데 마침 연방 정부는 오랫동안 세액 공제를 시행해왔습니다. 사실상 정부가 풍력발전을 보조해 온 셈입니다. 흥미로운 점은 버크셔의 강점 중 하나가 많은 세금을 납부한다는 사실입니다. 이를 강점이라고 표현해도 될지 모르겠으나 많은 공익기업이 세금을 부담할 능력이 부족해 세액 공제 혜택을 활용하지 못합니다. 반면 거액의 세금을 내는 버크셔는 그들과 다른 위치에 있습니다.

지난 5년간 우리는 미국 총 법인세의 약 2%를 납부했습니다. 우리는 담세력이 튼실하고, 풍력발전 시설도 더 많이 건설할 수 있습니다. 앞으로도 계속 확장할 가능성이 매우 큽니다. 이는 아이오와주 고객들에게도 이득입니다. 우리의 풍력 프로젝트들이 성공적이었기에 10년 이상 전기요금을 동결할 수 있었으니까요. 이는 웬만한 미국 전력회사들 사이에서도 매우 이례적인 일입니다.

2012 총회 (01:02:53)

버핏: 우리는 풍력발전 산업에 진출한 지 꽤 오래되었습니다. 연방 정부 보조금은 10년간 킬로와트시당 2.2센트 정도 될 겁니다. 덕분에 많은 풍력발전 개발을 촉진할 수 있었습니다. 보조금 없는 풍력발전은 없었을 것이고, 다른 프로젝트도 수지 타산이 안 맞아 실현되지 못했을 것입니다.

멍거: 결국 우리는 재생 에너지원에 많이 의존해야 할 것입니다. 물론 정부 보조가 뒷받침되어야 할 것이고요. 이에 여러 주의 정부가 소매를 걷어붙이고 나선 것은 매우 현명한 결정이라고 생각합니다.

버핏: 미국 공익기업의 80%는 연방 소득세를 전혀 내지 않으므로 방금 말한 세금 혜택을 온전히, 아니 어쩌면 전혀 누리지 못할 것입니다. 대신 작년부터 시행된 보너스 감가상각 제도(bonus depreciation)를 통해 첫해에 100%를 공제받을 수 있습니다. 이로 인해 과세 소득이 사라집니다. 과세 소득이 없으니 세액 공제를 받을 수 있는 풍력이나 태양광 발전 사업을 향한 관심도 사라지죠. 하지만 미드아메리칸 에너지는 대규모 세금 납부 군단인 버크셔의 일원으로서 세금 납부 한도를 채우려 애쓸 필요가 없으며, 다양한 프로젝트를 진행할 수 있는 역량도 추가로 갖췄습니다.

2015 총회 (01:08:16)

버핏: BHE(버크셔 해서웨이 에너지)의 안전 기록은 공공사업 부문에서 매우 뛰어납니다. 그레그 에이블이 CEO가 된 후 BHE에서 새로운 공공사업을 맡을 때마다 안전 기록은 훨씬 더 좋아지고 있습니다.

2015 총회 (01:27:30)

멍거: 앞으로 세계는 지속 불가능한 화석연료 대신 재생 에너지에 의존하게 될 것입니다. 그리고 버크셔는 재생 에너지 개발 사업에 매우 적극적이며 유리한 입지에 있습니다. 버크셔의 전력 사업에서 50% 이상을 아이오와주의 풍력발전으로 공급하는 것은 엄청난 성과입니다. 게다가 아이오와주처럼 바람이 많이 부는 지역의 농부들은 풍력발전으로

부수입을 얻을 수 있습니다.

우리는 더 나은 에너지 저장 기술을 보유할 것이며, 기술도 계속 발전해 왔습니다. 기술은 인류에게 위협이 아니라 축복이며, 버크셔에도 큰 혜택을 줄 것으로 생각합니다. 모든 환경이 우리에게 유리하게 돌아가고 있습니다. 더 많은 수용량, 풍력, 태양광, 전력망을 누리게 될 이 시대에 우리가 미드아메리칸 에너지를 소유하고 있어 기쁩니다. 우리는 정말 운이 좋습니다. 만약 화석연료가 고갈되는 마당에 태양 에너지도 없다면 무슨 수가 있겠습니까? 저장 시설도 훨씬 더 증가할 것입니다. 다만 공익사업에는 일부 혼란이 발생하겠지만, 혼란보다는 기회가 더 많을 것이라 생각합니다.

2016 총회 (00:55:42)

버핏: 새로운 발전 방식이나 발전 방식 변경에 관한 모든 결정은 일반적으로 공공사업 위원회라고 불리는 기관을 거쳐야 합니다. 일부 주에서는 위원회의 명칭이 다르기도 하지만요. 공공사업은 주정부가 엄격히 규제하므로 위원회의 승인을 받지 않은 변경은 불가합니다. 예컨대 우리 자회사이자 서부 지역 공익기업인 퍼시피코프는 재생 에너지 도입 과정에서 유독 진통을 겪었습니다. 그들은 사실상 6개 주의 규제를 받고 있었는데, 재생 에너지를 대거 도입할 경우 비용과 편익을 어떻게 분배해야 할지 주정부와 합의를 이루지 못한 상태였죠. 우리는 주정부의 지시를 따라야 하고요.

아이오와주에서는 소비자 단체와 주지사 등 각계각층에서 재생 에너지 도입을 활발히 장려했고, 또 그 효과를 직접 확인했습니다. 아이오와주에는 얼라이언트Alliant라는 주요 경쟁사가 있지만, 그들은 무슨 이유에선지 우리처럼 적극적으로 재생 에너지를 추진하지 않았습니다. 그 결과 우리는 얼라이언트보다 상당히 낮은 요금으로 에너지를 공급하고 있습니다. 그들의 예산 전망을 살펴보면 요금제가 우리보다 훨씬 높은데도 1년 안에 요금 인상이 필요해 보이기도 합니다. 반면 우리는 최근에 확장 계획을 발표하면서 최소 13년 후인 2029년까지 요금 인상이 필요하지 않을 것이라고 밝혔습니다. 이처럼 공익사업은 효과적인 규제가 있다면 큰 효과를 볼 수 있지만, 이는 주 차원에서 결정되는 문제입니다.

연방 정부는 이 생산 세액 공제를 통해 재생 에너지 개발을 대대적으로 장려했습니다. 연방 정부가 보조금을 지급하지 않았다면 지금처럼 재생 에너지가 발전하지는 못했을 것입니다. 탄소 배출 감축의 혜택은 범세계적으로 나타나므로, 시민 전체가 배출 감축 비용을 분담하는 것이 적절하다고 생각합니다. 실제로 이 사례가 아이오와주에서 구현되었습니다. 주정부 방침상 장려라기보다 허용에 가까웠지만요. 저는 사회 전체가 탄소 비용을 분담하는 것이 합리적이라고 생각합니다. 대기 중 이산화탄소가 감소하면 그 이점은 아이오와주 주민들에게만 국한되는 게 아니라, 전 세계인이 누리기 때문이죠.

흥미롭게도 네브래스카주는 풍력발전에 별다른 투자를 하지 않았습니다. 여기서 3km 떨어진 강 건너편, 아이오와주 카운실 블러프스는 오마하보다 전기요금이 저렴합니다. 그런데 네브래스카주는 100% 공영으로 전력을 공급하는 주이기 때문에 수익을 챙겨야 할 주주가 없고 채권은 비과세로 발행되는데도, 오히려 강 건너편 아이오와주의 전기료가 훨씬 저렴한 것입니다. 더욱 아이러니한 것은 그런 이유로 구글 같은 기업들이 아이오와주에 거대한 서버 팜을 운영한다는 사실입니다.

이처럼 아이오와주는 전력을 꿀꺽꿀꺽 소모하는 기술 기업들의 천국이 되었습니다. 그곳에는 공장이 줄줄이 들어서고, 일자리가 창출되었으며, 재산세 수입도 늘었습니다. 구글이 아이오와주에 있는 이유는 풍력 발전으로 저렴한 전기를 이용하기 위해서입니다. 네브래스카주는 이제껏 공공 전력 시스템을 자랑스러워했습니다. 제가 알기로 전력 공영화는 조지 노리스 George Norris가 유력 상원으로 재직하던 1930년대에 시작되었습니다. 자부심의 원천이었던 공공 전력은 최근에 비용 부담의 원천이 되었습니다.

2017 총회 (04:41:46)

버핏: 10년 후 우리는 풍력과 태양광 발전을 넘어, 지금보다 더 많은 전력 시스템을 보유하게 될 것입니다. 많은 공공사업 위원회들이 BHE를 선호합니다. 그레그 에이블과 그의 팀이 거둔 놀라운 성과 덕분이죠. 그들은 안전, 신뢰성, 가격, 재생 에너지 부문에서 수많은 개선을 이뤄냈습니다. 미드아메리칸 에너지만큼 잘 돌아가는 에너지 기업은 없을 겁니다. 이러한 실적 덕분에 많은 주민들이 자신이 사는 주에 미드아메리칸 에너지가 진출하기를 바라고 있습니다.

멍거: 버크셔의 공익사업 수준은 보통이 아닙니다. 그레그 에이블의 경영 방식은 모든 면에서 타 공익기업들을 훨씬 능가합니다. 유료 고객들과 규제 기관으로부터 더 좋은 평가를 받고 있습니다. 안전 기록도 우수하며 그 외 모든 면에서 타사보다 훨씬 뛰어납니다. 우리에게 훌륭한 경영자라는 뛰어난 자산이 있어 다행입니다.

버핏: 네브래스카주의 공공 전력 시스템은 수십 년 동안 주의 자랑거리였습니다. 민간 전력회사는 없고 공기업이 전력 공급을 전담하죠. 공

기업은 ROE(자기자본이익률)를 신경 쓸 필요가 없습니다. 그들은 비과세 금리로 차입할 수 있지만, 우리는 과세 금리로 차입해야 합니다. 네브래스카주의 풍력은 아이오와주와 크게 다르지 않습니다. 그런데 우리는 여기서 몇 마일 떨어진 강 건너편에서 네브래스카주보다 낮은 요금에 전기를 공급하고 있습니다. 약 18년 전 우리에게 미드아메리칸 에너지라는 회사를 소개해 준 이사 월터 스콧에게 감사하는 바입니다. 하지만 제가 지금 주식 포트폴리오를 구성한다면 전력회사는 넣지 않을 것 같네요. 그래도 우리가 BHE를 소유하고 있다는 사실은 정말 기분 좋습니다.

멍거: 타사와 근본적으로 다른 기업입니다. 더 훌륭하고요.

버핏: 비교가 안 되죠.

2019 총회 (03:27:13)

버핏: BHE는 소유주가 세 명이고 우리 지분은 91%입니다. 그리고 우리 셋만큼 합리적인 공익사업 투자에 관심 있거나 기회를 극대화할 인력을 보유한 소유주는 없을 겁니다. 다른 공익기업들은 높은 배당금을 지급하지만, 우리는 미드아메리칸 에너지를 소유한 약 20년 동안 단 한 푼의 배당도 시행한 적 없습니다. 미드아메리칸 에너지는 우리만큼의 자본 투자 의지가 없습니다. 따라서 중요한 것은 합리적인 프로젝트를 찾는 일입니다. BHE만큼 이 문제에 현명하고 의욕적인 그룹은 없다고 말할 수 있습니다.

멍거: 간단히 말해 우리는 자본 배분의 달인이니 여러분은 걱정하지 않아도 됩니다.

버핏: 우리는 에너지 사업에 통 크게 투자할 겁니다.

멍거: 우리는 에너지 부문에서 정말 잘하고 있어요.

버핏: 게다가 월터 스콧은 이 모든 프로젝트를 보고 흥분해서 직접 현장을 방문하곤 합니다. 저랑 비교도 안 될 만큼 박식한 친구이며 우리는 끈끈한 친분을 맺고 있습니다. 에너지 산업은 막대한 자본이 필요한데 우리는 차고 넘치는 자본을 가지고 있습니다. 결국 10~20년 후 우리의 성적표가 나타날 테고, 에너지 업계에서 우리를 따라올 자는 없을 것이라 생각합니다.

멍거: 그레그, 아이오와주에 우리보다 앞선 에너지 기업이 있나요?"

그레그 에이블(이하 에이블): 아이오와주는 물론 미국 전역에서 우리보다 앞서는 기업은 없습니다. 고객들의 에너지 소비량 대비 우리의 생산량을 보면 아이오와주를 넘어 미국 전체에서 선두를 달리고 있습니다.

멍거: 또 우리 요금은 아이오와주의 경쟁사 대비 절반 정도죠?

에이블: 네, 맞습니다.

멍거: 이 정도에도 만족할 수 없는 분에겐 우리도 할 말이 없습니다.

네브래스카 퍼니처 마트

2014 총회 (00:56:18)

버핏: 우리는 네브래스카 퍼니처 마트를 세후 이익의 11~12배 정도에 인수했습니다. 회사 지분의 80%를 취득했는데, 제 기억으로는 매입가가 약 6,000만 달러였던 것 같습니다. 이후 한 번 더 거래가 있었죠. 6,000만 달러는 회사 가치의 100% 가격이었으나 결국 우리는 80%를 그 가격에 샀습니다. 당시 6,000만 달러는 장부가치를 넘은 금액이었습

니다. 매출은 약 1억 달러였고 세전 이익률은 7%대로 약 700만 달러, 세후로는 아마 450~500만 달러 정도였을 겁니다. 저렴한 인수는 아니었지만, 훌륭한 기업인 만큼 놓쳐선 안 될 기회였습니다. 그곳 경영자들은 제가 만난 최고의 가족이었고요.

당시 독일의 한 회사도 인수전에 뛰어들었습니다. 믿기 어렵겠지만 (연방 정부의 부채와 재정 적자 감축을 위해 만들어진) 심슨-보울스 위원회에 있는 제 친구 어스킨 보울스Erskine Bowles가 그 회사의 대표였습니다. 당시에는 그 사실을 몰랐지만요. 저는 1983년 제 생일인 8월 30일에 네브래스카 퍼니처 마트를 방문해 창립자인 로즈 블럼킨Rose Blumkin여사에게 계약서를 건넸습니다. 그녀는 영어를 읽지 못했지만 아들 루이Louie가 그 내용을 알려 주었습니다. 저는 회계감사도 요청하지 않고 단지 부채가 있는지만 물어봤습니다. 그리고 매장 건물이 그녀 소유냐고 물었더니, 그렇다더군요. 그래서 거래를 성사했죠. 하지만 싸게 산 것은 아니었습니다.

넷젯

2003 총회 (00:38:10)

버핏: 제트기에 분할 소유 개념을 도입한 항공기 기업인 넷젯은 1분기에 적잖은 손실을 기록했습니다. 그중 상당 부분이 항공기 감가상각 때문입니다. 업계에서는 이를 소유권이 이전된(pre-owned) 항공기라고 부르지만, 저는 그냥 중고(used) 항공기라고 부릅니다. 어쨌든 업무용 항공기 시장은 전반적으로 매우 침체된 상황입니다. 중고 항공기 시장에

는 4~5년 전보다 훨씬 많은 항공기가 매물로 나와 있습니다. 이는 신규 항공기의 생산과 중고 항공기 가격에도 영향을 미칩니다. 우리는 항공기 사업에서 철수하는 사람들로부터 항공기를 재매입하고 있으며 앞으로도 그럴 예정입니다. 하지만 시장이 침체할 때 항공기를 매입했기에 그 항공기들을 감가상각으로 기록하고 있습니다. 하지만 수요도 좋고 성장하는 사업인 만큼 향후 몇 년간 매우 중요한 사업이 될 것입니다.

주요 경쟁사는 세 곳입니다. 그들은 자체 재고의 할인율을 차치하고도 이미 상당한 손실을 보고 있습니다. FAA(미국 연방항공청)이나 항공기 판매자들에게서 관련 수치를 받아보면, 버크셔의 자회사 넷젯의 시장 점유율은 지난 2년 동안 급상승해 항공기 가치 기준으로 약 75% 수준입니다. 4개의 기업이 과점하는 시장에서 75%를 차지하는 것이죠. 하지만 미국에서의 가격 결정력상 수익성은 매우 소소한 수준일 것입니다.

넷젯은 유럽에서 상당한 손실을 입었고, 지금도 그러합니다. 유럽은 미국과 인구 규모는 비슷하나 업무용 제트기 수는 미국의 약 10분의 1 수준입니다. 따라서 우리는 작은 기반으로 유럽에서 매우 빠르게 성장했습니다. 누구도 우리와 대적할 수 없을 듯합니다.

저는 업무용 개인 항공기 산업이 향후 몇 년간 전 세계적으로 크게 성장할 거라 예상합니다. 우리 이후에 다른 기업이 들어올 수 없다고 생각하기에 넷젯은 우리 사업의 핵심 요소입니다. 지금 유럽 하늘을 비행하는 항공기의 절반 가까이가 미국 소유의 항공기입니다. 그리고 그 비중은 나날이 더욱 커질 것입니다. 마퀴스 젯Marquis Jet에서 온 직원들은 사실상 우리 고객이 되어 25시간짜리 비행 이용권을 재판매하는 일을 합니다. 최근 몇 달 동안 매월 40~50명의 고객을 추가로 유치했습니다.

이 서비스는 인기가 좋아서 앞으로 훨씬 더 큰 사업이 될 것입니다.

어쩌면 꽤 이른 시일 내에 항공기 시장에 지각변동이 일어날 것입니다. 언제일지는 몰라도 우리가 그 시장 재편에 흔들리는 회사 중 하나가 되지 않을 것임을 확신합니다. 장기적인 비즈니스 모델은 앞으로 몇 년 안에 현재 승객 수의 10배가 새로운 승객이 돼서 우리와 함께 비행하는 것입니다. 최고의 서비스, 최고의 실적, 최고의 안전 정책을 갖춘다면 우리는 업계에서 우위를 점할 테고, 사람들은 우리 서비스에 적절한 가격을 지불할 것입니다. 여러모로 그 조짐이 나타나고 있습니다. 하지만 올해에는 수익을 내지 못할 것 같습니다.

2010 총회 (01:56:30)

버핏: 우리는 때때로 실수를 저지르며, 일부 경영자들이 실수하기도 합니다. 그런데 가끔은 정말 예상치 못한 상황에 직면하기도 합니다. 넷젯 인수에서의 가장 큰 실수는 나중에 팔 수 있는 가격을 고려했을 때 말도 안 되는 가격으로 비행기를 구매했다는 것입니다. 게다가 분할 소유권 구매에는 일정 기간의 시차가 포함됩니다. 무엇보다 우리는 현실에 제대로 대비하지 못했습니다. 결국 많은 돈을 손해 봤고, 그중 상당 부분은 재고인 항공기 감가상각 비용에서 비롯됐습니다. 우리는 그 항공기들을 X 가격에 구매했지만, X 또는 X의 90% 가격에도 팔 수 없었습니다. 일부 사지 말았어야 할 새 항공기도 있었지만, 대부분은 중고였습니다.

운영비 지출도 정기적 수익에 비해 지나치게 많았습니다. 하지만 저는 예전에도 많은 실수를 저질렀습니다. 대표적으로 형편없는 섬유 사업을 20년 동안 붙잡고 있었죠. 찰리는 늘 형편없는 기업이라고 말했지만, 저는 마치 겨울잠을 잔 듯 20년이 지나서야 정신을 차렸습니다. 앞으로도 우리는 몇몇 실수를 저지를 것입니다. 넷젯에서는 7억 1,100만 달러라는 큰 손실을 기록했고요. 하지만 지금은 1분기에 5,000만 달러를 훌쩍 넘는 세전 이익을 기록하는 등 꽤 괜찮은 수익을 올리고 있습니다. 항공기 시장이 크게 활황인 것도 아닌데 말입니다. 안전이나 서비스를 조금도 희생하지 않으면서 정리할 건 정리한 덕분입니다. 누구도 엄두 못 낼 방식으로 회사를 되살린 데이브 소콜의 활약에 큰 찬사를 보냅니다. 모든 주주들은 그의 공을 깊이 치하해야 마땅합니다.

멍거: 이 사례는 맥락을 고려해 접근해야 합니다. 우리는 30개의 대기업을 인수해 본사의 간섭 없이 그들에게 경영을 맡겨 95%의 성공률을 기록했습니다. 그러나 그 기본 방침을 따른 단 하나의 사례에서 한동안 수익을 못 냈다고 이를 큰 실패로 취급해야 할까요. 그보다는 우리와 함께하는 훌륭한 인재들에게 아량을 베풀어야 합니다.

버핏: 그렇습니다. 가끔 실수를 겪는다고 해서 우리 경영 방식이 바뀌는 건 아닙니다. 요즘 우리 경영자들의 전체적 성과는 제가 처음 버크셔를 시작했을 때 상상도 못 했던 수준입니다. 그들에게 자율성을 부여한 우리 방식은 효험을 발휘했습니다. 앞으로도 계속 이 방식을 유지할 겁니다.

버크셔 해서웨이 홈서비스

2005 총회 (04:32:58)

버핏: 우리는 부동산 중개 산업에서 기존의 모델을 기반으로 강력한

기업을 만들고자 합니다. 다시 말해 주거용 부동산 중개업에 큰 변화가 예상되지는 않습니다. 버크셔 해서웨이 홈서비스Berkshire Hathaway HomeServices는 미국에서 두 번째로 큰 주거용 부동산 중개 회사입니다. 앞으로도 부동산 중개 시장은 과거와 별 차이 없을 것입니다. 이와 달리 인터넷 거래가 더 활발해질 것으로 예상하는 사람들도 있는데요. 주택 구매는 대부분의 사람에게 일생일대의 거래입니다. 그만큼 감정적인 부분이 개입되고, 중개인의 안내를 필요로 하기도 합니다. 따라서 부동산 중개업은 지금까지 그랬듯 앞으로도 대면 거래가 매우 중요할 것으로 보입니다.

미국 주택 시장에서는 매년 수백만 채의 주택이 매매됩니다. 그만큼 부동산 중개업은 매우 큰 사업이 될 것입니다. 동시에 매우 지역 특화적인 사업이라고 생각합니다. 우리는 다양한 시장에서 고유한 정체성을 유지해 온 대표적 향토 기업들을 인수했습니다. 그리고 부동산 중개 기업인 센추리 21CENTURY 21처럼 모든 회사를 단일 브랜드로 통합하는 방식을 채택하지 않았습니다. 대신 특정 지역 사회에서 개별 브랜드를 유지하며 각자의 독자성을 지켜나간, 현지화를 이룬 부동산 중개 기업에 기반을 두기로 했습니다. 이는 브랜드를 더욱 강화하는 방식입니다. 하지만 아직 시작에 불과합니다. 우리는 이 분야에서 대성공을 거두고 싶습니다.

우리는 지금도 규모가 크지만, 5~10년 후에는 훨씬 더 커질 것입니다. 문제는 지역에 특화된 부동산 중개 기업들을 인수하는 것입니다. 대부분 한 개인이나 가족이 소유한 회사입니다. 그리고 가족이나 개인의 사정 때문에 주기적으로 매물로 등장하죠. 마침 버크셔가 합리적 매수자이자 좋은 소유주로 인정받았기에 앞으로 우리 앞에 큰 시장이 펼쳐질 것 같습니다.

배당 정책

2008 총회 (04:04:57)

버핏: 저는 많은 경우에 배당이 중요한 역할을 한다고 생각합니다. 우리가 주식을 보유 중인 여러 회사에서도 배당을 시행하고요. 배당 결정은 유보이익 1달러당 1달러 초과의 가치를 꾸준히 창출할 수 있는지 여부에 달려 있습니다. 예컨대 우리가 보유한 시즈캔디는 이익 대부분을 본사에 배당으로 지급해 왔습니다. 그들이 거둔 막대한 이익을 사업적으로 현명하게 사용할 내부 역량이 없기 때문입니다. 한마디로 딱히 쓸데가 없죠. 그러니 시즈캔디가 그 돈을 묵혀 두는 건 너무도 비효율적입니다. 그들은 유보이익을 버크셔 본사에 배당금으로 보내고 있으며, 우리는 그 자금을 다른 분야로 이전해 1달러를 1.10달러나 1.20달러의 가치로 만들고자 합니다.

우리가 그렇게 할 수 있는 한, 이익을 배당금으로 지급하기보다 유보하는 편이 주주들에게도 더 이득입니다. 배당금 1달러를 받는 것보다 1달러를 시장가치 1.10달러로 만들어 주식을 매각하는 편이 더 유리하기 때문이죠. 그러면 주주들도 배당보다 더 많은 돈을 벌게 될 것입니다. 하지만 언젠가 우리가 유보이익 1달러를 1달러 초과의 시장가치로 변환할 수 없는 날이 온다면 그 돈을 주주 한 사람 한 사람에게 배당할 것입니다. 현재는 버크셔 본사에서 효율적인 방식으로 자금을 재분배할 수 있기 때문에 모든 이익을 유보하는 게 더 유리합니다. 만약 시즈캔디가 독립 회사였다면 이익 대부분이 지금처럼 버크셔로 돌아가는 대신 배당으로 지급되었을 겁니다.

우리는 자체 사업에 효율적으로 사용할 수 없어 남게 된 잉여 이익을 버크셔 본사로 보내주는 자회사가 좋습니다. 어떤 회사는 이익의 100%를 우리에게 송금하고, 어떤 회사는 0%입니다. 또 우리가 주식을 보유한 회사 중에는 배당금을 지급하지 않는 곳도 있습니다. 찰리, 코스트코 Costco도 한동안 배당을 지급하지 않던 시절이 있었죠?

멍거: 한창 급성장하던 시절에는 지급하지 않았습니다. 지금은 지급하고요. 버크셔의 정책도 비슷합니다. 워런은 항상 대대적인 배당 계획을 세웠습니다. 그리고 그는 "신이시여, 저에게 순결을 주십시오. 하지만 아직은 아닙니다"라고 말한 성 아우구스티누스의 방식으로 이를 실행하고 있습니다.

버핏: 언제 들어도 탁월한 비유입니다.

2011 총회 (01:32:40)

버핏: 우리 돈이 점점 불어나고 있기에 언제일지는 모르겠습니다만, 매년 150억~200억 달러를 투자하고 주주들에게 그 이상의 가치를 직접 가져다줄 수 없을 때가 언젠가는 올 겁니다. 1달러 투자로 겨우 90센트의 가치만 창출하게 된다면 우리는 그 돈을 투자하는 대신 보따리를 풀어 주주들에게 내주겠습니다. 하지만 버크셔가 배당을 시행하겠다고 선언하는 날 주가는 하락할 것으로 예상됩니다. 당연히 그럴 수밖에요. 왜냐하면 배당을 시작한다는 건 버크셔가 복리 창출 능력을 잃었다고 인정하는 셈이기 때문입니다.

보르샤임

1998 총회 (04:50:40)

버핏: 버크셔의 보석 사업 분야 자회사인 보르샤임은 티파니앤코Tiffany & Co.나 다른 상장 보석 업체보다 매출 총이익이 훨씬 낮습니다. 대신 고객에게 훨씬 더 많은 가치를 제공하고 있죠. 그리고 상장 경쟁사들에 비해 운영비도 크게 낮습니다. 운영비 비중은 15~20%로 경우에 따라 더 낮을 때도 있습니다. 따라서 우리는 여러 면에서 경쟁력이 있습니다.

사람들이 보석상과 관련해 던지는 가장 큰 질문은 "상대를 믿어도 될지 어떻게 아느냐"입니다. 보석은 구입하기 부담스러운 품목입니다. 하지만 버크셔라는 브랜드의 인지도는 사람들이 보석에 관해 친근감을 갖게 해줄 거라 생각합니다. 전국 각지의 고객들이 직접 보석을 보고 느끼는 경험을 하도록 도움을 줌으로써 말이죠. 보석은 고가이므로 자동차 보험처럼 비용 절감이 매우 중요합니다. 따라서 인터넷은 보르샤임이라는 브랜드를 전국적으로 확산하고 강화하는 데 큰 도움이 될 것입니다. 보르샤임은 크게 성장할 잠재력이 있으며, 그 과정에서 인터넷이 중요한 역할을 할 것입니다.

우리의 임무는 전국 각지의 소비자들이 요청 시 그들에게 대여섯 가지의 상품을 배송해 주고, 매장 직원의 부담스러운 시선 없이 직접 집에서 가격을 확인하고 상품을 고를 수 있게 하는 것입니다. 지금도 많은 사람들이 이 서비스를 누리고 있지만, 나중에는 이용자 수가 10배, 20배, 50배까지 늘어날 것으로 기대됩니다. 그러니 우리는 더욱 분발해야겠습니다. 소비자에게 엄청난 혜택을 제공하는 것도 좋지만, 문제는 어떻게 소비자에게 접근해 그 혜택을 알리느냐는 것입니다. 인터넷이 고객과의 소통 가능성을 열어 줄 것입니다. 그렇다면 전 세계 수많은 사람이 인터넷에 접속할 텐데 그들이 다른 경쟁사 대신 우리를 클릭하게 하려면 어떻게 해야 할지도 생각해야 합니다.

옥시덴탈 페트롤리움

2020 총회 (03:22:10)

버핏: 대규모 석유 생산기업에 투자했을 때의 결과는 유가가 성패를 쥐고 있습니다. 며칠 전인 2020년 5월 원유 선물거래에서 유가가 마이너스 37달러까지 하락했던 것처럼 말이죠. 정말 어안이 벙벙해지는 가격이었습니다.

석유주는 유가가 크게 오를 것으로 예상될 때만 보유해야 합니다. 유가가 크게 오를지는 저도 잘 모르겠습니다. 우리는 석유 에너지 및 셰일 가스 대기업인 옥시덴탈Occidental의 아나다코 페트롤리움Anadarko Petroleum 인수에 참여하고 있습니다. 우리의 투자 결정은 일요일에 이루어졌습니다. 아나다코 경영진은 미국의 또 다른 석유 회사인 셰브론Chevron이 인수해 주길 원했지만, 결국 셰브론은 10억 달러의 해약금을 받는 것으로 끝냈습니다. 옥시덴탈 경영진은 이번 인수를 수년 전부터 추진해 왔는데 유가가 상승하던 당시에는 매력적이었습니다. 하지만 지금은 확실히 매력도가 떨어졌죠. 배럴당 20달러여도 매력 없는데, 마이너스 37달러에서는 오죽하겠습니까. 엑슨모빌Exxon Mobil, 옥시덴탈 혹은 다른 석유 회사들이 해 왔던 모든 전략도 이 유가에서는 맥을 못 춥니다. 지금 시추해 봤자 수익성이 없으니 향후 몇 년 동안 석유 생산량은 현저히 감소할 것입니다. 과거에도 이런 적이 있었죠. 문제는 늘어나는 석유를 저장할 곳도 마땅찮은 가운데 석유 수요가 급감하고 있다는 것입니다.

한동안 러시아와 사우디는 석유 생산량에서 서로를 앞지르려 애썼습니다. 이렇게 재고가 과도하게 쌓이면 소진되는 시간이 길어집니다. 그러니 이제 미국의 석유 생산량은 크게 감소할 것입니다. 과거와 달리 온갖 지층을 시추한다고 수익이 되는 것도 아니며, 1~2년 전 원유가로 거래되어도 마찬가지입니다. 그런 의미에서 옥시덴탈 주주나 그 외 석유회사의 주주들은 지금까지 유가 흐름으로 보건대 저와 같은 실수를 저질렀다는 데 동의할 것입니다. 앞으로 유가가 어떻게 될지는 아무도 모릅니다.

프리시전 캐스트파츠

2021 총회 (00:28:35)

버핏: 항공기 부품 제조기업인 프리시전 캐스트파츠Precision Castparts에 대해서는 버크셔가 아니라 순전히 제가 실수를 범했습니다. 우리는 기업 인수에 앞서 늘 경쟁력, 가격, 경영진 등 모든 것을 평가하는데요. 그들의 경영진에 대해서는 실수하지 않았으나 평균 수익력을 잘못 판단했습니다. 항공기 보잉 맥스의 사고처럼 세상에는 온갖 예상치 못한 일이 일어날 수 있습니다. 하지만 우리는 평균 이익에 비해 너무 많은 금액을 지불했습니다. 훌륭한 회사이고 경영진에도 만족하지만요. 반면에 제너럴 일렉트릭은 우리 예상만큼 많은 엔진을 필요로 하지 않습니

다. 그래도 우리가 매수한 다른 기업 중에는 예상보다 더 좋은 성과를 내는 곳도 있습니다. 저는 앞으로도 계속 실수할 것입니다.

멋진 거래도 몇 건 있었습니다. 성과가 신통치 않은 기업은 버크셔 사업에서 비중이 점점 줄어드는 게 보통입니다. 하지만 대표적 성공 사례인 가이코는 1990년에 경영권을 인수할 당시보다 규모가 15배나 확대되었습니다. 가이코는 버크셔에서 전보다 훨씬 더 중요한 사업이 되었습니다. 이처럼 기대 이상으로 성장한 회사들에서 자연스레 더 많은 수익을 얻고, 우리는 그들에 더 집중하게 되는 거죠. 찰리는 이것이 못된 아이가 갈수록 말썽만 일으키는 자녀 양육과의 차이점이라고 말하곤 합니다.

덱스터 슈

2002 총회 (04:34:38)

버핏: 신발 제조업체 덱스터 슈는 제 어리석은 결정, 그것도 어쩌면 여러 번의 어리석은 결정 때문에 엄청난 손실을 봤습니다. 덱스터 슈는 야심 차게 해외로 진출했는데요. 미국에서 사용되는 신발은 남녀노소 한 명당 네 켤레꼴인 약 12억 켤레입니다. 그중 자국 생산 신발이 5% 정도 되려나 모르겠지만, 그 결과 수십만 일자리가 해외로 이전되었습니다. 아시다시피 미국의 섬유업은 거의 아사 직전의 상태입니다. 시간당 인건비가 외국과 10배나 차이 나는 상황에서 국산 신발이 설 자리는 너무도 좁습니다.

덱스터 슈는 이제 우리가 보유한 또 다른 신발 제조업체인 H.H. 브라운H.H. Brown의 일부로 흡수되었습니다. H.H. 브라운은 해외 생산 비중이 압도적으로 높지만 여전히 미국 내에서 많은 제품을 생산하고 있습니다. 저는 버크셔의 신발 사업에 낙관적입니다. 따라서 덱스터 슈는 신발 사업에서 중요한 역할을 할 것입니다. 장기적으로 큰 수익을 내지는 않겠으나 우리 훌륭한 경영진을 믿어 보렵니다. 앞으로 견고한 수익성을 기대하지만, 국내 생산 신발을 80~100% 비중으로 취급해서는 좋은 수익을 기대하기 어려울 것입니다. 그런 점에서 특히 덱스터 슈처럼 국내 신발 제조업체의 인수 대금을 제가 주식으로 지불한 건 큰 잘못이었습니다.

멍거: 덱스터 슈 사례는 아무리 실수를 피하기 위한 시스템을 구축하고 자신의 능력 범위 내에 머무르려 노력해도 여전히 실수할 수 있다는 교훈을 남겼습니다. 그리고 저는 이것이 우리의 마지막 실수가 아닐 것이라 장담합니다.

2003 총회 (02:50:56)

버핏: 저는 투자은행의 안내 책자에서 어떤 기업의 수익 감소를 예측하는 내용을 본 적이 없습니다. 언젠가 꼭 한번 보고 싶고, 그럴 날이 온다면 그 충격을 버틸 수 있었으면 좋겠습니다. 사실 많은 기업의 이익은 날이 갈수록 감소하고 있습니다. 투자은행의 향후 10년 예측은 항상 우상향이지만 현실은 다릅니다. 어떤 기업은 현재와 달리 엄청난 경쟁 압박에 직면하게 될 것입니다. 제가 덱스터 슈에서 바로 그런 실수를 저질렀죠. 당시 세전 이익 4,000만 달러였던 그들을 인수하면서 미래 전망도 밝게 내다봤으나 완전히 잘못 짚었습니다. 사업이란 게 이렇습니다. 〈포춘〉 500대 기업 중 20%는 5년 후 이익이 지금보다 현저히 떨어질 것

입니다. 어떤 기업이 그 20% 안에 들지는 모르겠지만, 그것이 사업의 본질입니다.

루브리졸

***2011 총회** (01:03:13)*

버핏: 처음에 저는 석유 첨가제 사업에 대해 아무것도 몰랐습니다. 화학적 원리를 전혀 이해하지 못했죠. 하지만 더 중요한 건 업계의 경제적 동향을 이해하는 것입니다. 경쟁우위가 있는지, 진입장벽은 무엇인지 등이죠. 저는 먼저 특수 화학 회사 루브리졸의 CEO 제임스 햄브릭을 만난 데이브 소콜에게서 이야기를 전해 들었습니다. 이후 2월 8일에 저를 직접 찾아온 제임스로부터 업계 동향과 기업 변천사, 그리고 화학 첨가제와 관련하여 석유 회사의 현재와 미래 역할 등에 관해 다시 더 자세한 설명을 들었고요. 루브리졸에 원유의 기본 성분인 기유(基油)를 판매하는 석유 회사들은 거래처인 동시에 루브리졸의 최대 고객이기도 합니다. 석유 회사는 화학 첨가제 사업에서 하나둘 물러나 이제는 두 회사만 남았습니다. 그래서 이 산업은 시간이 지날수록 과점화되었습니다.

저는 기업을 살펴볼 때마다 진입장벽을 따집니다. 1972년에 저는 시즈캔디 인수에 앞서 "만약 내게 1억 달러가 있다면 시즈캔디와의 경쟁에 도전할 수 있을까?"라고 스스로 질문을 던져 보았습니다. 그러자 "아니오"라는 답이 나왔죠. 그래서 시즈캔디를 인수했습니다. 제임스와의 두 번째 만남 후 저는 이 사업의 진입장벽이 높지 않다는 결론을 내렸습니다. 하지만 루브리졸의 서비스와 비교적 낮은 비용, 그리고 전체적으로 약 100억 달러에 불과한 시장 규모를 감안할 때 그들의 경쟁우위가 꽤 높다고 판단했습니다. 그들은 많은 특허도 가지고 있지만, 더 중요한 무기는 고객과의 연줄입니다. 예컨대 고객사가 새로운 엔진을 개발하면 그들과 협력하여 적합한 첨가제를 개발합니다.

그래서 화학적 원리에 대해서는 여전히 잘 몰랐지만, 과거에 금속 절삭 공구 회사인 이스카 측의 설명을 들었을 때처럼 루브리졸의 경제성에 대해서 확신이 섰습니다. 찰리와 저는 루브리졸이 시장 점유율 1위 기업이고, 지속 가능한 입지를 확보하고 있으며, 장기적으로 매우 좋은 기업이 될 것이라 결론지었습니다. 루브리졸은 엔진이 더 부드럽고 오래 작동하도록 해 줍니다. 윤활유는 금속과 금속이 맞닿을 때 중요한 역할을 하므로 미래에도 존재할 것입니다. 그러면 루브리졸은 오랫동안 업계의 선두 주자로 남을 수 있겠죠. 그들은 버크셔에 매우 좋은 자산이 될 것입니다. 한때 갈팡질팡하기도 했지만 루브리졸은 이상적 보금자리인 버크셔의 일원이 된 것을 매우 기뻐하고 있습니다.

멍거: 이스카와 루브리졸은 알고 보면 닮은꼴입니다. 시장이 매우 협소해 경쟁사의 진입 매력이 없는 데다 둘 다 서비스에 대한 열정이 대단합니다. 이런 회사를 또 발견하신 분은 워런에게 연락 주세요.

페트로차이나

2004 총회 (03:20:32)

버핏: 페트로차이나도 전 세계 다른 석유 대기업들과 다를 바 없습니다. 작년에 세계에서 네 번째로 수익성이 높은 석유 회사였죠. 엑슨모빌

의 일일 원유 생산량의 80~85%에 해당합니다. 규모가 매우 크고 복잡하지도 않아서 그들의 경제성을 파악하기는 비교적 쉬웠습니다. 정보의 불투명성에 대해서라면, 페트로차이나의 연차 보고서는 다른 웬만한 석유 대기업들의 연차 보고서보다 자세했습니다. 특히 마음에 든 대목은 수익의 45%를 배당하겠다고 명시한 것이었습니다. 이런 대기업에서 수익의 45%가 버크셔에 들어오고 나머지는 재투자된다는 게 좋았습니다. 페트로차이나를 매수한 이유는 수익, 매장량, 일일 원유 생산량, 정제 용량 등 어떤 기준으로 봐도 가격이 매우 저렴했기 때문입니다. 엑슨모빌이나 BP, 셸Shell보다 훨씬 저렴했죠. 중국 정부가 90% 지분을 소유해서 저렴한 거라고 생각할 사람도 있겠지만, 저는 그것이 저렴한 매수가를 설명할 요인이라 생각하지 않았습니다. 중국 주식이라 투자한 것은 아니지만 중국 주식이라 피할 이유도 없습니다. 다른 석유 대기업의 연차 보고서 못지않게 페트로차이나도 연차 보고서를 통해 그들을 충분히 이해할 수 있었습니다.

멍거: 가격이 충분히 저렴하다면 지정학적, 규제적 위험은 좀 감수해도 괜찮습니다.

2005 총회 (00:46:47)

버핏: 우리가 몇 년 전 페트로차이나의 주식을 매수한 건 그들의 연차 보고서를 읽고 나서였습니다. 다행히도 영문으로 작성되었죠. 우리가 투자한 최초의 중국 주식이었습니다. 페트로차이나는 작년에 120억 달러를 벌었습니다. 〈포춘〉 500대 기업 중 미국에서 120억 달러를 버는 기업은 다섯 군데 정도밖에 없을 겁니다. 그만큼 페트로차이나는 대기업입니다. 우리가 매수할 당시 총 시장가치는 350억 달러였습니다. 작

년 이익의 약 3배 가치로 평가받은 셈이죠. 이 회사는 부채 비율이 특별히 높지도 않습니다. 또 연차 보고서에 따르면 이익의 약 45%를 배당한다더군요. 따라서 PER이 3배니까 예상 이익은 주가의 33%, 거기서 배당률이 45%면 투자 대비 15%의 현금 수익을 얻는 것입니다. 매우 매력적인 가격에 우량한 기업입니다.

우리는 소유 지분을 공개해야 했습니다. 더 많이 사면 좋았겠지만 가격이 급등했죠. 주식을 매수하기 전 경영진과는 아무런 접촉도 없었습니다. 투자 설명회 같은 데도 참석하지 않았고요. 그냥 사무실에 앉아 누구나 입수할 수 있는 보고서만 읽었습니다. 그리고 우리는 4억 달러를 투자할 수 있었고, 지금은 그 가치가 12억 달러에 달합니다. 우리가 페트로차이나에 투자한 건 당시 다른 해외 석유 기업들에 비해 엄청나게 할인된 가격이었다고 생각해서였습니다.

2008 총회 (02:41:38)

버핏: 제가 한 일은 페트로차이나 연차 보고서를 입수해 읽은 게 전부였습니다. 그곳 경영진과 접촉하거나, 증권사 리포트를 읽거나, 누군가의 의견을 구한 적도 없습니다. 결국 저는 그들이 350억 달러의 시장가에 팔리고 있으나 실제 가치는 1,000억 달러라고 결론지었습니다. 경영진을 만나 봐서 뭐 합니까? 어느 회사의 경영진이든 그들은 자사 주식을 매수하라고 적극 권할 텐데요. 만약 제가 그 회사의 가치를 400억 달러로 생각했다면 더 꼼꼼히 분석했겠죠. 하지만 1,000억 달러라고 생각하는데 350억 달러에 팔리는 상황에서 실제 가치가 950억 달러인지 1,050억 달러인지는 중요하지 않았습니다.

주식 투자에서 그 이상의 정교한 분석은 시간 낭비일 뿐입니다. 우리는 소수점 세 자리까지 계산할 필요가 없을 때가 좋습니다. 소수점 세 자리까지 계산해야 한다는 것 자체가 좋은 생각이 아니라는 뜻입니다. 마치 누군가가 문을 열고 들어왔는데 몸무게가 130kg에서 150kg 사이로 보이는 것과 비슷합니다. 정확한 몸무게는 몰라도 우람하다는 건 딱 보면 알 수 있지 않습니까. 제가 찾는 건 재무적으로 우람한 기업입니다. 한눈에 딱 들어와야 합니다.

멍거: 미국 기업 중 우리만큼 실사 비용이 안 드는 기업도 없을 겁니다. 그렇게 비용을 절감한 만큼 어려움도 덜 겪었고요. 우리의 운영 방식이 안전한 건 우리가 설계사처럼 생각하기 때문입니다. 즉 우리는 넉넉한 안전마진을 원합니다. 반면에 다른 회사들은 남에게 수수료를 줘 가며 매우 복잡하고 세밀하게 판단하는 등 사서 고생을 합니다. 우리는 우리 방식이 훨씬 더 안전하다고 생각합니다.

버핏: 본인보다 감사인들이 더 인수 전문가라고 생각한다면, 그냥 그들에게 기업 운영도 맡겨야죠. 사탕 및 껌 제조업체 마스Mars와 리글리Wrigley 인수합병 건(버크셔는 마스가 260억 달러에 리글리를 인수합병하는 과정에서 65억 달러를 지원했다)과 같은 연락이 왔을 때 리글리의 가치가 특정 임대 계약이나 환경적 문제에 좌우되지 않는다고 생각했습니다. 고려 사항에는 굉장히 중요한 것도 있지만, 이처럼 의미 없고 사소한 것이 훨씬 많습니다.

저도 투자에서 큰 실수를 자주 저질렀지만 판에 박힌 실사로 그 실수를 막았을 뻔한 경우는 단 한 번도 없었습니다. 오히려 돈과 시간만 낭비할 뿐 아니라, 어떤 경우에는 오히려 시간 지연으로 거래를 놓치지 않았을까 싶네요. 우리 방식에는 상당한 이점이 있으며 우리 규모가 커질수록 그 이점도 더욱 빛을 발합니다. 사람들은 대형 거래일수록 더 절차에 의존합니다. 하지만 확실한 거래 성사를 원하는 사람들은 우리를 찾아오게 마련이죠.

마스 측은 리글리 인수 자금을 마련할 때 버크셔와만 협상을 원했습니다. 우리가 변호사를 선임하지 않는다는 걸 알았기 때문이죠. 심지어 이사진의 개입도 없었습니다. 우리는 전화를 받았고 타당한 이유라고 판단해 수락했습니다. 우리가 수락한다는 건 중대한 부정적 변경(material adverse change) 조항을 포함하는 수락이 아닙니다. 돈이 있으면 수락하겠다는 것도 아닙니다. 그냥 조건 없는 수락입니다. 그러니 제가 마스와 65억 달러짜리 거래를 성사시킨 것은 뉴욕시에 핵폭탄이 터지거나, 유행성 독감이 돌거나, 벤 버냉키Ben Bernanke가 패리스 힐튼Paris Hilton과 함께 남미로 도망가더라도 반드시 결제를 완료하겠다고 약속한 것입니다. 65억 달러가 필요한 상대에게는 그런 약속이 상당한 가치가 있습니다. 어디서도 들을 수 없는 약속이죠. 이는 우리의 정말 큰 강점입니다.

BNSF 및 철도

2007 총회 (03:50:15)

버핏: 철도 산업의 상대적 경쟁력은 암울했던 20~25년 전에 비해 다소 나아졌습니다. 노조와의 관계 측면에서도 많은 진전이 있었습니다. 또 유가 상승으로 트럭 운송업과의 경쟁에서 유리한 위치를 점하고 있습니다. 디젤 연료비가 상승하면 철도 운송 비용도 증가하지만, 경쟁 관계인 트럭 운송 비용은 약 4배나 증가하니까요. 철도 산업은 신규로 창출되는 수송량이 많지 않습니다. 그래도 20~25년 전에는 규제가 강한

형편없는 사업이었다면 지금은 전보다 나아졌습니다. 재규제가 아직 위협요인으로 남아 가격 결정력에 영향을 미칠 수도 있지만요. 철도는 자본 집약적 사업이지 획기적인 사업은 절대로 될 수 없을 것입니다. 매년 막대한 자본을 투입한다고 해도 그에 상응하는 고수익을 돌려받기는 매우 어렵습니다. 하지만 자본이익률이 괜찮다면 앞으로는 전보다 훨씬 나은 사업이 될 수 있습니다.

2010 총회 (02:14:04)

버핏: 육상교통위원회(STB, Surface Transportation Board)는 ROIC(투하자본 대비 수익률)를 약 10.5%로 규정했습니다. 만약 금리가 크게 변동한다면 어느 방향으로든 가감될지도 모르지만요.

일반적으로 규제 공공사업에서는 ROE가 거론됩니다. 대부분 주에서 11~12% 정도를 채택하는데요. 철도 사업은 조정된 부채 수치를 포함한 ROIC를 적용합니다. 그렇게 터무니없는 기준 같지는 않습니다. 전력 사업은 수요가 크게 감소할 가능성이 없으므로 이 기준치는 제대로만 운영하면 거의 확실히 달성할 수 있습니다.

철도는 심각한 산업 불황기에는 손실 폭이 더 커진다는 취약점이 있습니다. 하지만 최근 몇 년간 4대 철도 회사는 ROIC 10.5% 정도를 달성했고, 그 정도면 뜬금없는 수치는 아니라고 생각합니다. 철도 사업은 감가상각비보다 훨씬 더 많은 돈을 투자해야 하며 이는 교통 시스템 개선에 투자해야겠다는 충분한 유인책으로 작용합니다. 반면 ROIC가 10.5%보다 훨씬 낮다면 철도는 한번 깔면 다른 용도로 쓸 수 없으므로 잘못된 투자가 될 것입니다. 저는 국가와 철도 회사가 엄청난 이윤을 추구하기보다 향후 10~30년 동안 투자가 절실한 영역에서 적정 수익으로 공익에 이바지한다는 점에서 한배를 타는 것이라고 생각합니다. 따라서 STB가 10.5% 정도의 ROIC를 제시하는 게 터무니없는 수치로 생각되지는 않습니다.

멍거: 철도 시스템은 규제 사업치고는 매우 성공적이었습니다. 곰곰이 생각해 보면 미국의 철도는 지난 30~40년 동안 몰라보게 재건되었습니다. 선로를 개선하고, 터널을 키웠으며, 교량을 보수했습니다. 평균적인 열차는 두 배 이상 길이를 늘이고 증량할 수 있습니다. 철도 산업만큼 우리 모두의 요구에 더 잘 적응한 사업은 없을 겁니다. 그동안 전체적으로 현명한 규제와 현명한 경영이 잘 결합되었죠. 처음부터 그런 건 아니었습니다. 옛날에는 경영도 규제도 둘 다 신통치 않았으니까요. 하지만 모두에게 이로운 방향으로 발전했습니다.

2012 총회 (03:06:35)

버핏: 철도, 공익사업, 보험업은 모두 정치적 영향을 받습니다. 다행히 철도 산업은 경제적 요인이 우리에게 유리하고, 또 경제적 요인이 대개 이깁니다. 철도는 약 4리터의 디젤로 1톤 화물을 약 800km까지 운송할 수 있는데, 이는 트럭 운송보다 약 세 배 효율적입니다. 이것이 현재 철도가 전체 도시 간 운송량의 약 42%를 차지하는 이유일 것입니다. 정치적 상황이 어떻든 철도의 비중은 줄지 않을 것입니다. 강철 선로를 통해 대량의 화물을 장거리 운송하는 게 얼마나 매력적인지요. 우리는 훌륭한 철도 사업체를 보유하고 있습니다. 하지만 철도 경쟁사 사이에, 그리고 고객과 철도 회사 사이에 정치적 갈등은 항상 존재할 것입니다. 이것이 바로 철도 산업의 본질이자 다른 일부 공공사업에서도 피할 수 없는 일입니다. 하지만 전반적으로는 우리의 입지가 만족스럽습니다.

멍거: 물론 행운도 불운도 따를 것입니다. 우리가 보유한 BNSF(벌링턴 노던 산타페 철도)는 터널 확장과 교량 보강으로 컨테이너 운송량을 두 배로 늘리는 큰 행운을 얻었습니다. 노스다코타주에서 석유가 발견되었을 때도 송유관이 개설되기 전까지 큰 호재로 작용했죠. 하지만 가끔은 불운도 겪을 것입니다. 그래도 평균적으로 보면 사업도 경영진도 훌륭합니다. 정치적 상황은 전혀 우리의 주된 문제가 되지 않을 것입니다.

버핏: 제2차 세계대전 직후 미국의 철도 종사자는 무려 170만 명이었지만, 지금은 20만 명도 안 됩니다. 그만큼 철도 효율이 엄청나게 높아졌습니다. 철도는 무거운 화물을 장거리 운송하기에 아주 좋은 수단이죠.

2019 총회 (00:22:03)

버핏: 정밀 철도 운행(PSR, Precision scheduled railroading)이라는 시스템은 일리노이 센트럴 철도Illinois Central Railroad에 근무하던 E. 헌터 해리슨E. Hunter Harrison이 개발했습니다. 헌터의 철도 건설 과정을 자세히 설명한 책 《레일로더(Railroader)》가 얼마 전 출간되었으니 관심 있는 분에게 추천합니다. 헌터는 북미에 있는 6곳의 철도 대기업 중 캐나다 국영 철도Canadian National의 CEO가 되어 승승장구했습니다. 아마도 빌 게이츠가 이곳의 최대 주주일 텐데 제가 알기로 그도 주식에서 큰 재미를 봤을 것입니다.

그러자 캐나다 퍼시픽Canadian Pacific도 행동주의자들의 압력을 받았습니다. 그래서 헌터를 합류시키고 키스 크릴Keith Creel이라는 경영자를 영입하여 유사한 프로그램을 시행했죠. 미국 동부의 철도 기업인 CSX도 그 뒤를 따랐습니다. 이 회사들은 모두 이익률이 크게 향상됐으나 그 과정에서 고객 서비스 제공에 나름의 고충을 겪었습니다. 유니언 퍼시픽은 다소 수정된 방식을 시행하고 있습니다.

BNSF는 다른 회사의 성공 사례도 거부감 없이 채택합니다. 그들은 이 4대 철도 기업을 관찰하면서 많은 것을 배웠고, 관찰한 사례 중 고객에게 더 나은 서비스를 제공하고 효율성을 높일 방법이라면 뭐든 받아들일 것입니다. 하지만 오늘내일 당장 성과로 입증할 필요는 없습니다. 일단은 고객 만족도를 4대 기업과 최소한 대등한 수준으로, 기왕이면 더 높은 수준으로 끌어올려야 합니다. 그 과정에서 효율성 증진은 따라올 것입니다. 우리가 4대 기업의 행동 사례에서 배울 점은 점점 더 많아지고 있습니다.

멍거: 부정확한 철도 시간을 좋아하는 사람은 없습니다.

6부
보험 사업
The Insurance Business

"보험업계에서 어리석은 짓을 하다간 만천하에 발각될 것이다.
터무니없는 가격에 '이것도 보장해 드릴게요'라고 속삭이면,
당신이 대서양 한가운데에 있어도 중개인들이 냄새를 맡고 헤엄쳐 올 것이다."

"보험업계에서는 펜 한 자루로 엄청난 손해를 볼 수 있다.
따라서 누구에게 펜을 건네줄지 신중히 결정해야 한다."

"자본이나 돈줄을 확보할 수 있는 회사들은 가만있지 않을 것이다.
그중에는 똑똑하게 처신하는 회사도 있겠지만 필요하다면
어리석은 짓도 불사할 것이다."

"국채 금리보다 훨씬 낮은 비용으로 수백만 달러, 수십억 달러의
플로트를 창출하다니 얼마나 좋은가. 그런 기회라면 득달같이
달려들 회사들이 많을 것이다."

"보험업은 특성상 예상치 못한 일이 생길 수 있다는 게 단점이다."

1967년 초, 워런 버핏은 보험사 내셔널 인뎀너티를 860만 달러에 인수했다. 이 거래는 버크셔 해서웨이에서 수익성 높은 대규모 보험 사업이 탄생하는 마중물이 됐다. 미래에 지급한다는 약속을 전제로 미리 돈을 받는 보험 사업의 구조는 매력적이지만 동시에 수많은 경쟁을 불러일으킨다. 또한 수령과 지급 사이의 시차 때문에 매우 값비싼 오판이 빚어지기도 한다. 이와 관련해 버핏은 1980년대 초 가이코의 주목할 만한 사례를 언급했다.

　"가이코는 몇 가지 보험 상품으로 약 7만 달러의 보험료를 받았다. 당시에는 나름 신중히 선별 심사했다고 생각했으나 지금까지 우리는 그 보험으로 인해 9,300만 달러의 손실을 입었다."

　이러한 실수는 합리적인 보험 인수 결정력(보험 가입을 원하는 사람의 다양한 위험을 평가해 보험 가입 여부를 결정하는 것)으로 피할 수 있는 것이 아니다. 내셔널 인뎀너티는 1982년에 5,300만 달러였던 연간 보험료가 1986년에 3억 6,600만 달러로 증가했으나 1999년에는 5,500만 달러로 급감했다. 이 경험은 보험료율이 정체되거나 하락해 가입이 용이한 소프트마켓과 보험료율이 상승해 가입이 어려운 하드마켓을 두루 거쳐 '장기적으로 보험 사업에 따르는 불편한 과제를 어떻게 처리할 것인가?'에 관한 교과서적인 사례로 삼을 만하다. 멍거는 다음과 같이 결론지었는데, 주목할 만한 교훈이 있다.

　"우리처럼(1982~1999년 내셔널 인뎀너티가 그랬던 것처럼) 하는 회사는 없다. 하지만 우리 방식이 옳은 건 분명하다. 버크셔에는 흔한 방식인데 다른 회사에서는 찾아볼 수 없는 차별점은 목소리를 낼 수 있는 강력한 지배 주주가 있다는 게 한몫했다고 생각한다. 다수의 직원이 포함된 위원회가 이런 결정을 내리기는 어려울 것이다."

보험과 재보험의 역할

1995 총회 (00:48:05)

버핏: 보험에 가입하는 이유는 단 두 가지입니다. 하나는 본인이 감당할 수 없거나 감당하고 싶지 않은 손실로부터 자신을 보호하기 위한 것입니다. 이는 반쯤 객관적이고 반쯤 주관적이기도 한데요. 기업을 예로 든다면 무보험 손실이 발생할 경우 이사회의 책망을 들을 것이 두려운 경영자가 실제로 회사에 필요한 것보다 보장 범위가 훨씬 넓은 보험을 구매할 가능성이 큽니다. 단순히 경영자의 안위를 지키기 위해 회사가 과도한 비용을 치르는 셈이죠. 하지만 보험에 가입하는 기본적 이유는 본인이 감당할 수 없거나 감당하고 싶지 않은 손실로부터 자신을 보호하기 위한 것입니다.

가끔 볼 수 있는 두 번째 이유는 피보험자가 보기에 보험 상품이 매우 저렴한 경우입니다. 즉 피보험자가 보험 가입 시 일정 기간 산술적으로 이득이 될 것이라 기대하는 경우죠.

우리는 두 번째 종류의 보험을 피하고 첫 번째 종류의 보험을 집중적으로 판매하려 노력합니다. 우리가 판매하는 보험의 대부분은 다른 보험사를 대상으로 하는 재보험입니다. 그들이 감당할 수 없거나 감당하고 싶어 하지 않는 손실에 대한 보험을 파는 것이죠. 전형적 사례로 캘리포니아주의 주택 소유자들을 주 고객으로 보유한 한 보험사를 들어보겠습니다. 만약 그들의 보험 계약에 지진 보장이 포함되었다면, 환태평양 지진대에 속해 지진이 자주 발생하는 캘리포니아주의 주택 소유자들에게 보험 상품을 대거 공급하고 싶어도 막대한 손실을 감당하지 못할 것입니다. 그러나 버크셔에서는 가능합니다. 그들은 자체 역량으로 500만~5,000만 달러의 손실까지는 감수할지 몰라도, 그 이상의 손실 앞에서는 끝내 우리에게 손을 내밀 것입니다. 우리는 스스로 감당할 수도, 다른 재보험사를 찾을 수도 없는 그들의 문제를 해결해 줄 독보적인 위치에 있습니다.

하지만 그들의 생각이 짧아서든, 그들의 손실 예상액보다 그들이 우리에게 지불할 보험료가 더 적다고 판단해서든, 그들이 스스로 감당할 수 있는 손실을 보장해 줄 생각은 없습니다. 30년 전에 비해 기업의 리스크 관리자들은 더욱 지능적으로 보험에 가입하는 것 같습니다. 훨씬 치밀해졌다고 할까요. 하지만 여전히 불필요한 보험에 가입하는 경우도 많고, 필요하나 가입하지 않는 경우도 많습니다. 그 결과 회사를 파산으로 몰아넣을 수 있는 손실에 무방비로 노출된 기업들이 있죠. 그들은 '비싸다'는 이유로 재보험 가입을 꺼립니다. 이는 사실 드물게 발생하는 사건이 아예 발생하지 않으리라는 쪽에 베팅한 것입니다. 많은 기업이 롱아일랜드에 닥칠 수 있는 거대한 허리케인이나 캘리포니아주에서 발생할지도 모르는 대지진에 무방비 상태입니다. 대재해에 따른 손실을 견뎌낼 준비를 전혀 하지 않았죠. 그들 기업의 CEO가 2년 뒤 은퇴를 앞둔 63세라면 그의 재직 기간에는 그런 대재해가 일어날 가능성은 희박합니다. 하지만 누군가의 재직 기간 중에는 발생할 것입니다.

현명한 인수

2003 총회 *(01:28:10)*

버핏: 보험업에서는 작은 종이 한 장에 거액이 오가며, 그 종이에 무엇

을 적느냐가 정말 중요합니다. 하지만 돈이 쉽게 들어오는 것처럼 보이기에 어리석은 짓을 저지르기도 하죠. 1980년대 중반, 한때 세계 최대 규모의 건강 및 상해 보험사였던 뮤추얼 오브 오마하Mutual of Omaha는 재산-손해 재보험 사업에 진출했습니다. 그러나 계약을 별로 체결하지도 못한 채 단기간에 수십 년간 모아 온 자산의 절반을 날려 버렸습니다.

보험업계에서 어리석은 짓을 하면 만천하에 발각됩니다. 대서양 한가운데 있는 작은 보트에 앉아 "이것도 보장해 드릴게요"라고 속삭이며 터무니없이 낮은 가격을 제시하면, 냄새를 맡은 중개인들이 지느러미를 드러내며 헤엄쳐 올 것입니다. 이 바닥은 정말 잔혹합니다. 막대한 현금을 선불로 받되 손실은 눈에 보이지 않을 것입니다. 손실이 안 보이니 한동안은 계속 받아 줍니다. 그렇게 점점 더 많은 짐을 떠안다가 결국 지붕이 무너지고 말죠.

1980년대 초반 가이코는 몇 가지 보험 상품으로 약 7만 달러의 보험료를 받았습니다. 당시에는 나름 신중히 선별해 심사했다고 생각했고, 그중 상당 부분을 재보험으로 처리했습니다. 그러나 우리는 지금까지 그 보험으로 인해 9,300만 달러의 손실을 입었습니다. 보험업은 실수를 용납할 여유가 없습니다. 맞을 때는 달러당 몇 센트의 이익만 벌지만, 틀리면 천문학적 금액을 잃게 됩니다.

슈퍼캣 가격 책정

1994 총회 (01:11:46)

버핏: 보험업계는 대규모 재해인 슈퍼캣의 가능성을 과소평가해 왔습

니다. 몇 년 전까지만 해도 그랬죠. 허리케인 앤드루와 LA 지진은 우리에게 경종을 울렸습니다. 최악의 상황은 아니었지만 만약 롱아일랜드에 5등급 허리케인이 닥친다면 많은 대형 보험사가 심각한 위기에 처할 것입니다. 우리는 손실 범위를 한정합니다. 다시 말해 우리의 보험 약관에는 한도가 있습니다. 하지만 기본적인 주택 종합 보험을 취급하는 회사들은 그렇지 않습니다. 대재해가 발생하면 그들의 손실은 상상을 초월할 것입니다.

LA 지진 당시 일부 보험사들은 캘리포니아주 지진에 대한 '최대 손실 예상액'을 추정했습니다. 하지만 LA 지진은 최악의 상황과는 거리가 멀었음에도 최대 손실 예상액은 추정치를 훨씬 초과했습니다. 그동안 보험업계는 캘리포니아주 지진이나 동부 해안의 허리케인 같은 대재해의 가능성을 외면해 왔고, 어쩌면 지금도 외면하고 있을지 모릅니다. 하지만 우리는 적절한 보험료율이라면 이 분야의 사업을 긍정적으로 봅니다. 재보험사로서 상당한 규모의 사업을 이끌 수 있는 위치에 있기 때문입니다.

1998 총회 (01:25:34)

버핏: 슈퍼캣 보험에서는 가격을 잘못 책정하기 쉽습니다. 적정 보험료의 절반으로 책정될 수도 있죠. 제가 버크셔 경영실적 보고서에서 예시를 든 것처럼 36년에 한 번 발생할 확률의 대재해 보험의 보장액이 5,000만 달러라면 적어도 보험료로 연 150만 달러는 거둬야 합니다. 그런데 보험사는 연 100만 달러를 거두는 것으로 책정해도 10년 후 흑자를 낼 확률이 약 70%라고 생각합니다. 흥미로운 점은 연 1달러로 책정해도 흑자를 낼 확률이 70%라는 것입니다. 매우 드문 사건을 보장하는

보험을 판매할 때는 가격을 완전히 잘못 책정하고도 오랫동안 그 사실을 깨닫지 못할 수도 있습니다.

대재해 채권(대재해 발생 시 보험사가 감당할 막대한 부담을 증권화해 시장에 위험을 분산시키는 방법)은 그 가능성을 더 활짝 열어 줍니다. 어리석은 경쟁자야 늘 있는 법이지만, (이러한 채권을 일부 매입한) 헤지펀드가 가담하면 더 증가합니다. 헤지펀드 매니저는 허리케인이 없어 이익이 발생한 해에는 이익의 20%를 수수료를 가져가며, 허리케인이나 지진이 발생해도 손실을 부담하지 않습니다. 손실은 그의 유한 책임 파트너가 감수하죠. 이는 우리의 계약 건수를 크게 줄이는 경쟁 요인이 되겠지만, 우리의 보험료 책정에는 영향을 미치지 않을 것입니다.

기억해야 할 것은 지진은 보험료와 무관하게 발생한다는 사실입니다. 지진 발생이 잦은 샌안드레아스 단층대에 살면서 "보험료율이 1%이니 지진은 100년에 한 번꼴로만 일어나겠지"라고 말하는 건 아무 의미가 없습니다. 아마도 향후 몇 년간 우리의 신규 슈퍼캣 계약은 크게 줄어들 가능성이 큽니다. 가이코는 버크셔의 보험 사업에서 가장 중요한 비중을 차지하는 기업으로, 시간이 지나면서 다른 방식으로 보험 사업에 참여할 수도 있습니다. 보험은 원칙을 고수하면 수익을 올릴 수 있지만 항상 같은 방식으로는 수익을 올릴 수 없는 사업입니다.

재보험 사업

1994 총회 (02:07:16)

버핏: 보험업에 새롭게 진출하는 회사가 많아진다고 해서 좋은 것은

없습니다. 재보험 사업은 더욱 그렇습니다. 기약할 수 없는 시기마다 대규모 사고가 발생하는 재보험 사업에서는 어리석은 결정 때문에 문득 정신을 차려 보니 돈이 사라진 것을 깨닫는 일이 벌어지곤 합니다. 최근 저이율 채권에 투자했던 사람들이 깨달은 사실은 썰물이 되어야 누가 벌거벗고 수영하는지 알 수 있다는 것입니다. 재보험 분야도 예외는 아닙니다.

1994 총회 (02:24:30)

버핏: 버크셔의 재보험 사업이 타사와 다른 점은 우리의 주식 투자 방식이 타사와 다른 점과 비슷합니다. 합리적 요율이라면 언제든 대규모로 재보험을 제공할 수 있다는 것이죠. 하지만 불합리한 요율로는 거래할 수 없습니다. 주식도 마찬가지입니다. 현금이 있고 주가가 합리적이면 우리는 주식을 대량 매수하지만, 명목적인 주식시장 참여에는 관심이 없듯이 말이죠.

보험사들은 아무 일 없이 무사히 몇 년을 보내면 보험료율을 잘못 책정하기 쉽습니다. 보험료는 미래의 위험 노출 수준을 예상해 산정해야지, 과거 경험에 따라 산정하면 안 됩니다. 작년에 강력한 허리케인이 발생하지 않았다는 사실은 내년 보험료와 아무런 관련이 없습니다. 다들 위험 노출 수준에 따라 가격을 책정한다고 말하지만 시장은 경험, 특히 최근 경험에 반응해 가격을 책정하는 경향이 있습니다. 하지만 우리는 결코 경험에 영향받지 않습니다. 무의식적으로 영향을 받을 수는 있겠으나, 의식적으로는 그렇게 하지 않을 것입니다. 우리가 주식시장에서 일어나는 관행에 휘둘리지 않고 주식 투자를 하듯이 말이죠. 돈을 투자하거나 보험 위험을 감수할 때는 스스로 생각해야 합니다. 시장이 대신 생각해 주는 게 아닙니다.

멍거: 버크셔는 보험을 비롯한 모든 일에서 전통적인 원칙을 고수합니다. 여기서 전통적이란 낡았다는 의미가 아니라, 불변의 진리를 말하는 것입니다. 기본 수학, 기본 상식, 기본적인 두려움이나 분별력 등 인간의 보편적 본성에 관한 것들이죠. 이러한 원칙을 지켜나간다면 만사가 잘 풀릴 것입니다.

1999 총회 (01:49:50)

버핏: 우리의 명성은 그 어느 때보다 강력합니다. 버크셔는 상상 가능한 어떤 자연재해가 발생해도 가장 확실히 보상하는 재보험사라는 탁월한 입지를 구축했으며, 우리의 재보험사 제너럴 리의 명성도 탄탄해졌습니다. 그에 따른 상업적 이점도 매우 커졌습니다. 1994년과 비교해 정확한 수치로 제시할 수는 없으나 증가한 것은 분명합니다. 이러한 이점은 다른 대규모 보험사나 대형 재보험사 등의 재보험을 맡을 때 더 확실해질 것입니다. 소규모 보험사는 재보험에 덜 집중하는 편입니다. 우리는 당장 이번 주에 다른 주요 재보험사와 대규모 보험 계약을 진행하고 있습니다. 그들은 우리 외에 다른 재보험사를 찾고 싶지 않을 것입니다. 보는 눈이 있다면 고위험 보험을 아무에게나 맡기지 않겠죠. 대재해가 발생할 경우 제때 입금을 처리하지 못할 보험사들은 넘쳐납니다. 반면에 버크셔는 의심의 여지 없이 바로 입금 처리합니다. 우리의 명성은 어느 때보다 강력합니다.

우리의 상업적 우위 역시 상당합니다. 그것이 실적으로 변환되는 정도는 해마다 다를지 몰라도 버크셔는 앞으로도 계속해서 상업적 우위를 누릴 것입니다. 만약 5~10년 후 거대한 대재해가 발생했을 때 버크셔가 철옹성 같은 존재임을 확인한다면 이는 큰 자산이 될 것입니다. 어떤 상황에서든 우리는 기꺼이 보험금을 지급하겠습니다. 이렇게 자신 있게 말할 수 있는 재보험사는 많지 않습니다. 거기에 보상 범위도 넓으니 버크셔에 필적할 경쟁자는 거의 없을 것입니다.

2000 총회 (04:43:43)

버핏: 올해로 버크셔가 재보험 사업을 시작한 지 30년째입니다. 때로는 상처 입기도 했지만 전반적으로 매우 좋은 성과를 거뒀습니다. 여기에는 아지트 자인이라는 훌륭한 경영자의 공이 컸습니다. 그는 지능, 활력, 규율, 적성, 자본까지 갖춘 사람이 사업에서 무엇을 성취할 수 있는지 보여 주는 모범사례입니다.

보험 사업은 세상에서 가장 효율적인 사업이 아닙니다. 또한 변수가 많아서 앞으로도 세상에서 가장 효율적인 사업이 될 수 없습니다. 이 업계에서는 매우 저조한 수익을 올리는 회사도, 파산하는 회사도 있을 것입니다. 이는 개별 보험사의 실적이 평균에서 상당히 벗어날 것을 의미합니다. 반면에 버크셔에는 아지트가 있고, 그가 이끄는 내셔널 인뎀너티와 제너럴 리는 확실한 강점이 있으므로 우리의 수익은 평균보다 훨씬 우수할 것입니다.

재보험 업계에는 항상 어리석은 경쟁자들과 풍부한 자본이 존재해 왔습니다. 1985~1986년에 사람들은 심리적 결핍을 느꼈습니다. 단순히 사람들이 두려움에 떨던 그때는 보험 사업을 시작하기에 가장 좋은 시기였죠. 하지만 위험을 잘못 평가하는 사람들은 늘 있기 마련입니다. 그럴 때 우리가 해야 할 일은 경쟁사들이 계속 잘못 평가하게 놔두는 것입니다. 이럴 때는 이미 많은 고객과 장기적 관계를 맺고 있는 제너럴 리보다 내셔널 인뎀너티가 더 유리합니다. 우리와 50년 동안 거래해 온 고객에게 경쟁사가 지나치게 낮은 가격을 제시할 때의 대응은 매우 어려운 문제입니다. 때로 경쟁사들은 소위 '필요악'이라 불리는 거래를 할 수도 있습니다. 찰리는 늘 그런 거래라도 '불필요한 악'임을 분명히 밝힌다면 괜찮다고 말합니다. 제너럴 리는 수년간 관계 유지의 필요성과 충분한 지급 보장이라는 원칙 사이의 균형을 훌륭히 유지했습니다. 내셔널 인뎀너티와 제너럴 리는 절대적 수익에서도, 상대적 경쟁우위에서도 뛰어납니다. 하지만 가끔은 부진한 한 해를 보내기도 합니다. 이것이 우리가 보험료를 받는 이유입니다. 원칙에 따라 가격을 책정한다면, 한 해의 실적이 어떻든 20년 동안의 우리 실적은 나쁠 리 없습니다. 원칙 없이 가격을 책정하다간 나중에 망할 테고요.

멍거: 재보험 사업의 첫인상은 상품화 사업처럼 보이진 않는다는 것입니다. 보험은 국채 매매처럼 중개인 간 역량이 엇비슷한 계약 체결과는 다릅니다. 보험료 납부와 보험금 수령 간에 엄청난 시차가 있으므로, 고객은 보험사의 실제 지급 능력과 의지를 신중히 예측해야 합니다. 그리고 우리는 평판으로 보나 실제 이행력으로 보나 상당한 우위를 점하고 있습니다.

버핏: 버크셔나 제너럴 리는 신속한 보험금 지급에 어려움을 겪거나 법정 싸움 끝에 뒤늦게 보험금을 지급한 적이 없습니다. 덕분에 우리는 업계에서 좋은 평판을 유지하고 있습니다. 하지만 그 차이가 그다지 크지 않을 때도 있습니다.

그리고 우리는 남들보다 더 많은 계약을 체결할 필요가 없습니다. 심지어는 올해 체결한 만큼의 계약을 따낼 필요도 없습니다. 다른 보험사와 달리 보험 계약 건수라는 목표가 없는 것은 버크셔의 엄청난 강점입니다. 우리 사업의 모든 측면을 현실적으로 바라볼 수 있기 때문입니다. 우리가 실적을 있는 그대로 보고하는 것도 같은 맥락입니다. 버크셔는 막대한 자본을 가졌으니 양질의 계약 체결에 더 집중해도 됩니다. 이처럼 우리는 사업상 많은 강점이 있고, 이는 타 보험사보다 더 나은 결실로 이어질 것입니다.

2009 총회 (01:05:49)

버핏: 아지트 자인은 대체 불가한 인물입니다. 누가 그를 대체할 수 있을지 상상할 수 없습니다. 아지트는 특출한 인재입니다. 우리는 그를 확신하는 만큼 엄청난 권한을 주었습니다. 버크셔에서 권한은 직위에 따라 결정되는 것이 아니며 개인의 능력에 따라 주어집니다. 흔히 말하듯 보험업계에서 누군가에게 '펜을 넘기는 것'은 엄청난 위험을 감수하는 일입니다. 아마도 우리는 아지트에게 주었던 만큼의 재량권을 그의 후임에게 주지는 못할 것입니다.

오마하에는 1980년대까지 75년을 정성껏 쌓아 올려 세계 최대 규모의 건강 및 상해 보험사로 성장한 뮤추얼 오브 오마하가 있었습니다. 그들은 재산-손해 재보험으로 영역을 넓혔습니다. 그러나 한 직원에게 펜을 잘못 넘기는 바람에 단 몇 건의 계약으로 단기간에 순자산의 절반을 잃었습니다. 그보다 손실 폭이 더 컸을지도 모르겠습니다. 보험업계에서는 펜 한 자루로 엄청난 손해를 볼 수 있습니다. 따라서 누구에게 펜을 건네줄지 매우 신중히 결정해야 합니다. 우리는 다른 누구와도 비견할 수 없는 믿음으로 아지트에게 펜을 주었죠. 그를 대신할 사람은 어디서도 찾을 수 없을 것입니다.

멍거: 약간의 부실 경영도 못 견디면 기업이라고 할 수 없다는 사람이

있습니다. 물론 경영이 부실해도 번성하는 기업을 다들 좋아하겠죠. 그래도 훌륭한 경영진이 이끄는 기업이 더 잘되는 건 당연한 일 아니겠습니까. 기업과 경영이라는 요소는 모두 중요합니다. 우리는 부실 경영을 바라지 않습니다. 부실 경영에 휘말릴 때 견뎌 내는 능력도 좋지만 애초에 부실 경영이 없는 것에 비할 바는 아닙니다.

버핏: 우리는 직원들에게 능력을 넘어서는 업무를 맡기지 않습니다. 아지트는 능력이 워낙 뛰어나서 이례적인 업무를 맡은 것입니다. 우리 보험 사업부 전체에서도 매우 특별한 일입니다. 다른 경영자들이 아지트의 방식대로 일할 것이라 기대할 순 없습니다. 아지트에게만 해당하는 예외적인 경우입니다.

2011 총회 (04:45:03)

멍거: 보험, 특히 재보험은 쉬운 일이 아닙니다. 지금처럼 잘 해내기까지 오랜 시간이 걸렸죠. 아지트가 없었다면 보험업계에서 우리 비중은 훨씬 작았을 것입니다.

버핏: 우리는 첫 15년 동안은 재보험 사업에서 전혀 성공하지 못했습니다. 1970년쯤에 재보험에 발을 들였고, 조지 영George Young이라는 경영자가 재보험 사업부를 이끌었죠. 하지만 플로트의 가치를 따졌을 때 아지트가 합류하기 전인 15년간은 실적이 별로 좋지 않았습니다. 쉬운 사업이 아닌데도 대개는 쉬울 거라 생각합니다.

멍거: 그게 문제입니다. 생각보다 만만해 보이거든요.

버핏: 겉보기에는 실제보다 훨씬 쉬워 보입니다. 마치 주사위 두 개를 던져 둘 다 6이 나올 확률에 베팅하는 것과 같죠. 36번 중 한 번만 나올 테니까요. 잘못된 배당률을 제시하면 많은 베팅에서 여러 번 이길 수 있

지만 오래 하면 큰돈을 잃게 됩니다. 드물게 발생하는 사건도 가격 책정에 반영해야 하고, 1년, 2년, 심지어 4년간 흑자여도 거기에 현혹되지 않아야 합니다. 대부분의 보험사가 이 부분에서 어려움을 겪으며 우리도 15년 동안 애를 먹었습니다.

2016 총회 (00:28:15)

버핏: 저는 연차 보고서에서 향후 10년의 재보험 사업의 실적이 지난 10년만큼 나오기는 어렵다고 말했습니다. 이는 10~20년 전과 현재의 경쟁 상황을 비교한 판단입니다. 우리는 상당한 지분을 보유하던 뮤닉 리Munich Re와 스위스 리Swiss Re의 주식을 모두 매각했습니다. 스위스 리의 지분은 약 3%, 뮤닉 리의 지분은 10% 이상 보유했었죠. 잘 관리된 우수한 기업으로 저는 그곳의 경영진도 좋아합니다. 하지만 재보험 사업은 향후 10년간 지난 10년에 비해 덜 매력적일 것이라 생각합니다. 금리 하락도 부분적 이유입니다.

보험 수익의 상당 부분은 플로트 투자에서 발생합니다. 하지만 두 회사를 비롯해 거의 모든 재보험사가 플로트 투자에 있어 어느 정도 제약을 받습니다. 버크셔만큼 막대한 여유 자본이 없을 뿐 아니라, 보험 외에 별도로 큰 수익을 창출하는 사업도 갖추지 못했기 때문입니다. 우리는 경쟁사보다 훨씬 많은 자본을 보유한 데다, 보험 외의 다양한 분야에서 수익력을 확보하고 있기에 재보험 사업 운영이 여유로운 편입니다. 우리가 뮤닉 리와 스위스 리 주식을 처분한 건 그들의 경영진을 부정적으로 판단해서가 아니라, 재보험 사업의 전망을 다소 어둡게 판단해서였습니다.

물론 버크셔도 업계 요인의 영향을 받지만, 어느 정도 이를 조절할 능력이 있습니다. 보험 전반, 특히 재보험 분야에서 사업 모델을 더 유연하게 수정할 수 있죠. 하지만 우리를 제외한 주요 재보험사는 특정 유형의 사업 모델에 상당히 얽매여 있습니다. 그러니 자본 배치에 대한 선택권이 좁고, 가던 길을 계속 가야만 합니다. 우리도 지난 10년 동안 해온 방식을 유지했다면 지금 같은 성과를 내지 못했을 것입니다. 하지만 우리는 재보험을 중심으로 모든 보험 사업 운영에서 유연성을 발휘했습니다. 이는 다른 회사들에서는 볼 수 없는 우리의 특별한 역량입니다.

멍거: 재보험 업계는 신규 진출하는 기업이 증가해 경쟁이 매우 치열해졌습니다. 기존 경쟁사가 그대로인 상황에서 다수의 금융권 기업도 재보험 업계에 가세했습니다. 우리의 자회사이자 항공기 부품 제조기업인 프리시전 캐스트파츠의 상황과는 다릅니다. 프리시전 캐스트파츠는 신뢰도나 품질 면에서 월등하므로 고객사 대부분이 다른 공급업체를 이용할 생각을 전혀 안 합니다. 이와 달리 재보험 사업은 고객 충성도가 낮습니다. 우리는 경쟁우위가 큰 시장을 선호하므로 계속해서 방법을 터득하는 중입니다.

버핏: 재보험업은 공급은 증가했지만 수요는 증가하지 않았습니다. 공급의 일부는 세금을 피해 해외에 거점을 둔 투자사들이 주도하고 있죠. 재보험은 조세 회피처에서 자금을 관리하기 가장 쉬운 업종이거든요. 재보험 사업은 헤지펀드 매니저가 공급을 늘렸는데 중개인이 거액을 투자하는 고객을 소개함으로써 소수 인원으로 운용할 수 있습니다. 실제로는 재보험 사업이라기보다는 조세 회피처에서 재보험인 척하는 위장 투자 사업이지만 말이죠. 이들이 재보험 사업에 진출하며 공급이 급증한 데다 플로트 수익률까지 저조해지면 예전만큼 매력적인 사업이 되지 못할 것입니다.

소급 보험

2002 총회 (00:48:05)

버핏: 보험은 지금도 앞으로도 우리의 주력 사업입니다. 산업 규모는 현재도 엄청나지만 앞으로도 더욱 성장할 것입니다. 우리의 목표는 무비용 또는 최소 비용으로 더 많은 플로트를 확보하는 것입니다. 지금까지 보험 계약으로 이익을 기록한 해가 여러 번 있었으며, 이는 해당 자금을 사실상 무료로 사용할 수 있다는 뜻입니다.

우리는 과거에 발생한 손실을 보상해 주는 소급 보험을 상당량 판매했습니다. 소급 보험에서는 다른 회사와 합병하는 기업이 과거 사고로 인한 책임에 상한선을 정하거나 부채 범위를 더 명확히 정해 달라고 요청하곤 합니다. 예를 들어 1990년 이전에 발생한 사고로 인한 손실 전액을 우리가 부담하기를 바라는 것입니다. 우리는 해당 기간의 손실을 10억 달러로 추정하되, 최대 20억 달러까지 보호해 주고 싶습니다. 이를 소급 재보험이라고 합니다. 기존 보험사나 다른 보험사가 소급 보험으로 과거의 손실에 대해 보험금을 지급해야 할 때 해당 손실을 재보험사로 이전하는 것이죠. 고객사는 우리에게 보험료를 납부하고, 우리는 과거의 특정 기간과 특정 금액에 대한 손실을 인수합니다. 이렇게 하면 회계상 미래의 부채가 발생합니다. 가령 한 회사가 우리에게 과거 손실에 대해 최대 15억 달러까지 보장해 달라며 그 대가로 10억 달러를 지급하면, 우리는 그 10억 달러를 현금으로 차변에 계상합니다. 그리고 미지급비용 15억 달러를 대변에 부채로 설정해 차감할 것입니다. 남은 5억 달러는 미지급비용으로 설정되며 보험금 지급 예상 기간에 걸쳐 분할 상각합니다. 상각률은 판단의 여지가 많으므로 최대한 보수적으로

잡습니다. 이렇게 보험금 지급 시기와 액수를 추산합니다. 제가 강조하고 싶은 건 우리는 모든 계약에서 책임 한도를 정한다는 사실입니다.

보험 경쟁

***1995 총회** (00:53:51)*

버핏: 재해 보험 사업은 진입장벽이 낮습니다. 특히 발기인에게 매력적입니다. 캘리포니아주에서 지진 보험을 취급하는 보험회사를 설립하고 수억 달러를 조달하면 손실이 없든지 파산하든지 둘 중 하나이기 때문입니다. 1~2년 안에 상장할 계획이라면, 몇 년 동안 좋은 실적을 유지한 다음 매각할 가능성이 매우 높습니다. 열에 하나는 파산할 테고 아홉은 다른 사람에게 팔 것입니다. 그다음에 다른 사람이 파산하겠죠. 유일한 제약은 극한 상황에서도 보장 능력이 있는지 의문을 제기할 만큼 꼼꼼한 인수자를 만날 때입니다. 동시에 인수자로서는 이것이 고려해야 할 유일한 조건이고요.

독보적인 자본력을 갖춘 버크셔만큼의 보장 범위를 제공하는 보험사는 없습니다. 조세 회피처인 버뮤다에서도 10억 달러에 달하는 순자산을 가진 보험사는 없죠. 현재 버크셔의 순자산은 130억 달러이고, 가치는 그보다 훨씬 더 큽니다. 따라서 우리는 다른 회사가 감당 못 하는 충격도 견딜 수 있습니다. 그리고 그에 상응하는 보험료를 받기 위해 노력합니다. 우리는 10억 달러의 손실을 감수할 수 있으며, 언젠가는 10억 달러의 손실을 볼 날이 올 것입니다. 버크셔 보험에 가입하는 고객은 우리가 그 이상의 손실도 감당할 수 있다는 것을 알고 있습니다. 우리 경쟁사 중 그만한 손실을 감당할 회사가 거의 없다는 사실도 알 테고요.

우리는 세계 10대 보험 및 재보험사와 놀랄 만큼 많은 거래를 진행하고 있습니다. 보험업의 실질적 위험을 아는 사람들은 버뮤다에 들르는 것보다 버크셔를 훨씬 더 많이 찾아옵니다. 우리의 지급 능력을 믿고, 결국 그 능력이 가장 중요하다는 걸 오랜 경험으로 알기 때문이죠. 만약 보험료를 잘못 책정한 경쟁사들이 시장에 넘쳐나면 우리는 보험 인수, 즉 재보험 사업을 중단할 것입니다. 그런 일은 일어나지 않을 거라 생각하지만요.

1996 총회 (02:58:03)

버핏: 재보험 시장에 자본이 계속 유입되면 우리 사업에 부정적인 영향을 미칩니다. 그래서 버크셔는 재보험에서 한 발짝 물러나 관망하고 있습니다. 우리가 보험료 견적을 제시하면, 자본이 풍부하고 계속 계약을 따내고 싶은 어떤 보험사가 가격을 대폭 낮출 것입니다. 자본이나 돈줄을 확보할 수 있는 회사 중에는 똑똑하게 처신하는 회사가 있는가 하면 어리석은 짓도 불사하며 스스로 똑똑하다고 합리화할 회사도 있을 것입니다. 연말 주주 서한에 '작년에 여러분께 3억 달러를 요청했고, 그 돈은 모두 은행 계좌에 안전하게 예치되어 있음을 알려드립니다'라고 쓰고 싶은 경영자는 없을 겁니다. 그래서 그들은 뭐라도 일을 벌입니다. 그러다 보니 요즘 보험료가 인하되고 있는 것이죠.

버크셔에는 구조조정 관련 규칙이 있습니다. 우리는 모든 보험 사업부 직원들에게 계약 건수 감소로 인한 해고는 절대 없다고 약속했습니다. 우리는 직원들이 일자리 보전을 위해 목표 금액을 채워야 한다는 압박감을 느끼지 않길 바랍니다. 유휴 인력으로 발생하는 약간의 초과 운영비는 우리 보험업 규모에 비해 그리 큰 비중이 아니므로 감당할 수 있습니다. 하지만 직원들이 자기 자리를 지키느라 덥석덥석 보험을 인수해야 한다는 강박관념을 갖는 것은 참을 수 없습니다. 따라서 우리는 보험료가 하락하는 시장에서는 관망하려 합니다. 대신 상황이 반전되면 적극적으로 인수할 것입니다.

1985년쯤에 잠시 손해보험 사업에서 상황이 반전돼 내셔널 인뎀너티가 엄청난 매출을 올렸죠. 또 4~5년 전에는 재해 재보험에서 상황이 반전되어 매출에 박차를 가하기도 했습니다. 우리가 보험을 받기 좋은 시기가 올 것입니다. 투자와 비슷하죠. 매일 투자해야 한다고 생각하면 많은 실수를 할 겁니다. 보험도 마찬가지죠. 야구로 치면 좋은 공이 오기를 기다리는 것입니다. 보험 사업에서 예상 수입을 계획하는 것은 최악의 어리석은 짓입니다. 보험료 수입은 얼마로 잡든 마음만 먹으면 달성할 수 있으니까요. 작년에 1억 달러어치를 인수한 보험사에 올해 5억 달러를 달성하라고 하면, 그들은 그 목표를 맞출 것입니다. 그러고는 앞으로 수십 년 동안 보험금을 지불하느라 등골이 휘겠죠. 이는 보험 사업을 매우 비논리적으로 운영하는 방법입니다.

가이코는 사정이 다릅니다. 그들은 저비용 보험사로 단순히 어떤 상품이 있다고 소개하는 것만으로도 이 엄청난 규모의 시장에서 급속도로 고객을 유치할 수 있습니다. 따라서 저는 가이코가 어떤 시황에서도 성장할 것으로 믿어 의심치 않습니다. 반면에 우리 재보험 사업은 경쟁사들의 행보에 따라 엄청난 실적 변동을 겪을 것입니다. 그리고 경쟁사들의 행보는 상당 부분 그들의 자금력에 달려 있습니다. 지금은 다들 같은 방향으로 가고 있습니다. 하지만 시장이 변하듯 이 또한 변할 것입니다. 저도 다시 없을 최적의 주식 매수 시기라고 불린 시절을 대여섯 번 겪어 봤습니다만, 그 시기는 항상 변합니다. 보험업계에서 보험료 가격을 잘못 매기면 반드시 그 대가를 치를 것입니다. 보험 수요는 언제 어디서든 존재할 것이고 우리는 이 자리를 지킬 것입니다.

2010 총회 (02:17:48)

멍거: 버크셔와 다른 보험사의 가장 큰 차이는 어느 한 해에 엄청난 손실을 입을 가능성을 의도적으로 염두에 두고 운영한다는 것입니다. 다른 회사들은 그런 가능성을 외면하려 합니다. 하지만 우리는 단 한 해의 큰 출혈도 일시적 손실로 간주할 수 있을 만큼 충분한 수익을 확보해 두려 합니다. 이처럼 매년 편차가 큰 실적을 기꺼이 감내하는 것은 우리의 강력한 경쟁우위입니다.

버핏: 이는 남들이 따라잡을 수 없는 버크셔의 영구적인 강점입니다. 다른 회사도 우리 방식을 알지만 채택을 꺼리거나 재정 형편상 하지 못합니다. 허리케인 카트리나로 인해 30억 달러의 손실을 입었을 때도 저는 다음 날 버크셔가 재무적으로 달라진 것을 느끼지 못했습니다. 보험업 특성이 원래 그러하니 새삼스러운 기분이 들 이유가 없습니다. 우리는 그저 보험료를 올바르게 책정하고, 회사의 자본 구조를 심각하게 뒤흔들 손실에 스스로 노출되지 않으면 됩니다. 그러면 버크셔는 보험 분야에서 엄청난 경쟁우위를 지킬 수 있습니다. 그 우위는 매년 더 커지는 중입니다. 우리는 매끄러운 수익 곡선을 원하는 다른 보험사들의 욕구를 이용해 불규칙적이지만 더욱더 큰 수익을 얻으려 합니다.

멍거: 워런의 위치는 다른 보험업자들과 사뭇 다릅니다. 버크셔가 심각한 손실로 얼룩진 한 해를 보낸 후에도 워런은 거울을 들여다보며 "그래도 나는 여전히 우리 주주들에게서 사랑받고 있어"라고 말할 수 있습

니다. 보험업계에서 또 이렇게 말할 수 있는 사람이 있으면 나와 보라고 하세요.

보험 플로트

1996 총회 (01:54:47)

버핏: 보험 사업에서는 우리 소유가 아닌 돈, 즉 플로트가 생깁니다. 마치 은행이 예금을 보유하는 것과 같습니다. 예금은 은행 소유가 아니지만 은행은 그 돈을 보유합니다. 그에 따라 요구불 예금(예금주가 원하면 언제든 지급하는 예금)을 제외한 모든 예금에는 이자라는 명시적 비용이 붙습니다. 또 시스템 운영비와 판매비도 할당되죠. 우리의 플로트에도 은행 예금처럼 비용이 따라붙습니다.

보험 가입자들은 계약과 동시에 미래 재해를 보장받는 대가로 보험료를 납부합니다. 보험사가 상품에 대한 선불금을 받는 것이죠. 게다가 손실 정산에는 시간이 걸립니다. 예컨대 자동차 접촉 사고는 보험료를 빠르게 지급하지만 상해 같은 복잡한 문제는 지급에만 몇 년이 걸리기도 합니다. 그 몇 년간 보험사는 사실상 은행 예금과 같은 돈(플로트)을 들고 있는 셈입니다. 차이점은 은행 예금은 대략적인 비용 계산이 쉬운 데 반해 보험 플로트는 보험 계약이 만료되고 모든 손실을 정산하기 전까지는 정확한 비용을 알 수 없다는 것입니다. 단지 시간의 경과에 따른 추정만 할 뿐이죠.

버크셔는 29년 동안 비용 없이 플로트를 모았습니다. 보험 계약 체결 손실이 발생해 비용이 든 해가 있었고, 계약 이익을 기록한 해도 있었죠. 전체 평균을 내보니 오랫동안 매우 유리한 조건으로 플로트를 확보해 왔습니다. 또 하나의 중요한 사실은 플로트를 급속히 확대해 왔다는 것입니다. 덕분에 무비용 자금이 더욱 넉넉해졌습니다. 1967년에 보유했던 1,700만 달러의 플로트도 좋지만 지금 보유한 70억 달러의 플로트는 실로 엄청난 가치입니다. 그러나 이러한 플로트의 증가세와 그것이 훗날 우리의 가치 확장에 미칠 영향력은 아직 버크셔의 가치 평가에 충분히 반영되지 않았습니다. 찰리와 저는 이 점에 많은 관심을 기울이고 있답니다. 버크셔가 이 정도로 성장한 것은 결코 우연이 아니며 앞으로도 이런 방향으로 발전시키기 위해 노력할 것입니다.

사실 플로트 자체는 축복이 아닙니다. 많은 보험사가 플로트 창출을 기뻐했으나 보험금 지급으로 거대한 손실을 보았죠. 어쩌면 처음부터 보험 사업에 발을 들이지 않는 게 더 좋았을지도 모르겠네요. 보험업의 핵심은 플로트를 점점 더 많이, 그것도 저렴한 비용으로 확보하는 것입니다. 우리는 남다른 경쟁우위가 있기에 이것이 가능합니다. 하지만 평범한 보험사의 역량으로는 불가능합니다. 평범한 보험사는 좋은 기업이 아니란 뜻입니다. 우리는 특유의 사업적 뚝심 덕에, 또 막강한 자본이라는 경쟁우위 덕에 플로트를 쌓아 올릴 수 있습니다. 그리고 가이코는 매우 저렴한 운영비를 무기로 플로트를 확보합니다. 이렇게 각각의 경쟁우위를 극대화할 방법을 계속해서 찾는 것이 우리의 몫입니다. 가이코는 우리 없이 이미 입지를 구축했지만, 우리는 그들의 지분을 계속 늘려 나갔고 이제 우리의 소중한 자산이 되었습니다. 앞으로 몇 년 동안 그들의 성장과 비용 추이를 주목하시기 바랍니다. 버크셔의 내재가치를 계산할 때도 그 점을 고려하시고요.

1996 총회 (04:45:39)

버핏: 우리는 판에 박힌 방식으로 보험을 운영할 생각이 없습니다. 남들처럼 평범하게 하다가는 플로트 비용이 너무 많이 들 것입니다. 인수손실이라는 암묵적 비용보다는 차입이라는 명시적 비용이 차라리 낫겠습니다.

2000 총회 (03:37:00)

버핏: 우리는 가끔 비용을 들여 의도적으로 플로트를 추가하기도 합니다. 우리는 플로트를 여러 계층으로 나눠 운용하고 있습니다. 최근 다른 회사의 플로트를 일부 인수하는 거래를 체결했습니다. 비용이 들긴 했지만 우리가 수용할 만한 수준이었습니다. 우리는 국채 금리보다 낮은 비용이라면 남의 플로트여도 인수할 의향이 있습니다. 단 플로트를 확보할 방법이 딱히 없고 다른 무비용 플로트 확보에 방해가 되지 않아야겠죠. 중요한 건 플로트를 모으는 비용과 플로트의 확대 규모입니다. 만약 500억 달러의 플로트를 추가하는 비용이 3%라면, 저는 그것이 무비용 100억 달러짜리 플로트보다 낫다고 생각합니다.

멍거: 그동안 우리가 플로트를 굴린 결과물을 보면 정말 놀랍습니다. 국채 금리보다 훨씬 낮은 비용으로 수백만, 그다음 수십억 달러의 플로트를 창출하다니 얼마나 좋은가요. 그런 기회라면 득달같이 달려들 회사들이 많을 겁니다.

버핏: 우리와 비슷한 마음을 품은 사람들이 많습니다. 자본주의가 다 그렇듯 플로트도 결국 경쟁입니다. 그래도 버크셔는 몇 가지 중요한 측면에서 다른 보험사보다 우위를 점하고 있고, 이는 지속 가능하다고 믿습니다. 우리는 최선을 다해 더 몰아붙일 것입니다. 앞으로 어떻게 될지

지켜봅시다. 10~20년 전에 우리가 지금처럼 성장할 줄 상상이나 했습니까.

가끔은 탐나는 투자 기회를 발견하기도 합니다. 문제는 우리의 현재 규모에 걸맞은 좋은 기회를 찾기가 어렵다는 것입니다. 만약 우리가 소액을 운용한다면 합리적인 기회를 여러 번 발견했을 것입니다. 하지만 현실은 덩치 때문에 가끔씩 기회를 발견할 뿐이죠. 그 문제의 해답은 우리 규모를 극적으로 줄이는 수밖에 없는데, 그럴 생각은 없습니다.

2010 총회 (01:31:43)

버핏: 아지트 자인이 감독하는 사업부의 경쟁우위는 아지트 개인의 능력을 뛰어넘습니다. 그 우위는 아지트가 개발했으며, 그는 우리 보험 사업의 경쟁우위를 극대화했고, 그 우위를 세상 누구보다 효과적으로 활용할 줄 압니다. 하지만 아지트가 없다고 모든 우위도 함께 사라지지는 않을 것입니다. 그는 보험에 정통한 약 30명의 간부를 이끌고 있습니다. 아지트의 사업부를 보면 예수회가 관대해 보일 만큼 그는 누구보다 규율에 엄격한 리더입니다.

단언컨대 아지트는 대체 불가한 인물입니다. 아지트의 변고는 버크셔에 큰 손해입니다. 그래도 버크셔의 재보험 사업부는 여전히 누구도 넘보지 못할 대형 거래를 달성하고, 결정과 행동이 빠른 특별한 보험사로 남을 것입니다. 버크셔가 소유한 여러 보험사에는 아지트를 비롯한 특별한 리더들이 포진해 있습니다.

저는 해마다 올해를 버크셔 플로트의 정점이라고 생각합니다. 매년 '여기서 더 늘어날 수 있을까?' 하는 생각이 들거든요. 현재 플로트 규모는 600억 달러이고, 여기에는 잠시 거쳤다 가는 돈이긴 하지만 에퀴

타스Equitas 와의 재보험 계약도 포함되었습니다. 매일 플로트 일부가 나가지만, 들어오는 양이 더 많습니다. 한때는 플로트가 200억 달러에 이르자 정점에 도달했다고 생각해 손을 떼려고도 했습니다. 버크셔는 세계 최고의 보험사로 성장했고, 덕분에 많은 긍정적 효과를 보고 있습니다. 플로트 규모가 600억 달러인 지금으로서는 중요한 기업을 인수합병하지 않는 이상 크게 늘릴 수 없을 것 같습니다. 지금처럼 빠른 속도로 플로트의 유기적 성장을 기대할 수는 없습니다. 현재 규모를 유지하기 위한 노력이 필요할 것입니다. 하지만 앞일은 모르는 법입니다. 3년 전 에퀴타스가 등장할 줄 누가 알았겠습니까? 다양한 호재 가능성은 언제나 열려 있습니다. 하지만 아지트가 버크셔에 기여한 부분에 대해 제가 하는 칭찬은 늘 그나마 절제된 표현이라고 생각하시면 됩니다.

2012 총회 (02:45:20)

버핏: 버크셔의 플로트는 줄어들 수 있습니다. 빠른 속도로는 아니겠지만 특성상 플로트를 소진할 수밖에 없는 소급 보험 계약이 많기 때문입니다. 한편 가이코의 플로트는 늘어날 것입니다. 우리 소규모 보험사들의 플로트는 갈수록 증가하겠지만, 큰돈은 아닙니다. 소급 보험 계약이 많은 아지트의 사업부는 매우 힘듭니다. 항상 녹고 있는 얼음 조각에 물을 더해야 하는 심정이랄까요. 저는 플로트가 400억 달러에 달하자 더는 크게 늘지 않을 줄 알았으나 지금은 700억 달러입니다. 따라서 우리는 플로트를 지능적으로 늘릴 방법을 끊임없이 찾고 있습니다. 1967년에 보험업을 시작한 이래 늘 그래 왔고, 그 열망은 변함없습니다.

우리는 그동안 창의적인 방법으로 플로트를 늘려 왔고, 여전히 무비용에 가깝게 플로트를 확보하고 있습니다. 보험업계에서 가장 뛰어난 인재들이 이를 위해 노력하고 있습니다. 하지만 지금은 플로트 규모가 너무 크고 소급 계약으로 자연스레 유출되는 플로트도 있습니다. 따라서 과거 플로트의 증가 추이를 살펴봐도 미래의 예상값을 추론할 수 없다는 점을 주주 여러분도 아셔야 합니다. 사실 조금 줄어들 것으로 보입니다. 급격히 줄지는 않겠으나 앞으로 크게 늘지 않을 가능성은 매우 높습니다.

만약 5년 후 플로트가 더 늘어날지 줄어들지에 베팅하라면, 저는 아마 소폭 증가하는 쪽에 걸겠습니다. 하지만 약간 감소할 가능성도 있다는 걸 주주들께 알려야겠군요. 그래도 우리는 플로트를 늘릴 방법을 찾기 위해 매일 고심하고 있습니다.

멍거: 손해보험 사업은 본질적으로 굉장히 좋은 사업까지는 아닙니다. 제대로 된 성과를 내려면 상위 10% 안에 들어야 하니까요. 그 점에서 세계 최고의 대규모 손해보험을 운영 중인 우리는 정말 운이 좋습니다. 우량 기업은 급성장하지 않는다고 세상이 끝난 듯 슬퍼할 필요가 없습니다.

2023 총회 (00:00:04)

버핏: 현재 우리의 플로트는 1,650억 달러입니다. 1986년에는 미미했던 플로트를 아지트 자인이 이렇게 엄청난 규모로, 그것도 거의 매해 비용을 들이지 않고 불려 놓았습니다. 마치 직원도 없고, 이자비용도 없고, 돈을 급히 인출할 수도 없는 은행과 같습니다. 이는 부채로 표시되지만 매우 귀중한 자산입니다.

대차대조표를 생각해 보십시오. 한쪽에 부채가 있고, 다른 쪽에 자산이 있습니다. 부채는 자산의 자금원이 됩니다. 아주 단순하죠. 자기자본도 자산의 자금원이 되고, 장기차입금도 마찬가지입니다. 하지만 자기자본은 매우 비쌉니다. 장기차입금은 한동안 저렴했으나 비싸질 수 있습니다. 또 언젠가 만기가 되면 우리 손에서 떠나야 합니다. 하지만 플로트는 부채로 표시되면서도 비용이 들지 않고 금방 사라지지 않습니다. 또한 자기자본과 같은 방식으로 자산의 자금원이 됩니다. 그런데도 다른 회사들은 우리처럼 플로트를 활용하지 못합니다. 하지만 우리는 오래전부터 플로트의 유용성을 알아봤기에 지금까지 거액을 축적할 수 있었습니다.

플로트 투자

***1995 총회** (01:47:38)*

버핏: 우리는 유연성을 가지고 플로트를 투자합니다. 자기자본 대신 플로트로 투자한다고 크게 불리한 것도 아닙니다. 자기자본은 한정적인데 플로트가 매우 많을 경우 우리는 투자 방식에 제약을 가할 것입니다. 그 플로트를 가지고 보험 계약자나 청구자 등이 요청할 때 보험금을 확실히 지급해야 하기 때문입니다. 하지만 우리는 순자산 규모가 워낙 커서 플로트는 자기자본만큼 유용합니다. 그만큼 버크셔에 매우 중요한 자산입니다.

***2000 총회** (04:02:53)*

버핏: 플로트 투자는 채권에만 국한되지 않습니다. 언제든, 그리고 현명하게 활용할 만한 어떤 용도로든 투자할 수 있습니다. 우리가 다른 보험사와 달리 그렇게 주장할 수 있는 이유는 버크셔에는 엄청난 자본은

물론, 보험과 무관한 다른 수익원도 있기 때문입니다. 플로트를 주식에만 투자할 수도 있습니다. 우리도 한때는 주식이나 주식 등가물로 보유했죠. 가장 합리적이라면 어떤 수단으로 보유해도 됩니다. 이렇게 선택권이 다양한 이유는 버크셔가 자본은 풍부하고 부채는 거의 없는 기업이기 때문입니다.

우리의 사업 철학은 다른 기업의 경영진들과는 사뭇 다릅니다. 몇 가지 예외를 제외하고는 연결 재무제표 기준으로 자산을 검토합니다. 특정 자산 및 부채를 일대일로 연결 짓지 않고 분리해 평가하죠. 또 부채비용을 가능한 한 낮추려 노력합니다. 그리고 모든 자산을 최대한 현명하게 활용하려 합니다. 차변에 있는 10억 달러의 자산과 대변에 있는 10억 달러의 특정 부채를 나란히 놓고 비교하지 않습니다. 찰리와 저는 버크셔를 운영하며 '어떤 상황에서 누구에게든 보험금을 지급할 능력을 훼손하지 않으면서 최대한 많은 자금을 최대한 저렴하게 조달할 방법은 무엇일까? 그리고 자산을 가장 마음 편하게, 최고의 수익률로 투자하려면 어떻게 해야 할까?'를 생각합니다. 대개는 주식이겠지만, 그렇지 않을 때도 있습니다. 어쨌든 우리 목표는 그렇습니다. 그리고 플로트는 주식 투자뿐 아니라 거의 모든 용도로 쓸 수 있습니다. 마음속으로 용도를 딱딱 구분하지 않지요. 이러한 융통성은 우리에게 어느 정도의 우위로, 때로는 경쟁사보다 훨씬 큰 우위로 작용합니다.

멍거: 지금까지의 성과가 말해 줍니다. 우리는 과거에도 그 우위를 활용했고, 앞으로도 마찬가지이길 바랍니다.

2003 총회 (00:44:37)

버핏: 우리 플로트는 425억 달러입니다. 제가 알기로 미국의 재산-손

해 보험업계 전체로는 5,000억 달러쯤이니, 우리 비중은 8~9% 정도 수준입니다. 성장도 좋지만 그보다 우리가 진정 원하는 목표는 무비용 플로트입니다. 저는 경영자들에게 단순히 더 많은 플로트를 추가하기 보다, 수익성 있는 플로트를 추가하라는 책임을 맡깁니다. 수익성은 언제나 중요한 핵심입니다. 425억 달러를 비용 없이, 나아가 수익을 내며 확보했으니 그 효용은 자기자본 부럽지 않습니다.

한데 이는 현금화 전까지는 미실현 상태이므로, 저는 우리의 내재가치를 어떻게 계산해야 한다고 말씀드리지 않겠습니다. 판단은 여러분의 몫입니다. 하지만 보통주를 발행하지 않고도 플로트로 425억 달러의 자금을 조달할 수 있다는 점은 큰 효용입니다. 바로 이것이 우리가 보험 사업에 열중하는 이유 중 하나입니다. 우리에게 정말 좋은 사업이죠. 우리에겐 뛰어난 회사들과 뛰어난 경영진이 있으며, 업계 전체보다 훨씬 저렴한 비용으로 플로트를 확보할 수 있습니다. 플로트를 0 또는 그 이하의 비용으로 확보할 수 있다면, 이는 엄청난 효용을 지닌 셈입니다.

런던 로이즈

1995 총회 *(02:53:45)*

버핏: 런던 로이즈Lloyds of London (이하 로이즈)는 단일 보험사가 아닙니다. 원래는 수많은 보험사가 모여 영업을 하는 커피하우스로 출발했습니다. 그리고 1906년 샌프란시스코 지진 및 화재라는 대사건과 관련해서 기억되고 있죠. 그러나 지난 10여 년 동안에는 부진한 실적 등의 이유로 상대적 지위를 실추했습니다. 그로 인해 투자자들은 불만을 품었

고 자본은 빠져나가기 시작했습니다.

로이즈는 여전히 재보험 분야와 특수 1차 보험 분야에서 매우 중요한 경쟁사입니다. 하지만 10~15년 전만큼은 아닙니다. 버크셔와 로이즈 신디케이트(보험 투자 프로젝트) 전체의 자본 규모가 얼마나 차이 나는지는 잘 모르나, 지난 10년간 상대적 위치가 변한 건 틀림없습니다. 석면 보상으로 큰 손실을 입은 로이즈는 위기에서 헤어나기 위해 발버둥 치고 있지만 전보다 자본 유치력이 약화했습니다. 우리는 로이즈를 다른 재보험사와 같은 경쟁자로 생각합니다. 하지만 로이즈의 여러 신디케이트와도 거래하고 있으며, 향후 10년 동안에도 그들과 많은 사업을 할 것으로 예상됩니다.

멍거: 로이즈의 역사는 참으로 굴곡졌습니다. 과거에는 샌프란시스코 화재 때 손실 보상을 완벽히 수행함으로써 명성을 얻었죠. 하지만 10~15년 전부터 특정 회사들을 중심으로 추잡하고 어리석은 관행에 많이 물들었습니다. 그리고 시스템 전반에 위험이 감도는 가운데, 최고 위층에 권한이 너무 집중되었습니다. 고급 맞춤 정장과 고급 와인을 곁들인 세 시간짜리 점심 식사에 탐닉하더니 그들은 끝내 큰 문제에 휘말렸습니다.

버핏: 버크셔 역사상 가장 심각한 보험 문제는 약 20년 전 로이즈의 특정 신디케이트와 관련된 것이었습니다. 찰리가 말했듯 그들은 훌륭한 태도로 수 세기 동안 명성을 떨쳤고 한동안은 그 명성에 안주한 것 같습니다. 언젠가 우리도 태도와 관련한 문제를 겪고 값비싼 대가를 치른 적이 있었죠. 덕분에 우리는 앞날은 모른다는 교훈을 일찌감치 얻은 것도 같습니다.

로이즈 신디케이트에는 다양한 업체가 있고, 경영자의 행동 기준은 저마다 다릅니다. 로이즈와 거래하면 아무 문제 없으리라 믿었던 사람들은 믿는 도끼에 발등 찍힌다는 걸 깨달았습니다. 하지만 로이즈는 현재의 어려움을 극복하고 앞으로도 보험업계의 큰손으로 남을 것입니다. 어쩌면 전보다 더 나은 조직으로 거듭날 수도 있겠죠.

1996 총회 (04:00:49)

버핏: 로이즈가 겪은 문제들이 우리에게 도움이 되었다 해도 틀린 말은 아닐 겁니다. 로이즈의 평판이 워낙 좋았으니까요. 20년 전만 해도 로이즈는 온갖 종류의 크고 특이한 위험 보장에 대해 가장 먼저 떠올리는 곳이자, 대개 최종 결정지이기도 했습니다. 그러니 최근 그들이 일부 명성을 잃었다는 사실은 우리에게 호재였습니다. 업계 최고의 강자였던 로이즈가 의심을 사면 경쟁사인 우리에게는 도움이 될 수밖에요.

버크셔가 보유한 자본은 아마 로이즈 전체보다 더 많을 겁니다. 게다가 매우 큰 위험에 대해서도 신속하게 견적을 제시하고 약속대로 정확히 지급을 이행한다는 명성을 쌓았습니다. 이제는 보험 고객들이 로이즈보다 우리를 먼저 찾지 않나 싶습니다. 로이즈가 어려움에 처하자 우리가 반사 이익을 얻은 셈이죠. 게다가 10년 전과 달리 로이즈가 우리의 점유율을 뺏기 어려운 환경이 됐습니다. 지나친 자화자찬 같지만 우리는 누구도 따라잡을 수 없을 만큼 대규모 재보험 분야에서 독보적 위치에 있습니다. 우리 가격이 마음에 안 드는 고객도 있을 테고, 우리의 일부 주력 사업에 수요가 없을지도 모릅니다. 하지만 일단 수요가 있다면, 우리는 독보적 위치를 통해 매우 중요한 거래들을 확보하게 될 것입니다. 최근 몇 년간 그러했고 앞으로가 더 기대됩니다.

버크셔 보험 사업의 가치

1996 총회 (03:16:14)

버핏: 현재 우리의 플로트 규모는 70억 달러입니다. 다른 사람의 소유이지만 우리가 활용할 수 있는 돈입니다. 만약 누군가 제게 이 70억 달러를 비과세로 거저 줄 테니 보험업을 영원히 접으라고 제안한다면, 저는 거절하겠습니다. 70억 달러의 플로트를 70억 달러의 순이익보다 더 좋아해서가 아니라, 70억 달러의 플로트를 가지고 가치를 불리면 되기 때문입니다. 하지만 만약 20년 전에 당시 보유 중이던 플로트 1,700만 달러를 비과세로 거저 받고 보험업을 접겠냐는 제안을 받았다면, 그 당시의 저는 수락했을지도 모릅니다.

멍거: 오, 정말요?

버핏: 그럼요.

멍거: 워런은 계속 배우고 있다니까요. 그게 그의 성공 비결 중 하나입니다.

버핏: 끔찍한 실수를 저질렀겠죠. 10년 전 3억 달러로 그런 결정을 내렸어도 실수였을 겁니다. 버크셔가 보험 사업을 포기하는 건 70억 달러의 가치로도 보상되지 않습니다. 자기자본에는 보탬이 되겠지만 그래도 우리는 주저 없이 플로트를 택하렵니다. 옛날에는 생각이 달랐겠지만요. 버크셔는 매우 가치가 높은 회사입니다. 그만큼 제대로 운영되어야 합니다. 버크셔는 저절로 굴러가지 않지만 뛰어난 인재, 사업 분배 구조, 평판, 자본력, 경쟁우위를 갖추고 있습니다. 여기에 자양분까지 더해 준다면 시간이 지날수록 더욱 가치 있는 기업으로 자랄 것입니다.

버크셔 보험 사업의 강점

1996 총회 (04:20:20)

버핏: 작년 우리 회사의 보험료 수입은 최고 기록이었을 겁니다. 유독 많은 건수를 체결했거든요. 특히 대형 재해 상품에 관한 문의가 빗발쳤습니다. 얼마 전에는 뉴마드리드 지진대에 10억 달러의 견적을 내기도 했습니다. 다른 어떤 보험사도 이런 위험을 감수하지 않을 것입니다. 우리가 높은 시장 점유율을 확보하게 된 건 고객들이 우리의 확고한 의지와 보험금 지급 능력을 믿기 때문입니다.

현재 시장 점유율이 하락 중인 것도 알지만 신경 쓰지 않습니다. 수익성 있는 시장에서 하락할 때만 관심을 기울일 것입니다. 우리는 보험업에서 다양한 분야를 모색하고 있으며, 10~15년 안에 새로운 시도를 할 것입니다. 구체적 내용에 대해서는 말을 아끼겠습니다. 그동안 우리는 연금보험으로 사업을 확장해 이 분야를 선도하는 위치에 올라있습니다. 연금보험은 불의의 사고로 평생 안고 가야 할 심각한 부상을 입은 피해자들에게 지급됩니다. 생계를 유지할 수 없고 수십 년간 상당한 의료비를 짊어질 사람들이죠. 이러한 연금은 피해자의 변호사 승인하에 제공됩니다. 그리고 피해자의 자문위원들이 '일할 수 없을 만큼 장애를 입은 사람에게 누가 50년 후에도 보험금을 줄 것인가?'라고 생각할 때 흔히, 그리고 우리 관점에서는 당연히도 버크셔를 떠올립니다.

보험은 거대 사업이 아니고 앞으로도 거대 사업이 되지는 않겠지만, 충분히 괜찮은 사업입니다. 또한 시간이 지남에 따라 경쟁우위를 확보할 수 있는 사업입니다. 우리는 가격이라는 경쟁우위뿐 아니라 피보험자가 50년 후에도 꼬박꼬박 보험금을 받을 수 있다는 안전감이라는 경쟁우위를 갖췄습니다. 그리고 시간이 지날수록 우위의 영역을 넓혀 갈 것입니다. 우리는 보험업의 동향에 맞춰 적절한 시기에 현명히 움직일 준비가 되어 있습니다.

2017 총회 (02:09:59)

버핏: 아지트 자인을 대체할 사람은 아무도 없습니다. 우리의 보험 사업은 아지트 없이도 훌륭한 성과를 낼 수 있지만, 아지트만이 할 수 있는 일들이 있기에 그와 함께라면 훌륭함이 배가되죠. 우리 보험 사업부는 아지트의 존재 외에도 뛰어난 경영진과 제도화된 시스템을 갖추고 있습니다. 예컨대 아지트는 몇 년 전 주로 산재를 전문으로 하는 가드 인슈어런스Guard Insurance라는 회사를 인수했는데요. 생뚱맞게도 펜실베이니아주 윌크스배리에 본사를 둔, 눈 깜짝할 새에 무섭게 확장하는 보배 같은 회사입니다. 아지트가 총괄하지만, 경영자도 훌륭합니다. 또 우리는 몇 년 전에 메디컬 프로텍티브Medical Protective를 인수했는데요. 역시 아지트가 총괄하지만 팀 케네시Tim Kenesey라는 뛰어난 CEO가 있습니다. 그 역시 아지트의 감독을 받으면 큰 도움이 된다는 것을 지혜롭게 받아들이고 있습니다. 메디컬 프로텍티브는 정말 좋은 회사입니다. 그러나 우리 자회사라는 사실을 거의 모르더군요.

아마 저보다 아지트가 버크셔에 더 많은 돈을 벌어다 줬을 겁니다. 하지만 그가 없어도 우리는 여전히 세계의 모든 재산-손해 보험사들을 뛰어넘었을 겁니다. 아지트가 있다면 그 격차는 더 클 테고요.

멍거: 몇 년 전 캘리포니아주의 근로자 보상법이 일부 개정되자, 아지트는 그 내용이 인수 성과에 큰 영향을 미칠 것을 바로 직감했습니다. 그는 우리의 미미한 시장 점유율을 10%까지 끌어올렸습니다. 허공에

손가락을 튕겨 20~30억 달러를 뚝딱 만들어 낸 것이죠. 하지만 시장이 어려워지면 작전상 후퇴하기도 합니다. 아지트 같은 인재는 쉽게 찾을 수 없습니다.

버핏: 버크셔가 소유한 보험사들에는 훌륭한 경영자가 많습니다. 이보다 더 좋은 조합이 있을까 싶습니다. 몇몇은 아지트가 발굴했고, 저도 운 좋게 몇 명 발견했습니다. 미국 책임보험United States Liability Insurance Group의 톰 너니Tom Nerney와의 인연은 16년이나 됐죠. 그는 훌륭한 회사를 운영하고 있습니다. 규모는 크지 않아도 잘 돌아가고 있습니다. 이제 버크셔 해서웨이 스페셜티Berkshire Hathaway Specialty의 피터 이스트우드Peter Eastwood도 합류했습니다. 인수 이익에 더해 더 많은 플로트도 확보할 수 있다는 건 정말 좋은 사업입니다. 우리는 1,040억 달러의 수익을 창출하는 동시에 보험 인수를 통해 그 수익을 보유함으로써 또 추가 수익을 냅니다. 보험료 1,040억 달러를 거두고 그 돈을 투자해 불릴 수도 있으니 수지 좋은 사업이지요.

대부분의 보험사가 성공하지 못하는 이유는 보험업이 사람들을 유혹하기 때문입니다. 최근에는 투자 관리만을 위해 보험업에 뛰어드는 사람도 있습니다. 역외에서 돈을 버는 방법이니까요. 그래서 경쟁이 치열합니다. 하지만 우리는 몇몇 특정 분야에서 근본적 강점을 지니고 있으며, 훌륭한 경영자들이 그 강점을 극대화하도록 뒷받침하고 있습니다. 우리는 물적, 인적 자원을 최대한 활용할 것입니다.

2019 총회 (01:34:33)

버핏: 버크셔의 보험 사업은 고객들의 돈인 플로트를 일시적으로 보유하면서 끊임없이 재생산합니다. 따라서 이 돈은 매우 수명이 길며 감

소보다는 증가할 가능성이 더 높습니다. 현재 규모는 1,240억 달러입니다. 플로트는 1인 은행과도 같습니다. 한 사람이 1,240억 달러를 예금하고는 영원히 인출하지 않겠다고 약속하는 셈이랄까요.

우리 보험 사업은 성장하기까지 오랜 시간이 걸렸습니다. 모든 것을 고려해 볼 때, 규모를 불문하고 전 세계에서 가장 걸출한 재산-손해 보험 사업체가 아닐까 싶습니다. 그만큼 가치가 상당합니다. 보험은 우리에게 더 큰 가치, 특히 버크셔 내에서 더 큰 가치를 발휘합니다. 우리는 그 가치를 매우 높게 평가합니다. 정확한 수치로 표현할 길은 없으나 과거에 제가 어떤 수치를 제시했든 그 수치는 지금 보면 과소평가 되었을 것입니다.

우리는 무비용 플로트로 막대한 투자 수익을 창출했고, 거기에 보험 인수 이익도 있습니다. 이 조합은 버크셔의 핵심입니다. 대부분은 생각하지 못하지만 보험에는 일종의 아이러니가 있습니다. 다각화된 재산-손해 보험사가 향후 100년 동안 어떤 상황에서든 보험금을 지급할 준비가 되어 있어도, 워낙 많은 사업 자본을 투입해야 하기에 그다지 좋은 사업이 아니라는 사실입니다. 그리고 최악의 상황을 진지하게 고려한다면, 극심한 손실로부터 보호받기 위해 다른 보험사에 다시 가입하는 재보험은 전혀 효과적이지 않을 수 있습니다. 따라서 위험의 일부를 전가했다고 생각할지 몰라도 최악의 재해가 발생하면 실제로는 위험을 전가하지 못할 수도 있습니다. 또 최악의 상황에 대비할 자본이 있더라도 필요한 자본이 워낙 커서 수익성이 현저히 떨어질 것입니다.

버크셔는 보험 인수에 있어 이상적인 형태의 기업입니다. 우리가 보유한 대규모의 자산은 대부분 자연재해와 상관관계가 없습니다. 게다가 다른 보험사에 재보험을 들 필요도 없고, 여타 보험사보다 더 효율적으로 자금을 활용합니다. 흥미로운 점은 지난 30년간 세 곳의 대형 재보험사(로이즈는 특정 지역에 모여 있는 보험사 연합체지만 저는 하나의 회사로 거론하겠습니다)가 망하기 직전까지 갔다는 것입니다. 그동안 우리는 특별한 자연재해를 겪지 않았죠. 그나마 심각한 경우가 2005년 카트리나였지만, 최악의 상황은 아니었습니다. 자산 측면에서 누가 봐도 건실해 보이는 그 회사들 중 두 곳은 사실 우리와 재보험 계약을 체결했습니다. 지금 그들은 모두 양호한 상태입니다.

단독 보험사가 충분한 자본을 유치해 어떤 조건에서도 발생할 수 있는 모든 손실을 보상하는 방식은 좋은 사업이라고 할 수 없습니다. 하지만 원하는 방식으로 돈을 쓸 수 있는 버크셔는 이야기가 다릅니다. 그래서 플로트는 더 귀중한 자산입니다. 플로트는 정말 놀라운 자산이기에 대차대조표상 부채로 표시되는 가치에 팔고 싶지 않습니다. 누구도 플로트를 이토록 쌓아 올릴 수 없을 것입니다. 정말 기나긴 시간이 걸렸지만 우리는 여전히 새로운 텃밭을 개척하는 중입니다.

멍거: 워런, 대규모 손해보험 회사 중 우리 회사랑 맞바꾸고 싶은 곳이 있나요?

버핏: 없죠, 우리 자회사들은 대단한 인재들이 오랜 시간에 걸쳐 공들여 쌓은 탑인걸요. 가이코의 토니 나이슬리는 3만 9,000명의 직원과 함께 버크셔에 500억 달러 이상의 가치를 안겨 주었습니다. 참고로 가이코는 성장하고 있으니 지금쯤 아마 직원 수도 더 늘었겠죠.

멍거: 참 쉬운 사업입니다. 당장 현금을 받아, 장부에 기록하고, 그중 일부만 보험금으로 돌려주죠. 그래서 개나 소나 진입하는 겁니다. 평균을 훨씬 넘어서지 못하면 결국 돈을 잃게 될 텐데 말이죠. 그래서 대부분에게는 그저 그런 사업입니다. 버크셔가 잘나가는 건 평균을 훨씬 뛰

어넘기 때문입니다. 만약 우리도 그 우위를 지키지 못한다면 더 이상 안전하지 않을 겁니다.

버핏   누군가 아지트 자인이 버크셔에서 이룩한 모든 성과를 무너뜨리겠다면 500억 달러 이상은 풀어야 할 겁니다. 아지트는 1980년대 중반 어느 토요일에 제 사무실을 찾아왔는데, 그때까지 보험 일을 해 본 적이 없었답니다. 보험업계 종사자치고 그가 토요일에 버크셔가 아닌 자기네 회사로 왔다면 좋았을 거라며 아쉬워하지 않을 사람은 없을 겁니다.

오래전 우리는 두 개의 작은 보험사를 운영했는데 둘 다 파산했습니다. 인수 심사가 부실했지만, 어쨌든 우리는 회피하지 않고 모든 청구액을 전액 지급했습니다. 그러니 버크셔와의 금전적 거래라면 아무도 걱정하지 않습니다. 어느 토요일 오전 9시쯤 저한테 전화가 왔습니다. 그리고 바로 다음 날 100억 달러짜리 보험 계약을 체결했습니다. 이 계약은 중대한 사정 변경이나 그와 비슷한 예외를 붙이지 않고 무조건 지급하는 조건이었죠. 사람들은 우리가 100억 달러 지급을 계약하면 정말 100억 달러를 준다는 걸 압니다. 역대급 최악의 재난에서든, 기일이 50년 후가 됐든, 버크셔는 지급할 수 있다는 걸 압니다. 이에 대비해 우리는 1,240억 달러의 플로트를 들고 있는 것입니다.

2023 총회 (00:49:33)

버핏   아지트는 2016년에 AIG와 200억 달러의 채무를 떠안는 대신에 100억 달러를 선지급 받는 거래를 성사시켰습니다. 우리는 100억 달러를 받아 세부 용도로 분할해 비축하지 않습니다. 채권에만 투자하도록 제한받지 않기에 자산 풀에 투자했죠. 다른 보험사는 사고방식으로 보나 재무 상태로 보나 그렇게 못하겠죠. 우리 순자산은 미국 전체 손해 보험 회사의 약 26%를 차지합니다. AIG 거래에서 우리가 지불해야 했던 손실 분담금은 예상보다 약간 낮았습니다. 하지만 AIG의 목적에는 부합했습니다. 그들은 우리가 이러한 인수를 결정할 수 있는 특수한 위치에 있음을 알기에 우리를 찾아왔습니다. 로이즈와의 거래처럼 말이죠. 로이즈도 버크셔 외에는 다른 선택이 없었다면서 다량의 부채를 버크셔에 넘기고 기사회생했죠. 200억 달러 규모의 거래는 흔치 않습니다. 5억 달러 규모라면 다른 회사가 웃돈을 얹어 가로챘겠지만 AIG 거래는 우리 말고 갈 데가 없습니다.

아지트 자인: 이 같은 거래의 성과를 살펴보는 한 가지 방법은 거래 당시 추산해 둔 매년 예상 지급액과 거래 후 실제 지급액을 모니터링하고 비교하는 것입니다. 지금까지 실제 지급액은 예상 지급액의 96% 수준으로, 나쁘지는 않지만 훌륭하지도 않습니다. 그래도 우리는 여전히 앞서 나가고 있습니다. 만약 실지급액이 계속 예상보다 적게 나온다면, 4%보다 훨씬 낮은 수준의 매우 매력적인 금리로 자금을 대출한 셈이 될 뿐 아니라 2015년 물가 기준으로 10억 달러의 이익을 얻게 되는 것입니다. 따라서 결론적으로 우리는 이번 거래에 매우 만족합니다. 하지만 아직 진행형이고, 그들의 부채는 매일같이 등장하고 있습니다. 어쨌든 저는 이번 거래가 예상보다 나은 결과를 가져오리라고 조심스레 낙관하고 있습니다.

멍거: 정말 흥미로운 점은 버크셔의 손해보험 회사들이 보험료 수입보다 4배, 즉 통상보다 4배나 많은 자기자본을 가지고 있다는 것입니다. 물론 우리는 대규모 거래를 추구하고요. 여러분이 거액의 채무를 믿음직하게 떠넘길 회사를 찾는다면 어디겠습니까?

버핏: 우리는 보험 외 사업에서 매년 250억 달러 이상의 수익을 올립니

다. 아시다시피 우리는 배당금을 지급하지 않습니다. 배당금을 지급했다면, 다음 날부터 보험을 인수하려 열심히 영업을 뛰어야 했을 겁니다. 또 우리에겐 장차 보험금을 지급받을 것이라 기대하는 고객이 있습니다. 따라서 우리는 AIG로부터 받은 100억 달러를 5~10년 만기 채권에 투자하지 않기로 했고 그럴 생각도 없었습니다.

우리 고객들은 우리가 그 어떤 보험사와 달리 무슨 일이 닥쳐도 100억 달러를 지불할 수 있는 보험사라는 것을 알고 있습니다. 우리는 보험사로서 막강한 지불 능력뿐 아니라, 다양한 사업에서 창출하는 수익력도 자랑합니다. 게다가 부채도 별로 없습니다. 철도와 에너지 부문에 부채가 있으나 그 부채를 우리가 보증하지는 않습니다. 버크셔 같은 회사는 없습니다. 아지트는 협상할 때 이 점을 기억하며, 거금을 거래하는 상대방도 마찬가지입니다.

불시의 악재

1999 총회 (03:56:19)

버핏: 보험의 특성상 불시에 찾아오는 악재를 피할 수는 없습니다. 미국계 투자회사인 로우스Loews는 1970년대 초에 보험사 CNA를 인수했습니다. 그리고는 1950년대 후반에 CNA가 맺은 보험 계약 때문에 최근 몇 년간 석면 관련 손해배상을 합의해야 했습니다. 보험료는 수천 달러에 불과했지만 손실은 15억 달러에 달했죠. 가이코도 총 보험료가 20만 달러도 안 되는 1980년대 초의 보험 계약에 발목 잡혀 6,000만 달러의 손실을 봤습니다.

보험업은 특성상 예상치 못한 일이 생길 수 있다는 게 단점입니다. 작년에 우리 산하의 한 소규모 산재보험 회사는 25년 된 보험에서 갑자기 청구가 들어와 뒤통수를 맞았습니다. 그래서 상당한 출혈이 있었죠. 이처럼 예상치 못한 일이 크게, 그것도 뒤늦게 발생할 수도 있습니다. 이는 아무리 경영을 잘해도 못 막습니다.

보험 인수 인센티브

***2004 총회** (03:10:56)*

버핏: 보험 인수에 잘못된 인센티브를 적용하면 큰코다칩니다. 1980년 내셔널 인뎀너티의 보험료 총수입은 7,900만 달러였습니다. 1980년대 중반 '하드마켓'에서는 3억 6,600만 달러까지 올랐습니다. 그러다 5,500만 달러로 줄었습니다. 의도한 것은 아니지만 보험 사업의 매력도가 떨어졌기 때문이었죠.

지난 몇 년 동안 시장 매력도가 다시 올라가서 보험료 총수입은 6억 달러 가까이 급증했습니다. 미국의 상장 보험사 중 보험료 수입이 해마다 감소한 1986년부터 2000년 사이에 살아남을 수 있다고 생각할 회사는 없을 겁니다. 하지만 내셔널 인뎀너티의 문화는 달랐습니다.

보험료 수입이 바닥을 쳐도 우리는 그 기간에 직원을 해고하지 않았습니다. 다른 회사라면 칼자루를 쥐었겠지만 우리는 그러지 않았습니다. 1999년 우리의 경비율(보험에서 수입 보험료에 대한 사업비의 비율)은 41%까지 급상승했습니다. 우리가 많은 계약을 체결하자 경비율은 26%까지 낮아졌고요. 일부 회사들은 이 비율을 참을 수 없다고 생각하겠지만 우리가 참을 수 없는 것은 형편없는 계약을 마구 체결하는 것이었습니다. 과도한 경비율은 참을 수 있어도, 나쁜 보험을 인수할 여유는 없었죠. 직원들에게 일자리를 유지하려면 무슨 계약이든 따내라고 지시하기보다는 과도한 간접비를 감수하는 게 낫습니다. 나쁜 거래를 떠안는 문화는 한번 생기면 헤어나올 수 없기 때문이죠.

우리는 높은 경비율에도 거의 매년 보험 계약으로 이익을 냈습니다. 1986년에는 3억 6,600만 달러라는 당시의 보험 계약 금액 신기록과 함께 인수 이익률 30%라는 놀라운 성과를 거두었죠. 엄청난 규모의 계약을 체결했을 때는 큰돈을 벌었고, 적은 규모의 계약을 체결했을 때도 그저 적은 대로 돈을 벌었습니다. 우리는 직원들에게 계약 건수가 기대에 못 미친다고 해고되지 않으니 악성 계약은 인수하지 말라는 메시지를 강조합니다.

우리도 실수할 수 있고, 사업이 부진하면 경비율이 높아지기도 합니다. 하지만 우리는 최후의 승자가 될 것입니다. 오랜 세월 내셔널 인뎀너티가 걸어온 발자취를 보십시오. 그들은 30년 전만 해도 무명 회사였습니다. 모두가 시대에 뒤떨어졌다던 일반 대리점 형태로 운영되고 있었죠. 특허, 부동산, 저작권은커녕 다른 무수한 보험사와 근본적으로 차별화할 그 무엇도 없었습니다. 하지만 원칙이 있었기에 비교할 수 없는 기록을 세웠습니다. 그들은 시간이 지날수록 원칙을 더욱 강화했고 그들의 기록은 경쟁사들을 크게 앞질렀습니다. 핵심은 직원들이 적절한 계약을 체결하도록 적절한 인센티브를 마련해 올바른 종류의 계약을 운영하는 것입니다. 우리는 이러한 것들을 신중하게 고민합니다. 해고 없는 경영은 자동차나 철강 회사에서는 불가능합니다. 하지만 보험사에서는 최선의 방법입니다. 그러므로 고용 관행이나 인센티브 제도에 획일적으로 접근해선 안 됩니다. 각 산업의 상황, 경쟁 조건, 경제적 특성을 잘 생각해야 합니다.

멍거: 우리처럼 하는 회사는 없습니다. 하지만 우리 방식이 옳은 건 분명합니다. 버크셔에는 흔한 방식도 다른 회사에서는 찾아볼 수 없죠. 이런 버크셔의 차별점은 목소리를 낼 수 있는 지배 주주의 존재가 한몫하기도 합니다. 다수의 직원이 포함된 위원회가 이런 결정을 내리기는 어려울 것입니다.

2013 총회 (02:14:45)

버핏: 일부 보험사의 골칫거리는 월가의 분위기에 휩쓸려 매년 보험료 수입, 즉 매출을 늘려야 한다는 압박입니다. 사실 우리는 내셔널 인뎀너티가 작성한 보험 상품의 매력도가 떨어지자 계약의 80%를 해지했습니다. 다른 상장 보험사 경영자가 이렇게 했다면 분기 실적 발표 자리에서 비난의 화살을 받겠죠. 만약 우리가 어리석은 짓을 한다면 그건 우리가 어리석어서일 뿐 외부 요인은 우리에게 아무런 압박을 주지 않습니다. 하지만 회사 지분의 1% 이하를 소유한 경영자는 대개 월가가 칭찬하고 다른 경영자들도 시작한 일을 자신만 하지 않았다는 압박을 이겨내기 어렵습니다. 그래서 어리석은 일을 저지를 기회에 쉽사리 노출됩니다. 몇 년 전만 해도 우리는 미국에서 자연재해 보험의 주요 인수자였습니다. 가격이 적절했기 때문이죠. 하지만 지금은 가격이 알맞지 않아 계약을 받지 않고 있습니다. 우리가 시장을 떠난 게 아니라, 시장이 우리를 떠난 것입니다. 우리는 1달러의 손실 가능성을 감수하고 90센트를 받는 일을 할 생각이 없습니다. 그런 계약은 얼토당토않습니다. 직원들에게도 압박하지 않을 것이며, 그들의 일자리 보전이 동기 부여가 되어

서도 안 됩니다.

멍거: 보험업은 직원들이 출근해서 할 일이 없다고 80%씩 감원하면 안 됩니다. 직관에 반하지만, 직원들이 정신없이 일하는 곳일수록 나중에 꼭 감원해야 할 가능성이 큽니다.

제너럴 리 인수

2009 총회 (03:18:40)

버핏: 우리는 사후 분석을 신봉합니다. 사후 분석을 시행하는 회사는 극히 드물 것입니다. 거래를 제안하기는 쉬워도 나중에 그 결과를 확인하는 일은 훨씬 어렵죠. 특히 찰리는 누군가의 아픈 과거를 들쑤시기를 매우 좋아한답니다. 제너럴 리는 시작이 끔찍했지만 이후 잘 극복했습니다. 1998년 우리가 제너럴 리를 인수할 당시, 그들이 15년 전처럼 보험계의 최강자일 것이라 믿었던 제 생각은 완전히 빗나갔습니다. 그동안 보험을 인수하고 보류하는 몇몇 관행은 다소 변했습니다. 하지만 세계무역센터 테러 즈음인 2001년 9월, 태드 몬트로스Tad Montross와 조 브랜던Joe Brandon의 협동 작전 덕에 보험 심사 문제가 모두 바로잡혔습니다.

그 결과 지금의 제너럴 리는 제가 1998년에 인수했을 때 생각했던 그 회사로 돌아왔습니다. 정말 힘들었지만 저절로 해결될 문제는 아니었죠. 방만하게 운영되던 조직을 어떻게든 조여 나가는 것은 쉬운 일이 아닙니다. 두 사람은 각자의 길을 가며 제너럴 리에서 겪었던 어려움에 직면하지 않고도 그만큼의 돈을, 어쩌면 그 이상을 벌 수 있었을 것입니다. 하지만 그들은 끝까지 버텼습니다. 이제 우리 조직에는 밝은 미래가 기다리고 있습니다.

멍거: 맞습니다. 위기를 기회로 바꾸는 능력이 중요합니다. 특히 그 과정에서 조와 태드의 역할이 컸습니다. 제너럴 리를 쇄신하려면 정말 강인한 정신력이 필요했는데 그들은 매우 잘 해냈습니다. 평범한 경영자라면 절대 못 할 일입니다. 제너럴 리 거래의 일등 공신은 조 브랜던이었습니다. 버크셔가 제너럴 리를 인수해야 한다고 주장한 사람이죠. 그가 아니었다면 제너럴 리 인수도 없었을 겁니다. 그렇죠?

버핏: 그럼요.

멍거: 조는 제너럴 리 주주들의 청지기였습니다. 우리는 괜찮은 결과를, 제너럴 리는 환상적인 결과를 얻었습니다. 그러니 그 거래에서 자본주의의 영웅을 찾자면, 바로 조입니다.

2012 총회 (02:34:18)

버핏: 제너럴 리는 궤도를 벗어났습니다. 아마 우리가 인수했을 때 이미 궤도를 벗어났을 텐데, 저는 그걸 알아차리지 못했습니다. 그들은 수익성보다는 특정 임원을 흡족하게 하는 성장에 더 집중했는데 그 사실을 깨닫기까지는 시간이 좀 걸렸습니다. 그러다 조 브랜던이 부임해 보험료 수입보다 인수 이익에 집중했고, 태드 몬트로스는 이를 잘 이행해 훌륭한 성과를 거뒀습니다. 하지만 그만큼 영양가 없는 거래를 다수 정리해야 했으므로, 그들은 셀 수 없는 '협상'으로 비지땀을 흘렸습니다.

그러는 동안 보험료 수입이 크게 감소한 건 사실이지만, 그렇게 아쉽지는 않습니다. 그사이 생명보험 사업이 꾸준히 성장했고 이는 매우 훌륭한 성과니까요. 없으면 좋았을 장기 요양 보험도 약간 포함되어 있긴 하지만요. 제너럴 리의 인적 규모는 적절하다고 생각합니다. 보험 인수에 나름의 원칙도 세웠습니다. 앞으로 완만한 속도로 성장할 가능성도 있습니다. 하지만 제너럴 리의 문화에는 큰 변화가 필요했습니다. 그 변화가 하룻밤 사이에 될 리는 없지만, 잘못된 문화를 바로잡으려면 그 문화로 얻은 성과 중 일부는 버릴 수밖에 없습니다. 이제 제너럴 리는 우리의 큰 자산입니다. 몇 년 전보다 훨씬 더 만족합니다.

멍거: 대수선 작업이었지만, 마침내 완료했습니다.

버핏: 애초에 수선할 필요가 없었다면 더 좋았겠지만요.

7부

회계

Accounting

"사람들이 회계 부정에 끌리는 것만도 충분히 나쁜데,
실제로 부정을 저지르고 있다.
그런데 그걸 제도로 인정받기를 원한다니 정말 개탄스럽다."

"회계가 수상한 회사는 그냥 눈을 돌려야 한다."

"왜 다들 회계 결과를 최대한 분칠하려 애쓰는지 모르겠다.
조금 축소해서 보고한다고 문제 될 게 있을까?"

"현대 기업 자본주의에서 우리가 몹시 싫어하는 것 중 하나는
자기네 이익이 변동성 없이 매우 규칙적으로 증가해야 한다고 믿는 기업들의
헛된 기대다. 그런 기대는 악마의 사촌뻘쯤 될 뿐 아니라,
악마와 피를 나눈 형제와도 같다."

버핏은 다른 사람들의 행동을 칭찬할 때는 실명을 거론하고, 비판할 때는 범주로 묶어야 한다고 말하곤 했다. 버핏과 멍거는 회계 문제, 특히 1990년대 후반과 2000년대 초반 주식 기반 보상의 비용 처리 문제에 대해 자신의 견해를 거침없이 피력했다. 멍거는 2001년 총회에서 이렇게 말했다.

"우리는 지금의 회계 방식이 마음에 들지 않는다. 부정 회계나 다름없다. 부정이라는 말은 지나친 표현이 아니다. 결과를 더 좋아 보이게 만들려고 허위로 회계하는 게 바로 부정 회계다."

상장 기업에서 스톡옵션을 비일반회계기준(Non-GAAP)으로 회계 처리하는 관행은 실적과 이익을 조정하는 하나의 방법이다. 버핏과 멍거가 강조하듯, 숫자놀음에는 예컨대 롱테일 보험(사고 발생과 보험금 지급의 시차가 긴 보험) 계약의 손실 추정액을 약간 수정하는 등 다양한 방법이 있다. 하지만 특정 이익을 목표로 잡으면 내부의 명시적, 묵시적 압력이 기업을 위험한 길로 이끌 수 있다. 버핏은 이렇게 말한다.

"이익 조정은 미봉책일 뿐, 마치 마약과 같다. 한번 시작하면 쉽게 끊을 수 없다. 우리는 이런 상황을 수없이 봐 왔고 결국엔 제 발등을 찍는다. 그보다 현실을 직시하고 모든 조치를 취해 문제를 해결해야 한다. 어떤 방법으로든 숫자놀음은 절대 효과가 없다."

스톡옵션 회계 문제

1995 총회 (01:28:33)

버핏: 현명한 자본 형성은 정확한 회계가 기본입니다. 부정확한 회계는 자본 형성에 도움이 되기는커녕 시간이 지날수록 자본 형성을 왜곡하기 쉽습니다. 저는 개인적으로 여러 경영자와 스톡옵션 비용 처리 문제에 관해 이야기해 보았습니다. 그들은 비용으로 처리하는 것을 이해는 하지만 그렇지 않은 현재에 더 만족하는 편이었습니다. FASB(재무회계기준위원회)는 스톡옵션을 비용으로 처리하는 안건을 의회에 제출했으나 이에 반대하는 경영자들의 로비로 부결되고 말았습니다. 이 안건이 논란이 되는 것은 스톡옵션을 회계장부상 비용으로 처리하면 이익이 줄어들기 때문입니다. 현재 연봉에 스톡옵션을 더하면 보수가 늘어난다는 걸 모르는 사람은 없습니다. 그러니 스톡옵션은 당연히 보수이고 이는 비용으로 처리해야 합니다.

몇 년 전부터 6대 회계법인은 자신들의 고객인 기업의 입장을 지지했습니다. 아마도 회계법인들은 이 문제에서 끝내 고객들에게 굴복한 게 틀림없습니다. 오래전 인디애나주 의회에서 한 의원이 원주율 값을 3.2로 변경하는 법안을 발의한 적이 있습니다. 학생들이 3.14159라는 복잡한 값을 다루기 어렵다는 게 이유였죠. 미국 기업계가 손해 보기 싫다는 이유로 FASB의 재정 지원 철회까지 언급하며 압박한 것은, 원주율을 3.14159가 아닌 3.2로 바꾸자고 억지를 부린 것과 같습니다. 어쨌든 대세는 기울어졌고 이제는 오히려 기존 기준을 더욱 약화하도록 압박하고 있습니다. 미국 기업의 사리사욕은 여전합니다.

멍거: 기업계의 창피한 승리입니다. 한 문명에는 탄탄한 기술과 정직

한 회계가 매우 중요한데 말이죠. 주요 정치인들과 주요 벤처 캐피털리스트들에게는 매우 유감스럽습니다.

버핏: 기업이 회계 부정에 끌리는 것만도 충분히 나쁜데 실제로 부정을 저지르고 있습니다. 그런데 그걸 제도로 인정받기를 원한다니 정말 개탄스럽습니다.

멍거: 부패 세력의 승리죠.

2001 총회 (02:03:58)

멍거: 우리는 현 회계 방식이 마음에 안 듭니다. 부정 회계나 다름없습니다. 적어도 제 생각은 그렇습니다. 부정이란 말이 지나친 표현도 아닙니다. 결과를 더 좋아 보이게 만들려고 허위로 회계하는 게 부정이 아니고 뭐겠습니까. 하지만 우리는 FASB에 맞서 싸우거나 더 나은 회계 방식을 도입하기 위해 애쓰지 않습니다. 마치 창으로 돌을 쪼개려는 것과 같습니다. 창의 끝부분에서 엄청난 압력을 느낄 수 있죠. 우리라고 세상의 모든 병폐를 치료할 힘이 있겠습니까.

버핏: 미국 기업들은 의회에 엄청난 압력을 가했습니다. 그들은 FASB에 압력을 가했다가 아무런 성과가 없자, FASB가 아닌 의회가 회계 규칙을 정하게 하겠다고 말했습니다. 저는 나쁜 발상이라고 생각했지만 그들의 주장은 큰 지지를 얻었습니다. 그들이 앞세운 근거 중 하나는 스타트업이 스톡옵션을 비용으로 처리하려면 매우 힘들어진다는 것입니다. 음, 그렇다면 전기료를 비용 처리하는 것도 힘들 텐데요. 경영자들은 특히 기업이 자신에게 지급한 비용을 보고하길 꺼렸습니다. 그 비용은 금액도 막대한 데다 기존 회계 방식대로 기록하면 문제가 될 수도 있었습니다. 하지만 주주총회 위임장 설명서에 그 내용이 빠져 있어도 사

람들은 별로 신경 쓰지 않습니다.

변화를 가져올 유일한 방법, 그리고 기업 지배 구조 문제를 바꿀 유일한 방법은 15~20개의 대형 기관 투자자들이 힘을 합치는 것입니다. 하지만 그들도 실제로 큰 가치를 창출하지 않으면서 터무니없는 돈을 받는 게 주 업무라는 점에서 피장파장입니다. 따라서 그들은 찰리의 표현으로 '역겨운 보상 관행'에 주의를 기울이지 않습니다. 이쯤 되니 변화를 기대하기 어렵습니다.

기관 투자자들은 알맹이보다 껍데기에만 집중하는 것 같습니다. 경제적 이익과 아무 상관 없는 사소한 것들에만 불평합니다. 사실 스톡옵션이야말로 매우 중요한 문제인데요. 스톡옵션은 엄연한 비용이고, 그 비용은 회계로 기록되든 안 되든 존재합니다. 하지만 미국 경영자들은 자발적으로 입장을 바꾸지 않을 것입니다. 컨설턴트들도 마찬가지고요. 그들은 다른 회사들의 지표를 비교 대상으로 제시하며 불난 집에 부채질합니다. 따라서 기관 투자자들이 행동에 나서지 않는 힌 변화는 어렵습니다.

수상한 회계

1995 총회 *(02:50:30)*

버핏: 회계로 실제 경제성과 동떨어진 그림을 그리려는 사람들이 있습니다. 저는 회계가 수상하면 그 회사에서 그냥 눈을 돌립니다. 고의성이 다분하니 그런 회사에는 접근하지 않는 게 좋습니다. 회계가 의심스러운 회사치고 투자 성과가 좋은 곳을 본 적이 없습니다. 매우 불길한 징

조입니다. 회계를 들여다보면 경영진의 성격이 보입니다. 뭐라도 께름 칙해 보이는 회사는 믿으면 안 됩니다.

생명보험 쪽에 회계가 부실한 회사가 많습니다. 단기적으로 매출과 비용이 직결되지 않는 상품을 취급하다 보면 숫자 놀음에 빠지기 쉽습니다. 어떤 사람들은 그런 방법을 잘 익혀서, 때로는 장기적으로 주가를 조작하거나 홍보 전략을 세웁니다. 그래서 스스로 부자가 되거나, 경영진이나 설립자를 부자로 만들어 줍니다. 시간이 지날수록 희생은 대중의 몫이 되죠. 여러분은 회계가 의심스러운 기업을 보거든 그냥 다른 기업으로 눈을 돌리십시오.

합리적이고 정직한 회계

***1999 총회** (00:56:05)*

멍거: 단언컨대 억지스럽고 부정직한 회계를 일삼는 미국 대기업들은 근본적으로 잘못되었습니다. 부패는 작은 씨앗부터 뿌리지 않는 게 매우 중요합니다. 씨앗은 결국 큰 부패로 이어지고, 기득권 세력은 그 부패를 지속시키려 합니다. 훌륭한 기업 중에도 스톡옵션을 발행하는 기업이 많고, 그들의 스톡옵션은 훌륭한 직원들에게 응당히 돌아갑니다. 하지만 미국의 회계는 부패했습니다. 부정 회계를 제도화하는 건 좋은 생각이 아닙니다.

버핏: 문제는 일단 시작되면 점점 퍼집니다. 오랫동안 방치된 시스템은 깊이 뿌리내리고 구성원들은 그 시스템에 더 의존하게 됩니다. 그리고 변화를 막기 위해 필사적으로 싸우는 거대한 지지층이 형성되죠. 어

떤 종류의 부패한 시스템이든 기득권층이 제법 형성되면 변화는 거의 물 건너갔다고 봐야 합니다. 그래서 조기 개혁이 중요합니다. 스톡옵션 비용 처리는 지금보다 처음 제안된 수십 년 전에 더 바꾸기 쉬웠을 것입니다. 미국 기업이 현행 방식에 완전히 길들여졌으니까요.

우리가 스톡옵션 자체를 반대하는 것은 아닙니다. 회계장부에 주석으로 기재되는 방식이 문제라고 생각합니다. 만약 찰리와 제가 오늘 밤 세상을 뜨고, 오래전에 버크셔 주식을 대량 매수하는 기회를 얻지 못한 새로운 두 사람이 회장, 부회장이 된다면 버크셔 전체의 성과를 반영해 그들에게 보상하는 게 잘못된 일은 아닐 겁니다. 제대로 설계한 스톡옵션 제도는 현행 방식과는 상당히 다르겠지만 훨씬 더 합리적이고 회사의 전체 책임자에게 충분히 타당한 보상일 것입니다.

모든 스톡옵션 시스템은 시가와 관계없이 현재 판매할 의향이 있는 가격보다 낮게 책정되지 않아야 합니다. 자본비용을 반영해야 하지만 실제로 반영하는 회사는 극히 드뭅니다. 매년 모든 이익을 재투자하고 주주의 돈을 무이자로 활용해 미래 수익을 늘리려면 스톡옵션에 자본비용을 반드시 반영해야 합니다.

2003 총회 (03:39:30)

멍거: 우리는 지나치게 낙관적인 회계로 끔찍한 사업 결정을 내리는 사람들을 보고 충격을 받은 나머지, 남들보다 훨씬 보수적으로 회계를 처리하고 있습니다. 그러면 사업 결정은 물론 재무 건전성에도 도움이 됩니다. 왜 다들 회계 결과를 최대한 분칠하려 애쓰는지 모르겠습니다. 조금 축소해서 보고한다고 문제 될 게 있을까요?

버핏: 사람들은 지난 몇 년간 회계 보고의 투명성이 향상했다고 생각

합니다. 하지만 저는 2000년 재무제표보다 1960년 재무제표가 훨씬 보기 편했습니다. 그때의 재무제표는 세부 사항이 훨씬 적지만, 한 회사의 본질을 알려 준다는 기능 면에서 여러모로 지금의 재무제표보다 나았다고 생각합니다.

안타까운 것은 경영 문제를 회계 조작으로 해결하는 것입니다. 제너럴 리는 1980년대에 몇몇 문제를 겪었습니다. 그들은 산재 보상을 위한 준비금을 축소해 잡았습니다. 이런 미봉책은 마약과 같습니다. 한번 시작하면 쉽게 끊을 수 없습니다. 우리는 이 같은 상황을 수없이 봐 왔으며, 결국엔 제 발등을 찍습니다. 그보다 현실을 직시하고 모든 조치를 취해 문제를 해결해야 합니다. 해결할 수 없다면 그냥 포기하는 게 낫습니다. 어떤 방법으로든 숫자놀음은 절대 효과가 없습니다. 물론 6개월 후 은퇴할 64세 경영자라면 유혹을 물리치기 쉽지 않겠지만요.

이익 관리

2005 총회 (01:52:08)

버핏: 임직원들이 분기 실적을 걱정하는 것은 시스템 문제입니다. 저는 버크셔가 다음 분기에 얼마나 벌지 전혀 모릅니다. 경영진에게 다음 분기에 얼마의 EPS(주당순이익)를 달성하라는 암묵적 지시를 내리지도 않습니다. 보험업계에서는 단기간에 롱테일 보험을 팔면 원하는 실적을 만들어낼 수 있습니다. 우리는 450억 달러의 손실 준비금을 보유하고 있습니다. 적절한 수치가 450억 달러인지, 아니면 460억, 440억 달러인지 누가 알겠습니까? 분기별 보고 때 특정 숫자를 보고하려고 마음

만 먹으면 450억 달러 대신 447억 5,000만 달러라고 말할 수 있습니다. 하지만 우리는 그러지 않으려 노력합니다.

멍거: 현대 자본주의에서 마음에 안 드는 것 중 하나는 이익이 변동성 없이 규칙적으로 증가해야 한다고 믿는 기업의 헛된 기대입니다. 그런 기대는 악마의 사촌뻘쯤 될 뿐 아니라, 악마와 피를 나눈 형제와도 같습니다. 버크셔 본사에는 그런 기대가 일절 없습니다.

버핏: 기업은 매년, 매 분기 기대에 부응할 수 없습니다. 기업 운영의 본질상 불가능합니다. 미래를 정확하게 예측한다는 사람들은 투자자를 속이거나, 스스로를 속이거나, 아니면 둘 다 속이는 것입니다. 재무적, 심리적 압박 속에서는 끔찍한 잘못을 할 수밖에 없습니다.

영업권의 가치

2011 총회 (03:21:29)

버핏: 영업권(지속적인 초과 수익을 창출할 수 있는 강력한 경쟁 우위를 자산적 개념으로 파악한 것)의 가치를 기업의 매력도를 평가하는 데 사용하면 안 됩니다. 그보다는 유형자산의 이익률을 살펴봐야 합니다. 우리 자회사들을 경영진과 경제성의 측면에서 평가할 때 영업권은 고려하지 않길 바랍니다. 다만 자본 배분 측면에서 우리가 하는 일을 평가할 때는 영업권을 포함해야 합니다. 그에 관한 비용을 지불했기 때문입니다.

코카콜라 회사 전체를 인수한다면 1,000억 달러 정도의 영업권을 포함해야 합니다. 이를 상각해서는 안 되며, 코카콜라의 경제성을 판단할 때는 고려할 필요도 없습니다. 하지만 코카콜라를 인수한 기업의 경제성, 즉 인수 결정을 평가할 때는 영업권의 가치를 반영해야 합니다. 큰 대가를 치르고 자본을 배분하는 행위이기 때문이죠. 저는 영업권 상각은 의미 없다고 생각합니다. 그런데 알고 보니 회사를 잘못 인수했고, 회사가 투입한 유무형 자산과 영업권을 합친 가치에 상응하는 수익을 내지 못할 때는 의미가 있습니다. 하지만 사업의 수익성을 판단할 때는 순수한 실물 자산 가치인 순유형자산수익률(RONTA, Return on Net Tangible Assets)을 살펴봐야 합니다.

멍거: 동감입니다. 우리는 어떤 회사 전체를 인수할 때 헐값 세일을 기대하지 않습니다. 우리가 지불한 금액에 대한 세전 기대 수익률이 10%까지 내려갈 수도 있죠. 그래도 무비용 플로트가 창출하는 많은 수익을 생각하면 썩 나쁘지 않습니다. 즉 600억 달러의 플로트를 거둬 연 60억 달러의 수익을 낸다면 그렇게 나쁜 거래는 아니라는 겁니다.

버핏: 우리는 특수 화학 회사 루브리졸의 지분을 약 90억 달러에 취득했고, 현재 세전 이익은 약 10억 달러쯤 될 겁니다. 루브리졸은 자력으로 25억 달러의 자기자본에 세전 10억 달러를 벌어들이므로, 투입 대비 매우 좋은 사업입니다. 하지만 우리가 루브리졸 인수에 지불한 프리미엄으로 보면, 90억 달러 대비 세전 이익 10억 달러가 됩니다. 그러니 우리의 결정을 평가하려면 인수 금액 90억 달러를 기준으로 해야 합니다. 또 루브리졸 CEO 제임스 햄브릭의 경영을 평가하려면 그가 자본을 훨씬 적게 들인다는 점을 감안해야 하고요. 루브리졸은 매우 건실한 기업이 될 것입니다. 그렇게 되지 못한다면 우리가 사소한 오판을 저질렀을 것입니다. 하지만 투입된 유형자본을 고려하면 여전히 만족스러운 기업입니다.

주식 분할

***1994 총회** (00:24:17)*

멍거: 한 기업의 소유권을 20달러라는 작은 단위로 쪼개는 건 말도 안 됩니다. 20달러짜리 주식 공급은 비효율적입니다. 어떤 기업의 주주가 되기 위한 최소한의 요건이 있어서 나쁠 게 있을까요? 기업 설립자라면 누구든 그렇게 생각할 것입니다.

버핏: 우리는 주식을 20달러 단위로 분할하지 않을 생각입니다. 각 회사가 나름의 방법으로 주주를 모집하는 걸 보면 흥미롭습니다. 뉴욕증권거래소에 상장한 모든 회사는 각자 다른 특징의 주주층을 확보해 왔습니다. 솔직히 저는 이 자리에 모이신 분들보다 더 좋은 주주층을 상상할 수 없습니다. 버크셔 문화는 자연스럽게 우리와 어울리는 주주들을 끌어들이고 그렇지 않은 주주들을 밀어냈습니다. 이것이 버크셔식 우생학 법칙의 일부입니다.

만약 우리의 어떤 방침으로 인해 많은 엉뚱한 사람들이 버크셔 주식을 매수하게 된다면, 그들은 이 강당에 계신 여러분 중 누군가를 대체해야만 합니다. 즉 이 자리에 계신 주주를 내보내고 그 자리를 비집고 들어와야 합니다. 문제는 우리가 더 나은 주주층을 확보할 수 있느냐는 것이지만, 저는 그렇게 생각하지 않습니다.

***1994 총회** (00:47:48)*

버핏: 사람들은 주식 분할 후 주식이 더 높은 가격에 팔릴 것이라고 생각합니다. 그건 바람직하지도 않을뿐더러, 한동안 반드시 그러리라는 보장도 없습니다. 우리 주식은 분할하지 않아야 훗날 합리적인 가격에

형성될 가능성이 높습니다. 그리고 분할 후 주식의 평균 가격이 반드시 더 높아질 것 같지도 않습니다. 다만 분할 후 주가 변동성은 다소 커질 것이며, 그 변동성이 주주들에게 도움이 될 가능성은 전혀 없습니다.

1995 총회 (04:34:44)

버핏: 우리는 가능하면 투기를 지양하고 장기 투자하는 주주들을 유치하고 싶습니다. 500달러만으로 누구나 쉽게 살 수 있는 주식이라면, 단지 그 회사 이름이 많이 오르내린다는 이유로 멋모르고 매수하는 사람들이 난무할 것입니다. 또한 주식 분할만으로 주가가 상승했다면, 단순히 주가가 오른다는 이유만으로 매수하는 주주들이 진입할 것입니다. 그 수위가 어디까지 갈지는 알 수 없지만 지금처럼 품위 있고 우리와 목표가 일치하는 주주 기반이 아니란 건 두말할 필요도 없습니다.

주가는 시간의 경과에 따른 내재가치 변화와 정확히 일치해야 이상적입니다. 그러면 모든 주주가 공평하게 대우받을 수 있기 때문입니다. 주주들은 회사의 이익이나 손실과 맞물려 이익이나 손실을 볼 것입니다. 하지만 특정 시기에 인위적으로 주가를 부양하는 것은 다른 시기의 주주들을 실망하게 할 뿐입니다. 우리는 주가가 내재가치의 1.5~2배 이상 오르는 걸 원치 않습니다. 대신 내재가치가 크게 상승하길 바랍니다. 그러나 액면을 분할한다면 이 점에서 불리해진다는 건 불 보듯 뻔합니다.

몇 달 전 〈비즈니스 위크〉에 주식 회전율을 집계한 표가 실렸는데요. 버크셔의 회전율은 3%였고, 목록에 있는 다른 회사들은 모두 두 자릿수 이상이었습니다. 그만큼 다른 회사 주주들은 단기적 기대를 안고 자주 들락날락합니다. 버크셔 주식은 누구나 매수할 수 있는 공모주이지만, 동업자 같은 주주들이 모이길 바랐습니다. 현재 투자 세계의 진입 장벽은 그리 높지 않습니다. 2만 5,000달러나 5만 달러로도 투자할 기회가 많죠. 지금과 목표나 기대치가 다른 주주 기반이 형성되기 시작하면 그들을 쫓아낼 수 없을 것입니다. 버크셔는 지금의 주주 기반을 유지할 수는 있지만, 어떤 이유로든 일단 해체하고 다시 모집하면 주주 기반은 완전히 달라져 버릴 것입니다. 어떤 사람들을 주주로 두느냐는 우리에게 중요합니다. 훌륭한 주주층은 우리의 경영에 도움이 될 뿐 아니라, 때로는 인수 시장에서 양질의 기업을 유인하는 데도 도움이 됩니다.

2004 총회 (02:59:00)

버핏: 우리는 주식 분할을 완강히 반대하지는 않습니다. 주식 분할을 하는 회사가 나쁘다는 것도 아니고요. 우리 주주들은 버크셔의 방향에 공감하며 장기적 안목으로 버크셔와 한배를 타고 있습니다. 또 자기 선택 과정을 거쳐 형성되었죠. 단지 주가가 수천 달러라는 이유로 특정 주식에 관심 없다는 사람들은 장기 지향적이지 않습니다. 우리 경영 방침에도 맞지 않고요. 우리는 지금의 주주 집단이 좋습니다. 주당 9만 달러가 아닌 9달러였으면 좋겠다고 생각하는 주주는 원하지 않습니다.

멍거: 현대 학계에서 흔히 가르치는 '보통주의 유동성이 자본주의에 크게 기여한다'라는 말은 대부분 헛소리입니다. 미국의 GNP는 보통주 시장의 유동성이 높아지기 훨씬 전부터 매우 높은 성장률을 보였습니다. 사람들이 왜 그런 오해를 품기 시작했는지 모르겠습니다. 유동성은 엄청난 호황을 일으키기도 하지만, 장점만큼이나 단점도 많습니다. 영국은 남해포말 사태(노예 무역에 관한 특권을 가졌던 남해회사로 인해 발생한 거품경제 현상) 이후 수십 년 동안 공모주 거래를 금지했습니다. 기업의

광범위한 공모주 발행을 완전히 불법화한 뒤에도 영국은 무탈히 잘 돌아갔습니다. 따라서 유동성이 문명에 크게 기여한다면 상대적으로 비유동적인 미국의 모든 부동산은 제대로 발전하지 못했다고 봐야 할 겁니다.

회계 처리

1995 총회 (00:27:35)

버핏: 어떤 회사들은 회계 처리 때문에 현금이든 우선주든, 거래에서 내주고 받는 대가에 신경을 씁니다. 하지만 그런 건 우리에게 전혀 중요하지 않습니다. 그러잖아도 우리 현명한 주주들은 우리가 하는 거래가 채산성이 있다는 걸 충분히 이해합니다. 우리는 회계를 어떻게 구성하고, 감가상각을 어떻게 처리할지 등에는 전혀 신경 쓰지 않습니다. 우리는 우리와 매각자 양쪽에 가장 합리적인 거래 방식을 취한 후, 그 거래의 회계상 특이점을 주주들에게 설명합니다. 이것이 우리 회사가 다른 회사와 다른 점일 것입니다. 때로 이 차이점은 거래 성사에도 유리하게 작용합니다.

8부
능력 범위
Circle of Competence

"능력 범위를 아는 건 큰 장점이다.
그리고 자신의 범위를 모르는 능력은 능력이 아니다."

"우리는 성식한 성수가 넓고 견고한 해자를 관리하는 기업을 찾는다."

"우리는 이해하지 못하는 회사에 투자하지 않는다.
만약 우리가 주주의 돈을 잃게 된다면, 주주 앞에 나서서
처음 생각은 이랬으나 결과는 저렇게 되어 돈을 잃었다고 설명할 것이다.
반면에 우리가 이해하지도 못하는 분야에 남의 말 듣고 투자했다가
주주의 돈을 잃는 건 원치 않는다."

"찰리와 나는 한 번만 머리를 굴리면 되는 사업과 계
속 머리를 굴려야 하는 사업을 구분하려 노력한다."

"우리는 큰 이익을 버려서라도 확실한 이익을 취하겠다."

"최선의 전략은 전문화다. 항문외과와 치과를 겸하는 의사에게
진료받고 싶은 사람은 아무도 없을 것이다."

1990년대 후반 주주총회부터 다소 분위기가 다른 질문들이 등장했다. 특히 몇몇 주주들은 (그중 일부는 유달리 강한 어조로) 주식시장에서 꾸준히 강세를 보이는 기술 기업을 버핏과 멍거가 계속 피하는 이유를 질문했다.

8부에서 살펴보겠지만, 그때마다 버핏과 멍거는 종목 선택에 대한 자신들의 신조를 재차 강조하며 자신의 능력 범위에 속하는 기업을 판별하는 기준을 제시했다. 1999년 총회에서 멍거는 기술주 투자를 끊임없이 촉구하는 주주들에게 평소와 같이 간결하고 명확하게 답했다.

"기술 기업은 우리가 이해하기 쉽지 않다. 우리는 쉬운 기업을 찾는다."

이 주제를 자세히 들여다보면 버핏과 멍거가 생각하는 능력 범위란 무엇인지 중요한 통찰력을 얻을 수 있다. 능력 범위는 단순히 종목 선정뿐 아니라 포지션 규모(아메리칸 익스프레스나 코카콜라 등의 주식을 대량 매집해 기꺼이 수십 년간 보유하는 뚝심)에도 영향을 미쳤다. 이와 관련한 버핏의 다음 발언은 핵심을 전달한다.

"우리는 '큰' 이익을 버려서라도 '확실한' 이익을 취한다."

강점 파악

2002 총회 (03:36:13)

버핏: 자신의 능력에 의심이 드는 순간이 찾아온다면, 그건 내 능력 밖의 일이라는 뜻입니다. 코카콜라 및 보틀링 파트너, 맥도날드, 월마트, 코스트코 같은 기업은 대개 사람들이 그 가치까지 평가하진 못해도 친숙하게 생각합니다. 하지만 세상에는 자신이 잘 모르는 기업도 많죠. 친구가 매수해서 혹은 모두가 큰돈을 벌 수 있는 종목이라고 해서 투자하려는데, 당신이 그 회사를 잘 아는지 확신할 수 없다면 이해하지 못하는 것입니다. 조심조심 선을 따라 걷기보다 선 안으로 들어갈 때 더 많은 기회를 찾을 수 있습니다. 강점이 많지 않아도 괜찮습니다. 제 능력 범위도 꽤 작지만 몇몇 기회만 찾으면 되니 저로서는 충분합니다.

멍거: 당신이 무엇을 잘 아는지, 그 능력의 범위가 어디까지인지는 반자동으로 감이 옵니다. 범위를 모른다면 그건 처음부터 당신의 능력이 아니었다는 뜻입니다. 여러분도 각자 남들보다 자신 있는 분야를 알 수 있습니다. 반대로 자신이 잘 모르는 분야가 있다는 것도 알겠죠. 아무런 훈련 없이 체스 챔피언인 보비 피셔와 체스를 두거나 공중곡예 묘기를 펼칠 필요는 없습니다. 자신이 무엇을 얼마나 잘하는지, 그 범위를 얼마나 더 확장하고 싶은지는 스스로 잘 알 것입니다. 방법은 연습과 노력입니다.

2019 총회 (03:13:35)

버핏: 요즘은 제가 사업을 시작했을 때보다 훨씬 경쟁이 치열해졌습니다. 옛날에는 《무디스 매뉴얼》을 한 장씩 넘기며 모든 회사를 직접 눈으

로 확인하면서 어떤 회사를 고를지 고민했죠. 정말 손에 잡히는 대로 읽었습니다. 최대한 많은 회사를 눈에 담으려 노력하고, 제가 어떤 회사를 정말 잘 알며 그들이 경쟁사와 어떻게 다른지 파악했죠. 또 제가 어떤 회사들을 이해하지 못하는지도 파악했습니다. 최대한 넓은 전문 분야를 갖는 데 집중하고, 동시에 그 범위가 어디까지인지 현실적으로 바라보려 노력했습니다.

저는 1951년 1월에 로리머 데이비슨을 만나고 나서야 보험을 이해할 수 있겠다는 생각이 들었습니다. 서너 시간 대화하는 동안 그의 말에 무척 공감했습니다. 그 후 보험을 깊이 파고들었더니 나름 지식이 생겼습니다. 보험에 대해서는 제 머리가 잘 돌아갔으니, 적성이 맞았나 봅니다. 반면 소매업에는 자신이 없었습니다. 찰리가 일했던 식료품점에서 일한 경험이 전부였고, 우리 둘 다 소매업에 대해 별로 배우지 못했습니다. 다만 생각보다 무척 힘들다는 건 알겠더군요. 단순 반복 노동인 데다가 요새는 경쟁도 훨씬 더 치열해졌습니다. 하지만 비교적 작은 분야에 집중하고 너무 자주 매매하려는 충동을 참을 수 있다면, 그저 승산이 크게 오를 때까지 기다리면 됩니다. 전 여전히 제 일을 즐깁니다. 예전보다 녹록하진 않지만요.

멍거: 최선의 전략은 전문화입니다. 항문외과와 치과를 겸하는 의사에게 진료받고 싶은 사람은 아무도 없을 겁니다. 일반적인 성공 법칙은 좁은 범위로 전문화하는 것입니다. 워런과 저는 전문화 대신 일반화를 택했지만, 다른 사람들에게도 우리처럼 하라고 권할 순 없을 것 같습니다.

버핏: 그렇습니다. 우리는 옛날에 남보다 보물찾기를 조금 더 열심히 한 덕에 보물을 쉽게 찾을 수 있었죠.

멍거: 우리는 성공했지만 운이 좋았죠. 일반적인 방식을 따르진 않았

으니까요.

버핏: 제가 가장 잘 이해한 사업은 보험으로, 경쟁자도 거의 없었습니다. 한번은 펜실베이니아주 해리스버그에 보험사들을 살펴보러 갔습니다. 당시에는 인터넷이 없었으니 정보를 얻으려면 발로 뛰어야 했죠. 들어가서 회사에 관해 질문하니, 직원이 자기 회사에 대해 물어보는 사람은 제가 처음이라더군요. 그때는 회사 수도 많지 않았습니다. 저는 S&P 서고에도 가서 궁금한 건 다 찾아봤습니다. 주변에 저 같은 사람이 아무도 없어서 많은 책상을 독차지하며 자료들을 펼쳐 놓았습니다. 요즘보다 경쟁이 훨씬 덜한 환경이었죠. 한 우물만 잘 파도 언젠가는 우위를 점할 수 있습니다. IBM 회장 겸 CEO 토머스 J. 왓슨^{Thomas J. Watson}은 "나는 천재가 아니지만, 내 영역에는 능숙하고 그것에 집중한다"라고 말했죠. 찰리와 저도 그러려고 노력하고, 여러분도 할 수 있습니다.

멍거: 우린 여러 우물을 파고도 성공하는 그 어려운 걸 해냈습니다.

버핏: 그만큼 실패의 쓴맛도 여러 번 봤죠.

변화 예측

1996 총회 (03:27:03)

멍거: 자신이 이해한다고 생각하는 종목이 매력적이라면, 거기에 투자하면 됩니다. 우리도 우리의 빈약한 재능에 맞는 회사를 찾지 못했다면 화이자와 MS에 투자했을지 모릅니다. 하지만 결과적으로 우리는 그들에 눈을 돌릴 필요가 전혀 없었습니다. 그들을 무시하는 건 아닙니다. 제약주나 기술주는 우리보다 그 방면에 훤한 사람들이 좋은 투자 기회

를 찾을 것입니다.

버핏: 변화는 우리에게 불리하게 작용할 가능성이 큽니다. 우리에게는 변화가 어디로 이어질지 예측할 능력도 없고요. 그래도 변화에 영향받지 않는 회사를 찾을 능력은 있다고 생각합니다. 면도날 기술이 점점 더 발전하는 만큼 질레트 제품은 10~20년 후 더 개선될 것입니다. 질레트는 다른 어떤 회사보다 훨씬 많은 연구 개발비를 투자할 것입니다. 그들은 이미 유통 시스템과 소비자의 신뢰를 갖추고 있습니다. 따라서 질레트가 제품을 출시하고 "남자들이 눈여겨봐야 할 제품"이라고 말하면 남자들의 눈길이 쏠립니다. 몇 년 전 여성들에게 면도기 시장에 주목하라고 말했을 때도 마찬가지였죠. 다른 회사라면 그만한 신뢰를 얻기 힘들었을 겁니다. 하지만 질레트는 면도기 분야에서 높은 신뢰를 자랑합니다. 이런 자산은 저절로 쌓이지 않고 쉽게 파괴되지도 않습니다.

우리는 10~20년 후 청량음료 산업, 면도기 산업, 사탕 산업이 어떤 모습일지 대략 머릿속에 그릴 수 있습니다. 반면에 MS는 최고의 경영진이 운영하는 놀라운 기업이지만, 우리는 10~20년 후 그쪽 업계가 어찌 될지 전혀 모릅니다. 만약 우리가 잘 모르는 분야에서 오랫동안 승승장구할 승자를 꼽는다면, 저는 빌 게이츠를 택하겠습니다. 그 외엔 누구에게도 베팅하고 싶지 않습니다. 결론적으로 우리는 스스로 미래를 판단할 수 있는 사업이 좋습니다. 월가 사람들은 기업계의 큰 변화를 좋은 기회로 간주합니다. 그러나 월가 자체의 큰 변화는 좋은 기회로 여기지 않죠. 우리에게 변화란 기회가 아니라 앞날을 종잡을 수 없게 하는 두려운 존재입니다.

사람들이 껌을 20년 전에 어떻게 씹었고, 20년 후에 어떻게 씹을지는 누구나 압니다. 껌에는 첨단기술이 필요하지 않죠. 우리가 굳이 다른 데로 눈을 돌릴 필요가 없다면 왜 모험을 하겠습니까? 단순한 것에 베팅하면 되는데 왜 모르는 것에 애써 베팅해야 할까요?

1999 총회 (04:44:41)

버핏: 인터넷 시대에 일시적 주가가 아닌 사업 자체가 훌륭히 성장할 기업을 고르기는 어렵습니다. 최상위 기업들에 자신들 아래에 있는 5~10위 정도 기업 중 6~7년 후 2억 달러의 이익을 낼 기업을 예측해보라고 하면 그들은 단 한 기업도 자신 있게 꼽지 못할 것입니다. 그렇다고 초기 투자자가 큰돈을 벌지 못하리란 법은 없습니다. 다음 투자자에게 팔아넘기면 되니까요. 하지만 결국 사업 자체가 성공해야 합니다. 인터넷은 세상에 큰 영향을 미칠 테고, 그 속에서 몇몇 기업은 성공할 것입니다. 하지만 우리가 기술 기업에 선뜻 투자를 결정할 수는 없습니다.

멍거: 기술 기업은 우리가 이해하기 어렵습니다. 우리는 쉬운 기업을 찾습니다.

2019 총회 (02:58:21)

버핏: 예전에는 한 지역을 독점하는 신문사나 독과점이나 마찬가지인 TV 방송국에서 해자를 찾을 수 있었습니다. 이들 가격은 광고 대비 저평가되었고, 때로 브랜드 상품 중에도 그런 저평가 종목이 목격되었습니다. 기술 기업도 해자를 구축할 수 있다면 엄청난 가치를 지닐 것입니다. 하지만 기술 업종의 해자는 제가 자신 있게 판단할 수 없었을 뿐입니다.

언제든 어떤 사업이 잘나가며 그 사업의 특성이 무엇인지 파악하기는 어렵지 않았지만, 저보다 더 잘 파악하는 사람들이 무척 많았습니다.

그래서 우리는 모르는 분야에서 승리를 욕심내지 않습니다. 테드 웨슐러나 토드 콤스처럼 특정 분야에서 찰리나 저보다 더 정통한 사람들을 고용해도 되지만, 우리의 원칙은 변함없습니다. 오래된 일부 회사들은 해자를 잃었고 미래에 엄청난 가치의 해자를 자랑하는 회사들이 또 나타날 겁니다. 종종 그런 회사들을 찾게 된다면 좋겠습니다만, 우리는 스스로 아는 범위 내에서 계속 나아가려 합니다.

물론 잘 아는 분야에서도 실수할 수 있습니다. 하지만 우리는 남의 권유로 무작정 뛰어들지는 않을 것입니다. 여러분의 돈을 남의 판단에 휘둘려 운용할 순 없습니다. 남의 판단에 솔깃하는 분은 버크셔 주식을 팔고 그들 말대로 투자하면 됩니다. 우리가 특정 분야의 전문가 10명을 고용한다면, 더 나은 투자 결과를 기대하기는커녕 큰돈을 날릴까 봐 늘 좌불안석일 것입니다.

우리는 버크셔 직원들이 최대한의 기회를 잡도록 그들의 능력 범위를 넓히는 데 최선을 다하겠습니다. 하지만 과거에도 그랬듯 앞으로도 많은 기회를 놓치겠지요. 그럼에도 가장 중요한 기준은 타율을 높일 기회를 찾는 것입니다. 설령 대박 기회를 놓치더라도 우리의 전체 타율이 높다면 괜찮습니다.

멍거: 우리에겐 아직도 넓은 해자를 두른 회사들이 많습니다. 그중에는 틈새시장에서 매우 강력한 산업 브랜드를 구축한 회사들도 있고요. 버크셔 주주들은 우리가 수익성 없는 거대한 늪에 빠졌다고 걱정할 필요가 없습니다. 하지만 우리가 신기술 쪽에서 아직 영광스러운 기록을 내지 못한 건 사실입니다. 우리도 발전하려 노력 중입니다.

기술 발전의 영향

1999 총회 (00:34:15)

멍거: 어떤 사업이 기술 발전의 희생양이 될지 예측하기 어렵습니다. 제가 어렸을 때 백화점은 일종의 독점적 우위를 누렸습니다. 전차 노선이 교차하는 도심에 위치했고, 사실상 독점적으로 신용카드를 사용할 수 있었으며, 날씨에 구애받지 않고 원스톱 쇼핑을 할 수 있었습니다. 다른 가게들에는 없는 이점이었죠. 그러나 결국 백화점은 이 세 가지 이점을 모두 잃었습니다. 그래도 많은 백화점이 그 후 수십 년간 선방했습니다. 끝내 변화를 못 이겨 망한 기업도 있고요. 우리의 블루칩 스탬프 사업(슈퍼마켓 같은 소매점이 소비자에게 쿠폰을 제공하고 그 쿠폰을 모아 원하는 경품을 받는 사업 모델)은 경제 여건의 변화로 무너졌고, 월드북 백과사전은 개인용 컴퓨터와 시디롬의 등장으로 심각한 타격을 입었습니다. 기술이 큰 위협인 건 사실이지만 예측도 쉽지 않습니다.

버핏: 오마하의 16번가와 파넘가는 예전에 전차 선로가 교차하던 곳으로, 이 지역의 노른자위였습니다. 사람들은 이곳 부동산에 50년, 100년씩 임대 계약을 맺었습니다. 전차 선로는 옮겨지지 않을 테니 최고로 안전한 입지처럼 보였죠. 문제는 전차 선로가 옮겨졌다는 겁니다. 선로를 떼어다 고철로 만들어 버렸거든요. 영원할 것만 같았는데 말입니다.

시카고의 마셜 필드Marshall Field나 뉴욕의 메이시스Macy's 같은 대형 백화점의 장점은 눈이 휘둥그레질 만큼 다양한 상품을 갖췄다는 점이었습니다. 300가지 실타래나 500가지 디자인의 웨딩드레스를 구경할 수도 있었죠. 도심에는 20만㎡(약 6만 5,000평)에 달하는 거대한 상점들과 백화점이 있었습니다. 그러다 쇼핑센터가 등장하면서 여러 매장이 하나의 상권을 형성했죠. 이제는 수십만 평 규모에 놀라울 정도로 다양한 상품을 판매하고 있습니다.

인터넷은 각 개인의 컴퓨터 속 상점이 되어 깜짝 놀랄 만큼 다양한 상품을 취급합니다. 어떤 상품들은 인터넷 판매에 잘 안 맞아 보이고, 어떤 상품들은 잘 맞습니다. 하지만 찰리의 말마따나 앞으로 어떻게 될지 정확히 예측하기는 어렵습니다. 자동차 소매업은 몇 가지 중요한 면에서, 그리고 상당 부분 인터넷의 영향을 받아 변화할 것으로 예상됩니다. 10~15년 후 지금과는 사뭇 달라져 있겠지만 정확히 어떤 모습일지는 저도 모르겠습니다.

1999 총회 (02:44:26)

버핏: 우리는 기술 분야의 모든 활동이 사회적으로는 매우 유익하다고 생각합니다. 한편 투자자로서 우리는 10~20년 후 미래를 예측할 수 있는 기업을 중점적으로 찾고 있습니다. 즉 거대한 변화의 물결에 대체로 큰 영향을 받지 않는 기업을 원합니다. 따라서 투자에 있어서 우리는 변화를 기회보다는 위협으로 간주합니다. 이는 대부분의 주식 투자자들과는 정반대의 접근 방식입니다. 하지만 우리는 몇 가지 예외를 제외하면 변화를 기회 삼아 많은 돈을 벌 수 있다고 생각하지 않습니다. 우리는 현재 수익성 좋은 우리 회사들을 보호하고 미래에 더 많은 돈을 벌기 위해서라도 세상이 변하지 않았으면 좋겠습니다.

우리는 많은 변화가 예상되는 기업은 십중팔구 건너뜁니다. 대신 10~20년 후에도 지금 모습 그대로일 것 같은 기업에는 자신 있게 접근합니다. 코카콜라는 여전히 110여 년 전과 다르지 않은 제품을 판매합니다. 기본적 유통 구조나 소비자와의 소통 방식 등도 전혀 변하지 않았죠. 50년 전 코카콜라를 분석한 결과를 지금 활용해도 손색없을 정도입니다. 우리는 이런 기업들이 편안합니다. 따라서 우리는 대박 기업들을 많이 놓쳤을지 모르지만, 어차피 그런 기업들을 선별하지도 못했을 겁니다. 바꿔 말하면 우리에겐 쪽박도 거의 없습니다. 이는 시간이 갈수록 큰 이점으로 작용합니다.

2000 총회 (00:27:23)

버핏: 우리는 기술 발전이 현재 버크셔의 자회사들에 위협이 되는지, 그렇다면 그 위협에는 어떻게 대응하며 기회는 어떻게 활용할지 끊임없이 고민해야 합니다. 우리는 뉴욕주에 있는 버펄로 뉴스라는 신문사를 소유하고 있습니다. 경영자 스탠 립시Stan Lipsey와 저는 인터넷이 버펄로 뉴스에 가하는 위협과 대응 방안, 경쟁사 동향, 신문의 현재와 미래 위치 등을 여러 시간 논의해 왔습니다. 신문업은 인터넷으로부터 심각한 위협을 받고 있습니다.

인터넷은 정말 탁월한 정보 전달 수단입니다. 우리 자회사 중에 월드북 백과사전이 있는데, 이 역시 탁월한 정보 공급원이었죠. 15년 전만 해도 백과사전은 아이들 교육뿐 아니라 저나 찰리가 어떤 정보를 찾는 최고의 도구였습니다. 하지만 제작하기까지 벌목, 제지, 제본, 인쇄를 거친 후 약 30kg짜리 택배를 UPS에 부쳐야 합니다. 한때 월드북은 400~500년 치 정보를 집대성해 사람들에게 전달하는 최고의 기술로 여겨졌습니다. 그러나 인터넷은 이러한 상황을 완전히 바꿔놓았습니다. 우리는 인터넷과 정보 통신 기술이 기업에 미치는 영향을 두 눈으로 목격했습니다. 비록 신문은 직접적 영향권에 있지 않지만, 역시 압도적인 변화의 물결에 직면해 있습니다.

우리는 〈버펄로 뉴스〉 발행 수익의 상당 부분을 보급소와 지국에 지출하고, 수송 및 인쇄 비용 등에도 사용합니다. 버펄로 주민들에게 풋볼 팀 버펄로 빌스의 일요일 경기 결과를 전하려면 나무부터 베어야 했습니다. 하지만 이제는 인터넷이 추가 비용 없이 즉시 정보를 전달합니다. 따라서 신문사는 큰 영향을 받습니다. 신문업계는 머지않아 완전히 딴판으로 변할 것입니다. 세상 사람들이 오락을 즐기고 정보를 얻는 방식이 바뀔 테니까요. 그 새로운 방식은 현재 방식보다 훨씬 비용이 저렴합니다.

멍거: 인터넷이 우리 일부 사업에 피해를 줄지 걱정되느냐고 묻는다면, 대답은 '예'입니다.

2009 총회 (02:06:25)

버핏: 현재의 경제 환경은 신문의 문제점을 더욱 키웠을 뿐 문제점의 근본 원인이 아닙니다. 우리는 이제 웬만한 신문사도 어떤 가격에든 사지 않을 겁니다. 앞으로 끝없는 적자에 시달릴 가능성이 있고, 어떤 지역 신문은 이미 그런 상황이니까요. 20~40년 전만 해도 신문은 미국인의 필수품이었습니다. 그러니 신문사는 최고의 사업이었죠. 과거 미국에는 약 1,700종의 신문이 있었는데, 20년 전만 해도 그중 약 50종은 여러 신문사가 공존하는 도시에 있었습니다. 당시 신문은 고객과 광고주 모두에게 필수품으로서 가격 결정력이 있는 상품이었죠. 하지만 이제 신문은 그 필수적 특성을 잃었습니다. 30~40년 전에는 스포츠 경기 결과나 주가, 국제 뉴스를 알고 싶을 때 신문이 가장 중요한 역할을 했습니다. 그러나 출판인 월터 애넌버그Walter Annenberg가 표현한 '필수품'으로서의 특성이 급속도로 약해지기 시작했습니다. 이제 신문은 광고주

만의 필수품이 되었습니다. 그것도 여전히 신문을 필수품으로 여기는 고객을 상대하는 광고주에게만요. 그동안 광고주가 신문에 광고를 낸 건 신문이 좋아서가 아니라, 그저 효과가 있어서였습니다. 하지만 그 효과마저도 이제는 매일 같이 쇠퇴하는 중입니다. 그리고 인터넷의 침투를 막을 길은 아무래도 없어 보입니다.

10년 전 버펄로 뉴스의 스탠 립시는 제게 수지 타산으로 볼 때 이 신문사를 팔아야 한다고 말했습니다. 저는 그 말에는 100% 동의하나 회사를 팔 수는 없다고 답했습니다. 버펄로 뉴스를 팔려 했다면 수억 달러에 팔렸을 겁니다. 하지만 완전 자회사를 매각하는 건 버크셔의 방침에 어긋나므로 우리는 절대 팔 생각이 없었습니다. 최근 몇 달간 노조들도 조금이나마 채산성을 높일 방법을 찾으려는 우리의 노력에 상당히 협조해 왔습니다. 한없이 적자만 난다든가 심각한 노조 문제에 직면하지 않는 한, 우리는 이 사업들을 계속할 것입니다. 우리는 누군가가 방법을 찾아 주길 끊임없이 기다리고 있습니다. 그러나 현재 미국에 있는 1,400여 종의 일간지를 보유한 사람 중 누구도 찾아내지 못했습니다. 안 믿는 분도 있겠지만, 저는 버펄로 뉴스가 잘 버틸 만한 위치에 있다고 생각합니다. 하지만 위기가 오기 전에 우리가 선제적 대책을 찾을지, 아니면 상황이 악화해 적자에 빠질지는 모르겠습니다. 그래도 최대한 길게 버텨 보렵니다. 비즈니스 스쿨에서 가르치는 방식과는 다르지만 이것이 우리가 버크셔를 운영하는 방식입니다.

멍거: 100% 동감입니다. 독점 신문사들은 우리 문명의 중요한 버팀목이었습니다. 광고주의 압력에 굴복하지 않았고, 비평적 영향력을 바람직하게 행사함으로써 정부를 감시하는 기능도 수행했고요. 신문의 대체물들은 신문만큼 바람직하지는 않을 것입니다. 하지만 인생이란 어

쩔 수 없습니다.

인터넷과 경쟁

2000 총회 *(03:03:34)*

멍거: 인터넷이 경쟁을 부추겨 미국 기업을 더 힘들게 만들까요? 그래서 경쟁은 더 치열해지고 기업의 자본이익률은 낮아질까요? 대답은 '예'입니다.

버핏: 저도 그렇게 생각합니다. 인터넷은 사회에 멋진 역할을 할 것입니다. 하지만 자본가들에게는 득보다 실이 클 것입니다. 인터넷은 미국 기업의 수익성을 개선하기보다 악화시킬 가능성이 더 큽니다. 기업의 효율성은 향상하겠지만, 수익성에 도움이 되지 않는 효율성만 높아질 듯합니다. 저는 이것이 인터넷의 전형적 특성이 되리라 생각합니다. 지금까지 인터넷은 미국 기업의 비생산적 자산의 가치를 높여 왔지만, 결국에는 경제 원리를 따르게 될 것입니다. 그렇게 되면 미국 기업의 총체적 가치는 이전보다 낮아질 가능성이 큽니다.

멍거: 그건 너무나 자명한데도 사람들은 잘 모릅니다.

기술주 투자

1995 총회 *(00:57:42)*

버핏: 우리는 이해하지 못하는 회사에 투자하지 않습니다. 만약 우리

가 여러분의 돈을 잃게 된다면, 여러분 앞에 나서서 처음 생각은 이랬으나 결과는 저렇게 되어 여러분의 돈을 잃었다고 설명할 것입니다. 반면에 우리가 이해하지도 못하는 분야에 남의 말만 듣고 투자했다가 여러분의 돈을 잃는 건 원치 않습니다. 그래서 우리는 기술주에 투자하지 않겠지만 벤저민 그레이엄의 원칙은 첨단기술 기업에 적용해도 완벽히 타당하다고 생각합니다. 우리가 잘 모를 뿐이지 남들에게 투자하지 말란 것은 아닙니다.

빌 게이츠도 자신이 잘 이해하는 기업에 투자하지 않을까요? 그가 이해하는 기업을 저는 이해하지 못하겠지만, 접근법은 비슷하죠. 제가 코카콜라나 질레트를 이해하듯 그도 여러 기술 기업들을 명확히 이해할 겁니다. 이해가 끝나면 행동에 옮기기 전에 저와 비슷한 기준을 적용하겠죠. 첨단기술 기업에는 더 많은 위험이 따르기 때문에 그의 안전마진 원칙이 저와 좀 다를 수 있지만, 그에게도 산술적 손실 위험을 감안한 안전마진 원칙이 있을 겁니다. 또한 저처럼 주식이 아닌 기업 지체를 볼 테고, 빌려서 투자하지도 않을 것이며, 여러 원칙을 적용할 겁니다. 하지만 찰리와 저의 능력이 크게 확장될 것 같지는 않습니다. 현재 우리의 능력 범위는 괜찮은 편입니다. 만약 우리가 잘 아는 것에서 기회를 못 찾더라도 새로운 분야에 도전하는 대신 기다릴 겁니다. 그게 우리의 방식입니다.

멍거: 우리는 복잡한 사업을 더 잘 이해했던 젊은 시절에도 낙제했으므로, 굳이 이 나이에 재도전하고 싶지도 않습니다.

버핏: 자신이 이해하고 확신하는 기업을 골라낼 줄 알아야 합니다. 당신이 MS와 인텔을 이해했다면 그다음에 할 일은 평가입니다. 그 기업의 주가가 적정하고 전망이 밝다고 판단한다면 매우 좋은 결과를 얻을

것입니다. 하지만 찰리와 제가 가치를 평가하기 어려운 기업들도 무수합니다. 그래도 괜찮습니다. 누구든 세상의 모든 기업을 이해할 수는 없으니까요. 제가 어떤 기업을 '이해'한다는 건 10년 후 그 기업의 모습이 대략 상상이 간다는 뜻입니다. 저는 6~8개 정도의 소수 기업만 확신하면 충분합니다.

우리가 복잡한 기술업에 대해서도 통찰력이 있었다면 주주 여러분에게 더 도움이 됐을 겁니다. 기술업계에는 훨씬 더 많은 돈을 벌 기회가 있었고, 또 성장세로 보건대 앞으로도 그럴 테니까요. 저는 기술업계 경영자 중 인텔의 앤디 그로브Andy Grove나 MS의 빌 게이츠가 최고라고 생각합니다. 그들은 자기 영역에서 뛰어난 역할을 해내고 있습니다. 하지만 저는 질레트나 코카콜라만큼 기술업에 훤하지 못합니다. 여러분은 배경이나 관심사 등의 이유로 기술업을 코카콜라나 질레트보다 더 잘 이해할 수도 있지만, 저는 그렇지 않습니다. 따라서 저는 제가 진정 이해할 수 있는 것에 집중하렵니다. 제가 모르는 다른 분야에 더 많은 돈을 벌 기회가 있다면, 그 분야를 잘 아는 사람들은 돈을 벌 자격이 있습니다.

인텔의 공동 창립자인 밥 노이스Bob Noyce는 아이오와주 그리넬 출신입니다. 제가 1960년대 후반 그리넬 대학교 이사회에 합류할 당시 그는 그곳 이사회 의장이었는데요. 그가 페어차일드Fairchild(트랜지스터 및 회로 제조업체)를 떠나 고든 무어Gordon Moore와 함께 인텔을 설립했을 때, 그리넬 대학교는 인텔의 초기 자금에 쓰일 사모 발행 주식의 10%를 매수했습니다. 밥은 상대에게 위험과 기회를 모두 솔직히 알려 줄 만한 실용주의자였습니다. 모든 면에서 정직했죠. 다시 말씀드리지만 우리는 그리넬 대학교에서 최초 주식 10%를 매수했습니다. 그러나 누구라곤 밝히지 않겠습니다만, 투자 위원회를 운영하던 한 천재가 몇 년 후 그것을 팔았습니다(실은 워런이었다). 그 주식의 가치가 지금 얼마인지 모르시는 분은 없을 겁니다. 1980년대 중반, 인텔은 의존하던 제품이 성장을 멈추면서 완전히 변모했습니다.

앤디 그로브는 명저 《편집광만이 살아남는다》에서 인텔의 전략적 변곡점을 설명합니다. 정말 좋은 책이니 일독을 권합니다. 인텔은 앤디 그로브 같은 비범한 인물이 있었기에 대변신할 수 있었습니다. 하지만 그런 예는 드물며 대부분의 기업은 쇠퇴합니다. 그리고 우리는 그런 기업에 투자하고 싶지 않습니다. 인텔은 궤도를 이탈할 수 있었고, 거의 그럴 뻔 했습니다. IBM은 인텔 지분을 상당히 보유하다가 1980년대 중반에 매각했습니다. 결과적으로 인텔에 대해 알 만큼 알 법한 사람도 미래를 내다보지 못한 셈이죠. 기술 분야를 잘 모르는 저는 이 산업에 투자해 돈을 벌기 어렵지만, 기술 분야를 잘 아는 사람들은 많은 돈을 벌 수 있을 겁니다. 어떤 사업을 이해하지 못하는 건 괜찮습니다. 그보다 어떤 사업을 이해하는 줄 알았으나 실은 그렇지 않은 경우가 문제죠.

1998 총회 (01:57:51)

버핏: 저는 앤디 그로브와 빌 게이츠를 존경해 왔습니다. 그 존경심이 투자 수익으로도 이어졌다면 좋았을 텐데 말입니다. 하지만 사실 저는 10년 후 세상이 어떻게 될지 모릅니다. 저보다 많이 아는 사람들과 같은 게임에서 뛰고 싶지도 않습니다. 내년 한 해를 기술 공부로만 보낸다 해도 저는 기술 분야에서 미국에서 100번째, 1,000번째, 1만 번째로도 박식한 사람이 될 수 없을 겁니다. 그건 제게 2~3m 장애물과 같아서 아무리 훈련해도 넘을 수 없습니다. 고로 누군가 기술주 투자로 떼돈을 벌

어도 저는 아쉽지 않습니다. 누군가는 코코아콩으로 엄청난 돈을 벌지 모르지만, 저는 코코아콩에 대해 아무것도 모르니까요. 세상에는 제가 모르는 분야가 정말 많습니다. 만약 찰리와 제가 1년 동안 열심히 정보를 습득하고 공부했다면 잘 아는 분야가 늘어날지 몰라도 그런 일은 없을 겁니다. 시간이 아깝거든요. 그 시간에 쉬운 공에 스윙하는 게 훨씬 낫습니다.

멍거: 여러분이 기술에 대해 얼마나 알든 저보다는 많이 아실 겁니다.

1999 총회 (03:12:34)

버핏: 저는 소프트웨어 시장에서 MS의 지배력을 예측하기보다 청량음료 시장에서 코카콜라의 지배력을 예측는 게 훨씬 쉽습니다. MS를 깎아내리는 의도가 아닙니다. 만약 제게 소프트웨어 시장에 투자하라면 MS에 베팅할 겁니다. 하지만 그럴 필요가 없죠. 저는 청량음료 시장을 더 잘 판단할 수 있으니까요. 하지만 소프트웨어에 대해 잘 아는 사람은 저보다 잘 판단할 테고, 또 그 판단과 행동이 옳다면 돈을 벌 자격이 있습니다. 저처럼 수십 년 동안 다방면의 사업을 두루 접한 사람이라면, 소프트웨어 산업이 청량음료 산업보다 예측하기 어렵다는 데 동의할 것입니다.

동시에 예측하기 어려운 만큼 잘하면 훨씬 큰 보상이 따를 수도 있습니다. 하지만 우리는 큰 이익을 버려서라도 확실한 이익을 취하겠습니다. 우리 사고방식이 그렇다는 것이지, 다른 사람들의 의사결정 능력을 폄하하는 건 아닙니다. 사람마다 이해하는 사업 분야가 다르니까요. 중요한 건 자신이 어떤 사업을 이해하고, 그 분야에서 잘할 수 있는 강점이 무언지 아는 것입니다. 한데 소프트웨어 사업은 제 강점 분야가 아닙니다.

멍거: 기술이 어디까지 발전할지 생각하는 것은 흥미롭습니다. 초음속 제트기를 예로 들어 보죠. 기술적 측면에서는 오랫동안 거의 정체 상태였습니다. 대형 보잉 여객기는 20~30년 전과 거의 달라진 게 없습니다. 그러나 요즘 많은 기업의 기술이 하루가 다르게 발전하고 사람들에게 더 많은 편의를 제공하고 있죠. 집 안에 무제한 대역폭과 수많은 옵션이 들어오면 어떤 일이 일어날지 모르겠습니다. 기술 분야는 특정 지점을 넘어서면 사람들의 관심이 과하게 쏠릴 것이라는 생각이 듭니다. 그 시점이 20년 후일지 30년 후일지는 몰라도 저는 무덤덤할 듯합니다.

버핏: 세계 제일의 부국인 미국에는 세후 이익이 연 2억 달러인 기업이 약 400곳입니다. 그중 350곳 정도는 아마 다들 이름을 아는 기업일 겁니다. 5년 후에는 400곳에서 450~475곳 정도로 늘어날 테고, 그중 상당수는 현재 1억 5,000만~2억 달러의 이익을 내고 있을 겁니다. 그러니 20곳 정도는 갑자기 떠오른 신생 기업이겠죠. 그런데 앞으로 2억 달러 이상의 이익을 낼 것으로 기대되는 기업들을 살펴보면, 수십 곳이 첨단기술 기업입니다. 그중 상당수가 나중에 세간의 기대에 부응하지 못할 것입니다. 어떤 기업들인지 꼽을 순 없지만, 연간 수억 달러를 못 벌 기업들이 많다는 건 압니다. 그만큼 현재 많은 기업이 고평가되어 있습니다.

몇 년 전만 해도 생명공학 분야가 유행이었습니다. 지금 그중 연 2억 달러를 버는 생명공학 기업이 몇 군데나 될까요? 거의 없습니다. 자본주의 사회에서 큰돈을 버는 기업은 손에 꼽을 정도입니다. 기업은 늘 경쟁자를 관찰하며 더 나은 방법을 찾고, 가격을 낮추거나 더 우수한 제품을 내놓는 식으로 살길을 모색합니다. 그러나 몇몇 회사만이 성공합니다. 미국에서는 수십 년간 눈부신 경제 발전 끝에 시가총액 30억 달러를 달성한 회사가 약 400곳에 달합니다. 그런데 어떤 회사들은 상장 당일에 시가총액 30억 달러를 달성합니다. 이 모든 결과가 어떻게 나오는지는 직접 계산해 보시죠.

2006 총회 (01:03:38)

버핏: 찰리와 저는 다양한 기업을 평가할 능력이 있지만, 그 범위 밖에도 무수한 기업이 있습니다. 개중에는 대부분이 평가하지 못할 기업도 있을 겁니다. 미래가 현재와 크게 다를 가능성이 높은 기업을 훌륭히 꿰뚫어 볼 사람은 많지 않을 테고, 우리도 마찬가지입니다. 5~10년 후에도 지금과 비슷할 것 같은 기업이 우리의 전문 분야입니다.

극적인 변화가 불가피한 사업은 많습니다. 예를 들어 통신업이 지난 15~20년 동안 얼마나 변했는지 생각하면 참 놀라울 따름입니다. 지금 그때로 돌아간다 해도 누가 승자가 될지 예측하기는 어려웠을 것 같습니다. 이처럼 어떤 분야는 특히 더 어렵습니다. 찰리는 우리 회사에 진입, 포기, 판단 불가라는 세 가지 서류함이 있다고 말합니다. 결국 대다수가 '판단 불가'로 분류되지만 괜찮습니다. 모든 걸 잘할 필요는 없으니까요.

멍거: 작년에 외신 기자 한 명이 우리를 조심스레 바라보더니 "업적에 비해 똑똑해 보이는 인상은 아닌데, 성공 투자의 비결이 뭔가요?"라고 질문하더군요. 그래서 우리는 남들보다 잘하는 게 무엇인지를 잘 아는 게 비결이라고 답했습니다. 능력 범위를 아는 건 큰 장점입니다. 그리고 자신의 강점을 모른다면 능력이 없는 것입니다.

2011 총회 (01:00:07)

버핏: 그럴 일은 없겠지만, 제가 정말 기술 분야에 해박한 전문가가 된다면 참 근사할 것 같습니다. 기술 영역은 앞으로 엄청나게 넓어질 겁니다. 소수의 거대한 승자가 몇몇 탄생할 테고, 그보다 훨씬 많은 패자가 생성되겠죠. 그래서 기술 기업의 승자 예측은 예컨대 가격이 모두 동일한 대형 석유 대기업들 사이에서의 승자 예측과는 비교할 수 없을 정도로 큰 차이가 날 것입니다. 셰브론, 엑슨모빌, 콘티넨탈 리소스, 옥시덴탈 등을 비교해 봤자 다들 비등비등합니다. 하지만 앞으로 기술 대기업 간의 성과 격차는 크게 벌어질 가능성이 큽니다. 만약 제게 기술 대기업의 승자를 예측할 능력이 있다면 석유 대기업의 승자를 예측할 때보다 훨씬 좋은 성과를 낼 것 같습니다.

멍거: 그럴 능력이 있었다면 진작에 도전하고도 남았겠죠. 그래도 우리에게 없는 능력을 지닌 다른 사람을 찾는 안목은 생긴 것 같습니다. 그동안 영 늘지 않더니 최근에는 좀 발전했지요.

2012 총회 (03:03:43)

버핏: 구글과 애플은 둘 다 거대 기업이며 대단한 회사입니다. 돈도 많이 벌고, 자본이익률도 엄청납니다. 그들이 강점을 보이는 영역에서 그들을 당할 자는 없어 보입니다. 10년 후 두 회사의 가치가 훨씬 더 높아지리란 건 틀림없겠지만 저는 두 회사 중 어디에도 투자하고 싶지 않습니다. 투자할 만큼 확신이 서지 않기 때문이죠. 하지만 공매도도 절대 하지 않을 겁니다.

멍거: 우리보다 구글과 애플을 잘 아는 사람들은 차고 넘칩니다. 이 두 기업은 우리 전문 분야의 반대쪽에 있죠. 굳이 구글과 애플을 이해하려

애쓰기보다는 IBM을 이해하는 게 더 마음 편할 듯합니다.

버핏: 적어도 우리에게는 IBM이 구글이나 애플보다 훨씬 이해하기 쉽습니다. 그렇다고 IBM이 구글과 애플보다 훨씬 유망하다는 뜻은 아닙니다. 하지만 우리는 10년 전 애플이 어떻게 될지 예측하지 못했을 겁니다. 그리고 앞으로 10년 동안 어떻게 될지도 예측하기 어렵습니다. 애플은 기발한 제품들을 만들어냈고, 그 외에도 기발한 제품들을 개발하려 노력하는 기업이 많습니다. 하지만 대기업이든 스타트업이든 저는 최근 몇 년 동안 세상을 바꿀 것으로 기대되는 기업들의 가치를 어떻게 평가해야 할지 모르겠습니다.

2013 총회 (02:45:23)

멍거: 우리는 BNSF(벌링턴 노던 산타페 철도)가 15년 후에도 경쟁우위를 유지하리라 믿어 의심치 않습니다. 하지만 애플은 우리에게 너무 어려워서, 재무제표가 어떻게 나오든 확신할 수 없습니다.

2017 총회 (00:50:49)

버핏: 저는 IBM과 애플을 다르게 봅니다. 6년 전 IBM 주식을 사기 시작했을 때는 앞으로 몇 년 안에 더 잘 될 것이라 기대했죠. 하지만 애플은 사업 분야가 완전히 다릅니다. 그들은 소비자 행동이나 해자 등의 측면에서 소비재 사업에 훨씬 더 가깝습니다. 애플 제품이 온갖 기술의 집합체인 건 분명하죠. 하지만 애플의 잠재 고객과 IBM의 잠재 고객의 행동을 예측하려면 서로 다르게 분석해야 합니다. 그렇다고 우리 분석이 옳다는 보장도 없습니다. 그건 시간이 지나 봐야 알겠죠. 다만 IBM과 애플은 다른 각도로 접근해야 합니다. 제 IBM 투자는 실패했습니다. 애

플에 투자한 결과는 나중에 알 수 있을 겁니다. 하지만 두 기업은 사과 대 사과도 아니고, 사과 대 오렌지도 아닙니다. 그 중간쯤의 관계라고나 할까요.

멍거: 우리는 기술 분야에 약해서 기술주 투자를 피했습니다. 우리보다 고수가 많은 영역에는 발을 담그지 않는 게 좋다고 생각합니다. 하지만 돌이켜 보건대 기술 분야에서 우리가 저지른 최악의 실수는 구글입니다. 구글은 충분히 놓치지 않을 수 있었기 때문이죠. 초창기에 구글 애즈는 다른 어떤 광고보다 훨씬 효과적이었습니다. 그 점에서 여러분을 실망시켰습니다. 구글 광고의 효과를 충분히 확인하고도 가만있었으니까요.

버핏: 가이코는 초기부터 구글 애즈의 고객이었습니다. 제 기억으로 클릭당 10~11달러 정도 지불했을 겁니다. 광고 신청 기업이 별다른 비용을 들이지 않고 고객 반응당 10~11달러를 지불하는 건 좋은 사업이죠. 게다가 우리는 그 광고의 효과를 직접 목격했습니다. 이는 구글 창립자들도 알고 있었습니다. 그들은 우리를 찾아와 상장을 위한 투자 설명서를 기획할 때 버크셔의 투자 설명서를 참고했다고 밝혔죠. 충분히 질문하고 연구할 수 있었는데 그러지 못했습니다.

멍거: 월마트도 기회를 날렸습니다. 그들의 가능성을 훤히 알아보고도 가만있었죠.

버핏: 다양한 기술 분야에서 승자 예측은 어렵습니다. 예를 들어 클라우드 서비스 분야의 가격 경쟁이 얼마나 치열해질지 예측하기 힘들죠. 이런 가운데 아마존의 제프 베이조스는 혼자 소매업과 클라우드 서비스라는 전혀 다른 두 산업에서 엄청난 수익을 창출하는 기술을 마련했으니 정말 대단합니다. 밑바닥에서 시작하고도 자본과 모든 것을 가진

경쟁자들과 맞붙어 승리했죠. 인텔의 앤디 그로브는 "만약 경쟁사 중 하나를 없앨 수 있는 은제 탄환이 있다면 누구를 선택하겠냐"는 질문을 던지곤 했습니다. 많은 사람이 그 은제 탄환을 베이조스에게 겨누고 싶을 겁니다. 베이조스는 경쟁사들이 가장 두려워하는 두 기업을 단순히 출자한 것을 넘어 현실화했다는 점에서 대단한 업적을 이뤘습니다. 그러나 우리는 기회를 완전히 놓쳤습니다. 아마존 주식을 한 번도 사 보지 못했어요.

2017 총회 (03:51:02)

버핏: 저는 IBM에 거액을 투자했으나 결과가 신통찮았습니다. 손실을 본 건 아니지만, 그동안의 강세장에 비하면 실망스러웠습니다. 최근에는 애플의 지분을 대거 매수했습니다. 저는 애플 제품이 경제적 특성상 소비재에 가깝다고 생각합니다. 그래도 애플은 제품의 기능으로 보나, 후발 기업의 진입장벽으로 보나, 거대 기술 기업인 건 사실이죠. 우리의 투자 결과가 애플에서만큼은 좋지 않을까 싶네요. 한번 두고 봅시다.

저는 기계에 열광하는 15살짜리 소년과 기술 지식을 겨루고 싶지 않습니다. 그래도 소비자 행동에 대해서는 나름 통찰력을 갖췄다고 생각합니다. 소비자 행동에 대한 다양한 정보를 수집하고 연구하면 미래의 소비자 행동을 추론할 수 있죠. 하지만 주식 투자에서 몇 가지 실수를 저지를 것입니다. 그간 기술주 이외의 종목에서도 그랬듯이요. 10할 타율을 기록할 수는 없죠. 게다가 저는 태어난 이래 기술 분야에서 제대로 된 지식을 쌓은 적이 없습니다.

멍거: 워런이 애플을 샀다는 건 좋은 징조라고 생각합니다. 이는 두 가지 중 하나를 방증하겠죠. 그가 미쳤든지, 아니면 여전히 배우고 있든지

요. 저는 후자라고 믿고 싶습니다.

버핏: 저도 그렇게 생각합니다.

2018 총회 (04:49:13)

버핏: 우리는 기술주 투자를 고민하기보다 기업이 가진 경쟁우위의 지속 가능성, 그리고 그 가능성을 평가하는 우리의 관점이 남들의 관점보다 더 신빙성 있는지를 고민합니다. 저는 아마존을 처음부터 지켜봤는데, 제프 베이조스의 성과는 기적에 가깝다고 생각합니다. 문제는 제가 기적이 필요하다고 생각하는 것에는 베팅하지 않는 편이라는 것이죠. 물론 제가 몇몇 사업들에 더 통찰력이 있었다면 지금보다 훨씬 많이 벌었을 것입니다. 사실 빌 게이츠는 일찍이 제게 구글에 관해 이야기했습니다. 한술 더 떠 저는 구글이 지금은 사라진 검색 엔진 알타비스타Alta-Vista를 뛰어넘는 것을 보았고, 그런 구글을 뛰어넘을 자가 있을지 의문이 든 적도 있었습니다. 또 가이코가 광고비로 구글에 큰돈을 지불하는 동안 구글 광고는 추가 비용이 전혀 들지 않는다는 것도 알게 되었죠. 주가 대비 전망이 훨씬 더 좋다고 생각하고도 실행에 옮기지 못한 건 제 실수였습니다.

제가 애플에 투자한 건 기술주라는 이유에서가 아니었습니다. 자본을 현명하게 활용할 줄 아는 기업이고, 더 중요하게는 한 생태계로서 그들의 가치와 존속성, 위협요인 등을 종합적으로 고려해서였습니다. 아이폰을 분해해서 모든 부품을 살펴볼 필요는 없었습니다. 그보다 소비자 행동의 특징이 더 중요했죠.

개중에는 유독 굳세어 보이는 기업들이 있습니다. 하지만 제가 그들을 충분히 이해하지 못하는 이상 많은 기회를 놓치게 될 겁니다. 그래도 스트라이크 존에 들어온 공에 스윙하지 않는 건 잘못이 아닙니다. 결국 마음에 드는 공이 올 때 스윙하면 되니까요. 우리는 앞으로도 우리 능력 안에 머물 생각입니다. 찰리와 저는 그 범위가 어디까지인지, 어떤 상황에서 우리의 추론이나 경험이 빛을 발하는지, 어떤 분야를 남들과 다르게 평가할 수 있는지에 대해 대체로 의견이 일치합니다. 하지만 그만큼 많은 것을 놓치게 되리란 건 어쩔 수 없는 현실이죠.

멍거: 워런과 저는 환상의 복식조입니다. 우리 중 한 명이 어떤 분야에 약하면 다른 한 명도 마찬가지죠. 또 우리는 당연히 첨단기술 전문가가 될 이상적인 인구 집단에 속하지도 않습니다. 우리 연배에 구글을 금방 통달한 사람이 얼마나 될까요? 저는 구글 본사에 가 본 적이 있는데 유치원처럼 생겼더군요.

버핏: 초호화 유치원이죠. 구글이 이룩한 성과는 정말 놀랍습니다. 우리는 구글 상장 당시 그들에게 거액의 가이코 광고료를 지불하고 있었습니다. 에릭 슈미트Eric Schmidt, 래리 페이지Larry Page, 세르게이 브린Sergey Brin 삼인방이 찾아온 적도 있습니다. 그들은 저와 상장 과정과 방법 등에 관해 이야기 나누고 싶어 했죠. 저는 그들이 무슨 사업을 하는지보다는 앞으로 얼마나 많은 경쟁자가 뒤따르고 얼마나 힘을 발휘할지, 그리고 한 회사가 독점하는 가운데 네다섯 업체들이 출혈경쟁에 빠질 것인지 등이 아리송했습니다. 결국 구글을 몰라보는 잘못된 결정을 내렸죠.

아마존의 업적도 경이롭습니다. 거액의 자본 없이도 빠르고 효과적으로 온오프라인을 동시에 정복하다니 말이죠. 저는 제프를 처음 만났을 때 그의 능력을 매우 높이 평가했습니다. 그러나 제프라는 인물은 과소평가했습니다.

멍거: 주주 여러분이 다행히 여겨야 할 점이 하나 있습니다. 본사의 고령화로 인한 의사 결정력의 한계는 토드와 테드가 합류하면서 다소 해소되었습니다. 이제 우리도 젊은 피가 수혈된 거죠. 그들은 개인적 투자 역량 외에도 많은 능력을 발휘해 왔습니다. 그들이 있어서 정말 다행입니다. 우리 같은 옛날 사람은 모르는 게 많으니까요.

2021 총회 (00:43:04)

버핏: 이상적 기업은 자본이 거의 들지 않으면서 크게 성장하는 기업입니다. 애플, 구글, 마이크로소프트, 페이스북Facebook이 훌륭한 사례입니다. 버크셔는 1,700억 달러의 자산을 보유한 반면, 애플은 370억 달러 규모의 자산, 공장, 설비 등을 보유하고 있습니다. 그래도 애플이 우리보다 훨씬 많은 돈을 벌 것입니다. 애플과 MS, 구글은 우리보다 훨씬 나은 기업입니다. 우리는 1972년 시즈캔디를 통해 비슷한 깨달음을 얻었습니다. 시즈캔디는 그다지 많은 자본을 소모하지 않습니다. 제조 공장이 몇 개 있지만, 계절적 비수기를 제외하면 재고를 별로 남기지 않고 매출채권도 많지 않습니다. 이런 기업들은 가장 좋은 사업일 뿐 아니라 가격 결정력도 강합니다. 그러나 이런 기업은 흔치 않고 항상 그 상태를 유지하는 것도 아닙니다. 그래서 우리는 끊임없이 새 후보를 찾아야 합니다.

우리에겐 꽤 괜찮은 자회사들이 몇몇 있지만, 기술 대기업은 없습니다. 하지만 결국 자본을 투입해 이윤을 얻는 것이 중요하며, 바로 그게 자본주의의 핵심입니다. 또 그 과정에서 너무 많은 자본을 잡아먹지 않아야 합니다. 공익사업처럼 엄청난 자본을 투입해야 하는 사업에서는 높은 이익률을 내기가 어렵죠. 투입 자본을 넘어서는 이익은 얻을지 몰라도 구글처럼 엄청난 이익률을 기록할 순 없습니다.

통신주 투자

2003 총회 (03:22:07)

버핏: 통신회사의 가치는 어떻게 평가해야 할지 전혀 모르겠습니다. 통신회사가 하는 일을 모르는 건 아니지만, 5~10년 후 그들의 경제성 예상은 갈피를 잡을 수 없습니다. 하물며 3~4년 전 스스로 안다고 생각했던 사람들도 지금 보니 예측이 틀린 것 같습니다. 찰리는 뭐 좀 아는 게 있나요?"

멍거: 워런이 저보다는 조금 더 알죠.

버핏: 벨사우스BellSouth, 버라이즌Verizon 같은 통신기업을 예로 들어봅시다. 저는 5~10년 후 이들이 어떻게 될지 감도 못 잡겠습니다. 대신 5~20년 후에도 사람들이 리글리 껌을 씹거나 허쉬 초콜릿을 먹을 거라는 건 압니다. 질레트 면도날을 사용하고, 코카콜라도 마시겠죠. 따라서 이들 소비재의 미래 수익성이 어떠할지 어느 정도 짐작은 합니다. 그러나 통신업계가 어떻게 될지는 전혀 모릅니다. 현재 상황을 예측했다고 주장하는 사람이 있어도 저는 그 말을 못 믿겠습니다. 5년 전에 그들이 뭐라고 했는지를 기억한다면 그럴 수밖에요.

통신업은 그냥 제가 이해하지 못하는 영역입니다. 세상엔 제가 모르는 온갖 영역이 있죠. 가령 내년에 코코아콩 작황이 어떨지 저는 전혀 모릅니다. 알면 버크셔에서 온갖 사업을 운영하기보다 코코아콩에 집중 투자해서 훨씬 쉽게 돈을 벌 텐데요. 하지만 저는 제가 모르는 걸 걱정하지 않습니다. 그보다 제가 아는 것에 얼마나 확신하는지를 걱정합니다. 통신업은 제가 아는 영역이 아니고요.

어려운 예측

1998 총회 (00:08:29)

멍거: 그간 우리의 예측이 남들보다 좀 더 나았다면, 비결은 우리가 예측을 덜 했다는 것입니다.

버핏: 올림픽 다이빙은 난이도에 따라 가산점이 주어지지만, 투자에서는 그렇지 않습니다. 제대로만 해낸다면 가장 단순한 다이빙 자세로도 똑같이 좋은 수익을 얻을 수 있습니다. 우리는 2~3m 장애물을 넘어 신기록을 세우기보다 30㎝ 장애물을 넘을 기회를 노립니다. 30㎝를 뛰어넘어도 돈 버는 건 똑같습니다.

해자와 지속 가능한 경쟁우위

1995 총회 (01:51:03)

버핏: 기업이란 경제적 성곽과 같습니다. 우리는 정직한 성주가 넓고 견고한 해자를 보유한, 즉 경쟁자의 시장 진입을 방어하는 경쟁우위를 갖춘 기업을 찾습니다. 우리가 찾는 해자는 저비용 생산, 자연적인 영역 확장, 충성 고객 형성, 기술적 우위 등 어떤 것이든 될 수 있습니다.

자본주의 체제에서는 모든 해자가 공격 대상이 됩니다. 커다란 성이 있으면 사람들은 어떻게 그 성에 접근할지 궁리합니다. 우리는 왜 그 성이 여전히 건재한지, 그리고 5~20년 후 무엇이 그 성을 유지하거나 무너뜨릴지 알아내고자 합니다. 또 핵심 요인은 무엇인지, 그 요인들은 얼마나 오래갈 것이며 성주의 능력에 얼마나 의존하는지도 알아야 합니다. 그 결과 해자에 확신이 들면 성주가 그 모든 걸 독차지할지, 그가 회사 수익을 가지고 이상한 일을 벌이지는 않을지 등을 파악하려고 할 것입니다. 이것이 우리가 기업에 접근하는 방식입니다.

멍거: 워런의 말을 경제 용어로 정리해 볼까요. 성을 소유한 성주가 정직하면 대리인 비용(기업의 대리인인 경영자가 주인인 주주의 이익을 거스르는 의사결정을 함으로써 발생하는 비용, 또는 경영자가 주주보다 정보 우위에 있는 점을 이용해 자신의 이익을 높이려고 함으로써 발생하는 비용)이 절감됩니다. 그리고 미시경제학적 측면에서 기업의 우위는 규모, 즉 시장 지배력을 가리킵니다. 소매업을 예로 들면 남보다 더 저렴한 공급가에 구매하고 면적당 더 높은 매출을 올리면 엄청난 우위가 되죠. 이게 규모의 경제입니다. 지력에도 규모의 경제가 성립할 수 있어서, 성주가 남다른 지략가라면 큰 우위를 점할 수 있습니다. 결국 규모의 경제와 낮은 대리인 비용, 이 둘로 귀결됩니다.

버핏: 찰리와 저는 한 번만 머리를 굴리면 되는 사업과 계속 머리를 굴려야 하는 사업을 구분하려 노력합니다. 소매업은 항상 경쟁자의 공격을 받으므로 계속 머리를 써야 하는 사업입니다. 당신이 어떤 사업으로 성공했다면 사람들은 금세 당신 매장에 답사를 와서 비결을 캐내려 할 것입니다. 그리고 그 비결을 자기 사업에 접목하거나 어쩌면 더 개선된 방식으로 응용할 것입니다. 소매업 사업자는 마음 편할 날이 없습니다.

반면에 한 번만 머리를 쓰면 영영 혹은 적어도 장기간 두 다리 쭉 펼

수 있는 사업도 있습니다. 옛날 남부의 한 신문 사업자가 신문업으로 큰 성공을 거두자, 누군가 그에게 성공 비결을 물었습니다. 그는 독점과 족벌주의라고 답했죠. 30년 전의 대규모 TV 방송국 같았으면 경영자가 형편없더라도 (물론 좋은 경영자와 나쁜 경영자의 격차도 무시할 수 없지만) 큰돈을 벌 수 있었을 겁니다. 일단 TV 방송국을 소유하는 순간부터 방송 사업의 거의 모든 단점이 상쇄되었죠. 하지만 소매업에서는 어떤 아이디어를 개발해도 이를 경쟁우위로 지속하기 어렵습니다. 매일 정신 차리고 자기 위치를 사수해야 합니다. 가장 이상적인 기업이자 우리가 찾는 대상은 훌륭한 기업에 훌륭한 경영진이 결합한 곳입니다. 하지만 둘 중 하나만 택해야 한다면, 훌륭한 기업을 선택하십시오.

1999 총회 (04:12:34)

버핏: 해자에는 폭이 얼마고 깊이가 얼마여야 한다는 정확한 평가 공식이 없습니다. 그보다는 기업에 대한 이해가 필요합니다. 이는 학자들을 미치게 만드는 이유죠. 그들은 표준편차 같은 걸 계산할 줄 알지만 도무지 쓸모가 없거든요. 정말 중요한 건 시간이 지남에 따라 해자가 더욱 커질지 작아질지 예측하는 능력입니다.

2000 총회 (00:40:23)

버핏: 우리는 기업의 위험을 평가할 때, 그 기업이 지금 보유한 경제적 강점이 5~15년 후 파괴되거나, 변형되거나, 약화하지 않을지를 따집니다. 그런 위험이 예측 불능이거나 적어도 우리의 능력 밖이면 손을 뗍니다. 우리는 위험 회피 성향이 강합니다. 그러나 오늘 캘리포니아주에 지진이 발생할 경우 10억 달러의 손실을 입을 위험은 회피하지 않습니

다. 확률상 유리하다면 그런 위험은 문제 되지 않습니다. 하지만 그런 거래들을 복수로 취급할 때는 매우 위험 회피적입니다. 다시 말해 모든 거래에서 우리에게 확률적 우위가 있는지를 따집니다. 그렇게 평생 많은 거래가 축적되면 어느 한 거래의 결과가 어떻든 종합적 기대치는 거의 확실한 확률로 수렴됩니다.

또 우리는 투자하려는 기업이 잘못될 가능성을 생각합니다. 일단 현재 잘 돌아가는 기업들을 찾고, 찾은 후에는 앞으로 잘못될 가능성도 따져 봅니다. 잘못될 가능성이 크다고 생각되면 머릿속에서 지웁니다. 우리는 많은 위험을 감수하지 않습니다. 그래도 은연중에 실수를 하겠지만요. 아무튼 큰 변화가 예상되는 기업에 위험을 무릅쓰고 의도적, 자발적으로 뛰어들지는 않습니다.

모든 기업은 약탈자들이 호시탐탐 노리는 경제적 성곽과도 같습니다. 자본주의 사회에서는 면도날, 청량음료 등 어떤 성이든 그것을 빼앗으려는 무수한 자본가들의 눈에 둘러싸여 있죠. 그렇다면 그들의 공격을 막을 어떤 해자를 갖추느냐가 중요한데요. 예컨대 시즈캔디는 성 주위에 멋진 해자를 두르고 있습니다. 1972년 CEO가 된 척 허긴스는 이 해자를 매년 넓혀왔습니다. 그는 해자에 악어, 상어, 피라냐를 풀어 넣어 사람들이 헤엄쳐 와서 성을 공격하기 더욱 어렵게 만들었습니다. 포레스트 마스Forrest Mars는 약 20년 전 초콜릿 제조사 에델 엠Ethel M을 설립하며 해자를 구축했습니다. 그 노력에 얼마나 많은 돈을 들였을지는 생각하고 싶지도 않군요. 그는 백전노장 사업가였습니다.

우리는 해자와 해자를 지키는 능력, 그리고 그 해자의 견고성을 훌륭한 기업의 주요 기준으로 여깁니다. 우리 경영자들에게도 매년 해자를 넓히라고 당부합니다. 그렇다고 매년 전년도보다 더 큰 이익을 낸다는 법은 없지만요. 하지만 해자가 매년 넓어진다면 사업도 흥성할 것입니다. 해자가 부실하면 위험합니다. 우리가 해자를 어떻게 평가해야 할지 모르는 기업은 그냥 내버려 둡니다. 우리 자회사는 모두 좋은 해자를 가지고 있으며, 경영자들도 그 해자를 넓히고 있습니다.

성장 산업과 투자

1999 총회 (01:12:39)

버핏: 돈을 버는 것과 멋진 산업을 발견하는 것은 완전히 별개입니다. 20세기 초반 미국을 비롯해 전 세계에서 가장 중요한 두 산업은 아마 자동차와 항공기 산업이었을 겁니다. 이 두 산업은 20세기 시작 후 첫 10년간 부상했죠. 1905년쯤 자동차와 항공기가 세상에 미칠 영향에 선견지명이 있었던 사람이라면 이 두 업종으로 부를 쌓으려 생각했을지도 모릅니다. 하지만 자동차 산업에 편승해 부자가 된 사람은 극소수였습니다. 하물며 항공 산업에 투자한 사람은 더욱 적을 겁니다. 매일 수백만 명이 비행기를 타지만 항공업으로 돈을 번 사람은 매우 드뭅니다. 그동안 항공 산업에서 파산으로 손실된 자본이 얼마일지 생각해 보세요. 사업은 환상적이나, 그 안에서 기업들의 현실은 끔찍합니다. 따라서 어떤 산업의 성장 가능성과 그 산업에 참여해 돈을 벌 가능성을 동일시해서는 안 됩니다.

9부
미스터 마켓
Mr. Market

"우리에게 주식이란 신문에 실린 작고 들쭉날쭉한 차트가 아니라 기업의 일부다."

"투자는 기업의 가치를 평가하는 게 전부다. 기업의 가치를 계산하고,
그 가치보다 낮은 가격에 팔리면 매수하는 것이다."

"장수 시대인 요즘에는 부단히 배워야 한다.
과거에 알던 지식으로는 충분하지 않다.
기존 정보를 끊임없이 수정하고 개선하지 않으면
외다리로 엉덩이 차기 대회에 나간 사람과 같다."

상장 기업에 투자하는 장점은 유동성과 낮은 거래 비용이다. 안타깝게도 이 두 특징은 온라인 증권 계좌의 등장으로 최근 수십 년간 새로운 경지에 이르렀다. 그 결과 시장 참여자들은 벤저민 그레이엄의 "가장 현명한 투자는 철저히 사업적으로 접근해야 가능하다"라는 격언을 무시하게 되었다.

매일같이 거래가 이루어지는 시장에서 장기적 관점을 유지하는 것은 어려운 일이다. 미스터 마켓으로 대변되는 시장의 변덕에 침착히 대응할 수 있어야 한다. 그러려면 명확한 목적(분명한 투자 철학과 기회의 조합)과 함께 자신의 결정에 대한 근본적 근거(투자 논거)가 있어야 한다. 그러지 못하고 줏대 없이 투자하다간 곤경에 처할 것이다. 멍거의 말을 빌리자면 "조바심은 장기 성과의 적"이다.

9부에서 버핏과 멍거는 장기 투자의 성공에 지능보다 기질이 중요함을 강조한다. 버핏의 다음 설명처럼, 투자자가 미스터 마켓의 변덕에 적응하고 그의 존재 목적이 투자자에게 지시하는 게 아니라 투자자를 섬기는 것임을 깨닫는다면 더욱 효과적인 투자 전략을 세울 수 있을 것이다.

"당신이 해야 할 일은 그(미스터 마켓)가 어쩌다 한 번 적기에 적정가로 매매를 제안하거든 그의 제안을 들어주는 것뿐이다."

미스터 마켓

2012 총회 (01:27:03)

버핏: 우리는 버크셔를 47년간 운영해 왔습니다. 그동안 버크셔가 상당히 저평가되었다고 생각했던 적이 네다섯 번 있었습니다. 적어도 네 번은 주가가 거의 절반으로, 그것도 단기간에 급락하는 것을 목격했죠. 어떤 기업이든 장기간 운영하다 보면 고평가될 때도 있고 저평가될 때도 있습니다.

톰 머피는 세계에서 가장 성공한 회사 중 하나인 캐피털 시티스를 이끌었습니다. 1970년대 초 캐피털 시티스의 주식은 당시 기업 가치의 3분의 1 수준이었습니다. 버크셔도 제가 연차 보고서에 자사주를 매입하겠다고 밝힌 2000~2001년 당시 매우 저가에 팔리고 있었죠. 이처럼 가끔 황당한 가격에 팔린다는 게 주식의 매력입니다. 찰리와 저는 그 점을 이용해 부자가 되었고요. 벤저민 그레이엄은 《현명한 투자자》 8장에서 이렇게 말했습니다.

시장에는 '미스터 마켓'이라는 파트너가 있으니, 그의 매력은 마치 술 취한 조울증 환자 같다는 것입니다. 그는 시간이 지나면서 매우 이상하게 행동할 것입니다. 그때 당신은 미스터 마켓의 존재 목적이 당신에게 지시하는 스승이 아니라 당신을 섬기는 하인이라는 사실을 기억해야 합니다. 이를 명심하면 미스터 마켓이 매일 수천 가지 주식 가격을 온갖 이상한 이유로 잘못 매기고 있음을 간파할 것입니다. 우리는 이를 이용해야 합니다. 당신이 해야 할 일은 그가 어쩌다 한 번 적기에 적정가로 매매를 제안하거든 그의 제안을 들어주는 것뿐입니다.

주식 가격이 잘못 책정되는 것은 시스템에 내재한 특징이며, 버크셔 주가도 예외는 아니었습니다. 중요한 것은 여러분 자신이 생각하는 기업의 가치입니다. 충분한 이유로 가치 있다고 판단되는 기업에 집중하고 그 가치에 따라 매수와 매도를 결정하면 좋은 투자 성과를 거둘 것입니다. 주식은 투자자가 아무것도 할 일이 없으므로 세상에서 가장 친절하고 돈 벌기 좋은 시장입니다. 수천 개의 기업이 매수자와 매도자에게 동일한 가격으로 매겨지고, 매일 가격이 변동하며, 기업에 대한 정보가 풍부하게 돌아다니니 아무것도 할 필요가 없습니다. 다른 투자처와 비교해 보십시오. 농장 투자는 그런 식으로 할 수 없습니다. 만약 당신이 농장 소유주이고 바로 옆에 주인이 있는 농장도 사고 싶다 칩시다. 아마 옆 동네 농장주는 당신에게 매일매일 그날의 호가를 알려 주지 않을 것입니다. 하지만 주식은 버크셔든 IBM이든 매일 호가가 뜹니다. 참 좋지 않나요. 주식 투자의 규칙은 술 취한 조울증 환자처럼 규칙에 역행하지 않는 이상 여러분에게 유리하게 작동합니다.

멍거: 우리는 시장에서 많은 재미를 봤고, 기업과 주식을 사서 되팔지 않아도 될 만큼 여유로워졌습니다. 이 얼마나 건설적인 삶인가요. 그러니 여러분도 우리 경지에 빨리 오를수록 삶이 더 풍요로워질 것입니다.

시장 예측

1999 총회 (00:11:03)

버핏: 찰리와 저는 시장이 아니라 개별 기업을 살펴봅니다. 우리에게 주식이란 신문에 실린 작고 들쭉날쭉한 차트가 아니라 기업의 일부입니다. 현재 우리가 좋은 경영진에 매력적인 가격으로 거래되는 기업을

찾지 못하고 있는 건 사실입니다. 요즘 대기업 매물 중 저렴한 종목이 보이지 않더군요. 그러나 이는 주식시장을 예측해서 해결될 일이 아닙니다. 우리는 시장이 오늘이나 다음 주, 다음 달, 내년에 상승할지 알 수 없습니다. 그저 버크셔의 가치 증진에 도움이 되는 주식을 매수하려 노력할 뿐입니다. 우리가 마땅한 주식을 찾지 못하면 돈이 쌓이고, 찾으면 돈을 불립니다. 하지만 시장 자체의 움직임을 예측해 큰돈을 번 사람은 제가 알기로 아무도 없습니다. 대신 기업을 합리적인 가격에 잘 선택해서 성공한 사람들은 많지요. 바로 그것이 우리의 목표입니다.

2020 총회 (02:11:20)

버핏: 저는 다른 사람에게 오늘이나 내일, 다음 주, 다음 달에 주식을 사라고 권하지 않습니다. 모든 투자 결정은 각자의 상황에 따라 달라집니다. 다만 주식 투자는 장기간 보유할 마음이 있고, 마치 농장을 소유한 듯 시세에 아랑곳하지 않을 재무적, 심리적 준비가 된 사람에게 적합합니다. 바닥이 어딘지는 세상 누구도 모릅니다. 주식을 살 때는 주가가 50% 이상 하락해도 괜찮다고 마음먹어야 합니다. 물론 일단 기업에 만족해야 하고요.

버크셔 주가는 역사상 반 토막 난 적이 세 번 있었습니다. 신용 투자자 같았으면 반대매매 당하고 쫄딱 망했겠지요. 그 세 번의 폭락 당시 버크셔에는 아무 문제가 없었습니다. 하지만 차트에서 눈을 떼지 못하거나, 누군가가 "다른 건 오르는데 그걸 왜 붙들고 있냐"라고 묻는다면 평정심을 잃기 쉽습니다. 유독 두려움에 취약한 사람들이 있는데, 투자자에게는 침착한 마음가짐이 필요합니다.

재무적 관점에서 제 사전에 두려움이란 없습니다. 찰리도 아마 마찬가지일 거예요. 출렁이는 주가에 담담한 사람도 있지만, 그렇지 못한 사람은 주식 투자를 하지 말아야 합니다. 잘못된 타이밍에 주식을 사고팔 테니까요. 또 귀가 얇아도 안 됩니다. 오직 스스로 연구해야 합니다. 스스로 이해하지 못하면 다음에 또 다른 소리를 들었을 때 갈대처럼 마음이 흔들릴 겁니다. 오늘이 주식을 사기에 좋은 날인지는 저도 잘 모릅니다. 그래도 20~30년 후 결실은 괜찮을 것 같습니다. 2년 후의 결실이라면 또 모르겠네요.

시장 효율성

1999 총회 (00:52:14)

멍거: 40년 전 우리의 투자 방식은 오늘날보다 여러모로 더 단순했습니다. 요즘에 비하면 훨씬 쉬웠죠. 지금은 알아야 할 게 많아져서 어려워졌습니다. 샅샅이 뒤져서 PER 2배수 종목을 찾는다 해도, 그건 여러분에게 효과가 없을 겁니다.

버핏: 효과는 있을 겁니다. 못 찾아서 문제죠.

1999 총회 (03:27:01)

버핏: 투자 시장에 오래 몸담아 왔다면 시장이 조금은 효율적이라는 사실을 알 것입니다. 자산군(주식, 채권, 원자재, 현금 등)의 가격 결정과 특정 기업의 가치 평가에도 얼마간은 효율적입니다. 하지만 이것만으로는 효율적 시장 이론에서 파생한 투자 접근법이나 분파 이론을 뒷받침하기에는 역부족입니다. 효율적 시장 이론의 전성기였던 20년 전에

그 이론을 믿은 사람은 지금쯤 큰일 났을지도 모릅니다. 지구가 평평하다고 배운 격이니까요. 효율적 시장 이론은 선풍적 인기를 끌고, 학자들은 학계에서 매장되지 않기 위해 이를 수용하고 가르쳤습니다. 투자 관련 수학 이론도 효율적 시장 이론을 중심으로 구축했죠. 따라서 그 이론의 핵심이 정면 공격당한다면, 박사 학위를 따기 위해 오랜 세월 노력했던 사람들은 세상이 무너지는 기분일 겁니다.

효율적 시장 이론은 이제 신뢰도가 추락했고, 세간의 평가도 사뭇 달라졌습니다. 그리고 시장은 다소 효율적입니다. 비효율적으로 가격이 매겨진 주식은 많지 않으니까요. 하지만 기업 재무학에서 정설이 된 믿음을 떨치기는 어려울 것입니다.

멍거: 위대한 물리학자 막스 플랑크Max Planck는 "구세대 물리학자들은 새로운 학설을 절대 받아들이지 않는다"라고 말했습니다. 결국 새로운 학설은 과거에 어리석게 집착하던 구세대가 사라진 후에야 대세가 됩니다. 철옹성 같던 효율적 시장 이론도 그렇습니다. 이 부끄러운 이론은 조만간 사라질 겁니다. 다만 시장이 다소 효율적이라는 주장은 틀린 말이 아니니 앞으로도 오래 존속할 겁니다.

버핏: 하지만 다소 효율적이라는 개념은 학계에서 아무 매력이 없습니다. 그런 어정쩡한 전제로는 아무것도 구축할 수 없죠. 학자들이 원하는 건 그저 고상한 이론입니다. 투자는 기업의 가치를 평가하는 게 전부입니다. 기업의 가치를 계산하고, 그 가치보다 낮은 가격에 팔리면 매수하는 것이죠. 그러나 전국 어느 대학도 기업 가치를 평가하는 법을 가르치지 않습니다. 베타를 계산하는 방법처럼 교수가 가르치기 좋은 온갖 과목은 있지만, 실제로 중요한 기업 가치를 평가하는 방법은 대학에서 가르치지 않습니다. 가르치기 어려우니까요.

컬럼비아 비즈니스 스쿨의 벤저민 그레이엄은 명교수였습니다. 수십 년 전 우연히 그의 수업을 듣게 된 건 정말 행운이었습니다. 하지만 다른 기업 재무학 박사들에게 기업 가치를 평가해 달라고 하면 난처해합니다. 모든 기업 가치가 이미 완벽히 평가된 효율적 시장에서는 기업 가치 평가가 의미 없으니까요. 기업 가치를 평가하지 못한다면, 그들은 과연 어떻게 투자할까요. 그리고 "모든 것의 가격은 완벽하게 평가된다. 수업 끝"이라고 말한 교수는 둘째 날 수업에선 무슨 이야기를 할까요? 저는 여러분께 가격이 비효율적인 물건을 찾아보길 권합니다. 버크셔의 가격도 오랫동안 비효율적이었습니다. 학자에게 버크셔의 가치를 평가할 방법을 묻는다면, 그들의 눈동자는 방황할 겁니다.

2018 총회 (04:24:52)

버핏: 우리는 비즈니스 스쿨을 반대하는 것이 아닙니다. 다만 30~40년 전 유행한 효율적 시장 이론처럼 현실의 투자와 동떨어진 학자들의 종교집단 교주 같은 사고방식이 안타까웠죠. 투자는 복잡한 게 아닙니다. 체계적으로 접근해야 하지만 엄청난 지능을 요구하지는 않습니다. 다만 몇 가지 기본 원칙을 지키고 회계를 이해해야 합니다. 또 소비자와 직접 소통하고 그들의 마음을 헤아려 보면 더 도움이 됩니다. 하지만 고등교육은 필요하지 않습니다.

제가 고등학교만 졸업하고 책으로 독학했다면 지금보다 성과가 더 좋았을지 나빴을지는 모르겠습니다. 하지만 훌륭한 스승들을 만남으로써 견문을 넓힐 수 있다면, 이는 정말 행운이라고 생각합니다. 학교에서든 일상에서든 마찬가지입니다. 저는 찰리를 비롯한 훌륭한 스승들을 만났습니다. 미처 몰랐던 통찰력을 주고, 어쩌면 전보다 더 나은 사람으로 성장시키는 사람을 만난다는 건 행운입니다. 그 행운을 최대한 활용해야 합니다.

멍거: 워런은 벤저민 그레이엄을 처음 만났을 때 명철하고 관습에 매이지 않은 그의 모습에 끌렸습니다. 그 후 그의 방법이 효과가 있고 가만히 앉아서도 많은 돈을 벌 수 있다는 걸 알게 되자, 곧장 그의 팬이 되었죠. 하지만 지금 세상은 그때와 다릅니다.

말년에 그레이엄은 저평가된 기업을 찾는 방식이 언제 어디서나 통하는 것은 아님을 깨달았습니다. 그의 깨달음은 우리에게도 영향을 끼쳤습니다. 우리는 점차 싸구려를 사들이는 대신 저평가된 양질의 기업을 사들이는 방향으로 전향했습니다. 당연히 그 방식은 우리에게 잘 먹혔고요. 그레이엄은 운전자본 3분의 1 가격에 팔리다가 쉽게 청산되고 시장 가격 1달러당 3달러를 분배할 수 있는 기업을 찾는 자신의 방식이 퇴조하는 것을 인생 후반부에 지켜보았습니다. 현재 시장에서 그런 기업을 찾는 것은 큰 행운입니다. 설령 찾을 수 있어도 워낙 규모가 작아 버크셔에는 별 쓸모가 되지 못할 것입니다. 그래서 우리는 다른 방식을 찾아야 했습니다. 이 자리에 계신 젊은 주주들은 이를 교훈으로 삼으세요. 장수 시대인 요즘에는 부단히 배워야 합니다. 과거에 알던 지식으로는 절대 충분하지 않아요. 기존 정보를 끊임없이 수정하고 개선하지 않으면, 외다리로 엉덩이 차기 대회에 나간 사람이 된답니다.

버핏: 그레이엄의 방식은 확장성이 부족했습니다. 큰돈에 적용할 수 없었죠. 제가 그레이엄-뉴먼 투자조합에서 일했을 때 그레이엄은 수석 애널리스트이자 누구보다 뛰어난 지성인이었습니다. 투자 자금은 600만 달러였고, 회사와 제휴 관계인 투자조합도 약 600만 달러를 가지고 있었습니다. 그래서 1,200만 달러를 운용했죠. 그간의 물가 상승률 등

을 고려해야겠지만 그래도 소액이었습니다. 즉 확장성이 부족했습니다. 게다가 사실 그레이엄은 개인적으로 많은 돈을 버는 데 관심이 없어서 별로 신경 쓰지 않았습니다. 그러니 계속 성장하고 발전할 방법을 찾을 이유가 없었죠. 그럼에도 《현명한 투자자》에서 주식을 기업으로 보라는 8장의 내용은 여전히 유용합니다. 안전마진을 다루는 20장도 유익하고요. 그러면서도 복잡하지 않답니다.

멍거: 저는 기업 재무학 교수들이 왜 자꾸 엉뚱한 걸 가르치는지 알아냈습니다. 젊은 시절 눈이 아파 저명한 안과의사를 찾아갔는데, 그는 완전히 구식으로 백내장 수술을 하고 있었습니다. 최신 수술법이 개발된 후에도 여전히 칼로 절개하고 있었죠. 제가 왜 명문 의대에서 재래식으로 수술하냐고 물었더니, 의사는 가르치기 정말 좋은 수술법이라 대답하더군요. 기업 재무학도 마찬가지입니다. 공식을 채택하면 정말 훌륭한 교육 도구가 되죠. 공식을 가르쳐 주고, 문제를 제시해 그 공식을 적용하면 됩니다. 또 정말 가치 있는 활동을 하는 듯한 기분도 들 테고요. 유일한 단점은 다 헛소리라는 겁니다.

버핏: 어떤 고상한 이론이 들리거든 걸러서 들으세요.

시장의 본질

2000 총회 (01:58:07)

버핏: 시장에서는 시간이 흐르면서 별일이 다 일어납니다. 결국에는 진정되지만요. 우리가 본 바에 따르면 아무 가치도 없는 기업들이 수백억 달러에 호가되기도 합니다. 반면에 때로는 실제 가치의 20~25% 가

격에 팔리는 기업도 있었습니다. 그것도 찾기가 그다지 어렵지 않고 경영진도 준수한 기업들이 말이죠. 이런 아이러니한 현상은 앞으로도 계속될 것입니다. 시장의 본질이죠. 그리고 시간이 지나면서 점점 광풍이 형성됩니다.

그런 광풍을 이용하고, 또 다른 광풍에 휩쓸리지 않는 것도 하나의 요령입니다. 광풍이 자주 부는 이유는 허상이 한동안이나마 진실처럼 보이기 때문입니다. 그 틈에 사람들은 즐거운 경험을 하게 되죠. 시장을 상당 기간 지켜본 사람들은 이 모든 걸 목격합니다. 요즘 터무니없이 고평가된 매물이 많이 보입니다. 거의 모든 매물이 헐값이던 시기도 있었는데 말이죠. 그런 극단적 상황도 나타날 겁니다. 시장은 대부분 양극단의 중간쯤에 있지만 가끔은 둘 중 한쪽으로 기울기도 합니다.

멍거: 지금은 매우 이례적인 시기입니다. 집값과 주가가 이렇게 급등해 사람들이 쉽게 돈을 벌 수 있던 때가 있었는지 모르겠네요. 분위기가 범상치 않습니다.

버핏: 흥미로운 점은 비상장 기업이라면 그 자체로는 1억 달러도 차입하지 못할 상장 기업의 시가총액이 100억 달러나 되기도 한다는 겁니다. 그 기업의 소유주는 시장가치가 적힌 종잇조각만으로 수십억 달러를 차입할 수 있습니다. 만약 비상장 기업이었다면 20분의 1 정도밖에 빌릴 수 없었을 것입니다. 과거에도 이런 일이 있었습니다. 하지만 지금은 전쟁 후 경제 호황이던 광란의 1920년대를 포함해 역사를 통틀어 가장 극단적인 시기입니다.

멍거: 1930년대는 600년 만의 불황이라 불릴 만큼 최악이었습니다. 이 시기 오마하의 헨더슨 카페테리아에서는 25센트만 내면 무제한으로 식사할 수 있었습니다. 그리고 이제 우리는 자본주의의 또 다른 모습을 보

고 있습니다. 1930년대만큼이나 극단적이지만 방향은 정반대입니다.

버핏: 결과 예측도 쉽지 않습니다. 이를 계기로 우리가 피해야 할 기업을 알 수 있을 뿐이죠. 그러면 위험은 예방할 수 있지만 그렇다고 기회가 생기는 건 아닙니다. 지난 한 해 투자자들의 무지가 낳은 거품을 돈으로 환산하면 역대급 금액일 겁니다.

2007 총회 (01:33:40)

버핏: 시간이 지날수록 시장에서는 별의별 일이 벌어집니다. 찰리와 제가 살로몬에 있을 때, 사람들은 항상 5시그마나 6시그마를 논하곤 했습니다. 하지만 이는 동전 던지기라면 몰라도 인간의 행동과 관련해서는 아무 의미가 없습니다. 똑똑한 사람들도 비이성적인 행동을, 그것도 집단적으로 합니다. 1998년에도 그랬고, 2002년에도 그랬으며, 앞으로도 계속 그럴 겁니다. 그 가능성은 사람들이 매일같이 시장을 이기려고 애쓸수록 더 높아집니다. 그래도 어쩌면 사람들의 이런 멍청한 짓 덕분에 투자금이 유입되는 거겠죠.

멍거: 시장의 악재를 예측할 때 시그마를 논하는 건 헛소리입니다. 그들은 시장에 나쁜 결과가 발생할 확률이 정규분포를 띤다고 믿었습니다. 실은 결과를 계산하기 쉽게 만들었을 뿐이지만요. 시장 현상들은 정규분포를 따르지 않습니다. 그걸 믿는 사람이라면 이빨 요정의 존재도 믿을 것입니다.

10부
경제 환경과 투자
Economics and Investing

"발전을 권리로 여기는 것은 인간의 본성이다.
노력해서 얻거나 쟁취할 게 아니라, 저절로 굴러 들어오는 줄 안다.
그런 태도는 백해무익하다."

"우리는 합리적인 매수 기회가 오면 바로 실행한다.
그리고 다음 날 더 합리적인 매물과 자금이 있다면 또 투자할 수도 있다."

"다음에 어떤 변혁이 일어날지는 모르겠지만, 분명 큰 혁신이 있을 것이다."

"우리는 앞으로 다가올 흐름을 예측하지 않는다.
그 흐름 속에서 무엇이 어떻게 떠다닐지 생각할 뿐이다."

"금리와 자산 가치는 중력과 물질의 관계와 같다."

"살아남기 위해 때로는 신체 한 부분을 잘라내야 하는 세상에서
모든 기업이 현 상태를 유지할 수는 없다."

10부는 두 부분으로 구성되어 있다. 먼저 버핏과 멍거는 투자를 결정할 때 거시경제 예측이나 시장 타이밍을 크게 고려하지 않는 이유를 설명한다. 다음으로 인플레이션과 금리 같은 거시경제적 요인이 현명한 장기 투자와 어떻게 관련되는지를 설명한다. 이처럼 겉보기에 모순된 듯한 두 사람의 견해는 그들이 투자 결정 시 다양한 요인과 예측을 조금은 남다른 관점에서 고려한다는 뜻이다. 멍거는 "우리는 앞으로 다가올 흐름을 예측하지 않는다. 그 흐름 속에서 무엇이 어떻게 떠다닐지 생각할 뿐이다"라고 말한다.

자본주의

***2020 총회** (04:21:35)*

버핏: 자본주의 시스템은 놀라운 효과를 발휘하지만, 완전히 방치되면 잔인해지기도 합니다. 물론 시장이 제대로 기능하지 않았다면 미국은 지금처럼 대국이 되지 못했겠죠. 자유시장 자본주의는 여러 면에서 놀랍습니다. 하지만 정부가 필요합니다. 시장은 창조적 파괴를 장려하지만, 파괴되는 쪽에는 더없이 잔혹하기 때문이죠. 저는 자본주의와 다른 시스템을 제안할 생각은 없으나 규제 없는 자본주의도 원하지 않습니다. 자본가들은 만약 추첨으로 시장 시스템을 정한다면 지금처럼 행운아로 남았을지 깊이 고민해 봐야 합니다.

먼 옛날 누군가 TV를 발명했습니다. 그리고 케이블 방송을 발명했고, 결제 시스템도 발명했습니다. 1941년 타율 0.406을 기록한 테드 윌리엄스의 연봉은 2만 달러였습니다. 지금은 별 볼 일 없는 메이저리거도 훨씬 더 많은 돈을 벌게 되었습니다. 4~5만 명이던 경기 관중은 전 국민으로 확대되었죠. 시장 자본주의 시스템이 지배하게 되었기 때문입니다. 매우 불균형적인 구조이긴 합니다. 이를테면 저는 테드 윌리엄스가 저보다 훨씬 더 많이 벌 가치가 있다고 생각하거든요. 하지만 시장은 승자독식의 세계입니다.

사람들이 열심히 일하고 생각하는 것을 말리고 싶진 않습니다. 하지만 그것만으로는 충분하지 않습니다. 자본주의 시스템에는 상속 재산을 포함해 수많은 무작위 변수가 존재합니다. 저는 우리가 시장 경제 시스템과 자본주의의 가장 좋은 점들을 유지하되, 그 결실을 모두가 누릴 수 있게 더 분발해야 한다고 생각합니다.

2023 총회 *(04:57:15)*

버핏: 제조 공장이 해외로 이전하면 기업은 이익이 증가하지만, 누군가는 직격탄을 맞습니다. 선진국이라면 이처럼 부정적 영향을 받는 사람들을 어떤 식으로든 돌봐야 합니다. 우리가 1964년에 섬유 회사를 인수했을 때, 근로자의 절반은 포르투갈어만 구사했습니다. 그들도 저임금 근로자였지만 다른 회사들은 더 낮은 임금을 쫓아 남미 지역에 공장을 세우기 시작했습니다. 직원도, 우리도 잘못한 것이 없지만 파산하기 일보 직전이었죠. 우리는 계속해서 경쟁하려 노력했으나 공장은 끝내 해외로 이전했습니다. 국가 전체로 볼 때는 더 나은 선택이었지만 공장이 있던 지역에 사는 많은 사람들이 일자리를 잃었습니다. 포르투갈어밖에 할 줄 모르는 매사추세츠주 뉴베드퍼드의 55세 근로자를 재교육시킨다고 그가 밝은 미래를 갖게 되는 것은 아닙니다. 그러나 우리 사회는 그들을 돌볼 여유가 있습니다. 우리 사회는 꽤 잘 작동하지만 쉽게 해결할 수 없는 고질적 문제도 공존합니다.

미국만 번영하고 나머지 세계는 굶주리면 안 됩니다. 특히 핵무기 시대에 양극화는 더욱 위험합니다. 게다가 제가 살아 온 동안 미국인의 주당 근무 시간은 크게 줄었습니다. 그런데도 사람들은 여전히 바쁩니다. 세상 모든 것이 성장에만 치우쳐 있다 보니 사람들의 불만은 방치되고 있습니다. 이제 우리 사회는 잘살게 되었으므로 1930년대에는 할 수 없던 많은 일들을 할 수 있습니다. 가령 외부 노동력에 밀려 실직한 사람들을 돌보는 일 같은 것이죠. 우리 사회에는 실직자를 돌볼 최선의 시스템이 필요합니다. 그 과정에서 수많은 시행착오도 겪겠지만 포기해서는 안 됩니다.

멍거: 애덤 스미스Adam Smith가 옳았습니다. 자유시장 자본주의는 사유

재산과 자유무역 등을 기반으로 GDP를 자동으로 성장시킵니다. 이는 하위층까지 포함한 모두를 이롭게 하죠. 하지만 그 과정에서 고통을 겪는 사람도 불가피하게 발생합니다. 그 고통을 없앨 방법은 아무도 찾지 못했습니다. 그나마 정부의 안전망이 그 고통을 어느 정도 줄여 주기에 안전망을 조금씩 확대하고 있죠. 하지만 고통을 완전히 없애려다가는 사회 전체의 이득마저 사라질지도 모릅니다. 1인당 GDP 성장은 불가능하고, 러시아처럼 '고용주가 우리에게 돈 주는 척만 하니, 우리도 일하는 척만 하는' 사회가 될 것입니다.

버핏: 자본주의는 빈부 격차를 점점 심화시킵니다. 자본주의 시스템을 채택한 국가에서 정부의 역할은 자본주의의 장점을 유지하되 포르투갈어밖에 모르는 이주 노동자들의 고통도 덜어 주는 것입니다. 이 두 역할은 시간이 지날수록 정치적으로 양립하기 어려워지죠. 하지만 우리는 우여곡절 끝에 사회보장 등에서 진전을 이루었고, 지금은 제가 어릴 때보다 훨씬 살기 좋아졌습니다.

멍거: 결론적으로 미국은 자본주의의 성장과 사회 안전망 확충 사이의 긴장을 잘 풀어 왔습니다. 과거와 비교하면 꽤 자랑스러운 수준입니다.

버핏: 미국은 전 세계 인구의 0.5%로 출발해 몇 세기 만에 전 세계 GDP의 25%를 차지하는 기적을 이뤘습니다. 우리가 더 똑똑해서가 아니라, 우리의 경제 시스템에 장점이 있는 게 분명합니다. 그럼에도 시스템의 문제점이 눈에 밟히는 건 인류의 본성인가 봅니다.

멍거: 발전을 권리로 여기는 것은 인간의 본성입니다. 노력해서 얻거나 쟁취할 것이 아니라, 저절로 굴러 들어오는 것으로 알죠. 그런 태도는 백해무익합니다.

투자국의 다각화

1994 총회 (01:34:59)

버핏: 우리는 좋은 사람들이 경영하고, 미래 전망에 비해 현재 가격이 매력적이고, 잘 이해할 수 있는 기업을 원합니다. 다른 국가에 투자하는 건 선호하지도 피하지도 않습니다. 투자 대상의 국적은 큰 변수가 아닙니다. 어떤 지역이 마음에 들어서 그곳에 가고 싶다는 식으로 투자를 생각하지 않습니다. 코카콜라와 기네스는 이익의 약 80%를 해외에서 벌어들입니다. 코카콜라는 미국에 본사가 있고, 기네스는 영국에 있죠.

미국 밖 다른 시장의 성장 전망은 대체로 밝은 편입니다. 다만 미국에 없는 위험 요소들이 있을지도 모릅니다. 올해 버크셔는 코카콜라의 전 세계적 활약에 힘입어 약 1억 5,000만 달러의 간접적 투자 이익을 예상합니다. 지금 코카콜라는 중국에서 세력을 확장하는 중입니다. 정확하진 않지만 작년 판매량은 24개들이 상자 기준으로 38% 정도 증가했습니다. 미개척 시장이 있다는 것은 좋은 일입니다.

시장 타이밍

1994 총회 (01:40:20)

버핏: 찰리와 저는 시장에 대해 어떤 견해도 없습니다. 쓸모도 없을뿐더러 우리의 판단에 방해만 되기 때문입니다. 어떤 매력적인 기업에 확신을 가졌다가 시장 예측 후 마음을 바꿔 투자를 포기하는 건 멍청한 짓입니다. 시장이 어찌 될지는 우리도 모릅니다. 앞으로도 모를 무언가를

위해 우리가 잘 알고 수익성이 있는 투자를 포기하는 건 말이 되지 않죠. 따라서 우리에게 시장 예측은 하나 마나 한 일입니다.

저는 열한 살이던 1942년 4월에 처음으로 주식을 샀습니다. 당시 제2차 세계대전의 전망은 암울했고 미국은 태평양에서 고전 중이었죠. 당시 주식 세 주를 사면서 그걸 계산에 넣었는지는 기억나지 않지만, 그 이후의 사건들을 생각해 보면 핵무기, 대규모 전쟁, 대통령 서거, 초인플레이션 등 참으로 다사다난했습니다. 거시적 관점에서 앞날을 추측하느라 자신이 잘할 수 있는 일을 포기하는 건 쓸데없는 짓입니다.

버크셔의 관점에서 최고의 시나리오는(다른 사람에게는 아닙니다) 시장이 폭락하는 것입니다. 그러면 우리는 열심히 매물을 사들이겠죠. 식료품 소비자는 식료품 가격이 내려가야, 자동차 소비자는 자동차 가격이 내려가야 좋아하잖습니까. 우리는 기업을 사거나 기업의 일부인 주식을 삽니다. 우리도 기왕이면 저렴한 가격에 사야 훨씬 좋지요. 따라서 하락장이 전혀 두렵지 않습니다. 우리에게 두려운 건 장기간 지속되는 비이성적 강세장입니다.

여러분도 버크셔 주주로서 신용 투자자나 단기 투자자가 아닌 이상 주가가 하락해야 더 유리합니다. 주가가 하락하면 우리가 여러분 대신 더 유익한 일을 할 수 있기 때문입니다.

멍거: 우리는 거시적 경제 변수의 불가지론자입니다. 때문에 개별 기업을 분석해 기회를 찾는 데 전념합니다. 우리가 잘하는 것과 못하는 것을 고려하면 이 점이 훨씬 효율적이기 때문입니다.

버핏: 기업을 옳게 판단하면 결국 잘 풀리게 마련입니다. 우리는 시기가 아닌 결과를 생각합니다. 결과 예측은 그리 어렵지 않습니다. 하지만 어느 시기에 그 결과가 나타날지 예측하는 건 불가능하다고 생각합니

다. 그래서 우리는 결과에 집중합니다. 1880년대 후반 코카콜라의 시장 가치는 2,000달러였지만, 지금은 약 500억 달러입니다. 1890년에 코카콜라 주식을 사려는 사람에게 누군가가 "앞으로 두어 차례의 세계대전이 일어날 테고, 1907년에는 공황도 찾아올 겁니다. 차라리 이 모든 일이 지나가길 기다리는 게 낫지 않을까요?"라고 말했다면 어땠을까요. 절대 용납할 수 없습니다.

2004 총회 (04:10:46)

버핏: 주식시장이 최저점을 찍은 때를 포함해 역사의 매 순간에는 수많은 부정적 변수가 존재했습니다. 1974년 폭락장에서 미래가 끔찍하리라 볼 근거는 끝도 없이 열거할 수 있었을 겁니다. 하지만 우리는 그런 것에 전혀 신경 쓰지 않습니다. 우리의 기본 전제는 결국 미국은 번성할 것이고 특히 기업계는 더욱 흥하리라는 것입니다. 실제로 기업들은 크게 성장했습니다. 20세기 100년 동안 다우지수는 66에서 10,000 이상으로 올랐습니다. 제1, 2차 세계대전, 핵폭탄 투하, 인플루엔자 유행 등 온갖 일이 있었습니다. 미래에는 문제도 있고, 기회도 있을 것입니다. 미국에서는 시간이 흐를수록 기회가 문제를 이겼습니다. 앞으로도 그럴 것이라 생각합니다.

저는 1959년 이래 찰리와 외부 상황 때문에 사업 인수를 포기할지 의논해 본 적이 없습니다. 투자자들에게 영향을 미치는 건 5년이나 20년간의 미국 경제가 아니라, 투자자들 본인입니다. 사실 미국 기업들이 집단으로 투자자들을 실망시킨 적은 없습니다. 투자자들이 제 발등을 찍은 적은 종종 있었지만요.

2009 총회 *(04:19:48)*

버핏: 1974년에는 주식이 지금보다 훨씬 저렴했습니다. 당시 금리가 훨씬 높았기에 마냥 저렴하지만은 않았을 수도 있지만요. 그래도 PER 4배 정도에 전도유망한 우량 기업을 살 수 있었으니, 보통주에 투자하기 가장 좋은 시기였습니다.

소비자는 물건값이 싸질수록 이득입니다. 맥도날드에서 정가에 햄버거를 사 먹다가 내일 가격이 10% 떨어진다면 기분이 좋아집니다. 어제 정가를 주고 사 먹었다는 생각은 하지 않습니다. 앞으로 평생 햄버거를 사 먹을 테니까요. 마찬가지로 투자도 평생 할 생각이니 매물이 저렴해질수록 더 좋습니다. 그 기업의 진정한 가치를 아는 한 어제 지불한 가격이 얼마였는지는 신경 쓰지 않습니다. 따라서 저는 주식 가격이 하락하면 좋아합니다.

물론 모든 사람이 아침에 주식 시세를 보고 저 같은 기분을 느끼진 않을 겁니다. 하지만 눈여겨본 가게가 할인 행사를 할 때의 설렘을 생각하면 됩니다. 2008년 10월 16일〈뉴욕 타임스〉에 기고한 '나처럼 미국 주식을 사라(Buy American. I Am)'라는 글에서 저는 (단기적으로) 주식시장을 예측하지 못했습니다. 하지만 투자 수익을 실현할 것이란 확신이 있었기에 그때가 매수 시점이라 믿었습니다.

멍거: 주가가 40%쯤 떨어지면 전보다 매력적인 가격에 가까워진 겁니다. 물론 요즘은 단기 금리가 많이 하락했죠. 1973~1974년과 다릅니다. 당시 저는 그때 제게 둘도 없는 기회가 왔다는 걸 직감했습니다. 그러나 안타깝게도 돈이 별로 없었죠. 기회란 하필 그런 때 찾아오곤 합니다. 저라면 1973~1974년 같은 시절이 다시 오리라 기대하지 않을 것입니다.

버핏: 우리는 바닥을 잡으려 하지 않습니다. 주식시장이 내일, 다음 주, 다음 달에 어찌 될지는 전혀 생각하지 않습니다. 내일 더 매력적인 기회가 나타날 것을 기대하며 오늘 합리적인 기회를 포기하는 것은 우리 방식이 아닙니다. 합리적인 매수 기회가 오면 언제든 바로 실행합니다. 그리고 다음 날 더 합리적인 매물과 자금이 있다면 또 투자할 수도 있습니다. 저점 매수는 우리 방향과 안 맞고, 가능해 보이지도 않습니다. 우리는 가격 기업 평가를 중시하는데 이는 어려운 일이 아닙니다. 사람들은 저점 매수를 좋아한다지만 실은 주가가 오르기 시작하면 매수합니다. 제가 〈뉴욕 타임스〉에 기고문을 쓴 뒤 주식시장은 하락했습니다. 회사채 가격은 완전히 헝클어졌죠. 그 틈에 버크셔는 다량의 채권을 매수했습니다. 저 개인적으로도 소소하게 매수했고요.

멍거: 워런, 요즘 우리는 10%대의 괜찮은 소규모 생명보험 회사채들을 보유하고 있지 않나요?

버핏: 버크셔의 회사채 보유량은 확실히 증가했습니다. 몇 달 전, 적어도 제 기준으로는 아주아주 저렴한 회사채를 매입했습니다. 생명보험 회사채로 마침 시기도 이상적이었죠. 우리는 언제든 좋은 기회가 나타나면 바로 실행에 옮깁니다. 우리의 목표는 어떤 일이든 조심스럽게 발을 담그는 게 아니라, 가격이 좋으면 풍덩 입수하는 것입니다.

멍거: 그 채권은 만기가 짧았어요. 멋진 콜 보호 조건에 수익률 9% 이상의 안전한 채권들이 시장에 나왔죠. 일부는 수익률이 20~25%까지 갔습니다.

2022 총회 (01:36:07)

버핏: 웃긴 소리 같지만 우리는 월요일 주식시장을 예측한 적이 없습

니다. 그리고 찰리와 동업해 온 이래 시장 상황에 따라 주식을 매매한 적도 없죠. 경제 예측도 하지 못합니다.

모두가 주식시장을 비관한 2008년에 홀로 낙관론을 고집한 일로 종종 칭송을 듣곤 했습니다. 하지만 저는 순자산의 상당 부분을 어처구니없는 시기에 지출하기도 했습니다. 최악의 시기였던 2008년 9~10월에 지금보다 훨씬 큰 가치였던 약 160억 달러를 리글리와 골드만삭스에 투자했거든요. 그때는 금융위기가 호전될지 악화할지 알 수 없었지만, 돌이켜 보면 타이밍이 나빴습니다. 타이밍 감각이 있었다면 2009년 3월 저점까지 6개월간 기다렸을 텐데 그 기회를 날렸죠. 2020년 3월도 완전히 놓쳤습니다.

우리가 타이밍을 잡는 감각은 부족할지 몰라도 투자 수익의 실현 시점을 파악하는 데는 꽤 능숙하답니다. 우리는 무엇을 매수하든 항상 가격이 더 내려가서 추가 매수할 기회가 오기를 바랐습니다. 우리가 매수를 끝낸 뒤에도 주식 가격이 하락해 그 회사가 자사주를 매입해 우리 지분을 늘려 주면 금상첨화였고요. 우리는 어떤 타이밍도 맞춰 본 적이 없고 변변한 경제 통찰력을 발휘한 적도 없습니다. 제가 처음 주식을 산 열한 살의 어느 날, 다우지수는 99로 마감했습니다. 지금은 34,000입니다.

이렇게 단순한 투자를 사람들이 어렵게 생각하는 게 이상합니다. 하긴 투자가 얼마나 단순한 일인지를 만천하가 알게 된다면 금융 전문가들의 수입 90%가 날아갈 겁니다. 자기가 하는 일이 가치 증진에 아무런 도움이 되지 않는다는 사실을 인정하지 않으려 하는 게 인간의 본성이니까요.

멍거: 고객이 투자 상담사에게 "미래를 어떻게 대비해야 할까요?"라고 물으면, 그는 "지금 당장 5만 달러를 주세요. 그게 첫해에 고객님이 불

입하실 금액입니다"라고 대답합니다.

희한한 업종이죠. 많은 자산 관리사들은 지수를 따라 포트폴리오를 짜면서 실력에 대한 대가라며 수수료를 청구합니다. 그들은 군중에 묻어가길 원하지, 혼자 튀고 싶어 하지 않습니다. 자칫하면 고객을 잃을 수도 있으니까요. 그래서 모든 포트폴리오가 서로 닮은꼴로 수렴합니다. 웃기지 않나요.

연준과 금리

1994 총회 (00:48:37)

버핏: 1951~1970년 연준 의장 빌 마틴Bill Martin이 오래전에 말했듯, 연준의 역할 중 하나는 때때로 '잔칫상을 치우는 것(기준 금리 인상)'입니다. 매일매일 시장을 정량화하는 일은 어렵습니다. 물론 연준의 주요 역할은 바람에 맞서는 것입니다. 이는 풍향이 바뀔 경우 넘어질 수 있다는 뜻도 되지만, 그건 또 다른 문제죠. 이번에 앨런 그린스펀Alan Greenspan 연준 의장의 조치는 어느 정도 적절했던 것 같습니다. 그는 단기 금리를 살짝 인상하면서 장기 금리가 어떻게 변했는지를 보고 약간 놀랐을 겁니다. 그는 단기 금리에 일찍이 가한 조치가 사람들의 장기 금리에 대한 신뢰도를 높이고, 결과적으로 수익률곡선을 다소 평탄화할 것으로 기대했을 겁니다. 하지만 연준 의장직이 어디 쉬운 일인가요. 그래서 저는 그를 이러쿵저러쿵 비판하지 않을 겁니다. 찰리, 그린스펀의 조치를 평가한다면?

멍거: 나쁘지 않았어요.

금과 인플레이션

2005 총회 (01:48:58)

버핏: 우리는 금에 열광하지 않습니다. 오랜 시간 사람들은 금이 화폐의 가치 하락에 대한 피난처라고 생각해 왔습니다. 하지만 석유 1배럴, 땅 한 뙈기, 코카콜라나 시즈캔디 주식도 마찬가지로 안전합니다. 달러 가치가 50% 하락하면, 우리는 시즈캔디 판매가를 두 배 올려 실질가격을 맞출 겁니다. 사람들이 캔디 한 상자를 사기 위해 일주일에 일하는 시간도 전과 같겠죠. 따라서 우리는 화폐 가치가 폭락하든, 사람들이 조개껍데기를 돈으로 쓰든 상관없이 유용성을 잃지 않는 자산을 선호합니다. 그런 자산은 달러의 실질 가치로 보면 우리에게 비슷한 경제적 효과를 가져옵니다. 그리고 우리는 달러에서 벗어나고픈 사람 외에는 실질적 효용이 거의 없는 노란 금속을 우리의 자산과 맞바꾸지 않겠습니다. 우리 생각에 그들은 달러에서 도피해 어디로 가야 하는지 충분히 생각하지 않은 듯합니다.

멍거: 버크셔 같은 기회를 놔두고 금에 투자하는 건 어리석은 결정입니다.

2005 총회 (03:29:53)

버핏: 금은 제게 가치의 저장 수단으로서 우선순위 목록의 한참 밑에 있습니다. 차라리 네브래스카주의 40만㎡(약 12만 평)짜리 땅이나 아파트, 인덱스 펀드가 훨씬 낫겠습니다. 1900년에는 금값이 온스당(약 31g) 20달러였다가, 이후 100년 동안 400달러까지 올랐습니다. 이와 비교해 같은 기간 다우지수는 66에서 12,000으로 상승했고, 보유하는 동안 배

당금도 딸려 왔죠. 그동안 금을 소유했다면 보험료와 약간의 보관 비용을 지불했을 것입니다. 이런 점에서 금은 진정한 가치 저장 수단으로 볼 수 없습니다. 그렇다고 지폐를 옹호하진 않겠습니다만, 지폐의 미래가 걱정된다 해도 (장기적으로 지폐가 걱정되는 건 당연합니다) 금은 가치 저장 수단에서 제 우선순위 중 가장 밑바닥입니다. 농장에는 효용이 있고 아파트에도 효용이 있으며, 기업은 수익을 창출합니다. 어떤 기업들은 세월이 흘러도 물가 상승률을 상회하는 수익을 창출할 것입니다. 따라서 저는 20년 후에도 금을 보유하느니 초콜릿 사업을 계속하겠습니다. 만약 사람들이 조개껍데기로 거래한다면 저는 지폐 대신 적절한 양의 조개껍데기를 받을 겁니다. 하지만 금이 가치의 저장 수단이라고 생각하진 않습니다. 사실 그간 금의 활약은 썩 좋지 않았습니다. 앞으로도 좋을 이유가 없고요.

2011 총회 (01:44:08)

버핏: 우리가 버크셔를 시작했을 때, 주식 한 주의 가치는 약 4분의 3 온스(약 23g)의 금과 맞먹었습니다. 금 1온스(약 31g)는 20달러였고, 버크셔 주식은 15달러였으니까요. 그러니 지금 금 1온스 가격이 1,500달러라도 아직 갈 길이 멀죠(2011년 주주총회 당시 버크셔 A주는 주당 약 12만 5,000달러였다). 지금 전 세계가 보유한 금을 모두 모으면 각 변의 길이가 약 20m, 무게 약 17만 톤에 달하는 정육면체가 됩니다. 따라서 전 세계의 금을 모두 소유하면 사다리를 타고 그 위에 올라가 세상의 왕이 된 기분을 만끽할 수 있을 겁니다. 금을 쓰다듬고 반질반질 닦고 넋 놓고 바라볼 수 있겠지만, 아무것도 할 수는 없습니다. 결국 금을 사는 이유는 단지 언젠가 남에게 더 많은 돈을 받고 팔기 위해서입니다. 아무것도

생산하지 못하는 자산을 구매하는 건 미래에 다른 누군가가 그 자산을 더 비싸게 사리라는 기대에 베팅하는 셈일 뿐입니다. 이것이 생산물을 산출하거나 생산물에 따라 가치를 매길 수 있는 자산과 금의 차이점입니다. 농장을 구입하는 이유는 매년 옥수수, 콩, 면화 등을 수확할 수 있기 때문입니다. 구입 가격은 시간이 지날수록 자산 자체가 수익을 얼마나 창출할지를 고려해 결정하는 것이고요. 저와 찰리는 이러한 생산적 자산이 좋습니다.

멍거: 전적으로 동의합니다. 게다가 세상에 망조가 들 때만 가치가 오르는 자산을 사는 건 좀 이상하죠. 썩 합리적인 행동은 아닙니다. 수프 통조림에 새겨진 그림을 사면 안전하다고 생각하는 사람들도 있죠. 이 행동 역시 추천하고 싶지 않습니다.

버핏: 매년 약 1,000억 달러에 달하는 금이 추가 생산됩니다. 따라서 그만큼의 금을 살 사람이 필요할 뿐 아니라 효용 없는 1,000억 달러짜리 자산을 어딘가에서 흡수해야 합니다. 참 흥미롭습니다. 남아프리카에서 캔 금은 뉴욕 연방준비은행으로 운송되어 다시 지하로 들어갑니다. 화성인이 이 광경을 봤다면 조금 이상하다고 생각할지도 모릅니다.

2012 총회 (01:47:57)

버핏: 장담하건대 앞으로 50년 동안 버크셔가 금보다 훨씬 좋은 수익을 낼 뿐 아니라 전체 주식시장도 금보다 나은 수익을 낼 것입니다. 아마 농지에 투자해도 금보다는 낫지 않을까 싶네요. 금 1온스를 앞으로 고이 간직해 봤자, 100년 후에도 금 1온스입니다. 하지만 40만㎡짜리 농지를 소유한다면, 100년 후에는 40만㎡짜리 농지 더하기 100년간 농작물을 팔아서 사들인 더 많은 농지가 추가되어 있을 것입니다. 장기적

으로 비생산적인 투자가 생산적인 투자를 이기기는 매우 어렵습니다.

제가 채권이 안 좋다고 말해도 벤 버냉키는 여전히 제게 미소를 보냅니다. 하지만 금에 대해 부정적 발언을 하면 사람들은 격노하죠. 이성적으로 생각해 보면 남이 뭐라든 현실이 달라지진 않습니다. 중요한 건 자신의 사실과 추론이 옳냐는 것입니다. 하지만 금에 사족을 못 쓰는 사람들이 종종 있습니다. 제 아버지도 금을 좋아하셨지만, 마음이 열린 분이어서 금에 관한 토론을 기꺼이 들어주셨죠.

멍거: 저는 금에 전혀 관심이 없습니다. 기업과 기업인들 속에 어울려 사는 삶이 훨씬 좋습니다. 열렬한 금 신봉자들만큼 상대하기 피곤한 부류는 없습니다.

〈포춘〉 500대 기업의 ROE

1994 총회 (03:45:04)

버핏: 〈포춘〉 500대 기업의 평균 ROE는 지난 몇 년간 더 상승했습니다. 대체로 12~13%대에서 형성되었는데요. 특정 기업들이 드디어 의료 부채를 대차대조표에 포함해 자기자본이 줄면서 ROE가 크게 상승했습니다. 사실상 레버리지 효과가 반영된 것이죠. 그 수치는 시간이 지날수록 경쟁 요인들로 조금씩 낮아질 수 있습니다. 금리가 7%임을 고려했을 때 ROE 12~13%는 여전히 주식 투자가 매력적임을 나타내는 숫자입니다. 하지만 향후 10년 동안의 ROE를 예측하라면 저는 12~13%라고 말하겠습니다. 단 제가 옳다는 보장은 못합니다.

멍거: 공개된 평균 ROE는 실제 이익을 과장한 것입니다. 〈포춘〉 500

대 기업은 대기업이어서 높은 PER로 주식을 팔아 고수익 자산을 사들일 수 있습니다. 그러나 저수익 기업들은 예나 지금이나 대부분 통계에서 계속 제외되고 있습니다. 그럼에도 평균적인 미국 기업이 세후 ROE 13%를 기록한다면 놀라운 수준이라고 생각합니다.

중요한 것과 알 수 있는 것

1998 총회 (00:54:40)

버핏: 우리는 건실한 기업을 찾습니다. 그 과정에서 중요한 것과 알 수 있는 것, 이 두 가지를 생각하려 합니다. 하지만 중요한데 알 수 없는 것도 있습니다. 우리는 거시경제의 양상이 이에 해당한다고 생각합니다. 한편 알 수는 있지만 중요하지 않은 것들은 머릿속만 복잡하게 할 뿐입니다. 따라서 우리는 무엇이 중요하고 무엇을 알 수 있는지, 그리고 이 두 범주에 걸쳐 있는 것 중 무엇을 버크셔에 이로운 투자로 전환할 것인지를 생각합니다.

버크셔는 코카콜라, 질레트, 디즈니, 그리고 우리 자회사들의 10년 후 모습을 제법 짐작할 수 있습니다. 또 그 짐작이 옳기를 바라며 그들을 관심 있게 지켜봅니다. 우리의 판단이 옳다면 중요한 것과 알 수 있는 것 외에 다른 변수들은 그리 중요하지 않습니다. 따라서 다른 변수에 집중력을 분산해 중요한 것들을 놓치지 않도록 노력하고 있습니다.

코카콜라는 1919년에 주당 40달러로 상장했습니다. 그러나 첫해에 주가가 19달러까지 50% 이상 하락했습니다. 보틀링 파트너 계약 등 여러 문제가 있었기 때문이죠. 당시 선견지명이 있었다면 기존 사회 질서

마저 무너졌던 세계 최악의 공황을 예견했을 것입니다. 제2차 세계대전과 원자폭탄, 수소폭탄 투하 등도 예측했을 테고요. 이렇게 코카콜라 주식 매수를 미뤄야 할 이유는 얼마든지 찾을 수 있었습니다. 하지만 중요한 것은 올해 8온스짜리 코카콜라가 하루 10억 개 이상 팔릴 것이라는 사실입니다. 매일 전 세계 10억 명을 기분 좋게 해주는 기업은 그 보상을 받아 마땅합니다. 한때 19달러까지 떨어졌던 1919년의 40달러의 가치는 이제 배당을 포함해 500만 달러도 넘을 것입니다. 잡동사니에 신경 쓰다 보면 기업의 미래라는 더 중요하고 한정된 대상에 집중하지 못하고 좋은 기회를 놓치게 됩니다. 우리는 기업의 가치에만 집중합니다.

멍거: 우리는 앞으로 다가올 흐름을 예측하지 않습니다. 그 흐름 속에서 무엇이 어떻게 떠다닐지 생각할 뿐입니다.

1998 총회 (03:27:26)

버핏: 저는 냉전 종식을 기업 평가에 반영하지 않습니다. 세상에서 일어나는 온갖 사건과 그 영향은 정량화하기 어렵습니다. 또 경제는 너무 복잡해서 어떤 단일 변수도 분리하기 힘들고요. 저 역시 10년 후 세상이 어떻게 변하고, 그 변화가 기업들의 ROE에 어떤 영향을 미칠지 알지 못합니다. 그러니 냉전 종식이나 전 세계의 정치적, 경제적 정세 변화에 근거해 기업을 평가하지는 않으렵니다. 과거의 역사적 주요 사건들을 돌아봐도 미국 기업의 수익성에 큰 변화를 가져올 단서가 된 경우는 거의 없습니다.

멍거: 제3세계가 자유기업제도(사적 소유기업을 중심으로 한 경제체제로, 자본주의 경제체제를 말함)를 도입해 지금보다 훨씬 번영을 누린다면 어떤 투자처가 가장 큰 성과를 낼 것 같냐는 질문은 매우 흥미롭군요. 저

는 코카콜라, 질레트 등이 제3세계의 발전에 따른 수혜자가 되리라 생각합니다. 다른 기업에는 그만한 확신이 서지 않습니다.

버핏: 세계의 움직임은 예측하기 어렵습니다. 하지만 질레트나 코카콜라처럼 전 세계인의 인기와 사랑을 받는 제품을 보유한다는 건 큰 장점입니다. 각자의 분야에서 이 두 회사를 능가할 곳은 없을 겁니다. 게다가 저렴한 제품은 우리에게 더욱 유리한 조건입니다. 하지만 미래 주식시장이나 미국 기업의 수익성을 예측하는 건 별 도움이 안 됩니다.

거시경제와 투자 결정

1999 총회 (02:20:04)

버핏: 우리는 왔다가 사라지는 것에 신경 쓰지 않습니다. 버크셔가 1972년에 인수한 시즈캔디를 예로 들겠습니다. 서유피동괴 인플레이션으로 점철된 1973~1974년을 생각해 보십시오. 그리고 누군가가 1972년부터 1982년까지의 로드맵을 세웠다고 해보죠. 우대금리는 21.5%, 장기 금리는 15%까지 오르고, 다우지수는 560까지 떨어진다고요. 하지만 그런 건 중요하지 않습니다. 중요한 건 여기 놓인 시즈캔디의 땅콩 브리틀 맛이 기막히다는 거죠. 그리고 시간이 지나면서 우리가 이 땅콩 브리틀로 많은 돈을 벌 것이란 사실도요. 시즈캔디는 1972년 세전 이익 400만 달러를 기록했으나, 작년에는 6,200만 달러를 달성했습니다. 우리는 기업 인수에서든 유가증권 투자에서든, 엉뚱한 변수에 신경 쓰지 않습니다. 우리가 해당 기업을 옳게 판단하는 한 거시적 요인들은 어떤 영향도 끼치지 않을 겁니다. 역으로 우리가 기업을 잘못

판단하면 거시적 요인들이 우리를 구해 주지도 못하고요.

2000 총회 (02:40:26)

버핏: 저는 거시경제에 통찰력이 없습니다. 그리고 우리는 투자를 결정할 때 거시경제 변수는 무시합니다. 의논한 적도 없습니다. 최근 많은 은행이 합병했습니다. 은행들이 비용도 절감할 겸 합병도 정당화할 겸 하는 일 중 하나는 애초에 합병하지 않았다면 줄이지 않았을 비용을 줄이는 것입니다. 특히 경제 연구 부서를 없애는 경우가 많죠. 그런데 애당초 왜 경제 연구 부서를 두었으며, 도대체 뭘 하는 부서일까요? 전 항상 궁금했습니다. 부서 책임자가 올해 GDP 성장률이 4.3%가 아니라 4.6%로 예상된다고 말하면 뭐가 달라질까요? 은행이 할 일은 가능한 한 높은 금리로 대출하고, 낮은 금리로 예금을 받으려 노력하는 것입니다. 또 모든 곳에서 비용 절감을 노력해야 합니다. 그런데 경제 연구 부서는 사업 운영과 아무 상관이 없음에도 유행이 되었습니다. 제 눈에는 또 하나의 헛짓거리 같습니다. 그러니 버크셔에 경제 연구 부서가 생기거든 여러분은 우리 주식을 공매도하세요.

2012 총회 (01:32:40)

버핏: 찰리와 저는 지난 53년간 주식이나 기업 매매와 관련해 거시경제 문제를 논의해 본 적이 없습니다. 우리가 이해하는 기업이고 가격도 좋으면 그냥 매수합니다. 연방준비제도가 무슨 일을 하든, 유럽에서 무슨 사건이 벌어지든 간에 말이죠. 세상에는 늘 좋은 소식과 나쁜 소식이 있으며, 그중 강조되는 것은 사회 분위기나 신문 편집자의 취향에 달려 있습니다. 우리는 기업의 가치에 주목할 뿐, 신문 머리기사는 신경 쓰지

않습니다. 사람들은 우리가 투자할 때 거시경제 요인을 고려할 거라 생각하지만 우리는 전혀 생각하지 않습니다.

멍거: 버크셔는 2008년 금융위기 당시 유동자산을 비축한 상태였습니다. 그 후로 상황이 더 악화하지 않으리란 걸 알았다면 돈을 썼을 텐데, 우리 예상은 빗나갔습니다.

버핏: 우리의 기본 전제는 파산하면 안 된다는 겁니다. 그리고 충분한 유동자산을 확보하고 단기 부채가 없다면 파산할 리 없다는 걸 알고 있죠. 따라서 우리의 원칙은 내일 어떤 악재가 오더라도 투자를 개시할 수 있게 상시 준비해 두자는 것입니다. 준비된 상태에서 매력적인 매물을 찾으면 바로 행동합니다. 찰리는 데일리 저널Daily Journal이라는 회사를 운영하는데요. 거기서 그는 현금을 잔뜩 깔고 앉아 있다가 2008년이 되자 비로소 주식을 약간 샀습니다. 그때는 돈을 깔고 앉을 게 아니라 써야 할 시점이었죠.

2015 총회 (01:38:07)

버핏: 버크셔는 불시에 기회가 찾아와도 바로 낚아챌 수 있는 상시 대기 상태입니다. 그만큼 우리는 누구에게도 의존하지 않으며 다른 대기업보다 유리한 위치에 있습니다. 현재는 600억 달러가 넘는 현금을 보유 중인데요. 그래도 400억 달러짜리 대기업을 인수하고 현금 200억 달러만 보유하는 편이 더 낫다고 생각합니다. 어떤 경제적 혼란이 닥치더라도 우리는 기꺼이 투자할 것입니다. 남들이 미처 준비하기도 전에 우리는 준비되어 있을 것입니다.

멍거: 우리의 거시경제 예측 능력은 거의 발전하지 않았습니다. 이젠 예측은 사실상 포기했고, 그저 조류에 따라 헤엄칠 뿐입니다.

버핏: 거시경제 예측에 전념하는 다른 전문가들도 방송에는 많이 출연하지만 딱히 족집게는 아니더군요.

거시경제와 외부 요인

2000 총회 (01:23:02)

버핏: 우리에게 달러나 금리에 관한 예지력이 있다면, 관련 상품이나 선물 거래를 직접 진행했을 것입니다. 따라서 달러가 급격히 약세가 될 것으로 예상되면 타국 통화를 매수하겠습니다. 달러 약세는 코카콜라의 수출에도 유리하겠지만, 코카콜라라는 기업의 세계적 영향력을 통한 간접적 투자보다 우리가 통화나 금리를 직접 활용하는 편이 훨씬 효율적일지도 모릅니다. 하지만 우리는 그런 외부 요인을 신경 쓰지 않습니다. 결국 그보다는 전 세계에 코카콜라를 더 널리 전파하는 데에 더 관심이 있고, 시간이 지남에 따라 엔화의 움직임보다 코카콜라의 확장세를 더 잘 예측하게 될 것입니다. 코카콜라가 점점 더 많은 소비자의 마음을 사로잡는다면 전 세계의 구매력에서 상당 부분을 차지할 수 있을 것입니다.

세계인의 생활수준이 갈수록 나아지고 우리가 그들이 원하는 제품을 공급한다면, 우리는 그 대가를 달러로 벌어들이게 될 것입니다. 이때 환율 추이는 우리에게 영향을 주지 않습니다. 코카콜라가 10~20년 후 어떤 위치일지 생각해 볼 때 제품 자체가 아닌 환율의 움직임에 집중하는 건 큰 실수입니다. 우리는 늘 무엇이 중요하고 무엇을 알 수 있는지에 집중해 왔습니다. 환율은 중요하지만 우리가 알 수 있는 범위에 있지는 않습니다. 코카콜라에 관해 알 수 있고 중요한 것은 매년 점점 더 많은 세계인들이 청량음료를 소비하고, 코카콜라는 시장 점유율을 확대할 것이며, 사람들에게 주는 즐거움에 비해 제품은 엄청나게 저렴하다는 사실입니다.

제가 어렸던 1930년대에는 25센트에 6.5온스짜리 코카콜라 여섯 병을 사서 개당 5센트에 팔았습니다. 지금 코카콜라의 온스당 가격은 1930년대의 약 두 배 정도입니다. 이처럼 오랜 세월 고객에게 이점과 가치를 잘 전달해 온 제품은 흔치 않습니다. 우리는 이런 점을 중시합니다. 금리와 환율은 단기적으로 중요할지 몰라도, 장기적으로 우리에게 부를 안겨 주지는 않습니다.

멍거: 우리는 만사에 의도적인 불가지론을 취하고 있습니다. 덕분에 다른 것들에 집중할 수 있죠. 우리처럼 게으른 사람에겐 이런 사고방식이 유익합니다.

경제적 상관관계

2002 총회 (03:07:04)

버핏: 투자는 미래에 더 많은 돈을 얻기 위해 현재에 돈을 내놓는 것입니다. 돈을 불릴 방법은 두 가지가 있습니다. 하나는 자산 자체가 무엇을 창출할 것인가를 보는 것입니다. 이것이 바로 투자입니다. 또 하나는 자산이 무엇을 창출하든 나중에 다른 누군가에게 팔릴 금액을 보는 것입니다. 저는 이것을 투기라고 부릅니다. 자산 자체에 집중하면 그 자산이 어떻게든 돈을 벌어다 줄 것이므로 시세는 중요하지 않습니다. 이런

식으로 자산에 투자함으로써 사회 전체도 이익을 얻는 것입니다.

멍거: 주가 예측이 어려운 이유는 시장의 높은 유동성이 때로 특정 부문이나 시장 전체에 폰지 사기(이윤 창출 없는 사업으로 투자자를 모아 그들이 투자한 돈을 이용해 투자자들에게 수익을 지급하는 방식)를 유발하기 때문입니다. 다시 말해 사람들은 속고, 다음에 속을 사람들이 또 들어오는 시스템이 자동으로 형성됩니다. 이 사기는 지난달이나 작년에 성공했다는 이유로 당분간은 먹힙니다. 그 결과 주가는 말도 안 될 정도로 치솟아 한동안 고가를 유지합니다. 물론 이는 거의 예측 불가한 영역입니다. 바로 이 같은 이유로 공매도가 위험한 것입니다. 아무리 심하게 고평가된 주식이라도 어디까지 과대평가될지 정확히 알 수 없거든요. 금 가격이나 다른 상관관계를 찾는다고 해서 시장의 폰지 효과를 예측할 수는 없습니다.

버핏: 찰리와 제가 공통으로 사기나 거품으로 지목한 기업은 지금까지 100군데가 넘습니다. 만약 우리가 지난 몇 년 동안 그 기업들을 공매도 했다면, 지금쯤 파산했을지도 모릅니다. 하지만 우리가 사기나 거품이라고 판단한 건 적중률 100%였습니다. 찰리의 표현인 폰지 사기라는 것이 어디까지 갈지는 예측하기 어렵습니다. 사실 대부분은 어느 한 사람이 일부러 조작한 게 아니므로 엄밀히 말해 사기는 아닙니다. 일종의 자연현상이며 여기에 작전 세력, 투자 은행가, 벤처 캐피털리스트 등의 부채질이 더해진 것입니다. 이 현상은 인간의 본성을 건드리고 저절로 모멘텀을 형성하다가 결국 터져 버립니다. 언제 터질지 아무도 모르므로 공매도도 함부로 못 합니다. 적어도 우리 생각은 그렇습니다. 어디까지 오르고 언제 끝날지 알 수 없습니다.

제로 금리

2021 총회 (01:35:02)

버핏: 금리와 자산 가치의 관계는 중력과 물질의 관계와 같습니다. 지난 목요일, 미국 재무부는 4주 만기 국채를 발행했습니다. 430억 달러 상당의 입찰을 받았고, 평균 가격은 100.000000달러였습니다. 소수점 뒤에 0을 여섯 개나 붙였더군요. 재무부는 그 돈을 제로 금리로 모금했으니 사실상 사람들이 재무부에 430억 달러를 기부한 셈입니다. 폴 새뮤얼슨Paul Samuelson이 집필한 교재《경제학》은 25년 이상 경제학 교과서의 결정판으로 평가받았습니다. 그런데 그의 책에서 마이너스 금리에 관한 내용은 찾을 수 없었습니다. 그러다 마침내 제로 금리를 언급하는 대목을 찾았죠. 뛰어난 석학인 폴 새뮤얼슨은 엄밀히 따지면 마이너스 금리를 상상해 볼 수는 있지만 그런 일은 절대 일어날 수 없다고 말합니다. 그가 책을 쓴 건 1970년대로 까마득한 옛날이 아닙니다. 우리는 지금 4주 만기 채권이 제로 금리인 시대에 살고 있습니다. 경제학에서는 한 가지 일로 끝나는 법이 없습니다. 항상 '그다음엔 어떻게 될까?'라는 질문이 뒤따릅니다. 그러니 어떻게 전개될지 두고 봐야 합니다. 찰리와 저는 이 영화가 경제면에서 지금까지 본 영화 중 가장 흥미진진하다고 생각합니다.

멍거: 경제학자들은 이번 일로 매우 놀랐습니다. 윈스턴 처칠Winston Churchill이 정치적 라이벌 클레멘트 애틀리Clement Attlee 총리를 평한 말이 생각납니다. 그는 매우 겸손한 사람이었고, 겸손해야 할 점도 많았다고요. 경제학자들에게도 딱 어울리는 말입니다. 그들은 모든 것에 자신만만했으나, 알고 보니 세상은 생각보다 훨씬 복잡했습니다.

인플레이션과 수익률

2003 총회 (01:08:07)

버핏: 물가가 안정이 기업 소유주에게 유리하다는 데는 의심의 여지가 없습니다. 투자 가격 대비 기업의 실질 수익률은 장기간 물가 상승이 없거나 완만할수록 좋습니다. 즉 장기간의 저인플레이션이 투자자에게 유리합니다. 저인플레이션 환경에서 6~7%의 실질 수익률은 꽤 괜찮은 숫자입니다. 저인플레이션에서 GDP는 얼마나 성장할까요? 물가 상승률이 2%이고 실질 GDP 성장률이 3%라면 명목 GDP 성장률은 5%입니다. GDP가 그 정도로 성장한다면 기업 이익 증가율도 비슷한 수준일 것입니다. 그리고 기업 이윤이 연 5% 증가한다면, 시작점을 기준으로 기업 이익의 장기적 가치 성장률도 5% 정도 될 것입니다. 세금, 수수료 등의 마찰 비용을 제하고 배당금을 더하면 투자 수익률은 6~7%가 됩니다.

이는 나쁘지 않은 숫자지만 1998~1999년을 돌아보며 고수익을 기대하는 사람들에게는 성에 안 차는 숫자이기도 합니다. 그러나 지금 우리 경제의 파이는 10조 달러 규모이고 언젠가 20조 달러로 커질 것입니다. 따라서 이 파이의 5~6%를 가져간다고 보면, 물가 상승률이 낮다는 전제하에 꽤 괜찮은 실질 수익률입니다. 물가 상승률이 높으면 투자자의 실질 수익률이 매우 낮은 수치, 어쩌면 마이너스로까지 떨어질 수 있습니다. 이처럼 인플레이션은 주식 투자자의 돈을 편취할 수 있습니다. 저는 1977년에 7,000단어로 그 이유를 설명한 바 있습니다. 인플레이션은 장기간에 걸쳐 총 투자 성과를 마이너스로 만들 수 있는 투자자의 적입니다.

2003 총회 (03:08:21)

버핏: 저는 미국 달러의 가치가 다른 통화에 비해 크게 떨어질 것이라 걱정하지 않습니다. 하지만 앞으로 20~30년 안에 또다시 매서운 인플레이션이 닥칠 가능성이 있습니다. 아마 전 세계적으로 그럴 것이고, 미국보다 다른 국가에서 가능성이 더 크다고 생각합니다. 경제를 위협하는 인플레이션은 항상 잠복 중입니다. 지금은 등장 시기를 고민하며 잠시 쉬고 있을 뿐이죠. 그러다 인간의 행동, 즉 입법부나 정부의 행동에 의해 재발하는 습성을 가졌습니다. 따라서 앞으로 20~30년 내 어느 시점에 고인플레이션이 발생할 가능성이 제법 있다고 생각합니다. 그러지 않기를 바라지만요.

멍거: 장기적으로는 모든 통화가 추락할 것입니다. 200년 후로 시간 여행을 떠난다면 그때쯤 달러 가치는 미국 정치인들에 의해 망가져 있을 겁니다. 하지만 가까운 미래에는 끔찍한 일이 일어날 것 같지 않습니다. 아르헨티나에서 상황이 걷잡을 수 없게 되었을 때, 정부는 주주들의 재산을 몰수하기 시작했습니다. 만약 미국에도 그런 일이 일어난다면 우리는 여러분을 지켜 드릴 수 없을 것입니다.

인플레이션과 구매력

2004 총회 (00:39:58)

버핏: 인플레이션 시기에 구매력을 유지하는 가장 좋은 방법은 스스로 충분한 수익력을 확보하는 것입니다. 만약 당신이 이 도시에서 가장 뛰어난 뇌신경외과 의사나 변호사라면, 나중에 어떤 일이 일어나든 당신

의 소득에 따른 구매력을 유지할 수 있을 것입니다. 하지만 투자 세계에서 구매력 유지는 꽤 까다로운 일입니다. 찰리와 저는 인플레이션을 고려한 가격 결정력이 있고 막대한 자본 투자가 필요하지 않은 훌륭한 기업에 투자하는 게 최선책이라고 믿습니다. 시즈캔디는 고물가 시대에도 어느 정도 견딜 수 있고, 통화가 어떻게 되든 투자 가치를 유지할 수 있는 기업입니다.

안타깝게도 대부분의 기업은 인플레이션 시기에 실질 수익률이 잠식됩니다. 이익이 증가해도 물가 상승분을 벌충하느라 점점 더 많은 돈을 투자해야 하죠. 최악의 기업은 늘 더 많은 돈을 투자해야 하면서도 이익이 늘지 않는 기업입니다. 따라서 인플레이션을 반영한 제품 가격을 매길 수 있으면서, 그에 상응하는 자본 투자는 별로 필요하지 않은 기업이 좋습니다. 인플레이션은 실질 수익 면에서 투자자의 적입니다.

멍거: 인플레이션 시기의 투자자들은 세금을 고려하면 실질 수익률이 매우 낮습니다. 저는 이것이 세상의 철칙이라고 생각합니다. 그러니 일시적으로나마 남들보다 좋은 성과를 내는 사람은 감사히 여겨야 합니다. 인플레이션 걱정을 떨칠 가장 좋은 방법은 삶에서 불필요한 욕심을 비우는 것입니다.

2007 총회 (03:47:49)

버핏: 최고의 인플레이션 방어 수단은 자기 자신의 수익력을 키우는 것입니다. 차선의 수단은 훌륭한 기업에 투자하는 것이고요. 코카콜라나 허쉬처럼 사람들이 기꺼이 자기 소득의 일부를 주고 제품을 사는 기업, 그리고 인플레이션을 따라잡느라 막대한 자본을 계속 투입할 필요가 없는 기업을 보유한다면 고물가 시대에 최고의 투자일 것입니다. 하

지만 대부분 상황에서 인플레이션은 투자자에게 악재입니다. 고물가 시기의 실질 수익률이 저물가 시기보다 좋지 않다는 건 버크셔도 예외가 아닐 테지만, 저는 버크셔가 다른 많은 기업보다는 나은 위치에 있다고 생각합니다.

2009 총회 (02:00:57)

버핏: 지금 미국의 정책은 언젠가 인플레이션을 유발할 것입니다. 그리고 미 정부는 외국에서 돈을 빌린 뒤 시간이 지나 빌릴 당시보다 훨씬 가치가 떨어진 달러로 갚으려 할 것입니다. 이는 외국채의 영향과 비용을 줄이는 전형적인 방법입니다. 현재 미국은 세수는 줄어드는 대신 많은 외국채를 축적한 상태입니다. 이 미국의 정책에서 실제로 비용을 부담하는 것은 미국 채권 투자자들입니다. 그중 대부분은 미국 정부 국채로, 상환 시점에 투자자들은 구매력이 훨씬 낮아진 달러를 손에 쥐게 될 것입니다.

따라서 이 시국에 벌인 AIG의 성과급 잔치는 결국 미국 국채를 보유한 중국인들이 수십 년 후 구매력 손실이라는 가장 큰 비용을 치르는 결과를 이어질 것입니다. 하지만 미국인들은 중국인들이 그 비용을 치른다기보다 우리 납세자들이 그 비용을 치른다고 말하는 편을 더 좋아합니다. 흥미로운 상황이죠. 저는 납세 현황에 대한 이런저런 글을 매일 읽습니다만, 저도 세금이 인상되지 않았고 여러분도 세금이 인상되지 않았습니다. 지금까지 납세자들은 아무런 대가를 지불하지 않았습니다. 추측하건대 이 모든 대가는 최종적으로 향후 미국 채권의 실질 가치 감소에 따른 채권 투자자들이 치를 것입니다. 이는 비용을 가장 쉽게 전가하는 방법이자, 현실화될 가능성도 가장 큰 방법입니다. 따라서 앞으로 우리는 인플레이션을 자주 만날 것입니다.

인플레이션을 방어하는 최선의 수단은 자신의 수익력입니다. 당신이 교사든 의사든 변호사든 자기 분야에서 능력을 키운다면, 통화가 조개껍데기, 라이히스마르크(독일에서 인플레이션이 절정에 이른 파피어마르크를 대체하기 위해 도입한 통화), 달러 등 뭐가 되더라도 경제활동에 지장이 없을 것입니다. 따라서 당신의 수익 창출 능력이 가장 중요합니다. 그래야 통화 가치와 관계없이 국가 경제라는 파이에서 자기 몫을 차지할 수 있습니다.

차선의 수단은 훌륭한 기업에 투자하기입니다. 코카콜라를 보유하고 있다면 20년, 50년 후에도 코카콜라를 사 먹기 위해 노동력을 제공하는 사람들의 산출물 일부를 얻을 수 있습니다. 콜라 가격이 어떻게 변하든 사람들은 여전히 콜라를 즐기기 위해 3분 치 노동력을 기꺼이 제공할 테니 상관없을 것입니다. 따라서 훌륭한 자산을 정리하자면 첫째는 자기 자신의 수익력이고, 둘째는 많은 자본 투자가 필요 없는 훌륭한 기업의 수익력입니다. 자본 투자에 크게 의존하는 기업은 인플레이션에 취약합니다. 이 지침을 바탕으로 여러분 자신에게 투자하는 것이 가장 좋다고 말씀드리고 싶습니다.

멍거: 질문한 청년에게 뇌신경외과 의사가 될 것, 그리고 국채 대신 코카콜라에 투자할 것을 권하면 정리가 되겠군요.

버핏: 저는 말한 만큼 대가를 받지만, 찰리는 그렇지 않아요.

2010 총회 (01:40:55)

버핏: 저는 항상 인플레이션을 걱정했고 숱한 인플레이션을 목격해 왔습니다. 찰리는 제가 태어난 1930년대 이후로 달러 가치가 90% 이상

하락했다고 지적했습니다. 하지만 그의 첨언대로 우리는 잘 헤쳐 왔습니다. 그러니 세상의 종말을 걱정할 필요는 없습니다. 저는 정부가 어쩔 수 없이 또는 자발적으로 받아들인 상황 때문에 미국뿐 아니라 전 세계적으로 인플레이션 가능성이 커졌다고 생각합니다. 정부의 대응은 옳았을 수도 있지만, 막대한 부채라는 원래의 문제 해결에서 벗어나기가 더 어려워졌는지도 모르겠습니다. GDP 대비 재정적자가 매우 높은 국가는 시간이 지나 통화 가치가 대폭 하락할 가능성이 큽니다. 앞으로 고물가와 저물가 중 어느 쪽을 예상하냐고 묻는다면 저는 고물가에 걸겠습니다. 그것도 아주 심각한 고물가 시대가 되겠죠.

인플레이션에 강한 기업

2005 총회 (02:29:54)

버핏: 인플레이션은 가치를 파괴하지만, 파괴 정도는 불균등합니다. 인플레이션 시기에 가장 좋은 기업은 인플레이션으로 인한 명목 성장률을 따라잡기 위해 투자하지 않아도 달러의 실질 가치로 수익력을 유지하는 기업입니다. 반대로 최악의 기업은 형편없는 사업에 점점 더 많은 돈을 쏟아부어야 하는 기업입니다. 찰리와 저는 항상 인플레이션이 수십 년 전의 기세를 되찾지 않을까 하고 생각합니다. 인플레이션은 늘 잠복 중이니까요. 인플레이션은 우리가 기업 인수에 앞서 항상 중요하게 계산하는 변수지만 다른 모든 변수를 밀어낼 정도는 아닙니다. 인플레이션은 피할 수 없기 때문이죠. 그래도 시즈캔디는 현재 달러 가치로 대규모 자본 투자가 필요하지 않으므로 인플레이션 시기에도 잘 버텨 냅니다.

원자재

***2007 총회** (04:19:48)*

버핏: 우리는 원자재에 대해 할 말이 없습니다. 우리가 석유주를 보유한다면 가격 대비 가치를 높게 평가해서이지, 유가 상승을 예상해서가 아닙니다. 유가가 오를 것이라 생각하면 원유 선물을 매수할 수도 있습니다. 1994~1995년에 그런 적이 한 번 있고요. 하지만 특정 원자재의 미래에 대해서는 별 의견이 없습니다.

한국의 포스코 주식을 산 건 세계 최고의 철강 회사라고 생각해서입니다. 우리가 매수할 당시 PER 4~5배, 부채 없는 재무구조, 무척 저렴한 생산 비용이 매력적이었습니다. 포스코는 정말 멋진 회사입니다. 게다가 원화 가치로 표시되어 우리는 20%의 수익을 냈습니다. 이처럼 우리는 가끔 원자재 쪽에 투자할 수도 있습니다.

우리는 추가 자본이 거의 들지 않아 ROIC가 매우 높을 것 같은 기업을 좋아합니다. 매년 막대한 자본을 투자하며 고수익 사업을 운영할 방법은 아무리 찾아도 없습니다. 하지만 비교적 최소한의 자본 투자로는 가능한데요. 시즈캔디가 그 예입니다. 규모가 크지 않을 뿐 내실은 훌륭합니다. 규모를 고려하면 철강이나 석유 사업보다 훨씬 더 낫습니다. 기왕이면 규모도 더 크게 키웠으면 좋겠습니다. 우리도 가능한 모든 방법으로 최선을 다할 것입니다.

멍거: 우리는 원자재 자체에 투자할 생각이 없습니다. 그보다는 기업에 투자하자는 주의입니다.

세계 금융위기와 정부 대응

2009 총회 (00:17:28)

멍거: 정부는 70년 만에 최악의 금융위기에 대응하고 있습니다. 그것도 전 세계의 중요한 자산들을 위협하는 위기입니다. 초미의 압박 속에서 정부가 동분서주하고 있는 만큼, 아무리 선의에 따른 결정이라도 모두의 찬성을 얻는 것은 불가능합니다. 그래도 어려움 속에서 최선을 다하고 있습니다. 물론 개중에는 어리석은 대책도 없지는 않겠죠.

버핏: 2008년 9월 중순, 미 정부는 금융 시스템 전체가 붕괴할 뻔한 엄청난 위기에 직면했습니다. 며칠 만에 MMF에서 수천억 달러가 빠져나갔습니다. 또 기업어음 시장이 마비되면서 금융업과 무관한 기업들도 급여 지급에 어려움을 겪었죠. 당시 우리는 깊은 수렁에 빠진 듯했지만, 정부는 매우 신속하게 여러 조치를 취했습니다.

잘했다고 생각합니다. 찰리의 말처럼 리먼 브러더스, AIG, 그리고 뱅크오브아메리카가 인수하지 않았다면 파산했을 메릴린치 등 사방에서 들려오는 새로운 악재 속에서 하루 20시간씩 일하는 사람들에게 완벽을 기대하는 건 무리입니다. 이 혼란의 와중에 정책을 수립하고 의회와 국민의 반응까지 살펴야 한다면 모든 일을 잘할 수 없습니다.

정부 규제

2019 총회 (03:50:52)

버핏: 보험은 주로 주정부가 규제하지만 버크셔가 보험 사업을 시작한

이래 늘 규제 산업이었습니다. 규제는 성가시기도 하지만 한편으로는 보험업계에 진입하려는 사기꾼들을 막아주기도 합니다. 보험은 상대에게 어떤 약속만을 대가로 돈을 건네받으므로 사기꾼들이 활동하기 좋은 무대입니다. 때문에 약속 하나 제시하고 남의 돈을 받아 갈 수 있는 보험업과 은행업에는 규제가 필요합니다.

멍거: 은행업은 예금 보험제도가 있으므로 정부의 신용을 활용하는 암묵적 합의가 있는 셈입니다. 돈은 냉철히 다뤄야 합니다. 따라서 은행 규제는 매우 타당하며 은행의 위험 감수에는 반드시 감독이 필요합니다. 특히 부동산 위기가 절정일 때 투자은행의 행태는 심각했습니다. 그들의 행동은 한마디로 역겨움 그 자체였습니다. 그 호황기에 제정신을 유지한 사람은 거의 없었습니다. 다들 자기만 뒤처질 수 없다는 생각에 서로의 멍청한 짓을 따라 하기에 바빴죠. 정말 비이성적인 행동이었습니다. 따라서 어느 정도 정부 개입은 불가피합니다.

버핏: 국민에게는 FDA(식품의약국)가 필요합니다. 하지만 관련 업계 종사자는 FDA의 규제가 짜증 날 겁니다. 저도 개인적으로 규제가 귀찮지만 사회 전체에는 이롭다고 생각합니다. 사실 많은 규제가 꽤 정당한 이유로 시행되어 왔습니다. 물론 지적받는 경영자 입장에선 그렇게 느끼지 않죠. 하지만 찰리의 말처럼 규제 없이 운영되는 은행은 누구도 원치 않을 겁니다. 개나 소나 은행업에 진입해 별짓을 다 할 수 있고, 그러다 결국 선량한 시민들을 곤경에 처하게 할 수 있으니까요. 옛날 은행업계는 서부 개척 시대처럼 무법지대였고, 그래서 19세기에 많은 문제가 발생했습니다.

글로벌 생활수준

2009 총회 *(03:35:53)*

버핏: 앞으로 1~2년 후 기업계나 시장에 무슨 일이 일어날지는 모르지만, 갈수록 미국인들의 삶이 나아지리라는 것은 확실합니다. 오늘 이 자리에는 약 3만 5,000명의 주주가 모였습니다. 인구 조사를 처음 실시한 1790년 미국 인구의 약 1%죠. 만약 1790년에 이 강당을 3만 5,000명의 미국 시민으로 채웠더라도, 그들은 지능 면에서 우리보다 뒤처지지 않았을 것입니다. 하지만 그들은 오늘날의 우리와 전혀 다른 삶을 살았습니다. 지금 우리의 생활수준을 보면 개인의 잠재력을 최대한 발휘할 수 있는 자본주의 시스템이 제대로 작동했음을 알 수 있습니다.

중국은 오랫동안 개인의 잠재력을 억누르는 체제를 고수했습니다. 하지만 이제는 개인이 잠재력을 발현하도록 허용합니다. 자본주의 시장은 종종 과열되고, 공포와 탐욕이 지배할 것입니다. 하지만 19세기에는 남북전쟁이 발발했고, 약 15년간의 불황이 이어졌으며, 당대인들의 표현에 따르면 6번의 공황이 있었습니다. 20세기에는 제1, 2차 대전과 숱한 경기 침체, 그리고 대공황이 터졌죠. 이러한 것들은 사회 발전을 가로막았지만 전체적으로 우리는 전진했습니다. 그것도 엄청나게 빠른 속도로 말이죠. 20세기에는 삶의 질이 7배나 향상되었습니다. 과거에는 노예제도가 있었고, 약 130년간 여성에게 투표권을 주지 않았습니다. 우리는 인간의 잠재력을 낭비해 왔고 지금도 그러합니다. 하지만 과거 수 세기 동안에 비하면 많이 나아졌습니다.

우리는 간헐적으로나마 앞으로 나아가고 있습니다. 지금은 경제가 다소 어렵지만, 저는 인류의 엄청난 잠재력을 믿어 의심치 않습니다. 매년 총회 때마다 우리 사회에는 수많은 문제들이 고개를 내밀 것입니다. 하지만 결국 기회가 승리합니다. 여러분의 자녀와 손주들은 여러분보다 더 잘살 것입니다. 지금은 상상도 못 할 일들을 더 쉽고 편리하게 할 방법들이 계속 개발될 것입니다.

멍거: 죽을 나이가 가까워지니 미래 경제를 점점 낙관적으로 보게 됩니다. 저는 그 미래를 누리지 못하겠지만요. 특히 희망적인 건 우리가 태양에너지를 직접 동력원으로 활용하리라는 것입니다. 이로써 우리는 전 세계에 전력을 공급하게 될 겁니다. 인구 과잉 국가들은 해수를 담수화할 수 있을 테고요. 환경 문제도 많이 해결되고, 미래에 화학 원료로 쓰일 탄화수소 자원도 더욱 보존할 수 있을 겁니다. 인류의 커다란 기술적 한계를 해결할 획기적인 돌파구가 눈앞에 다가오고 있습니다. 미드아메리칸 에너지와 중국 자동차 제조업체 비야디BYD도 그 주역에 포함되겠죠. 그러니 앞으로 닥칠 불행만 생각하지는 맙시다. 현재 상황에서 밝은 면도 생각해야 합니다. 현재 긍정적인 점은 인류의 핵심 기술 문제가 곧 해결될 거라는 것입니다. 충분한 에너지를 확보할 수 있다면 다른 많은 문제도 해결할 수 있습니다.

지정학적 위험

2023 총회 (02:16:02)

버핏: 대만 반도체 제조사 TSMC는 매우 중요하고 경영도 잘 되는 기업 중 하나입니다. 이 생각은 10~20년 후에도 그대로일 듯싶습니다. 다만 저는 입지가 마음에 들지 않아 재검토했습니다. 대만이라는 입

지 자체가 흠인 건 아닙니다. 그들이 미국에 생산 시설을 증설할 예정이긴 하지만요. 사실 버크셔의 손해보험사인 앨러게이니Alleghany의 자회사 중 하나가 TSMC의 애리조나주 공장 건설에 참여하고 있습니다. TSMC는 반도체 업계에서 최강입니다. 그들은 경영진도, 회사도 훌륭합니다. 그래도 저는 차라리 미국에서 훌륭한 경영진과 경쟁력 있는 기업을 찾겠습니다. 그리고 대만보다는 일본 기업에 자본을 배치하는 게 현실적으로 더 낫다고 생각합니다. 이는 현재 정황들을 고려해 재평가한 결과입니다. 찰리?

멍거: 워런이 마음 편한 곳이 좋다면 그렇게 해야죠.

고용과 해고

2009 총회 (04:04:44)

버핏: 사업 상황이 급변하면 일시적 또는 영구적 해고가 불가피할 수도 있습니다. 산업의 사양화로 영구적 타격을 입을 수 있는 기업은 해고라는 칼을 꺼낼 수밖에 없습니다. 또한 경기 수축기에 특히 큰 타격을 입는 기업도 만만찮은 대량 해고를 해야 할 것입니다. 그런 상황이 즐거운 사람은 아무도 없습니다. 대개는 경기 회복을 기다리다 너무 늦게 구조조정을 결정하곤 합니다. 하지만 중대한 변화기에는 사업 모델을 바꿔야 합니다. 그러지 않으면 남들이 선수 칠 것이고, 이후 더 거센 변화에 직면하게 될 것입니다.

버크셔는 그런 문제에 직면할 필요가 없는 회사가 좋습니다. 섬유 회사 시절에는 결국 모든 직원을 해고해야 했습니다. 사업이 부쩍 쪼그라

들자 최후의 수단에 이르지 않으려고 온갖 방법을 시도했지만 결국 두 손 들었지요. 자본주의는 창조적 파괴가 특징이고, 그 피해자는 누구라도 될 수 있습니다.

멍거: 우리 일부 자회사는 해고 대신 고통 분담 방식을 택하기도 합니다. 적어도 아직은 그렇게 버틸 만합니다. 고통 분담은 주로 재무가 튼튼한 회사들에서나 가능하지요. 벤저민 프랭클린의 "빈 자루는 똑바로 설 수 없다"라는 말이 이를 증명하는 것 같습니다. 기왕이면 회사가 건실해서 해고 대신 고통 분담 방식으로 운영하는 게 좋겠죠.

버핏: 하지만 그런 여건이 안 되는 기업이 많습니다. 어떤 경우에는 공장 전체를 폐쇄해야 할 수도 있습니다. 그게 바로 사업의 본질이죠. 모든 공장을 50% 가동해도 생산성이 가장 낮은 공장들을 폐쇄하는 것과 같은 효과를 기대할 순 없습니다.

멍거: 요즘은 살아남기 위해 때로는 신체 한 부분을 잘라내야 하는 세상입니다. 모든 기업이 현 상태를 유지할 수는 없습니다.

11부
시즈캔디, 코카콜라, 소비재 브랜드

See's Candies, Coca-Cola, and Consumer Brands

"시즈캔디 인수 당시 우리는 정말 무지했다. 그나마 흰 거닥의 분별력이라도 남아 있었기에 겨우 인수를 결심했다. 우리가 무지를 제거하는 데 꽤 능숙하다는 점은 버크셔의 성공 비결이다. 다행히도 아직 제거해야 할 무지가 많이 남아 있다."

"한 친구는 낚시의 첫 번째 규칙은 물고기가 있는 곳에서 낚시하는 것이고, 두 번째 규칙은 첫 번째 규칙을 절대 잊지 않는 것이라고 말했다. 우리는 물고기가 있는 곳에서 낚시하는 데 능숙해졌다."

"가격을 단 1센트라도 올리기 전에 간절히 기도해야 하는 사업은 결코 좋은 사업이 아니다. 반대로 별 진통 없이 가격을 인상할 수 있는 기업은 인플레이션에 강하다고 볼 수 있다."

"인플레이션 시기에 이상적인 자산은 남이 팔아 주는 매출에 따라 다달이 받는 로열티다."

1972년 초, 버핏과 멍거는 시즈캔디 인수를 마무리했다. 이후 그들은 수십 년 동안 시즈캔디에서 얻은 교훈을 통해 위대한 기업의 가치와 소비재 브랜드의 지배력을 잊지 않게 되었다. 이러한 통찰력은 버핏의 가장 주목할 만한 투자 중 하나로 이어졌다. 1980년대 후반과 1990년대 초반에 약 13억 달러 상당의 코카콜라 주식을 매수한 것이다. 버핏은 지금까지도 이 주식을 그대로 유지하고 있다(35년 동안 단 한 주도 매도하지 않았다). 11부에서 버핏과 멍거는 자신들이 시즈캔디와 코카콜라에 끌린 연유를 설명한다.

	버핏의 말을 빌리자면, 전 세계 수십억 명의 마음을 사로잡는다는 것이 얼마나 큰 가치인가를 보여 준다는 점도 그 이유 중 하나다.

	"진입장벽이 전혀 없는 산업도 있다. 그런 산업에서는 냅다 치고 나가야 한다. 많은 경쟁자가 당신을 지켜본 후 당신의 약점이나 자신의 강점을 파악하려 할 것이기 때문이다. 하지만 코카콜라 같은 기업은 진입장벽이 매우 높다. 만약 누군가 내게 200억~300억 달러를 주고 새로운 콜라로 코카콜라를 무너뜨리라고 해도 나는 어찌할지 전혀 모를 것이다. 전 세계 수십억 명의 뇌리에 깊이 박힌 코카콜라를 200억 달러로 지울 수는 없다."

코카콜라의 배당 정책

1995 총회 (02:26:46)

버핏: 코카콜라의 변경된 배당 정책은 그들이 현금을 어디에 어떻게 활용할지에 따라 평가해야 합니다. 저는 훌륭한 기업을 이끌면서 현금을 잘 활용한 후 나머지 돈을 주주에게 돌려주는 경영진을 칭찬합니다. 그 점에서 코카콜라는 현금을 제대로 활용할 줄 압니다. 먼저 가능한 모든 자원을 사용해 새 시장을 개척하고, 그다음에 주주에게 배당하고, 또 그다음에 자사주를 거하게 매입해 모든 주주에게 이익이 되는 방식으로 현금을 돌려주기 때문입니다.

우리가 유보이익 1달러로 1달러를 초과하는 시장가치를 창출하는 한, 버크셔의 무배당은 여러분에게도 더 이득입니다. 우리는 이를 의사 결정의 기준으로 삼는데, 코카콜라도 마찬가지일 것입니다. 그리고 그들이 현금을 제대로 활용할 용도가 없을 때 굳이 현금을 지출하지 않겠다는 원칙을 지킨 것은 칭찬받아 마땅하다고 생각합니다.

시즈캔디에서 얻은 교훈

1997 총회 (03:41:32)

멍거: 우리는 시즈캔디를 계기로 브랜드 가치의 중요성을 처음 깨닫고 어렵사리 도약했습니다. 그전에는 50센트로 1달러 지폐를 사는 거래에 익숙했죠. 만약 시즈캔디 인수 가격이 10만 달러 더 높았다면 우리는 포기했을 겁니다. 워런은 당대 최고의 교수였던 벤저민 그레이엄 밑에서

훈련받았고, 주 90시간씩 일하며 세상의 모든 지식을 흡수했음에도 말이죠. 우리는 그때까지도 올바른 결정을 주저 없이 내릴 만큼 충분히 성숙하지 못했던 것 같습니다. 결국 우리는 시즈캔디 측에서 10만 달러를 더 요구하지 않은 덕에 인수를 결심했습니다. 그리고 그 사업이 성공한 뒤에도 우리는 계속해서 배워나갔습니다. 끊임없는 학습의 중요성을 깨달았죠. 아무리 학력과 경력, 재능이 좋아도 계속 배워야 합니다.

버핏: 우리가 시즈캔디를 인수하지 않고 그 후 일어난 교훈적 사건들을 겪지 않았다면, 1988년에 코카콜라 주식도 매수하지 않았을 겁니다. 우리가 코카콜라에서 벌어들인 수익의 상당 부분은 시즈캔디에 빚졌다고 해도 과언이 아니죠. 설마 코카콜라의 진가도 못 알아보겠냐고 말할 사람도 있겠지만, 저는 잘 모르겠습니다. 시즈캔디 덕분에 생각의 폭이 넓어진 건 사실이니까요. 시즈캔디를 인수한 결정이 시장에서 낳은 결과를 직접 확인했고, 그 후 무엇이 효과 있고 없는지가 보이는 안목이 생겼습니다. 그리고 효과 있는 것에 집중하되 효과 없는 것은 피했습니다. 이는 바로 코카콜라와의 인연으로 이어졌죠. 그 외에도 운 좋게 몇몇 기업을 통째로 인수하면서 많은 것을 배웠습니다.

반대 방향에서도 교훈을 얻었습니다. 저는 풍차, 수중펌프, 이류 백화점에도 몸담았는데, 그것들이 얼마나 힘든 사업인지 깨달았습니다. 전력을 기울였지만 소용없었죠. 따라서 어떤 연못에 뛰어들지 결정하는 게 정말 중요합니다. 뛰어들 연못을 선택하는 게 수영 실력보다 중요해요.

2002 총회 (04:56:02)

버핏: 찰리와 제가 시즈캔디를 인수할 당시 서부에서 벗어나려는 모험

(동부로의 사업 확장)은 기대만큼 잘되지 않았습니다. 지역별이 아닌 전체 실적만 놓고 보면 훨씬 좋은데, 참 묘하더군요. 참고로 미국 내 자체 매장에서 상자형 초콜릿 세트를 파는 회사는 시즈캔디가 유일합니다. 미국에서 상자형 초콜릿 세트의 1인당 판매량은 1파운드(약 450g)밖에 되지 않습니다. 따라서 규모가 큰 사업은 아닙니다.

시즈캔디보다 훨씬 규모가 큰 몇몇 회사를 포함해 무수한 회사가 실패의 쓴맛을 보았습니다. 러셀 스토버Russell Stover는 다른 유통 채널을 통해 매우 좋은 수익을 내고 있지만 매장 판매로 성공한 회사는 시즈캔디가 유일합니다. 그래서 서부에서는 성공했으나 다른 지역에서는 아직 길을 뚫지 못해 매우 답답합니다. 미국에서 상자형 초콜릿 세트는 수요가 많지 않아 사업하기가 어렵습니다. 다들 초콜릿 세트를 선물 받으면 기뻐하지만, 거리를 거닐다가 혹은 쇼핑몰에 가서 자기가 먹으려고 사지는 않습니다. 대개 기념일이나 명절 때 구입하죠.

결론적으로 타지의 유명 쇼핑몰에 입점한 결과는 생각만큼 좋지 않습니다. 크리스마스 시즌에는 우리의 기존 방식에서 벗어나 전국 50개 매장에 키오스크를 운영했는데요. 수익을 좀 내긴 했지만 만약 1년 내내 운영했다면 수익을 내진 못했을 것입니다. 솔직히 우리는 30년째 이 문제를 고민 중입니다. 잘되는 지역에서는 정말 잘되는 사업이다 보니 아깝단 말이죠.

시즈캔디는 직접 판매 외에 어떤 유통 채널도 추가하지 않을 생각입니다. 이미 소매가가 충분히 저렴한 편이기에 다른 할인 유통 경로로 판매하지 않을 것입니다. 우리는 코스트코에서 다른 물건은 구매하겠지만, 우리 제품을 코스트코처럼 할인 중심의 유통 시스템을 통해 판매하지는 않겠습니다. 코스트코는 훌륭한 기업이고, 시즈캔디도 훌륭한 기업입니다. 하지만 이 둘은 절대 만나면 안 됩니다.

2003 총회 (01:46:16)

멍거: 제가 워런에게 대단한 가르침을 주었다고 오해하는 사람들이 있는데요. 이 똑똑한 친구에게 제가 가르칠 게 뭐 있겠습니까. 하지만 우리 둘 다 끊임없이 배웁니다. 그래서 우리의 분별력은 5년 전과 후가 또 다르지요. 그리고 시즈캔디는 우리 둘에게 정말 대단한 교훈을 주었습니다.

시즈캔디 인수 당시 10만 달러만 더 요구했어도 워런과 저는 포기했을 겁니다. 당시 우리가 얼마나 생각이 짧았는지를 알 수 있죠. 우리는 인수가 상한선을 2,500만 달러로 정했습니다. 우리가 포기하지 않은 이유 중 하나는 제 친구 아이라 마셜Ira Marshall이 우리에게 "자네들은 제정신이 아니군. 세상에는 때로 기꺼이 지불할 가치가 있는 게 있다고. 자네들은 기업의 질을 과소평가하고 있어"라고 말했기 때문입니다. 워런과 저는 비판에 귀 기울이고 생각을 바꿨습니다. 비판을 건설적으로 받아들일 줄 아는 것만큼 좋은 교훈도 없죠. 하나의 비판이 그 후 얼마나 많은 돈을 벌어다 주었는지 생각해 보십시오. 시즈캔디의 교훈이 가져온 간접적 효과까지 고려하면, 버크셔는 부분적으로 비판을 통해 성장했다고 해도 틀리지 않습니다. 그러나 이제는 더 이상의 비판을 원치 않습니다.

버핏: 저는 기업 가치를 평가할 때 주로 수치에 기초한 정량적 분석을 중시하는 그레이엄에게서 투자를 배웠고 큰 도움을 받았습니다. 그레이엄이 지배 구조나 브랜드 가치, 독점력 같은 정성 분석을 무시한 것은 아니지만 그는 정량적 측면에만 집중해도 충분히 돈을 벌 수 있다고 말

했습니다. 정량 분석이 가치를 판단하는 더 확실한 방법이며 담배꽁초를 식별하는 데(담배꽁초 투자) 더 도움이 된다면서 말이죠. 반면에 정성적 측면은 가르치거나 글로 설명하기 어렵고, 정량적 측면보다 더 깊은 통찰력이 필요할 수 있다고 말했습니다. 게다가 정량적 접근만으로도 효과가 좋으니 굳이 더 수고할 필요가 있겠냐는 것이었죠. 이는 소액 투자에는 꽤 효율적인 방식이었습니다. 하지만 찰리는 정성적 분석을 훨씬 강조했습니다. 실제로도 훌륭한 기업을 적정 가격에 사는 것이 적당한 기업을 싼값에 사는 것보다 더 합리적이었습니다. 모두 우리가 두 눈으로 보고 배운 겁니다. 50년 내공 덕에 이제는 보기만 해도 척하면 척이죠. 우리는 점점 더 좋은 기업을 향해 다가갔고, 이제는 이렇게 훌륭한 기업들만 모였습니다.

2011 총회 (01:26:47)

버핏: 고물가 속에서 실질 성장률을 유지하기 위해 아등바등할 필요 없는 훌륭한 제품은 인플레이션 시대에 진가를 발휘합니다. 이처럼 인플레이션을 따라잡기 위한 추가 자본을 소모하지 않아야 좋은 기업입니다. 인플레이션 시기에 가장 불리한 기업은 매출채권과 재고를 다량 보유한 기업입니다. 그리고 매출은 그대로이나 물가만 두 배 올라, 현상 유지를 위해 두 배의 자금을 투입해야 하는 기업도 정말 안 좋습니다.

시즈캔디를 예로 들어보죠. 인수 당시 매출이 3,000만 달러였고, 파운드(약 450g)당 1.90달러인 캔디를 1,600만 파운드(약 7,257톤)씩 팔았습니다. 지금은 매출이 3억 달러가 훨씬 넘죠. 매출이 3,000만 달러였을 때 회사 운영에 900만 달러 상당의 유형자산이 필요했지만, 매출이 3억 달러가 넘는 지금은 약 4,000만 달러의 유형자산만 필요합니다. 결과적으로 이 기간에 세전 이익 15억 달러를 창출한 사업에 3,000만 달러만 재투자했습니다. 그리고 사탕 가격이 두 배로 오르더라도 매출채권은 전혀 남지 않습니다. 재고가 빠르게 소진되므로 재고가 쌓일 일도 없습니다. 성수기에 재고를 빨리 소진하고 고정자산도 많지 않아 인플레이션이 심한 시기에는 공익사업보다 훨씬 유리합니다.

멍거: 그러니 세상에서 의미 있는 성취를 이루려면 계속해서 배워야 합니다.

버핏: 과거에 저는 투자 경험이 버크셔 운영에 도움이 되고, 버크셔 운영이 투자에 도움이 된다고 언급했습니다. 결핍을 경험하는 것만큼 좋은 것은 없습니다. 특히 인플레이션이 극심했던 1970년대와 1980년대 초에는 시즈캔디에 대규모 자본 투자가 꼭 필요했는데, 수익이 좀처럼 따라오질 못했습니다.

1977년 저는 〈포춘〉에 '인플레이션이 주식 투자자에게 사기 치는 과정(How Inflation Swindles the Equity Investor)'이라는 글을 기고했습니다. 인플레이션 시기에 이상적인 자산은 남이 팔아 주는 매출에 따라 다달이 받는 로열티입니다. 어떤 제품을 개발하고 라이선스를 제공하면 더 이상 자본 투자가 필요 없습니다. 매출채권도, 재고도, 고정자산도 없습니다. 이런 종류의 사업이야말로 제품의 수익성만 유지한다면 진정한 인플레이션 보호막이 됩니다. 우리가 자본 집약적인 사업에 뛰어드는 일부 이유는 보유 자본을 다양한 제2의 시즈캔디들에 투입할 수 없기 때문입니다. 제2의 시즈캔디를 찾으려야 찾을 수가 없습니다. 매년 수십억 달러를 투자하는 요즘의 우리가 수백만 달러를 투자하던 과거보다 수익률이 떨어지는 건 명백한 사실입니다. 이는 투자에서도 경영에서도 마찬가지입니다. 버크셔의 규모가 크다는 게 불리한 점이지만,

이러한 불리함은 커질수록 제맛이죠.

2014 총회 (01:48:48)

버핏: 시즈캔디는 다른 기업의 인수 자금을 마련해 주었을 뿐 아니라, 추가 수익 창출을 통해 다른 자회사의 투자금까지 마련해 주었습니다. 우리는 또 브랜드의 힘에도 눈 뜨게 되었죠. 그러니 우리가 코카콜라로 많은 돈을 번 것이 시즈캔디를 인수한 덕분이라고 해도 과언은 아닙니다. 물론 이전에도 브랜드 가치의 중요성은 알았지만 브랜드를 직접 소유해 가능성과 한계를 경험하고 미래를 구상하는 산 교육의 효과는 차원이 다릅니다. 우리는 1972년에 시즈캔디를 인수했고, 1988년에 코카콜라 주식을 매수했습니다. 시즈캔디를 소유하지 않았다면 나중에 코카콜라도 매수하지 않았을지 모릅니다.

멍거: 시즈캔디가 버크셔에 가장 크게 기여한 부분은 무지에서 탈출했다는 계몽 효과입니다. 그들이 유일한 계몽자는 아니지만요. 우리가 한 단계씩 무지를 제거해 나가지 못했다면, 오늘날 버크셔는 볼품없었을 것입니다. 우리의 초창기 지식으로는 역부족이었을 테니까요. 시즈캔디를 인수할 당시 우리는 정말 무지했습니다. 그나마 한 가닥의 분별력이라도 남아 있었기에 겨우 인수를 결심했죠. 우리가 무지를 제거하는 데 꽤 능숙하다는 점은 버크셔의 성공 비결 중 하나입니다. 다행히도 아직 제거해야 할 무지가 많이 남아 있답니다.

2017 총회 (00:31:07)

버핏: 우리가 투자할 곳이 훌륭한 기업인지 알아내려면 5~20년 후를 내다봤을 때도 현재의 경쟁우위가 지속될 것인지 따져 봐야 합니다. 그

뿐 아니라 버크셔 문화에 잘 맞는 동시에 기꺼이 동참할 믿음직한 경영자가 있어야 하고, 그다음으로 가격도 합리적이어야 하죠. 기업 인수는 미래의 결과 예측을 바탕으로 지금 당장 돈을 투자하는 행위입니다. 따라서 우리가 미래를 확신하는 기업일수록 인수로 마음이 기울게 되죠.

비교적 작은 회사인 시즈캔디를 인수한 건 일종의 분수령 같은 사건이었습니다. 1972년에 시즈캔디를 살펴보며 생각한 질문은 '사람들이 다른 회사 대신 이 회사의 초콜릿을 먹거나 선물하고 싶어 하느냐'였습니다. 우리는 마음에 쏙 드는 경영자를 낙점하고, 현금 2,500만 달러에 시즈캔디를 인수했습니다. 당시 세전 이익은 약 400만 달러였는데 인수 후 벌어들인 돈은 세전 이익으로 20억 달러 가까이 됩니다. 사실 이 결과는 사람들이 저가 초콜릿만 원하지는 않을 것이라는 단순한 발상에서 비롯했습니다. 밸런타인데이에 아내나 여자 친구에게 초콜릿 세트를 선물하며 싸게 샀다고 자랑하는 건 썩 낭만적이지 않습니다. 우리는 인수 후 10~20년이 지나도 시즈캔디가 특별한 브랜드로 남으리라 판단했고, 다행히도 그 생각은 옳았습니다. 지금은 혹시 제2의 시즈캔디는 없는지 찾는 중입니다. 다만 이번에는 체급을 높여서 말이죠.

멍거: 하지만 당시 우리가 젊어서 멋몰랐던 것도 사실입니다. 사실 인수가가 좀 더 높았더라도 인수하는 게 옳았을 겁니다. 하지만 실제로 그랬다면 우리는 사지 않았겠죠. 요즘 우리가 좋은 평을 많이 듣는 건 예전보다 많이 발전했기 때문이랍니다.

버핏: 500만 달러 더 비쌌다면 전 안 샀을 겁니다. 찰리라면 기꺼이 샀을지도요. 다행히 그들이 가격을 올리지 않아서 제가 잘못된 결정을 내리는 불상사는 피했습니다. 안 그랬으면 저는 아마 갈팡질팡했을 테고, 찰리는 밀어붙였을 거예요. 다행히 시즈캔디를 매각한 찰스 시│Charles

See는 사업에 관심이 없었습니다. 그는 여자와 와인을 더 좋아했죠. 하마터면 그의 생각이 바뀔 뻔한 적도 있었습니다. 저는 그 자리에 없었지만 동료 투자자 릭 게린Rick Guerin이 말하길, 찰리가 캔디 회사 운영보다 여자와 포도주가 더 낫다고 한 시간 동안 매각자를 설득했다고 하더군요. 결국 그는 우리에게 회사를 팔았습니다. 이후로 저는 그런 긴급 상황에 찰리를 슬쩍 대동합니다.

멍거: 초창기에 우리는 가격이 싸다는 이유로 기업을 인수하는 끔찍한 짓을 저지르곤 했습니다. 그렇게 인수한, 내리막길을 걷는 구제 불능 기업들을 어떻게든 살리려고 노력하다 많은 경험을 쌓았죠. 그 초창기 경험은 정말 끔찍했지만 결과론적으로는 정말 운이 좋았습니다. 덕분에 이후로는 그런 기업을 잘 피해 다니게 되었으니까요. 젊은 시절의 무지가 훗날 우리에게 도움이 된 것 같습니다.

버핏: 돼지 귀로는 비단 지갑을 만들 수 없습니다. 그래서 비단 같은 기업을 찾아 나섰죠

멍거: 오랜 세월 도전과 실패를 경험하고, 흑역사를 자꾸 되새겨야 진정한 교훈을 얻을 수 있습니다.

2017 총회 (00:47:21)

멍거: 인생을 제대로 살려면 끊임없이 배워야 합니다. 우리는 시즈캔디의 교훈을 포함해 오랜 시간에 걸친 학습으로 어마어마한 부를 얻었다고 생각합니다. 거액의 자본을 배분해 본 적이 없는 사람에게 의사 결정권을 맡기는 건 주사위 굴리기와 같습니다. 우리는 풍부한 경험을 통해 결정력이 훨씬 나아졌습니다. 우리의 옳고 그른 결정들은 서로 뒤섞이고, 그 과정에서 끊임없는 학습이 이루어집니다. 우리가 계속해서 배

우지 않았다면 여러분은 지금 여기 있지도 않았을 겁니다. 살지 못했을 거란 뜻이 아니라, 버크셔의 주주로서 이 강당에 모여 있지는 않았을 거란 말입니다.

버핏: 형편없는 기업과 부대끼는 고통스러운 경험은 좋은 기업의 가치를 깨닫는 데 특효입니다.

멍거: 좋은 기업과 동행하는 것만큼 즐겁고 유익한 경험은 없죠. 제 친구 중 한 명은 낚시의 첫 번째 규칙은 물고기가 있는 곳에서 낚시하는 것이고, 두 번째 규칙은 첫 번째 규칙을 절대 잊지 않는 것이라고 말하곤 했습니다. 우리는 물고기가 있는 곳에서 낚시하는 데 능숙해졌어요.

버핏: 그렇습니다. 우리는 1966년 볼티모어에서 백화점(호크실드 콘)도 인수했었죠. 미개발 지역에 새로운 상점을 열지 결정하는 건 정말 큰 경험이 됐습니다. 경쟁사가 먼저 선점할지도 모른다는 초조함에 뛰어들지 말지 고민하다 뛰어들었더니 상황이 꼬였습니다. 상점이 하나만 들어서도 버티기 힘든 곳에 두 개나 들어선 것입니다. 이런 교훈은 몸으로 겪어야 배울 수 있습니다. 이렇게 피해야 할 형편없는 기업을 거르는 것만으로도 아주 좋은 시작이 되니까요. 우리는 온갖 기업을 다 경험해 봤답니다.

2019 총회 (05:02:05)

버핏: 지난 몇 년간 시즈캔디의 확장안을 10여 가지 내놓았습니다. 예전에는 시즈캔디가 우리 사업에서 훨씬 큰 비중을 차지했으므로 그들에 더 집중했었습니다. 보험을 제외하면 사실상 유일한 사업이었으니까요. 10~12개 정도의 아이디어가 있었고, 어떤 아이디어는 여러 번 시도하기도 했습니다. 새로운 경영자가 오면 재차 시도해 보기도 했죠.

하지만 효과를 본 것은 하나도 없었습니다.

시즈캔디는 작은 틈새시장에서 정말 잘나갑니다. 초콜릿 세트는 누구나 받으면 좋아하므로 선물로 적합합니다. 하지만 직접 사 먹는 사람은 비교적 적습니다. 사무실에 초콜릿 상자를 열어 두면 (우리 본사 직원은 25명밖에 안 됩니다) 금세 동납니다. 선물로 받는 사람은 기뻐하고, 저녁 파티에 놔두면 날개 돋친 듯 사라지죠. 하지만 사람들은 눈앞에 초콜릿이 있으면 얼른 집어 먹어기는 해도 매장에 가서 직접 사 먹지는 않습니다. 초콜릿은 철저히 선물용으로만 팔리지, 전 세계로 판매가 확산하지는 않습니다.

제가 마지막으로 확인한 바로는 서부인은 밀크초콜릿을 선호하고, 동부인은 다크초콜릿을 선호했습니다. 서부인은 큼직한 초콜릿을 좋아하고, 동부인은 조각 초콜릿을 선호합니다. 우리는 서부에서 동부로의 지리적 확장을 수없이 시도해 봤습니다. 잘되는 곳에서는 아주 잘 됩니다. 하지만 지역을 이동하면 잘 안 되기도 합니다. 동부에 매장을 열면 다들 자기네 지역에도 시즈캔디 매장이 오픈하길 기다렸다며 한동안 인파가 몰립니다. 그러다 나중에 보면 연 매출이 기대 수준의 70%에 그칩니다. 우리는 모든 방법을 다 시도해 봤지만 초콜릿 소비는 생각만큼 늘지 않습니다.

멍거: 우리가 작은 초콜릿 회사를 마스나 허쉬로 키우는 데 실패한 것은 노벨 물리학상을 받은 학자가 불로불사를 달성하지 못한 것과 같은 이유입니다. 우리에게는 너무 어려운 일입니다.

버핏: 하지만 우리는 2,500만 달러에 시즈캔디를 인수해 20억 달러가 훌쩍 넘는 세전 이익을 벌었습니다. 그 돈으로 다른 기업도 인수했습니다. 만약 우리가 다른 회사처럼 시즈캔디의 모든 유보이익을 시즈캔디

안에서 사용하려 했다면 투자한 만큼 이익을 내려 필사적으로 애쓰다 실패했을 것입니다. 이렇게 경험으로 터득한 온갖 공식이나 자본 활용 전략이 있어도, 어떤 사업에는 적용할 수 없기도 합니다. 또 어떤 사업은 크게 성공하기도 하고요.

닥터페퍼는 코카콜라가 설립된 1886년 이후 꾸준히 판매되어 왔습니다. 그러나 닥터페퍼의 시장 점유율은 댈러스에서는 10~12%이지만, 디트로이트나 보스턴에서는 1%도 안 됩니다. 이처럼 어떤 제품은 타지에서 먹히고, 어떤 제품은 안 먹히니 참 신기하죠. 캐드베리Cadbury 초콜릿은 미국에서 잘 안 팔리고, 허쉬 초콜릿은 영국에서 잘 안 팔립니다. 사람들은 다 똑같이 생겼는데 무슨 이유에선지 각자 좋아하는 초코바는 천차만별이죠. 이런 것을 보면 참 재미있습니다.

멍거: 언젠가 저는 명저를 저술한 한 작가에게 "두 번 다시 이런 걸작을 쓰시긴 어려울걸요"라고 말했습니다. 그러자 그는 몹시 불쾌해하더군요. 이후 그는 네 권 더 발표했는데, 읽어 보니 제 예견이 맞더군요. 인생 역작을 쓴다는 건 평생에 한 번 나올까 말까입니다. 그만한 후속작이 나오지 않으면 사람들은 그를 잊어버리죠. 힘든 일입니다.

버핏: 첫 성공을 최대한 활용해야죠. 저는 시즈캔디를 거의 포기할 뻔했지만, 찰리가 저더러 인색하게 굴지 말라고 충고한 덕에 꽤 괜찮은 가격에 시즈캔디를 인수했습니다.

멍거: 지난 세월 우리가 얼마나 많은 것을 배웠는지 스스로 생각해도 신기합니다. 배우지 않았다면 성과는 훨씬 안 좋았을 것입니다. 언제든 현재의 지식만으로는 다음 단계로 나아가기 어렵습니다. 그래서 진전이 힘든 것이죠. 한 걸음 더 나아가려다 절벽에서 떨어진 수많은 사람들을 생각해 보세요.

코카콜라의 역사

***1997 총회** (04:33:05)*

버핏: 코카콜라는 전 세계 보틀링 파트너 네트워크를 강화하고 개선하는 등 매우 현명하게 자본을 사용했습니다. 오랫동안 방치된 숙제를 정말 훌륭히 해결했죠.

보틀링 파트너 사업에는 좀 재미있는 사연이 있습니다. 코카콜라 최고운영책임자 돈 키오의 공이 컸고, 코카콜라 CEO 로베르토 고이주에타도 상당한 역할을 했습니다. 1880년대 후반, 코카콜라 창립자 아사 캔들러Asa Candler는 일련의 거래를 통해 코카콜라 회사 전체를 2,000달러에 인수했습니다. 세계 역사에 손꼽힐 탁월한 거래였죠. 그리고 1899년, 테네시주 채터누가에서 두 사람이 캔들러를 찾아왔습니다. 당시에는 청량음료를 주로 약국에서 처방 없이 잔으로 판매했습니다. 그러던 중 병에 음료를 넣는 보틀링 사업이 조금씩 뻗어나가기 시작했죠. 보틀링 업체를 운영하던 두 사람은 캔들러에게 "보틀링 사업은 유망합니다. 당신은 음료 제조에 집중하시고, 병입 시스템 개발은 우리에게 맡겨 주시죠"라고 말했습니다. 아마도 캔들러는 보틀링 사업에 별 관심이 없었나 봅니다. 그래서 두 사람과 종신 계약을 맺었습니다. 이 계약은 그들에게 코카콜라 보틀링 사업권과 미국 전역에서 코카콜라 시럽을 1달러에 구매할 수 있는 영구적 권리를 부여했죠.

2,000달러에 코카콜라를 사들여 역사상 가장 탁월한 계약으로 큰돈을 번 아서 캔들러는 이로써 역사상 가장 멍청한 계약도 체결했습니다. 세월이 흘러 제2차 세계대전 무렵이 되자, 콜라 시럽의 주재료인 설탕 가격이 폭등했습니다. 그러나 캔들러가 맺은 계약은 사실상 설탕을 영

원히 고정 가격에 팔기로 한 것이었죠. 게다가 두 사람에게 종신 권리도 부여했습니다. 놀랍게도 병입 계약에 따른 부차적 권리도 팔았으니, 이는 말을 타고 하루 만에 왕복할 수 있는 반경 내에서의 독점적 판매권이었습니다.

이렇듯 코카콜라는 콜라 유통의 구심점을 이루게 될 보틀링 시스템 계약에 영영 묶여 버렸습니다. 오래전 캔들러를 찾아가 끝내주는 계약을 맺었던 병입 업자들은 임종 직전에 자녀와 손주들을 불러 간신히 몸을 일으키고는 마지막 숨을 컥컥대며 신신당부했을 것입니다. '보틀링 계약에 절대 손대지 말 것'을요. 그래서 코카콜라는 수십 년 동안 보틀링 시스템에 별다른 조치를 취하지 못한 채 골머리를 앓았습니다. 로베르토 고이주에타와 돈 키오, 그 외 몇몇 사람들이 25년에 걸쳐 이 문제를 합리적으로 바로잡으려 노력했습니다. 이 대대적인 장기 프로젝트는 시간이 지나면서 회사의 가치에 엄청난 변화를 일으켰습니다.

이것이 바로 대표적인 '지적 자본(기업이 보유하는 각종 특허권, 상표권, 영업권, 기술 따위의 무형 자산과 이러한 자산과 관련된 연구 개발, 조직원의 창의력과 노하우, 경영진의 관리 능력, 기업의 이미지 따위를 이르는 말)' 사례입니다. 경영 여건을 개선하는 과정은 오랜 시간을 필요로 합니다. 하지만 코카콜라는 반드시 필요한 일을 마무리하기 위해 보틀링 시스템에 자본을 대거 투입했고 프로젝트를 마무리했습니다. 그들은 그 외에도 대대적으로 자사주를 매입하는 등 매우 영리하게 자본을 사용했습니다. 아마 지금 이 순간에도 자사주를 사들이고 있을 텐데, 물론 저로서는 싫을 이유가 없습니다.

멍거: 코카콜라는 기업 역사상 가장 흥미로운 사례 중 하나입니다. 코카콜라의 역사는 교훈의 화수분입니다.

코카콜라 가치 평가

1998 총회 (01:35:40)

버핏: 보틀링 파트너 계약은 코카콜라의 장기 전략에 자연스레 따르는 부수적 요소입니다. 이 전략은 지금까지 매우 성공적이었으며 앞으로도 더 많은 성공을 거둘 것입니다. 보틀링 시스템을 재정비하고 통합하고 신규 시장으로 확장하는 과정에서 보틀링 업체들과 여러 추가 계약을 체결했고 앞으로도 그럴 예정입니다. 이 거래의 수익성은 업체마다 다릅니다. 하지만 저는 코카콜라의 가치 평가에 이 부분을 반영하지 않습니다. 코카콜라의 가치 평가에서 중요한 요소는 발행 주식과 24개들이 상자 판매량입니다. 유통 주식 수가 줄고 상자 판매량이 빠르게 증가한다면, 코카콜라는 장기적으로 큰 수익을 낼 것입니다. 다양한 종류의 음료에 보틀링 계약을 맺었고, 1억 상자의 매출가를 확인했으며, 추가로 매년 15억 상자의 매출을 예상할 수 있습니다. 이는 실질적 가치의 급격한 상승으로 이어집니다. 만약 15~20년 후 그들이 지금보다 몇 배 더 많은 콜라를 팔고 유통 주식 수가 훨씬 줄어든다면 더 바랄 것도 없습니다.

2003 총회 (03:28:21)

버핏: 저는 코카콜라를 '필수 소비재' 브랜드로 정의했고, 그들이 갈수록 시장 점유율을 높여 청량음료 시장을 장악할 것이라 말해 왔는데요. 정말로 매년 그렇게 되고 있습니다. 현재 코카콜라의 세계 시장 점유율은 역대 최고이며, 앞으로도 그들의 아성을 무너뜨릴 자는 아무도 없을 것입니다. 코카콜라는 1886년 존 펨버턴John Pemberton이 애틀랜타의 제

이콥스 약국에서 최초로 출시한 이후 거대 유통 시스템을 통해 점점 더 많은 소비자들의 마음속에 자리 잡아 왔습니다. 코카콜라는 전 세계인의 마음에 각인되었으며, 앞으로 더 많은 사람들이 코카콜라를 더욱 확고하게 받아들일 것입니다. 시간이 지날수록 판매 단위당 이익도 좀 더 늘어나겠죠. 그러니 과연 어느 기업이 코카콜라를 왕좌에서 끌어낼 수 있을지 모르겠습니다.

코카콜라의 점유율

1999 총회 (02:10:19)

버핏: 전 세계의 발전은 코카콜라에도 이득입니다. 세계가 번영하고 생활수준이 향상하면 코카콜라 제품도 더 많은 사람들의 사랑을 받을 테니까요. 저의 관심사는 코카콜라의 시장 점유율을 넘어선 마음 점유율(mind share), 즉 소비자의 브랜드 인지도입니다. 10~20년 전과 비교해 요즘 사람들이 코카콜라를 어떻게 생각하고 있는지, 또 10~20년 후에는 어떻게 생각할지 상상해 보십시오. 코카콜라는 전 세계적으로 놀라운 소비자 인지도를 차지하고 있습니다. 전 세계에 코카콜라를 모르는 사람이 거의 없을 뿐 아니라, 이미지도 압도적으로 좋습니다. 코카콜라만큼 제품 호감도가 크고 넓은 기업을 세 곳만 대 보세요. 저는 하나도 떠오르지 않습니다.

앞으로 코카콜라가 매출도 쑥쑥 늘어나고, 유통 주식 수도 줄어들면 좋겠습니다. 10~20년 후에도 제 생각은 변함없을 것입니다. 현재 우리의 지분율은 8.2%이며, 10년 후에는 자사주 매입 가능성에 비추어 비중이 더 커질 것 같습니다. 코카콜라의 PER은 전 세계 대기업들이 대개 그렇듯 꽤 높은 편입니다. 그렇다고 주가가 하락할 것이라는 의미는 아닙니다. 하지만 PER이 낮았던 시절보다는 이들 주식을 더 많이 매수하고 싶던 우리의 열정이 약해진 것은 사실입니다. 그래도 이러한 유형의 기업들을 나중에 더 많이 매수할 수 있다면 좋겠습니다. 적어도 향후 10년 안에 코카콜라나 질레트, 아메리칸 익스프레스, 그 외 우리가 보유한 훌륭한 기업들의 주식을 더 많이 매수하지 않을까 싶습니다.

멍거: 코카콜라의 10년 후, 아니 그 이상의 미래를 상상하는 게 중요합니다. 세계 각국의 단기적 경제 상황이나 환율 등은 신경 쓰지 않아도 됩니다. 10~15년 후의 코카콜라를 전망하는 데 도움이 안 되기 때문이죠. 우리는 이처럼 예측을 방해하는 모든 잡음에 귀를 닫습니다.

버핏: 세계 대기업 중에 코카콜라만큼 좋은 기업이 있을까요. 훨씬 작은 기반에서 시작해 더 빨리 성장하는 기업도 있겠지만, 코카콜라보다 더 탄탄한 기업은 없을 듯합니다.

2012 총회 (04:20:10)

버핏: 진입장벽이 전혀 없는 산업도 있습니다. 그런 산업에서는 냅다 치고 나가야 합니다. 많은 경쟁자가 당신을 지켜본 후 당신의 약점이나 자신들의 강점을 파악하려 할 테니까요. 하지만 코카콜라 같은 기업은 진입장벽이 매우 높습니다. 만약 누군가 제게 200~300억 달러를 주고 새로운 콜라로 코카콜라를 무너뜨리라고 해도 저는 어찌할지 전혀 모를 겁니다. 전 세계 수십억 명의 뇌리에 깊이 박힌 코카콜라를 200억 달러로 지울 수는 없으니까요.

월트 디즈니

1996 총회 (03:38:41)

버핏: 지난 12년 동안 디즈니에서 가장 중요한 인물은 단연 CEO 마이클 아이스너Michael Eisner였습니다. 능력으로 보나 업적으로 보나 그에 비견할 사람은 아무도 없을 것입니다. 아이스너는 사실상 '월트 디즈니'와 동의어였습니다. 그는 자신의 사업을 누구보다 잘 알고 사랑하며, 일에 파묻혀 먹고 자고 숨을 쉽니다. 그는 디즈니 성공의 가장 큰 주역입니다. 하지만 이제 디즈니는 경쟁에 둘러싸여 있습니다. 애니메이션 사업에서 큰 수익은 영화를 시작으로 그 주변의 모든 산업에서 나옵니다. 영화에서 테마파크, 캐릭터 상품으로 돌고 돌며 자가 증식하기 때문이죠. 고로 치열한 경쟁이 예상됩니다. 미국의 엔터테인먼트 기업 MCA와 유니버설 스튜디오Universal Studios가 플로리다주에 조성한 테마파크를 다들 보셨을 겁니다. 드림웍스 픽처스DreamWorks Pictures도 애니메이션으로 확장을 계획 중이고, 이제 스티브 잡스Steve Jobs의 픽사Pixar는 애니메이션에 신기술을 도입했습니다. 이처럼 이 분야에 많은 변화가 예상됩니다.

핵심은 10년 후 디즈니와 그들의 캐릭터가 다른 기업의 캐릭터와 비교했을 때 전 세계 수십억 명의 아이들과 그 부모들의 마음속에 어떤 위치를 차지할 것인가입니다. 이는 통상 시장 점유율로 불리지만 실은 마음 점유율에서 시작됩니다. 경쟁이 치열한 분야인 만큼 치열한 각축전이 예상됩니다. 저는 디즈니의 손을 들어 주겠습니다. 그리고 다른 어떤 경영자보다 단연 마이클 아이스너와 함께하고 싶고요. 특히 차기 CEO도 아이스너만큼 디즈니를 잘 이끈다면, 한결 기분 좋게 디즈니에 베팅할 수 있을 것 같습니다.

멍거: 20년 후 지소득층 및 중산층의 자녀가 10억 명이라고 가정합시다. 그리고 아이 한 명으로부터 세후 연 10달러를 벌 수 있다고 칩시다. 정말 어마어마한 숫자가 나옵니다. 여러분의 자녀나 손주들은 모르겠지만, 제 자녀와 손주들은 디즈니를 보고 싶어 합니다. 그것도 보고 또 보고 계속해서 봅니다.

버핏: 디즈니는 좋은 브랜드입니다. 전 세계적으로 코카콜라를 이길 브랜드는 거의 없지만, 디즈니 역시 브랜드 파워가 대단합니다. 찰리의 말처럼 사람들은 디즈니를 계속해서 보고 싶어 하잖습니까. 7~8년마다 백설공주를 다른 고객층을 상대로 재활용할 수 있는 것도 장점입니다. 마치 유전에서 석유를 퍼내서 팔아도 7~8년 후 다시 석유가 채워지는 것과 같다고나 할까요.

제품 전파력

2000 총회 (04:16:11)

버핏: 미국에서 오래 버틴 기업은 전 세계로 진출할 기회도 더 많습니다. 우리도 세계로 널리 퍼질 수 있는 제품이 좋습니다. 하지만 어떤 제품은 세계적으로 잘 팔리고 어떤 제품은 그렇지 않으니, 참 신기합니다. 국내외를 막론하고 우리는 항상 지리적 확장에 관심이 있습니다. 생각만큼 쉬운 일은 아니지만요. 하지만 기회가 오면 과감하게 뛰어들어야 합니다.

코카콜라 보틀링

2002 총회 (02:42:11)

버핏: 일부 코카콜라 보틀링 업체들은 상당한 레버리지(차입 투자)를 부담하게 되었습니다. 탄탄하고 꾸준한 사업이지만 수익성이 막대한 사업은 아닙니다. 큰 폭의 하락은 없을 것이란 점에서 레버리지를 감당할 수는 있겠지만, 동시에 이익을 크게 늘리기도 어렵죠. 따라서 대부분의 자금을 부채 상환에 사용한다면 주식 가치를 평가할 때 이를 반드시 고려해야 합니다. 보틀링은 매우 자본 집약적인 사업입니다. 평균적으로 매출의 5~6%를 자본 지출로 투자해야만 현상 유지가 가능합니다. 보틀링 사업의 특성상 감가상각비, 이자, 세금 공제 전 이익이 달러당 15센트인 사업에서 5~6센트가 자본적 지출에 사용된다면 상당히 양호한 것입니다. 제가 보틀링 사업보다 시럽 사업을 더 선호하는 이유는 자본 집약도가 낮기 때문입니다. 보틀링도 꽤 괜찮은 사업이지만 경쟁이 너무 치열해서 훌륭하다고 할 수는 없습니다.

어느 주말에 대형 슈퍼마켓이나 월마트에 가면 두어 가지 콜라 중 하나를 판촉합니다. 주로 그 제품은 할인 대상이고, 할인된 가격은 많은 사람으로 하여금 어느 콜라에서 다른 콜라로 갈아타는 기회가 됩니다. 이런 점은 보틀링 업체에 있어 비록 사업 환경은 힘들지 몰라도 나름 사업하기 괜찮은 배경이 되어 줍니다.

코카콜라 회사 자체의 관점에서 보틀링 업체들은 시간이 지날수록 괜찮은 성과를 올릴 것입니다. 코카콜라는 이러한 자본 지출을 감당하고 자본비용을 충당할 충분한 돈을 벌어야 합니다. 그리고 다른 보틀링 업체를 과다한 비용으로 인수하는 문제가 생기면 계산이 복잡해집니다. 결국 코카콜라가 시럽 제조업체로서 번창하려면 보틀링 업체와의 상생이 필요합니다. 즉 보틀링 사업의 수익성이 좋아야 코카콜라에도 유리하죠. 그리고 소위 '빅 코크'라고 불리는 코카콜라 본사에 필요한 자본량은 비교적 적기 때문에, 그들은 벌어들이는 수익 대부분을 배당금 지급이나 자사주 매입에 사용할 수 있습니다.

가격 결정력과 인플레이션

***2005 총회** (00:53:44)*

버핏: 우리는 아직 숨은 가격 결정력이 있는 기업을 인수하는 게 좋습니다. 1972년 시즈캔디를 인수할 당시 제품 가격은 파운드(약 450g)당 1.95달러 정도였습니다. 당시 그들은 연 1,600만 파운드(약 7,257톤)씩 제품을 팔아 세전 400만 달러의 이익을 내고 있었고, 우리의 인수가는 2,500만 달러였습니다. 저는 어리석게도 이 가격 위로는 인수할 수 없다고 고집했는데 그렇게 포기했다면 우리에게 큰 손실이었겠죠. 하지만 우리가 파운드당 10센트라도 가격을 올리면 시즈캔디의 매출이 급락할 것인지 자문했을 때 답은 명확했습니다. '아니요'였죠. 잠재적 가격 결정력이 있었기 때문입니다. 가격을 단 1센트라도 올리기 전에 간절히 기도해야 하는 사업은 좋은 사업이 아닙니다. 반대로 가격을 별 진통 없이 인상할 수 있는 기업은 인플레이션에 강하다고 볼 수 있고요. 제품 가격의 움직임을 관찰하면 그 기업의 채산성이 견고한지를 가늠할 수 있습니다.

2011 총회 (03:09:00)

버핏: 인플레이션을 가장 잘 버티는 기업은 인플레이션 속에서 성장하기 위한 자본 투자가 적고, 물가에 따라 제품 가격을 인상할 수 있는 강력한 위치를 가진 기업입니다. 우리가 시즈캔디를 인수한 이래 달러 가치는 적어도 85% 하락했습니다. 그동안 시즈캔디 판매량은 75% 증가했지만, 매출액은 10배 증가했고 추가 자본 투자도 별로 없었습니다. 이처럼 막대한 투자 없이도 가격 결정력이 자유로운 기업은 인플레이션 시기에도 순탄할 것입니다.

2015 총회 (02:37:51)

버핏: 고물가 시대에 가장 좋은 기업은 한번 인수하면 추가 자본을 투자할 필요가 없는 기업입니다. 또한 브랜드의 인지도가 높을수록 인플레이션에 잘 맞설 수 있습니다. 시즈캔디는 오래전에 브랜드를 구축했습니다. 강력한 브랜드의 진가는 인플레이션 시기에 발휘됩니다. 질레트는 1939년에 프로야구 월드 시리즈의 라디오 중계권을 10만 달러에 획득했습니다. 이 10만 달러로 1939년 당시 질레트라는 이름이 얼마나 많은 사람들의 기억에 남았을지 생각해 보세요. 당시 저 같은 8~9세 아이들의 기억에도 깊이 각인됐습니다. 지금 수백만 명에게 비슷한 인상을 남기려면 엄청난 비용이 들 것입니다. 그리고 1939년에 질레트가 투자한 10만 달러는 수십 년간 많은 사람의 기억에 남아 1960~1980년대 면도기 판매에 큰 성공을 가져다주었습니다. 고물가 시대에는 이런 종류의 기업에 투자해야 합니다.

코카콜라 주가

2006 총회 (01:49:09)

버핏: 코카콜라는 정말 대단한 기업입니다. 그들은 올해 전 세계에서 다양한 제품을 210억 상자 이상 판매할 예정인데요. 그중 콜라가 가장 많은 판매량을 기록하고 있으며, 매년 판매량이 증가하고 있습니다. 1998년 당시 코카콜라는 EPS가 1.5달러에 주가는 80달러가 넘었으나, 수익은 지금처럼 좋지 않았습니다. 한때 주가가 천정부지로 올랐지만 지금은 정말 멋진 기업이라고 생각합니다. 그때 주식을 팔지 않은 저를 비난할 수도 있겠죠. 저는 늘 코카콜라를 우량 기업이라고 생각하지만 솔직히 PER 50배는 너무 심했습니다. 그래도 우리는 코카콜라가 좋습니다. 10년 후에도 들고 있을 것 같군요.

코카콜라의 보상 계획

2014 총회 (00:13:13)

버핏: 저는 코카콜라의 보상 계획이 과도하다고 생각해 CEO 무타르 켄트Muhtar Kent에게 보상 계획 투표에서 기권하겠다고 전했습니다. 코카콜라 회사와 경영진을 매우 존중한다는 말도 덧붙였고요. 투표 직후 저는 기권 의사를 공개적으로 발표하고 그 계획이 과하다고 생각하는 이유도 설명했습니다. 제 기권이 코카콜라의 보상 관행은 물론, 어쩌면 다른 곳들의 보상 관행에도 영향을 미쳤으면 하는 마음에서 최선의 행동이라 생각했고 지금도 그 생각은 변함없습니다. 우리는 코카콜라의

보상 계획이 과하다고 단호하게 밝혔습니다. 그들과 싸우자는 의도는 아니었으며, 일각에서 주장하는 주식 가치의 부정확한 희석률 계산을 지지할 생각도 없었습니다.

희석률 계산이 궁금하신 분들을 위해 말씀드리자면, 코카콜라는 스톡옵션으로 발행된 자사주를 정기적으로 매입해 왔습니다. 주식 수는 소폭 감소했지만 주식을 많이 발행하지 않았을 때만큼 크게 감소하지는 않았습니다. 하지만 코카콜라는 5억 주를 발행할 계획을 세워 놓았습니다. 연차 보고서에 따르면 약 4년에 걸쳐 발행한다고 합니다. 정말 많은 양입니다.

코카콜라 주가가 40달러 정도이고 모든 스톡옵션이 40달러에 발행된다고 가정해 보겠습니다. 스톡옵션이 행사될 때 주가는 60달러가 되었다고 칩시다. 이 시점까지 주당 20달러에 5억 주를 곱해서 100억 달러의 가치가 이전됩니다. 그러면 회사 측은 현재 세율로 계산 시 35억 달러의 세금 공제를 받게 됩니다. 따라서 코카콜라는 스톡옵션 행사로 얻은 200억 달러(5억 주 × 주당 40달러)에 35억 달러의 세금 절감분을 더하면 235억 달러가 생깁니다. 그리고 주당 60달러에 자사주를 매입하면 3억 9,166만 6,666주를 매입하고, 사실상으로는 약 1억 800만 주(5억 주 - 3억 9,170만 주)를 시장에 풀게 됩니다. 이는 현재 유통 중인 코카콜라 주식 44억 주를 기준으로 한 것입니다. 옵션 행사 수익과 세금 환급금을 모두 자사주 매입에 사용한다고 가정하면 희석률은 2.5%(1억 800만 ÷ 44억)가 됩니다. 저는 2.5%의 희석률도 달갑지 않습니다. 하지만 당시 논의되던 희석률 수치는 약 16%로 사실과 큰 차이가 있음을 알립니다.

유통업체의 영향력

2006 총회 (04:17:49)

버핏: P&G는 소비재의 강자입니다. 질레트도 소비자들 사이에서 입지가 강력하죠. 특히 면도날과 면도기 분야에서는 P&G의 브랜드보다 강력합니다. 대형 유통업체들은 점점 더 독자적인 브랜드로 거듭나고 있습니다. 따라서 브랜드 제조업체와 유통업체 간의 경쟁은 계속되는 동시에 더욱 심화될 것입니다. 저는 어느 쪽에 속하든 제 입지를 더욱 공고히 하고 싶을 것입니다. 그리고 질레트와 P&G는 각각 합병 전보다 후의 미래가 더 밝다고 생각합니다. 특히 월마트와 코스트코 같은 세계적인 대형 유통업체들의 강점을 생각하면 더욱 그렇습니다.

소비재 브랜드

2008 총회 (02:52:55)

버핏: 대부분의 식품 대기업은 유형자산 수익률이 좋은 우량 기업입니다. 따라서 리글리, 마스, 코카콜라, 시즈캔디, 크래프트 등 미국의 내로라하는 브랜드에 투자한 분들은 든든한 자산을 가진 셈입니다. 이들 제품과 대적하기는 쉽지 않습니다. 오늘날 8온스짜리 코카콜라는 전 세계에서 15억 개 판매됩니다. 1886년 이래 코카콜라는 상쾌한 즐거움을 상징하며 전 세계인의 마음속에 자리 잡았습니다. 그리고 어떤 제품도 넘볼 수 없는 만족감을 선사합니다.

크래프트는 쿨에이드로 분말 음료의 대표적 브랜드로 자리 잡았습니다. 저라면 쿨에이드와 대적하지 않고 그저 코카콜라를 보유하겠습니다. RC콜라는 출시된 지 꽤 됐지만, 코카콜라 근처에도 못 옵니다. 코카콜라를 이기기는 아주아주 어렵습니다. 브랜드는 일종의 약속입니다. 밀키웨이든 코카콜라든, 그것을 집어 든 소비자는 제품이 전달하는 약속도 얻은 것입니다.

유명 항공사 CEO인 리처드 브랜슨Richard Branson은 10년 전 버진콜라를 출시했습니다. 저는 그의 약속이 제품에 담긴 것치고는 다소 특이하다고 생각했습니다. 무슨 약속인지 도무지 이해할 수 없었죠. 그게 뭐였든 결국 그는 실패했습니다. 그동안 무수한 콜라가 등장했습니다. 그런데 누가 한두 푼 아끼겠다고 코카콜라의 대체재를 살까요? 시즈캔디, 쿨에이드 등도 마찬가지입니다.

이처럼 해당 분야에서 독보적 위치를 차지하는 브랜드를 보유한다는 건 기분 좋은 일입니다. 우리는 가격, 경영진, 기타 요소들에 대한 우리의 생각을 반영해 투자를 결정합니다. 강력한 인지도와 점유율을 가진 브랜드라면 지나치게 고가에 매수하지 않는 이상 안전한 선택이라 봐도 좋습니다. 반면에 제가 방금 언급한 브랜드들은 이미 널리 알려졌으므로 대박까지는 어려울 것입니다.

크래프트-캐드베리 합병

2010 총회 (03:30:34)

버핏: 2010년 초 크래프트가 제과업체 캐드베리를 인수하고 피자 사업을 네슬레에 매각한 결정은 마음에 안 듭니다. 하지만 버크셔도 만만찮

게 어리석은 거래를 많이 해 왔기 때문에, 저는 다른 사람들에게 더 관대해졌죠. 덧붙여 제가 멍청하다 생각한다고 다 멍청한 거래는 아니겠지만, 적어도 그럴 가능성은 높습니다. 그것도 캐드베리와 피자 거래 둘 다 말이죠.

특히 피자 거래는 영 아니지 싶습니다. 피자 사업을 37억 달러에 매각한다고 발표했으나 실제로는 37억 달러가 아니었습니다. 상대방은 37억 달러를 지불했지만, 받은 금액은 세금 때문에 약 25억 달러였습니다. 정말 비효율적인 거래였죠. 그들은 피자 사업의 이익에 대해서는 사전에 언급하지 않았습니다. 네슬레는 세전 이익이 2억 8,000만 달러라고 했지만 그건 전년도 수치였습니다. 크래프트가 인수한 캐드베리의 이익은 내년 예상치를, 매각한 피자 사업의 이익은 작년 수치를 이야기했습니다. 2009년 피자 사업의 세전 이익은 3억 4,000만 달러였습니다. 그러니까 캐드베리만큼 혹은 그 이상으로 빠르게 성장 중이던 연 3억 4,000만 달러짜리 사업을 내주고 25억 달러를 받은 것입니다. 정말 말이 안 되는 거래였습니다. 저 같으면 피자 사업을 유지하고 캐드베리를 인수하지 않는 쪽에 투표했을 겁니다. 우리는 크래프트의 많은 지분을 가지고 있기에 저는 이례적으로 제 의견을 명확히 밝혔습니다. 그들이 캐드베리를 비싸게 인수하느라고 자신들의 알토란을 내주는 게 안타까웠습니다.

멍거: 미국 기업의 최고위층들은 대체로 자신의 전략을 과신합니다. 또 그들은 자신이 속한 업계의 치열한 경쟁 환경을 싫어하고, 덜 힘든 사업을 갈망하는 경향이 있죠. 제록스가 미국 보험사인 크럼 앤드 포스터Crum & Forster를 인수했던 일을 기억하나요? 역사상 가장 어리석은 인수 중 하나였죠. 제록스가 그런 짓을 한 이유는 보험업계에 강력한 일본

경쟁사가 없어서였습니다. 그들은 경쟁이 치열한 프린터 사업에 지쳐 있었죠. 기업인들은 아무리 비싼 값을 치르더라도 평소와 조금 다른 사업을 해 보면 뭔가 돌파구를 찾을 것이라 기대하는 듯합니다.

버핏: 변호사, 투자 자문가, 홍보 담당자 등 거대 군단도 들러붙습니다. 그들은 강력한 경제적 이해관계가 있어서 주주들의 반응에 상관없이 이런 거래를 계속 몰아붙입니다. 기업 생태계가 원래 그렇죠.

크래프트-하인즈 합병

2019 총회 (01:06:26)

버핏: 우리가 하인즈만 보유했을 때는 적절한 가격을 지불했습니다. 실적도 좋았죠. 우선주를 일부 상환하기도 했고요. 하지만 크래프트에는 너무 많은 돈을 지불했습니다. 우리의 행동이 어느 정도 가격 상승을 자초하기도 했습니다. 현재 크래프트 하인즈는 70억 달러 규모의 유형 자산 대비 세전 이익이 약 60억 달러로 매우 훌륭합니다. 하지만 훌륭한 기업이라도 너무 비쌌습니다. 예컨대 과거에 인수한 시즈캔디는 나중에 보니 생각보다 훌륭한 기업이었죠. 따라서 결과적으로 돈을 더 지불했어도 괜찮았을 겁니다. 하지만 아무리 훌륭한 기업이어도 한도는 있습니다. 기업은 여러분이 얼마를 지불했는지 알지 못합니다. 그저 펀더멘털에 따라 수익을 낼 뿐이지요. 그런데 우리는 크래프트 하인즈의 크래프트 쪽에 너무 많은 돈을 지불했습니다.

수익성은 합병 전보다 좋아졌습니다. 크래프트 하인즈 전체 브랜드는 260억 달러로, 하인즈는 150년 역사를 자랑하며 광고비에 수십억 달러를 투자해 왔습니다. 또 수만 곳의 매장에 납품합니다. 한편 코스트코에서는 커클랜드Kirkland라는 브랜드를 구축했습니다. 현재 커클랜드는 약 775개의 코스트코 매장에서 판매되며 390억 달러의 매출을 올립니다. 웬만한 식품 회사를 능가하는 숫자죠. 게다가 이 브랜드의 제품군은 점점 늘어나고 있습니다. 이처럼 브랜드가 널리 확산한다는 건 정말 멋진 일입니다. 유통업체와 브랜드는 제품을 소비자에게 전달하는 과정에서 항상 주도권 싸움을 벌여 왔습니다. 확실히 브랜드보다 유통업체의 위치가 전 세계적으로 널리 확장된 듯 보입니다. 아마존도 그 자체가 거대한 브랜드가 되었습니다.

여러 국가에서 로컬 브랜드 청량음료는 35~40%의 시장 점유율을 기록했습니다. 미국에서는 어림도 없었죠. 하지만 일부 유통업체들은 제법 영향력을 키웠습니다. 아마존, 월마트, 코스트코, 알디Aldi 등에서는 로컬 브랜드보다 유통업체가 자체적으로 출시해 판매하는 상품인 PB(Private-Brand) 브랜드의 영향력이 더 큽니다. 이런 측면에서 우리는 크래프트 하인즈에 너무 많은 비용을 지불했습니다. 아무리 좋은 투자도 너무 많은 비용을 지불하면 나쁜 투자가 될 수 있습니다. 한편으로는 제가 초기에 그랬듯이 어떤 나쁜 투자도 너무 적은 비용을 지불하면 좋은 투자로 바꿀 수 없습니다. 그래서 우리는 쇠퇴 기업이나 부실기업을 헐값에 사들이는 담배꽁초 투자에서 오래전에 발을 뺐습니다. 이제는 좋은 기업을 적절한 가격에 인수하려 노력합니다. 그 점에서 보면 우리는 크래프트 하인즈의 크래프트 부문에서 실수했습니다.

멍거: 두 거래 중 하나는 성공하고 다른 하나는 그렇지 못했으면 슬퍼할 일이 아닙니다. 그럴 수도 있죠.

12부
가이코와 자동차 보험
GEICO and U.S. Auto Insurance

"자동차 보험 업계를 뒤덮은 거대한 보호막은 달갑지 않다.
효율적인 회사들이 잘나가고, 비효율적인 회사들은 도태되어야 마땅하다."

"자동차 보험 사업은 비즈니스 스쿨에서 연구 대상으로 삼아야 한다.
지금 가르치는 많은 내용을 정면으로 반박하기 때문이다."

"극단적 예를 들고 '도대체 이 바닥에 뭔 일이 벌어지고 있는가?' 같은
질문을 제기하면 이 산업의 사정을 더 훤히 알 수 있다."

"중요한 건 모든 걸 신중히 생각하고 어이없는 실수를
자주 하지 않도록 노력하는 것이다.
그러면 찰리가 말하는 롤라팔루자 효과가 언젠가 생길 것이다."

1951년 1월 어느 토요일 아침, 워런 버핏은 (7년 뒤 가이코 CEO가 된) 로리머 데이비슨을 찾아가 보험 사업에 대해 배웠다. 훗날 버핏은 그날 아침 데이비슨이 들려준 설명은 자신의 투자관에 직접적인 영향을 미쳤다고 말했다. 그 후 버핏은 즉시 순자산의 65% 이상을 가이코에 투자했다. 44년이 흐른 1995년까지 버크셔는 약 23억 달러 상당의 가이코 지분 49%를 보유하게 되었다. 이후 1996년에 전체 지분을 인수했으며, 버핏과 멍거는 가이코뿐 아니라 스테이트 팜State Farm과 같은 동종 기업의 역사에서도 수많은 투자 및 사업 교훈을 얻었다.

하지만 2010년대 후반부터 가이코는 일부 경쟁사보다 뒤처지기 시작했다. 특히 데이터 및 텔레매틱스(telematics, 차량 내 모니터링 장치로 피보험자의 주행 거리와 운전 습관을 분석해 보험료를 조정하는 방법) 부문에서 경쟁사인 프로그레시브Progressive의 요율 책정 방식이 돋보였다. 이렇게 뒤처지기 시작한 가이코는 수년 뒤 커다란 역풍을 맞았다. 문제는 가이코가 효과적인 대응책을 찾기까지 너무 오랜 시간이 걸렸다는 것이었다(2024년 말 현재에도 가이코는 이 난제를 풀기 위해 여전히 분투 중이다). 이는 아무리 경쟁우위를 갖춘 기업도 업계의 발전과 기술 변화를 놓치면 어려움에 직면한다는 중요한 교훈을 남겼다.

가이코 인수

1996 총회 (01:32:41)

버핏: 이번에 완전 자회사가 된 가이코는 버크셔의 큰 자산입니다. 우리는 이전까지 가이코 지분의 49%를 소유했고, 1976년 이후 큰 투자 이익을 얻었습니다. 좋은 가격에 인수한 가이코는 가격 대비 정말 훌륭한 회사입니다. 뛰어난 경영진과 다른 기업은 대적할 수 없는 저비용 유통 구조를 자랑합니다. 누구나 탐내는 이 시스템을 구현해내는 회사는 거의 없습니다. 현재 가이코 경영진은 비용을 더욱 절감하고 경쟁우위를 확대하는 데 집중하고 있습니다. 개인적으로 가이코의 성장세는 과거보다 미래가 더 기대됩니다.

버크셔의 자회사는 몇 가지 이점을 가집니다. 신규 사업을 추진하면 비용이 발생하는데 모회사인 우리가 분기별 실적에 전혀 신경 쓰지 않는다는 것입니다. 그동안 가이코는 이러한 비용을 개의치 않고 사업을 진행해 왔습니다. 제가 이렇게 말하는 건 칭찬입니다. 그래도 분기 실적에 대한 압박은 가이코도 예외는 아니었습니다. 이제 버크셔의 완전 자회사로 들어오면 그 압박에서 벗어날 것입니다. 버크셔에 편입한 가이코의 미래에는 엄청난 기회가 있다고 생각합니다. 그러니 5년 후면 주주 여러분도 우리가 가이코 지분의 100%를 소유하게 된 것을 매우 흡족해할 것입니다. 보험사 가이코는 독립적인 회사로서도 훌륭했지만, 버크셔 산하에서 더욱 번창할 것입니다. 또 가이코 경영진은 기존과 동일한 자율성을 유지하면서 버크셔의 일원으로서의 추가 이점을 얻게 될 것입니다.

내수 시장 확장

1996 총회 (03:04:16)

버핏: 가이코는 미국 자동차 보험 시장의 2%를 점유하고 있습니다. 우리의 보험 고객 수는 250만 명이지만, 미국의 잠재 고객은 1억 명이 넘습니다. 국내에서도 성장할 가능성이 크기 때문에 아직은 다른 나라에 진출할 여유가 없습니다. 약 10년 전 영국에 진출해 가이코와 비슷한 방식으로 대성공을 거둔 한 회사가 있었습니다. 하지만 지금은 경쟁이 치열해져 성과가 다소 떨어지고 있습니다. 가이코는 국내에서 엄청난 잠재력이 있으니, 경영진이 샛길로 빠지지 않았으면 좋겠습니다. 만약 국내에서 성장률이 3% 오르면 보험료 수입은 7,500만 달러 늘어날 것입니다. 이는 시간이 지날수록 복리로 증가할 것입니다.

가이코는 다른 나라에서 새 시장을 개척하기 전에 국내에서 해야 할 일이 너무도 많습니다. 게다가 미국에서만도 엄청난 기회가 있습니다. 가이코 경영진은 한곳에 집중하기로 했고, 저도 집중력 있는 경영을 원합니다. 사실 가이코는 1980년대 초부터 다양한 일을 벌이며 샛길로 새기 시작했고, 그 과정에서 엄청난 대가를 치렀습니다. 대부분 결과가 안 좋았기 때문에 비용 측면에서 큰 타격을 입었죠. 보험이라는 주력 사업에 집중하지 못한 대가도 덤으로 치렀습니다. 하지만 지금은 새로운 훌륭한 경영자가 가이코를 이끌어가므로 이제 그런 일은 없을 것입니다. CEO 토니 나이슬리는 97.5%의 잠재 고객에게 가이코의 메시지를 전달하려 노력 중입니다. 그의 노력은 시간이 지날수록 큰 이익으로 돌아올 것입니다.

미국 자동차 보험의 역사

1997 총회 (04:23:50)

버핏: 꽤나 흥미로운 자동차 보험의 역사는 비즈니스 스쿨에서 가르쳐야 합니다. 1900년대 초에 애트나Aetna, 하트퍼드Hartford, 트래블러스 Travelers 같은 대형 보험사들은 전국에 대리점을 두었는데, 당시 취급한 보험상품은 재산 보험에 가까웠습니다. 화재 보험을 주로 취급했으며 자동차 보험도 등장했습니다. 이처럼 그들의 사업은 재산 보험에 집중되어 있었지만, 미국 전역에 거대한 대리점을 거느린 데다 막대한 자본까지 보유했었죠. 그리고 1997년 현재 스테이트 팜은 개인, 자동차, 주택 소유자 보험 사업의 약 25%를 차지하고 있습니다.

스테이트 팜은 1922년 일리노이주 블루밍턴 출신의 한 남자가 이렇다 할 자본도, 대리점도 없이 상호회사(보험업을 목적으로 보험계약자를 사원으로 하여 설립된 회사) 형태로 시작했습니다. 그러니 스톡옵션처럼 주주를 위한 인센티브나 나중에 성공하면 억만금으로 바뀔 수 있는 투자 자본도 없었죠. 즉 이 회사는 우리가 자본주의 시스템에서 기업의 성장에 반드시 필요하다고 생각하는 밑천도 없이 출발했습니다. 그리고 끝내 이 거대한 시장에서 지배자가 되었죠. 2위인 올스테이트Allstate와 시장 점유율이 두 배 이상 차이가 납니다. 그것도 훌륭한 유통 체계와 풍부한 자본으로 무장한 뿌리 깊은 경쟁자들을 제치고 말이죠. 덧붙이자면 스테이트 팜은 〈포춘〉 500대 기업 중 순자산 3위입니다. 일리노이주 블루밍턴 출신의 투자금 한 푼 없던 남자가 3위라니요. 어떻게 이럴 수가 있을까요? 비즈니스 스쿨에서 연구 대상으로 삼을 만하다고 생각합니다. 찰스 다윈Charles Darwin은 "내 고정관념에 반하는 증거가 나올 때마다 30분 안에 그것을 적어 두지 않으면, 그 증거를 마음이 거부하게 된다"라고 말하곤 했습니다. 비즈니스 스쿨에도 어떤 고정관념이 있습니다. 그런 곳에서 뚜렷한 경쟁우위도 없이 순자산 전국 3위가 된 기업을 연구한다면 흥미로운 측면을 발견할 것입니다.

USAA라는 자동차 보험사도 매우 흥미롭습니다. 대성공했고, 순자산이 수십억 달러에 달합니다. 많은 가입자가 만족하며 전국에서 가장 높은 갱신율을 자랑하죠. 이 회사를 연구한 비즈니스 스쿨은 아직 없습니다. 가이코를 창립한 부부도 USAA 출신입니다. USAA에서 근무했던 리오 굿윈Leo Goodwin과 그의 아내는 1936년에 거의 무자본으로 가이코를 시작했습니다. 현재 시장 점유율은 약 2.7%이며, 올해 자동차 임의보험 수입은 35억 달러에 달할 것으로 예상됩니다.

스테이트 팜을 따라잡겠다는 예상은 섣불리 하지 않겠습니다. 하지만 앞으로 10년 동안 가이코의 시장 점유율은 상당히 증가할 것입니다. 우리에겐 아주 매력적인 상품이 있습니다. 연차 보고서에서 밝혔듯 여러분의 40%가 가이코를 통해 보험료를 절약할 수 있습니다. 지역과 계층을 아울러 가이코의 보험료가 저렴한 경우가 많을 것입니다. 우리는 비용이 낮다는 장점이 있고, 앞으로도 계속 낮출 것이기 때문입니다. 게다가 우리는 스스로 성장하는 선순환 구조입니다. 따라서 가이코는 무럭무럭 성장할 것입니다.

멍거: 워런이 스테이트 팜을 예로 든 게 마음에 듭니다. 그래도 극단적 예를 든 다음에 "도대체 이 바닥에 뭔 일이 벌어지고 있는가?" 같은 질문을 제기하면 이 업계의 사정을 더 훤히 알 수 있습니다. 많은 상호회사가 컨설턴트 등의 도움을 받아 주식회사로 전환하고 있습니다. 그들은 스테이트 팜이 아닌 다른 사례를 따르려 합니다. 누구나 스테이트 팜

처럼 될 수는 없죠. 스테이트 팜은 직원 선발, 대리점주 선정 및 계약 파기 등 경영 방식에 근본적 가치가 있었습니다. 운영에 철저한 규율을 적용했죠.

버핏: 네, 정석대로 운영하는 기업도 있지만, 그런 기업은 연구 대상으로 인기가 없죠. 비즈니스 스쿨의 교육 방식과 안 맞거든요. 하지만 스테이트 팜이나 가이코 같은 기업은 연구하고 이해할 가치가 있습니다. 1948년에 가이코 주식의 3분의 2가 매물로 나왔습니다. USAA 출신 부부를 처음 지원했던 사람이 사망하면서 주식을 팔아야 했기 때문이죠. 하지만 팔리지 않았습니다. 결국 매물로 나온 지 6개월 후에야 벤저민 그레이엄이 그레이엄-뉴먼 명의로 가이코 주식을 사들였습니다. 그전까지 부부는 온갖 대형 보험사들을 찾아다녔으나, 누구도 이 조그마한 규모에 매우 적은 비용으로 큰 수익을 내는 가이코를 선뜻 매수하지 못했습니다. 기존의 고정관념에서 벗어나지 못했기 때문이었죠. 사람들은 항상 과거의 사고로 가득 차 있습니다. 제 기억으로는 7때 120만 달러면 회사 전체를 인수할 수 있었을 겁니다. 그럼에도 그 대신 수년에 걸쳐 자신들의 유통 시스템이 쇠락하는 것을 지켜보는 쪽을 선택했습니다. 그러니 현실을 냉철히 바라봐야 합니다. 요기 베라의 말처럼 관찰만 해도 많은 것을 알 수 있으니까요.

가이코의 주요 변수

1998 총회 (01:37:55)

버핏: 가이코에서 가장 중요한 변수는 보유 계약과 각 계약별 갱신율

입니다. 직위에 상관없이 이 둘을 기준으로 직원들의 인센티브를 산정합니다. 우리는 사업의 미래를 결정짓는 핵심 요소만 강조할 뿐 쓸데없는 EPS나 투자 수익은 운운하지 않습니다.

가이코의 경쟁우위

2000 총회 (03:54:20)

버핏: 지난 몇 년간 자동차 보험 산업은 과분하다 싶을 정도로 순항했습니다. 저는 오히려 지금이 정상으로 복귀하는 과정이라고 생각합니다. 자동차 보험 업계의 전체 이익은 제가 생각하는 지속 가능한 수준을 훨씬 웃돌았고, 5년 전의 제 예상치보다도 높았습니다. 우리는 이런 행운이 마냥 좋지만은 않았습니다. 덕분에 생각보다 많은 돈을 벌었지만, 업계를 뒤덮은 거대한 보호막 때문에 비효율적인 경쟁사들도 실적이 좋았기 때문이죠. 우리가 바라는 건 가장 효율적인 기업이 잘나가고, 비효율적인 기업은 도태되는 것입니다. 그래서 우리는 자동차 보험업계의 이익률이 낮은 현재 환경을 전혀 불쾌하게 생각하지 않습니다. 또 업계를 뒤덮은 거대한 보호막도 원하지 않습니다.

가입자를 유치하는 비용이 가입자의 순가치보다 낮은 가이코는 저비용 보험사로서 시간이 지날수록 빛을 발할 것입니다. 이 목표를 이루기 위해 지금도 열심히 달리는 중입니다. 거대한 보험 산업에서 저비용은 커다란 경쟁우위가 됩니다. 가이코의 사업 모델과 운영 방식은 매우 훌륭하며, 우리는 수많은 경쟁사보다 낮은 비용으로 고객을 끌어올 수 있습니다.

2000 총회 (04:28:10)

버핏: 가이코의 지속 가능한 경쟁우위는 우수한 서비스를 저비용에 제공하는 것입니다. 우수한 서비스를 제공하는 회사는 많으므로 이것만으로는 수많은 경쟁사와의 차별점으로 삼기 어렵습니다. 그러니 저렴한 가격을 유지하는 데 집중해야겠죠. USAA처럼 특정 가입자 집단을 핵심 타깃으로 삼아 매우 저렴한 상품을 제공하는 회사도 있습니다. 이런 회사가 우리의 강력한 경쟁사입니다. LA에 있는 21세기 보험21st Century Insurance이라는 또 다른 회사는 우리와 보험료가 비슷합니다. 그들이 주로 활동하는 지역에서 엄청난 경쟁력을 가진 셈이죠. 그래도 전국구 보험사 중 가이코보다 나은 곳은 없다고 생각합니다. 매사추세츠주나 뉴저지주에는 지점이 없지만, 다른 48개 주에서는 거의 누구에게나 견적을 제공합니다.

이처럼 보편적 고객을 겨냥하는 자동차 보험사로서, 가이코의 장기적 경쟁우위는 저렴한 보험료가 될 것입니다. 또한 다양한 운전자 중 사고 다발자 유형을 다른 업체들 못지않게 잘 가려낼 수 있어야겠고요. 다시 말해 평균 대비 안전 운전자와 위험 운전자를 예측하고 구별해야 합니다. 이 구별 능력도 하나의 경쟁우위가 됩니다. 하지만 이 부분은 많은 보험사가 평준화된 상태입니다. 따라서 우리는 비용을 경쟁우위로 삼고, 이 우위를 최대한 유지하고 확대해야 합니다.

인터넷의 역할은 앞으로 보험업계에서 점점 더 중요해질 것입니다. 클릭 한 번에 여기저기 사이트를 오가며 보험료를 비교할 수 있으니까요. 발품 팔거나 여러 보험사에 전화할 필요 없이 집에서 원하는 정보를 얻고 바로 가입할 수 있죠. 가이코가 저렴한 보험사라는 점이 특히 중요한 이유도 여기에 있습니다. 시간이 지날수록 우리에게 유리하게 작용할 것이기 때문이죠. 그리고 무엇보다 브랜드가 중요합니다. 보험사를 고르려는 사람들이 가이코를 후보군 중 하나로 떠올릴 수 있도록 말이죠. 듣도 보도 못한 XYZ라는 회사가 있다면, 아무도 그 회사의 사이트를 클릭하지 않을 겁니다. 하지만 가이코라는 브랜드는 전 국민에게 아주 친숙하죠. 우리는 이에 만족하지 않고 이 브랜드를 사람들에게 더욱 확실히 각인시키고자 많은 투자를 할 것입니다.

2004 총회 (03:39:30)

버핏: 미국의 모든 가정이 자동차를 갖고 싶어 하지만 보험은 갖고 싶어 하지 않습니다. 하지만 보험 없이는 운전할 수 없죠. 즉 보험은 마음에 없어도 구매해야 하는 상품이자 가계 예산의 상당 부분을 차지하는 것입니다. 자동차 보험이 사치재가 아니라 필수재인 이들에게 비용은 매우 중요합니다. 여기서 금액을 절약하면 가계 예산에 도움이 되기 때문에 저렴한 보험사가 승자가 될 확률이 높습니다. 프로그레시브는 훌륭한 직영점 운영으로 가이코와 경쟁 구도를 이루고 있습니다. 따라서 그들과 우리는 앞으로 몇 년간 치열하게 각축을 벌일 것입니다. 결국 더 나은 시스템을 갖춘 쪽이 최후의 승자가 되겠지요.

2009 총회 (02:26:10)

버핏: 캠벨 수프의 존 도런스John Dorrance는 광고에 많은 돈을 낭비하느냐는 질문에 "우리는 광고비의 절반이 낭비되고 있다는 것을 안다. 문제는 어느 쪽 절반인지 모른다는 것이다"라고 답했다고 합니다. 광고의 본질이 바로 그렇습니다. 그래도 가이코 광고비는 다른 회사보다 더 정확히 측정할 수 있습니다. 우리가 계획한 광고 예산은 약 8억 달러입니

다. 업계 3위인데도 1, 2위인 스테이트 팜이나 올스테이트보다 훨씬 많은 액수죠. 1995년 경영권을 인수할 당시에는 연 2,000만 달러를 조금 웃도는 광고비를 지출하고 있었습니다.

우리 목표는 가이코에 전화하거나 웹사이트에 접속한 모든 미국인에게 가이코로 보험료를 절감할 수 있다는 인상을 깊이 남기는 것입니다. 사람들의 마음속에 우리 메시지가 새겨지면, 그 효과가 언제 나타날지 두고 봐야겠죠. 우리는 가이코 광고비에 아낌없이 투자합니다. 그 결과로 모든 사람의 마음속에 가이코가 자리 잡았으면 좋겠습니다. 브랜드는 약속입니다. 우리는 가이코에 문의하면 '보험료를 절감할 좋은 기회'를 발견할 수 있다는 약속을 사람들에게 심어 주고 있습니다.

멍거: 가이코가 광고 공세를 퍼붓지 않아도 현상 유지가 가능한 수준이 된다면, 그리고 신규 가입자에게서 얻는 가치가 광고 지출비인 8억 달러를 넘어서게 된다면, 가이코는 세전 이익 8억 달러를 버는 셈입니다. 눈에는 안 보여도 중요한 효과죠. 이것이 우리가 꿈꾸는 목표입니다.

버핏: 찰리의 말처럼 이렇게 가입자들을 계속 추가한다면 가이코의 가치는 매년 이익 이상으로 올라갈 것입니다. 그리고 저는 현재 가입자들의 이탈을 막으면서 연 1억 달러 이하의 비용을 유지할 수 있으리라 확신합니다. 가이코의 수익은 매우 좋습니다. 20억 달러를 지출해 내년에도 비슷한 수익을 얻을 수 있다면, 우리는 기꺼이 20억 달러를 쓰겠습니다. 그만한 가치가 있는 매력적인 회사이기 때문이죠. 가이코는 저비용 보험사입니다. 사람들이 꼭 들어야 하는 보험의 비용이 약 1,500달러라는 것은 정말 훌륭한 사업이라는 뜻입니다. 우리에겐 지속 가능한 경쟁 우위가 있습니다.

가이코의 세계 확장

2001 총회 (01:31:31)

버핏: 가이코의 사업 모델은 미국에서 잘 작동하며 저비용 사업이라는 강점을 자랑합니다. 그러니 우리로서도 가이코를 확장할 온갖 방법을 궁리하지 않을 리가 없지요. 하지만 실제로 구현하려니 정말 어려웠습니다. 가이코 경영진은 1936년 창립자 리오 굿윈 이후로 다양한 시도를 통해 사업을 확장해 왔습니다. 생명보험 등 특정 분야에서는 그 노력이 어느 정도 통했지만 끝내 중단했습니다. 그리고 아직은 그저 구상 단계일 뿐입니다.

가이코의 미국 시장 점유율은 약 4%입니다. 미국 보험 시장은 정말 거대하죠. 한데 다른 국가로 사업을 확장할 때 예상되는 인적 자원의 출혈을 고려하면 (그동안 많이 검토했고 언젠가는 그렇게 할 수도 있겠지만), 안 그래도 경직적인 유럽과 아시아 시장에 진출해서 얻을 이점이 전혀 없어 보입니다. 외국 시장 진출은 쉬운 일이 아닙니다. 따라서 비용과 시간을 생각하면 같은 자원을 미국에 집중 투입하는 편이 더 나을 것 같습니다. 자본쯤이야 우리는 언제든 투입할 수 있으므로 문제 되지 않습니다. 하지만 비용은 문제가 있습니다. 우리는 물적 비용은 전혀 신경 쓰지 않습니다. 하지만 인적 비용은 기회비용으로 귀결되므로 실질적인 문제입니다. 우리에겐 재능 있는 경영자들이 있지만, 그 수는 한정되어 있습니다. 저는 토니 나이슬리와 빌 로버츠Bill Roberts, 그리고 그들의 팀이 유럽이나 아시아보다 미국에서의 시장 점유율 확대에 전력해 주길 바랍니다. 해외 진출과 관련해 확실히 말씀드릴 수 있는 건 우리가 이에 대해 항상 숙고하고 있다는 점입니다.

프로그레시브와 텔레매틱스

2012 총회 (00:43:35)

버핏: 프로그레시브는 텔레매틱스 분야(차량에 부착한 텔레매틱스 기기를 통해 주행 거리, 운전 특성 등 운전자별 정보를 수집하고 분석해 이를 기반으로 보험료를 산정하는 자동차 보험)의 선두 주자입니다. 가이코는 아직 시도하지 않은 분야입니다. 저는 텔레매틱스가 획기적인 기술이라고까지는 생각하지 않지만, 만약 이 기술이 사고 발생 가능성을 평가하는 더 나은 방법이라면 우리도 시도할 생각입니다. 고객이 가이코 웹사이트에 접속해 자동차 보험 견적을 받으려면 사고 가능성을 평가하기 위한 51개의 질문에 답해야 합니다.

우리는 계속해서 피보험자의 사고 발생 가능성을 알 수 있는 요소들을 더 많이 찾는 중입니다. 예컨대 저처럼 연 3,500마일(약 5,600km) 운전 경력에 여자 친구에게 잘 보이려 애쓸 필요 없는 사람보다 16세 청소년이 사고 낼 가능성이 훨씬 크다는 건 너무도 자명합니다. 또 의외의 훌륭한 예측 지표를 찾을 수도 있습니다. 신용 점수는 운전 습관에 대해 많은 단서를 제공합니다. 다만 모든 곳에서 사용이 허용되는 것은 아닙니다. 이 새로운 실험에서 가이코에 위협이 될 만한 요소는 전혀 보이지 않습니다.

가이코는 마케팅과 위험 관리 모두 순항 중이며, 가입자도 잘 유지하고 있습니다. 우리는 가이코의 가치를 유형자산 대비 약 10억 달러 초과하는 것으로 평가합니다. 장부가치보다 훨씬 더 큰 가치가 있죠. 우리가 지불한 가격을 기준으로, 요즘 실질 가치는 장부가치보다 150억 달러 더 클 것입니다. 우리는 가이코를 절대 팔지 않을 것이고, 팔려는 유혹에 흔들리지도 않을 겁니다.

2013 총회 (00:36:17)

버핏: 자동차 보험 가입 심사는 여러 변수를 기반으로 사고 가능성을 파악하고 보험료를 책정하는 과정입니다. 사고 가능성 예측에는 매우 다양한 변수를 활용합니다. 프로그레시브는 스냅샷이라 부르는 텔레매틱스 보험에 집중하고 있으며, 우리도 그들의 동향을 지켜보려 합니다. 한편 가이코의 강점은 경쟁사보다 저렴한 보험 가격입니다. 실제로 잠재 고객들은 전화 문의 후 바로 우리 쪽으로 넘어오죠. 가이코가 여기서 상당한 이익을 창출한다는 사실로 볼 때 우리의 심사 과정이 매우 잘 작동하고 있음을 알 수 있습니다.

심사 과정이 잘못되면 끔찍한 결과로 이어질 것입니다. 우리 시스템과 보험 가입 심사 기준은 수십 년에 걸쳐 다듬어졌습니다. 모든 보험사는 특정 고객의 사고 가능성을 더 정확히 예측할 방법을 모색합니다.

2013 총회 (01:40:27)

버핏: 저는 프로그레시브의 방식이 우리보다 딱히 나은지 모르겠습니다. 회사마다 접근 방식이 다르니까요. 우리는 보험 시장의 전체 성장률을 훨씬 능가하는 수의 신규 가입자를 확보하고 있으므로, 보험료율과 가입 실적 모두 전망이 좋습니다. 앞으로 2~3년 후 프로그레시브와 가이코의 실적을 비교해 보시기 바랍니다.

2019 총회 (03:07:38)

버핏: 프로그레시브와 가이코 모두 탄탄한 보험사입니다. 앞으로 이

두 회사가 오랫동안 시장 점유율을 주름잡을 듯합니다. 저는 오랫동안 프로그레시브가 참 잘한다고 생각해 왔습니다. 그들은 성장에 대한 열망도 크죠. 때로는 그들이 우리를 조금씩 모방하고, 우리도 때로는 그들을 조금씩 모방합니다. 5~10년 후에도 그러지 않을까 싶습니다.

가이코는 대리점 계약을 통해 상당한 규모의 주택 소유자 보험을 판매합니다. 허리케인 앤드루가 발생하기 전까지는 우리가 직접 보험을 인수했습니다. 그러다 앤드루로 인해 주택 소유자 보험이 1년 만에 지난 25년간의 수익을 도로 아미타불로 만들 수 있다는 걸 알게 되었죠. 플로트 규모는 크지 않습니다. 따라서 가이코는 우리 고객의 주택 소유자 보험 수요를 여러 크고 탄탄한 기관들에 분산합니다.

중요한 건 자동차 보험입니다. 저는 가이코에 더없이 흡족합니다. 토니 나이슬리와 직원들이 쌓아 올린 모든 공적이 완벽하니까요. 하지만 프로그레시브가 대단한 회사인 건 인정하지 않을 수 없습니다. 우리는 그들을 지켜볼 테고, 그들도 우리를 지켜보겠죠. 5~10년 후 우리 둘 중 누가 먼저 스테이트 팜을 앞지를지 두고 봅시다.

아지트 자인: 보험 인수 이익은 두 가지 주요 변수로 구성됩니다. 하나는 경비율이고 다른 하나는 손해율입니다. 가이코는 경비율 면에서 프로그레시브보다 약 7% 정도의 상당한 우위를 점합니다. 손해율 면에서는 프로그레시브가 가이코보다 훨씬 낫고요. 아마 약 12% 정도 차이 날 겁니다. 따라서 둘을 합치면 프로그레시브가 가이코보다 약 5% 앞서 있습니다. 가이코는 손해율에서 이러한 불리함을 잘 인지하고, 최대한 빨리 격차를 메우려 최선을 다하고 있습니다. 그래서 몇 가지 계획도 진행 중입니다. 가이코가 프로그레시브보다 앞서는 점도 몇 가지 있습니다. 현재로서는 프로그레시브가 가이코보다 앞서고 있지만요. 하지만

언젠가는 가이코가 경비율 우위를 유지하면서 손해율 면에서도 가이코를 따라잡으리라 기대하고 있습니다.

버핏: 가이코는 토니가 CEO에 취임한 이후 거의 매년 시장 점유율을 높여 왔습니다. 그리고 저는 가이코가 향후 5년 안에 시장 점유율을 더욱 높일 것이라고 장담합니다. 그만큼 믿음직한 회사니까요. 하지만 우리의 경쟁사인 프로그레시브도 정말 훌륭합니다. 아지트의 말처럼, 우리는 경비율 면에서 우위를 점하고 있고 앞으로도 그럴 것입니다. 반면에 프로그레시브는 정교한 보험료 책정에 강점을 보입니다. 문제는 우리가 손해율 측면에서 6%를 만회할 수 있느냐는 건데요. 우리는 이를 위해 매우 열심히 노력하고 있지만, 프로그레시브도 손 놓고 있지는 않겠죠.

멍거: 가끔 어떤 영역에서는 남에게 최고 자리를 내주기도 하는 게 세상의 순리인 듯합니다.

2019 총회 (04:44:25)

버핏: 제너럴 모터스General Motors의 모터스 인슈어런스 컴퍼니Motors Insurance Company 등 여러 자동차 제조업체가 자동차 보험업에 도전했습니다. 자동차 회사가 보험 사업에 진출해 성공할 가능성은 보험사가 자동차 사업에 진출해 성공할 가능성과 비슷할 것 같습니다. 저는 보험업에 진출하는 모든 자동차 회사보다 프로그레시브를 훨씬 더 의식하고 있습니다. 보험업 진출은 만만치 않은 일이라, 어떤 자동차 회사도 이례적으로 성공할 것 같지 않거든요. 텔레매틱스를 활용해 운전자의 습관을 분석하는 방법은 이제 꽤 널리 퍼졌습니다. 그만큼 사람들의 운전 방식, 브레이크를 밟는 강도, 핸들 조작 등 온갖 데이터를 확보하는 것이

중요해졌죠. 우리도 데이터의 가치는 의심하지 않지만, 테슬라 같은 자동차 회사들이 딱히 이 분야에서 유리할 것 같진 않습니다. 그들이 자동차 보험 사업으로 흥할 수 있을지 의문입니다.

2021 총회 (01:25:25)

버핏: 프로그레시브는 최근 몇 년 동안 위험 대비 최적 보험료를 책정하는 능력에서 독보적이었습니다. 적절한 보험료 산정이야말로 보험의 핵심이죠. 생명보험 회사가 90세와 20세의 사망 확률을 똑같이 계산한다면 금세 문을 닫아야 할 겁니다. 그들은 90세 피보험자의 위험을 전부 떠안고, 20세의 위험은 다른 보험사에 맡기게 될 것입니다. 자동차 보험도 마찬가지입니다. 모든 가입자에게 적절한 보험료를 가장 효과적으로 제공하는 회사가 성공할 것입니다. 그리고 프로그레시브는 이 보험료 책정을 참 잘합니다. 우리도 이미 보험료 부분에서 상당 부분 개선되었는데, 토드 콤스가 혁혁한 공을 세웠습니다.

프로그레시브와 가이코는 모두 1930년대에 설립되었고, 오랫동안 비용 대비 좋은 상품을 제공했습니다. 그런데 85년이 지난 지금, 두 회사의 시장 점유율은 합쳐도 25%에 불과합니다. 좋은 보험 상품을 80여 년이나 제공했는데도요. 이처럼 자동차 보험업계는 경쟁 환경의 변화가 매우 더딘 편입니다. 하지만 근래 프로그레시브는 최적 보험료 책정으로 성과가 굉장히 좋았습니다. 우리도 예나 지금이나 무척 잘해 왔지만, 몇 가지 중요한 개선이 필요했습니다. 스테이트 팜은 여전히 최대 자동차 보험사이지만, 5년 후에는 가이코와 프로그레시브가 1, 2위를 나눠 가질 가능성이 매우 커 보입니다. 어느 순서가 될지는 아직 모르지만 앞으로 두고 봐야겠죠

2022 총회 (01:21:02)

자인: 개인 자동차 보험 사업은 경쟁이 매우 치열합니다. 그렇기는 하지만 가이코와 프로그레시브는 그중에서도 크게 성공한 보험사입니다. 각기 장단점이 있습니다. 최근 프로그레시브가 이익과 성장률 측면에서 가이코보다 훨씬 성과가 좋았다는 건 부정할 수 없습니다. 여러 이유가 있겠지만, 가장 큰 요인은 텔레매틱스라고 생각합니다. 프로그레시브는 20년 가까이 텔레매틱스를 활용해 왔습니다. 가이코는 최근까지 텔레매틱스를 도입하지 않다가, 불과 몇 년 전부터야 고객 세분화와 위험 대비 보험료 책정에 텔레매틱스를 적극적으로 활용하기 시작했습니다. 이 긴 여정은 이제 시작입니다. 아직 초기이긴 하나 결과는 긍정적입니다. 시간이 좀 걸리겠지만 앞으로 1~2년 안에 가이코가 프로그레시브를 따라잡기를 기대합니다. 잘하면 이익과 성장률도 개선할 수 있을 것입니다.

버핏: 자동차 보험 산업은 매우 흥미로운 연구 대상입니다. 본격적으로 자동차 시대가 열린 것은 1903년쯤이었습니다. 그로부터 불과 몇 년 후 연간 200만 대의 자동차가 생산되었습니다. 그래서 자동차 보험이 매우 중요해졌죠. 수백 년 동안 사람들은 보험이라 하면 화재와 해상 보험을 떠올렸습니다. 이처럼 보험이라는 상품은 오랜 세월 존재해 왔습니다. 자동차 보험은 리오 굿윈이 가이코를 설립한 1936년 이후로도 거의 변함없이 이어져 왔습니다. 그동안 좋은 상품과 여러 대기업이 탄생했죠. 하지만 미국 최대 자동차 보험사인 스테이트 팜은 일리노이주 출신의 한 보험 문외한의 손에서 탄생했습니다. 심지어 상호회사였죠. 자본주의 논리로는 도저히 성공 가망이 없는 회사였습니다.

비즈니스 스쿨에서는 기업이 성공하려면 인센티브와 보상 등 여러 요소가 필요하다고 가르칩니다. 스테이트 팜으로 진짜 부자가 된 사람은 아무도 없는데도, 스테이트 팜은 세계 최대 보험사입니다. 아마도 리오 굿윈은 약 80년 전 부자가 되고 싶은 야망으로 가이코를 설립했을 것입니다. 프로그레시브도 마찬가지였겠죠. 트래블러스나 애트나 등 무수한 자동차 보험사도 부를 쌓고 싶었을 겁니다. 그런데 승자는 상호회사인 스테이트 팜이었습니다. 규모로만 따지면 그들은 아직도 세계 최대입니다. 순자산이 1,400억 달러쯤 될 테니 버크셔를 제외하면 단연 최고라 할 수 있죠.

프로그레시브를 오랫동안 이끈 전 CEO는 말도 못하게 똑똑한 사람이었습니다. 그의 뒤를 이어 지금도 상당히 똑똑한 사람들이 경영하고 있습니다. 하지만 그들의 순자산은 일리노이주의 무명인들이 일군 순자산의 6분의 1에 불과합니다. 같은 제품을 취급하고 열심히 광고 공세를 펼치는데도요. 우리도 70~80년 동안 변치 않은 상품을 알리느라 연 20어 달러를 지출합니다. 보험은 변하지 않습니다. 하지만 우리가 모든 노력을 기울인 후에도 스테이트 팜은 여전히 1위 자리를 내주지 않고 있습니다. 자본주의 논리로는 설명할 수 없는 현상입니다.

오늘날 스테이트 팜 같은 회사를 설립한다면 프로그레시브와 상대도 안 될 텐데 누가 그들에게 투자하겠습니까? 심지어 영리를 추구하지 않는 상호회사인데 말입니다. 그런데 지금 스테이트 팜의 순자산이 1,400억 달러란 말이죠. 프로그레시브의 순자산은 약 200억 달러입니다. 그들은 인수 심사에 매우 엄격합니다. 그러나 투자 측면에서 프로그레시브의 순자산은 1분기에 채권을 많이 보유한 탓에 줄어들었습니다. 그들을 포함해 보험업자라면 누구나 채권에 투자하니까 채권을 보유한다고 말할 것입니다. 즉 프로그레시브는 보험업의 절반(보험료 수입과 보험금 지출 간 몇 달 또는 몇 년의 시차를 이용한 플로트 투자 관리)은 남들이 하는 대로 따라 하고, 나머지 절반(보험 인수)은 온 시간을 쏟아 세심하게 공들여 분석하는 셈입니다.

40년 전, 저는 제 사무실에 찾아온 전 프로그레시브 CEO 피터 루이스Peter Lewis를 보고 굉장히 머리가 비상하다는 인상을 받았습니다. 분명 버크셔의 주 경쟁자가 되겠다 싶었죠. 그는 보험에 대해서는 척척박사였지만, 투자에는 무관심했습니다. 투자도 인수만큼이나 중요한데 말이죠. 이렇게 조직마다 방식이 다르고, 또 나름의 약점이 있는 걸 보면 신기합니다. 물론 찰리와 저도 은연중에 온갖 약점이 있을 테니 사돈 남 말할 처지는 아니지만요. 어쨌든 자동차 보험 사업은 비즈니스 스쿨에서 연구 대상으로 삼아야 합니다. 현재 가르치는 많은 내용을 정면으로 반박하니까요.

2023 총회 (00:25:33)

자인: 가이코는 텔레매틱스에 과감히 승부를 걸고 경쟁사와 격차를 메우기 위해 박차를 가하는 중입니다. 이제 신규 보험료 책정에 텔레매틱스를 반영하는 비율이 약 90%에 이르렀습니다. 안타깝게도 이를 받아들이는 보험 계약자는 그중 절반도 안 됩니다. 또 하나 강조할 점은 가이코가 텔레매틱스 기술 격차를 상당히 좁히긴 했지만 아직 실제 이익 실현으로 이어지지는 못했다는 것입니다. 주원인은 뒤처진 기술입니다. 가이코의 기술은 정말 많은 개선이 필요합니다. 서로 불통하는 600대 이상의 구식 컴퓨터로 운영되는 실정입니다. 그래서 우리는 15~16대가 서로 연결된 시스템으로 압축하려고 노력 중입니다. 이는 엄청난 도전입니다. 이 때문에 텔레매틱스 부문을 개선했음에도 아직 갈 길이

멉니다. 이와 더불어 위험 대비 보험료 산정에도 개선의 노력을 멈추지 않고 있습니다. 수익성과 성장률 양쪽에서 본격적인 경쟁 궤도에 오르려면 2년 더 잡아야 할 듯합니다.

버핏: 토드 콤스를 가이코로 합류시킨 건 아지트와 제 선택이었습니다. 보험 사업에서 가장 중요한 위험 대비 보험료 책정 문제를 해결하기 위해서였습니다. 그가 합류한 직후 팬데믹이 발발해 모든 게 바뀌었으니 참 절묘한 타이밍이었죠. 그래도 토드는 가이코에서 아지트와 긴밀히 협력하며 훌륭히 제 몫을 해내고 있습니다. 또 그는 오마하에도 아직 집이 있어서 주말에 오마하에 오면 종종 우리와 만납니다. 그는 녹록지 않은 상황에서도 놀라운 성과를 거두었습니다. 문제를 아직 완전히 해결한 건 아니지만, 여러모로 가이코에 큰 변화를 이끌어 냈습니다.

그레이엄과 가이코

2023 총회 (02:18:44)

멍거: 가치주 투자를 강조한 벤저민 그레이엄은 천생 교수이자 평생 존경할 만한 사람이었습니다. 그레이엄과 관련한 흥미로운 사실은 그가 살면서 번 투자 수익의 절반 이상이 가이코라는 성장주에서 나왔다는 사실을 부끄러워했다는 것입니다. 그가 사업을 운영할 당시에는 염가의 부실기업이 많았고, 그런 회사들을 찾아다니며 조금씩 수익을 긁어모을 수 있었습니다. 하지만 그가 정작 가장 큰돈을 번 것은 가이코라는 성장주였던 것입니다. 우리도 거듭거듭 깨달았듯이 저평가된 우량기업 하나를 찾는 것은 투자에서 성공하는 탁월한 방법이었습니다.

버핏: 1949년 그레이엄은 《현명한 투자자》에 바로 그 사실을 지적하고 인정하는 후기를 썼습니다. 그는 가이코를 통해 좋은 교훈을 얻었습니다. 하지만 그레이엄은 그 안의 아이러니도 지적했습니다. 그는 자신의 접근법이 지닌 장점은 물론 단점도 솔직히 밝히는 지성인의 면모를 보였습니다. 찰리와 저도 직접 목격했고요. 마음의 준비, 그리고 필요할 때 행동할 의지처럼 한두 가지가 올바른 결정을 좌우합니다. 중요한 건 모든 걸 신중히 생각하고 어이없는 실수를 너무 자주 하지 않도록 계속 노력하는 것입니다. 그러면 찰리의 말마따나 언젠가 롤라팔루자(lollapalooza, 여러 정신적 습관이 합쳐져 큰 영향을 미치는 것) 효과가 생길 겁니다.

13부
그 외 투자에 관한 거의 모든 것
Other Topics

"이사회 회의에서 '이제 3시간 동안 우리가 어떤 한심한 실수를 저질렀고 얼마나 큰 손실을 입었는지 전부 검토해 봅시다'라는 말이 나온다면 무척 신선할 것이다."

"파생상품 투자에시 종종 무지와 차입이 만나곤 하는데, 이는 상당히 위험한 조합이다."

"투자에서 똑똑할 필요는 없다. 1년 뒤 후회할 만한 어리석은 짓만 하지 않으면 된다."

"무사할 확률은 99%지만, 그중 83.3%는 마치 총알이 하나뿐인 6연발 권총으로 러시안룰렛을 하는 것과 같다. 손실 위험을 만회할 만한 이득이 없으면 83.3%든 99%든 다 소용없다."

"우리에게 일요일은 돈 버는 날이었다. 흔한 기회는 아니어도 일요일에 받는 전화에는 큰돈을 벌 기회가 숨어 있다."

"은행가들은 설계사가 되어야 한다. 부를 쌓기보다 문제를 피하는 데 더 신경 쓰라는 말이다."

버핏의 전성기

2001 총회 (01:57:21)

버핏: 1950년대 말부터 10년 동안 제 수익률은 연평균 약 50%로, 다우지수 상승률보다 연 37% 정도 더 높았습니다. 하지만 당시 제가 투자한 금액은 지금과 비교도 안 될 만큼 소액이었죠. 수많은 기업을 꼼꼼히 살펴본 후 한두 곳을 찾아 고작 1만~1만 5,000달러를 투자했답니다. 그러다가 수익이 쌓여 돈이 불어날수록 투자할 수 있는 영역이 급격히 축소되기 시작했습니다. 옛날은 투자하기에 더 좋은 시기였죠. 그래도 오늘날 찰리와 저의 배경, 아이디어, 능력을 겸비한 사람이 소액의 자금을 굴린다면 상당한 수익을 실현할 수 있다고 생각합니다. 다만 수익이 계속 쌓여 수백만 달러에 이르면 그 기세는 뚝 떨어질 것입니다. 큰손 투자자의 영역에 진입하는 순간 경쟁이 치열해지니까요. 저는 처음 투자를 시작하며《무디스 매뉴얼》을 한 장씩 빈틈없이 읽었습니다. 산업, 운송, 은행, 금융 분야까지 전 사업에 걸쳐 약 2만 페이지를 두 번씩이나 훑어봤죠.

멍거: 똑똑하지만 남의 돈 뺏기에는 소질 없는 소액 투자자라면, 유명하지 않은 주식 중 가격이 드물게 잘못 매겨진 기회를 찾아보는 게 좋습니다. 그래도 가능성의 영역은 좁습니다. 투자할 길은 있을지언정 그 길은 길고 지루할 것입니다.

버핏: 안타깝게도 머리가 좋다는 월가 사람들 대부분이 다른 사람의 돈을 관리해 주고 받는 수수료가 훨씬 쉽게 훨씬 많은 돈을 버는 방법이라 생각합니다. 희망과 탐욕을 화폐화해서 떼돈을 버는 거죠.

투자 실수

***1998 총회** (03:22:12)*

버핏: 저는 11살 때 시티즈 서비스Cities Service 우선주를 38달러에 매수한 적이 있습니다. 40달러에 매도해서 주당 2달러의 이익을 챙겼지만, 나중에 200달러까지 올랐죠. 우리가 매도한 주식은 모두 나중에 가격이 올랐고, 그중 일부는 뼈아플 정도로 유독 많이 오르기도 했습니다. 특히 1960년대에 디즈니를 매도한 건 큰 실수였습니다. 오히려 그저 보유가 아닌 추가 매수를 해야 할 판이었는데 말이죠. 그런 실수가 몇 번 있었습니다. 우리는 좋은 기업들을 보유하고 있으므로, 그중 무엇을 매도해도 나중에 가격이 오를 것이라 믿습니다. 다른 데 투자할 자금이 필요하면 매도할지 몰라도 모두 좋은 기업이고 좋은 기업은 시간이 갈수록 가치가 더 높아지리란 생각은 변함없습니다. 과거에 제가 매도한 주식은 모두 주가가 훨씬 올랐습니다. 앞으로라고 그럴 일이 없겠습니까. 그렇다고 괴로워할 필요는 없습니다.

하지만 디즈니를 매도한 게 실수라는 건 인정합니다. 그래도 어쩌면 그 돈이 코카콜라 같은 데로 흘러갔으니 속상하진 않습니다. 솔직히 저는 제가 매도한 주식이 오르는 것보다 최고점에서 주식을 팔았을 때 기분이 더 안 좋았을 것 같습니다. 그건 제가 '더 멍청한 바보식 투자 전략(나보다 더 비싸게 매수할 더 멍청한 바보는 늘 존재하므로 이를 믿고 투자한다는 뜻)'을 쓴다는 뜻이 되니까요. 그런 투자는 성공할 수 없습니다. 저는 한 투자자가 어떤 종목을 매도했고 그 종목이 나중에 크게 오른다면, 오히려 그가 진정 성공적인 투자자라는 증거가 된다고 생각합니다. 그동안 좋은 기업에 투자해 왔다는 뜻이니까요.

멍거: 자기 실수를 되짚는 건 정말 유용합니다. 우리도 열심히 실천하죠. 스스로 마음속에 흑역사를 되새기곤 하는데, 정신적으로 좋은 습관입니다. 워런은 자신이 매도한 주식 가격을 정확히 외워 현재 가격과 비교할 수 있는 경지입니다. 사실 그로서는 마음 아플 텐데도 말이죠.

버핏: 면역이 되어서인지 그리 마음 아프진 않습니다. 하지만 사후 분석은 정말 유익합니다. 모든 인수 결정에는 사후 분석이 뒤따라야 합니다. 그러나 대부분의 기업은 자본 지출의 사후 분석을 싫어합니다. 저는 오랫동안 여러 기업의 이사로 활동했는데요. 어떤 인수나 자본적 지출이 앞으로 얼마나 유망한지는 입에 침을 튀기며 한참을 설명하지만, 나중에 결과가 나오면 다들 외면하고 싶어 했답니다.

멍거: 어떤 이사회 회의에서 "이제 3시간 동안 우리가 어떤 한심한 실수를 저질렀고 얼마나 큰 손실을 입었는지 전부 검토해 봅시다"라는 말이 나온다면 얼마나 신선할까요.

파생상품

1994 총회 (00:13:44)

버핏: 파생상품 관련 기사 중 단연 최고는 한 달 전 캐럴 루미스Carol Loomis가 〈포춘〉에 쓴 '사라지지 않는 위험(The Risk That Won't Go Away)'입니다. 작년에 누군가가 1990년대 금융계의 톱뉴스가 무엇일지 물었을 때, 확실히는 모르지만 굳이 하나를 꼽는다면 파생상품일 것 같다고 답했습니다. 파생상품은 비정상적인 수준의 레버리지를 사용하기 쉽고, 제대로 이해하지 못한 채 투자하는 사람들도 있기 때문입니다.

멋모르는 대상에 차입 투자하면 큰 문제가 생기기 쉽습니다. 특히 숫자가 모호하면 더 심각하죠. 최근 발생한 P&G 관련 사건이 대표적입니다. 자세히는 모르지만 언론 보도를 통해 알기로는, P&G가 처음에 (금리 하락을 예상하고) 금리 스와프 거래를 했다가 미국과 또 다른 국가의 국채에 대량의 풋옵션을 발행하게 되었다고 합니다(이로 인해 1억 달러 이상의 손실을 보게 됨). 비누를 판매하다가 채권 풋옵션까지 발행하다니 엄청난 도약이라 해야 할까요. 과거 사례를 봐도 막대한 차입 능력을 믿고 모 아니면 도 식으로 한 투자는 대부분 결말이 좋지 않았습니다. 파생상품은 유용하지만, 잠재적 위험을 무시해서는 안 됩니다.

1995 총회 (01:11:15)

버핏: CEO 자신이 파생상품을 이해했는지 여부를 보고서에 명시해야 한다면 파생상품 남용은 크게 줄어들 것입니다. 가끔은 우리도 관심이 가는 파생상품이 있습니다. 파생상품 거래를 통해 가장 효과적으로 수익을 달성할 수 있을 때는 주저 없이 그렇게 할 것입니다. 물론 동시에 거래 상대방을 매우 조심해야 하죠. 두 사람 사이의 작은 종잇조각 거래에 불과하니까요. 그리고 보통 만기일에 두 사람 중 한 사람이 상대방에게 수표를 발행해야 하는 고통을 겪어야 합니다. 따라서 상대방이 수표를 발행할 의지와 능력을 겸비했는지 확인해야 합니다. 우리는 특히 거래 상대방의 위험에 신경 쓰는 편입니다.

파생상품 투자에서 종종 무지와 차입이 만나곤 하는데, 이는 상당히 위험한 조합입니다. 작년에도 그런 사례가 몇 차례 있었습니다. 실체도 없이 수억에서 수백억 달러에 달하는 거래가 이루어지는 파생상품 투자는 실수와 부정의 소지가 다분합니다. 특히 금리 파생상품 같은 일부

상품의 구성을 보면 사업에 어떤 득이 되는지 도무지 알 수 없을 정도입니다. 투기와 달리 애초에 생성될 필요조차 없는 위험을 만들어내는 파생상품에는 도박의 특성이 내재해 있습니다. 즉 위험을 전가하거나 완화하는 게 아니라 오히려 대규모 위험을 창출하는 셈이죠. 지난해 대여섯 개 기업이 파생상품으로 곤경에 처한 건 오히려 운이 좋았던 것일지도 모르겠습니다. 이 경험이 미래의 문제를 완화하는 데 기여할 수 있으니까요. 그만큼 파생상품 리스크는 무시무시합니다.

수십 년 전 연준과 미국 정부는 사회의 이익을 위해 증권 신용 거래의 증거금 한도를 제한했습니다. 1920년대에는 증거금 기준이 10%로 낮았기 때문에, 이를 대공황의 원흉으로 여겼죠. 그래서 정부는 연준을 통해 제아무리 존 록펠러John Rockefeller라도 GM 주식을 사려면 증거금을 50%는 내도록 설정했습니다. 사실 그 요건이 록펠러에게는 필요하지 않았겠지만, 어쨌든 사회에는 필요하다면서 말이죠. 우리도 사람들이 적은 증거금만 걸고 아슬아슬하게 주식을 신용 거래하는 걸 원치 않습니다. 이런 행위는 도박이나 다름없고, 그 파급 효과는 사회에 온갖 문제를 일으킬 수 있습니다. 그리고 증거금 규제는 지금도 유효합니다.

하지만 다양한 파생상품 덕분에 유명무실해졌습니다. 1920년대의 10% 증거금 요건이 어떻게 보면 지금에 비해 보수적으로 보일 정도가 되었으니까요. 작년의 경험(캘리포니아주가 파생상품 투자 실패로 16억 달러의 손실을 봄)으로 모두가 파생상품을 주목하게 되었지만, 아무도 정확한 대책을 몰랐습니다. 찰리와 저도 파생상품을 잘 이해하고 수긍한다면 그걸 우리에게 유리한 방향으로 활용할 방법을 찾을 텐데요.

멍거: 저는 더 강력히 파생상품을 반대합니다. 제가 세상을 지배한다면 옵션 거래소도 없애버렸을 겁니다. 그래서 파생상품 거래는 지금의

5% 정도밖에 안 되고, 계약은 지금보다 훨씬 덜 복잡할 것이며, 청산 시스템은 더 엄격했겠죠. 저는 파생상품을 옹호하지 않아도 되는 현재의 제 처지가 정말 다행스럽게 느껴집니다. 훌륭한 은행을 운영하면서도 파생상품에 가담한 많은 사람을 보면 안쓰럽습니다.

1999 총회 (05:12:06)

버핏: 파생상품은 달랑 숫자 몇 개 적힌 종잇조각이며, 그 보상은 다음 달이든 올해든 한동안 실현되지 못할 여러 조건에 어떤 숫자를 붙이느냐에 따라 정해집니다. 따라서 이를 떠넘길 다음 상대를 오랫동안 찾지 못하면 큰 피해를 일으키기 쉽습니다. 특히 신용 보증 같은 경우에는 심각한 문제가 발생할 가능성이 큽니다. 그러니 수익률 대비 숫자 규모가 클 때는 매우 신중하게 살펴봐야 합니다. 파생상품 거래에서 문제가 발생하면 그 파장은 상당할 테고, 감수한 위험에 비해 보상은 크지 않을 것이기 때문입니다.

2001 총회 (03:17:05)

버핏: 파생 분야는 잠재적 다이너마이트와 같습니다. 불확실한 수익에 대한 보상을 선지급받는 구조에 수많은 사람이 얽히다 보니 위험할 수밖에 없습니다. 따라서 누군가는 빈털터리가 될 것입니다. 1~2년 전 전력 산업에서 그런 사례가 있었는데요. 서던 캘리포니아 에디슨Southern California Edison이 장부상 예측 이익에 기반해 프로젝트에 참여한 직원들에게 보상을 지급한 것입니다. 전형적인 월가의 관행이 전력 산업까지 퍼진 것이죠. 결과는 예상대로였습니다.

15~20년 동안 결과가 미지수인 거래에 거액을 선불로 투자하는 것

은 위험합니다. 그러나 업계에서 꽤 흔한 관행이 되었습니다. 제가 관찰한 살로몬도 그랬습니다. 이런 관행 속에서 사람들은 종종 무너지곤 합니다. 똑같은 주제는 아니지만 찰리와 제가 우려하는 문제를 다룬 로저 로웬스타인Roger Lowenstein의 저서 《천재들의 실패》를 추천합니다.

멍거: 파생상품은 회계 원칙이 전혀 통하지 않는다는 심각한 문제를 안고 있습니다. 회계 처리가 부적절하고, 지나치게 많은 수익을 선지급하는 방식입니다. 또한 투자자들에게 더 큰 보상을 바라게 하는 비이성적 낙관주의를 심어 줍니다. 무책임한 시스템이죠. 그동안 회계 분야는 문명에 역행했습니다. 가장 큰 문제는 회계 시스템 전체가 너무 낙관적이고 잘못되었다는 겁니다. 마치 30년 감가상각률을 적용한 택시 사업과 같습니다.

버핏: 혹은 시차가 매우 긴 롱테일 보험과도 비슷합니다. 보험 인수자가 직접 계산한 약 10년 치 예상 수익에 따라 거액의 수수료를 선지급하듯 말입니다. 금융계에는 정말 위험한 활동들이 심심치 않게 벌어집니다. 그런 상황에 직면하면 조심하고 또 조심해야 합니다. 파생상품에 저항할 수도 있지만, 그렇다고 업계 관행에서 크게 벗어나 사업하기도 어렵습니다.

멍거: 다행히도 버크셔의 회계는 파생상품의 표준 회계보다 훨씬 보수적입니다.

2003 총회 (02:21:37)

버핏: 찰리와 저는 언젠가 파생상품이 시스템적 결함을 곪아 터지게 할 가능성이 있다고 생각합니다. 3년, 5년, 20년 후가 될지, 운 좋게 영영 발생하지 않을지는 모르지만요. 문제는 사람들이 이 위험을 충분히

인식하지 못하고 있다는 것입니다. 파생상품이 더 복잡해지고 이용 빈도가 증가할수록 문제는 더욱 커질 것입니다. 지난 2년간 에너지 분야에서 이런 현상이 목격됐고 멀쩡하던 기업들이 나가떨어졌죠. 1998년 LTCM(롱 텀 캐피털 매니지먼트)도 전체 금융 시스템, 특히 신용 시장을 거의 마비시켰습니다. 전적으로 파생상품 때문만은 아니었지만, 파생상품이 아니었다면 이렇게 큰 문제로 번지진 않았을 겁니다.

이 주제는 누구도 해답을 찾지 못했습니다. 찰리와 저도 어떻게 규제해야 할지 잘 모르지만, LTCM의 위험을 구체적으로 목격했고 시스템에 문제가 발생할 가능성 정도는 알아볼 수 있습니다. 하지만 사람들은 문제가 닥치기 전까지는 생각조차 하지 않으려 합니다. 금융계는 비록 발생 가능성이 낮은 일이어도 미리 대비해야 합니다. 우리는 버크셔에 큰 문제가 터지지 않기를 바라는 한편, 발생 가능성이 낮은 시나리오라도 항상 염두에 둡니다. 따라서 우리는 많은 사람이 미처 생각하지 못하는 것들을 생각하고 또 걱정합니다.

멍거: 엔지니어링 업계는 시스템에 안전마진을 넉넉하게 잡습니다. 원자력 발전소가 극단적인 예시죠. 그러나 금융계, 특히 파생상품 업계에서는 다들 안전을 쥐뿔만큼도 신경 쓰지 않는 듯합니다. 그저 거래량과 규모가 부풀어 오르도록 내버려 둡니다. 그 거품은 실재하지 않는 이익을 실재한다고 기록하는 부정 회계로 더욱 거대해집니다. 저는 이 상황을 매우 위험하다고 보기에 워런보다 더 부정적입니다. 제가 앞으로 5~10년 더 산다 해도 그 안에 큰 위기가 터지지 않는다면 정말 이상하다고 생각할 겁니다.

버핏: 파생상품은 노골적으로 시장 참여자들의 위험과 시스템의 위험을 덜어 준다고 광고해 왔습니다. 하지만 시스템의 위험을 감소시키는

지점을 이미 오래전에 넘어섰습니다. 이제는 오히려 위험을 키우고 있죠. 코카콜라는 자신들이 짊어져야 할 외환 위험이나 금리 위험을 감수할 수 있습니다. 하지만 코카콜라가 이러한 위험들을 외부로 분산하기 시작하고 전 세계 다른 대기업들도 똑같이 행동한다면, 시스템에 존재하는 위험은 더욱 악화합니다. 이는 결코 위험을 없애는 게 아니며 위험을 소수의 다른 시장 참여자들에게 전가하는 것입니다. 그리고 이 참여자들은 서로 긴밀한 상호 의존성을 띠고 있죠. 중앙은행을 비롯한 여러 기관은 이러한 위험에 취약합니다.

레버리지가 높은 기업들에 위험이 쏠리기 시작하고 모두 같은 위험 부담과 같은 동기를 지닌 이들 기업끼리 서로 교차하게 되면, 당장 장부에 더 많은 이익을 계상하려고 점점 더 난해한 거래에 가담해 나락을 자초하게 될 것입니다. 제가 이 주제로 글을 쓴 이유도 바로 그것 때문이었습니다. 그리고 이는 예측이 아니라 경고 차원이었습니다.

2004 총회 (01:07:39)

버핏: 파생상품 거래에는 많은 문제가 도사리고 있습니다. 그 규모는 정말 엄청나며 눈덩이처럼 계속 불어나는 중이죠. 저는 대규모 파생상품 거래에 가담하는 몇몇 회사의 경영자들을 알고 있는데, 그들은 자신도 뭘 하는지 전혀 이해하지 못합니다. 우리도 제너럴 리가 모아 놓은 파생상품들을 보고, 이게 다 뭔가 했지만 도통 이해할 수 없었습니다.

증권시장은 예측 불가의 요소들이 서로 얽혀 있기에 살얼음판을 걷는 것과 같습니다. 그런데도 사람들은 남들보다 앞서 나가고 싶어 성급하게 출발하려 합니다. 스스로도 잘 모르는 상품을 대량으로 거래하는 것이죠. 이는 어떤 외부 요인에 의해 대규모 채무 불이행 같은 심각한 문제를 유발하기도 합니다. 저는 향후 10년 안에 파생상품 거래로 인한 심각한 문제들이 발생하거나 악화할 것으로 예상합니다.

멍거: 프레디맥Freddie Mac(연방주택금융저당공사)과 관련한 문제의 부분적 이유는 사람들이 꼬리에 꼬리를 무는 파급 효과를 충분히 생각하지 않는 흔한 실수 때문입니다. 금리 변동을 막으려고 헤지를 하는데, 조기상환 옵션이 있는 모기지 포트폴리오를 가지고 있으면 매우 복잡해집니다. 그러면 다음 헤지는 회계 관행상 분기 실적을 모든 기관 분석가들이 선호하는 규칙적 모양이 아닌 불규칙적 모양으로 만듭니다. 그래서 이를 평탄화하기 위해 또 다른 파생상품을 도입합니다. 이쯤 되면 실적은 거의 조작의 지경에 이릅니다. 안 그래도 충분히 복잡한데 거기에 조작까지 켜켜이 더하면《이상한 나라의 앨리스》에 등장하는 '미친 모자 장수의 다과회'처럼 되고 말죠. 이는 똑똑한 사람들도 우리를 구하지 못한다는 것을 보여 줍니다. 누군가가 상식에 따라 "우리는 옳은 길을 가겠다"라고 선언할 수 있어야 하지만 현실은 녹록지 않습니다. 이런 일은 금융 전문가들이 이사회에 포진한 회사에서도 일어납니다.

버핏: 파생상품을 거래한 트레이더들은 대개 그해의 실적 따라 상여금을 받으므로 당장 혹은 1~2년 안에 수익을 확정 짓고 싶을 것입니다. 그 결과를 회사가 온몸으로 받을 때쯤이면 그는 이미 회사를 떠나고 없겠죠. 똑똑한 사람들에 둘러싸여 부정한 거래에 동기를 부여받으면, 정말로 부정을 저지르거나 부적절한 위험을 감수할 수밖에 없습니다.

2005 총회 (02:07:48)

멍거: 프레디맥과 패니메이Fannie Mae(연방주택저당공사)는 부채 비율이 높고 자산과 부채가 심각하게 불일치했습니다. 이들이 겪은 문제는 파

생상품 트레이더의 번지르르한 상술에 넘어가 파생상품을 과도하게 보유한 탓입니다. 미국 파생상품의 회계와 거래에는 심각한 문제가 있으며, 아직도 그 대가를 완전히 치르지 않았습니다.

2009 총회 *(01:37:35)*

버핏: 1929년 이후 의회는 거액의 증권 신용대출을 대공황의 원흉으로 보고 매우 위험하다고 판단했습니다. 따라서 공익을 위해 연준에 증거금 한도 규제를 요구했습니다. 연준은 증거금 요건을 제정했고, 그 요건은 지금도 이어지고 있습니다.

그래서 증권 담보 상한선은 50%가 되었습니다. 그러나 이 규칙을 비웃듯 파생상품이 등장했죠. 심지어 총수익스와프(total return swap)는 보유 자산을 담보로 100%까지 대출받을 수 있습니다. 이는 1929년에 존재한 증거금 10% 장치도 우스워 보이게 할 정도입니다. 과거 의회는 증권 신용 거래의 위험을 경계해 연준에 증거금 규제를 맡겼습니다. 하지만 이렇게 파생상품은 시장의 레버리지 한계를 우회하는 수단이 되었습니다. 존 케네스 갤브레이스John Kenneth Galbraith의 《대폭락 1929》이라는 좋은 책이 있으니 읽어 보시기 바랍니다.

멍거: 파생상품에는 더 심각한 문제가 있습니다. 파생상품 딜러는 고객보다 두 가지 면에서 더 유리합니다. 첫째, 카지노 딜러의 입장과 같은 확률적 우위가 있습니다. 둘째, 파생상품 딜러는 패가 훤히 들여다보이는 고객과 함께 게임에 참여하는 셈입니다. 한마디로 자신을 믿어 주는 고객을 상대로 해로운 것을 파는 추잡한 사업입니다. 미국에 이런 종류의 사업은 더 이상 필요하지 않습니다. 아니, 축소되어야 합니다.

2010 총회 (02:23:07)

멍거: 파생상품의 유용성은 항상 과대평가되어 왔습니다. 농사를 예로 들어보죠. 만약 파생상품이 없었다면, 거래소에서 거래되는 곡물 매매 계약을 포함해 우리는 충분한 귀리와 밀을 가졌을 것입니다. 파생상품 시장을 활용해 농사의 위험을 헤지해 봐야 미미하게 편리해지는 정도일 것입니다. 문제는 '파생상품에 어떤 이점이 있는가'가 아니라, '파생상품의 순기능이 역기능보다 큰가, 또는 파생상품은 없는 게 더 나은가'입니다. 파생상품 거래는 옛날처럼 원자재, 귀금속, 통화 등에만 엄격한 규제 따라 허용하고, 나머지는 지구상에서 사라져야 더 살기 좋은 세상이 될 듯합니다.

2016 총회 (01:05:15)

버핏: 파생상품의 가장 큰 위험은 시장을 먹통으로 만들 가능성입니다. 시장이 원활해야 시가 평가, 담보 설정 등이 큰 문제 없이 돌아갈 것입니다. 하지만 파생상품이 시스템을 마비시키면 많은 문제를 불러일으킵니다. 9·11 테러 이후 3~4일 동안 거래가 중단된 바 있고, 제1차 세계대전 당시에는 뉴욕증권거래소가 몇 달간 문을 닫았습니다. 주가가 대폭락한 1987년 10월 19일의 블랙 먼데이 다음 날에도 거래소 폐쇄를 심각하게 고려했죠. 많은 사람이 폐쇄에 찬성했으나 화요일 아침에 거래는 계속되었습니다. 만약 미국에 대규모 사이버, 핵, 화학, 생물학 공격이 발생한다면 (언젠가는 반드시 발생하겠지만) 시장은 완전히 마비되고 아수라장이 될 것입니다. 그리고 시장이 다시 정상화된 후에는 담보, 차액 결제 등으로 완벽히 보호될 줄 알았던 자산에 이미 엄청난 구멍(손실)이 뚫린 걸 발견하겠죠.

따라서 파생상품 포지션을 큰 비중으로 들고 있으면 위험합니다. 잠재적 시한폭탄입니다. 기본적으로 거래를 마비시킬 수 있는 것은 시장에 독입니다. 쿠웨이트는 몇 년 전 주식 거래가 중단되어 약 6개월간 청산이 지연되었고, 이로 인해 온갖 문제가 줄줄이 이어졌습니다. 누군가가 여러분에게 거액의 빚을 졌는데 6개월 동안 불통이라면 어떨지 상상해 보십시오. 저는 은행에 대한 경고에는 동의하지만 제가 보유 중인 뱅크오브아메리카나 웰스파고에 대해서는 전혀 걱정하지 않습니다. 세상에는 수많은 은행이 있습니다. 누군가 세계 최대 은행 50곳을 꼽아도, 저는 그중 45곳은 마음속에서 지우겠습니다.

멍거: 조금 민망하게도, 우리도 워런과 아지트가 몇 년 전에 맺은 몇 건의 파생상품 계약으로 200억 달러 정도 수익이 예상됩니다. 하지만 우리는 은행들과는 다릅니다. 우리도 파생상품을 매수하긴 했지만 만약 불법화한다면 국익을 위해서라도 오히려 찬성하겠습니다.

US에어 투자

1994 총회 (01:26:05)

버핏: US에어의 비용 구조는 오늘날의 항공 산업에서 살아남기 힘듭니다, 그들의 비용 구조가 잘못되었다는 건 의심의 여지가 없습니다. 비용 구조를 조정할 수는 있지만, 실제로 그렇게 될지는 또 다른 문제입니다. 돌이켜보건대 구조조정 문제를 안고 있는 기업에는 투자하지 않는 것이 상책입니다. 이 점에서 저는 실수를 저질렀습니다. 어떤 기업이든 수억 달러의 비용을 절감하려면 엄청난 긴장감이 감돕니다. 특히 각자

자기가 가장 손해 본다고 생각하는 다양한 집단의 이해관계가 맞물리면 협상은 한층 어려워지죠.

멍거: 제가 노조 위원장이었다면 US에어의 CEO인 세스 스코필드Seth Schofield가 원하는 건 뭐든 다 해줬을 겁니다. 그는 필요 이상을 요구하는 사람이 아니니까요. 그의 판단이 노조 측에도 옳은 결정이라는 건 명백합니다. 하지만 그 명백한 일이 이루어질지 아닐지는 신의 뜻에 달려 있습니다.

버핏: 동기가 다양한 사람들이 다수 얽혀 있으니 정말 어려운 문제지요. 찰리와 저도 그런 일을 몇 번 겪었습니다. 대체로 잘 풀리긴 했지만, 항상 그런 건 아닙니다.

항공업

2017 총회 (00:57:24)

버핏: 항공사만큼 힘든 산업은 없을 겁니다. 오빌 라이트Orville Wright(비행기를 발명한 라이트 형제 중 동생)가 처음 비행에 성공한 뒤, 만약 투자자를 진심으로 생각했다면 형인 윌버 라이트Wilbur Wright가 그 비행기를 격추시켜야 했을 것입니다. 그러면 100년 동안 많은 사람이 엄청난 돈을 날리지 않았을 테니까요. 지난 수십 년 동안 약 100개의 항공사가 파산했습니다. 찰리와 저는 한동안 US에어의 이사로 활동했지만, 제 경력에서 가장 어리석은 투자 중 하나였습니다. 우리의 US에어 투자 실패담은 많이 기사화되기도 했죠.

멍거: 그래도 과분하게 많은 돈을 벌었잖아요.

버핏: 잠깐의 광풍을 타고 US에어에서 큰 수익을 냈습니다. 그러나 우리가 이사직을 사임하고 주식을 매각한 후 US에어는 두 번이나 파산했습니다.

항공업에는 채산성을 저해하는 여러 요인이 있습니다. 경쟁도 치열하고요. 문제는 과거의 제 살 깎아 먹기식 경쟁이 앞으로도 나아질 가망이 없다는 것입니다. 수많은 항공사가 파산하는 걸 보면 결국 잘못된 산업에 뛰어들었나 싶은 생각도 들 것입니다. 항공업은 이미 유효 좌석 마일(available seat miles, 운항 항공기 좌석수에 비행거리를 곱한 값인 가용 좌석 마일수)을 80% 이상 유지하고 있으며 성과도 어느 정도 예측 가능합니다. 따라서 향후 5~10년 동안 유효 좌석 마일은 과거 항공 기업을 파산시키곤 했던 이전 수준보다 나아지리라 예상됩니다.

이제 문제는 아무리 유효 좌석 마일이 80%여도 가격 경쟁 때문에 항공사가 자멸 행위에 빠질 수 있다는 것입니다. 아직은 지켜봐야겠습니다. 실제로 항공업은 상당히 높은 ROIC(투하자본 대비 수익률)를 올리고 있습니다. 페덱스나 UPS보다 더 높죠. 하지만 만약 내일 당장 한 항공사가 요금을 인하하면 다른 항공사도 요금을 인하해야 합니다. 그리고 유가가 하락할 때 요금을 인하하기보다 유가가 오를 때 요금을 인상하기가 더 어렵습니다. 따라서 지난 100년보다 향후 10년 동안 항공업계의 가격 민감도가 더 커질 것인지 확실히 속단할 수는 없지만 가격 책정 여건은 개선되었습니다. 또 파산을 겪어 본 만큼 노조와의 관계도 안정화되었습니다. 조종사 인력난은 다소 예상됩니다. 하지만 항공주 투자는 시즈캔디에 비할 바가 못 됩니다.

멍거: 그렇습니다. 하지만 투자업계도 전국적으로 경쟁이 치열해져서 전보다 힘들어졌습니다. 옛날에는 안전마진도 넉넉했고 낮은 가지의

열매를 따듯 손쉬운 투자처를 많이 찾을 수 있었지만, 지금은 녹록지 않은 환경입니다. 우리도 예전에는 쉽게 높은 투자 수익을 거둔 데 반해 이제는 통계적으로 약간의 우위만 점하고 있는지도 모르겠습니다. 하지만 괜찮습니다. 이미 엄청나게 부자가 되었는데 조금 어려워지면 어떻습니까.

버핏: 찰리는 이런 면에서 저보다 더 철학적입니다.

멍거: 낮은 가지에서 쉽게 열매를 따던 시절로 되돌아갈 수는 없으니까요. 워런은 계속 높은 가지에 손을 뻗어야 합니다.

버핏: 저는 5~10년 후엔 유상 승객 마일(revenue passenger mile, 유료 승객 수에 이동 거리를 곱한 값)이 더 올라갈 것이라 믿습니다. 만약 5~10년 후 항공사들의 가치가 지금과 같은 수준이어도 그들의 자사주 매입을 감안하면 쏠쏠한 수익률이 기대됩니다. 따라서 연말에 기업 가치가 그대로여도 유통 주식 수가 줄어, 나중에 상당한 수익을 낼 것입니다. 4대 항공사 모두 자사주를 매입하고 있습니다.

멍거: 철도는 수십 년 동안 끔찍한 사업이었지만, 그 후 좋아졌다는 걸 잊지 맙시다.

버핏: 제가 4대 항공사 주식을 모두 매수한 건 그중 누가 최고가 될지 판단하기 어려웠기 때문입니다. 5~10년 후 유상 승객 마일은 지금보다 올라갈 가능성이 상당히 크다고 봅니다. 스피릿이나 제트블루 같은 저가 항공사들도 있지만, 4대 항공사 매출이 더 높을 것입니다. 문제는 영업계수입니다. 유통 주식 수도 훨씬 줄어들 테니 기업 가치가 현재 수준이더라도 상당한 수익을 실현할 수 있을 것입니다. 물론 쉬운 일은 아닙니다.

2020 총회 (01:39:58)

버핏: 4월에 약 60억 달러 상당의 주식을 순매도했습니다. 하락장을 예상해서가 아니며 그저 제 실수를 인지했을 뿐입니다. 항공사 주식에 투자했던 건 확률 가중 방식을 적용해 투자 대비 성과가 좋겠다 싶어서 내린 결정이었습니다. 4대 항공사의 10% 지분에 약 70~80억 달러를 투자했습니다. 한때는 거기서 약 10억 달러를 벌 것으로 예상했죠. 단순히 배당이 10억 달러가 아니라, 기저 이익 중 우리 몫으로 말입니다. 경기 순환을 타기는 해도 우리는 그 이상으로 더 오를 줄 알았습니다. 네 군데 항공사로부터 각각 약 10%씩만 매수했지만, 우리 마음속으로는 마치 기업을 인수한 것과 다름없었습니다.

결국 훌륭한 CEO 네 명의 잘못은 전혀 없는 불가항력적 사건(코로나19 팬데믹) 때문에 제 투자 판단이 잘못된 것으로 판명났습니다. 확실히 항공사 CEO라는 직업은 썩 즐겁지 않습니다. 우리가 투자했던 항공사들은 경영 상태가 양호했습니다. 하지만 매일 수백만 명의 고객을 상대해야 하기 때문에 매우 어려운 사업입니다. 그중 1%에게라도 문제가 생기면 일이 복잡하게 꼬입니다. 그래서 저는 항공사 CEO라는 직책이 부럽지 않습니다. 특히 지금 같은 코로나19 팬데믹 시기에는 사람들에게 비행기를 타지 말라 하니 설상가상입니다. 저도 당분간 비행기를 타지 말라는 말을 들었습니다. 제가 틀렸을 수도 있고 틀렸기를 바라지만 항공업은 격변을 맞은 것 같습니다. 4대 항공사가 각각 평균적으로 최소 100억 달러는 차입할 것이라는 사실만 봐도 그렇습니다. 물론 그 빚을 갚느라 일정 기간의 수익을 까먹어야 할 테고, 그렇게 되면 100억 달러의 손실이 발생합니다. 때로는 주식이나 신주인수권을 팔아야 할 것입니다.

2~3년 후 작년만큼의 승객 수로 회복될지는 모르겠습니다. 그럴 수도 있고 아닐 수도 있지만, 항공사 자체의 잘못은 전혀 없다 보니 이 사업의 미래가 훨씬 불투명합니다. 발생 가능성이 희박한 사건이 발생하고 말았고 특히 숙박, 크루즈, 테마파크 등 여행업과 항공업이 큰 타격을 입었습니다. 항공사는 사업이 70~80% 정도 회복되더라도 항공기는 사라지지 않는다는 문제가 있습니다. 즉 유휴 항공기가 늘어날 것입니다. 몇 달 전 새로운 항공기 발주를 계약했을 때와 달리 어느새 항공사들의 세계는 달라져 버렸습니다.

2020 총회 (02:07:04)

버핏: 우리는 미국 4대 항공사인 아메리칸, 델타, 사우스웨스트, 유나이티드 항공을 매도했습니다. 이들 기업은 미국 내 유상 승객 마일의 최소 80%를 차지합니다. 우리는 이 항공사들을 좋아하지만 세상이 변했습니다. 신속히 일상이 복귀되었으면 좋겠습니다. 미국인들의 바뀐 생활 습관이 굳어질지, 아니면 바뀐 습관이 셧다운의 장기화로 다시 달라질지는 모르겠습니다. 또 사람들이 전화로 해 오던 일에도 변화가 있을지 모릅니다. 저는 지난 7주 동안 이발하거나 넥타이를 매지 않았습니다. 매일 운동복만 바꿔 입고 있습니다. 이 상황이 언제 끝날지는 아무도 모릅니다. 하지만 특정 산업, 특히 안타깝게도 항공업계를 비롯한 몇몇 산업은 통제할 수 없는 사건으로 인한 강제 봉쇄로 큰 타격을 입을 것입니다.

우리는 다른 항공주들도 매수할 뻔했지만, 최종적으로는 4대 항공사에만 투자했습니다. 70~80억 달러를 투자했지만 본전도 건지지 못했으니 이는 제 실수입니다. 설마설마하는 일들이 항상 문제가 되곤 하는데, 바로 그런 일이 항공업계에 터져 버렸죠. 우리는 4대 항공사의 지분을 모두 매도했습니다. 우리는 무언가를 매도할 때 지분을 축소하지 않고 대개 전체를 처분합니다. 기업의 100%를 인수한 후 지분을 80~90%로 줄일 수 없듯이 말이죠. 우리는 마음에 드는 기업이 있으면 최대한 많이 매수해서 가능한 한 오래 보유합니다. 하지만 마음이 바뀌면 어중간하게 반만 덜어내지는 않습니다. 우리는 항공사 주식을 전부 매도했습니다.

손절매

1994 총회 (02:40:49)

버핏: NYSE(뉴욕증권거래소) 전문가 지미 맥과이어 Jimmy Maguire 와 우연히 대화할 기회가 있었습니다. 당시 그가 보유한 버크셔 주식의 주당 단가는 약 1만 6,000달러였고, 그는 1만 5,500달러에 수백 주 손절매 주문을 걸어두었습니다. 1만 6,000달러에 산 주식을 1만 5,500달러에 팔려는 이유를 저는 도무지 이해할 수 없습니다. 버크셔 주식에 손절매 주문을 거는 사람이 있다면 단타 투자자이거나 투자자다운 계산을 못 하는 사람일 것입니다. 맥과이어의 주식은 실제로 1만 5,500달러를 터치했습니다. 약 300주에 가치는 450만 달러어치였습니다. 1만 6,000달러에 팔 수 있었던 주식을 1만 5,500달러에 팔기로 결정한 모양새입니다. 가격이 떨어질수록 매도하고 싶은 마음이 커지다니요. 제가 항상 생각하는 비유가 있습니다. 마치 누군가가 지금 마음에 드는 10만 달러짜리 집에 살고 있는데, 중개인에게 혹시 이 집을 9만 달러에 사려는 사람이

오거든 팔라고 말하는 셈이죠. 참 희한합니다.

풋옵션

1994 총회 (02:49:07)

버핏: 작년 초가을쯤에 코카콜라 주식 500만 주에 풋옵션을 행사했습니다. 프리미엄은 750만 달러였고, 주당 가격은 약 35달러였습니다. 우리는 평소 풋옵션을 별로 사용하지 않지만, 이번에는 기꺼이 했더니 750만 달러의 수익을 냈습니다. 사실 풋옵션을 행사할 만큼 마음에 드는 주식이 있다면, 그 주식 자체를 매수하는 편이 더 낫긴 합니다. 풋옵션은 주식을 직접 매수하는 것만큼 효율적인 방법은 아니라고 봅니다.

아메리칸 익스프레스

1995 총회 (01:25:16)

버핏: 우리는 아메리칸 익스프레스 지분의 10% 미만을 소유하고 있습니다. 아메리칸 익스프레스는 여러 사업을 하지만 미래에 가장 중요한 요소는 단연 신용카드 사업입니다. 신용카드 사업은 그동안 치열해졌고, 앞으로 더욱 치열해질 것입니다.

1950년대 후반쯤에 다이너스 클럽 공동 창립자인 랄프 슈나이더Ralph Schneider를 만났습니다. 아메리칸 익스프레스가 신용카드 사업에 뛰어든 건 불안해서였습니다. 신용카드가 자신들의 여행자 수표 사업에 어떤 영향을 미칠지 걱정되었던 거죠. 아메리칸 익스프레스의 여행자 수표 사업은 1890년쯤에 시작되었을 겁니다. 서부로 특송 화물을 배달하던 아메리칸 익스프레스의 헨리 웰스Henry Wells 와 윌리엄 파고William Fargo는 수많은 화물을 나르기보다 여행자 수표를 발행하는 것이 더 쉬운 사업이라 생각했습니다. 이렇게 여행자 수표는 특송 사업에서 발전했고, 아메리칸 익스프레스의 신용카드 사업은 다이너스 클럽을 견제하기 위해 시작되었습니다. 모두가 다이너스 클럽을 두려워했고, 다이너스 클럽은 모두를 앞지르더니 엄청난 성공을 거두었습니다.

아메리칸 익스프레스 카드는 특히 여행 및 엔터테인먼트 부문에서 매우 강력한 입지를 구축했습니다. 은행들도 카드 사업에 대거 진출했고, 비자는 특히 대성공을 거두었습니다. 신용카드는 법인카드처럼 특정 범주에서 강력한 독점권을 누립니다. 한동안은 아메리칸 익스프레스가 신용카드의 대명사 같았습니다. 하지만 이제는 특정 범주에서 신용카드의 대명사가 될 순 있어도, 이전만큼 광범위한 독점권을 누리지는 못합니다.

카드 사업은 경제적 강점이 있지만, 몇 가지 약점도 있습니다. 5년, 10년 후를 내다보려면 이 약점들을 꼼꼼히 평가해야 합니다. 아메리칸 익스프레스 경영자들이 특정 카드 범주에서 어떤 특별한 우위를 지킬지 고민하는 건 바람직해 보입니다. 그들은 수수료 인상에 반발하는 가맹점들에 현명하게 대응해 왔습니다. 따라서 앞으로 상황이 어떻게 전개될지 지켜봐야겠습니다.

1996 총회 (02:37:03)

버핏: 신용카드 산업에서 아메리칸 익스프레스의 위치는 20년 전만

못합니다. 한동안 고객을 너무 당연시해서 그런 것 같습니다. 그래도 CEO 하비 골럽Harvey Golub이 문제 해결에 집중한 덕에 어느 정도 진전을 보이고 있습니다. 하지만 지금 신용카드 사업은 20~25년 전과는 완전히 다른 경쟁 환경에 놓여 있습니다. 흥미로운 점은 아메리칸 익스프레스가 원래 여행자 수표 사업의 미래가 걱정되어 사업에 뛰어들었다는 것입니다. 다이너스 클럽의 등장으로 업계의 판도가 바뀔 것을 예견하고는 일종의 대응 전략으로 신용카드 사업에 진출한 것이죠. 한동안은 아메리칸 익스프레스가 업계를 장악했습니다. 물론 현재도 여행 및 엔터테인먼트 부문은 여전히 꽉 쥐고 있습니다. 하지만 신용카드 사업은 갈수록 경쟁이 매우 치열해질 것입니다. 아메리칸 익스프레스는 어떤 식으로든 카드에 특별한 가치를 부여해야 합니다. 그렇지 않으면 점차 상품화될 위험에 처할 것입니다. 녹록지 않은 사업입니다. 아메리칸 익스프레스는 강력한 브랜드를 보유하고 있지만 20년 전과 비교하면 상황이 달라졌습니다.

2019 총회 (04:29:17)

버핏: 모든 기업이 아메리칸 익스프레스의 경쟁사입니다. 애플도 예외는 아닙니다. 최근 애플은 골드만삭스와 제휴해 카드를 출시했습니다. 앞으로도 카드업계에는 수많은 경쟁사가 존재할 것입니다. 은행들도 물러설 생각이 없습니다. 카드 분야는 성장 중이고, 은행들은 매출채권을 쌓고 있습니다. 하지만 저는 신용카드도 단일 모델 사업이 아니라고 생각합니다. 자동차 사업에 단일 모델을 적용하지 않듯 말이죠. 페라리는 많은 돈을 벌지만, 자동차 시장의 일부만 차지하잖습니까.

아메리칸 익스프레스는 전 세계의 개인 및 소기업을 중심으로 성장하고 있습니다. 델타 항공과의 제휴 계약은 9~10년간 지속될 예정이며, 이상적인 파트너로 기대됩니다. 1인당 사용액이 증가하고, 고객 범위도 넓혀 가고 있습니다. 경쟁은 앞으로도 치열할 것입니다. J.P.모건도 경쟁 상품으로 아메리칸 익스프레스 플래티넘 카드에 도전장에 내밀었습니다. 하지만 아메리칸 익스프레스의 플래티넘 카드는 역사상 가장 높은 갱신율을 기록했습니다. 경쟁이 치열한 상황에서 연회비를 450달러에서 550달러로 올렸음에도 고객 유지율과 신규 고객 수가 증가했습니다. 신규 고객의 약 68%는 밀레니얼 세대였습니다. 시장 점유율과 상관없이 프리미엄 카드로서 매우 넓은 고객층을 확보한 것이죠. 대신 5장의 카드를 구비하고 그날그날 혜택 따라 골라 쓰는 고객에게는 적합하지 않습니다. 하지만 모든 경쟁사가 부러워할 갱신율과 사용률을 자랑하는 광범위한 고객층이 있습니다. 그래서 저는 아메리칸 익스프레스를 보유한 우리 포지션이 매우 좋습니다.

멍거: 저는 기술이 지금 정도로 유지되는 한 세상에 두려울 게 없다고 생각합니다. 기술에 대해서는 의견이 없습니다.

버핏: 다행히 기술이 전부는 아닙니다. 신용카드 사용 패턴을 살펴보면, 사람들에게 다양한 결제 방식을 유도하는 다양한 요인들이 있습니다. 그중에 발전하는 결제 시스템이 많은가 하면, 아직 미미한 시스템도 있습니다. 아메리칸 익스프레스는 정말 놀라운 기업입니다. 내년에는 우리가 아메리칸 익스프레스에서 얻는 수익이 우리의 전체 포지션 유지 비용과 맞먹을 것으로 보입니다. 현재 포지션 비용의 100%에 도달한 뒤 더욱더 증가할 것 같습니다. 게다가 유통 주식 수가 줄면서 우리 지분은 절로 늘어날 것입니다.

또 어느 정도 변화가 있어도 괜찮을 것입니다. 세상은 이미 많이 변했고, 모든 산업마다 경쟁자들이 주위에 널려 있습니다. 하지만 아메리칸 익스프레스는 브랜드의 힘을 현명히 활용하여 신용카드 사업에 뛰어들었습니다. 다이너스 클럽이나 카르트 블랑슈Carte Blanche보다 훨씬 늦게 진출했지만, 고품격 카드 분야를 장악했죠. 그들의 역사는 정말 멋진 성공담입니다. 우리가 아메리칸 익스프레스의 지분 18%를 소유하고 있어서 다행입니다.

영화산업

1996 총회 (04:12:19)

버핏: 찰리는 옛날에 20세기폭스 측 변호사로 일했습니다. 그래서 우리는 할리우드가 어떤 곳인지 조금이나마 알기에 30년 동안 영화주를 사지 않았습니다. 제가 영화주를 기웃거릴 때마다, 그는 자신의 옛이야기를 꺼내곤 했습니다. 영화산업은 세상에 자신의 존재감을 뽐내서 다른 사람의 돈을 버는 위험한 사업입니다. 만약 제가 여러분의 돈으로 이름을 떨칠 수 있다면, 제가 뭔 짓을 할지 누가 알겠습니까.

멍거: 캘리포니아주의 한 석유 회사가 떠오릅니다. 한 사람이 독점으로 경영했는데, 사람들은 "석유가 발견되면 그 영감이 훔쳐 갈 거야"라고 수군거리곤 했습니다. 영화산업에도 상도덕을 지닌 사람은 절반 정도에 불과합니다.

버핏: 하지만 디즈니는 예외입니다.

멍거: 맞습니다.

버핏: 디즈니는 주주들의 이익을 위해 정말 많은 노력을 해 왔습니다.

그리고 그들은 영화로 알짜 수익을 벌어들이죠. 영화사들은 대개 모든 관련자에게 수익을 안겨 주지만, 주주들에게는 별로 주지 않습니다.

2023 총회 (03:38:38)

버핏: 파라마운트를 포함해 어떤 회사든 배당금이 대폭 삭감된다는 건 반가운 소식이 아닙니다. 스트리밍 사업은 사람들이 스크린으로든 휴대전화로든 오락 활동을 좋아한다는 점에서 흥미로운 분야입니다. 하지만 스트리밍 사업은 포화 상태여서 경쟁사 수가 줄거나 서비스 가격이 올라야 매력이 있습니다. 가격을 못 올리면 성공하기 힘듭니다. 또한 화제의 드라마가 방영되는 동안 가입자를 유도해도 그들이 계속 접속하리란 보장이 없습니다. 한동안은 접속량을 유지하겠지만, 그들을 완전히 묶어 둘 순 없죠. 어떻게 될지는 앞으로도 두고 봐야겠습니다.

저는 21살 때 주유소를 운영했는데, 경쟁 주유소가 하나 있었습니다. 우리가 가격을 내리면 경쟁자도 따라 내렸기에 우리는 가격을 올릴 수 없었습니다. 나중에 경쟁 주유소는 주유량을 두 배로 퍼 주면서 승자가 되었습니다. 이처럼 각 산업에는 저마다의 독창적인 문제들이 깔려 있습니다.

디즈니는 1930~1940년대 독보적인 애니메이션 제작사였습니다. 첫 상영 때는 손실을 보지만 7년마다 시리즈로 재탕하면 쏠쏠한 재미를 볼 수 있었습니다. 하지만 요즘은 상황이 다릅니다. 과도한 스트리밍 플랫폼 환경에서 고객의 스트리밍 재생 수와 시청 시간은 크게 증가하지 않을 것이며, 포기하지 않으려는 영화사가 많습니다. 이런 상황에서 가격 정책이 어떻게 될지 누가 알겠습니까? 이 답을 안다는 사람은 자기기만에 불과합니다.

멍거: 영화업은 정말 힘든 사업 같습니다.

버핏: 연예인과 소속사들은 돈을 잘 벌 것입니다. 극장의 현재 매출은 팬데믹 이전 대비 70% 선입니다. 그렇다고 영화 공급량을 줄일 수는 없습니다. 관객 수와 그들이 하루에 영화를 보는 시간은 한정된 반면, 선택의 폭은 그 어느 때보다 넓어졌습니다. 연예인들은 항상 돈을 잘 벌 것입니다. 그리고 어떤 식으로든 그들의 몸값은 오르는데 영화사들은 경쟁을 그만둘 생각이 없다면 묘한 상황이 연출되겠죠.

멍거: 영화가 힘들다고 생각한다면 뉴욕의 전통적인 브로드웨이 공연에 투자해 보십시오. 거기서는 투자자가 돈을 돌려받는 걸 신뢰 위반으로 간주하거든요. 저는 그런 사업이 싫습니다.

신문업

1995 총회 (02:38:34)

버핏: 저는 신문 사업을 경제적 측면, 그리고 신문의 기능적 측면에서 좋아했습니다. 신문의 기능에 대한 제 애정은 변함없습니다. 경제적 측면은 세상 어느 사업과 비교해도 여전히 훌륭하지만 15년 전만큼은 아닙니다. 탄탄한 독점성도 여전히 우수하지만 역시 10~20년 전만큼은 아니고요. 순전히 경제성 측면에서 제가 평생 단 하나의 자산만 소유한다고 가정하면, 한 지역을 독점하는 신문사를 가장 선호할 것 같습니다. 하지만 그 확신도 지금은 10~15년 전만큼 절대적이진 않습니다.

멍거: 제가 보기엔 신문사들이 처음으로 피해망상에 시달리기 시작했습니다. 인터넷 시대도 걱정하고, 요즘 세대가 신문을 읽지 않는다는 사

실도 걱정합니다.

버핏: 그래도 그들은 여전히 엄청난 돈을 벌고 있어요. 그 점은 아이러니합니다.

멍거: 워런도 수없이 말했듯 사람들은 자신이 몇 층에 있는지는 생각하지도 않고 그저 엘리베이터가 올라가는지 내려가는지만 신경 쓰는 것 같습니다.

버핏: 맞아요. 사람들은 100층에서 99층으로 내려올 때보다 1층에서 2층으로 올라왔을 때 더 기분이 좋은 법입니다. 특히 돈이 자동으로 벌리는 사업에 종사했던 사람들이 이런 경향이 더 심합니다. 그간 누려 온 유리한 위치를 잃고도 과연 돈을 잘 벌 수 있을지 처음으로 의문을 품기 시작했으니 슬슬 불안하겠죠. 다들 신문지 원가 때문에 아우성입니다. 그러나 신문지 사업과 신문 사업을 비교하는 건 얼토당토않습니다. 신문지 가격은 10~20년 전 어느 시점이든 자료로 확인할 수 있는데, 광고 가격이 신문지 가격보다 더 많이 올랐어요. 장담하건대 신문지 사업보다 신문 사업이 더 좋습니다.

1996 총회 (02:15:57)

버핏: 한때 한 지역을 독점하던 일간 신문은 그 어떤 사업보다 경제적으로 매력 있었습니다. 광고 매체로 선택할 수 있는 게 일간지 외에는 거의 없었기 때문이죠. 시민들이 세상 소식을 접할 수단도 일간지 말고는 거의 없었고요. 따라서 신문사는 매우 강력한 위치로 출발했습니다. 여전히 강력한 위치에 있지만 15~20년 전처럼 독점적 이점을 누리진 못합니다.

그리고 지금은 정보원도 더욱 다양해졌습니다. 인터넷 뉴스는 20년 전에는 상상도 못 한 훨씬 저렴한 비용으로 전달됩니다. 이 모든 환경이 조금씩 신문업을 침식하고 있습니다. 신문업도 아직 훌륭한 사업이지만 추세가 역전될 기미는 보이지 않습니다.

2010 총회 (03:02:14)

버핏: 신문사 운영비는 주로 광고로 조달했으나 이제 광고주들은 신문 광고를 필요로 하지 않습니다. 오랫동안 신문은 각 도시의 독점사업이었습니다. 하지만 이제는 아닙니다. 어떤 사업이든 판매자 입장에서 독점력이 있고 없고는 천지 차이입니다. 세상의 커다란 변화는 신문의 본질에 영향을 끼쳤습니다. 1965~1970년쯤 찰리와 제가 본 신문업이란 경쟁이 통하지 않는 철벽같은 사업이었습니다. 하지만 이제 신문은 정보와 오락을 즉시 전달하는 성질을 잃었습니다. 30~35년 전 주식시장 시세가 어땠는지 생각해 보십시오. 사람들은 신문을 통해 주가나 스포츠 경기 결과를 확인했습니다. 그러나 신문의 우위는 시들해졌습니다. 광고주들이 그동안 신문에 광고를 낸 건 모든 사람과 소통할 확성기가 필요해서였지 신문사가 그저 좋아서가 아니었습니다. 이제 광고주는 구독자가 줄어드는 신문에 의존할 이유가 없고, 광고주들이 떠날수록 신문의 유용성은 점점 떨어집니다.

멍거: 독립 신문사들은 역사적 우연에 의해 각 지역을 지배하며 수십 년간 난공불락의 경제력을 누렸습니다. 대체로 그들은 강력한 영향력만큼 행동도 올발랐습니다. 신문사들은 '제4계급'이라 불렸죠. 정부의 한 부처처럼 정부 감시에 기여했습니다. 여기 네브래스카주를 예로 들면 〈오마하 월드 헤럴드 The Omaha World-Herald〉도 오랜 기간 매우 건설적인 힘을 발휘했습니다. 하지만 그들의 지배력이 약해지면서 국가에도

안 좋은 영향을 미쳤습니다. 대체재도 없는 신문이 사라져 가고 있습니다. 안타깝지만 이를 막을 길은 전혀 없어 보입니다.

버핏: 이제 광고주는 10~15년 전처럼 신문에 의존하지 않기 때문에 신문사의 가격 결정력은 사라졌습니다. 찰리와 저는 1970년쯤 캐나다 신문 재벌 로이 톰슨Roy Thomson을 만났습니다. 그는 강 건너편 아이오와주의 카운실 블러프스에 신문사를 소유하고 있었는데요. 유쾌한 사람이었습니다. 우리는 그에게 "카운실 블러프스에 신문사를 소유하신 걸로 아는데, 거기에 가본 적이 있습니까?"라고 물었습니다. 그는 "가볼 생각도 안 했습니다"라고 말했습니다. 그러자 저는 "음, 당신은 매년 신문 광고비를 인상하는 듯한데, 불쌍한 광고주들은 어떡하나요?"라고 물었습니다. 그는 "어쩔 수 없죠"라고 말했습니다. 그래서 저는 "광고비 인상이 전적으로 당신의 재량이라면 가격은 어떻게 결정하십니까?"라고 물었습니다. 그는 "경영자들에게 세전 이익률 40%를 남기라고 지시합니다. 그 이상은 바가지 같아서요"라고 답했습니다. 이제 그런 시절은 지나갔습니다.

기업 소유주

1995 총회 (03:11:32)

멍거: 기업 소유주들은 변덕이 죽 끓듯 하는 경우가 많습니다. 그들은 자기 회사를 가치보다 살짝 더 높은 가격에 팔고 인수 대금을 비과세 주식으로 받고 싶어 합니다. 그러고는 이것이 부디 인수 기업의 마지막 어리석은 거래가 되어 자신이 받은 주식이 이후에 금처럼 든든한 자산으

로 남기를 바랍니다.

당연히 세상은 그렇게 만만하지 않습니다. 우리는 시간이 흐르면서 양측 모두에게 공평한 방식으로 인수해 왔고, 평균적으로 보면 버크셔에도 긍정적 결과로 작용했습니다. 그리고 저는 우리의 인수 방식이 자기 회사를 매각하려는 소유주에게 가장 큰 장기적 가치를 제공한다고 생각합니다. 주식 찍어 내기 좋아하는 기업에 자기 회사를 매각하고 싶은 소유주는 없을 것입니다.

영세기업

1995 총회 (03:33:39)

버핏: 우리는 더 이상 소기업에 관심을 두지 않습니다. 하지만 소액으로 투자하면 폭넓은 기회가 있습니다. 투자 규모가 작을수록 주목받지 못하는 기업을 만나게 되는 것은 어쩔 수 없는 현실입니다. 게다가 한 달에 10만 달러씩 투자하는 것은 1억 달러씩 투자할 때보다 비효율적입니다. 투자 초창기에 저는 무디스와 S&P의 모든 매뉴얼을 한 장씩 꼼꼼히 읽었습니다. 총 2만 페이지 정도였지만, 증권사 보고서에 없는 눈에 띄는 종목이 많았습니다. 세상에서 간과된 흙 속의 진주들이었다고나 할까요. 그런 종목은 아무도 알려 주지 않지만, 여러분도 스스로 찾을 수 있습니다. 다만 옛날만큼의 수익률은 아닐 것입니다.

멍거: 워런이 젊었을 때 유전이 딸린 무슨 오리 클럽에 가입한 기억이 납니다. 오리 클럽까지 가입하다니, 그는 정말 담배꽁초를 뒤져야 하는 신세였나 봅니다.

버핏: 델타 덕 클럽Delta Duck Club이었습니다. 100명이 각각 50달러씩 출자해 설립했지만, 그중 두 명이 투자금을 내지 않아서 유통 주식은 98주뿐이었죠. 루이지애나주에 땅 한 뙈기를 샀는데, 어느 날 누군가 사냥총을 위쪽이 아닌 아래쪽으로 발포하는 바람에 그 땅에서 석유와 가스가 솟구쳐 나왔습니다. 그래서 델타(Delta) 스펠링을 거꾸로 쓴 '애틀레드(Atled)'로 단체명을 바꿨습니다. 이름에서 고상한 단체임이 잘 드러나죠. 유가가 배럴당 3달러에 이른 몇 년 후 그들은 연 100만 달러의 유전 사용료를 벌어들였습니다. 주식은 주당 2만 9,000달러에 팔렸습니다. 주당 2만 달러의 현금을 보유하고 있었으며, 주당 이익은 세후 7,000달러, 세전 1만 1,000달러였습니다. 게다가 석유가 꽤 오래 나왔습니다. 저는 이것을 효율적 시장의 예로 종종 언급합니다만, 과연 효율적 시장일까요? 주당 순현금 2만 달러, 그리고 유가 3달러와 휘발유 가격 25센트 시대에 1만 1,000달러의 유전 사용료 수입이 있는 회사의 주가가 2만 9,000달러면 효율적 가격일까요? 아닐 겁니다. 여러분도 그런 기회를 찾아 나서 보십시오. 찾으시는 분께는 제 잔여 오리 사냥권을 전부 양도하겠습니다.

은행업

1996 총회 (04:33:23)

버핏: 은행업은 경영이 잘 되면 좋은 사업이 될 수 있습니다. 뱅크 오브 그래닛Bank of Granite이나 일리노이 내셔널 뱅크가 대표적 예죠. 마법 같은 공식은 없습니다. 그저 헛짓하지 않는 게 비결입니다. 투자와 비슷해

서 아주 똑똑할 필요는 없고 1년 후 후회할 만한 어리석은 짓만 하지 않으면 됩니다. 제대로 운영할 경영자가 있다면 은행업도 좋습니다.

담배산업

***1997 총회** (01:34:58)*

버핏: 우리는 과거에 담배 회사 주식을 소유한 적이 있습니다. 많은 양은 아니었지만, 많이 보유했으면 좋았을지도 모릅니다. 저는 사람들에게 우리의 담배주 투자에 대해 서면으로 의견을 구하기도 했습니다. 우리가 소유한 〈버펄로 뉴스〉도 담배 광고를 싣습니다. 찰리는 대규모 창고형 체인인 코스트코의 이사인데, 코스트코도 담배를 팝니다. 어쨌든 우리는 담배주가 투자 매력이 있다면 담배주에 투자하지 않을 이유가 없다는 주의입니다. 하지만 몇 년 전, 씹는 담배 회사에는 투자하지 않기로 결심했습니다. 훗날 놀라운 실적을 기록할 회사였지만, 멤피스의 한 호텔 로비에서 상의한 끝에 결국 투자하지 않기로 했습니다.

멍거: 그 회사가 잘 안 될 거라 생각해서가 아닙니다. 잘될 거란 걸 알았는데도 그랬습니다.

버핏: 잘 될 줄은 알았습니다. 그런데 신문에 담배 회사의 광고를 싣거나 담배를 파는 슈퍼마켓과 편의점을 소유하기도 하면서, 직접 담배를 제조하지는 않으려 하는 심리는 무엇일까요? 우리는 그 담배 회사를 보이콧 대상에 올린 게 아니라 전체적, 장기적으로 그들에 깊이 관여하기가 마음이 불편하여 투자하지 않기로 했습니다.

멍거: 기업이든 개인이든 각자 나름의 윤리적, 도덕적 선을 그어야 합

니다. 그래서 저는 개인적으로 복잡계가 좋습니다. 복잡해야 인생이 더 흥미로워지죠. 우리도 모든 결정을 똑 부러지게 정당화할 수는 없습니다. 우리가 기꺼이 할 일과 하지 않을 일 사이의 어딘가에 나름의 판단으로 선을 그을 뿐이죠.

버핏: 채권은 소유해도 되고 주식은 소유하면 안 되는 건지, 주식은 소유하되 인수는 하지 말아야 하는지, 어려운 결정은 끝이 없습니다. 아마 미국에서 가장 큰 담배 판매처는 안 파는 게 없는 월마트일 것입니다. 게다가 규모도 최고입니다. 제가 그들의 도덕성을 비난해야 할까요? 아닙니다. 만약 우리가 월마트 전체를 소유했어도 월마트에서 담배를 팔게 했을 것입니다. 하지만 남들은 의견이 다를 수도 있고, 저는 그들의 생각도 존중합니다.

투자와 수학의 관계

1998 총회 (00:11:49)

버핏: 케인스는 "대부분의 경제학자(economist)들은 아이디어에 대해 가장 경제적(economical)이다"라고 말했습니다. 한마디로 아이디어에 인색하다는 것이죠. 그들은 비즈니스 스쿨에서 배운 이론, 즉 아이디어를 평생 사용합니다. 재무학 박사 학위를 받기 위해 몇 년을 공부하다 보면 일반인이 모르는 심오한 수학을 잔뜩 배우게 되죠. 그러고 나면 마치 고위 성직자가 된 기분이 듭니다. 그렇게 쌓은 아이디어에는 그 사람의 자신감과 자존심, 심지어 안정된 직업까지 걸려 있습니다. 나중에는 기존 아이디어를 포기할 수 없는 지경에 이릅니다. 저는 이 점에서 대학에서

가르치는 투자 교육이 다소 때가 묻었다고 생각합니다.

멍거: 다소가 아니라 엄청나게 묻었죠. 하지만 점점 나아지고 있습니다. 결국 좋은 아이디어가 승리할 것입니다.

버핏: 저는 '변칙(anomaly)'이라는 단어가 항상 흥미롭다고 생각했습니다. 학자들은 설명할 수 없는 증거를 발견하면 자신의 이론을 재검토하기보다 그 증거를 변칙으로 간주하고 그냥 무시했습니다. 하지만 저는 기존의 고정관념에 반하는 정보를 발견하면 재빨리 연구하는 게 학자 고유의 의무라고 생각합니다. 다윈은 기존의 믿음과 모순되는 증거를 발견할 때마다 즉시 기록해야 한다고 했습니다. 인간의 정신은 모순되는 증거를 거부하도록 길들여졌으니까요. 그래서 얼른 글로 정리하지 않으면, 마음이 그 증거를 밖으로 밀어낼 것입니다.

멍거: 효율적 시장 이론을 지지하는 한 열혈 학자는 오랫동안 워런을 행운의 변칙 사례로 설명했습니다. 워런이 6시그마, 즉 6표준편차에 해당하는 행운이라나요. 하지만 사람들은 워런의 행운이 6시그마치고는 너무 폭넓다며 학자를 비웃기 시작했습니다. 그래서 그는 이론을 바꿨습니다. 이제 워런은 실력에서 6시그마의 사례라고요. 그는 6시그마만큼은 차마 포기할 수 없었습니다.

2009 총회 (00:23:28)

버핏: 투자는 미래에 더 많은 돈으로 돌려받기 위해 지금 돈을 투입하는 것입니다. 여기서 컴퓨터나 계산기는 사용하지 않습니다. 컴퓨터나 계산기를 꺼내야 한다는 건 투자하지 말라는 징조입니다. 답이 너무도 명확해서, 0.1%의 차이까지 계산할 필요가 없어야 합니다. 할인율이 9.8%냐 9.6%냐를 알아내기 위해 계산기를 두들겨야 하는 투자는 포기

하고 답이 확실히 보이는 것에만 주목해야 합니다. 우리는 스프레드시트 앞에서 머리를 싸매는 대신, 우리가 잘 이해하고 다른 대안보다 확실히 좋아 보이는 투자처를 찾으면 바로 행동합니다.

멍거: 한마디 보태자면 제가 목격한 최악의 사업적 결정은 수많은 형식적 예측과 할인을 거친 결정들이었습니다. 석유 회사 셸이 그런 식으로 벨리지 오일을 인수했죠. 그들은 모든 전문가를 동원해 정교한 수치를 도출해냈습니다. 문제는 사람들이 그 수치를 믿게 된다는 것입니다. 더 어려운 수학과 더 정밀한 거짓 값이 도움이 될 것 같지만, 평균적으로 도리어 역효과를 냅니다. 비즈니스 스쿨에서 그 어려운 것들을 가르치는 이유는 음, 뭐라도 해야 하기 때문입니다.

버핏: 찰리 말이 맞습니다. 학생들에게 손안의 새 한 마리가 숲속의 두 마리보다 낫다고 가르치면 종신 교수가 될 수 없습니다. 고위 성직자라면 적어도 신도들보다는 훨씬 똑똑해 보이는 게 매우 중요하죠. 하지만 대사제가 십계명을 가르치고 '수업 끝'을 외치는 것으로는 세상이 발전할 수 없습니다.

어떤 사건을 두고 2표준편차니, 3표준편차니 하면서 거짓 값을 앞세워 어느 정도 위험을 감수할 수 있다고 말하는 건 완전히 미친 짓입니다. 1998년 LTCM(과도한 레버리지로 파산한 미국의 헤지펀드) 사태로 다들 확인하셨을 겁니다. 그런 일은 수도 없이 반복되는데, 특히 IQ가 높은 사람들에게만 일어납니다. IQ가 높고 많이 배운 사람은 배운 걸 어떻게든 써먹어야 한다고 생각하기 때문이죠. 하지만 시장은 그들 뜻대로 되지 않습니다. 작년 9월 중순(2008년 금융위기)처럼 대형 기관 투자자들이 다음 주 당장 어떻게 자금을 조달할지 고민하는 상황에서 표준편차 계산은 아무 소용없습니다.

위험은 생각보다 훨씬 더 자주 발생할 것입니다. 시장은 동전 던지기 법칙 같은 확률 분포가 아닌, 사람들의 공포와 탐욕을 따라갑니다. 투자에서 수학이 큰 도움이 된다는 생각은 착각입니다. 어느 정도 수학이 필요하지만 고등 수학까지는 필요 없습니다. 오히려 고등 수학이 위험한 길로 인도할 수 있으니, 그 길은 밟지 않는 게 좋습니다.

LTCM의 교훈

1999 총회 (00:16:04)

멍거: LTCM 사태에서 묘한 점은 그토록 머리 좋은 투자사의 임원들이 엄청난 곤경을 자초했다는 겁니다. 이 사건은 파생상품을 비롯한 미국의 무책임한 금융 시스템을 폭로한 계기가 되었습니다. 전 세계적으로 수조 달러에 달하는 이 가공의 가치에는 너무 많은 위험이 도사리고 있습니다. 상품 시장과 달라서 청산 시스템도 없습니다. 게다가 이번 사태는 우리가 파생상품 시장에서 보게 될 마지막 위기가 아닐 것입니다.

버핏: LTCM 최고위층에는 굉장히 명석한 임원 16명이 있었습니다. 최고위층의 평균 IQ는 아마 업계 최강일 겁니다. 그들의 투자 경력을 합치면 수백 년에 이릅니다. 그들은 막대한 자기자본을 가지고 있었고, 순자산 비율도 매우 높았을 것입니다. 이렇게 똑똑하고 노련하며 풍부한 자기자본을 가진 사람들이 지난 9월 회사를 파산시켰습니다. 정말 신기한 사건이었습니다.

왜 똑똑한 사람들이 전혀 중요하지 않은 걸 얻기 위해 위험을 무릅쓰고 중요한 걸 잃을까요? 이미 부자인 그들에게 돈이 더 늘어 봐야 별다른 효용도 없습니다. 하지만 그들이 잃은 돈에는 엄청난 효용이 들어 있었죠. 평판 같은 것은 말할 필요도 없고요. 따라서 진정한 의미의 득과 실을 비교하면 믿을 수 없을 만큼 잃은 것이 더 큽니다. 러시안룰렛과 비슷합니다. 누군가 제게 총알 하나가 든 6연발 권총을 건네주며 100만 달러를 줄 테니 방아쇠를 당기라면, 전 거절할 겁니다. 상대가 얼마를 더 줘야 하냐고 물어도 소용없습니다. 여기에는 적당한 가격이란 게 없으니까요. 부자라면 위험을 감수하는 데 가격을 매겨서는 안 됩니다. 특히 실패와 망신 같은 것들에 말이죠. 하지만 사람들은 세 살 버릇을 못 고칩니다.

정말 똑똑하고 돈 많은 사람이 파산하는 경우는 레버리지 때문입니다. 돈을 빌리지 않으면 파산할 일이 거의 없습니다. 버크셔는 레버리지를 이용하지 않습니다. 이용했다면 정말 부자가 되었을지도 모르죠. 하지만 거액으로 이용했다면 위기에 처했을지도 모릅니다. 완전히 망할지도 모르는 판에 연 수익이 2% 더 늘어나서 뭐 하겠습니까? 하지만 똑똑한 사람들은 계속 모험할 것입니다. 그들은 시한폭탄 같은 금융 상품만 봐도 홀린 듯 끌려갑니다. 특히 남의 돈으로 투자하면서 본인은 잃을 게 없는 사람일수록 유혹에 취약하죠.

LTCM 사건에서 알 수 있듯이 사람들은 증거금 규제를 회피할 방법을 찾아냈습니다. 위험 차익거래(risk arbitrage)는 찰리와 저도 다양한 형태로 40년간 해 왔습니다. 일반적으로 위험 차익거래는 인수를 시도하는 기업의 주식을 공매하고 동시에 인수 대상 기업의 주식을 매입하는 것입니다. 그런데 파생상품 계약을 통하면 자금을 투입하지 않고도 같은 결과를 이끌어 낼 수 있습니다. 연준의 요건에 따르면, 주식을 신용매수할 때 증거금 50%를 채워야 합니다. 하지만 파생상품 거래에는 이

요건이 적용되지 않습니다. 파생상품 계약자들이 생성한 주식 보유량은 사실상 수십억 달러에 달합니다. 그리고 이게 문제로 이어집니다. 무사할 확률은 99%지만, 그중 83.3%는 마치 총알이 하나뿐인 6연발 권총으로 러시안룰렛을 하는 것과 같습니다. 하지만 손실 위험을 만회할 만한 이득이 없으면 83.3%든 99%든 둘 다 소용없습니다.

멍거: 또 하나의 위험 요인은 파생상품, 금리 스와프 등의 회계 처리가 매우 허술하다는 것입니다. 파생상품 거래로 이익을 나눠 갖는 사람들은 당연히 느슨한 회계 방식을 선호합니다. 무책임한 청산 시스템과 무책임한 회계 처리가 만나는 건 썩 좋은 현상이 아닙니다.

버핏: GAAP 회계 방식이지만, 이익은 앞당겨 처리됩니다. 선불 이익을 사람들에게 일정 비율씩 나눠 주면 때로는 기이한 결과가 나타날 수 있습니다.

2006 총회 (03:53:15)

버핏: LTCM 사태 당시 우리는 일요일에도 발등에 불이 떨어진 사람들의 전화를 받았습니다. 덕분에 우리에게 일요일은 돈 버는 날이었죠. 흔한 일은 아니지만, 일요일에 받는 전화에는 큰돈을 벌 기회가 숨어 있곤 합니다. 그만큼 사람들이 절박하다는 뜻이니까요. 중요한 건 일요일에 전화를 거는 사람이 아니라 받는 사람이 되어야 한다는 겁니다. 물론 패는 전화를 받는 사람이 쥐고 있습니다. 어떤 상황에서든 자신의 자원과 기회를 활용할 수 있어야 합니다. 여기에 정확한 정보를 가지고 스스로 판단하며, 시장이란 여러분을 섬기는 존재라는 점도 기억한다면 꼭 성공할 것입니다.

제약산업

1999 총회 (01:37:06)

버핏: 시장 PER보다 낮은 가격의 주요 제약 회사라면 당장 매수할 생각이 있습니다. 1993년에도 기회가 있었으나 끝내 날리고 말았습니다. 그동안 제약산업은 전체적으로 성과가 매우 좋았습니다. 규제 등 위협 요소도 있지만, 어느 산업에나 문제점은 있게 마련입니다. 잠재력이 충분한 제약 산업은 규제 같은 위협 요소 때문에 더 할인된 가치로 거래될 필요는 없다고 생각합니다. 전체적으로 좋은 기업들이 포진한 가운데 최고의 기업을 고르기는 어려우니, 제가 만약 투자한다면 시장을 주도하는 기업들을 포트폴리오로 매수하고 싶습니다.

멍거: 제약 산업은 사회에 크게 이바지해 왔습니다. 수많은 목숨을 구하고 가족의 비극을 막아 준 항생제를 시작으로, 제 생애에 개발된 약들만 봐도 정말 놀랍습니다. 제약 회사들은 천문학적인 돈을 벌 만한 자격이 있습니다. 우리 모두 제약 산업이 벌어들인 막대한 수익의 수혜자입니다.

2008 총회 (04:23:59)

버핏: 다른 기업과 달리 제약 산업에 투자할 때는 우리도 파이프라인(개발 중인 제품군)의 가치를 모릅니다. 어차피 5년 후에는 파이프라인도 달라져 있을 테고요. 따라서 우리는 몇 년 후에 화이자, 머크, 존슨앤드존슨 중 어디서 블록버스터급 상용 의약품을 출시할지 모르며 예측하려 하지도 않습니다. 그들은 사회에서 매우 중요한 일을 하는 만큼 시간이 지날수록 상당한 수익을 낼 것입니다. 하지만 우리는 어느 한 기업

을 지목할 수 없습니다. 다만 이 회사들을 포트폴리오로 합리적 가격에 매수하면, 과거만큼은 아니더라도 좋은 성과를 내리라 생각합니다. 그래서 저는 은행주라면 몰라도 제약주에서는 포트폴리오로 접근하는 게 타당하다고 생각합니다. 저평가된 제약주는 5~10년 후 괜찮은 성과를 낼 것 같습니다.

기업의 사회 공헌

1999 총회 (02:57:21)

버핏: 우리는 작년에 연방 정부에 법인세로 약 26억 달러를 납부했습니다. 법인세 납부 규모로는 우리가 미국내 최고일 것입니다. 시가총액이 우리보다 세 배 많은 GE나 MS보다 더 많이 냈습니다. 우리 가이코는 경쟁사보다 더 효율적인 자동차 보험을 제공합니다. 가이코가 40억 달러의 보험료 수입에서 경영진이 정교하게 갈고닦은 효율적인 유통 방식으로 비용을 15% 절감하면, 6억 달러 이상을 아낄 수 있으며, 이는 고객에게 돌아갑니다.

저는 성실한 납세와 자선 활동뿐 아니라, 사람들이 원하는 재화와 서비스를 저렴하게 제공하는 것도 기업의 중요한 사회 공헌이라고 생각합니다. 우리는 버크셔 주주의 대리인 역할을 하기에 그들의 재산을 기부하는 것을 썩 지지하지 않습니다. 그 돈은 주주들의 것입니다. 우리는 기업들이 CEO가 지정한 자선단체에 기부해서는 안 된다고 생각합니다. 버크셔는 그런 식으로 기부하지 않습니다.

멍거: 기업이 할 일에는 돈을 벌고 모으는 것 이상의 무언가도 있지 않

은지, 기업이 사회에 진 빚과 환원 의무는 없는지 생각해 볼 문제입니다. 저는 워런과는 다른 근거로 100% 환원해야 한다고 생각합니다. 저는 제가 죽은 후 "찰리는 유산을 얼마나 남겼지?"라는 질문의 답이 "그는 모든 걸 남겼어"가 되길 바랍니다. 모든 물질적, 정신적 유산은 어떻게든 환원되는 것이지 무덤까지 가져갈 수 없다는 게 세상의 철칙입니다. 그리고 자신이 공과 사 양쪽에서 다른 사람들을 위해 무엇을 하고 어떤 모범을 보이고 있는지 고민해야 합니다. 그런 면에서 저는 버크셔가 꽤 잘하고 있다고 생각합니다. 그리고 머지않아 워런의 이름을 딴 거대한 자선단체들이 생기면 그들도 꽤 잘 운영될 것 같습니다.

보험사 통합

1999 총회 (04:28:52)

버핏: 보험사 통합은 문제 해결에 별 도움이 안 됩니다. 형편없는 중소기업 두 개를 합쳐 봐야 형편없는 대기업 하나가 탄생할 뿐입니다. 저는 그저 그런 두 기업을 하나로 합쳐서 비용을 쥐어짜겠다는 발상을 믿지 않습니다. 제 경험상 그런 방식은 통하지 않습니다.

코스트코

2000 총회 (00:58:07)

멍거: 아메리칸 익스프레스가 코스트코와 카드 계약을 맺은 건 정말

현명한 결정이라고 생각합니다. 코스트코는 여러 흥미로운 사업들을 적극적으로 추진하고 있습니다.

버핏: 찰리는 코스트코 이사입니다. 코스트코는 정말 환상적인 회사죠. 우리는 지난 몇 년간 코스트코 지분을 많이 늘렸어야 했는데, 제가 기회를 날렸습니다. 찰리는 찬성했지만 제가 머뭇거렸죠.

2001 총회 (03:59:28)

버핏: 브랜드와 유통업체는 항상 전투 상태입니다. 사람들이 코스트코나 월마트를 브랜드만큼 혹은 그 이상으로 신뢰하게 되면, 브랜드의 가치는 제품 자체에서 유통업체로 넘어갑니다. 이런 현상은 1930년대 A&P 시절부터 오랫동안 지속됐습니다. A&P는 미국에서 가장 큰 식료품 유통업체였고 자체 브랜드를 적극적으로 홍보했습니다. 1930년대에 그들은 델몬트나 캠벨 같은 브랜드보다 자사 브랜드가 더 가치 있다는 믿음을 소비자에게 심어 주려 노력했습니다. A&P는 한때 미국을 대표하는 대성공 사례였지만, 몰락 이후 대실패 사례로 전락했습니다. A&P의 몰락에 어떤 변수가 작용했는지는 모르겠습니다.

멍거: 샘스클럽과 코스트코의 세력은 상상 그 이상입니다. 오늘 아침 제가 책 사인회에 참여하고 있었는데, 매력적인 한 여성분이 다가와서 감사 인사를 하고 싶다더군요. 제가 "무슨 감사 인사요?"라고 물었더니, 그녀는 "제가 신고 있는 이 팬티스타킹을 당신 말대로 코스트코에서 샀거든요"라고 답했습니다. 전에 제가 코스트코가 헤인즈Hanes와 공동 브랜드로 팬티스타킹을 출시하게 되어 놀랍다고 얘기한 적이 있었거든요. 20년 전 같으면 상상도 못 했을 겁니다.

버핏: 그녀가 팬티스타킹 조언을 찰리에게서 얻다니, 거의 포기 상태

였군요.

2011 총회 (03:26:46)

멍거: 코스트코는 이제 유통업계에서 세계 최강입니다. 그 뒤에는 극도의 능력주의와 자발적 윤리 경영이 있었죠. 그리고 이처럼 빠른 속도로 축적한 모든 이익을 고객에게 돌려줍니다. 덕분에 엄청난 고객 충성도가 형성되었습니다. 코스트코는 주시할 가치가 있는 멋진 기업입니다. 오랜 세월 지켜보면 별의별 일들이 관찰됩니다.

한국의 한 매장에서는 올해 4억 달러 이상의 매출을 올렸습니다. 유통업계에서는 불가능한 숫자지만, 그들이 가능함을 입증했습니다. 이는 올바른 경영, 올바른 직원 선발, 올바른 윤리 의식, 올바른 노력의 승리입니다. 매우 보기 드문 기업이죠. 평생에 한두 번이라도 그런 기업을 만나 투자한다면 정말 운이 좋은 것입니다.

반면 GM은 세계에서 가장 성공한 기업이 되었지만, 지난 1~2년 사이 주주들을 기진맥진하게 만들었습니다. 정말 흥미로운 이야기죠. 제가 비즈니스 스쿨 교수라면 GM의 전 역사를 밸류라인 형태로 보여 주며 가르치겠습니다. 그들이 겪은 일을 도표나 데이터의 변화와 연관 지어 설명할 겁니다. 그들은 정말 어려운 문제에 직면했습니다. 강성 노조, 엄청난 성공, 그리고 아시아와 유럽 등지의 강력한 경쟁자들 문제가 합쳐졌으니 정말 심각하죠. 부와 성공이 독이 되지 않도록 예방하는 것은 사업 운영에서 매우 중요합니다. 세상에는 이러한 훌륭한 교훈이 많습니다.

버핏: 찰리와 저는 얼마 전 비행기에서 납치당했습니다. 납치범들은 우리를 꼭 처치해야 할 추악한 자본가로 지목했죠. 하지만 그들은 조

금 당황한 듯했습니다. 우리에게 딱히 원한이 없었기에 총을 쏘기 전 각자 마지막 소원 하나씩을 말하라더군요. 그들은 먼저 찰리에게 마지막 소원을 물었습니다. 찰리는 "다양한 사례를 들어 코스트코의 장점에 대해 말할 수 있게 해 주시오"라고 말했습니다. 납치범은 "음, 좋습니다"라며, 이번에는 저를 향해 소원을 물었습니다. 그래서 저는 "저부터 쏴 주시오"라고 대답했습니다.

사양산업

2000 총회 (02:09:19)

멍거: 쇠퇴하는 산업도 있는 것이 세상의 이치입니다. 때로는 맞서 싸우는 게 능사가 아니라는 것도 세상의 이치죠. 어떤 경우에는 돈을 짜내고 다른 곳으로 갈아타는 수밖에 없습니다.

버핏: 경영진에게는 정말 힘든 일이죠. 사실 그들은 당연히도 현실을 거의 직시하지 않습니다. 비공개 기업의 경영자는 직시할 수밖에 없지만, 공개 기업의 경영자로서는 현실을 받아들이기보다 무시하는 편이 훨씬 나을 수도 있습니다.

투자은행

2000 총회 (02:50:20)

멍거: 버크셔의 문화는 매우 전통적입니다. 다시 말해 벤저민 프랭클

린과 앤드루 카네기Andrew Carnegie 방식에 가깝습니다. 놀라운 점은 이러한 전통적 방식이 여전히 잘 작동한다는 것입니다. 앤드루 카네기가 보상 컨설턴트나 투자은행에 전화해서 제철소를 새로 매수해야 할지 조언을 구하겠습니까?

버핏: 인수할 기업 평가를 투자은행에 맡기는 건 한심한 짓입니다. 직접 결정하지 못할 만큼 잘 모르는 기업이라면 투자를 포기하는 게 낫습니다. 전 도저히 이해가 안 갑니다. 인수가 성사되면 거액의 수수료를, 불발되어도 약간의 수수료를 내야 합니다. 이는 인간의 본능적 믿음을 보여 주는 것이지만, 찰리와 저에게는 과도한 요구입니다.

인터넷과 경쟁

2000 총회 (03:03:34)

멍거: 인터넷이 경쟁을 크게 자극해 미국 기업들을 더 어렵게 만들까요? 그래서 경쟁은 더 치열해지고 자본이익률은 낮아질까요? 제 대답은 '예'입니다.

버핏: 저도 그렇게 생각합니다. 인터넷은 사회에 멋진 역할을 할 것입니다. 하지만 자본가들에게는 득보다 실이 클 것입니다.

멍거: 이처럼 종의 진화가 여러분의 미래 경제생활에 악영향을 끼칠 테니 여러분 모두 기뻐하십시오.

버핏: 인터넷은 미국 기업의 수익성을 개선하기보다 감소시킬 가능성이 훨씬 큽니다. 기업의 효율성은 향상되겠지만 수익에 도움되지 않는 효율성만 높아질 듯합니다. 저는 이것이 인터넷의 전형적 특성이라 생

각합니다. 지금까지는 인터넷이 미국 기업의 비생산적 자산 가치를 높여 왔지만, 결국에는 경제 논리를 따르게 될 것입니다. 그렇게 되면 미국 기업의 총체적 가치는 이전보다 낮아질 가능성이 큽니다.

멍거: 그건 너무나 자명한데도 사람들은 잘 모릅니다.

금융기관과 은행

2001 총회 (03:08:48)

버핏: 우리는 은행, 보험사, 또는 프레디맥과 패니메이 같은 정부 보증 기업의 위험에 상당히 민감합니다. 금융기관에는 재무제표만 봐서는 알 수 없는 부분이 너무 많습니다. 조금이라도 거슬리는 부분이 빙산의 일각일 수도 있죠. 그동안 우리는 앞뒤 안 가리는 금융기관들을 충분히 봐 왔고, 수상한 낌새가 들 때는 이미 너무 늦었을지도 모릅니다. 따라서 우리는 석연치 않은 금융기관을 보면 조용히 작별 인사를 하고 그들의 운을 빌어 줄 뿐입니다. 제조업체나 유통업체는 문제가 생겨도 대개 초기에 발견되지만, 금융기관들은 항상 뒤늦게 발견됩니다.

멍거: 금융기관은 의욕이 앞설수록 보는 사람을 가슴 졸이게 하는 경향이 있습니다. 역설적으로 들리겠지만 현실입니다.

버핏: 금융기관의 어려움은 현금 고갈 때문이 아닙니다. 금융기관은 아무리 충분한 현금을 보유해도 지불능력을 상실할 수 있습니다.

2001 총회 (03:28:14)

버핏: 레버리지가 잔뜩 누적된 금융기관이 자금난에 처하면, 문제는

순식간에 눈덩이처럼 불어납니다. 신용은 엄청난 겁쟁이여서 문제가 생기면 바로 줄행랑칩니다. 금융업에서는 끊임없이 기존 채무를 재융자하고 기업어음도 발행해야 하므로 문제가 발생하면 금융기관과 신용의 밀월 관계는 바로 끝납니다. 신용이 도망간 시장은 어디에나 타격을 입힐 수 있습니다.

2002 총회 (01:13:12)

버핏: 모든 은행을 똑같이 취급할 수는 없습니다. 은행들은 동질 집단이 아니니까요. 우리도 몇몇 은행주를 보유 중입니다. 그리고 그들은 일반적인 은행들과는 다릅니다. 투자란 한 기업이 지금부터 심판의 날까지 창출할 것으로 예상되는 모든 현금을 검토하고, 적정 할인율로 현재 가치를 계산해 저렴하게 매수하는 것입니다. 그 현금이 은행에서 나오는지, 인터넷 기업에서 나오는지, 벽돌 제조 기업에서 나오는지는 상관없습니다.

옛날엔 많은 은행이 합리적인 가격에 매물로 나왔습니다. 우리는 1969년에 일리노이 내셔널 뱅크 앤드 트러스트 오브 록퍼드를 통째로 인수했습니다. 찰리와 저는 직접 가서 살펴봤고, 그 외에도 당시 3년간 대여섯 군데의 은행을 답사했습니다. 여기저기 돌아다닌 끝에 유달리 마음에 드는 은행을 발견했죠. 그들의 공통점은 재무 위험이 매우 낮고 저금리 예금 상품을 공급한다는 것이었습니다. 그 점은 찰리와 저도 알아볼 수 있을 정도였고, 마침 가격도 좋았죠. 그러나 1970년 은행지주회사법(개정안)이 통과되면서 은행 전체를 인수할 기회는 사라졌습니다. 그러니 앞으로는 가끔 주식으로 투자하려 합니다.

그동안 온갖 은행들이 파산했습니다. 투자 은행가 모리스 A. 샤피로

Morris A. Schapiro는 "은행가보다 은행이 더 많다"라고 말했다죠. 조금만 생각해 보면 제 말이 무슨 뜻인지 알 수 있을 겁니다. 은행업계에는 매우 분별없는 경영자가 많았는데 그 덕에 다른 사람들에게는 기회가 생겼습니다. 저는 PER 같은 단일 지표로 투자를 결정하지 않습니다. 자신이 이해하고, 미래 장기간의 현금 창출 능력이 예측되는 기업을 찾아야 합니다. 그리고 충분히 저렴한 가격에 살 수 있으면 됩니다.

멍거: 워런과 저는 은행업을 제대로 진단하지 못했습니다. 우리는 금산분리 해제 후 어떤 일이 벌어질지 너무 두려워한 나머지 은행이 좋은 성과를 낼 가능성을 과소평가했습니다.

버핏: 지난 5년 동안 유형자산 ROE에서 20% 이상을 기록한 은행들이 많습니다. 돈을 취급하는 업종치고 이런 수익률이 쉽지 않아 보이는데 말이죠. 특히 장기 금리가 6%인 시대에 이런 수익률은 더욱 발생하지도, 유지되기도 어려워 보입니다. 하지만 찰리와 제 예상을 뒤엎고 은행들은 높은 유형자산 ROE를 달성했습니다. 부분적 이유는 20~30년 전보다 자기자본 활용 능력이 훨씬 극대화되었기 때문일 것입니다. 요즘은 은행들이 신중했던 30년 전보다 자본 1달러당 더 많은 돈이 창출되고 있습니다. 그리고 충분히 높은 ROE를 달성하고 계속 더 많은 자본을 운용할 수 있다면(이 또한 어려운 일이지만요) 복리 효과처럼 성장에 가속도가 붙습니다. 은행업계는 최근 몇 년 동안 웬만한 타 업종을 훌쩍 능가하는 실적을 올렸습니다.

멍거: 우리는 지금의 결과를 예상하지 못했습니다. 더 안 좋은 점은 우리가 변하지 않았다는 것입니다.

버핏: 더더욱 안 좋은 점은 앞으로도 변하지 않을 거란 사실이죠.

2005 총회 (03:17:43)

버핏: 금융회사는 다른 분야보다 유독 분석하기 어렵습니다. 보험업을 예로 들면 손실 및 손해사정비 준비금은 회사 소유주조차도 가장 평가하기 어려운 요소입니다. 그러면서도 특정 기간의 실적 보고에는 큰 영향을 미치고요. 우리는 450억 달러의 손해사정비 준비금을 보유 중입니다. 만약 제가 450억 달러가 여유 있을지 부족할지에 내기한다면, 한참 고민해야 할 것 같습니다. 특정 기간의 실적 보고에 신경 쓰는 금융회사라면 455억 달러든 445억 달러든 뚝딱 만들 수 있겠지만요.

은행은 예금 금리와 대출 금리 차이에서 얻는 이익 예대 마진이 중요합니다. 저는 몇몇 은행에서 이사로 활동하다 뜻밖의 변수를 마주하곤 했는데 예측이 쉽지 않습니다. WD-40(윤활제와 방청제 제조사)이나 시즈캔디, 또는 우리 벽돌 사업 등은 분석하기 쉽습니다. 전망이 좋건 나쁘건 현재 상황에 눈 가리고 아웅 하지는 않죠. 반면에 금융기관은 까도 까도 양파 같습니다. 거기에 파생상품까지 더해지면, 세계 최대 은행들이라도 정확한 속사정을 누구도 알 수 없을 것입니다. 그래서 분석하기가 더 조심스럽습니다. 은행주로 돈을 벌 수도 있겠지만, 쉽지도 않습니다.

멍거: 시스템이 복잡한 사업일수록 실수나 사기를 감추기 쉽습니다. 천연가스 사업이 벽돌 사업보다 폭발 사고 위험이 더 크듯, 주요 금융기관들은 특성상 훨씬 더 심각한 문제에 직면하게 될 것입니다. 정부 소유 기관도 예외는 아닙니다. 세계 최악의 재무 보고는 중국의 국영 은행 같은 곳에서 이루어집니다. 따라서 금융기관의 모호한 회계가 불만인 사람은 세상 물정을 모르는 것입니다.

2008 총회 (03:16:44)

버핏: 금융회사는 명확히 판단하기가 어렵습니다. 각 기관의 특성이 많은 걸 좌우하지만, 다시 그 특성은 CEO가 어떤 사람인지에 따라 상당 부분 달라집니다. 우리는 일리노이주 록퍼드 은행을 소유한 적이 있는데, 이는 버크셔가 지분 100%를 소유한 유일한 은행이었습니다. 경영자는 진 에이베그Gene Abegg라는 사람이었습니다. 그에겐 글로벌 은행이든, 지역 은행이든, 소형 은행이든, 중형 은행이든 아무 차이가 없었을 것입니다. 그가 운영하는 은행이라면 더없이 건실할 것이 명확했으니까요.

은행 매수를 확실히 결정하려면 그곳의 경영자와 문화, 관행을 알아야 하지만, 은행의 99%는 그러기가 어렵습니다. 우리는 웰스파고, US 뱅코프, 그리고 버펄로에 있는 M&T를 소유하고 있습니다. 세 은행의 행동 방식은 제가 잘 알고 있습니다. 그렇다고 그들이 문제를 전혀 겪지 않으리란 법은 없지만, 최소한 다른 은행들보다는 집단적 어리석음에 빠지지 않을 은행들입니다.

멍거: 수많은 대형 은행들이 업계 전체에 먹칠을 했죠. 이로 인해 일부 소형 은행들마저 주가가 폭락했지만, 그들은 무고했습니다.

2009 총회 (01:19:40)

버핏: 웰스파고는 전례 없는 이윤과 예금 흐름, 자금 조달의 우위에도 주가가 9달러 아래로 떨어졌습니다. 저는 어느 학교에서 주식을 하나만 꼽아 달라는 질문을 받았습니다. 옆 사람에게 휴대전화로 웰스파고 주가를 확인케 했더니 9달러도 안 되었습니다. 그래서 저는 제 모든 순자산을 한 주식에 투자하라면 웰스파고라고 답했습니다. 그들의 사업 모

델은 정말 훌륭합니다. 미국에서 규모 4위인 와초비아Wachovia(직전 해인 2008년에 웰스파고가 인수함) 은행을 살 기회가 이때 아니면 언제 오겠습니까? 그럴 리는 없지만 주식을 많이 발행하지 않는 한, 몇 년 후 웰스파고는 이 위기가 없었을 때보다 훨씬 성장할 것입니다. 25달러에 산 웰스파고 주식을 9달러에 팔아 치우는 사람이 있다니, 시장은 이상합니다. 우리 눈엔 어처구니없지만 사람들의 마음은 가격 따라 오락가락합니다. 하지만 아파트나 농장 시세를 매일 확인하지 않듯, 주식 투자도 의연하게 해야 합니다. 매일 시세를 확인하면 기업이 자산이 아닌 부채처럼 보이게 됩니다.

2011 총회 (01:37:04)

버핏: 웰스파고와 US뱅코프는 미국에서 손꼽히는 대형 은행입니다. 앞으로 미국 은행의 수익성은 21세기 초보다 상당히 낮아질 것입니다. 가장 큰 이유는 레버리지 축소인데요. 이는 사회에는 긍정적 영향을 미칠 테고, 레버리지를 현명하게 활용하는 은행에는 악재가 되겠죠. 하지만 문제는 모든 은행이 자기네는 레버리지를 현명히 활용할 줄 안다고 생각했다가, 그중 한두 곳이 업계 전체를 발칵 뒤집었다는 것입니다. 결국 ROA(총자산순이익률)가 몇 년 전 수준을 회복하더라도 보통주 이익률, 즉 ROE는 떨어질 것입니다.

그래도 웰스파고와 US뱅코프는 여전히 훌륭한 기업입니다. 레버리지 한도가 더 높았을 때만큼 매력적이지는 않을지라도요. 은행업계의 어려움과 관련해서는 최악의 위기는 이미 겪었다고 생각합니다. 하지만 저는 몇 년 전 웰스파고 CEO 존 스텀프John Stumpf가 했던 말처럼 "기존 방법이 잘 돌아가는데, 은행들은 왜 손실을 일으키는 새로운 방법을 자꾸 고안하는지" 모르겠습니다.

은행은 잊을 만하면 한 번씩 이성을 잃습니다. 저금리에 연방 정부의 지원이 있지만, FDIC(예금보험공사)를 통해 연방 정부가 실제로 지불한 금액은 없습니다. FDIC는 1934년 1월 1일 설립 이후 3,800건의 은행 파산을 처리했지만, 여기에 미국 납세자들의 돈은 한 푼도 들어가지 않았습니다. 모든 금액은 다른 은행에 부과한 FDIC 평가 수수료로 충당했습니다.

은행업은 자산 측면에서 문제만 피한다면 매우 좋은 사업입니다. 돈을 저금리로 차입할 수 있고, 연방 정부의 암묵적 보증 덕에 상당 수준의 레버리지를 활용할 수 있으니까요. 미국은 돈을 빌려주기에 좋은 나라입니다. 어쨌든 저는 우리의 포지션이 마음에 듭니다. 웰스파고와 US 뱅코프 둘 다 매우 잘 운영되지만, 유형자산 ROE가 25~30%까지나 올라갔습니다. 앞으로 그럴 일은 없을 것이고, 그래서도 안 됩니다.

멍거: 사람들이 거의 언급하지 않는 은행이지만 정말 유능한 경영자 밥 윌머스Bob Wilmers가 이끄는 M&T 뱅크도 우리에게 훌륭한 투자였습니다.

버핏: M&T 뱅크 연차 보고서의 첫 부분을 지나면 미국 금융 경제에 관한 내용이 나옵니다. 여러분에게 일독을 권합니다. 밥은 매우 똑똑하고 통찰력이 좋습니다. 그는 금융계에 불균형적으로 돈이 흘러가는 시장의 보상 시스템을 강도 높게 비판하고, 이 때문에 인재들이 금융계에 불균형적으로 쏠리는 경향이 있다고 지적합니다. 그중 일부는 다른 영역에서 능력을 발휘해야 더 좋을 것이라는 말도 덧붙이면서요. 흥미로운 글입니다. 또 J.P.모건 CEO 제이미 다이먼의 주주 서한도 추천합니다. 은행업계와 경제 상황을 탁월한 식견으로 다룬, 그야말로 명문입니다

다. 윌머스와 다이먼의 서한에는 배울 게 많습니다.

멍거: 윤리 경영을 중시하는 사람들에게 윌머스는 구약성서의 예언자처럼 보일 정도입니다. 그는 대형 은행들이 트레이딩으로 떼돈을 버는 현실을 곱게 보지 않습니다. 자기 고객을 이용해 돈을 벌기보다는 쌍방의 신뢰를 바탕으로 고객 서비스를 제공하는 것이 더 바람직하다고 지적하면서 말이죠. 과연 그의 말이 틀렸다고 할 수 있을까요.

2013 총회 (02:30:03)

멍거: 저는 장기적 관점에서 은행 시스템에 대해 워런보다 더 부정적입니다. 은행의 활동 반경을 더 극단적으로 제한할 필요가 있다고 봅니다. 국가가 보장하는 예금과 대규모 파생상품이 한데 뒤섞여 취급되어선 안 됩니다.

버핏: 동감입니다.

멍거: 은행가들은 투자 은행가 행세를 할수록 더 꼴불견이 됩니다. 제 의견은 여기까지입니다. 지금까지 한 말만으로도 이미 충분히 욕먹을 테니까요.

2016 총회 (01:50:12)

버핏: 2008~2009년 이후 다양한 방식으로 은행의 자본 요건이 강화되었지만, 특히 이익률 면에서 대형 은행이 중소형 은행보다 불리해졌습니다. 자본 요건을 조정하면 은행의 계산 방식과 투자 매력도가 완전히 바뀔 수 있습니다. 모든 은행이 100% 자기자본을 보유해야 한다면, 금융업은 돈 안 되는 끔찍한 사업이 될 것입니다. 하지만 은행들이 1%의 자기자본 비율로 운영하게 허용한다면, 그들은 떼돈을 벌며 온갖 사

고를 일으킬 것입니다. 그리하여 2009년 이후 대형 은행에 불리하게도 자기자본 요건이 강화되었습니다. 그러면 ROE가 낮아지지만, 사실 그 이전 ROE가 워낙 높았기에 은행업은 수익성 나쁜 사업으로 전락한 게 아니라, 전보다 덜 매력적인 사업으로 변한 것입니다.

2023 총회 (02:45:06)

버핏: 지금 은행업계는 공포에 전염되었습니다. 역사적으로 근거 있는 공포도 있었지만, 근거 없는 공포도 있었습니다. 금융 시스템은 오랜 세월을 거쳐 많이 변했습니다. 제 생각에는 FDIC가 설립된 이후 매우 안정된 것 같습니다. 제1차 세계대전 직후에는 1년 동안 무려 2,000개의 은행이 파산했죠. 예금 인출 사태는 그 일부 풍경에 불과했습니다. 사람들이 은행에 맡긴 예금을 걱정해 갑자기 인출해 버리는 경제가 제대로 돌아갈 리 없습니다. 따라서 FDIC가 설립된 건 매우 타당한 일입니다.

현재 FDIC는 은행이 파산하면 25만 달러라는 한도 내에서 모든 요구불 예금 고객에게 전액을 보장합니다. 하지만 2023년인 지금도 사람들은 여전히 걱정합니다. 은행 파산으로 대중의 예금이 손실되어도 FDIC와 미국 정부는 관심조차 없다고 오해하고 있죠. 이는 국민을 안심시키려는 노력이 부족했다는 뜻입니다. 정치인들도 노력이 부족했습니다. 정부기관과 언론도 마찬가지입니다.

실리콘밸리 은행Silicon Valley Bank은 2023년 3월 예금 인출 사태 후 파산했습니다. 그리고 대중은 여전히 혼란스러워하고 있습니다. 이토록 중요한 은행 관련 법이 1934년에 발효되었음에도 사람들에게 제대로 이해되지 않는 실정입니다. 예금이 아직도 고정적이라고 생각하는 사람들은 다른 시대에 살고 있는 것입니다. 지금은 고객들이 며칠씩 은행

앞에 줄을 서거나, 은행원이 느릿느릿 돈을 세어 금으로 바꿔 주는 시대가 아닙니다. 클릭 한 번으로 몇 초 만에 예금 인출 사태가 발생할 수 있죠. 이런 시스템이 제대로 해결되지 않은 것은 문제이며, 어떤 결과를 초래할지는 아무도 모릅니다. 잘못된 일을 저지른 장본인들은 반드시 처벌받아야 합니다.

퍼스트 리퍼블릭 은행First Republic Bank(실리콘밸리 은행 파산 등의 여파로 최종 파산 처리됨)의 연차 보고서를 보면, 그들은 고정 금리로 엄청난 금액의 정부 비보증 주택담보대출을 제공했습니다. 때로는 변동 금리로 전환하기 전까지 10년 동안이나 고정 금리를 유지하기도 했죠. 이 말도 안 되는 옵션을 퍼스트 리퍼블릭은 버젓이 제공했습니다. 하지만 세상은 이를 못 본 척했고, 퍼스트 리퍼블릭은 결국 망했습니다. 내부자들은 보유 중이던 주식 일부를 미리 처분했습니다. 악의 없는 의도였는지, 아니면 불길한 앞날을 예감한 것인지는 아무도 모릅니다.

이사들은 CEO에게 책임을 물을 자격이 있습니다. 은행 CEO가 자사를 곤경에 빠뜨리면 CEO와 이사 모두 대가를 치러야 합니다. 애꿎은 주주들이 피해를 봐서는 안 됩니다. 은행 경영자가 은행을 망하게 해도 그는 여전히 부자로 잘살고 세상은 멀쩡히 돌아가는 현실은 경제의 움직임을 손에 쥐고 있는 금융계에 좋은 교훈을 주지 못합니다. 뭔가 대책이 필요합니다. 답은 뻔하지만, 우리는 답을 제시하고 전달하는 데 실패했습니다.

멍거: 저는 옛날 사람이라 은행들이 투자 은행업을 겸하지 않던 때가 그립습니다. 너무 고지식한 발상인가요. 은행가들은 설계사가 되어야 합니다. 부를 쌓기보다 문제를 피하는 데 더 신경 쓰라는 말입니다. 그러면 부도 따라올 것입니다.

2023 총회 (02:58:29)

버핏: 건전한 은행이라면 괜찮은 투자 대상이 될 수 있습니다. 우리는 1969년에 한 은행(Continental Illinois National Bank and Trust)에 1,900만 달러를, 보험 자회사에 1,700만 달러를 투자했습니다. 그러니 1970년에 은행지주회사법이 통과되지 않았더라면, 지금쯤 보험사 대신 은행을 여럿 거느리고 있을지도 모릅니다. 하지만 은행지주회사법 때문에 우리는 10년 안에 그 은행을 처분해야 했죠.

멍거: 그 은행은 악성 부채도, 불필요한 비용도 전혀 없었습니다. 위험 부담 없이도 돈을 착실히 잘만 벌었습니다. 일리노이주가 자랑하는 건실한 은행이었죠. 자격이 되면 누구나 대출받을 수 있었고요. 그러나 우리는 마지못해 발을 빼야 했습니다.

버핏: 우리는 은행을 더 인수하고 싶었습니다. 그랬더라면 우리의 보험 사업 규모가 지금처럼 커지지 않았겠죠. 하지만 우리는 법 개정으로 은행을 매각했고, 대신 보험 사업에서 괜찮은 성과를 거두었습니다. 하지만 원래 우리는 은행업에 더 끌렸습니다. 규모도 컸고, 매물도 더 많았습니다. 그리고 그때는 더 철저히 건전하게 은행을 운영할 수 있었습니다. 하지만 법 때문에 불가능했죠.

최근 우리는 팬데믹 초기에 은행주를 매도했고, 이후 지난 6개월 동안에도 추가로 매도했습니다. 은행주 투자자들이 이제 어디로 향할지는 알 수 없습니다. 저는 개인적으로 한 지역 은행에 FDIC 보장 한도가 넘는 돈을 예금해 두었지만 전혀 걱정하지 않습니다. 하지만 은행 소유주의 미래는 앞으로의 상황과 특히 정책의 영향을 받을 것입니다.

많은 사람들이 금융계가 어떻게 돌아가는지 제대로 알지 못하는 실정입니다. 정계나 금융계와 대중이 완벽히 소통하지 못했다는 뜻이지요. 대중은 그 어느 때보다 은행을 못 미더워하는데 이것이 어떤 역학 관계를 만들어 낼지는 누구도 모릅니다.

예금이 고정적이라는 건 옛말입니다. 이제는 모든 게 가변적이죠. 이런 상황에서 우리는 은행에 투자하기가 매우 조심스럽습니다. 다만 한 은행주는 계속 보유하고 있으니, 바로 뱅크오브아메리카입니다. 저는 뱅크오브아메리카와 그곳 경영진이 좋습니다. 그리고 2011년에 우리가 먼저 그들에게 거래를 제안한 만큼 계속 들고 갈 생각입니다.

공매도

1999 총회 (02:57:21)

버핏: 누군가가 버크셔를 공매도하든 말든 상관없습니다. 어떤 식으로든 우리에게 해를 끼치지 못할 테니까요. 중요한 건 내재가치입니다. 우리가 버크셔의 가치를 적정 수준으로 끌어올린다면, 공매도 세력들은 어떻게 하루 세 끼를 먹고살지 궁리해야 할 것입니다.

2001 총회 (04:07:07)

버핏: 공매도는 많은 사람의 인생을 망쳤다는 점에서 흥미로운 연구 주제입니다. 공매도는 파산으로 가는 지름길입니다. 그 유혹은 강렬합니다. 주식 투자를 하다 보면 극적으로 저평가된 주식보다 극적으로 고평가된 주식이 훨씬 더 많이 보일 겁니다. 주식시장의 특성상 가끔 몇몇 종목이 하늘 높이 급등하는 경향이 있죠. 그래서 실제 가치의 5~10배에 팔리는 주식은 종종 있어도, 10~20%에 팔리는 경우는 극히 드뭅니

다. 그만큼 고평가된 쪽에서 가격과 가치의 괴리가 훨씬 더 큽니다. 따라서 공매도로 돈 버는 게 쉽다고 생각할 사람도 있겠지만, 저는 그렇지 않았습니다.

공매도는 손실 가능성이 무한대입니다. 게다가 지나치게 고평가된 주식을 보유한 사람들은 종종 바람잡이와 사기꾼의 중간쯤에 있습니다. 또 그들은 그 부푼 가격을 이용해 가격의 자력 상승도 유도할 줄 알지요. 예컨대 10달러 가치의 주식이 100달러에 팔린다면 당연히 주식을 대량 발행하는 게 이득입니다. 그러고 나면 가치를 50달러로 올릴 수 있습니다. 이 과정을 경영진이 계속 반복할 것이라는 암묵적인 가정하에, 이 주식에 주목해야 한다는 소문이 빠르게 전파되는 행운의 편지식 주가 띄우기가 이루어집니다. 만약 그들이 10달러 주식을 100달러에 대량 발행해 단박에 가치를 50달러로 끌어올린다면, 사람들은 경영진의 능력을 믿고 200~300달러까지 주고서라도 매수하려 할 것입니다. 이 과정이 계속 반복됩니다. 이게 주가 띄우기의 기본 원칙입니다.

여기에 말리면 작전 세력의 아이디어가 고갈되기 전에 공매도자의 잔고가 먼저 바닥날 수 있습니다. 대개는 작전 세력의 승리로 끝나죠. 지난 몇 년간 우리가 공매도하고 싶었고 실제로 실행했더라면 큰돈을 벌었을 종목들도 있었습니다. 하지만 그러려면 큰 고통을 감당해야 합니다. 제 경험상 매수 포지션에서 돈을 버는 게 훨씬 마음 편하겠더군요. 1954년에 뉴욕에 왔을 당시 제게 성공이 보장된 차익거래 기회가 주어졌습니다. 하지만 기술적인 문제로 공매도를 하게 되었는데 한동안은 기분이 영 찜찜하더군요. 저는 공매도로 큰돈을 벌 수 없다고 생각합니다. 거액을 투자할 때 손실 감당이 안 되니까요.

멍거: 공매도한 주식을 사기꾼 같은 누군가가 계속 올리면 몹시 짜증

이 납니다. 증거금만 채우다 결국 손해를 보죠. 마음 편히 돈 벌 방법도 얼마든지 있으니 짜증 나는 인생을 살지는 맙시다.

2006 총회 (04:34:42)

버핏: 지난 몇 년 동안 제게 공매도를 할 만한 아이디어가 100가지쯤 있었을 겁니다. 게다가 나중에 보니 거의 다 옳은 판단이었죠. 하지만 만약 제가 공매도를 실행했다면 돈을 잃었을 것 같습니다. 마음먹고 사기 치는 세력이라면, 그들의 능력은 보통이 아닐 것입니다. 작전 세력에게 속아서 X 가격에 공매도했다가 나중에 가격이 5배 오르면, 얼마 후 다시 X 가격으로 돌아가기를 바라는 수밖에 없습니다. 정말 기진맥진하게 하는 심리전이죠. 저는 공매도 펀드에 돈을 투자하지 않습니다. 윤리적 옳고 그름은 차치하고 돈 벌 가능성이 낮다고 생각해서입니다.

멍거: 세상에서 가장 짜증 나는 경험 중 하나일 겁니다. 한 종목에서 수상한 기운을 감지해 공매도했더니, 가격이 3배까지 오르는 거죠. 이제 당신이 증거금을 채우기에 급급해하는 동안 작전 세력은 당신의 돈다발을 흩뿌리며 기뻐합니다. 그런 경험을 누가 하고 싶겠습니까?

인덱스 펀드

2002 총회 (00:54:42)

버핏: 저는 S&P 500 지수처럼 광범위한 인덱스 펀드를 추천합니다. 대신 한 번에 모든 돈을 투자하지 말고 일정 기간에 걸쳐 나눠서 불입하세요. 그게 인덱스 펀드의 본질에 부합하니까요. 또 특정 주가지수 자체

를 따를 뿐인 상품인 만큼 수수료 같은 부가 비용도 신중히 따져야 합니다. 인덱스 펀드 투자는 비용이 더 많이 드는 다른 펀드보다 평균적으로 더 나은 성과를 낼 수 있습니다. 이는 단순한 계산으로 답이 나옵니다. 기관 펀드에 주로 투자한 사람이라면 운용 수수료를 많이 부과하는 기관과 적게 부과하는 기관을 비교해 보기 바랍니다. 둘이 총수익은 매우 비슷해도 순수익에서 차이가 날 테니까요.

저는 미국 기업이 장기간에 걸쳐 승승장구하리라 믿지만, 최종 승자나 수익 실현 시점까지는 알지 못합니다. 중요한 건 장기로 투자할 가치가 있다고 판단되는 기업 주식을 장기간 보유하는 것이며, 특정 타이밍에 큰 금액의 베팅은 절대 하지 말라는 것입니다. 지금이 주식을 살 적기인지 아닌지 쉽게 알려 주는 지표란 건 딱히 없으므로 알려 줄 게 없습니다. 그래서 일정 기간 꾸준히 불입하는 인덱스 펀드가 유용한 겁니다. 이런저런 지표로 판단할 자신이 없으면서도 나중에 좋은 성과를 내고 싶은 사람에게 인덱스 펀드는 좋은 보호막이 될 수 있습니다. 물론 본인이 판단할 자신이 없다는 사실을 인정한다면 말입니다.

2004 총회 (02:23:30)

버핏: 10년간 일정 금액을 저비용 인덱스 펀드에 불입하면 비슷한 출발선에서 시작한 다른 투자자의 90%보다 더 좋은 성과를 낼 것입니다.

멍거: 전적으로 동의합니다. 이렇게 주주총회에 앉아 있는 우리로서는 난처합니다. 이 자리에는 고객과 가족을 위해 열심히 일해 온, 가장 훌륭하고 유능한 증권 중개인들이 와 계시니까요. 하지만 증권 중개업계 전체의 실적은 형편없는 게 사실이므로 인덱스 펀드가 더 나은 선택입니다.

2008 총회 *(02:22:32)*

버핏: 비전문 투자자라면 뱅가드같이 믿음직하면서 저렴한 인덱스 펀드에 전 재산을 투자하길 권합니다. 그리고 전문 투자자가 되지 않을 생각이라면, 자신이 비전문가임을 인정하고 투자한 인덱스 펀드는 이제 머리에서 지운 채 일상으로 돌아가면 됩니다.

멍거: 엄청나게 성공한 전문 투자자는 많지 않습니다. 수많은 사람이 전문 투자자인 척하며 실제로는 카지노 딜러처럼 돈을 벌고 있는 게 현실입니다. 하지만 본인이 숙련된 전문 투자자가 될 것 같지 않다면, 인덱스 펀드처럼 단순한 투자로 만족하는 게 좋습니다.

버핏: 이런 조언을 다른 사람에게서는 기대할 수 없을 것입니다. 돈이 안 되니까요. 전문가들은 자기에게 수수료만 주면 인덱스 펀드보다 훨씬 더 좋은 성과를 낼 수 있다고 떠벌리지만, 실제 성과는 그에 못 미칠 겁니다. 결국 제 제안대로 인덱스 펀드에 넣으면 30~40년 동안 꽤 괜찮은 수익을 낼 수 있죠. 대신 가만히 앉아서 돈 버는 방법이니 파렴치하게 대박까지 기대하진 맙시다. 영업 사원은 당신에게 대박을 안겨 주겠다며 힘을 북돋지만 그럴 일은 없을 겁니다.

중국 주식

2022 총회 *(03:36:28)*

멍거: 최근 몇 년간 중국 정부는 중국에 투자한 미국인들을 걱정하게 만들었습니다. 긴장감이 고조되었고, 이는 특히 인터넷주를 비롯한 일부 중국 주식의 가격에 영향을 미쳤습니다. 그러나 중국 지도자는 자신

이 너무 과했다며 불과 하루이틀 사이에 한발 물러서는 모양새입니다. 이는 희망적 징조입니다. 하지만 미국보다 중국 정부가 더 까다로운 변수이고, 두 국가의 정세는 서로 다릅니다. 미국과 중국은 거리도 멀고 국민의 문화와 충성도의 차이도 큽니다. 그래도 제가 중국에 투자한 이유는 그저 훨씬 낮은 가격에 훨씬 좋은 기업을 발견했기 때문입니다. 그래서 약간의 지정학적 위험은 감수할 만하다고 판단했습니다. 다른 사람의 생각은 다를 수도 있지만요. 요즘 중국에 대한 우려가 2~3년 전보다 커지긴 했지만 그건 어쩔 수 없습니다.

기업공개

***2004 총회** (04:04:24)*

멍거: 매년 수없이 많은 IPO(기업공개)가 이루어집니다. 능력 좋은 사람이라면 그중에서 쉽게 몇 종목을 발굴해 뛰어들 것입니다. 하지만 일반인이 IPO 종목을 매수했다가는 손해 보기 십상입니다.

버핏: 주식시장이 대표적인 경매시장에서는 때로 엄청난 할인 혜택을 잡을 수 있습니다. 누군가가 유통주의 0.5~1%를 기업 가치의 25% 가격에 팔기도 하기 때문입니다. 하지만 협상 시장에서는 그럴 기회가 없습니다. 그리고 IPO 공모는 경매보다 협상 거래와 더 비슷합니다. 대개 매도자가 주식 유통 시점을 결정하는 데다, 그 시점이 매수자에게 꼭 유리하리란 법도 없습니다. 따라서 IPO 100건을 살펴봐도 경매시장에서 이미 거래되는 100개 기업보다 저렴한 매물을 낚을 가능성은 훨씬 낮습니다. IPO는 협상 시장에 가까워서 저렴한 매물 찾기가 매우 어렵습니

다. 반면 경매시장에는 믿을 수 없을 만큼 싼 매물이 풍부합니다. 따라서 더 좋은 매수 기회를 잡을 수 있습니다.

주택 시장

2005 총회 *(01:17:26)*

버핏: 부동산 시장이 고점에 이르자 일부 지역에서 놀라운 움직임이 있었습니다. 25년쯤 전에 네브래스카주, 아이오와주, 그리고 인근 지역의 농지에서도 비슷한 현상이 나타났습니다. 폴 볼커Paul Volcker(인플레이션 사냥꾼이라 불린 연방준비제도 의장)가 등판하기 전인 1970년대 후반, 사람들은 인플레이션을 통제할 수 없을 것이라는 우려로 현금의 대안을 찾아 헤맸습니다. 그리고 그 두려움이 분출된 사례 중 하나가 바로 농지 투자 열풍이었죠. 1980년에 여기서 북쪽으로 약 48㎞ 떨어진 곳에 에이커(약 1,200평)당 2,000달러에 팔린 농장이 있었는데요. 몇 년 후 저는 그 농장을 FDIC로부터 에이커당 600달러에 샀습니다. 어떻게 농지에 열광할 수 있느냐며 이해가 안 갈 분도 계실 겁니다. 농장은 에이커당 콩 45부셸(약 1,200kg), 옥수수 120부셸(약 3,200kg) 정도를 생산할 수 있습니다. 이런 수확량은 인터넷으로 조종해 세 배로 부풀릴 방법이 전혀 없습니다. 하지만 사람들은 광기에 휩쓸렸고 결국 엄청난 대가를 치렀습니다. 대공황도 버텼던 이 지역의 많은 은행이 파산했죠.

저도 지금이 주택 시장 주기 중 어느 단계인지 잘 모르겠습니다. 주택은 사람들이 직접 거주하는 공간이다 보니, 행동 특성이 다른 시장과 다르게 나타나기 때문입니다. 하지만 주택 가격이 건설 비용이나 인플레이션 요인보다 훨씬 빨리 상승한다면 심각한 결과를 초래할 수 있습니다. 제가 보기에는 거주용 부동산 가격 상승률이 물가 상승률을 훨씬 능가한 것 같습니다.

멍거: 캘리포니아주 라구나비치나 몬테시토, 또는 워싱턴 교외 지역은 부동산 거품이 상당합니다.

버핏: 저는 몇 달 전 라구나비치에 있는 집을 350만 달러에 팔았습니다. 첫날에 팔린 걸 보니 제가 너무 싸게 내놓았나 봅니다. 하지만 그 집 자체는 50만 달러 정도였으니, 땅값이 300만 달러였던 셈이죠. 면적은 2,000제곱피트(약 56평) 정도니까 에이커(약 1,200평)당 6,000만 달러 정도에 팔린 겁니다.

멍거: 버크셔 이사 중 한 명의 이웃집이 작고 소박한 집인데도 최근 2,700만 달러에 팔렸답니다. 바다가 바로 보이는 집입니다. 캘리포니아주 해안가에는 나대지(지상에 건축물이나 구축물이 없는 대지)가 별로 없는데 인구는 많습니다. 요즘 주택 가격 거품이 너무 심한데, 언젠가는 역풍을 맞을 듯합니다.

버핏: 2,700만 달러라니, 저는 차라리 우리 집 욕조를 감상하겠어요.

2005 총회 *(01:42:09)*

버핏: 집값이 상승하는 가운데, 대출 조건은 점점 더 느슨해지고 있습니다. 이는 대출에 관한 상식과 완전히 상충하죠. 신중한 은행이라면 자산 가격에 거품이 낄수록 대출을 덜 해줘야 하니까요. 하지만 현재 주택 담보대출 채권을 중간에서 매입하는 자는(프레디맥과 패니메이를 말합니다) 그 채권의 실체가 무엇인지 신경 쓰지 않아도 됩니다. 그들은 단지 정부 보증만 믿고 누가 비용을 부담하는지는 관심 없습니다. 그래서 저

는 집값 마련이 쉬워지면서 부동산 가격이 급등했다고 생각합니다.

멍거: 주택담보대출이 쉬워지면 더 많은 주택이 건설되고 신규 주택 가격이 상승하는 건 당연합니다. 무엇이든 넘치면 결국 상쇄 효과가 생길 수 있습니다. 주택을 과잉 건설하면 언젠가 가격이 하락할 것입니다.

버핏: 상상의 예를 하나 들어보죠. 오마하의 인구는 일정하고, 더 이상 집을 지을 수 없다고 가정합시다. 그런데 매년 모든 주민이 이웃에게 집을 팝니다. 즉 첫해에는 모두가 집을 10만 달러에 이웃에게 팔아 서로 집을 바꿨죠. 여기까진 괜찮았습니다. 그러나 이듬해에는 15만 달러에 매매하기로 했습니다. 어떻게 그럴 수 있냐고요? 모두 프레디맥이나 패니메이가 보증한 더 고액의 주택담보대출을 받으면 됩니다. 그러면 뉴욕이나 도쿄 등의 외지인들이 이 채권을 구매하고, 오마하 주민들은 가구당 5만 달러씩 버는 거죠. 주택 수도 그대로이고, 1가구 1주택인 것도 여전한데 모든 집값이 올랐습니다. 이제 또 대출을 받아 집값을 5만 달러 더 올릴 수 있습니다. 그래서 다음 해에도 이웃끼리 20만 달러에 이사할 것입니다. 그런데 이 과정은 뻔히 드러나므로, 사람들은 오마하에서 이상한 일이 벌어지고 있음을 감지할 것입니다. 하지만 우연한 행동이 모이면 어느 정도 이에 가공할 만한 효과를 일으킬 수 있습니다. 오마하 주민들이 집값을 계속 올리는 동안, 그 비용은 정부 보증 덕에 안심하고 채권을 산 애꿎은 사람들이 부담합니다. 한동안은 돈이 쉴 새 없이 흘러 들어와 모두가 행복합니다. 제가 제시한 예는 비현실적이지만, 우리 경제에는 그런 측면이 없잖아 있습니다.

멍거: 동의합니다. 현대 경제의 여러 부문에는 다양한 폰지 효과가 나타납니다. 매우 중요하지만 경제학에서는 거의 다루지 않습니다.

2006 총회 (01:25:51)

버핏: 최근 몇 년간 조립식 주택의 품질은 훨씬 좋아졌으나, 전체 신규 주택 물량 중 조립식 주택이 차지하는 비중은 30~40년 전 수준까지 감소했습니다. 한때는 미국 신규 주택 물량의 20%가 조립식 주택이었던 적도 있습니다. 그러나 작년에는 FEMA(미국 연방재난관리청) 수요를 제외하면 신규 주택 착공의 7% 정도였을 겁니다. 4~5년 전에는 조립식 주택업체들이 팔아선 안 될 사람들에게 주택을 팔기도 했죠. 이 대출 채권들은 유동화되었고, 결국 한 보험사는 큰 손실을 입었습니다. 대출 남발의 여파가 완전히 사라지기까지는 오랜 시간이 걸렸습니다. 한동안 대출 조건이 매우 느슨했고, 지금 우리는 그 여파를 감당하고 있습니다. 그러나 조립식 주택을 생산하는 버크셔의 자회사 클레이턴 홈스Clayton Homes의 입지는 매우 강력합니다. 그들의 기록은 업계의 어떤 회사보다 뛰어나서 2위를 찾으려면 한참 걸릴 것입니다.

멍거: 조립식 주택은 시장 점유율이 크게 늘고 전망도 좋으리라 생각합니다. 시간은 꽤 걸리겠으나 그렇게 될 것입니다.

버핏: 그동안 많은 진전을 이루긴 했지만, 합리적인 주택 자금 조달 방식을 고민해야 합니다. 5년 전에는 이에 대한 고려가 거의 없었습니다. 그저 증권을 만들어 금융시장에 팔고, 미래의 누군가에게 근심을 떠넘기는 정도였죠. 클레이턴은 다른 회사들보다 훨씬 올바르게 처신했지만, 당시 업계의 상황은 그랬습니다. 하지만 찰리 말대로 클레이턴은 언젠가 미국 최대 주택 건설사가 될 것입니다. 주택 수요는 앞으로 더 늘어날 것이고, 우리는 업계에서 큰 점유율을 차지하니까요.

멍거: 몇 년 전 조립식 주택 담보대출에서 문제가 된 일부 관행이 일반 주택 담보대출까지 번졌습니다. 현재 미국에는 터무니없는 주택 담보

대출이 횡행하고 있습니다. 조립식 주택 부문에 미친 끔찍한 여파가 앞으로 일반 주택 시장까지 확산할 것입니다.

버핏: 무분별한 대출은 언제나 거대한 후폭풍을 초래하지만, 한동안은 눈에 보이지 않습니다. 부동산 개발업자는 돈을 빌릴 수 있는 최대한으로 개발 사업을 키워나갔습니다. 아주 단순합니다. 대출 기관이 돈을 쏟아부으면 건물이 착공되는 것이죠. 최근 몇 년간 일반 주택 시장도 그런 모양새입니다.

멍거: 이런 부실 대출에는 비열한 회계 방식도 일조했습니다. 회계 업계는 끔찍한 행동으로 이어지는 비굴한 타협을 멈추지 않았습니다.

2015 총회 (00:09:54)

버핏: 우리는 가능하면 클레이턴 고객들에게 FHA(연방주택관리국) 대출을 권유합니다. FHA 대출이 그들에게 가장 좋은 대출이기 때문이죠. 하지만 많은 고객이 신용점수가 낮은 편입니다. 그중 약 3%는 원리금을 상황하지 못해 1년 안에 집을 압류당할 것입니다. 한편 97%는 월평균 원리금 600달러 미만에 방 두세 개 정도의 번듯한 집을 마련할 수 있습니다. 이런 환경에도 올해 약 3만 명에게 저렴하게 내 집 마련의 꿈을 실현해 준 클레이턴 경영진이 자랑스럽습니다. 대부분의 고객은 20년 안에 대출금을 완납할 수 있을 것입니다.

멍거: 클레이턴의 대출 방식에 대해서는 잘 모르지만, 우리가 엄청난 수의 주택을 판매해 전체 시장에서 큰 비중(약 50%)을 차지한다는 것은 알고 있습니다. 클레이턴은 매우 생산적인 회사입니다. 개인적으로는 조립식 주택의 시장 점유율이 더 높아야 하지 않나 항상 궁금했습니다. 조립식 주택은 꽤 쓸모 있고 효율적으로 지을 수 있으니까요. 클레이턴

은 경제에서 매우 생산적인 역할을 담당합니다. 하지만 저소득층에 제공한 대출을 상환율 100%로 만들 수는 없습니다. 그러므로 압류 없이는 우리 사업이 제대로 돌아가지 않을 것입니다.

버핏: 채무 불이행의 주요 원인은 실직, 사망, 이혼입니다. 고가 주택 구매자들에게도 채무 불이행이 발생하지만, 특히 형편이 어려운 사람들에게서 더 자주 발생합니다. 하지만 다수의 이익을 위해서라도 저소득층에 집을 공급하지 않을 수는 없습니다. 사람들은 번듯한 집에서 살기 원하고, 또 그럴 권리가 있습니다.

비야디

2009 총회 (02:49:59)

멍거: 비야디의 설립자는 겨우 43세이지만, 이 회사는 초기 단계의 벤처 캐피털 회사가 아닙니다. 비야디는 충전식 리튬 배터리 분야의 주요 제조업체 중 하나입니다. 설립자 왕촨푸王传福가 무일푼에서 시작해 지금 이 자리까지 올려놓았습니다. 휴대전화 부품 사업에서 거대한 입지를 세우는 등 몇 차례 기적을 이루고도 만족하지 못한 왕촨푸는 마침내 자동차 사업에도 뛰어들었습니다. 제가 알기로 그는 자동차 관련 경력이 전무합니다. 자본도 별로 없이 밑바닥에서 시작했지만, 그는 금세 중국에서 가장 잘 팔리는 자동차 모델을 만들어 냈습니다. 비야디보다 훨씬 많은 자본으로 기술을 혁신하고 세계 주요 자동차 회사와 합작한 중국 경쟁사들을 제치고 말이죠.

우리의 투자는 투기가 아닙니다. 비야디는 기적을 일군 검증된 기업이니까요. 왕촨푸는 공대 졸업생 1만 7,000명을 채용했습니다. 중국의 13억 인구 중에서 엄선한 최상위권 학생들이죠. 회사 전체가 굉장한 인재 집단입니다. 리튬 배터리는 앞으로의 우리 일상에 절대적으로 필요하며, 미국과 전 세계의 모든 전력회사도 필요합니다. 우리는 태양에너지를 사용해야 하는데 그러려면 성능이 특출한 배터리가 필요합니다. 비야디는 이 분야에서 최적의 위치에 있습니다. 그들의 업적은 경이롭습니다. 워런과 제가 정신 나간 것처럼 보일지 몰라도 우리 정신은 멀쩡합니다.

비야디는 앞 유리와 타이어 빼고 자동차의 모든 부품을 직접 만듭니다. 갑자기 자동차 사업에 뛰어들어 모든 부품을 직접 만들고 가장 잘나가는 자동차를 탄생시키다니, 아무나 못 하는 이례적인 일입니다. 인류사에 큰 족적을 남기기 위해 노력하는 회사와 함께하게 된 건 버크셔로서 행운입니다. 비야디는 작은 회사지만 이들의 야망은 큽니다. 그들이 대성공하지 않으면 이상한 겁니다. 규모를 고려하면 버크셔이 포지션에서 큰 비중은 아니지만, 제 평생 투자해서 영광이라고 느껴 본 회사는 비야디밖에 없습니다.

2009 총회 (03:14:01)

버핏: 앞으로 우리가 또 중국 기업에 투자하지 않는다는 법은 없습니다. 실제로 기회가 올지도 모르고요. 비야디 지분을 10% 이상 매수했으면 더 좋았을 텐데, 그들이 우리에게 팔고자 한 물량에 한도가 있었습니다. 더 투자할 기회가 또 오면 좋겠습니다.

채권 매입

2010 총회 (01:24:30)

버핏: 할리데이비슨Harley-Davidson의 지분 가치가 33달러인지, 20달러인지, 45달러인지 저는 잘 모르고 딱히 의견도 없습니다. 다만 고객들이 회사명을 가슴에 문신으로 새길 정도이니 안심은 되는 기업입니다. 경제적 가치를 따지자면 문신한 고객들에게 직접 물어봐도 별 도움이 안 될 것 같습니다. 하지만 할리데이비슨이 망하지 않을 거라는 건 알고 있으며, 이자율 15%는 꽤 매력적입니다(버크셔 해서웨이는 2009년 2월에 할리데이비슨의 무담보 채권을 3억 달러어치 매입했다).

그 채권들을 액면가의 135% 정도에 팔 수도 있었을 겁니다. 우리는 그들에게 돈을 빌려줘도 되겠다는 믿음은 있었지만 주식을 살 정도는 아니라고 생각했습니다. 할리데이비슨 주식보다는 골드만삭스의 배당률 10% 우선주가 낫죠. 모든 증권에는 상충 관계가 있습니다. 그리고 이번 할리데이비슨 투자에서처럼 '오토바이 시장이 크게 위축될까? 이윤이 줄어들까?' 같은 어려운 결정보다 '이 회사가 파산할까, 안 할까?'라는 단순한 결정만으로 큰돈을 벌 수 있다고 생각된다면, 저는 단순한 결정을 따르렵니다.

멍거: 한 기업의 어려운 상황을 보고 그들의 채권을 매입했다면, 그곳은 전망이 좋을 가능성이 크므로 주식을 매수했어야 한다고 봅니다.

버핏: 벤저민 그레이엄이 1934년에 쓴 책 《증권 분석》에 이에 관한 내용이 있죠. 선순위채를 분석하는 대목으로, 후순위채가 대개 수익률은 더 좋지만 선순위채가 두 다리 뻗고 잠자기엔 더 좋다는 내용이요. 찰리가 지적했듯 우리는 보험 사업에 600억 달러의 채권이 있으며, 경우에

따라 만기가 50년 넘는 것도 있습니다. 주식에도 상당한 돈이 들어가 있지만 우리는 어떤 상황에도 견딜 수 있도록 회사를 운영하고 있습니다. 이러한 우리의 기조가 몇 년 전 금융위기 때 어떤 결과를 가져왔는지 알기에 우리는 매우 만족합니다. 수많은 사람들이 갈팡질팡하던 시기에도 우리는 묵묵히 앞으로 나아갔고 앞으로도 그럴 것입니다.

신용평가사

2010 총회 (03:21:51)

버핏: 신용평가사들은 이 어려운 시기에도 놀랍도록 훌륭히 사업을 운영했습니다. 그들은 자본이 전혀 들지 않고, 가격 결정력이 강합니다. 세상의 한쪽에서는 신용평가사를 필요로 합니다. 하지만 세상의 또 다른 한쪽에서는 신용평가사에 매우 분노하고 있죠. 그들이 투자계는 물론 정계, 언론계에도 만연했던 광기에 굴복했다며 비난하는 사람들이 많습니다. 신용평가사들은 전국적인 주택 시장의 붕괴를 예측하지 못했습니다. 어쩌면 어떤 인센티브 요인이 작용했을지도 모릅니다. 다수와 다르게 생각하는 일은 어렵습니다.

한편 신용평가사에 대한 반발도 있습니다. 따라서 법적 대책이 강구될 수 있겠죠. 하지만 신용평가사의 구조가 대대적으로 개편되지 않는 이상, 그들은 가격 결정력이 강하고 돈 잘 버는 사업으로 꿋꿋이 남을 것입니다. 참고로 버크셔는 신용 등급에 전혀 신경을 쓰지 않습니다. 투자 판단을 외부에 맡길 이유가 없기 때문입니다. 직접 판단할 수 없는 투자는 그냥 포기하면 됩니다. 우리는 신용평가사든 누구든 남의 의견에 기대지 않습니다. 따라서 우리는 신용평가사들에 의존하지 않지만, 사업 모델이 바뀌지 않는 한 사업 자체로는 여전히 훌륭하다고 봅니다.

기대치 낮추기

2011 총회 (02:12:54)

버핏: 저는 적극적 투자자가 아닌 이상 인덱스 펀드를 권합니다. 자기 본업이 따로 있고 꾸준히 돈을 모으고 싶은 사람에겐 인덱스 펀드가 다른 어떤 투자보다 나을 것입니다. 인덱스 펀드가 대단한 투자는 아니지만 꽤 만족스러운 투자는 될 수 있습니다. 하지만 지금의 주가로 인덱스 펀드와 버크셔 중 하나를 선택하라면, 저는 버크셔를 선택하겠습니다. 제 전 재산을 남은 생애에 인덱스 펀드에 넣어도 나쁠 건 없지만, 그래도 역시 버크셔가 더 좋습니다.

멍거: 저는 버크셔가 훨씬 좋아서 인덱스 펀드를 보유한다면 매우 불만스러울 것 같습니다. 제 야망은 더 크거든요. 저는 노련한 투자자도 향후 50년 평균 수익률이 지난 50년만큼 좋지 않을 거라 봅니다. 그래서 기대치를 낮추는 것이 투자자에게 최선의 방어책이라고 생각합니다. 차선책은 버크셔에 투자하는 거고요.

버핏: 찰리는 기대치를 낮추라는 말을 아주 좋아해요.

멍거: 물론이죠. 제가 결혼한 것도 제 아내가 기대치를 낮춘 덕이었거든요.

버핏: 그리고 찰리는 그 낮은 기대에 부응하며 살았답니다.

헨리 싱글턴

2013 총회 (01:52:22)

멍거: 헨리 싱글턴Henry Singleton은 눈 가리고도 그랜드마스터에 버금가는 체스 선수에, 어떤 복잡한 수학이나 물리 시험에서도 거의 만점을 받을 천재입니다. 저는 그와 같은 동네에 살아 그를 알고 있었습니다. 하지만 그는 복합기업으로 출발해 인위적으로 부양된 주가를 유지하기 위해 항상 더 높은 수익을 갱신하려 열심이었습니다. 그리고 하락장을 잘 헤쳐나가며 위대한 체스 선수처럼 거침없이 주식을 매수했습니다. 그는 버크셔와 다르게 매우 중앙집중된 방식으로 회사들을 운영했습니다. 당시 그는 투병 중이었고, 대부분 기업을 우리에게 팔고 싶어 했습니다. 물론 그는 인수 대금으로 버크셔 주식을 원했습니다. 그러나 우리는 "헨리, 우리는 당신을 좋아하고 당신 기업을 사고 싶지만, 버크셔 주식을 발행할 생각은 없소"라고 말했습니다. 그가 천재였다고 해서 우리보다 성과가 좋았던 건 아니었습니다.

버핏: 그는 공모주 시장에서 훨씬 날고 기었지요. 사실 우리와 관심 분야도 다릅니다.

멍거: 맞아요.

버핏: 그는 정말 대단한 사람이었고, 주주들에게 큰돈을 벌어 주었습니다. 하지만 주주들을 이용한 면도 없잖아 있었고, 주식을 미친 듯이 발행했습니다. 아마 기업을 최소 50곳은 인수했을 겁니다. 그의 투자는 1960년대 주가 띄우기 방식이었고 우리와는 성향이 안 맞았습니다. 그의 수법은 결말을 신경 쓰지 않는 한 매우 효과적이었습니다. 우리 방식과 완전히 다르죠. 그는 버크셔 주식을 얻기 위해 3단계 접근법을 시도

했습니다. 먼저 고평가 주식을 발행한 다음, 매우 저가에 자사주를 매입하는 거죠. 그다음…

멍거: 원래 가치보다 비싸게 우리에게 팔려고 했죠.

버핏: 맞아요.

멍거: 악성 주식이었어요. 싱글턴의 엄청난 재능과 냉철한 사고방식은 높이 사나, 저는 우리 방식이 더 마음에 듭니다. 텔레다인보다 더 인간미 있잖아요.

기억에 남는 투자

2019 총회 (00:45:34)

버핏: 기억에 남는 투자는 옛날에 산 애틀레드 주식입니다. 유동주는 아니었고, 저는 발행 주식 98주 중 한 주를 샀지요. 애틀레드는 '델타' 스펠링을 거꾸로 쓴 것이었습니다. 세인트루이스에 사는 100명이 각자 50달러나 100달러 정도를 보태 루이지애나주에 오리 사냥 클럽을 만들고 땅을 샀습니다. 그러나 100명 중 두 명이 돈을 내지 않아 98주가 발행된 겁니다. 그들은 루이지애나주에서 오리를 사냥했습니다. 그런데 누군가가 쏜 총알이 땅에 박히자 석유가 솟구쳐 나왔다고 합니다. 그곳에서는 아직도 석유가 나오고 있는 것 같습니다.

저는 40년 전 2만 9,200달러에 그 주식을 한 주 샀습니다. 주가에 걸맞은 현금도 보유했고 석유 생산도 많았지만, 클럽이 팔아 버렸죠. 그대로 됐다면 주당 200~300만 달러 정도 했을 텐데, 다른 석유 회사에 매각했습니다. 사실 당시 저는 현금이 전혀 없어서 대출받아 샀습니다. 아내에게 사 준 선물이었죠. 대출 담당자는 제게 엽총 살 돈도 대출받겠냐고 묻더군요. 찰리 얘기로 넘어가죠.

멍거: 두 가지 일화가 떠오르는데요. 젊고 가난했을 때, 한 유전 지분을 1,000달러 주고 사서 오랫동안 연 10만 달러의 사용료를 벌었습니다. 평생 다시 오지 않을 기회였죠. 그리고 나중에 산 벨리지 오일 주식은 얼마 후 주가가 30배나 급등했고요. 하지만 저는 매수한 건수보다 거절한 건수가 다섯 배나 많습니다. 제 평생 가장 어리석은 결정이었습니다. 그러니 혹시 여러분도 어리석은 결정을 내린 적이 있다면, 우리를 보고 스스로에게 너그러워지세요.

사모펀드

2019 총회 (01:18:27)

버핏: 레버리지를 활용하고 시장 하락에도 흔들리지 않는 주식 투자자라면 놀라운 수익률을 얻을 수 있을 겁니다. 만약 제 투자 경력에서 인덱스 펀드 수익률이 11%였다고 칠 때, 레버리지로 수익률을 50%까지 끌어올렸다면 얼마나 좋았을지 상상해 보십시오. 이처럼 레버리지를 활용한 평범한 기업에 대한 투자가 레버리지를 활용하지 않은 우량 기업에 대한 투자를 능가할 수 있습니다.

하지만 채권자를 보호하는 채무 약정(covenant)은 심히 약화되었습니다. 물론 한동안 고금리 시기였다가, 다시 레버리지를 활용하기 좋은 저금리 시기가 찾아왔습니다. 개인적 생각으로는 사람들이 레버리지 없이 좋은 수익을 얻는다면 오늘날 홍보하는 금융 상품들은 잘 팔리지 않을 것 같습니다. 하지만 채무 약정 없이 4~5%의 이자율로 충분한 돈을 빌려 7~8%의 수익률을 낸다면, 파산할 가능성이 높습니다. 그래도 웬만하면 더 좋은 수익을 얻을 수 있을 겁니다.

우리는 버크셔를 레버리지로 키울 생각이 전혀 없습니다. 만약 레버리지를 활용했다면 버크셔는 훨씬 많은 돈을 벌었을 것입니다. 하지만 찰리와 저는 정말 뛰어난 IQ를 자랑하는 사람들이 레버리지 때문에 망하는 것을 보았습니다. LTCM에는 제가 하루 종일 머리를 쥐어짜도 못 풀 수학 문제를 눈감고도 풀 수 있는 사람들이 있었습니다. 경력도 길고 머리 좋기로는 둘째가라면 서러울 사람들이었죠. 그런데 신데렐라가 자정을 맞이하듯, 1998년에 파산하여 모든 마법이 풀렸습니다. 그 후로도 몇몇 사람들은 정신을 못 차리고 똑같은 짓을 반복했습니다. 그래서 저는 소위 대체투자라는 것을 그다지 좋아하지 않습니다. 계산하기 나름이겠지만 기업 인수에 투입된 대체투자 자금은 최소 1조 달러는 될 것입니다. 그 두 배를 빌리면 3조 달러만큼 기업을 살 수 있습니다. 지금쯤 그 가치는 30조 달러가 넘을 수도 있지만 현재 시장에서 거래되지 않는 기업도 많습니다.

결론적으로 레버리지를 활용한 비공개 기업 인수의 수급 상황은 10~20년 전과 크게 달라졌습니다. 우리도 사모펀드에서 여러 제안을 받았는데 그 수익률은 부정직한 방식으로 계산된 경우가 많았습니다. 제가 연기금을 운영한다면 제게 들어오는 거래 제안에 매우 신중할 것입니다. 월가에서 훌륭한 애널리스트가 될지 훌륭한 영업 사원이 될지를 선택해야 한다면, 영업 사원이 성공하는 길입니다. 100억 달러 펀드를 조달하고 1.5%의 수수료를 받아 고객들을 10년 동안 묶어 둔다면, 세상에서 가장 형편없는 투자자라도 자신과 자녀, 손주들까지 놀고먹을 수 있으니까요.

멍거: 버크셔의 운용 방식이 더 안전합니다. 수많은 연기금 투자에서 마음에 안 드는 점은 하락장에서는 마땅히 평가 가치를 낮춰야 함에도 그럴 필요가 없기 때문에 사람들이 선호한다는 것입니다. 편의에 따라 평가 가치를 낮추지 않아도 된다는 건 어리석은 선호 이유라고 생각합니다.

버핏: 네, 사모펀드에 투자를 약정하면 사모펀드 측에 아직 그 돈을 납입하지 않아도 투자자는 수수료를 내야 합니다. 그 돈은 요구 시 언제든 마련할 수 있어야 하고요. 물론 장기 국채를 들고 가만있는 상황이면 수익률이 더 좋아 보일 수 있습니다. 그들은 필요할 때 투자자에게 연락해서 돈을 요구할 수 있지만, 수익률은 고려하지 않죠. 수수료 관점에서 계산할 뿐 내부 수익률 관점에서는 계산하지 않거든요. 그래서 실상은 겉보기만큼 좋지 않습니다.

멍거: 그들은 돈을 벌려고 거짓말을 합니다.

버핏: 한마디로 정리되었네요.

추천 도서

1994 총회 (01:17:12)

멍거: 코니 브룩Connie Bruck의 《게임의 달인(Master of the Game)》을 참 재미있게 읽었습니다. 워너 브라더스를 이끌고 나중에 타임 워너의 CEO가 된 스티브 로스Steve Ross의 전기였죠. 그녀는 통찰력 있는 작가이고, 책 내용도 정말 흥미로웠습니다. 제가 정말 좋아하는 책인 칼 밴 도렌

Carl Van Doren의 《벤저민 프랭클린 전기(Benjamin Franklin)》도 다시 읽는 중인데, 이 책이 얼마나 좋은 책인지 한동안 잊고 산 듯합니다. 미국에 프랭클린 같은 인물은 없었고 앞으로도 절대 없을 것입니다.

1994 총회 (03:29:49)

버핏: 존 메이너드 케인스의 《고용 이자 및 화폐의 일반 이론》에는 시장, 시장 심리, 그리고 시장 참여자들의 행동을 다룬 장이 있습니다. 또 그레이엄의 《현명한 투자자》 중 특히 8장과 20장을 읽으면 어떤 투자서 못지않게 많은 지혜를 얻을 수 있습니다. 케인스와 그레이엄은 출발점이 매우 달랐지만, 비슷한 시기인 1930년대에 가장 건전한 장기 투자법에 관해서는 같은 결론에 도달했습니다. 하지만 분산투자에 대해서는 다소 관점이 달랐습니다. 케인스는 그레이엄만큼 분산투자를 옹호하지 않았습니다. 케인스는 1920년대에 잘못된 이론으로 출발해 시장의 경기 순환을 예측하려 하다가, 1930년대에는 기업의 펀더멘털 분석으로 전환해 매우 훌륭한 성과를 거두었습니다. 그러니 그 책도 읽어 보기를 권합니다. 케인스가 생명보험 회사, 대학 등의 이사들에게 보낸 서신도 재미있습니다.

1996 총회 (04:16:13)

멍거: 말하기 부끄럽지만, 10~15년 전에 읽었어야 할 생물학 도서를 이제야 읽고 있습니다. 지난 20~30년 동안 생물학에서 밝혀진 발견들은 세상을 완전히 떠들썩하게 했죠. 리처드 도킨스Richard Dawkins의 《이기적 유전자》와 《눈먼 시계공》은 정말 훌륭합니다. 저는 《이기적 유전자》를 두 번이나 읽고서야 제대로 이해했어요. 제가 평생 사실이라 믿

어 온 편견을 깨는 계기가 되었고, 저는 그런 경험을 할 때면 정말 기분이 좋습니다. "새 지식을 배우는 것보다, 기존 지식을 버리기가 어렵다"라는 말이 있죠.

버핏: 투자 서적 중에는 필립 피셔가 쓴 《위대한 기업에 투자하라》와 《최고의 투자》를 추천합니다. 정말 좋은 책입니다. 존 트레인John Train의 《대가들의 주식투자법》도 흥미롭습니다. 《현명한 투자자》도 추천하며, 특히 8장과 20장은 놓쳐선 안 됩니다. 투자에서 중요한 아이디어가 이 한 권에 다 들어 있는데, 사실 세 가지만 명심하면 됩니다. 첫째는 가격 등락에 집착하지 말고 기업을 소유한다는 마음가짐으로 투자하라는 것입니다. 둘째는 시장을 바라보는 태도로, 8장에서 다룹니다. 주식 투자에서 시장 움직임을 올바르게 보는 관점은 큰 도움이 됩니다. 마지막은 안전마진 개념입니다. 예컨대 트럭 하중이 4.5톤이면 4.6톤까지 견디는 다리로 가지 말고, 7톤까지 견디는 다리로 가라는 것입니다.

1998 총회 (00:46:37)

멍거: 최근 저는 평소의 저답지 않게 신간 한 권을 두 번 읽었습니다. 재레드 다이아몬드Jared Diamond의 《총, 균, 쇠》인데 정말 명저입니다. 저자의 사고방식은 사업에도 도움이 됩니다. 그는 항상 '왜'라는 질문을 꼬리에 꼬리를 물고 제기할 뿐 아니라, 질문의 답도 매우 명쾌히 찾아냅니다. 제가 읽어 본 동종 서적 중 최고라고 생각합니다.

버핏: 저는 앨리스 칼라프리스Alice Calaprice가 편저한 《아인슈타인이 말합니다》를 읽었습니다. 오랜 세월에 걸친 그의 인용문이 많이 담겨서 참 좋았습니다. 사이먼 싱Simon Singh의 《페르마의 마지막 정리》도 아주 재미있는 책입니다.

1999 총회 (04:39:16)

멍거: 로버트 해그스트롬Robert Hagstrom이 워런 버핏에 관해 쓴 신작 《워런 버핏 포트폴리오》를 보내 줬습니다. 글도 잘 쓰였을 뿐 아니라, 투자 과정에서 인간의 사고에 관한 종합적 통찰력을 제시했다는 점에서 정말 놀라운 책이었습니다. 해그스트롬이 버핏에 관해 두 번째로 쓴 신간을 여러분 모두 읽어 보시기를 권합니다.

올해 정말 좋았던 또 다른 책은 론 처노Ron Chernow의 《부의 제국 록펠러》입니다. 지금까지 제가 읽은 기업인 전기 중 거의 최고입니다. 흥미로운 한 가문의 이야기이기도 하고요. 정말 멋진 책입니다. 이 책을 읽고 재미없다고 생각할 사람은 아마 없을 겁니다.

세 번째는 제가 1~2년 전에도 추천했던 《총, 균, 쇠》로, 생리학자가 바라본 인류 경제사를 담고 있습니다. 정말 훌륭한 책이죠. 하버드 대학교 명예교수인 데이비드 랜즈David Landes도 같은 주제를 상당 부분을 다루었는데요. 그는 역사학 교수치고는 경제학과 과학 지식도 해박합니다. 그래서 더 깊은 통찰력이 돋보이죠. 그의 책은 애덤 스미스의 책 제목을 패러디한 《국가의 부와 빈곤》입니다.

버핏: 캐서린 그레이엄Katharine Graham이 쓴 《캐서린 그레이엄 자서전》은 정말 훌륭한 책입니다. 아직 읽어 보지 않은 분께 꼭 권하고 싶습니다. 무척 진솔하게 쓰였고 스토리도 흥미진진합니다. 한 개인이 정계, 기업계, 정부에서 겪은 수많은 일을 정말 재미있게 그렸습니다.

투자서 중 꼭 추천하고 싶은 책은 존 보글John Bogle의 《뮤추얼 펀드 상식》입니다. 존은 정직하고 투자에 정통한 사람입니다. 뮤추얼 펀드 투자자들이 그의 조언을 듣는다면 매년 수십억 달러를 절약할 겁니다. 그는 사실 그대로를 이야기합니다.

2000 총회 (03:21:40)

버핏: 제 관점을 가장 잘 보여 주는 책은 아마 로렌스 커닝햄이 쓴 《워런 버핏의 주주 서한》일 겁니다. 제 말을 직접 인용해 재구성했으니까요. 우리에 관한 자료로는 곧 인터넷에도 올라오겠지만 20년 치 연차 보고서가 있고, 〈포춘〉 기사도 있고, 온갖 종류가 있습니다. 이 자료들이 남이 다시 쓴 글보다 제 견해를 더 잘 반영했다고 생각합니다. 하지만 판단은 여러분께 맡기겠습니다. 그래도 주제별로 재구성한 책 한 권이 매년 주주 서한을 꼼꼼히 읽기보다는 훨씬 편할 테니 그 점에서 로렌스의 공적은 훌륭하다고 생각합니다.

2002 총회 (01:43:45)

멍거: 올해 제가 추천하는 책 두 권은 제가 좋아할 것 같다며 주주분들이 보내주신 건데, 정말 그들의 말씀이 맞았습니다. 하나는 존 그리빈John Gribbin과 메리 그리빈Mary Gribbi이 《빙하기》입니다. 지난 수십만 년 동안 빙하기의 역사를 설명하며 그동안 무슨 일이 왜 일어났는지를 다뤘습니다. 제가 읽어 본 과학서 중 단연 으뜸입니다.

또 다른 책은 아서 허먼Arthur Herman의 《스코틀랜드인들은 어떻게 현대 세계를 형성했는가(How the Scots Invented the Modern World)》입니다. 제가 항상 관심 있어 한 주제로, 소수의 가난한 켈트족이 어떻게 세상에 엄청난 영향을 미쳤는지를 서술합니다. 종교는 다르나 동족이었던 아일랜드인과도 관련이 있습니다. 정말 훌륭한 책입니다.

버핏: 버크셔 경영진을 띄워 주려는 것처럼 들릴지 모르지만, 로버트 마일즈Robert Miles가 쓴 책 《워런 버핏의 버크셔 해서웨이(Warren Buffett's Berkshire Hathaway)》가 있습니다. 여러분의 자본을 관리하는 사람들에

관한 이야기입니다. 로버트가 그들을 훌륭히 인터뷰했으니, 꼭 읽어 보시기를 권합니다. 우리 경영진 이야기를 읽고 나면 버크셔에 투자한 여러분의 만족도가 더 높아질 거라고 생각합니다.

2004 총회 (01:24:57)

멍거: 제가 정말 좋아하는 책은 존 그리빈의 《딥 심플리시티》입니다. 멋진 제목만큼이나 정말 굉장한 책입니다. 우리 모두의 필독서입니다.

버핏: 저는 요즘 빌 브라이슨Bill Bryson의 《거의 모든 것의 역사》를 읽고 있습니다. 18세기 사람들이 지구의 무게 등을 어떻게 계산할지 고민했다는 이야기가 특히 인상적이었습니다. 당대인들은 이런 걸 계산할 수 있는 사람들이 재무 문제에도 능할 것이라 생각했겠죠. 하지만 아시다시피 아이작 뉴턴Isaac Newton은 인생의 상당 부분을 연금술 연구에 할애했지요. 그는 훌륭한 주식 중개인이 되었을지 모르지만, 주식으로 큰 재미는 못 봤습니다.

멍거: 그는 남해회사 거품 사태로 엄청난 재산을 잃었습니다. 세계에서 손꼽히는 천재가 완전히 비뚤어진 광기에 휩쓸렸죠. IQ가 아무리 좋으면 뭐 합니까.

2008 총회 (03:25:28)

멍거: 저라면 학생들에게 금융기관들의 전형적인 판매와 대출 상술에 조종당하지 않는 법을 가르치고 싶습니다. 그 기초로 로버트 치알디니Robert Cialdini의 《설득의 심리학》만큼 좋은 책은 없을 겁니다. 로버트도 버크셔 주주라서, 여기 청중석 어딘가 앉아 있습니다. 그는 'yes를 끌어내는 설득의 50가지 비밀'이라는 부제로 2탄도 발표했습니다. 이 두 권

을 수업에 활용해 보시길 바랍니다.

2011 총회 (02:46:25)

멍거: 평생 첨단기술을 무시해 온 제가 이런 말을 하긴 좀 그렇지만 스티븐 레비Steven Levy의 《0과 1로 세상을 바꾸는 구글 그 모든 이야기》를 정말 재미있게 읽었습니다. 나이 많은 제가 읽어도 이런 엔지니어링 문화를 만들어 낸 구글의 방식이 흥미로웠습니다. 버크셔 문화와는 상당히 다르고 독특하더군요. 제가 그런 문화를 활용할 날이 올 것 같지는 않습니다만, 새로운 문화를 배우게 된 건 즐거웠습니다. 그리고 배움이야말로 우리의 존재 목적이기에 저는 배우는 즐거움을 중요시합니다. 매일 밤에는 아침보다 좀 더 현명해진 상태로 잠자리에 들어야 합니다.

2015 총회 (03:04:38)

버핏. 애덤 스미스의 《국부론》, 케인스와 데이비드 리카도David Ricardo의 책, 그리고 프레드 슈웨드Fred Schwed의 《고객의 요트는 어디에 있는가?(Where Are the Customers' Yachts)》 등을 읽으면 많은 지혜를 얻을 수 있습니다. 《고객의 요트는 어디에 있는가?》는 적은 분량에 엄청난 지혜가 담겼고 정말 재미있습니다. 하지만 더 많은 지혜를 얻고 더 유식해 보이고 싶다면 《국부론》도 읽어야 합니다.

멍거: 애덤 스미스는 정말 귀가 닳도록 언급되는 인물이자 역사상 손꼽히는 현인이죠. 물론 당시 그가 제시한 교훈은 현대에 공산주의 체제가 무너지고 싱가포르, 대만, 중국 등이 급속도로 부상했을 때 여전히 유효함을 재입증했습니다. 그는 자본주의 체제의 경이로운 생산력을 일찍이 완벽하게 이해했습니다.

자기 함정

***2002 총회** (02:24:44)*

버핏: 찰리와 저는 무언가를 새로운 관점으로 바라보려 하지 않았다는 점에서 큰 실수를 저질렀습니다. 이런 실수는 종종 일어납니다. 하지만 저는 연차 보고서가 좋은 피드백 메커니즘이라고 생각합니다. 연차 보고서든 다른 어떤 수단이든, 자신의 상황을 정직하게 보고하는 것은 매우 유용합니다. 또한 예스맨이 아니라 매우 논리적으로 자기 의견을 피력하는 파트너가 곁에 있다면 가장 좋은 피드백을 얻을 수 있습니다.

하지만 대부분 기업은 CEO의 의견과 편향, 고정관념이 강화될 수밖에 없는 구조입니다. 그의 목표를 잘 아는 주변인들은 반대 의견을 거의 제시하지 않습니다. 그들은 CEO가 어떤 회사를 인수하고 싶어 하면 다들 찬성표를 던질 테고, CEO의 목표 실적이 얼마든 CEO가 원하는 성적표를 가져올 것입니다. 만약 한 조직에 서로 직함만 다른 아첨꾼들밖에 없다면 CEO는 모든 계획을 밀어붙이고 이사회는 이를 견제하지 못할 것입니다. 저는 중요한 안건을 놓고 CEO에게 불가능하다고 단호히 말할 수 있는 이사는 거의 보지 못했습니다.

오늘 주주총회에 참석하신 모든 분을 포함해, 인간은 새로운 정보를 접해도 그 정보를 우리의 고정관념에 맞춰 해석합니다. 이는 인간의 어쩔 수 없는 천성이지만 투자와 사업에서 매우 큰 비용을 치를 수도 있습니다. 저는 버크셔의 시스템이 꽤 훌륭하다고 생각합니다. 반면 많은 기업들은 CEO가 자기 함정에 빠지지 않도록 견제하는 역량이 부족합니다.

멍거: 아무리 고통스러울 때라도 방향을 바꿀 의지가 필요합니다. 아

마 버크셔는 미국에서 파생상품 장부를 쓰지 않는 유일한 대기업일 것입니다. 원래 우리는 제너럴 리의 파생상품을 계속 들고 가려 했으므로 그 결정을 뒤집는 것은 매우 괴로웠지만 우리는 기꺼이 파생상품 장부를 버리기로 했습니다. 다른 어떤 기업도 그렇게 하지 않지요. 적어도 제가 보기에 미국의 파생상품 회계가 하수구라고 말하는 것은 차라리 하수구에 대한 모욕에 가깝습니다.

버핏: 미국의 파생상품 회계 실태는 정말 끔찍합니다. 많은 기업이 자기네 회계의 민낯을 마주하면 그 뒤를 감당하기 힘들 겁니다. 우리는 엔론의 분식 회계가 대대적으로 정리되는 것을 목격했지만, 사실 그들은 파산 법원이 특정 계약을 무효화하도록 허용하는 범위 내에서만 이익을 남기고 있습니다. 엔론 같은 곳에서 수치 조작이 가장 쉬운 쪽이 파생상품입니다. 그들은 모델 기반 평가(marking-to-model) 방식을 택함으로써 수많은 트레이더들에게 수익을 창출할 기회를 안겨 주고는 끝내 통제 불능 상태가 되었습니다. 그래서 결국 우리는 눈 딱 감고 이제 막 파생상품들을 정리하기로 했습니다. 파생상품 회계만큼 나쁜 시스템은 없을 겁니다. 결국 우리는 제너럴 리의 파생상품을 더 이상 감당하고 싶지 않았고, 현재 정리하는 과정에 있습니다. 하지만 쉽지는 않습니다. 마치 지옥과도 같아서 들어가기는 쉽지만 빠져나오기는 매우 힘들죠.

부록

보험사를 운영하는
올바른 길

1967년, 워런 버핏은 주주 서한에서 다음과 같이 썼다.

'버크셔 해서웨이는 섬유 사업에서 실질적 어려움을 겪고 있습니다. 현재 내재가치의 하락은 예상하지 않지만, ROA 전망이 좋아 보이지도 않습니다.'

앨리스 슈뢰더Alice Schroder가 저서 《스노볼》에서 밝혔듯, 버핏은 그해 가장 중요한 과제는 쇠잔한 섬유 사업이 '더 큰 골칫거리'로 전락하기 전에 새로운 활로를 찾는 것이라고 결론지었다.

버핏이 주시하던 잠재적 활로 중 하나는 그의 오마하 사무실에서 몇 블록 떨어진 곳에 본사를 둔 내셔널 인뎀너티(이하 NICO)의 이사이자 친구 찰리 하이더와 관련이 있었다(NICO는 자동차 및 일반 배상책임을 전문으로 하는 손해 보험사였다). 버핏과 하이더는 NICO에 대해 의논하곤 했는데, 하이더는 특히 CEO인 잭 링월트의 한 가지 특이한 성향을 강조했다.

"잭은 매해 1년 중 15분 정도는 NICO를 팔려는 충동에 사로잡혔다.

무언가 그를 화나게 하는 청구 건이 주기적으로 터졌기 때문이다. 그래서 나는 잭이 매년 15분씩 겪는다는 일종의 발정기 같은 노여움에 관해 하이더와 상의했다. 그리고 다음에 또 잭이 같은 증상을 보이거든 즉시 알려 달라고 했다."

1967년 2월, 하이더의 연락을 받은 버핏은 이미 지갑을 열 준비가 되어 있었다. 그가 링월트에게 원하는 NICO 인수 금액을 묻자, 링월트는 주당 50달러를 제시했다. 예상보다 주당 15달러 비싼 금액이었다. 하지만 버핏은 대금을 지불했고 버크셔의 보험 사업이 본격적으로 확장되기 시작했다(인수 가격은 860만 달러였다).

NICO의 25년 기록

NICO 인수가 마무리된 지 약 40년 가까이 지난 2004년 버크셔 주주총회로 시간을 돌려 보자. 버핏은 그해 주주총회와 주주 서한에서 직전 25년(1980~2004년) 동안 NICO가 보고한 재무 실적을 언급했다.

첫 번째 데이터는 NICO의 연간 인수 보험료다. 그래프에서 보다시피 1980년부터 2004년까지 보험료 수입은 매우 불규칙했다. 1980년대 초에 감소한 인수 보험료는 2년 만에 6배 증가해, 1984년 약 6,200만 달러에서 1986년 약 3억 6,600만 달러로 뛰었다(버핏이 1986년 주주 서한에서 NICO의 과거 수입 흐름을 통해 다른 보험사들이 한동안 얼마나 조심스러워했는지를 알 수 있다'라고 썼듯이 말이다). 그 후 13년간은 약 85% 감소, 즉 1986년 약 3억 6,600만 달러에서 1999년 약 5,500만 달러까지 급감했다. 이는 NICO에 끝없는 역풍이 불던 시기로 13년 중 11년 동안 보험료 수입이 감소했다. NICO의 운명이 다시금 반전된 시기는 2000년이

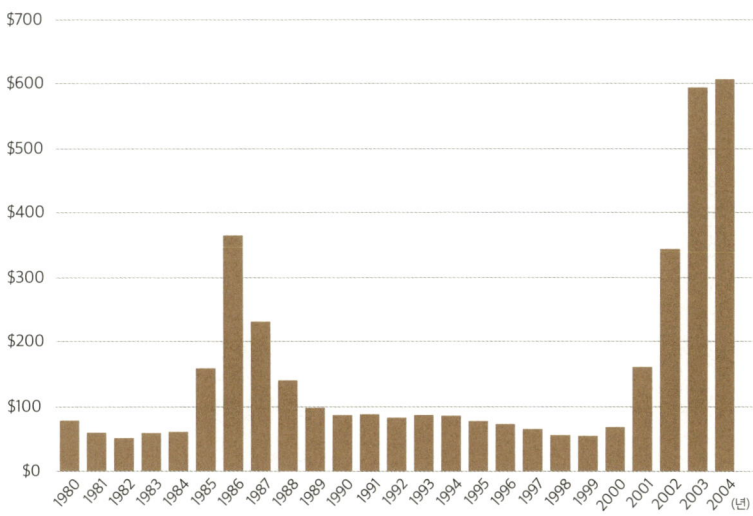

NICO 연도별 인수 보험료(단위: 백만 달러)

었다. 1999년에 바닥을 치고 5년이 지난 2004년에는 최저치보다 10배 이상 증가한 6억 달러 이상을 기록했다.

이러한 결과는 의도한 것이었다. NICO의 최우선 목표는 보험료 수입 증가가 아니라 건전한 보험 인수였다. 물론 모든 보험사는 합리적인 인수를 원한다. 하지만 이 목표는 때로 특정 이해관계자들의 인센티브와 충돌한다. 예컨대 직원들은 보험 인수의 질보다 양으로 자기 일자리 지키기에 더 급급할 수 있다. NICO는 매출이 약 85% 감소한 13년 동안 직원 수를 대폭 감원할 수도 있었다. 하지만 2004년 총회에서 버핏은 NICO의 문화와 인센티브가 지닌 중요한 기능을 강조했다. 버핏은 그래프의 들쭉날쭉한 보험료 수입에 대해 이렇게 말했다.

"세상에 이런 기록을 가진 보험사는 없을 것이다. 1980년대 중반 '하드마켓'에서 우리의 보험료 총수입은 3억 6,600만 달러까지 올랐다. 그러다 5,500만 달러로 줄었다. 계획적으로 그런 게 아니라 보험 사업의 매력도가 떨어졌기 때문이다. 그런데 지난 몇 년 동안 시장 매력도가 다시 높아져 보험료 총수입이 약 6억 달러로 치솟았다. 미국의 상장 보험사 중 1986년부터 2000년까지 보험료 수입이 해마다 감소하는 가운데서도 살아남을 수 있다고 생각할 회사는 없을 것이다. 하지만 그것이 바로 내셔널 인뎀너티의 문화였다. 우리는 보험료 수입을 걱정하지 않는다."

앞서 언급했듯 이는 사업주의 장기적 관점에서는 이해할 수 있는 결론이다. 문제는 실적(보험료 수입)이 곧 생계 수단인 직원들에게도 어떻게 같은 사고방식을 심어 줄 수 있느냐는 것이다. 다시 버핏의 말을 들어 보자.

"많은 계약을 따내지 못하면 해고될 것이라는 암묵적 메시지를 보냈다면, 직원들은 높은 영업 실적을 올렸을 것이다. NICO는 마음만 먹으면 매달 10억 달러의 영업 실적도 올릴 수 있다. 그저 말도 안 되는 보험료를 제시하기만 하면 된다. 터무니없는 가격을 부르면 중개인들이 새벽 4시에 망망대해 한가운데서도 귀신같이 당신을 찾아낼 것이다. 하지만 우리는 그런 일을 할 수 없다. 우리는 NICO를 비롯한 보험사 직원들에게 건수를 올리지 않아도 해고하지 않는다고 늘 말해 왔다. '계약 건수 못 올리면 해고'라는 암묵적 메시지를 전달해서는 안 된다."

버핏의 말대로 NICO는 어려웠던 13년간 단 한 번도 정리해고를 하지 않았다. 이에 대해 버핏은 "다른 회사라면 칼자루를 쥐었겠지만, 우리는 그러지 않았다"라고 표현했다. 결원을 채우지 않음으로써 자연적인 직원 감소는 있었지만, 실적 미달로 해고된 사람은 없었다. 시간이 갈수록 직원 1인당 계약 건수는 급감했고, 이는 경비율(보험에서 수입 보

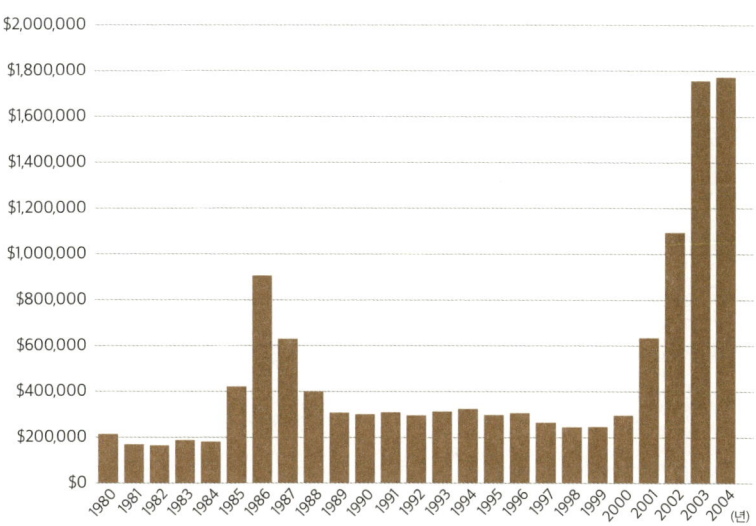

NICO 직원당 인수 보험료

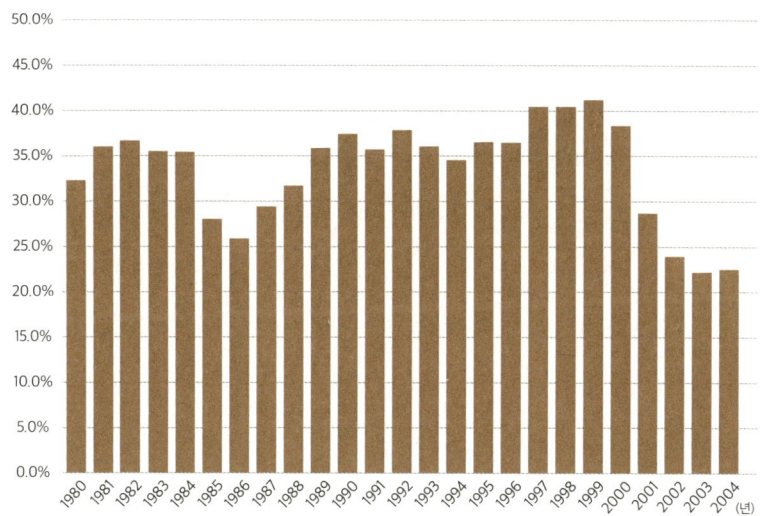

NICO 운영 경비율(보험료 대비 %)

험료에 대한 사업비의 비율)이 급격히 상승하는 결과로 이어졌다(1986년 25%에서 1999년 40%로 상승).

버핏이 강조한 것처럼 이는 NICO가 상충 관계를 두고 내려야 할 중요한 결정이었다.

"어떤 회사는 우리 방식(높은 경비율)을 감내할 수 없겠지만, 우리가 진정 감내할 수 없는 것은 형편없는 계약을 마구 체결하는 것이다. 형편없는 거래를 떠안는 문화가 한번 생기면 헤어나오기 힘들다. 직원들에게 일자리를 유지하려면 무슨 계약이든 따내라고 지시하기보다는 과도한 간접비를 감수하는 게 낫다. 형편없는 거래는 한번 중독되면 빠져나오기가 매우 어렵기 때문이다. 우리는 건수가 기대에 못 미쳐도 해고하지 않는다는 메시지를 직원들에게 명확히 전달하는 전 세계의 거의 유일한 보험사다."

이 말은 NICO의 최종 실적을 살펴볼 때 더욱 흥미로워진다. 다음 두 그래프는 1980년부터 2004년까지 25년간 NICO의 인수 성과(이익)이다. 첫 번째 그래프는 인수 보험료 대비 백분율로, 두 번째 그래프는 액수로 표시했다. 첫 번째 그래프에서 볼 수 있듯이 NICO는 25년간 꾸준히 수익성 있게 사업을 운영했다(성장은커녕 매출을 전년도 수준으로 유지하기도 버거웠던 1990년대에도 말이다). 보험료 수입에 역풍이 불었음에도 NICO는 무엇보다 양질의 보험 인수에 집중함으로써 어려움을 극복했다. "우리는 거의 매년 인수 이익을 냈다"라는 버핏의 말처럼 말이다.

두 그래프를 나란히 보면 NICO의 중요한 재무적 특징을 알 수 있다. 이 기간 인수 이익률이 가장 높았던 5개 연도는 1986년(~31%), 1987년(~27%), 1988년(~25%), 2003년(~18%), 2002년(~17%)이었다. 이 5년의 총 인수 보험료는 약 19억 4,000만 달러로, 연간 약 3억 8,800만

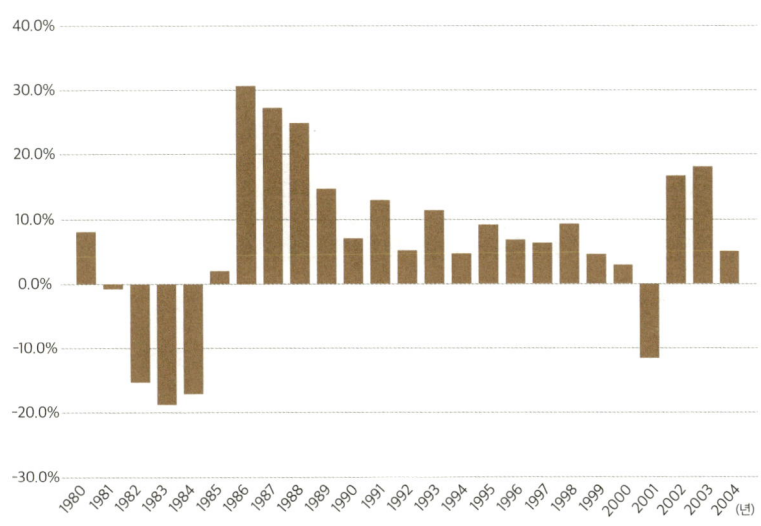

NICO 인수 이익(보험료 대비 %)

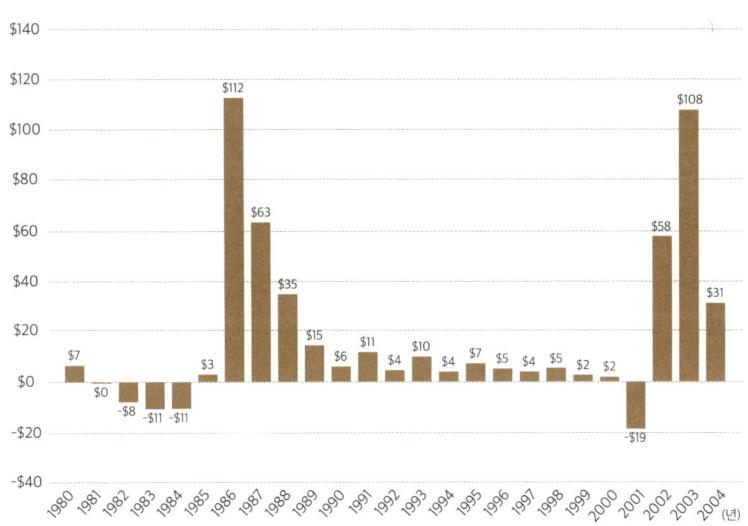

NICO 인수 이익(단위: 백만 달러)

달러다. 이는 25년 전체 연평균보다 약 150% 높은 수치다. 다시 말해 NICO가 가장 수익성이 높았던 시기(하드마켓 때)는 동시에 많은 계약을 인수한 때이기도 했다.

25년간을 살펴보면, 단순 평균 인수 이익률은 연 6.6%다. 하지만 누적 결과(38억 4,000만 달러의 인수 보험료에 대한 4억 4,400만 달러의 이익)를 고려하면 실제로 11.6%로, 단순 평균보다 약 5% 높다.

이를 통해 버핏이 NICO에서 진정 용납할 수 없는 것은 일시적인 인건비 초과가 아니라, 위험 대비 적게 매겨진 보험료라고 주장한 이유를 알 수 있다. 버핏은 새 계약을 적극적으로 인수할 기회를 인내심 있게 기다릴 능력과 의지를 통해 NICO가 훗날 매력적인 성과를 낼 수 있다고 믿었다. 데이터가 보여 주듯 그의 생각은 옳았다.

"엄청난 규모의 계약을 체결했을 때는 큰돈을 벌었고, 작은 규모의 계약을 체결했을 때도 그저 적은 대로 돈을 벌었다."

결론

버핏이 NICO의 25년간 실적을 장황하게 설명한 후, 멍거는 다음과 같이 정리했다.

"우리처럼 하는 회사는 없다. 하지만 우리 방식이 옳은 건 분명하다. 버크셔에는 흔한 방식도 다른 회사에서는 찾아볼 수 없다. 이런 버크셔의 차별점은 목소리를 낼 수 있는 지배 주주가 있다는 게 어느 정도 한몫하기도 한다. 다수의 직원이 포함된 위원회가 이런 결정을 내리기는 어려울 것이다."

버크셔는 NICO에서 인센티브의 기능을 정확히 인식했다. NICO는 직원과 고용주의 단기적 이해 사이에 존재하는 괴리를 말과 행동, 정책을 통해 직접적으로 해결했다. 가장 중요한 건 어려운 (그리고 기나긴) 시기에도 흔들리지 않았다는 점이다. 버크셔의 방식은 다른 회사들과 '조금 다를 뿐'이었지만, 시간이 지날수록 매우 중요한 효과를 발휘했다.

단기적이지만 꽤 큰 고통을 장기적 번영에 필요한 통과의례로 보고 꾸준히 감내한 NICO의 행보는 상장 기업 중 예외에 가까울 만큼 흔치 않은 결정이었다. 가치 투자자 톰 루소Tom Russo의 표현을 빌리자면 '고통 감당 능력(the capacity to suffer)'이라고 하겠다. 버크셔의 자회사 문화와 인센티브는 이 같은 장기적 관점을 장려한다(버크셔의 다양한 사업 특성상, 특정 업종의 단기 전망에 얽매이지 않는다는 점도 이에 도움이 된다). 인내심의 가치는 단기적으로 수치화하거나 정확히 파악하기 어려울 수 있다. 하지만 25년에 걸친 NICO의 실적이 확실히 보여주듯 버크셔의 접근법은 시간이 흐를수록 더욱 빛을 발한다. 장기 투자자로서 내가 추구하는 목표도 이런 것이다 장기적 관점의 진가가 드물게나마 발견되거든 이를 소중히 여길 줄 알아야 한다.

그럼 버핏의 다음 말로 마무리하겠다.

"네셔널 인뎀너티는 30년 전만 해도 무명 회사였다. 모두가 시대에 뒤떨어졌다던 일반 대리점 제도를 통해 운영되고 있었다. 특허, 부동산, 저작권은커녕 다른 무수한 보험사와 근본적으로 차별화할 그 무엇도 없었다. 하지만 원칙이 있었기에 다른 어떤 회사와도 비교할 수 없는 기록을 세웠다. 그들은 시간이 지남에 따라 그 원칙을 더욱 강화했고, 그들의 기록은 경쟁사들을 크게 앞질렀다. 1990~1995년쯤의 기록만 월가에 가져갔다면, 월가 사람들은 무슨 문제라도 있냐고 물었을 것이다. 답은 아무 문제도 없다는 것이다. 직원들이 적절한 계약을 체결하도록 적절한 인센티브를 갖추어야 한다. 자동차나 철강 회사에서 해고 없는 경영은 불가능하다. 하지만 보험사에서는 그게 올바른 방법이다. 그러므로 고용 관행이나 상여 제도를 획일적으로 접근해선 안 된다. 각 산업의 상황, 경쟁 조건, 경제적 특성을 잘 생각해야 한다."

워런 버핏과 찰리 멍거: 세계 최고의 투자 수업

초판 1쇄 발행 2025년 8월 28일
초판 2쇄 발행 2025년 8월 30일

원저 워런 버핏, 찰리 멍거
편저 알렉스 모리스
번역 임경은

펴낸이 허정도
편집장 임세미
책임편집 정혜림 디자인 박지은
마케팅 신대섭 김수연 배태욱 김하은 이영조 제작 조화연

펴낸곳 주식회사 교보문고
등록 제406-2008-000090호(2008년 12월 5일)
주소 경기도 파주시 문발로 249 (10881)
전화 대표전화 1544-1900 주문 02)3156-3665 팩스 0502)987-5725

ISBN 979-11-7061-297-1 (03320)

- 책 값은 표지에 있습니다.
- 이 책의 내용에 대한 재사용은 저작권자와 교보문고의 서면 동의를 받아야만 가능합니다.
- 잘못된 책은 구입하신 곳에서 바꾸어 드립니다.